# 中国财税
## CHINA
## FINANCE AND TAX
## WORK PRACTICE
## 工作实务

本书编委会　主编

经济日报出版社

# 开拓创新 真抓实干
# 全面推进财政工作又好又快发展

吉林省镇赉县财政局 毕兴来

近年来，镇赉县财政工作在县委、县政府的正确领导下和上级财政部门指导支持下，全面贯彻落实党的十八大、十八届三中、四中全会精神，紧紧围绕"四大优先"战略和"五个镇赉"建设，坚持稳中求进的工作总基调，突出"发展"和"民生"两个关键，以建立现代财政制度为目标，团结拼搏，改革创新，攻坚克难，财政各项工作在困境中实现新的突破。

## 一、财政收入持续平稳增长，财政实力明显增强

2011年以来，在全县经济较快发展的基础上，镇赉财政通过落实责任、培植税源、强化征管等措施，实现财政收入持续稳定增长。全县一般预算全口径财政收入从2010年的5.36亿元增加到2014年的8.23亿元，是2010年的1.54倍，年均增长8.95%。地方级财政收入从2010年的3.27亿元增加到6.27亿元，是2010年的1.92倍，年均递增17.67%。四年间，全县一般预算全口径财政收入累计完成29.09亿元、地方级财政收入累计完成20.81亿元。在财政收入大幅增加的基础上，财力相应增长，财政支出规模也不断扩大。2014年，全县财政支出为26.56亿元，比2010年增加11.3亿元，年均递增14.86%。四年间，财政累计支出116.4亿元。财政收入的增长和财力的增强，较好地保证了经济和各项社会事业的发展。

## 二、服务发展意识增强，支持经济发展力度明显加大

2011年以来，镇赉财政牢固树立科学发展观，始终坚持服务发展第一要务，按照"富民强县"的思路，认真研究落实支持经济发展的各项财税政策，加大投入力度，促进全县经济的健康稳定发展。4年间，投入和兑现发展政策奖励扶持资金2.32亿元，对我县支柱工业企业和重点民营企业等实施了纳税奖励和政策补助，支持龙头企业和重点行业进行技术改造和新产品开发，推动企业技术创新、产品创新，培育新的经济增长点；安排专项资金3.85亿

元，大力支持棚户区改造、供水供热管网、城区道路及绿化等公共基础设施建设，优化投资环境，为扩大开放，加快发展创造良好的条件。积极会同税务部门落实好中央、省、市、县支持经济发展的各项财税政策，支持经济可持续发展。完善中小企业信用担保体系，缓解民营企业贷款难的问题，促进中小企业加快发展。规范财经秩序，优化了投资环境。

## 三、落实"三农"政策，农民生产生活条件明显改善

2011 年以来，按照统筹城乡发展的要求，继续保持财政支持"三农"政策的连续性、稳定性，进一步加大财政对农业的支持力度，促进农业增效、农民增收、农村稳定。

按照财政支农支出"两个高于"的政策，建立和完善农业投入的增长机制，优化财政支农资金的结构；加快培育优势产业，发展农业龙头企业，开拓农产品市场。2011～2014 年期间，财政对"三农"领域的各项投入达到 18.5 亿元，重点支持水利重点工程项目建设、扶贫开发、农业基础设施、农业综合开发、农业产业化经营等，提高了农业综合效益。

全面落实中央各项惠农政策，及时足额发放粮食直补、农资综合补贴、良种补贴、退耕还林补贴、农机具购置补贴等补贴资金 8 亿多元。实施农民最低生活保障制度，完善新型农村合作医疗制度，提高五保户供养标准，完成农村改水工作，推进农村草危房改造，切实减轻农民负担，增加农民收入，促进农村各项社会事业的发展。

## 四、统筹兼顾科学安排，各项社会事业发展取得明显成效

2011 年以来，镇赉县财政局在县委、县政府领导下，按照公共财政的财政支出安排原则，科学、合理地安排财政支出，在保"吃饭"、保运转、保增长的前提下，继续严格控制和压缩一般性支出，优先安排政府的重点公共支出需求。认真落实"四大优先"战略，积极支持教育、科技、文化、卫生等事业的发展。注重对科技的投入，促进科技进步；加大对教育事业的投入力度，4 年间，教育经费累计支出 16.29 亿元，完善义务教育经费保障机制，推进薄弱校改造计划，落实教育资助政策，实施免费营养餐等。提高中小学公用经费补助标准，小学每生每年达到 600 元，中学每生每年达到 800 元。于此同时，相关文化政策按规定得到基本落实。

加大社会保障等方面投入，促进社会稳定。进一步完善了城乡居民最低生活保障制度，积极支持就业和再就业工作，扩大社会救济范围，加大对生活救助的保障力度，提高农村老年居民和城镇老年居民基础养老补贴标准，保证养老金、新农保、城乡低保、优抚等资金按时足额发放。4 年来，累计安排社会保障支出达 14.3 亿元；累计安排医疗卫生支出 6.52 亿元，进一步健全基层医疗卫生服务体系，推进公立医院改革试点，提高新农合和城镇居民医疗保险水平，促进基本公共卫生服务逐步均等化。

加大节能环保和保障性住房建设的投入。多渠道、多形式筹措建设资金，全力保障支出需求。4 年间，累计安排节能环保支出 4.44 亿元，大力推进节能减排，支持"两型"社会建设。累计安排住房保障支出 7.52 亿元，支持保障性安居工程，解决中低收入家庭住房问题。

## 五、坚持开拓创新，财政改革取得明显成果

2011 年以来，镇赉县财政局根据逐步构建和完善公共财政框架的要求，紧密结合工作实际，深化了财政改革，财政管理水平有了进一步提高。

深化部门预算制度改革。改进编制方法，细化预算编制，完善公用经费分档定额标准和相关项目的预算标准，提高了部门预算编制的准确性、完整性和科学性。积极推进预算信息公开，拓宽预算信息公开渠道和形式，着力打造阳光财政。开展存量资金盘活工作，收回 2012 以前年度的存量资金 7600 万元，使资金发挥更大经济社会效益。

推进国库集中收付制度改革。加快"金财工程"建设，为国库集中支付等各项改革提供服务平台。建立预算执行动态监控信息系统，实现对各类资金的全过程动态化监控，以国库单一帐户体系为基础，资金缴拨以国库集中收付为主要形式的现代国库管理制度初步构建。

完善政府采购制度。深化政府采购专户制度改革，融入财政预算管理大平台，实现了"开票、拨款、支付"的系统性。进一步扩大政府采购范围，完善监督制约机制，不断提高政府采购管理效率，提升政府采购规模。4 年间，累计完成采购金额 1.99 亿元，节约资金 0.17 亿元，节约率为 7.87%。

进一步深化非税收缴改革。全面推行非税收入电脑收缴系统，完成了电脑开票全覆盖。实现了财政部门、主管部门和执收单位对非税收入收缴信息的共享。大力开展非税收入专项检查，进一步落实"收支两条线"规定，完善以"收支脱钩"和"票款分离"为核心的管理办法。

## 六、坚持以人为本，财政队伍能力明显提高

加强财政队伍建设是财政事业取得成功的关键。2011 年以来，镇赉财政局坚持以人为本，围绕建设高素质干部队伍的要求，全面推进思想、作风和能力建设，有力促进了财政各项工作任务的完成，荣获各级授予的荣誉称号达 40 多项。2011 年被市总工会授予"全市五一劳动奖状"、县委授予"先进基层党委"；2013 年被授予"吉林省新型农村和城镇居民社会养老保险工作先进单位"、行财科被全国总工会授予"全国五一巾帼标兵岗"。

注重思想教育。几年来，镇赉县财政局强化财政干部的政治理论学习制度，强化财政干部的学习、考核、奖惩和任用机制。紧密联系财政干部的思想现状和工作实际，深入开展服务宗旨、职业道德、纪律法制等方面的教育，教育和引导干部职工珍惜热爱财政工作岗位，脚踏实地地为财政事业勤奋工作。

重视制度建设。几年来，为了规范和约束干部职工的行为，先后制订和完善了《机关工作制度》、和《机关工作纪律》、《财政局服务承诺制度》、《机关干部职工绩效考核办法》、《财政局专项资金跟踪监督管理办法》等 5 大类共 38 项制度，强化了内部管理，有效地促进了各项工作的开展。

突出改进作风。严格落实中央八项规定和省、市、县有关规定，深入开展群众路线教育实践活动，突出治理"三公"经费、工作纪律、吃喝风、"门难进、脸难看、事难办"等，从严控制"三公"经费，切实提高服务质量，重作风、讲效率的风气进一步形成。几年来，全局未收到一封反映党员干部违法违纪的来信来访，无一人受到党纪政纪处理。

# 关于加强大安市社会化
# 养老服务业发展的财政政策

吉林省大安市财政局　李启坤　姜德洲　王俊辉

养老问题已经成为政府和社会日益关注的重大民生问题，加快社会化养老服务业的发展需要加强政府主导，更要发挥财政、税费等相关政策的导向作用，引导社会力量积极参与社会养老服务业，同时通过引入市场竞争机制，不断提高养老服务业的质量和水平，促进社会养老服务业的可持续发展。为了加快我市养老服务业发展，全面建设幸福大安的这一计划，针对课题组成调研组对我市养老服务业发展情况及财政政策的相关支持进行了调研。

## 一、我市养老服务业发展基本情况

我国是世界上人口最多的国家，按照常用划分人口年龄类型的国际标准，一个国家或地区的总人口中 60 周岁以上的老人占人口的比重超过了 10%，或 65 周岁及以上的老年人口比重超过了 7%，就意味着该地区进入了老龄社会。目前，我市的人口老龄化程度不断加速，老年人口基数大、增长快，并日益呈现高龄化、空巢化趋势，需要照料的失能、半失能老人数量剧增。大安市总人口 43 万，全市户籍 60 岁以上（含 60 岁）老年人 68751 人。占总人口的 16%，2015 年 60 岁以上（含 60 岁）增加 4752 人，减少 1533 人，并以每年 6% 以上的速度增长。2015 年全市 80 岁以上老年人 4994 人，90 岁以上老年人 342 人，100 岁以上老年人 7 人；孤寡老人达 3240 人。空巢和独居老人占老年人口的 43.5%。针对全市老年人口基数大、发展快，高龄化、空巢化趋势，近年来，大安市委、市政府高度重视社会养老服务事业，把满足城乡"三无"老人等养老需求放在首位，积极组织筹备社会福利服务中心、居家养老服务站等养老服务机构，始终坚持把养老服务体系建设作为保障和改善民生的重要内容，着力构建以居家养老为基础、社区养老为依托、机构养老为支撑、各类服务机构协调发展、多种服务形式相互补充的社会化养老服务体系，养老服务业呈现出持续快速健康发展的良好势头。

## 二、我市养老服务体系及相关的政策支持

一是养老政策进一步完善。近年来，我市先后出台了《农村五保供养工作实施办法》、《大安市民政事业"十二五"发展规划》、《大安市推进城乡社区居家养老服务工作实施方案》和《大安市关于八十周岁以上老人相关津贴的有关规定》等政策文件。这些政策文件的出台，为我市社会养老服务体系建设提供了坚强的制度保障。

二是养老机构建设不断发展。截止目前，全市已建成各类养老服务机构39处，其中公办养老机构1家，入住老人145人，务工人员38人（公益性岗位），同时扩建了原有的用房计划增加部分床位，工程在建中；民办养老机构8家（其中工商注册2家），共入住老人110人，务工人员10人，还有部分的养老机构在审批中，其中有一大型的民办养老机构已经通过了审批，经营用房屋面积在6000平方米以上，乡镇福利院18个，共入住老人275人，务工人员87人（公益性岗位36人）。全市共建有社区养老服务站12个，设立12个日照间，有床位60张。全市从事社会养老服务的人员达125人（公益岗位74人）。同时养老服务机构工作经费纳入财政预算，敬老院年工作经费按入住人数人均计算拨付，确保了机构正常运转，进一步明确了管理主体和管理责任。

三是养老队伍建设进一步加强。全市养老机构服务人员面向社会公开招聘，择优录用，并建立了最低工资保障制度，工资由市财政按时统发，加大宣传，引导和鼓励大中专毕业生、"4050"人员、零就业家庭人员、城乡低保人员、低保边缘人员及其他就业困难人员到养老服务机构就业、再就业。

## 三、我市养老服务业发展存在的主要问题

近年来，我市养老服务业虽然有了一定发展，但是发展速度较慢、规模较小、形式单一、市场化程度不高、投入不足、政策扶持力度不够，远远不能满足广大老年人及其家庭的实际需求。

1、传统养老观念束缚，养老服务业发展不快。中国几千年来的养老观念是"养儿防老"，老人难以摆脱传统观念的束缚，认为自己有儿有女不是孤老，到福利机构养老觉得没面子。另外一部分老人家庭观念重，习惯与子孙待在一起，怕到了养老院后冷清，不热闹。同时还有许多儿女认为将老人送服务机构养老有不孝顺的嫌疑，不愿意将老人送服务机构养老。

2、投入不足，社会养老机构基础设施较低。虽然近年来我市不断加大对

养老机构建设的投入，但仍然落实的不够，投入的资金十分有限。大安市社会福利服务中心是大安市唯一一家市级社会福利机构，虽然筹集了部分资金对大安市福利中心进行了部分的更新改造，各项设施基本上达到了一定的标准，在一定程度上满足了现代老人养老需求，对社会开放也有一定的吸引力，该中心有床位 110 张，已住满，只能满足部分老人入住需求；现有 3000 多人有养老服务需求，老人排队入住现象十分明显，急需再建 6000 平方米以上的市级社会福利机构。以解决供求矛盾突出问题；12 个社区居家养老服务站日照间床位只有 60 张。而每个社区人口平均在 7000 人以上。同时农村敬老院建设发展慢、起点低、规模小、设施差、功能弱，建设投入资金有限。只能满足最基本的居住需求，对入住老人所需求的娱乐、医疗、健身等设施还难以配套到位。由于资金投入的不足，导致大部分农村敬老院的土地性质仍然是集体所有的临时用地，至今没有依法办理用地手续。全市的农村敬老院和五保之家没有专项经费，使敬老院和五保之家的维修、工作人员和入住老人合理比例搭配得不到保障，持续运转困难大。

3、管理欠缺，养老机构服务水平低下，养老服务安全问题突出。全市农村敬老院由于专职管理人员少、管理技能低，临时工作人员工作积极性不高，管理制度不够健全，制度执行不够严格，管理不够规范等原因导致部分敬老院管理粗放，甚至发生入住老人因琐事打架斗殴伤人事件；部分敬老院卫生环境差。近两年建设的农村综合性老年福利服务机构和社区居家养老服务机构，同样面临没有后续工作经费保障，致使缺乏专人管理，正常运转困难，生活照料、医疗护理、精神慰藉、紧急救援等养老服务质量较差。个别群众私自开办了托老所，其场所都是利用民居改建的，结构不合理，房间小，人员多，过道狭窄，双人并排无法通过；消防通道不畅，消防器材设施不齐全，都不符合《老年人建筑设计规范》，火灾等安全隐患极其突出，极易引发群死群伤等重大安全事故发生，将给社会带来重大影响。目前，这些民办托老所虽然已被依法取缔，但由于入住老人无法安置，私立托老所仍然存在。

4、扶持力度不够，民办养老机构发展尚未起步。经过近几年的努力，我市养老机构建设水平得到提升。但是现有的 39 处敬老院、老年公寓等养老机构均为政府创办，目前只有两家登记注册的民办养老机构。而人口老龄化的加快使得单纯依靠政府投入和经办来发展养老事业的方式越来越不能满足日益增长的养老服务需求，国家和省里提出了一些诸如"民办公助"、"公建民营"、税费减免等政策优惠原则和鼓励办法，但有关部门对政策的研究和贯彻落实力度不够，社会关注度也不高，制约了我市民间力量对养老服务业的参与。同时，社会养老机构资金匮乏。由于地方财力十分有限，2012、2013 年争取养老机构省财政补助分别为 90.2 万元和 106.5 万元。而各乡镇政府用在福利院上的资金仅够补贴日常用。所以社会养老服务机构基础设施建设上资金缺口很大，导致社会养老服务机构建设步伐很缓慢。

5、待遇较低，养老服务专业人才短缺，养老服务队伍整体素质偏差。一是从业人员素质较低、护工配置严重不足。目前，在我市养老机构中从业的服务人员，大多数来自进城务工人员和本地农村妇女，文化水平较低，年龄偏大，大多没有经过专业培训，护理技能和服务水平较低，而且护工短缺，最突出的问题是专门技术人员严重缺乏。二是在养老机构中从业的服务人员，城市养老机构平均每月工资只有 1000～1300 元，农村养老机构平均每月工资只有 600～800 元。不仅所付出的劳动与收入不相称，加上按政策对养老机构工作人员应落实公益性岗位而未落实到位，同时社会对养老机构工作人员存在偏见，工作人员社会地位低、社会保障不到位，致使这些养老机构普遍缺乏管理、医护、康复、健身、心理等专业人才，床位空置率较高，留不住到机构养老的对象长期居住，使在机构养老的老人仍然感到与在家养老没有明显的区别。导致许多人不愿意参加养老服务培训和从事养老服务职业。另外，全县养老机构所有工作人员除福利院职工平均文化程度达到高中水平以外，其他均在初中文化以下；除市福利中心外，其余都没有经过养老服务方面的专业培训，使一些依靠机构养老进行特别护理的老人得不到需求。由于社会群体参与度不高，民间资本投向养老服务机构建设的很少，具备一定规模且各项要求都达标到位的民办养老服务机构虽有立项，但是一直没有建立起来。

## 四、我们的主要做法和工作经验

我市对养老服务业工作十分重视，其养老服务业工作上也有一定的经验和方法，在全省有一定的影响。我们的主要做法和经验有以下几点：

1、领导重视，加快养老服务业发展的氛围浓。

我市政府根据《国务院关于加快发展养老服务业的若干意见》，出台了我市养老服务体系建设工作实施意见。凡具有大安市行政区域范围内户籍，且年龄在 80 周岁以上的老年人，均享受高龄津贴待遇。同时从 2015 年起对原 80 周岁（含）至 89 周岁老人高龄津贴每人每月 80 元调整为 100 元；90 周岁（含）至 99 周岁老人高龄津贴每人每月 100 元调整为 200 元；100 周岁（含）以上老人高龄津贴每人每月 300 元调整为 1000 元。按全市统一标准测算，

2015 年我市财政共需承担资 683.76 万元。高龄老人津贴的提高，体现了我市对高龄老年人生活的关心，提高了高龄老年人的生活质量，也是我市一项重要的惠民工程。先后制定出台多个政策性文件，推动居家养老服务的落实。鼓励支持民间资本兴办养老机构，根据相关法律法规和老年人口的实际生活需要，在城市规划建设中，合理规范发展养老服务机构，将民办养老服务机构和公办养老机构一并纳入公共服务行业政策扶持范围，在用地、税费、基础设施配套等方面扶持民办养老机构发展。

2、多元投入，公办养老服务机构与民办养老服务机构共同发展。采取政府投入、社会捐助、原有资产变现等多种方式积极筹集建设资金，并把"公办民营"和"民办公助"作为养老机构建设发展的主要方向，实现投资主体多元化、运行机制市场化、服务方式多样化。大安市福利中心建设投资大、设施全、环境优，成为我市民政工作的新亮点，近年来完成了部分敬老院的扩建和维修工作，提升对每个敬老院的投资，为提升敬老院管理水平，我们还开展了星级敬老院评比。

3、政策优惠，民办养老服务机构蓬勃发展。我们在民办养老机构用地上都按成本地价提供出让土地，在土地、建设手续费用上能减则减、能免则免，在基础设施配套上水、电、路、讯等方面各部门及时配套到位，我市在 2015 年有立项的民办大型养老机构 2 家。

## 五、关于加快我市养老服务业发展的建议

《中共中央关于全面深化改革若干重大问题的决定》中指出："积极应对人口老龄化，加快建立社会养老服务体系和发展老年服务产业"。当前，我市要以国家相关政策为导向，抓住机遇，制定符合我市实际的政策、措施，促进我市养老服务业的发展。

（一）大力宣传，提高加快发展养老服务业思想认识。一方面充分发挥新闻媒体的宣传作用，引导全社会破除旧的传统观念，树立健康的养老观念、社会化养老的消费理念。大力开展各类敬老孝亲活动，弘扬中华民族传统美德，努力形成"敬老、爱老、助老"的良好社会氛围，推动养老服务业快速健康发展。另一方面加强养老服务体系建设。压缩其他方面开支，把有限的资金向养老服务机构项目建设倾斜。当务之急是加快公办养老机构改扩建，使其及早建成并投入使用。其次是针对城乡不同的实际情况，将老年人活动场所建设纳入城乡发展规划，充分考虑到老年人活动场所的建设需要，合理布局、科学规划，建设完善文化、体育等必要的活动设施。

（二）完善制度，健全我市养老服务体系。《国务院关于加快发展养老服务业的若干意见》（国发〔2013〕35 号）要求"到 2020 年，全面建成以居家为基础、社区为依托、机构为支撑的，功能完善、规模适度、覆盖城乡的养老服务体系。"我市应尽快制定出符合国务院《意见》和吉林省《关于加快推进养老服务业发展的实施意见》的具体实施办法，进一步完善融资政策、土地供应政策、税费优惠政策、补贴支持政策和人才培训就业政策等，通过统筹规划发展城市养老服务设施、大力发展居家养老服务网络、加强养老机构建设、加强农村养老服务、繁荣养老服务消费市场、推进医疗卫生与养老服务相结合等措施，加快我市养老服务体系建设步伐。改善养老服务结构，完善"政府主导、部门协作、社会参与"的养老服务工作机制。进行多元化、多层次的城乡养老服务体系，对市、乡、村三级社会养老服务指导中心分别做出不同规模、不同层次的老年服务业发展规划，加强分类指导，促进整个服务业的发展，解决老年人日益增加的养老服务需求。另外，国家和省提出了"民办公助"、"公建民营"、税费减免等政策优惠原则和鼓励办法，应当抓住有利时机，积极协调有关部门，尽早制定出台《本市加快发展养老服务业的实施意见》，从财政补贴、税收优惠和优先供地等方面对养老机构进行扶持，积极鼓励社会力量多形式、多渠道参与养老服务事业的发展。

（三）加大扶持，努力推进社会养老机构发展。逐步建立稳定的财政投入机制，将养老服务项目纳入公共财政预算，推动财政投入增长年均 10% 以上。积极探索社会投入机制，通过以奖代补、购买服务、贷款贴息等方式，鼓励和吸引社会资本参与养老服务事业发展，提高社会投入占比，形成多元化资金投入机制，满足多样化养老服务需求。要把支持社会力量举办养老机构作为我市今后一段时间发展养老服务业的重点来抓，要努力创造有利于社会养老机构发展的良好环境，通过招商引资等方式引进相关社会力量在我市举办养老机构，力争培育 1 至 3 家在全省有一定规模和影响的养老服务企业。在资金、场地、人员等方面，进一步降低社会力量举办养老机构的门槛，简化手续、规范程序、公开信息，行政许可和登记机关要核定其经营和活动范围，为社会力量举办养老机构提供便捷服务，取消不合理的前置审批事项。社会力量举办的非营利性养老机构享受与公办机构同等待遇。在制定城市总体规划、控制性详细规划时，必须按照人均用地不少于 0.12 平方米的标准，分区分级规划设置养老服务设施。凡新建城区和新建居住（小）区，要按标准要求配套建设养老服务设施，并与住宅同步规划、同步建设、同步验收、同步交付使用。鼓励市内外资本投资我市养老服务业。鼓励个人举办家庭化、小型化的养老机构，社会力量举办规模化、连锁化的养老机构。鼓励民间资本对企业厂房、商业设施及其他可利用的社会资源进行整合和改造，用于养老服务。加大养老服务资金筹措力度。养老服务体系建设中，资金是保证各项养老服务有序开展的关键，坚持以政府投入为主导，积极争取社会力量对老年人事业的支持，是拓宽资金来源渠道的有效途径。首先，积极向省争取养老机构补助资金。市级财政应加大养老服务体系的公共财政投入力度，包括基础设施建设、设备配套和运营补贴等方面，充分发挥政府资金的引导作用和扶持功能。其次，要充分调动社会力量，通过弘扬中华民族传统的敬老美德，提高全社会的慈善意识，创新劝募和捐赠方式，开通多种慈善捐赠渠道，扩大老年人福利资金来源。

（四）强化管理，提升养老机构管理服务水平。加强对全县养老服务机构建设和管理工作的指导，大力推进养老机构标准化、规范化建设，大规模开展从业人员职业资格和专业技能培训，探索养老机构紧缺型技能人才补贴机制，提升养老机构管理服务水平。对养老机构的从业人员和为居家养老服务提供生活照料、疾病护理的从业人员，按公益岗位对待，享受公益岗位从业人员的待遇；对临终关怀型养老服务机构的从业人员，由政府再给予特殊岗位补贴。逐步推行养老服务机构服务人员持证上岗制度，提升服务质量和水平。积极探索建立引入专业社工人才机制，推动养老服务机构设立社工岗位，探索建立护理人员薪酬递增机制。加强对养老机构规范化管理，提高监管力度。提升机构养老服务的质量和水平。完善各类养老服务机构建设标准，明确服务项目和服务方式，做到服务功能标准化。可通过制定和完善各类养老服务机构护理、康复、医疗、娱乐、心理关爱等服务项目的内容和标准，建立健全社会养老机构的各项管理制度，按照民政部《老年人社会福利机构服务规范》要求，加强对养老服务机构规范化管理。民政部门应制定"养老机构服务管理办法"建立养老服务质量投诉机制，要用法律的形式规定服务机构和老人双方的权利、义务、责任，规定事故发生后责任的认定程序及对责任方的处罚办法。避免发生不必要的纠纷。将养老服务机构全面纳入政府监管体系。对极个别有较大安全隐患又无法整改或经营方面存在较大缺陷又不愿进行整改的，应及时制止，责令停办。

（五）加强养老服务专业队伍建设。建立一个全市养老服务从业人员培训基地，对养老服务机构从业人员进行短期的培训。加大宣传，引导和鼓励大中专毕业生、"4050"人员、零就业家庭人员、城乡低保人员、低保边缘人员及其他就业困难人员到养老服务机构就业、再就业。同时发扬服务和仁爱精神，调动和组织各部门干部、党团员、医生、教师、学生和企业家等各类服务资源，建立志愿者服务队伍，定期或不定期为居家老人开展上门慰问、家政服务、流动义诊或保健讲座等各类为老人服务的活动。

# 深化农村财政管理　服务地方经济发展

安徽省阜阳市颖泉区财政局　刘金明

乡镇财政是国家财政的基石，是落实惠民政策的最后一公里。近年来，颖泉区财政局紧紧围绕财政改革发展大局，坚持以服务"三农"为主线，以创建服务型财政所为契机，不断强化乡镇财政资金监管，全面提升农村财政管理水平，有力地推动了农村经济建设和各项社会事业的发展。

## 一、坚持服务先行，高标准开展服务型财政所建设

服务基层，干部先行。在干部队伍建设上，颖泉区财政局坚持以教育培训为先导，以交流互动为载体，以督查考核为手段，狠抓干部综合素质提升。制定了干部培训规划，实施了干部挂职交流制度，组织了文明创建、档案建设、"三资管理"等业务交流活动，下发了财政系统"五个严禁"和《机关效能处罚办法》，不定期开展行风巡查，实现了打牢基础、绩效提升和廉洁安全的目标。在服务型财政所创建上，区农村局开展了"强化学习提素质、创建服务我先行"大讨论活动，让干部在讨论中找准创建工作的切入点和着力点。重点实行"两手抓"。一是抓提升。主要提升服务理念和服务水平。积极开展微笑服务和温馨提示活动，推行"事无大小、从我做起、亲情服务、注重细节"的服务理念。严格执行首问负责制、服务承诺制和限时办结制，设立"工作人员去向牌"，实行"AB"岗轮换制，从制度上规范财政干部行为。二是抓服务。开展了"服务之星"评选活动，激发了干部爱岗敬业热情。为民服务大厅设置了饮水机、老花镜、毛巾脸盆等人性化服务设施；编印了便民服务手册、一次性告知单和便民联系卡，设立了服务咨询台和宣传橱窗，各项制度及业务流程装框上墙，服务窗口设岗定责，实行一个窗口受理，一站式办结，让"小窗口"为群众提供"大服务"。在创建工作氛围上，颖泉区开展了"道德讲堂"、"财政知识大讲堂"、"我来讲一课"、廉政图片巡展和"深入田间、为民服务"大走访等一系列活动，进一步提升了干部素养，形成了创建人人有责、标兵人人争创的良好氛围。

## 二、立足民生根本，全过程保障惠民政策落实

惠民政策是党的民生根本。在惠民资金发放过程中，颍泉区坚持一个"漏斗"向下和"多重审核、系统监控"的发放原则，制定了《"一卡通"操作细则》，标准审核层层把关，部门协作环环相扣，发放流程公开透明，确保了惠民政策精准落实。在政策宣传上，实行年初"一封信"和年末"明白纸"，把政策交给群众，真正让农民懂政策、知程序。为防止挤占、挪用惠民资金现象的发生，区农村局每季度开展一次惠民资金专项检查，查看政策落实情况，现场纠正存在的问题。按照"群众需求是第一信号、准确办好是第一要求、群众满意是第一标准"的工作原则，颍泉区对惠民服务事项进行整合，能够纳入服务大厅的全部实行"一站式"办理。目前，农业综合补贴、良种补贴、农机补贴等惠民资金发放全部实现"数据管理一个网、资金发放一张卡、专业服务一班人"。同时，颍泉区建立和完善了为民服务全程代理机制，村村设立代理点，做到群众办事"小事不出村、大事不出乡"。

## 三、注重绩效提升，全方位实施乡镇财政资金监管

乡镇资金监管是农村财政管理的重头戏，颍泉区在探索中走出了一条乡镇资金监管的新路子。一是坚持制度先行，先后下发了 8 个资金管理制度，扎紧了乡镇资金监管的制度笼子。二是建立了局党组成员联系点、部门联络员、资金科室帮联员和乡镇专管员"四位一体"的帮联会商机制，进一步明确任务，压实责任。三是落实镇办包村干部监管制度，充分发挥包村干部一线监督、就地监管的优势，实现了监督关口前移，重心下沉。四是进一步强化信息通达、公开公示和抽查巡查措施，全面落实部门监管主体责任，资金科室分类建立监管台账，乡镇跟踪落实抽查巡查，措施上实行部门联合督审和"网上晒、全公开"；横向上互通信息、形成合力；纵向上直面群众、下接地气，真正发挥了乡镇财政在涉农资金落实中的追踪者、监督者和矫正者的作用。乡镇资金监管机制实施以来，共监管资金 24.95 亿元，信息通达 2075 次，公开公示 6758 次，抽查巡查 5639 次，部门会商 325 次，开展帮扶 96 次。

## 四、致力规范透明，常态化推进镇村财务管理

在镇村财务管理上，颍泉区重点做到"五个加强"。一是加强"三资"管理。全面开展农村"三资"清理核实，实行新老对照、逐级公开，进一步

摸清家底，明晰产权，真正还干部一个清白，给群众一本清帐。二是加强集体"三资"委托代理。所有村级财务全部纳入"三资"代理服务中心管理，实行村财乡管，给农村集体的"钱袋子"加上了一把安全锁。三是加强村级财务监督。充分发挥村务监督委员会作用，严格落实"四议两公开"规定，积极推进"阳光村务工程"，履行民主程序，实行民主监督。四是加强镇办财务业务互审。区农村局每年开展两次业务互审，查找工作不足和管理漏洞，及时整改纠偏。五是加强"三个清单"建设。全面梳理排查财政工作风险点、关键点和矛盾交织点，科学制定乡镇财政权力清单、责任清单和服务清单，从源头上强化基层廉政风险控管，形成了基层财务管理制度化、规范化、常态化的良好局面。在规范化财政所评比中，全区 6 个财政所全部评为"市级规范化财政所"，其中行流镇等 4 个财政所获得"省级规范化财政所"称号，另外，周棚办事处财政所被评为"第八届市级文明单位"。与之同时，2014年，颍泉区荣获"乡镇财政规范化管理示范县（区）"称号，惠农补贴资金发放、乡镇财政资金监管连续两年被评为全省绩效评价"一等奖"。

# 充分发挥财政政策积极引领作用
# 加快连城县财政经济的发展

福建省连城县财政局　谢　锋　罗永冬　吴丽娟

连城县地处福建省西北部，全县总面积 2579 平方公里，辖 17 个乡（镇）245 个村（社区），总人口 34 万，其中农业人口 28 万，是原中央苏区、革命老区县。由于发展底子差，工业起步晚，人才技术缺乏等诸多因素影响，目前仍属于经济欠发达的山区县。近几年，为促进经济发展方式加快转变、做大财税经济总量，连城县财政部门认真贯彻落实科学发展观，充分发挥财政统筹协调职能，主动落实各级"稳增长"政策措施，立足自身比较优势和发展基础，切实把培植财源、筹集资金以及提升理财作为主要抓手，积极做好"生财""聚财""理财"三篇文章，财税经济呈逐年增长态势，财政综合实力明显提高。

## 一、培植财源之生财篇

围绕县委、县政府"321"产业发展导向，突出抓好光电新材料、旅游和现代农业三大主导产业，不断增强县域产业发展后劲。

### （一）全力主攻新兴产业

一是加快平台建设。支持完善"一园两区"交通、供水、电力、通讯、能源、污染处理的"六通一平"基础设施，加快海峡（连城）光电技术研究院、海峡光电产业园和赛特新材产业园等专业性园区建设。积极探索园区建设新模式，鼓励相关产业龙头企业投资建设产业发展小区标准厂房，按照政府与龙头企业联合运作模式，实行政府与龙头企业合作开发与联合招商，实现以商招商，吸引产业关联企业向相关产业园区聚集。二是重抓龙头企业。大力引进、培育领军企业、龙头项目，生成、集聚一批上下游产品配套关联项目，努力形成产业集群和规模效应。重点培育打造以鑫晶刚玉、晶诚光电等为龙头的蓝宝石以及晶砖、手机面板、智能可穿戴式设备盖板等蓝宝石系列产品生产加工基地，以威廉爱得瓦为龙头的超量子灯泡研发生产基地，以赛特新材为龙头的保温新材料生产基地，以百雀羚为龙头的日化产品生产基地，以达米拉、中触光电、盛威高科、福昕电子等为龙头的新型显示基地，加快欧美留学生同学会创业示范园暨海峡生物医药科技产业园建设，做大做强新奥生物、国通生物医药等龙头企业。同时，大力发展电子商务、商贸物流和文化等新兴服务业，加快北部新城冠谷电子商务产业城规划建设，打造国家级电子商务基地。三是注重招商选资。积极支持招商引资工作，通过进一步完善招商引资优惠政策、优化投资环境、主动承接沿海发达地区产业转移，实现以资源引项目、以项目引资金、以存量引增量，增强招商引资的针对性和实效性。树立"创税"招商理念，在引进项目过程中，综合考虑项目带动能力大小、产业链长短、当前及长期税收贡献大小、环境影响等因素，加强招商项目质量效益综合评估，引进一批产业关联度大、发展潜力强的大项目、好项目。

### （二）推动旅游转型升级

一是加快品牌建设。深化"1个5A、5个4A"旅游品牌创建，确保冠豸山景区成功创建国家5A级旅游区、朋口兰博园成功创建国家4A级旅游景区，抓好新泉温泉小镇创国家4A级旅游景区；推进冠豸山国家旅游度假区规划建设，加快九龙湖景区提升改造、冠豸山至竹安寨景区索道等景区景点项目建设；加强红四军"新泉整训"旧址群、松毛岭战地遗址保护开发；加快乡村旅游发展，大力开发"农家乐"，打造生态自驾游精品路线。二是完善旅游要素。加快旅游配套项目建设，推进游客服务中心、机场商务小区、旅游综合体等项目实施，全面完成观景路道路改造、客家文化公园等项目建设，挖掘和提升我县特色餐饮和品牌餐饮，推进由观光型旅游向休闲度假型旅游的转变。加大旅游宣传营销力度，及时兑现培育冠豸山机场旅游航线、创建星级酒店等财税政策，加大旅游区域协作和电子商务营销力度，盯紧上海、深圳和厦门三大客源地，全方位拓展游客市场。支持举办旅游推介活动，进一步提升连城旅游知名度和影响力。三是激发带动三产。充分发挥旅游业的关联带动作用，拉长旅游产业链条，依托旅游产业带动和促进县域交通、通讯、住宿、餐饮、商业等第三产业的发展，为县域经济的发展注入强大的生机和活力。

### （三）加快发展现代农业

一是提升种养水平。通过加大农业基础设施投入和农业综合开发力度、完善县乡村三级联动的"三农"服务体系、推广农业"五新"技术等举措，不断完善农业发展平台；积极推进省级农民创业园建设，加快万亩现代农业示范园、连城兰花博览园建设发展；培育壮大红心地瓜、白鹜鸭、花卉、竹材和烤烟等特色优势农业产业，积极争创"中国花卉苗木之乡"，推进白鹭鸭、红心地瓜等农产品产地认证、地理标志产品和质量安全追溯管理系统建设；扶持"两个基金"发展，推动农村土地流转和农业规模经营。二是促进产品加工。加快食品加工区及茗匠竹艺、原态农业、红心地瓜等产业化龙头企业发展，大力发展农产品精深加工，鼓励企业争创品牌和知名商标，扶持农民专业合作建设发展，提高农业发展产业化、规模化水平。三是加强市场建设。加快建设现代农产品批发市场和海西连城农产品电子商务城等电子交易平台，大力发展农产品连锁经营、物流配送、电子商务等新型流通方式，扩大农超对接范围，培育新型流通业态。支持农业企业开拓市场，参加国家和省、市举办的农博会、交易会等活动，拓宽农产品发展市场。

## 二、筹集资金之聚财篇

千方百计拓宽财政增收渠道，不断壮大自身财力，切实提高财政支持经济社会跨越发展能力。

### （一）完善收入组织机制

一是落实责任机制。制定征收机关收入考核机制，强化收入征管责任，落实以旬促月、以月促季、以季促年的组织收入工作机制。二是健全协税护税机制。健全地区间协税护税以及税务与公安、消防、发改、水利、林业、国土、"一园两区"管委会等部门的协税护税机制，逐步扩大协税护税单位范围，实行定期联席会议制度，建立企业信息共享平台，使税务部门能够及时掌握税源点税收情况，实现税源全程实时监控，举全县之力堵塞税收征管漏洞。三是加强企业纳税辅导。对已经投产、销售并达到规模企业条件的项目开展投入与产出、产值与税收情况的分析，了解企业纳税情况是否正常，积极帮助指导企业加强会计核算，理顺企业与税收征管部门的关系，使企业自觉履行纳税义务。

### （二）抢抓机遇争取支持

打好"苏区牌""老区牌"，抓住习总书记来闽来岩考察重要讲话精神，用好国家和省级支持苏区老区发展、省级23个扶贫开发工作重点县等特惠性政策，以及上级一系列保增长、调结构、扩内需、惠民生等普惠性政策，加强与上级部门沟通、汇报，争取上级更多的政策和资金支持。关注中央税制改革动向，提高财税政策的预见性和针对性，增强财政工作的前瞻性，最大限度地争取政策红利。

### （三）灵活运用筹资方式

支持"引银入莲"，鼓励金融部门支持县域经济发展。认真对接金融政策，加强与各政策性银行和商业银行的合作，积极策划、包装、生成贷款项目。积极探索建立产业建设发展基金等一些融资成本低、担保模式科学、资金使用灵活的融资产品，努力为全县经济社会发展筹集更多的建设资金。积极探索运用政府和社会资本合作 PPP 模式及政府购买服务，引导民间资本支持经济社会发展建设。大力支持土地收储和征地拆迁工作，有针对性地策划推出成熟地块，主动出击，积极宣传引进有实力的投资者，尽可能多的挖掘土地出让金收益。

## 三、提升绩效之理财篇

进一步优化支出结构，强化预算管理，逐步建立健全
更加合理、高效的现代财政管理制度。

### （一）深入推进财政改革

实行全口径预算编制，建立
"四本预算"之间有机衔接和长效管理机制，健全完善预算体系。开展部门结余结转和暂存、暂付款清理工作，盘活财政存量资金。开展乡镇国库集中支付试点，推进县直部门综合预算和国库集中支付改革。扩大非税收入收缴管理，强化"收支两条线"管理。加强国有资产管理，调整"四大国有公司"管理办法，试行国有公司职业经理人制度，提升国有公司管理运行水平。启动财政信息一体化改革。完善财政预决算投资评审制度。做好财政专户和行政事业单位银行账户清理和分配调整工作。

### （二）加强财政监督管理

加强内部监管，通过积极开展财税政策执行情况的监督检查和开展财政专项资金事前、事中、事后全过程监督等举措，建立健全覆盖政府性资金和财政运行全过程的监督体系，构建法制规范、职责清晰、运转协调、监督高效、公开透明的会计监督长效机制，全面提升财政监督的成效和作用。强化外部监管，严格遵守《新预算法》《会计法》等法律法规，贯彻落实"两公开一监督"制度，扎实推进财政科学化、精细化管理，加大预算信息公开力度，扩大公开范围，推动"阳关财政"建设。进一步推进简政放权，深化行政审批制度改革，规范行政执法行为，推进依法理财。

### （三）以人为本提升服务

提高服务发展水平，通过实时组织干部职工认真学习领会各时期重要会

议精神、开展股（室）业务学习轮训活动、组织干部到兄弟县（市、区）学习考察、鼓励干部提升职称等级等方式，激发干部职工自觉学习的热情和动力，切实提高干部职工政治理论修养，造就一批财政、财务、会计管理工作的行家里手。优化服务发展作风，完善局机关学习、会议、考勤、精神文明创建、机关效能、党风廉政建设等规章制度，落实首问首接、限时办结、服务承诺、一次性告知、预约服务、否定报备等制度，促进干部主动靠前服务发展，实实在在推动发展，确保惠民惠农政策和县委、县政府加快发展一系列决策部署得到全面有效落实。落实党风廉政建设责任制，加强干部职工党性党风党纪和廉政教育，使财政干部正确用好手中的资金分配权、管理权。

# 立足发展大局　提升财政综合实力水平

江西省南昌市青云谱区财政局　况灯明　张雯喆　朗　春

青云谱区位于江西省南昌市区南部，有着悠久灿烂的历史文化和水域风光，是传统的工业制造基地，新中国第一架飞机、第一辆轮式拖拉机、第一辆摩托车和第一枚海防导弹便诞生于此。近几年来，青云谱区社会经济取得了长足发展，作为政府职能部门，青云谱区财政局在其中发挥了重要的作用。

2010 年，全区财政总收入迈上 10 亿元台阶，是 2005 年的 2.7 倍。

2011 年，全区财政总收入实现 11.38 亿元，超过 2010 年全年总量 58 万元。

2012 年，全区财政总收入突破 27 亿元，首次进入全省十强，在全省 100 个县（市、区）中排名第 10 位，比 2011 年排名上升了 2 位，财政实力跻身全省前列，顺利实现了进位赶超。

2013 年，全区财政总收入突破 30 亿元，这是继 2010 年突破 10 亿元、2011 年突破 20 亿元之后，再一次迈上新的台阶。

2014 年，全区财政总收入实现 37.36 亿元，在全省 100 个县（市、区）中排名第 9 位，这也是历史最好成绩。

自 2010 年以来，青云谱区财政局先后被市委、市政府授予"南昌市文明单位"，被授予"巾帼文明岗"称号；被江西省财政厅授予"全省财政新闻宣传工作先进单位"和"市财政部门网站宣传工作先进单位"称号；被江西省总工会授予"全省模范之家"、被江西省妇联授予"江西省妇女小额担保财政帖息货款工作先进集体"、被南昌市政府授予"全市就业先进工作单位"称号；被南昌市财政局授予"全市财政系统信息工作先进单位"称号，2010 年至 2014 年连续五年蝉联县区财政局综合目标考核一等奖的好成绩；同时，也连续多年被青云谱区委、区政府授予先进工作集体、精神文明先进单位、综合治理工作先进单位、区级文明单位等荣誉称号。

## 一、立足源头，大力开辟新型税源

青云谱是一个以工业为主的城区，是工业铸就了它的辉煌。近年来，随着南昌市行政区域划分和政策调整，青云谱区也面临着产业转型升级的选择，只有在保持传统工业优势的同时大力培育第三产业新的经济增长点，才能开辟新税源。

近两年来，受城区发展空间限制影响，青云谱区部分主要工业企业的投资重点和发展区域发生了急剧变化，一些工业企业的制造产品生产线陆续"退城进郊"，财政税收也随之"外迁"，这对于以工业企业为主导税源的青云谱区来说无疑是巨大的危机。面对这种局面，青云谱区财政局深入开展各类税源企业调研，并全面结合全区开展的"阳光驿道"活动，及时发现并帮助企业解决生产经营过程中遇到的困难和问题。

与此同时，青云谱区财政局努力优化各项办事流程，不断提高办事效率，全力营造优良的企业投资发展环境，通过加大招商引资力度，大力引进第三产业优质税源。如今，北京王府井城市综合体、大唐西市文化产业园、深圳农产品昌南物流中心三期、干鲜果品大市场等一批产业项目已经落户青云谱区。红星美凯龙城市综合体和投资总额约10亿元的电子商务产业园、投资总额约5亿元的岭南国际电子商务产业园2个电商产业园也在进一步的合作洽谈中。这将全面优化青云谱区的税源结构，进一步加大第三产业所占财政税收比重，全力拉动青云谱区产业转型升级发展后劲。

此外，青云谱区财政局还紧紧盯住了"互联网＋创新创业"新业态，充分发挥财政资金的支持导向作用，对互联网产业，对园区、企业和机构技术研究和公共服务平台建设、互联网创新创业孵化平台建设以及企业的市场开拓等进行财政补助，促进各类"涉网"小微企业苗壮成长，在青云谱区掀起了"精英创业"、"大众创业"、"草根创业"百花齐放的新浪潮。

到今天，青云谱区财政已基本形成了以工业为主体财源，以第三产业为新兴财源，以县域经济为基础财源的良性循环的财源结构。

## 二、立足民生，全力保障政策落实

青云谱区财政局按照"保民生、保稳定、促发展"的工作原则，大力优化支出结构，严格预算执行、控制预算追加，努力压缩一般性行政支出，严格控制"三公"消费，切实把更多地新增财力投入民生领域。2007年，青云谱区全年共投入资金4493.58万元用于民生工程建设，占当年全区财政支出的12.83%。到2014年，全区民生支出达到79092万元，占全区公共财政预算支出的62%，8年间，青云谱区公共财政支出重点已全面转移到教育、医疗、就业、社保等民生领域。义务教育学校办学条件逐步实现均衡发展、企业退休人员养老金，低收入群体及优抚对象的保障水平实现逐年提升、帮助困难群体就业所提供的再就业资金及小额贷款担保金实现逐年增长。

2010 年以来，青云谱区财政局积极创新工作思路，在全市率先试点阳光低保听证会，把低保评审权交给广大群众，让群众参与评议，参与监督，有效杜绝了"人情保"、"关系保"以及优亲厚友弄虚作假现象发生，让低保救助在阳光下运行。2010 年至 2014 年，青云谱区财政累计发放城乡低保 1.53 亿元，并以每年 10% 的增幅连续 5 年为城乡低保保障提标，确保了城市居民低保资金的按时到位，解除了他们生活上的后顾之忧。

另外，青云谱区财政局还通过发放再就业资金补贴及小额贷款担保金，促进辖区中小企业和个体私营等非公有制经济的发展，以劳动者自主创业带动就业工作的展开。同时，青云谱区财政局还联合区民政局、区就业局，通过开办珠花制作、家政服务等 9 个特色培训专业，为城市低保户提升求职自立能力。近几年青云谱区共举办各类培训班 300 多期，培训近 5 万人次，有效加强了低保对象的自立能力建设，实现了城市低保最终目标。

## 三、立足改革，不断完善管理方式

时代在发展，社会在进步，市场经济发展对传统的财政支出模式提出了挑战。近年来，青云谱区财政局始终坚持向改革要动力，以敢于创新的勇气，振奋精神、抢抓机遇，努力突破传统财政管理方式，为经济和社会发展提供有效财力保障。

一直以来，"三公"经费似乎成为了各部门不能公开的秘密，普通老百姓不知道，人大代表也不清楚。而青云谱区财政局却通过青云谱区政府门户网站，主动向社会全面公开了政府预算、部门预算以及"三公"经费预算，主动迈出了财政预算公开透明第一步。同时要求各预算单位在预算资金下达的 20 个工作日内将部门预算通过区门户网站进行全部公开。另外，青云谱区财政局还在不断完善部门预算编制工作，牢固树立"过紧日子"的思想，坚持贯彻厉行节约，严控行政公用经费增长，严控行政机关出国（境）经费、车辆购置及运行费、公务接待费增长，严控"楼堂馆所"建设和一般性支出增长，重点保障教育、医疗卫生、社会保障等民生领域的预算安排。

随着青云谱区经济社会的不断发展，运用 PPP 模式盘活社会存量资本势在必行，这有效弥补了财政投入不足、有力破解了经济社会建设项目资金难题，对于防范和化解政府性债务风险能也起到了积极作用。为此，青云谱区正在积极推进 PPP 融资模式改革。一是明确了组织领导。成立了 PPP 项目专职运行机构，抽调精干力量成立 PPP 工作组，由副区长为组长，各个相关单位为成员，按照职能分工，负责相关领域具体工作，建立健全相关的工作制度和机制。二是建立了 PPP 项目库。将 PPP 项目按经营性、准经营性和非经营性分为三大类，对项目按照名称、内容、规模、总投资、PPP 操作模式、社会资本情况、项目进展情况等基本内容按在建项目和拟建项目进行分类。利用项目库对各类项目进行管理，以确定项目的合作方式，及时跟踪调度、梳理汇总项目实施进展。三是加强了政策宣传。一方面，及时向省财政厅、市财政局等上级部门对接沟通宣传 PPP 工作外，还多次与各大银行进行沟通，组织区级各银行参加财政部专家讲授的 PPP 及其财政风险管理相关知识的学习，使上级部门和广大公众及时了解我区 PPP 工作动态，充分调动社会参与的积极性。

目前我区已和中建一局有限公司签订了总额为 30 亿元的战略合作协议。

全面推进税源综合管理改革也是近两年来青云谱区财政局的一项重大改革。自 2014 年开展该项改革工作以来，青云谱区财政局在税源经济综合管理方面已取得了阶段性成效，具体体现在以下"三个一"：即建立了"一个体系"，初步建立了税源管理工作体系。成立了由区分管领导任组长，相关单位负责人为成员的区税源经济综合管理改革工作领导小组，相应成立了税源经济综合管理领导小组，调整、充实成立了"经济发展办公室"，结合项目、楼宇、商铺聚集度等因素设立了以区级为一级网格，街办、镇、园为二级网格，社区为基础单元共 100 个三级网格，以完善的组织体系确保税源经济管理工作的顺利开展；制定了《青云谱区综合治税信息平台建设工作实施方案》、《考核奖惩办法》和《保密规定》三个配套文件，设置了统一规范的工作流程图，编印了《宣传册》，将纳税范围、优惠政策、办证和纳税流程等内容向纳税户宣传到位，营造了良好的税源经济综合管理改革氛围。开发了"一个系统"，全面开发了税源管理信息系统，包括功能确定、涉税信息采集、信息录入、派单处理等功能。为提高系统数据的可靠性和操作性，还通过采取系统和人工相结合的方式，对采集到的信息进行多方比对、反复核实、不断调试，确保了系统数据的准确性，为税源经济综合管理改革工作在全区全面铺开打下了坚实基础。进行了"一个试点"，着手试点了个体零散税源的委托代征，统一了个体零散税源档案，做到底数清、税源明。同时规范了工作流程。一方面，实行阳光定税，建立了民主评税、定税公示以及引入第三方评税等机制。另一方面，严格按照代征流程开展工作，做到依法征税。

长期以来，政府各部门多头开户、资金分散管理的现象十分普遍，青云谱区财政局则积极推行将会计集中核算向国库集中收付制度转变，实现国库单一账户体系。从根本上缩短了财政资金拨付的在途时间，从源头上预防了资金在拨付过程中被截留、转移、挪用的现象发生。

随着这一系列改革创新的推进，青云谱区财政效益提高，活力十足，为完全实现公共财政管理体制奠定了坚实的基础。

## 四、立足文化，打造廉洁干部队伍

让财政干部在好学、敬业、诚信、宽容的机关文化氛围中工作，这是青云谱区财政局近年来常抓不懈的一件大事。

财政部门每天都在和钱打交道，为做到"不湿鞋"，青云谱区财政局定期召开干部警示教育大会，开展拒收"红包"专项整治工作，尤其重点学习"当干部就不能收红包，收红包就要丢官帽"等通俗易懂的警句。除此之外，青云谱区财政局还从单位实际出发，不断完善各项监督制度，健全各项内控制度、科室岗位责任制度、业务工作流程等有效防控规章制度，规范会计基础工作，做到监督过程有章可循，真正做到切实把预防腐败的各项工作落到实处。

此外，青云谱区财政局还十分重视打造财政文化，形成了"八字局风"：创新、规范、勤廉、高效；培养了"六项能力"：思、说、写、算、辩、行；提倡了"五种品德"：心平、身正、骨傲、语亲、行善。在积极打造财政文化的过程中，逐步培育出浓厚的财政人文气息，构建起独具特色的财政文化体系，使财政文化成为青云谱区财政的一大特色和亮点。

青云谱财政人正以勇于创新的精神，昂扬的斗志立足于发展大局，在广大财政干部的奋力拼搏下，青云谱财政人必将坚定信心，为实现市委、市政府提出的"四个强起来"作出青云谱区财政人不懈的努力和应有的贡献！

**作者简介：**

况灯明，男，1975年6月生，党员，1996年7月参加工作，研究生学历，经济师、注册会计师、注册造价工程师、注册一级建造师（房建、公路）、江西省建设施工类招标评标专家成员。现任江西省南昌市青云谱区委财经工作领导小组办公室主任、区财政局局长。

# 健全财政监管体系　强化县级财政管理体制

江西省寻乌县财政局　邱运林　陈　曙

## 一、新时期加强我国县级财政管理工作的重要意义

### （一）是推进"三农"改革的必然要求

之所以说新时期加强我国县级财政管理工作是推进"三农"改革的必然要求，主要是因为以下几点：第一，我国党中央、国务院历来对"三农"工作都非常重视，一方面加强了农村经济发展的总体战略规划，另外一方面也在不断加大对农民肩负的措施，此外，还积极从县级财政管理工作的实际入手，强化资金使用效率和收益率，完善财政相关制度体系；第二，县级财政管理工作是一项较为复杂的基础性工作，不仅是上级财政管理的"前台"，而且也是整体财政管理体系的"基石"。

### （二）是经济新常态下深化经济领域改革的重要环节

在当前经济新常态下，深化经济领域各项改革已经成为社会关注的热点问题之一，就县级行政管理区域而言，财政领域的改革不仅具有现实的实际意义，而且具有深远的影响意义。首先，县级财政管理工作对促进小微实体经济的发展具有重要的导向作用，能够最大限度的激发其内在活力；其次，县级财政管理工作能够切实保障基层经济运行的整体稳定性，达到稳定增效的作用；再次，加强县级财政管理工作也为进一步优化、强化、固化行政体系，推进制度建设等各方面提供积极的帮助。

## 二、新时期我国县级财政管理工作中存在的困境

### （一）县级财政转型中收支矛盾突出

通过综合比较分析不难发现：当前，我国大部分的县级财政管理在转型过程中，都出现了一个共同的问题，即一般的预算收入满足不了一般预算支出，换句话说，收支不平衡的现象非常普遍，部分的县级财政还担负有较大的债务负担，短时间内的运行效率令人堪忧。就其原因主要有以下几点：一是在部分项目的规划投入方面缺少科学的论断，导致项目投入过于盲目，影响了后续资金的回收问题；二是脱离了本地区的财政承受力，盲目的透支财

力，导致经济调节能力不足；三是个别县级财政机构人员臃肿，导致费用开支过多。

**（二）　县级财政管理流程及体系相对不够健全**

县级财务管理的严谨性较之从前确实有了极大程度的提高，制度规范制定合理，落实也相对到位，多数县级机构能够保证人员在岗率，在财务监管方面也能做到及时有效，但是，如果从工作流程的顺畅程度来分析，从工作体系的分工协调的科学性来分析，则存在一些问题，体现在：一是岗位之间的工作衔接不够高效，层级不明确以及工作存在一定的交叉是诱因之一，反映出部分县级财政部门的岗位职责制定及分工协调存在不足；二是过分依赖固化的思维或者经验进行工作分工而忽视了自身实际情况，导致分工后的工作效率较低；三是由于部分县级财政管理体系因为历史原因，遗留了一些难以解决的桎梏，导致了体系建设的再调整难度较大；四是很多县级财政管理体系过重视硬件系统、电子系统体系的升级换代，而忽略了内部管理体系的不断优化调整，从而造成了县级财政管理流程及体系发展相对滞后的现状。

**（三）　县级财政机构的操控能力偏弱**

县级财政机构的操控能力偏弱已经是一个不争的事实了，首先，综合人员的素养不高，本科以上学历的工作人员虽然有了较大比例的提高，但是，部分县级地区还在聘用一些社会教育机构毕业的人员，在财务管理、行政管理、档案管理等环节上的专业人才非常匮乏；其次，工作人员的结构也相对复杂，有的是专业的地方干部，有的是事业编制的工作人员，还有补充过来的临时人员，因此，在管理上难度较大，在整体工作能力提升上也有很大障碍；再次，随着互联网和电子化的改革进程，各地行政办公条件都有了很大提高，但是，部分县级地区还存在基础配套较少、办公条件较差、自动化程度不高等诸多问题，在经费保障上也有很多的不确定性；最后，鉴于县级财政功能存在很多短板，因此，县级财政机构的操控能力想在短时间内有一个较大的提高，难度也是不小。而长期下去，势必会影响县级财政管理机构的健康可持续发展。

## 三、新时期解决我国县级财政管理工作中困境的几点对策

**（一）　从流程管理入手，夯实县级财政税收来源**

要夯实县级财政税收来源，可以采用流程管理的思维模式，从优化结构

作为突破口，以强化细节管理作为核心点，以实现最优化结果作为落脚点，具体来说包括：一是要以发展县域内的经济实体作为根本要素来重视，一方面保证各经济成分的比例结构和健康程度，另一方面要突出重点、突出特色，找到具有全局影响性的关键项目，这样有利于克服县级财政困难的状况；二是要以农业经济作为主攻方向不动摇，围绕农业建立健全配套的服务体系、流动体系、生产体系、再加工体系等，切实增强农业对财政税收的贡献率；三是要盘活当地的劳动力市场，剩余的农村劳动力要想办法进一步转移到城镇，提高农民的实际购买力。

### （二）从体制建设入手，强化县级财政管理体制

从体制建设入手，强化县级财政管理体制是摆脱当前困境的另一个重要的方式。首先，要从内部预算管理部门入手，通过加强预算管理，提高内部资金运营管理效率，禁止为了增加收入而乱收费，同时，由于县级政府工作的繁杂性，县级部门预算改革不适合全面采取零基预算，而应该以项目预算和国库集中收付制度为主，对部门重大支出和专项支出坚持零基预算与项目预算管理结合进行；其次，从规范转移支付制度入手，通过改革调整，让县级税收体系更完备，逐步扩大地方税收范围和规模，特别是在转移支付时，要特别注意操作的公平性和合规性，配套资金的使用、免除、合并等环节；再次，在税费改革方面要加大力度，要彻底解决"三乱"问题，依靠的不仅仅是国家层面的转移支付支持，还要依靠基层，特别是县级层面的力量，因此，要综合考虑县级层面的短期利益和长期利益的关系，也要考虑县级财政的实际承受能力。

### （三）从行政规划入手，提高县级财政管理水平

从行政规划入手，提高县级财政管理水平也是提高我国县级财政管理整体水平的重要方面。一方面，自上而下来说，县级财政应及时调整和完善乡镇财政管理体制，强化乡镇财政所对村级财政资金和预算外资金的监督职责；另一方面，自下而上来说，县级财政要积极配合上级财政管理的整体安排和要求，做好内部行政垂直条线的管理和平行业务岗的整体管理工作。同时，外部要切实加强财政监督的频次和力度，最大程度的优化和保障县级财政职能的履行和实现，不仅要运用外部力量抵制影响县级财政管理提升的外部不良风气，扼杀寻租活动等腐败行为，而且也要让审计部门和相关法律部门发挥积极作用，对业务合规进行审核，对工作计划进行指导，对程序流程进行审查。

# 强化绩效管理 提升资金使用绩效
# 构建和完善全过程预算绩效管理体系

山东省济宁市财政局 姚 勇 于俊玲

近年来，济宁市按照财政部、省财政厅统一部署和建立全过程预算绩效管理机制的要求，围绕构建"预算编制有目标、预算执行有监控、预算完成有评价、评价结果有反馈、反馈结果有应用"的管理体系，不断加强领导、健全机制，完善制度，积极试点，着力推进预算绩效管理，在管理体系、管理模式、管理范围和指标体系完善等方面取得了明显成效，以支出结果为导向的预算绩效理念在全市上下逐步形成，从而推动公共财政管理体制的全面完善、资金使用效益的提升。

济宁市预算绩效管理工作的开展，可以分为三个阶段：一是自 2006 年开始建立了财政投资评审体系，逐步开展了财政支出项目的事前、事中、事后全过程评审。目前，市县两级建立了完整的投资评审队伍，在评价机制、评价方法、评价模式等方面相对比较成熟。开展投资评审，初衷并非为了实行预算绩效管理，而是为了完善财政投资性支出的管理，但客观上加强了财政资金的监督管理、促进了财政资金的跟踪问效，这是我市推行预算绩效管理的一个基础和开端。二是自 2012 年开始的财政支出绩效评价试点阶段。2012年 10 月，市财政局印发了《济宁市市级财政支出绩效评价管理暂行办法》，组织部分市级预算部门开展绩效评价试点工作，以绩效评价为切入点的预算绩效管理试点工作在市级层面逐步开展。三是全过程预算绩效管理阶段。2014 年初，在认真分析研究当前深化财税体制改革面临的新形势、新要求的基础上，全面总结之前试点经验，针对单纯的事后绩效评价存在"为评价而评价、与预算管理结合不紧密"等问题，确定了"以绩效目标管理为抓手，以绩效评价为核心，以绩效结果应用为目的"的全过程预算绩效管理工作推进思路，并推动各项工作逐步深化，有关做法走在了全省前列，也得到山东省财政厅的一致认可，2015 年 8 月份，山东省预算绩效管理工作会议暨 2015年第一期预算绩效管理知识培训班在济宁市汶上县召开，济宁市的先进经验在全省推广。

## 一、坚持高起点定位，着力健全"一个机制"

济宁市党委、政府高度重视财政预算绩效管理工作，多次召开专题会议研究，将加强预算绩效管理作为深化财政体制改革重要内容，列入市委全面深化改革的意见，在全省率先出台了《关于进一步深化财政改革 加强预算管理的意见》，加快建立全口径预算制度，逐步形成收支完整、相互衔接、有机统一、保障有力的政府预算体系，全面推进预算绩效管理工作。

面对当前经济下行压力加大、减收增支因素增多等不利形势，我们加强政策研究，强化源头控管和制度约束，确定以预算绩效管理为突破口，统筹推进部门预算、财政评审、政府采购、国库集中支付等系列改革，使各项措施有机结合、配套联动，在发挥绩效目标先导性、基础性作用的同时，以绩效评价为核心，以评价结果应用为抓手，将绩效管理覆盖预算编制、执行、监督全过程，形成了"用钱必问效、无效必问责"的监管机制，有效提升了财政科学化、精细化、规范化管理水平。

## 二、坚持高标准规范，着力完善"两个体系"

在推进预算绩效管理改革过程中，更加注重改革的系统性、整体性、协同性。

一是完善制度体系。济宁市紧密结合实际，坚持制度先行，从管理制度和操作规程两个层面建章立制，制定出台了《济宁市市级预算绩效目标管理暂行办法》《济宁市市级财政支出绩效评价管理暂行办法》《济宁市市级财政支出绩效运行监控管理暂行办法》《济宁市市级预算绩效评价信息公开暂行办法》《济宁市县级财政部门预算绩效管理工作考核暂行办法》等管理办法，并结合具体工作制定了目标审核工作方案、绩效评价实施方案等配套操作规程，为预算绩效管理提供了有力制度保障。

2015 年 12 月份，出台了《济宁市人民政府关于全面推进预算绩效管理的意见》，进一步明确了部门职责分工，规范了预算绩效管理工作，提高了制度层级，加大了督导力度，为全市深化预算绩效管理改革规划了蓝图、指明了方向、奠定了基础。指导县市区建立了规范的制度体系，如汶上县、兖州区率先出台了管理意见和相关制度办法。建立了与现行预算编制、执行、监督等制度有效衔接、涵盖全过程预算绩效管理各个环节的制度框架，形成了较为系统、完备的制度体系，为预算绩效管理提供支撑。

二是完善管理体系。明确财政部门、预算部门预算绩效管理工作主体地位，积极组织相关专家参与，大力推进第三方独立评价，形成部门自我评价、财政重点评价、第三方独立评价相结合的评价体系。加强绩效指标体系建设，从指标内容、权重设置、评价标准等方面不断完善，使财政绩效评价工作常态化、规范化，确保取得成效。加强财政内部工作体系建设，整合财政内部资源，济宁市财政投资评审中心加挂财政预算绩效管理中心牌子，成立济宁市财政局预算绩效管理领导小组，并建立了内部联席会议制度，初步形成预算绩效管理中心统筹协调、内部相关职能科室分工负责、共同推进的预算绩效管理工作格局。济宁市下辖 11 个县（市、区）中，汶上县、兖州市设立了绩效管理专门工作机构，其中汶上县为全面强化预算综合管理，成立了全省首家统筹预算内外管理的综合机构－汶上县财政预算管理局，内设预算绩效管理科，兖州区财政局在财政监督科的基础上加挂了绩效管理办公室牌子；其他县区也均已明确有投资评审中心或预算科牵头负责。部分县（市区）如汶上县、曲阜市、微山县等财政部门成立了由主要负责同志挂帅、领导班子成员分工负责、相关业务部门负责人参加的预算绩效管理工作领导小组，强化对绩效管理工作的统一领导和组织协调，为工作推进提供有力的组织保障。

### 三、坚持高质量要求，着力强化"三项工作"

注重绩效目标与绩效监控、绩效评价的前后贯穿和有机衔接，全面提升绩效管理整体效能。

一是强化绩效目标管理。2014 年起，在部门预算编制系统中嵌入预算绩效目标管理模块，试行绩效目标与部门预算同步部署、同步编报，年度拨款 200 万元以上的发展类项目全部申报绩效目标，对年度拨款 500 万元以上的项目实施绩效目标审核、批复，有效促进了绩效管理与预算编制的深度结合。2014～2015 年度，市级共审核批复绩效目标管理项目 184 个，涉及财政资金 66.6 亿元。汶上县自 2013 年开始，要求预算部门对财政拨款 100 万元以上的社会发展类专项资金全部申报预算绩效目标，经审核后，与部门预算一并下达；兖州区对 500 万元以上的项目实行了绩效目标管理。

二是强化绩效监控工作。2015 年，济宁市本级选择了扶贫开发专项资金、义务教育阶段学生营养改善计划等 7 个绩效监控试点项目，涉及财政资金 3.6 亿元。逐步推进绩效运行监控试点，扩大财政资金绩效跟踪监控范围，做好绩效信息的采集和分析工作。对绩效目标运行情况进行跟踪管理，实现与预算执行的衔接与对接。加强绩效监控的动态反馈，重点监控是否符合预算批复时确定的绩效目标，提高监控的指向性和针对性。

三是强化绩效评价实施。自 2013 年以来，组织开展市党委政府关心、社会公众关注、与部门职能密切相关的评价项目 184 个，涉及财政资金 25.03 亿元，出具了项目评价报告，发现问题 400 余条，提出整改建议近 500 条，并及时反馈项目单位；在开展项目绩效评价的基础上，选取了部分市直部门开展部门整体支出绩效评价，不断拓展绩效评价领域；大力推进第三方独立评价，在重点评价项目中选取 50% 的项目，委托第三方独立开展评价，进一步提高评价结果的科学性、客观性、公平性。在做好济宁市本级绩效评价的同时，指导县区积极开展绩效评价，目前，全市近 90% 的县区按照先易后难、由点及面、稳步推进的原则，从重点项目绩效评价入手，逐步拓展评价范围。

## 四、坚持高效率推进，着力强化"四个结合"

一定意义上说，绩效评价结果的反馈、应用，既是预算绩效管理工作的出发点和落脚点，同时也是高效推进预算绩效管理工作的重要手段。

一是强化评价结果与反馈、报告相结合。将具体项目评价结果及时反馈给资金使用单位，并督促其整改。将专项资金评价结果向政府、人大报告，为领导决策和实施监督提供参考，为专项资金管理办法的完善、财政支出结构的调整提供依据。

二是强化评价结果与预算安排相结合。加大绩效评价结果对下一年度预算的指导性作用，形成直接的影响，而不是仅仅停留在对预算安排的参考层面，逐步使之成为预算决策科学的主要依据。发挥结果导向作用，对绩效评价结果不好的项目支出或同类型的支出，原则上，在下一年度预算安排时以评价结果为依据进行调减，切实发挥绩效评价结果对预算安排的影响作用。根据绩效管理建议，2015 年济宁市市本级共调减相关项目预算近 7000 万元，预算安排更趋科学合理。

三是强化评价结果与日常预算管理相结合。针对绩效评价发现的因管理制度不健全、不完善，导致项目实施、资金使用存在问题的情况，督促被评价单位健全完善相关管理制度，规范预算资金程序和使用方式，提高资金使用效率和预算管理水平。

四是强化评价结果与绩效问责相结合。明确财政资金使用主体的责任，研究建立绩效问责制度。充分运用绩效评价结果来实施奖惩和问责，本着"谁用钱、谁负责"的原则，对在预算编制和执行过程中，由于工作原因导致预算绩效管理未达到相关要求，致使财政资金配置和执行绩效未能达到预期目标或规定标准的部门（单位）及其责任人员，进行绩效问责，建立健全工作审核评价机制。

新修订《预算法》的施行和预算管理制度改革的逐步深化，要求预算绩效管理在培养财政绩效观念、完善财政预算管理、有效提高政府治理能力等方面应有更大、更积极的作为。济宁市将按照上级和法规政策要求，积极探索、大胆实践，在更高层次和更高水平上全面推进预算绩效管理工作。

**作者简介：**

姚勇，男，山东省济宁市财政预算绩效管理中心工作人员。自济宁市启动预算绩效管理改革之初即从事相关工作，是全市预算绩效管理改革相关制度文件的主要起草者，也是预算绩效评价实践和第三方独立评价的积极推动者，组织开展了多项市级预算项目支出绩效评价、预算部门整体支出评价和有关财政政策综合评价工作。

# 实现预算依法管理 促进地方经济发展

湖北省蕲春县财政局 徐建煌

享有"经济宪法"之称的新《预算法》自 2015 年 1 月 1 日正式实施。标志着财政部门进入以法治思维和法治方式推进改革，加快构建现代财政管理制度，保障经济社会健康发展的新阶段。我县财政部门把贯彻落实新《预算法》与深化财政改革有机结合起来，积极支持经济发展，促进政府职能转换，大力组织财政收入，优化财政支出结构，规范单位收支行为，不断提高预算管理水平，推进了依法行政、依法理财，促进了全县经济社会全面和谐发展。

## 一、学习贯彻新预算法的主要做法

（一）多层面组织学法，增强了依法理财的自觉性和主动性。一是开展媒体宣传。充分利用会议、网络、电视等形式，大力宣传了《预算法》及相关法律法规，在财政与编制政务公开网和局内网上开辟预算法学习专栏；二是举办学习讲座。2014 年局长作了《预算法》专题辅导报告，2015 年又请中南财经政法大学王金秀教授为全县科局级以上干部、财政税系统中层以上干部讲授新预算法，请县法院法官讲财政部门如何防犯渎职罪等职务犯罪；三是系统精学实践。把学用《预算法》列入本系统年度干部职工培训的重要内容，预算、国库的业务骨干讲《预算法》业务，请县人大预决算审查委员会主任讲新法要求。让每一位干部职工都能学法和用法，从而做到依法理财，依法管理。在实际工作中，严格按照《预算法》的规定和程序编制预算和执行预算。近年来，我县预算编制和执行的水平不断提高，得到县领导和各部门单位及社会各界的广泛好评。

（二）依据《预算法》的规定和要求，完善规范了财政管理制度。《预算法》颁布实施以来，我县财政部门高度重视并认真贯彻执行，从部门预算编制与执行，从财政资金的分配与使用，从财政政策的落实与监管等方面，先后制定和完善了系列制度和规定，增强了管理的责任意识，较好地保证了财经法纪和廉政法规的落实。先后制定出台了《蕲春县部门预算编制方案》、《蕲春县综合财政预算管理规定》、《财政性资金支出管理规定》、《蕲春县完善国库集中支付和预算单位财务核算的相关规定》、《权责发生制政府综合财务报告试编方案》等一系列规范性文件，增强了预算编制与执行的科学性、完整性、公开性、公平性、严肃性，提高了财政的管理水平，防范了财政管理的风险。

（三）依法增收控支，增强财政科学统筹管理能力。在组织收入方面，坚持依法治税，县委、县政府把组织财政收入作为工作的重中之重，在重要时间节点召开征收专题分析会、督办会，注重加强财政、税务、银行、国库、纳税企业之间的联系；财税部门根据经济发展和税源情况及早分解落实好收入计划，协助征管部门组织收入，强化和完善税收征管手段，加大对重要税种及税收大户的税源监控，每月定期编报收支分析，对单位预算外资金全面推行"收缴分离、票款分离"，全额纳入预算管理，大力堵塞收入的"跑、冒、漏、滴"现象。多年来，我县财政收入均保持了较高速度的稳步增长。在加强支出管理方面，全县所有行政事业单位实行部门预算编制，实现预算内外收入统编，财政供给标准统一，政府财力全面统筹，公用经费比例统降，支出国库集中统付的"五个统一"。牢牢树立"过紧日子"思想，坚持"一要吃饭，二要建设"的原则，严格按照保工资、保运转、保稳定、促发展顺序安排好支出，不断调整和优化财政支出结构，保障民生支出，民生支出占一般预算支出的比例连续几年保持在75%以上。在严格预算执行方面，推行了财政性资金"一支笔"审批，严控预算之外的支出审批，预算调整事项依法办理，全面实行预算信息和三公经费公开，接受社会各界的监督。严格控制"人、车、会、话"经费、接待费等一般性支出，提高对公共领域和公共服务的保障能力，重点确保人员工资、社会保障、城市基础设施、农业、教育科技、医疗卫生、经济发展等支出需要。

（四）依法推进财政改革，促进了财政事业的发展。我局严格按照《预算法》的相关要求，坚持解放思想、与时俱进、开拓创新，以建立适应社会主义市场经济的公共财政运行体系为目标，全面推进财政各项改革，以改革促发展。

一是继续深化部门预算改革。部门预算自 2006 年试点以来，已实现了全覆盖，2014 年首次将单位的非税收入纳入预算管理，2015 年实行全口径综合财政预算，同时编制政府基金预算、国有资本经营预算和社保基金预算。预算的完整性、准确性和透明度都有了增强。

二是积极开展国库改革试点。我县国库集中收付中心自 2008 年正式运作以来，不断扩面和规范，全县所有一级单位和 90% 以上二级单位实行国库集中收付，2015 年推行五项举措，深化国库集中支付改革，启用新的支付系统，增强了预算单位的管理主体责任，提高了资金支付的安全性和快捷度。

三是创新财政监管机制。我局从制度上加强财政监督管理，完善监督制度。制定了《蕲春财政资金管理暂行办法》，全县各单位推行民主理财"三章分管"的作法，规范支出报帐。严格财政收支监督，加强对单位财务收支活动的会计监督，提高会计信息质量。开展专项检查和预算绩效评价及政府投资评审，堵塞工程项目资金管理上的漏洞，提高了财政资金的使用效益。

## 二、《预算法》实施工作中存在的主要问题

1、收支矛盾突出，财政资金调度难。近年来，国家税收体制改革力度不断加大，税收重点由流通环节向生产环节转变，实行结构性减税政策，对我县税收影响较大。仅提高个体纳税人起征点和小微企业所得税免征政策，全县一年要减税1800万元。我县个体及小微企业纳税户将由2014年的2600户，减少到700多户。实行营改增后，地方主体税收营业税逐步改为增值税，留给地方的小税种都是一些税源不稳定，难以收取的税收，导致地方财力没有保障。

同时，地方政府收支压力大。一方面，我县为国家级贫困县，财源结构不优，骨干财源支撑不足。如2014年我们一般公共预算收入和税收收入达到10亿。但从税收结构来看，第三产业提供税收6.9亿，占69%，但房地产税收就占2.31亿元，占三分之一；从151家规模企业提供税收来看，过千万只有2家，过500万只有3家。特别是新开工、新投产的企业屈指可数，新的税收增长点缺乏，县级财政收入增收乏力。另一方面，随着各项改革政策的出台，地方政府面临着刚性增支，工资制度改革、公务员的津补贴增加、机关事业单位养老保险改革增支政策，进一步加大县级财政困难，财政收支矛盾十分突出。

2、地方政府的支出责任过大。在社会主义市场经济条件下，应该由中央政府支出为主的义务教育、基础科研、公共卫生、基本医疗、社会保障、文化事业等经费，但地方政府却承担了主要支出。在地方财力不足的情况下，支出难到位，在某些领域甚至将支出责任推向了市场，淡化了社会事业的公益性。

3、转移支付结构不够合理。转移支付应该以一般性转移支付为主，专项转移支付为辅。要转变专项转移支付规模过大问题，充分调动地方统筹安排财力积极性。同时要减少地方配套资金，缓解地方财政收支紧张的矛盾。

4、专项资金统筹使用难。专项资金整合过程中，条块格局依旧存在，项

目调整、变更须按程序报省级部门批准，地方政府在项目申报、资金整合上没有自主权，项目资金仍呈零星、分散状态，有效整合难度大，资金整合难以操作到位，地方政府不能有效集中财力，放大资金使用效益。

## 三、贯彻执行新预算法的几点建议

（一）树立正确财政管理观念。新预算明确财政的职能定位，规定财政与政府，财政与各预算单位的关系。一方面，必须尊重市场在资源配置中的主体地位和决定性作用，对于应由市场主体发挥主导作用的领域，财政必须坚决退出。另一方面，要把支持的重点放在基础设施建设，推动市场监管，提高财税服务水平，提升公共服务质量等方面。坚持有所为有所不为。

（二）改进预算编制方式。财政部门重点在改进预算控制方式上下功夫。编制中期规划，抓紧研究编制三年滚动财政规划，强化三年滚动财政规划对年度预算的约束，健全项目预算审核机制，在年度预算编制中对接好规划的项目资金；推行跨年度预算平衡，建立跨年度预算平衡机制，在一般公共预算中设置预算稳定调节基金，用于弥补以后年度预算资金的不足。

（三）加强预算执行管理。健全绩效评价机制，建立预算绩效第三方评价机制，逐步实现绩效管理范围覆盖所有财政资金，将评价结果作为调整支出结构、科学安排资金的重要依据。深化财政"大监督"改革，不断拓展、延伸日常监督和重点专项监督检查范围，增强财政监督的实效性。

（四）打造公开透明预算。进一步扩大部门预决算公开范围，按照新预算法要求，除涉密信息外，所有使用财政资金的部门均应公开本部门预决算。进一步细化部门预决算公开内容，逐步将部门预决算公开到基本支出和项目支出。加大"三公"经费公开力度，细化公开内容，所有财政资金安排的"三公"经费都要公开。对预决算公开过程中社会关切的问题，要规范整改、完善制度。

# 完善政府采购制度　加强财政监管工作

广西壮族自治区钦州市钦南区财政局　林潮华　寇兴伟　李志洲

近年来，钦南区不断推进政府采购规范化管理和监督检查等方面深化创新，与部门预算、国库集中支付等职能工作相配合，重点从"提速、控价、保质"三方面做好，促进政府采购工作更上一层次。

## 一、主要工作

### （一）落实和深化政府采购制度推行，不断完善管理工作

在实际工作中，我们注重加强宣传工作，利用会议、文件、培训、检查等机会加强法规的传达和学习，利用办理业务、电话联系、当面洽谈等多种办法加强交流和业务解释，注意耐心与态度，注重提高服务意识，宣扬政府采购"公开、公平、公正"的工作原则，使部门和单位能逐步认识、接受、理解、支持政府采购制度的推行。

在国家财政改革工作的进程中，部门预算、国库集中支付等几项工作在钦南区正在推行和深化落实，都与政府采购工作紧密联系，我们根据各项改革的工作要求，认真贯彻落实新的制度，配合好各项财政改革工作。我们经常参与各项相关的建设和设备采购专项会议，对政府采购制度推行的深度意义进行说明，让采购人明白实施政府采购程序是一项利国利民利已的工作。同时我们还注重于向各级领导汇报工作的进度和实效，争取领导的关注和支持，积极使用各种形式和方法扩大政府采购制度的深化落实和影响力。

对使用国家财政性资金的项目，坚持依法通过开展招投标开展采购业务，坚持"公开、公平、公正"的工作原则，通过规范程序，一是保证专项资金的专款专用；二是保证采购的质量和服务；三是节约资金；四是加强了党风廉政建设，扼制滋生腐败的温床；五是注意总结和研究政府采购工作中的实施效果和管理办法，以不断增强采购工作实效为目的，努力提高国家财政资金使用效率。

为保证政府采购管理办法科学合理、程序简化、提高效率，我们不断完善管理办法。一是加强服务意识。政府采购监管办是一个监督管理的政府职能部门，同时也是一个为广大部门单位服务的机构，我们要不断加强自身的

服务意识，保持好耐心、好态度，才能保证与各部门单位良好沟通，共同完成政府采购业务工作。二是加强财政内部协作，由财政各部门安排的预算资金、专项资金的政府采购业务需要财政内部协作配合，共同做好对各项政府采购业务的监管工作。三是不断完善工作方法，提高工作效率，工作中不断简化政府采购工作程序渠道，能减少和简化审核审批程序的，尽量简化，能够通过支付中心和镇财政所直付的，尽量直接支付，简化各项程序，努力提高工作效率。

**（二）主要开展的工作"亮点"**

1、扩大定点网络规模

目前我区政府采购监管办职能多、任务重、人力少，必须加强政府采购定点网络建设，完善管理办法，提高管理效率，保证日常业务高效运转。2015年四月至六月依法开展办公用品、办公家具、印刷、轮胎（兼车美容）、车辆维修、车辆加油、办公自动化设备、安防监控设备、空调等九个项目定点供应商的公开招标工作，目前钦南区的定点供应商增加到160多家，涉及办公用品、车辆保险、办公家具、印刷、轮胎（车美容）、车辆维修、车辆加油、办公自动化设备、安防监控设备、空调、大米、车辆采购等项目，完善了政府采购供应服务网络，大大提高了我区政府采购工作的效率，与国库集中支付、镇财区管等财政改革工作齐头并进。

2、加强大宗招投标管理工作

这几年钦南区重点加强了交通、水利、卫生、教育等系统的工程类和货物类的招投标工作，加强与这些部门的联系、增强交流、相互协作，使不少招投标工作进入了政府采购程序，规范了管理。针对钦南区交通系统往年招投标工作落实政府采购监督和管理工作较差的现象，我们详细向政府领导汇报，加强与实施单位联系、沟通，采用多方面积极、主动、耐心的工作态度，取得项目实施单位的理解。经过努力，钦南区水利、卫生、教育等部门的采购工作已基本进入了政府采购规范管理轨道。

3、政府采购制度执行情况专项检查工作

根据《政府采购法》和相关法规精神，钦南区每年都开展政府采购制度执行情况专项检查，检查活动包括宣传发动、自查自纠、重点抽查、总结整改等工作，其中重点检查工作由区政府办牵头，从区监察局、审计局、财政局等单位抽调人员，组织专项检查工作组完成。每次检查的资金达一亿多元左右。专项工作检查了全区主要部门和各镇、场的政府采购制度执行情况，检查工作对政府采购制度的宣传、督促、整改起到了很大的影响和促进作用。

## 二、监管工作中的一些问题与建议

### （一）政府采购预算计划编制工作问题

部门预算推行了几年，逐步得到了完善，但不少单位并不重视政府采购预算编制工作，没有认真按《目录》的科目对应编制，有的甚至就不编制。

分析主要原因：一是单位不重视政府采购工作，二是地方财力低，很多采购预算都无法编制。

建议：加强部门预算工作，要求不编制政府采购预算计划的，原则上不给予审批政府采购计划。

### （二）如何对政府采购项目完善"全程监管"工作，特别是对资金拨付的监管工作

我们的工作现实是对前期监管不充分，中期（招投标）监管工作走过场，后期（进度和拨款）监管很欠缺。

主要原因分析：前期实施单位不重视向政府采购监管部门联系，中期招投标时以实施时间紧等理由匆匆忙忙完成程序，后期更是不理会政府采购监管部门，只要财政资金管理部门拨款，其他工作有点多余。总的原因是目前政府采购监管力度薄弱，无力进行更多实效的、深度的监管工作。

建议：我们要逐步完善"全程监管"工作，特别是逐步加强后期的监管工作，要严格按合同按进度对拨付资金进行审核，必要时与财政资金管理部分共同到现场核检。

### （三）完善内部自身监督管理工作

政府采购监督管理部门是社会的焦点，群众对政府采购制度的推行有"变分散腐败为集中腐败"的说法，的确在加强各项监管工作的同时，对自身的监管是一项不容忽视的要点。

主要原因分析：无风不起浪，我国这些年在政府采购制度不断深化落实取得节节成绩的同时，也有不少政府采购监督部门的人员出了问题，腐败受贿的例子屡屡出现，这是在内部监管办法欠缺情况下的必然产物。

建议：建立健全一整套内部的监管机制，并要长抓不懈保证监管力度。

### （四）监督和管理工作的规范程序与管理办法的统一和完善

初步了解我区各地市、县、区的政府采购管理工作，还有不少需要规范和统一管理的地方，各地政府采购制度推行的方法、标准不一，这个方面不完善，容易引起采购人与供应商的不适应和质疑。

建议自治区统一组织研讨，制订一套详细、操作性强的实施办法，供各

地市、县区参照、规范、统一管理工作。

### （五）研究和完善政府采购工作提高实效的办法

政府采购工作中还发现了不少疑似"围标"、"串标"的招投标活动，这样的招投标结果没有达到理想效果，基本是接近预算价中标，这与部分效益好的招投标工作对比相差很大，使不少招投标活动的工作效率降低和意义变小，或者可能变成一些非法活动的保护伞。这些现象的存在，使得政府采购工作需要长期努力，完善监管办法，努力提高管理水平和资金使用效率，为国家财政管理工作而奋斗、前进。

### （六）"价高、质差、效率低"尖锐问题的分析和建议

"价高、质差、效率低"是广大单位对政府采购工作提出最多的印象问题，经过长时间的广泛调查和分析，这个印象问题的主要原因是："价高、质差、效率低"不是政府采购的必然产物，这是政府机关部门在过去几十年运作间长期形成的一个顽疾，《政府采购法》颁布推行十年来，由于推行的力度、办法未够，加上不少单位也未够重视，政府采购程序只流于形式，执行的实效性差，现实中未能很好地控制和消除"价高、质差、效率低"的顽疾问题。

要解决"价高、质差、效率低"这个问题，第一要领导重视，保证政府采购制度的执行力，不得以任何原因来削弱和规避《政府采购法》的贯彻实施；第二是从源头抓起，从预算计划编制、业务审批流程、实施全程监督等工作一步步严格到位；第三是建立健全实效的管理办法，保证政府采购的有序竞争，控制和消除寡头竞争、过度竞争，保证政府采购制度的合法合理推行。

# 兴业县盘活财政存量资金存在的制度性障碍

广西壮族自治区兴业县财政局　陈志雄　谢　东　牟海贤

2015 年以来，按照国务院对盘活财政存量资金提出的具体要求，兴业县从加快公共财政预算执行进度、清理消化财政结余结转资金、加强财政资金监管和监督检查等多方面入手，切实做好盘活财政存量资金工作，提高了财政资金使用效益。目前，县财政存量资金规模较 2014 年年底大幅下降。但是，由于一些制度性障碍因素制约，盘活财政存量资金工作仍然存在诸多困难和问题。

## 一、预算到位率不高

目前，部门年度预算编制通常在上年度 10 月份左右启动，而部门工作计划拟定时间通常在每年年初，部门预算编制时间与部门工作计划拟定时间存在较长的时间差，一些部门在预算编制阶段无法将项目预算准确落实到具体的项目和使用单位，导致年初预算到位率低、预算执行进度慢，容易造成一定的项目资金沉淀。

## 二、基建类结余结转占比较大

一方面，按照基本建设制度规定，基本建设项目要经过立项批复、科研论证、投资评审、环评、招投标以及设备的政府采购等过程，项目实施过程中，涉及到规划投资的调整，部分项目还由于征地搬迁影响，不能按期开工建设，或工程建设进度慢等问题，导致资金无法及时支付，特别是跨年度实施项目较多，项目分期实施，但资金集中在当年安排，影响资金支付进度。另一方面，政府采购周期长，导致部分采购类项目无法在当年完成，形成资金结余结转。

## 三、上级专项资金下达偏慢

根据国家现行预算制度，中央预算年度是从 1 月 1 日到当年 12 月 31 日，也就是当年 1 月 1 日预算就已经开始执行。但是，预算的审批却是在每年 3 月初召开的全国人民代表大会上。而且，全国人大审批后，财政部一般在一个月内批复给各个主管部门，各个主管部门又在一个月内把本部门预算批复给下属单位。致使中央项目资金到达最基层时，已经是当年的5、6月份，甚至有些专项资金到第四季度才下达到县（市），然后再分配给项目实施部门，这就意味着基层部门需要在半年内把全年的预算花完。而由于项目的开工建设受各种实际情况的影响，许多项目资金难以在短期使用完毕，造成项目资金结转。

## 四、受专项资金管理办法的制约

为保证专项资金专款专用，当前各项财政资金管理办法，明确规定了资金的用途和规范了资金的使用管理，但对资金使用制定的许多条条框框同时也给存量资金的盘活带来了制度约束。加上部分专项属上级转移支付资金，在盘活时可能面临潜在的政策风险，导致地方财政部门在开展盘活存量资金工作时比较谨慎，盘活不够彻底，存量资金仍然较大。

## 五、受"重分配、轻管理"观念的制约

在实际执行中，由于预算单位普遍存在"重分配、轻管理"的观念，出现专项支出预算编制不够精细，以及一些切块资金二次分配方案制定较迟、影响了当年预算执行等问题，导致专项资金支出进度较慢，年终结转较多，从而形成新的存量资金。

# 基于兴文县探索公务消费制度改革的思考

四川省兴文县财政局　王俊光

公务消费是指国家公职人员在行使职权、执行公务活动中，所发生的由公款支付的各种费用，主要表现在公务用车、接待、出差、会务、办公等费用支出。长期以来，公务消费行为管理不够规范，不仅增加了行政成本，而且成为滋生腐败的温床。公务消费制度经过多年的改革和完善，为保证党政机关正常运转发挥了重要的作用，随着"八项规定"和《国内公务接待管理办法》等相关制度和规定出台以后，公务消费逐步得到了规范，然而，在工作实际中，仍然暴露出许多问题。本文在对兴文县公务消费情况进行调研基础上，就如何规范公务消费行为，进一步深化公务消费制度改革进行探索和思考。

## 一、兴文县公务消费制度改革的现状

近年来，兴文县财政部门在县委、政府的大力支持和上级财政部门的业务指导下，不断制定和完善政策制度，进一步强化监管检查，从严控制公务消费行为，有力的保证了行政机关的公务运转，提高了公务消费的效率，取得了一定的成效。

### （一）继续深化推行国库集中支付制度

兴文县实施国库集中支付制度以来，改变了过去分散支付的方式，从根本上改变由预算单位层层下拨、分散支付、环节多、在途时间长、支付程序繁琐、工作效率低下的局面。同时，财政部门能有效的掌握了各预算单位每一笔资金的用途，从而实现对财政资金流向、流量的全过程监控，进一步规范支出管理，强化预算执行的监督，杜绝不合理支出，并且资金运作过程透明度高，制约机制完善，政府可以对财政资金的使用情况实施有效监督，规范资金收入、使用等有关单位行为，减少不合理的公务消费行为的发生。截止 2015 年 12 月，我县 70 个纳入预算管理的县级部门和 15 个乡镇已经全部实行了国库集中支付制度，从而实现全县所有单位 100% 实行国库集中支付制度。

## （二）全面实行公务卡管理制度

兴文县自2012年开始推行公务卡制度改革，按照省市公务卡改革的统一部署和总体要求，加快推进公务卡结算制度改革，为从源头上规范公务消费行为，取得了显著成效。2015年，全县预算单位共压缩行政消耗性开支为10.64%，节约经费362万元。我县通过"先试点，后覆盖"，稳步推进公务卡改革。2012年，首先在财政局、农业局、水务局等10个单位，推行了公务卡改革试点工作，2013年，全县所有预算单位全面实行了公务卡制度，覆盖面达100%，截至2015年12月，全县所有预算单位共发放公务卡809张。在推进公务卡制度改革中，全县授权支付现金结算资金量逐步减少，结算笔数得到了有效控制。2015年，全县预算单位累计提现2917.31万元，只占授权支付的6.8%，较上年下降8%，现金结算明显减少。同时，我县将公务卡改革工作纳入县委、县政府年终绩效考核的重要内容，实行目标管理。编制公务卡强制结算目录，将差旅费、会议费、接待费、交通费等公务支出中随意性大且易于滋生腐败的日常性支出项目，纳入公务卡强制结算目录，原则上不再使用现金结算，提高了公务卡使用率，进一步加强和规范公务支出管理。据统计，今年，全县预算单位累计办理授权支付19580笔，支出金额43212.06万元。其中使用公务卡结算1435笔，占授权支付笔数的7.3%，报销支出金额1218.68万元，比2014年提高51.39%，公务卡的使用得到进一步推广。

## （三）不断强化监督检查

随着"三公"消费成为当前社会关注度极高的热点，就如何对公务消费行为进行有效的监管，营造高效、节约的公务消费制度环境显得尤为重要。近年来，兴文县财政局同县监察局、县审计局密切配合，不断强化对公务消费的监督检查力度。兴文县财政局第一时间向预算单位传达了中央及省市相关精神，并参照省市相关规定，及时修订切合兴文县实际的差旅费、培训费、会议费等管理办法。同时以加大监督检查力度为抓手，提高公务支出公款消费管理实效，2015年，县财政局已相继开展"三公"经费专项检查和以公务消费检查作为重要内容的严肃财经纪律、"小金库"专项清理检查、切实解决乱发钱财物检查、会计质量监督检查等，2015年，通过各种形式的检查，覆盖了全县68家预算单位进行了检查，占所有预算单位的80%，其中，乡镇的覆盖面已达100%，检查的频度和力度较去年有了较大的提升。

## 二、公务消费活动中存在的主要问题和原因及公务消费制度改革的难点分析

公务消费支出是保证政府机关政策运转所产生的刚性支出，随着经济社会的快速发展，各种公务交流日益频繁，公务消费活动的范围和领域也越来越广，在现行的公务消费制度下的各种公务消费活动也暴露出许多问题。近年来，虽然公务消费的各种制度逐渐健全，对公务消费中的不规范行为也进行了多次整治，但是，公务消费支出过大、公务消费不规范等问题仍然没有得到根本的解决。

（一）公务消费活动中存在的主要问题和原因

1、公务消费支出效率不高。公务消费是行政机关为保证正常运转和公务人员在履行公务时的必要支出，目的是为了提高行政效能、促进工作的开展。社会经济的快速发展带来了物质条件的根本改善，社会生活方式发生了天翻地覆的变化，但公务消费制度的改革进程却相对较慢，使一些公务消费不仅没有达到预期目的，反而降低了工作效率。比如公务用车方面，部分领导干部、司机公车私用，即影响正常工作的开展，又产生了不良影响；一个或者两个公务人员外出开会或者办事用公车接送，其产生的运行成本远远高于乘坐公交工具。再如公务接待过程中超标准、超范围接待现象仍然普遍存在。

2、浪费现象普遍存在。一方面公务消费支出的刚性不足，弹性有余，导致公务人员公务消费随意性很大，特别是单位一把手自支自批，想花多少就花多少，无人敢问。另一方面，由于对公务消费的含义、分类、范围、标准等基本问题研究不够，管理监督制度不健全，缺乏科学合理、规范透明的制度性约束，导致一些地方、一些部门公务消费名目越来越多，公务消费数额越来越大，公务消费支出浪费情况日益严重。例如，各种无实际内容、无明确任务的会议，以各种名义发放的津补贴等。同时，工作中水、电、气以及各种办公耗材的浪费现象往往不容易引起重视，如果把时间和地域的范围扩大到一定程度，由此产生的浪费往往是触目惊心的。

3、公务消费支出透明度不够。公务消费的主体大都是领导干部和公务人员，是公务消费的既得利益者，是不会自觉主动将消费行为公之于众的，导致公务消费隐蔽性较强。同时，公务消费虽说也制定了一些"标准"，但"标准"是否合理、是否能真正实施又是另外一回事，在基层一级很难真正的落实在行动上，在实际执行中，随意性较大。个别部门或领导为规避公众监督，采取调剂、挪用相关经费等方式，或者向权力辐射范围内的下级部门和单位

转移、向企业转嫁进行各种不合理的公务消费。公务消费缺乏明确的政策限定和不透明，成为一些领导干部借公务消费之名，行假公济私之实的一条十分隐蔽而又安全的渠道。对很多没有正规途径走账的支出，往往变通为公务费等名义报销。比如，将用于吃喝的费用的开成办公用品，礼品、旅游费开成会务费等。

4、对公务消费有效监管难。各级政府及公务人员既是监督者，又是受益者，公务消费制度的改革，势必在一定程度上触及、震动或破坏政府及公务人员的既得利益，为了持续获取这种利益，导致监管乏力，形成了"管得着的看不着，看得着的管不着，上级监督太远、同级监督太软、下级监督太难、群众监督不敢"的局面，出现监督"死角"。一些公务消费和非公务消费领域之间存在盲点和模糊交界；一些会议、考察所需经费，基本都由财政支付，却没有相关的管理、核算程序，往往是有多少用多少，容易被人钻空子。由于监管难，致使公务消费中存在的问题难以得到及时查处和解决。

**（二）公务消费制度改革的难点分析**

1、利益矛盾复杂，改革难以推进。公务消费的即得利益者往往又是政策的制订者，制订出的措施无关痛痒，形式主义严重。同时，一些干部官本位思想严重，享乐主义盛行。有的干部认为，只要没有装进自己口袋，吃点喝点没有问题，一些违规消费行为得不到约束，愈演愈烈。有的片面强调，现在是市场经济，要发展必然要加强联系、融洽感情，于是名目繁多的公务消费"合理合法"地得到报销。

2、制度缺失严重，单项改革很难到位。由于改革的利益关系，制度滞后严重，漏洞较多，单凭个别制度的完善，不能解决问题，禁止某项支出，又会换张发票报销，此消彼长，换汤不换药。且因体制性障碍，各项制度的执行难以到位。比如，公车改革探索了多年，一直没有很好的效果，很多时候为了不打击改革积极性，很少触动利益关系。

3、公务消费隐蔽性强，公众监督乏力。公务消费，少数人说了算，外人很难知情，从而缺乏监督。人大监督无从下手，管多了成了"瞎折腾"，虽然经常性推行一些公开制度，但是没有触及制度根本。人民群众对预算使用过程缺乏了解，监督也停留在一些表面现象，网络反腐就曝出"天价U盘"、"违规发票"等，不留意根本发现不了。

## 三、规范公务消费制度的对策与建议

### （一）完善相关制度建设

加强并完善制度建设是公务消费回归理性的基础。公务消费是一个涉及面广，相对复杂的公务行为，其制度的设计要从多个层面入手，兼顾方向性、控制性和操作性。作为区县级党委和政府要结合上级相关政策，出台切合地方实际的指导意见，为公务消费提出方向性的要求。要积极倡导公务消费改革方面的调研，鼓励创新制度，进一步完善财政监管制度，完善审计制度，进一步推进部门预算、国库集中支付、政府采购、公务消费卡等财政支出方面的制度改革。可由财政、发改等主管部门出台规定，明确界定公务消费的范围、经费管理、执行标准及审批流程等内容，使公务消费行为规范可控；由具体履行职责的各部门，健全单位内部制度和实施细则，对公务消费各环节的具体操作实施规范管理。

### （二）牢固树立责任意识

在平时的工作，我们发现很多单位一把手对财经纪律了解得不细，公众的了解程度就更低了。在当前反腐倡廉的高压态势下，有必要加强对公务消费群体的教育。政府和公务员必须把公民的意志、福祉和诉求作为执政的首要原则。可以通过开展形式多样的宣传教育活动，积极倡导厉行节约的消费观念，大力弘扬艰苦奋斗的作风，引导公务消费群体树立正确的人生观、权力观和政绩观，牢固树立科学发展意识，促使各级干部自觉维护财经纪律。

### （三）增强预算的刚性约束

由于公务消费文化的深层次影响，在我国取消公务消费既不现实也不可能。问题在于如何完善财政管理体制，尤其是增强财政预算的刚性约束，将公务消费纳入各级财政预算并逐步细化。部门预算的编制要根据预算年度本部门事业发展和工作规划，按照编实、编细的要求编制年度部门预算。各单位在编制基本支出预算时，必须严把基础数据关，人员数与车辆数要与财政供养数一致，人员工资按照国家工资制度据实测算，公用经费按定额标准测算；项目支出要按照项目库管理的要求细化到下属单位和具体项目，不漏项、缺项，不留硬缺口，严禁估列代编、虚列项目、多报金额等弄虚作假行为，进一步提高部门预算编制的准确性、科学性和合理性。今后，凡是没有预算和超过预算的所有费用，原则上都一律不予报销，或者采取超预算计入下年度预算扣除的办法，真正实现财政预算的刚性约束。

### （四）强化监管和查处力度

要规范公务消费行为，必须改变过去"事后监督"的模式，要对公务消费的全过程进行监督。监察、审计、财政等部门加强定期检查监督，及时发现和纠正不规范的职务消费行为，防止操作过程中出现转嫁消费、弄虚作假、权钱交易等现象。充分发挥新闻媒体和社会公众对公务消费行为的监督作用，建立专门的监督网络，通畅社会监督渠道。强化人大的预算监督职权，在政府有关部门在涉及自身的重大支出时，要纳入同级人大的审查监督视野，提交详细的预算报告，并向社会公示。地方政府可成立治理公务消费的专门机构，公布举报电话，成立治理公务消费的专门机构，公布举报电话，并严厉查处公务消费中的违规问题，营造良好的改革大环境。对于严重超出预算标准消费实行问责，经审议不合理的公务消费行为，实施经济处罚，牵涉干部违纪行为的，要坚决查处。

# 对贫困山区扶贫攻坚的思考

四川省南江县财政局　周辉斌　惠自勇

当前，新一轮扶贫攻坚正在深入推进，精准扶贫已成为扶贫工作的新常态、新要求、新任务。面对新阶段的扶贫工作，贫困山区如何因地制宜、抓住重点、精准发力，提高实效，确保脱贫目标实现？这是贫困地区需要破解的现实难题。本文结合贫困山区南江县扶贫攻坚实践，略作如下探讨：

## 一、攻坚实践

南江县位于四川东北边缘，毗邻陕西汉中，辖 48 个乡镇、522 个村、2410 个村民小组，幅员 3388 平方公里，有耕地 42.35 万亩，总人口 70.9 万人（其中农业人口 59.72 万人）。是国家扶贫开发工作重点县、国家地震重灾县、是久负盛名的中国红叶之乡、中国南江黄羊之乡、中国富硒茶之乡、中国银花之乡和中国核桃之乡。近年来，南江县以扶贫开发为统揽、以巴山新居为抓手、以农民增收为核心，扎实推进扶贫攻坚。

### （一）坚持产业扶贫，增强"造血"功能

围绕"绿色、有机、富硒"的生态资源优势，建成茶叶、金银花、核桃、南江黄羊、长滩七彩林业苗木基地和沙河蔬菜基地建设。高标准打造北极黄羊展示区、元顶子富硒茶示范带。创建南江黄羊、云顶茗兰、翡翠粮油等特色农产品品牌。通过无公害农产品认证 32 个，创建绿色食品品牌 13 个、有机食品品牌 14 个、地理标志保护产品 5 个、无公害农产品生产基地认定 45 万亩。培育龙头企业 263 家，专合组织 405 个，家庭农场 315 个，专业大户 2950 个。2014 年，全县实现农业总产值 35.1 亿元，同比增长 11.5%。

### （二）围绕新村建设，创新扶贫新路

构建县城、重点镇、中心村、聚居点"四级城乡体系"，正直镇、长赤镇被列为国家重点镇和全省百镇建设试点镇。建成长滩、玉柏、青杠等省级乡村旅游示范村，构建"一山一水一城十镇百村"旅游示范环线。以巴山新居中心村、聚居点为载体，发展以休闲、观光、生态、绿色等为主，打造 4 条乡村旅游示范带。建成中心村（综合体）15 个、聚居点 543 个、巴山新居 4.8 万户、聚居人口 10.25 万人，新农村建设促进稳定脱贫的效果明显。

**（三）整合资金使用，加大扶贫投入**

2014 年全县有效整合涉农项目 6.9 亿元，占涉农项目资金总额的 84.5%。全县通过奖补引导、信贷支持等优惠政策，引导群众自主投入 26.5 亿元用于新居建设、产业发展。发挥扶贫互助资金项目的纽带作用，共组建互助联保小组 1590 个，吸纳入社农户 11125 户，互助资金总额达到 1848 万元。吸纳助农贷款 7.8 亿元支持扶贫开发。

**（四）坚持机制创新，加强要素保障**

规范建设县、乡、村三级产权交易服务平台，组建县产权交易中心、产权投融资担保公司和产权中介评估委员会。鼓励和引导农民以土地承包权、林权、房权、资金和技术等生产元素入股企业或建立专业合作社，与企业结成利益共享、风险共担的利益共同体。全县颁发"八权一股"证书 55.2 万本，实现社会投入和产权抵押融资 13.4 亿元，带动全县规模流转土地 21.6 万亩，其中农用地 4.2 万亩、林地 17.2 万亩、其它用地 0.2 万亩。

## 二、攻坚难题

**（一）致贫原因多样性**

从南江识别的 156 个贫困村、25548 户贫困户、90702 名贫困人口情况来看，村级主要是自然环境恶劣，贫困村无区位优势，无产业支撑，无"造血"功能。贫困人口致贫的原因是：因病致贫占 28.06%，缺资金占 21.35%，缺技术占 18.24%，缺劳动力占 3.13%，交通条件落后占 4.18%，自身发展力不足占 2.92%，因学占 13.46%，因残占 0.64%，因灾占 4.63%，缺土地占 0.65%，缺水占 1.23%，其它占 0.97%。因病、缺资金、缺技术致贫相对突出，扶贫攻坚进入啃"硬骨头"阶段。

**（二）精准脱贫难度大**

目前，南江县建档立卡贫困户中，需要扶持生产和就业发展的有 14786 户 47710 人、移民搬迁的 15325 户 48217 人、低保政策兜底的 6302 户 21681 人、医疗救助的 7124 户 21857 人、灾后重建帮扶的 3857 户 12948 人。全县识别的贫困村和贫困户均是贫困程度特别最深的群体，如贫困户中丧失劳动力的残疾人、长期病患者、智障人群等贫困户；因自然灾害频发造成房屋、土地被毁的受灾户；缺乏劳动力的孤寡户等等，这部分群体扶贫难度特别大。

**（三）扶贫投入压力大**

贫困面大、贫困人口多、贫困程度深、扶贫投入大是贫困地区面临的主要难题。据测算，南江县 156 个贫困村及贫困户实现脱贫目标，共需要投入资金 325 亿元。如此巨额的扶贫投入，这对财力十分薄弱的南江县来说，投入压力特别巨大，县级财力难以保障扶贫攻坚需要。与此同时，全县还普遍存在自然环境条件差、基础设施滞后、社会事业欠账较多、产业发展水平较低等问题，财力需求特别大。

## 三、攻坚对策

### （一）因地制宜，精准规划

在推进精准扶贫过程中，国家要把贫困地区与发达地区的发展统筹规划，要通过构建大交通、布局大产业来改变贫困地区的发展劣势，实现发达地区与贫困地区优势互补，相互促进发展。地方要围绕减贫目标，全面吃透政策，全面结合当地实际，因地制宜，科学编制扶贫开发"十三五"规划、贫困村和贫困户脱贫总体规划及年度规划。要注重点面结合，既要通盘考虑区域发展驱动，又要把握扶贫村发力方向，更要精准着力到贫困户，形成区域发展与精准扶贫多轮驱动。要坚决防止规划好高骛远，好看不实用，切实尊重基层和老百姓的意愿，要让规划经得起实践考验，老百姓真心认同，而不是挂在墙上的空文。

### （二）增强合力，聚财攻坚

扶贫攻坚是系统工程，需要合力聚财，精准攻坚。要避免资金使用"碎片化"，切实把"零钱"化为"整钱"。要构建精准扶贫投入机制，发挥财政扶贫资金的撬动作用，形成以财政扶贫资金为驱动、金融资本为支撑、民间资本为能量、贫困村或户自身努力为依托的投入机制，改变扶贫资金"大水漫灌"现象，统筹整合财政扶贫资金，激励金融资本和民间资本精准聚焦"靶心"、精确"滴灌"到点上，精准用于解决住房难、行路难、饮水难、用电难、上学难、就医难、通信难、增收难等问题，切实通过扶贫生产和就业发展一批、移民搬迁安置一批、低保政策兜底一批、医疗救助扶持一批、灾后重建帮扶一批，使扶贫成果直接惠及扶贫对象，推动如期实现稳定脱贫。

### （三）产业扶持，精准发力

产业发展是扶贫攻坚的关核和核心，也是稳定脱贫、持续发展的"助力器"。要按照"宜农则农、宜牧则牧、宜林则林、宜渔则渔、宜旅则旅"的思路，切实在产业发展带动脱贫致富方面下大力、出实招。要统筹规划生态发展、乡村旅游、休闲农业、林业、粮油、畜牧、经济作物、水产、农副产品加工等特色优势产业发展，真正形成一村一品、一户一业的发展格局。要抓好现代农业生产、生态保护、农村环境整治、农业综合开发、水土保持、水产保增、乡村旅游等重大产业项目与一村一品、一户一业的有效对接。采取"专合组织＋基地＋农户"的模式，借助农民合作社、涉农网络平台，促进农产品同市场相对接，实现产业增收、稳定脱贫。

### （四）用好资金，提升绩效

扶贫资金是贫困群众的"救命钱"，资金使用成效高低事关扶贫攻坚成败。要按照"花钱必问效，无效必问责"的思路，按照扶贫目标、资金、任务、权责"四到位"的原则，建立扶贫资金整合使用、绩效评价、监督检查机制，实行监管随着资金走的办法，加强对扶贫资金运行链条和各环节监督，建好资金"安全阀门"。要建立扶贫资金管理使用全过程的信息公开机制，将项目资金的认定、审批，资金管理使用等全过程全部向群众公开，提高透明度，主动接受群众监督，做到扶贫资金精准到位、精准使用、精准监管。要建立激励约束机制，实行扶贫资金使用绩效与财力补助分配挂钩。要加大惩处力度，坚持处理人和处理事相结合，严厉惩处扶贫资金管理使用方面存在违法违纪违规行为，确保扶贫资金安全使用、实现效益最大化。

**作者简介：**

周辉斌，男，汉族，1965 年 3 月生，党员，大学学历。现任四川省巴中市南江县财政局党组书记、局长。

自参加工作历任：南江县百货公司会计、财会股长；县财政局商贸股长、综合股长、预算股长；长赤区公所副区长；县纪委常委、监察局副局长；县纪委副书记、行政效能督查局局长；县政府党组成员、纪委副书记、监察局局长；现任南江县财政局党组书记、局长。

先后被南江县人民政府荣记三等功一次，县人大常委会授予"人民满意公仆"称号，2015 年被四川省委授予"优秀共产党员"称号。其撰写的多篇作品被《四川财务与会计》、《四川经济日报》、《今日巴中》等报刊杂志采用，新闻作品被评为"全国财政好新闻"三等奖。

# 夯实基础 农业增效
# 不断提升农业综合开发整体水平

贵州省黄平县财政局 陈祖宏

中央历来重视"三农"工作，提出走中国特色农业现代化道路。实现农业现代化，是做好"三农"工作的必然之路，更是现代农业发展的方向和有效途径。

农业综合开发作为"三农"工作重要组成部分，通过20余年的发展，已建立、修订完善一系列较为严密的农业综合开发项目及资金管理制度，为农业综合开发资金高效投入和项目优质建设发挥极重要作用。但在农业综合开发项目实施过程中项目及资金管理仍存在亟待完善问题。

## 一、农业综合开发管理中存在问题

根据国家农发办对贵州2012～2014年农业综合开发中的10县100个项目综合抽查，绩效评价，验收反馈的情况看，当前贵州农业综合开发工作存在三个方面问题：

（一）项目管理方面：有的项目未按批复的标准、规模实施，未严格执行招投标制、监理制和公示制，建设进度缓慢，未按工期完工，无农发标识，项目验收后尚未移交等。

（二）资金管理方面：一是有的项目资金未按国库单一账管理，农发项目管理费、科技推广费使用不规范，项目报账资料及票据手续不完备；二是项目未按农发科目核算，项目资金以拨代支。

（三）农发管理人员配备方面：自2010年农业综合开发工作职能划转到财政部门后，多数县市财政部门在设置农发科室机构问题上重视力度不够，特别是在县级层次中，基本科室人员就配备一名工作人员，财务人员均是兼职，甚至有部分县受编制影响，财政局只设有科室机构，无专门从事农发业务的工作人员。

针对存在问题，贵州省农发办一是责成相关县市采取切实可行措施进行认真整改完善；二是加强全省农发干部业务培训，不断提高农发项目及资金管理水平；三是引以为戒、警钟长鸣，认真做好当前和下步农发工作。

## 二、精准管理、完善对策

农业综合开发工作是一项涉及面广、政策性强的德政、惠民工程，必须采取切实可行措施，把好事办好。根据 2010 年 9 月财政部 60 号令颁发《国家农业综合开发资金和项目管理办法》，结合近几年农业综合开发管理成效，就规范农业综合开发项目实施及资金管理认识及管理对策。

（一）科学规划，精准开发。规划是农业综合开发顺利实施的基础和前提。根据《贵州省 2013～2020 年国家农业综合开发高标准农田建设规划》，立足当地实际，按照"高规划起点、高标准建设、高效益开发"的原则，选准项目、在充分论证制约当地农业生产的主要因素的基础上，对项目的地形、地貌、地质结构、水资源分布等，进行全面勘察，实行专家与群众结合的办法，统筹规划。打破村与村的行政区域界限，实施道路、桥涵、沟渠连片整体开发，形成统一网络格局和完善的灌排体系。把农业综合开发建成项目美、环境美、村寨美、农民富的小康村寨。

（二）加强领导、精心组织。为确保农业综合开发项目的顺利实施，项目区组建县（市）农业综合开发领导小组，县（市）乡（镇）农业综合开发项目实施工作组，主要负责政策宣传、矛盾协调、质量监督、检查等工作。水利、农业、土地等部门，务必通力协作、充分发挥各自职能作用，全程参与项目立项、论证、评估和验收工作。

（三）完善制度、确保质量。农业综合开发项目实施，必须落实项目法人制，负责项目建设和管理。一是严格落实工程招标制。项目实施方案、招投标方案获省、州批复后，县（市）农业综合开发领导小组及时研究、制定招标办法及细则，并委托具有招标资质的中介机构面向社会公开招标，采取公开、公平、公正方式选择施工队伍，为项目工程保质按时完成奠定基础；二是严格落实工程监理制。根据工程标的，委托具有资质监理机构对所有项目工程全部监督管理，督促施工单位规范施工，严格控制项目质量，投资和工期；三是严格工程进度管理。针对农发项目实施季节性强、建设任务重、项目分散特点，责成施工单位编制《项目实施进度计划表》，在保证安全生产的前提下，合理调配人力、物力、机械、推进工程进度，按旬上报工程量，确保项目投资管控和工期；四是落实农民质量监督员制。联合监理单位聘请项目区热心公益事业建设，在群众中威信高，责任心强的农民代表担任质量监督员，激发广大农民群众参与工程质量管理的积极性，充分注重发挥村支两委的协调作用，及时化解项目占用田、土矛盾；五是落实项目工程管护责任制。农发项目工程竣工验收后，对项目明确管护主体，明晰资产权属，按照"谁受益、谁管护"的原则，及时办理固定资产移交，落实项目区乡镇及受益村组管护责任。

（四）抓好施工管理，打造精品工程。农业综合开发项目实施，必须按照"质量好、形象美"的要求抓好工程管理。一是坚持按项目设计规范控制项目工程。精准控点、测好直线、确定控制沟渠、墙体及道路水平线；二是严把材料准入关，对不合格建筑材料严禁进入施工现场，严格砂浆，砼设计配比，确保工程质量；三是规范施工操作规程，强化模板制安、砼浇筑、浆砌、石砌筑等工序。四是坚持按照"实用性、工艺性、美观性"的要求，加强施工各个环节工序监督和管理；五是坚持"走出去、请进来"。组织有关人员到兄弟县（市）参观学习，借鉴经验；邀请相关施工技术人员及管理水平高的人员到项目区示范、指导、传经送宝，有效保证工程质量和工程形象。

（五）强化资金管理，严格报账制度。农业综合开发项目投资有限、工程量较大，加强项目投资控制和管理是开发项目过程一项重要任务。一是严把设计标准关。组织专家组对项目图纸会审，特别是对路、桥、涵等重点建设项目的审核，发现问题及时修正；二是认真对《施工组织设计》的审查，避免"非正常"费用发生；三是实行现场签证制度。根据项目实施进度，经过项目监理、业主及农发办工程管理人员共同对工程量审核签证后，填报《报账拨款申请》，并经相关人员审签后，方能拨付项目资金；四是建立健全农发项目工程预结算审计制度。切实加强预算外费用的管理，严格按施工进度，控制资金投放，确保不突破项目投资目标；五是坚持"四专"资金管理，实行资金专户储存、专账核算、专款专用、专人管理。严格财政纪律，杜绝与其他资金混淆、折借，避免资金挪用，截留及浪费。在资金使用上，严格实行实行国库集中支付，实行一支笔审批，一本账核算，确保项目建设资金使用程序合法，公开透明，规范运行。

## 三、加强政策宣传，夯实群众基础

农业综合开发本在农业，利在农民、惠在农村。主体是农民，项目实施涉及千家万户，牵系着项目区每个人的切身利益，为充分调动广大农民群众参与农业综合开发的积极性，在项目实施前一是召开政策宣传会，二是召开项目规划、布局听证会。让广大农民群众吃透文件精神，更多了解农业综合开发意义和目的，形成共同推进农业综合开发建设合力。在充分尊重群众意愿的基础上，将"民办公助"贯穿落实到项目建设的全过程。认真做好项目立项、建设、验收三阶段公示，保证项目区群众知情权、参与权、监督权。以开发目标、措施激励群众，以开发效果凝聚民心，让农民群众从农业综合开发中直接受益，为农业综合开发项目顺利实施打下良好基础。

总之，通过加强对农业综合开发项目及资金有效管理，把工程建设成为美观、实用、耐用的永久性工程，不断夯实农业基础设施，推动发展资源节约型，环境美好型，促进农业资源永续使用，不断提升农业综合开发整体水平，达到农业增效，农民增收的目的。

# 切实加强财政资金监管 提升财政监管水平

青海省德令哈市财政局 尹东来 徐振琳

2015年，我市财政工作在市委、市政府的坚强领导和上级财政部门的大力支持和帮助下，紧紧围绕全市经济社会发展大局和确定的目标任务，努力克服总体经济形势不景气、国家政策性减税及我市税源单一等因素带来的不利影响，突出财源建设、强化收入征管、深化财政改革、规范财政管理，着力调整和优化财政支出结构，截止目前已完成全年目标任务的95%。

## 一、公共财政预算收支完成情况

### （一）公共财政预算收入完成情况

1~9月份，市级公共财政预算收入完成28568万元，同比增收4222万元，增幅17.3%，为年初预算的95%。市级公共财政预算收入分部门来看：国税部门完成2491万元，同比增收493万元，增幅24.7%，占市级公共财政预算收入的8.7%；地税部门完成24132万元，同比增收5462万元，增幅29.3%，占市级公共财政预算收入的84.5%；财政部门完成1945万元，占市级公共财政预算收入的6.8%。

### （二）全市公共财政预算支出情况

1~9月份，全市公共财政预算支出完成123029万元（其中专项支出72243万元），同比增支19927万元，增幅19%。一是中央、省、州级专项资金同比增加9114万元，增幅12.6%。二是在财力十分紧张的情况下，不断优化支出结构，集中财力保障民生支出需要，民生支出达96033万元，占财政总支出的78%。

### （三）政府性基金收支情况

政府性基金收入完成6982万元，其中：本级收入6655万元，比上年同期减收8718万元（土地出让金收入6640万元，公共租赁住房收入15万元），上级补助收入327万元。安排基金支出5649万元，其中：土地出让金5322万元，基金专项327万元。

## 二、重点工作进展情况

### (一) 狠抓组织收入，实现财力平稳增长

努力克服经济增长放缓及结构性减税等因素影响，千方百计破解增收难题，想方设法做大做强财政"蛋糕"，切实加大组织收入力度，通过加强财政经济运行监控分析、深入推行综合治税、倒排收入任务等行之有效的征管措施，确保组织收入应收尽收。全地区公共财政预算收入稳定增长。1~9月份，市级公共财政预算收入完成 28568 万元，同比增收 4222 万元，增幅 17.3%，为年初预算的 95%。

### (二) 优化支出结构，发挥财政资金效益

在上级财政部门的大力支持下，市财政坚持"量入为出、量力而行"的原则，支出方向突出了"小财政、大民生"的宗旨，努力压缩一般性支出，集中财力重点保证工资性支出、部门运转、民生事业、重点项目等，有效的促进了我市经济和社会各项事业发展。

1. 全力保障民生事业支出。我们始终坚持把保障和改善民生作为财政工作的出发点和落脚点，进一步优化支出结构，加大保障力度，着力推进各项民生事业加快发展。一是加大城乡养老、就业、医疗保险、低保等重点投入。用于医疗保险金 1527.12 万元、生育保险 36 万元、养老保险 930 万元，最低生活保障资金 3452 万元。流浪乞讨人员救助补助资金 30 万元；二是落实专项资金，保障教育支出。截止目前，共拨付各种教育费用 21895 万元。其中：拨付 2015 年义务教育阶段中小学公用经费 555.4 万元，拨付 2015 年农村义务教育阶段寄宿生生活费补助资金 87 万元；拨付 2015 年学前一年教育资助资金 177.1 万元；拨付 275.5 万元用于高中阶段免费教育；拨付 2015 年农村义务教育学生营养改善计划补助资金 211 万元；拨付 2015 年普通高中国家助学金 106.5 万元，义务教育薄弱学校改造计划专项资 3083 万元；积极推行就业再就业政策，投入公益性岗位补贴、社保补贴以及小额担保贴息等再就业资金 1274 万元；三是加大医疗卫生投入。医疗卫生支出 3900 万元。基本公共卫生服务补助资金 378 万元；拨付 60 岁以上老年人健康体检资金 120.2 万元，村医补助 130.56 万，重大公共卫生服务项目补助资金 47.37 万元，县级公立医院综合改革补助资金 200 万元；四是加大"三农"事业支持力度。认真落实支农惠农政策，改善农牧区生产、生活条件，促进农村牧区的产业发展，为我市全面推进城乡一体化示范区建设奠定了坚实基础。农林水事务支出农林水事务支出 29697 万元，较上年同期减支 1033 万元，减幅 3%，占全部支

出的 24.1%；稳步推进支农信贷担保体系工作，截至目前，已累计审核农牧户贷款 3438 笔、共计担保 12856.68 万元；五是扶贫开发和农业综合开发方面，截止目前，已审核财政支农扶贫项目支出 479 笔 16952.29 万元。上级财政下达我市财政支农扶贫专项资金 24676.53 万元，同比增加 799.33 万元、增幅 3.35%。市级农口专项支出 1057.44 万元，为年初预算的 125.09%，主要用于财政支农专项地方配套、高原美丽乡村建设、扶贫项目等；六是农民种粮补贴方面，2015 年农民种粮补贴资金共计 832.86 万元，其中：粮食直补资金 338.29 万元，补贴面积 61284.97 亩，享受农户 5173 户；农资综合补贴资金 405.98 万元，补贴面积 90619.66 亩，享受农户 5173 户；其他经济作物 88.59 万元，补贴面积 29334.69 亩，享受农户 5173 户。为保证农民粮食直补资金公开、公平、公正的发放，我局及时在各村、社及农牧公司都进行了公示。七是拓展政府采购管理范围。截止 9 月底，政府采购支出 288 万元，资金节约率 6%。其中，车辆集中保险支出 107 万元、团体意外伤害险保费支出 26 万元、校园方责任险保费支出 16 万元、执法人员意外伤害保险 26 万元；今年首次将村干部团体意外伤害险、村（居）务监督委员会成员意外伤害险、环卫工人团体意外伤害险、学生、幼儿意外伤害保险纳入政府采购范畴，环卫工人团体意外伤害险保费支出 11 万元、村（居）务监督委员会成员团体意外伤害保费支出 3 万元、村干部团体意外伤害保险保费支出 3 万元；学生、幼儿意外伤害保险 43 万元；办公自动化设备采购支出 21 万元、办公家具支出 10 万元、专用设备支出 22 万元；

2. 从严控制一般性预算支出。从年初预算入手，严格控制一般性预算支出，切实压缩"三公"经费开支。2015 年"三公"经费预算支出在 2014 年的基数上压缩 5%，预算支出总数 543.25 万元，其中：公务用车运行维护费 305.25 万元，公务接待费 238 万元，公务出国（境）支出为 0 元。

虽然我市财政收入呈现总体平稳的发展态势，但在接下来的时间中依然存在许多不确定因素，需要我们在今后的工作中认真分析和解决。在今后的工作中，我们将继续加强收入监控和分析，采取有效措施狠抓收入，确保完成全年收入任务，为促进全市经济社会又好又快发展作出更大的贡献。

# 财政管好钱袋子　百姓暖到心窝子

宁夏回族自治区盐池县财政局　张　晨　龙鹏春　郭永幸

这是一支敢打硬仗的队伍，一支作风优良的队伍。

在开源节流，精心理财的路上，不用扬鞭自奋蹄，始终自我加压，奋发向上，撒下了无数的艰辛和汗水，在走过的风雨历程中谱写了一曲曲高亢的文明奋进之歌。这就是活跃在盐池革命老区的财政人。

盐池县财政局内设 9 个职能股室，下辖 3 个事业单位，现有干部职工 56 人，其中研究生 1 人，大学本科 25 人，专科 11 人；副高职称 9 人，中级职称 14 人。党支部下设党小组 4 个，党员 36 名。伟大从平凡中提炼，功绩从汗水中吸收，盐池县财政局全体干部职工辛勤的汗水没有白白流淌。2010 年 1 月，被自治区文明委授予"自治区文明单位"（2010～2014 年度）；2010 年 4 月，被中华全国总工会授予"模范职工之家"；2011 年 3 月，被自治区城镇妇女巾帼建功活动协调小组评为自治区"巾帼文明岗"；2012 年在全国县级财政支出管理绩效评价中获得第 52 名进入前 100 名、位居全区第一；2012 年 12 月，农业综合开发项目被自治区人民政府授予"宁夏回族自治区科学技术进步奖"；2013 年 1 月，被自治区普及高中阶段教育工作领导小组评为"普及高中阶段教育工作先进集体"；2013 年 12 月，被吴忠市依法治市领导小组办公室评为"法治城市创建工作先进单位"；2014 年 1 月，被吴忠市委、政府评为"民族团结进步模范集体"；2014 年 2 月，被自治区文明委授予"自治区文明单位"（2014～2017 年度）；2015 年 2 月，被中央精神文明建设指导委员会授予"全国文明单位"。

## 一、念好生财经　多管齐下聚财源

翻开近几年盐池县经济社会发展的飞跃画卷，连接青银高速公路与盐池县城的林荫大道上，运载着盐池滩羊的货车接连飞驰而过；车水马龙的物流园区里，上百家运输、仓储、货运企业星罗棋布，各种商贸活动如火如荼；环绕县城的 5 公里宽幅生态圈内，流水潺潺，各种林木枝繁叶茂；统一规划的五大工业园区中，舒展着"长手臂"的吊车、穿梭往来的工程车和工人们劳作的身影交织在一起，绘成一幅生机勃勃的建设景象……

映人眼帘的是一组组闪烁着光辉的数字，财政收入实现一年一大步，年年一个亿的增长。公共财政预算收入从 2010 年的 23492 万元增长到 2014 年的 85230 万元，增长 3.6 倍，位列宁南山区县之首。财源丰，财政兴，惠民生。全县地区生产总值从 2010 年的 269994 万元增长到 2014 年的 563500 万元，同比增长 109%；城镇居民人均可支配收入从 2010 年的 12637 元增长到 2014 年的 19157 元，同比增长 52%；农村居民人均可支配收入从 2010 年的 3669 元增长到 2014 年的 6975 元，同比增长 90%。

盐池县财政局以高度的责任感和使命感，上下拧成一股绳，聚精会神辟财源，合舟共济抓节流，一步跟着一步，一环扣着一环，始终坚持把财政收入作为经济运行的"晴雨表"、"体温计"，充分发挥财政收入的引擎作用。面对经济下行压力，加大税收征管力度，加强与税务部门的沟通和协调，密切关注财政收入动态，认真分析影响收入变化因素，及时科学研判形势，努力挖掘增收潜力。抓好特色优势产业培育，支持骨干企业技术改造和技术创新，积极培植财源。坚持"以票管收、源头控制"，严格"收支两条线"管理，加大非税征收力度，做到应收尽收。

## 二、把好支出关　精细管好每分钱

财政局是全县人民的"钱袋子"。围绕管好、用好每一笔资金，积极推行财政精细化管理，既捂好了"钱袋子"，使有限的资金用在刀刃上，又做到了有张有弛花出高效益。围绕收入征管，开源节流，精心理财，把财力用到了支持地方经济发展、保障社会稳定等最关键的地方，最大限度地发挥了政府投入的原动力作用。压缩一般性支出，严控"三公"经费支出，统筹兼顾，最大限度地集中财力保增长、保民生、保稳定。强化预算管理不放松，实施全口径预算管理，做到开源与节流并重。建立完善预算执行动态监控机制，审核各项资金用途，确保财政资金发挥最大效益。积极构建财政"大监督"格局，强化财政监督不放松，组织开展了草原生态奖补资金、粮食直补资金和农资综合直补资金使用、基本公共卫生服务经费、保障性住房、会计信息质量等民生工程的专项资金进行全程监督检查，对立项、资金拨付、财务核算、项目进展情况进行跟踪绩效检查。在全县实行财政监督"一把手"负责制，若出现资金使用违规违纪问题，首先追究"一把手"的责任。如今，财政监督被边缘化的现象得到改善，逐步构建起了"一把手"主抓、全过程监控的财政监督工作新格局。进一步规范国库集中支付管理，强化与银行等金融机构沟通，加强报账附件资料审核，细化转账支票、电汇等业务的支付范围，有效杜绝违法违规行为发生。2011 年、2012 年财政支出管理绩效评价连续两年跻身于全国百强。

## 三、算好资金帐　突出重点办大事

助推县域经济发展，使有限的财政资金发挥四两拨千斤的作用，是财政部门的重要职责。在支持发展上，盐池县财政局可谓不遗余力，始终坚持城乡统筹谋划，坚持以打造宁南山区最具发展活力的经济强县为目标，每年拿出 5000 万元专项资金，用于支持园区建设和企业发展，以大力扶持"一园五区"建设和工业企业发展，培育建设了宁鲁石化、金裕海化工、亿嘉甘草、金凤煤矿等一批重点企业和项目。全县工业总产值从 2010 年的 260212 万元增长到 2014 年的 680000 万元，同比增长 162%。规模以上工业增加值年均增速为 25%，工业对财政收入贡献率为 70% 以上，累计实施工业项目 163 个，完成固定资产投资 180 亿元。大力支持大县城建设，县城建设由过去的 7.8 平方公里扩大到现在的 12.5 平方公里。服务业收入由 2010 年 103186 万元增长到 2014 年的 188120 万元，增长 82%。大力支持生态移民建设，投入 31688 万元，先后建了北塘、十六堡、隰宁堡生态移民新村，受益 2251 户 8182 人。紧紧围绕自治区"一特三高"和吴忠市"三

产八带"的总体布局，全面启动规划建设以 304 省道为轴线、全长 100 公里、面积 3118 平方公里的中部现代草畜产业示范带，持续加大对滩羊、甘草、牧草特色产业扶持力度，力促特色产业走规模化、集约化和高端化发展路子，新引进多司得等滩羊养殖企业 20 余家，新建规模化养殖园区 16 个，组建基础母羊核心群 7.5 万只，滩羊饲养量超过 300 万只，以滩羊为主的畜牧业产值占农业总产值的 60% 以上，打响了"中国滩羊之乡"的品牌。亿嘉甘草茶项目投入生产，上海拓明中药材种植项目完成年度任务，全县新增多年生优质牧草 7 万亩。大力支持生态建设，人工造林每年以 10 万亩的速度推进，全县 200 多万亩沙化土地全部得到有效治理，50 万亩流动沙丘基本固定，300 亩以上的明沙丘基本消除，林木保存面积达 425 万亩，林木覆盖率、植被覆盖率分别达 31% 和 68%，实现了人进沙退的历史性逆转，被评为"全国生态文明先进县"、"全国卫生县城"、"全国园林县城"。

## 四、打好惠民牌　算盘珠子为民拨

"理财让公众放心，服务让社会满意"，这是盐池财政人的庄严承诺。让

财政资金更多地向教育、医疗、社保、住房等民生领域倾斜，使革命老区洋溢浓浓暖意。投入 10.9 亿元，实施了县城棚户区改造、古城墙修复、"美丽乡村"建设等一批民生项目，特别是完成棚户区改造 1721 户 39 万平米，改造规模和受益群众均为历史之最。投入 5 亿多元，组织实施中小学校舍安全工程等一系列教育工程，新建了盐池高级中学、五小等 8 所学校和农村学校教师周转宿舍 223 套，迁建重建和加固维修学校 54 所，新改扩建和维修校舍面积 20.4 万平方米。特别是持续加大教育投入，拿出 320 余万元重奖优秀师生，尊师重教的氛围更加浓厚。累计投资 2.1 亿元，新建了县人民医院，成功创建二级甲等医院。基本公共卫生服务投入标准由人均 30 元提高到 36.7 元，高于自治区规定的人均 35 元标准。在全区范围内率先实施门诊大病二次报销制度，并将大病病种扩大到 32 类。提高城乡居民医疗保险补助，每人每年达到 372 元。投入 4765 万元，完成 58 个村级公益事业一事一议项目建设，新修道路 450 多公里。整合资金 2.7 亿元，集中力量解决了党的群众路线教育实践活动"五个走一遍"群众反映强烈的 646 个具体问题和诉求。杜窑沟水库、"智慧县城"等 25 个重点项目开工建设。

## 五、走好改革棋　科学理财促发展

"改革创新是开启一切难题的金钥匙"，盐池县财政局对各项财政改革精神情有独钟。完善预算编制体系，硬化预算约束，实行全口径预算，提高了预算的实效性、均衡性和严肃性。严格执行厉行节约各项规定，在编制预算时要求各预算单位以上年压减支出后的规模为基础，对下一年一般性支出按照 10% 的比例进行压减，科学编制预算，推动行政事业单位带头过紧日子，"三公经费"从 2010 年的 1501.53 万元减至 2014 年的 1184.41 万元，下降21%。全面推进预决算信息公开，细化公开内容，规范公开程序，实现了预决算信息公开全覆盖。加强预算绩效管理，建立健全"三库一机制"，将当年完工项目的 20% 纳入预算绩效考核范围，让绩效评价工作能做到有项目可评、有人才可用、有监督指导。加强国库集中支付管理，审核批复从 13 人次简化为 7 人次，规范了工作程序，完善了责任机制。强化政府采购预算执行管理，扩大政府采购范围，将春节文化、广场文化活动纳入政府采购范围，采购资金的节约率从 2010 年的 9.7% 提高到 2014 年的 11.2%。加快公务卡改革步伐，严格按照公务卡结算目录强制推行，扩大公务卡结算力度。加强国有资产管理，严格履行审批手续，强化监管资产评估和资产处置行为。强化政府性债务管理，规范了县政府及其各部门举债、使用和偿还政府性债务行为，做到了"谁举债、谁负责、谁偿还"。深化投融资体制改革，鼓励民间资本投资，推行政府购买服务及 PPP 模式，筹建国有资本投资运营有限公司，盘活国有资产，做大做强国有企业，为县域经济保驾护航。

## 六、管好自家人　精诚创业强素质

干事创业，队伍是基础。盐池县财政局始终坚持"理财先正思想、管钱先廉队伍"的思路，抓班子带队伍，抓教育强素质，抓制度促管理，使全局上下形成了精诚合作共创佳绩的浓厚氛围。与深入开展党的群众路线教育实践活动相结合，建立健全反"四风"、改进作风的各项制度规定，认真践行公开服务承诺；与创先争优活动相结合，积极开展优秀共产党员、先进股室评选活动，鞭策后进，激励先进；与创建学习型党组织相结合，完善周一例会、"三会一课"制度，营造了好学习、比学习的氛围；与加强党风廉政建设相结合，认真落实党风廉政建设主体责任，营造了风清气正的良好环境；与开展道德讲堂活动相结合，开展道德宣讲和中华经典诵读活动，传承弘扬中华传统美德；与开展志愿服务活动相结合，经常性开展敬老、爱幼、帮扶、助残等志愿服务活动，弘扬扶危济困、扶弱助残的良好社会风尚；与开展廉政文化进机关活动相结合，制作廉政画轴、文明礼仪提示牌、警示名言，树立财政机关良好文明形象；与完善硬件设施配套相结合，建立了职工之家、健身房、乒乓球室等，经常性开展文体活动，增强体魄，凝聚团队力量；与推行干部轮岗交流制结合，增强了中层干部做好工作的积极性、主动性和创造性，培养全能性财政干部；与权力公开透明运行相结合，认真梳理行政职权目录，建立了一事一流程，一岗一管理，人人有事干，事事有人管的机制；与效能目标管理考核相结合，详细分解任务，严格奖惩分明，彻底解决了干好干坏一个样的问题；与转变干部作风相结合，深入开展"一张笑脸相迎、一颗诚心办事、一份承诺服务"活动，实行挂牌上岗，亮明身份，接受社会监督，提高办事效率，发挥了树一面旗、带一片人的示范引领作用。

百舸争流千帆竞，借海扬帆谱新篇。在即将开始的"十三五"新的征程中，盐池县财政局一班人将带领全体财政干部，以更加开阔的视野、更加开放的胸襟、更加开明的环境吸引项目、吸聚资金，突出抓项目建设、夯实基础，统筹城乡、改善民生，引导广大党员干部满怀激情干事业，一心一意谋发展，努力打造宁夏靓丽的东大门，打造展示盐池发展的形象之门、开放之门、魅力之门，为建设"富裕盐池、民生盐池、和谐盐池、美丽盐池"提供坚强的财力保障。

# 加强监督 促进改革
# 健全机制提升财政规范化管理水平

宁夏回族自治区海原县财政局 李 云

## 一、2014年财政预算执行情况

2014年全县财政工作在县委的正确领导和县人大、政协的监督指导下，按照"保增长、保民生、保稳定、促发展"的总体要求，不断加强收入征管，严格执行预算，深化财政改革，强化财政监管，较好的完成了县十六届人大二次会议批准的财政预算收支任务，履行了保障和促进改革、发展、稳定的职能。

### （一）公共财政预算收支完成情况

全年公共财政预算收入完成15819万元，较上年增加3258万元，增长25.9%。其中税收收入完成13267万元，增长27.3%；非税收入完成2552万元，增长19%。2014年上级财政补助收入完成347808万元，增长3.1%。2014年公共财政预算支出完成375062万元，为变动预算的95.2%，增长5.8%。

### （二）基金预算收支完成情况

2014年基金预算收入完成23095万元，其中：县本级收入完成9256万元，自治区补助收入完成13839万元；基金预算支出完成20147万元。

## 二、2014年财政重点工作

### （一）多措并举抓征管，财政综合实力稳步提升

各收入征管部门紧密配合，认真分析收入形势，不断健全完善征管机制，依法加强税收征管，确保政府各项收入应收尽收、足额入库，严防"跑、冒、滴、漏"现象，挖掘财政增收潜力。积极开展"营改增"试点工作。全面清理行政事业性收费事项，严把财政票据领用核销关，切实抓好重点税源、重点税种的有效监控，加强非税收入"收支两条线"管理，确保财政收入持续稳定增长和全年目标任务的圆满完成，2014年地方财政收入首次突破1.5亿

元大关，提前完成"十二五"规划收入任务（到 2015 年，县本级财政一般预算收入达到 1.35 亿元）。在地方财政增收的同时，牢牢把握国家投资政策和我县经济社会发展的切入点和结合点，密切关注政策动向和资金投向，及时跟进工作措施，加大资金项目争取力度。通过多方努力，2014 年自治区财政下达我县专项转移支付补助资金 191335 万元，财力性转移支付补助资金 156473 万元，有效确保了全县经济建设和民生改善的资金需求。开展了"三公"经费集中治理活动，坚持"节支就是增收"的理财理念，严格落实中央八项规定和自治区厉行节约的各项政策措施，从严控制一般性支出，全县（不含乡镇）"三公"经费共支出 1650.7 万元，同比下降 12.3%。充分发挥财政推动经济的积极作用，着力培植财源，优化经济结构，全面落实招商引资优惠政策，扶持企业发展壮大，通过各种渠道筹集资金 1460 万元，用于绿康源肉牛养殖、布哈拉民族服饰、华创风电、亨源粮油等企业的基础建设、设施改造和技术升级等，支持工业经济发展，培植地方财源，促进经济可持续发展。

### （二）优化结构保支出，经济社会发展取得新成效

筹措资金 3.75 亿元，支持实施了回中迁建、薄弱学校改造、乡镇幼儿园、教师周转房、中小学体育运动场及农村学校供暖设施改造等教育基础设施建设项目，落实了义务教育阶段学生营养改善计划、"三免一补"政策、高中家庭贫困学生资助、职业教育学生助学金等惠民政策，改善了学生生活条件，保障了学校基本运转，提升了教育硬件水平。拨付各类公共卫生专项资金 2398 万元，促进医疗卫生体制改革。安排资金 1721 万元，落实了少生快富户配套奖励、政府阳光补贴、春蕾补贴等计划生育政策。发放石油价格补贴 980 万元。投入资金 1.92 亿元，实施了南苑公园、民族风情一条街建筑物立面改造项目、三个老旧小区改造和文昌路、华山路、北坪路等 6 条 15 公里市政道路等基础设施建设项目。筹措资金 7.52 亿元开工建设文昌和育才 2 个安置小区 18 万平方米，安置 2398 户，有效改善了城市人居环境。拨付城乡低保、医疗救助、危房改造、保障性住房等民生资金 4.25 亿元，救助困难群众 12.8 万人次，改造农村危房 3500 户，新建公租房 2000 套（全部在海兴开发区），有效缓解了弱势群众的口粮、饮水、就医、住房等基本生活困难。安排再就业资金 2350 万元，用于实习生、"三支一扶"及公益性岗位等人员生活补助、城镇失业人员及农民工培训、全民创业及妇女创业小额贷款担保等，引导金融机构发放创业贷款 8700 万元。拨付社会保险补助专项资金 3.36 亿元、县财政配套资金 1200 万元，确保了城乡居民养老、医疗等社会保险制度

的正常运行。投入资金 5570 万元，用于县医院迁建、鼠疫检测点、乡镇卫生院等卫生项目建设以及基本公共卫生服务经费补助等。通过"一卡通"兑付农资综合直补、退耕还林、粮食直补、草原生态补偿、库区移民补助等各类惠农补贴资金 23506 万元，惠及全县 8.1 万农户 36.6 万人，人均增收 642 元。筹措安排资金 1.15 亿元，支持了棚户区改造、小城镇建设、美丽乡村等一批建设项目的征地拆迁。累计筹措资金 8000 万元，全面建成 17 个乡镇办公楼及民生服务中心，并新建改造所有乡镇院坪、大门、车棚、围墙、给排水等附属设施，彻底改善乡镇办公条件。争取实施村级公益事业"一事一议"财政奖补项目 34 个，落实财政奖补资金 1778 万元，完成投资 3349 万元。筹措资金 1.25 亿元，实施了津补贴提标、政府效能奖、民族团结和谐奖等增加职工收入政策。拨付资金 3.8 亿元用于整村推进、春秋季覆膜、地方特色种植业、设施养殖等财政扶贫及农业产业化项目和地方安排项目建设，全县农业基础设施建设条件及生态环境进一步改善。筹措资金 560 万元新建李俊、树台、甘盐池三个活畜交易市场。投入资金 943 万元，实施了农业综合开发甘盐池土地治理项目，建设水平梯田 4000 亩，平整土地 3000 亩，配套机井 15 眼（其中新建机井 5 眼），配套低压输水管道 43.8km。

（三）规范管理促改革，依法理财水平不断提高

进一步规范预算编制流程，强化部门预算编制主体责任，全县 68 个一级预算单位、105 个二级预算单位全部按照"自下而上"的原则和"一个部门、一本预算"的要求编制了部门预算，初步构建了完整、透明、规范的预算管理体系。全面推进国库集中支付改革扩面增量。牵头开展了惠民政策落实不到位专项整治行动，进一步健全完善涉农补贴资金兑付管理机制，成立"一卡通"管理办公室，加强对各类补贴资金的管理、审核和兑付工作，促进各项惠民政策及时落实。起草制定了《海原县财政资金支付审批管理暂行办法》、《海原县惠农补贴"一卡通"管理暂行办法》、《海原县行政事业单位差旅费开支管理暂行办法》等。坚持所有政府采购项目全部进场交易，实现了"管采分离"和"应进必进"。2015 年共组织实施采购项目 79 笔，交易金额 12351.04 万元，节约资金 1704.03 万元，节约率 12.1%，政府采购效率和质量逐步提高。全面启用行政事业单位资产管理信息系统，进一步加大资产配置、使用、处置全过程的跟踪管理，实现资产管理与预算管理、财务管理、实物管理及价值管理的有机结合。加强公务卡强制结算、"三公经费"预决算公开、出国经费预算先行审批等工作，规范部门单位公务支出行为，不断提高资金使用的透明度。加强财政监督管理，组织开展了会计信息质量、医疗

卫生资金管理及贯彻执行中央八项规定严肃财经纪律和"小金库"专项治理等工作，清理合并财政专户5个。主动介入棚户区改造等全县重点项目建设工作，强化事前、事中监督，促进财政管理，提高服务意识。强化项目绩效管理，聘请中介机构对"十二五"县内生态移民项目、公共卫生服务项目、村级公益事业"一事一议"财政奖补项目进行了绩效评价，不断增强各部门（单位）资金使用绩效观念。

在肯定成绩的同时，我们也清醒的看到，当前我县财政工作中仍然存在一些困难和问题：一是地方财政收入基础尚不牢固，依靠投资拉动增收的局面仍然没有从根本上得到改变，增收的局限性较大；二是地方财政收入总量小、自给率低，财政收支矛盾未得到有效缓解；三是受财力所限，公用经费保障水平相对偏低，个别部门（单位）挤占挪用专项资金的现象还时有发生；四是财政管理还不够科学精细，预算执行进度不均衡，资金困难与使用效益不高的矛盾仍然存在等。对这些问题，我们将高度重视，并采取有效措施，逐步加以解决。

# 三、2015年财政工作计划

1、抓收入、争资金，进一步加大收入组织力度。围绕全县重点工作、重要活动和重大项目，切实发挥好争取财政资金的主力军作用，抢抓政策机遇，紧盯资金投向，最大限度的争取财政资金和项目资金支持，为全县经济社会发展和民生改善提供资金保障，注入发展活力。用足用活各项财税政策，积极支持企业发展，壮大支柱税源，培植后续税源，激活税收经济。认真分析和研究财政经济运行形势，进一步完善收入征管措施，加强契税、耕地占用税的征管，严格"收支两条线"管理，坚决杜绝政府各项收入"跑、冒、滴、漏"，努力挖掘财政增收潜力，确保全年17400万元收入任务圆满完成，力争实现超收。规范和加强政府性债务管理，积极筹措和争取资金化解政府性债务。加强与各金融机构的沟通联系，争取对全县重点项目的支持。

2、抓民生、保重点，进一步强化支出保障能力。积极筹措资金落实养老金并轨、公车改革等政策。完善城乡社会保障体系，健全社会救助体系，及时足额兑付城乡居民最低生活保障、五保户供养、医疗救助、高龄老人及散居孤儿津贴等补助资金。深入推进产业结构调整，大力发展特色优势产业，切实加强涉农补贴资金的审核，完善和细化"一卡通"管理流程，加快兑付进度，促进政策落地。支持落实为民承诺的各项民生实事。坚持教育优先发展，着力支持改善教育基础条件。加快医疗卫生体制改革步伐，推进基本公共卫生服务均等化。全力支持大县城建设、棚户区改造及生态移民攻坚工程，配合做好保障性住房及农村危窑危房改造等工作。支持海原县非物质文化遗产传承基地建设，促进文化旅游产业发展。做好政法经费保障机制改革工作，加快行政执法和政法装备建设步伐，推进和谐社会建设。

3、抓监督、促改革，进一步提升财政管理水平。认真贯彻落实新《预算法》及《国务院关于深化预算管理体制改革的决定》，严格执行法定预算，坚决杜绝无预算支出，维护预算的权威性。按照"早安排、早下达、早实施、早完成"及"不误农时、不误执行、不误工期、不误决策"的"四早四不"要求，加快财政支出进度，提高资金使用效益。深入开展党政机关厉行节约支出工作，严格执行公用经费支出预算，确保全县"三公"经费支出控制在自治区下达的"红线"内。深入开展公务卡改革工作，扩大公务卡改革覆盖面，提高公务消费支出透明度。起草制定财政预算结余和部门结余资金管理办法。加强对各类资金的监督检查，促进财政监督工作规范化和常态化。创新财政管理方式，积极开展财政资金项目事前、事中监督、投资评审、绩效评价等工作，科学、客观和公正的反映财政资金效益，促进财政资金合理配置投放。加强财会人员队伍建设，抓好财政惩治和预防腐败体系建设，大规模、多层次、全方位开展财政干部教育培训和会计人员继续教育活动，加强对全县财务工作的监督指导，提高依法理财水平和服务效能。自觉接受县人大、政协及社会监督，积极邀请社会各界代表走进财政机关指导工作，认真听取各方面的意见建议，不断健全完善财政管理机制，规范理财行为，提高理财水平。

# 创新完善地方财政机制　提升财政管理水平

新疆维吾尔自治区博湖县财政局　张宏翔　董青春

博湖县位于天山南麓、开都河下游，1971 年建县，因境内有全国最大的内陆淡水湖—博斯腾湖而得名。全县总面积 3808.6 平方公里，其中水域面积 1646 平方公里（其中大湖面积 1200 平方公里，小湖面积 446 平方公里），占总面积的 43.2%（对外宣传数，2002 年水位最高时的数据）。目前博斯腾湖的水位高程是 1045 米，总面积为 886.5 平方公里（其中大湖面积 506.5 平方公里，小湖面积 380 平方公里）。县辖 5 乡 2 镇，26 个行政村，5 个居委会，121 个村民小组，总人口 6 万余人，由汉、蒙、维、回等 22 个民族组成，其中少数民族 2.19 万人（蒙古族 4476 人、维吾尔族 10173 人、回族 6684 人、其他少数民族 664 人），占总人口的 35.9%。驻县单位有二师 25 团、27 团、巴州种畜场、巴州扬水处和河南油田塔里木石油勘探公司博湖基地等。博斯腾湖有 32 个鱼类品种，其中 10 个水产品种和大湖区 150 万亩水域分别通过国家有机鱼产品和产地认证。是新疆最大的渔业生产基地、全国最大的有机鱼生产水面。环湖芦苇面积 60 余万亩（其中：自然苇区 40 万亩，人工育苇区 20 万亩），芦苇年储量 20 余万吨。是全国四大苇区之一和重要的芦苇湿地。博斯腾湖自然风光秀丽独特，相继被列为国家重点风景名胜区、"西部大开发新疆十大风景名胜旅游区"，成功创建为自治区旅游强县、国家 5A 级旅游景区。

## 一、博湖县财政困难的主要表现

博湖县由于财政困难的不断加剧，支出的缺口较大，一些基本的公共产品和公共服务无法满足，已经影响到博湖县经济社会的稳定和发展。在现实经济生活中，比较突出的矛盾表现在以下几个方面。

（一）财政收支矛盾突出、公用经费普遍紧张，社会事业发展能力低下，属于典型的"吃饭财政"

县乡两级政府作为我国基层政权组织形式，负有县、乡区域内的公共产品与服务的提供职责。但近年来，博湖县、乡财政只能维持"吃饭"水平，用来提供公共产品与服务的能力已非常有限。超常增长的支出吞噬着增加的财力，财力的窘困必然制约地方公共事业及地方经济的发展。这在县乡层面表现更为明显，农村税费改革后，县乡财政的收支矛盾则更加尖锐。在上级财政转移支付有限的条件下，乡村两级公用经费难以为继，县乡社会事业发展欠账严重。

**（二）缺乏主体税种，税基小、税源窄，对上级补助依赖较高，非税收入所占比重大，收入增长缺乏后劲**

1、财源结构单一，工业化水平低。

博湖县是传统的农业地区，由于历史、自然环境等各种因素一直制约着县域经济发展，境内还没有形成主干和规模化工业产业，工业化水平较低，工业项目主要是农副产品加工类型，如番茄酱、辣椒色素等，缺乏产业链长的、附加值高的产业，农业基础薄弱，产业化程度低，龙头企业少，带动能力弱；一些农副产品深加工企业市场竞争力不强，市场波动较大，抗风险能力还是很弱。一是企业规模小。企业生产经营没有达到规模化程度，全县年税收过百万的企业仅只有 1 家企业，为农村信用合作社。真正的大型龙头企业还没有形成，财政收入规模增长近年还难以实现。二是创新能力弱。我县工业目前技术薄弱，高新技术、高附加值产业几乎还是空白，工业仍以资源型粗加工为主，产品档次较低、科技含量低、附加值低。全县几乎没有一家企业有专门的科研机构和科技人员，企业还未建立创新投资机制，致使企业难以获取高技术产品，也不能创造可观的税收效益。三是经济效益低。

2、收入结构不合理，对上级补助依赖较高，非税收入所占比重过大。

非税收入所占比重较大，且非税收入均有明确的用途，返还这部分收入给财政调度资金带来极大的压力。这种财政收入结构，自身财力非常弱，缺少主体税种，且税基小、税源窄，税源结构单一；同时，在我国现行地方税收体系中，县级财政收入多为与经济发展相关性较弱的零星小额税种，分税制把大税种的小部分、小税种的大部分留给地方，税源零散，征收难度大，增长弹性小，征税成本高。虽然每年税收都做到了应收尽收，足额入库，但缺乏收入增长的后劲。

**（三）政策性、法定性、专项配套资金支出多，超出财力供给能力**

1、政策性增资支出加大。

国家几乎每年都有增资政策出台，如调整工资，提高工资津贴补贴标准，改革社会保险，扩大社会保险范围等。

2、法定支出不断增加。

按照有关文件规定，上级有关部门从部门行业工作角度出发，对下级部门规定了很多升级达标要求，如公安、检察、法院、司法各部门相继下发了文件，如：根据自治区财政厅新财行〔2009〕500 号 < 关于印发《新疆维吾尔自治区基层公安机关公用经费保障标准》的通知 > ，我县公安局属二类县级公安机关，公用经费保障标准为 5.5 万元/人；根据自治区财政厅新财行〔2009〕501 号 < 关于印发《新疆维吾尔自治区基层人民检察院公用经费保障标准》的通知 > ，我县检察院属二类县级人民检察院，公用经费保障标准为 4.67 万元/人；根据自治区财政厅新财行〔2009〕502 号 < 关于印发《新疆维吾尔自治区基层人民法院公用经费保障标准》的通知 > ，我县人民法院属二类县级人民法院，公用经费保障标准为 5 万元/人；根据自治区财政厅新财行〔2009〕503 号 < 关于印发《新疆维吾尔自治区基层司法行政机关公用经费保障标准》的通知 > ，我县司法局属二类县司法行政机关，公用经费保障标准为 2.93 万元/人。经费保障标准从 2010 年开始执行，分三年到位。

计划生育工作配套资金支出要求财政必须安排专项资金，实行一票否决制，按照相关文件精神，要求将人口和计划生育事业费、流动人口管理和服务经费纳入财政预算，并保证每年投入的增长幅度要高于当年财政收入的增长幅度，达到或高于自治区规定的年递增经费要求；将每年免费提供计划生育技术服务的经费、新增领取计划生育《光荣证》家庭的奖励经费，按上级规定的配套比例足额纳入预算，及时到位，对农村领证的独生子女户、双女户家庭，实施结扎手术的已婚育龄妇女，给予一次性 600 元奖励，所需经费由县市财政承担。

科技三项费：支出根据科技部两年一度的〈全国县市区科技进步考核办法〉工作通知规定，要求科技三项费列入县市财政预算科目，金额占当年本级财政决算一般预算支出的 1% 以上，用于县市技术研究与开发等方面的支出，且逐年递增。

国家还陆续推出一系列"政策性增资"项目，需要地方提供配套资金。如：教育方面：要求普九清欠地方配套、迎国检教学仪器地方配套；社会保障体系方面：农牧区合作医疗财政补贴、城镇居民医保财政补贴、乡村医生补助、就业再就业财政地方配套、农村公路建设和管理养护地方配套（新增财政收入的 5%）；其他各相关部门也出台了相关政策等，要求各县市财政给予足额配套，如由地方自筹配套的粮食风险基金，按《农业法》、《教育法》要求高于收入增长比例的支出安排等，虽然这些投入和建设是必要的，由于博湖县财力有限，保证这些专项资金，势必会影响工资、社会稳定、机构运转等必保项目的支出。随着社会管理和公共服务职能的不断转变，特别是社会保障体系建设、生态环境建设等方面成为财政支出新的重要内容，且呈现快速增长趋势，财政收支矛盾日益突出。

3、资金配套政策不断出台。

上级有关部门出台专项政策，下达各种专项资金，都要求地区、县（市）财政安排一定的配套资金比例，如交通、水利、农业等。否则，专项资金难以下达。按照现行项目申报的相关要求，社会事业类项目要求地方配套资金30％，基础设施、重点工程等个别项目要求地方配套甚至高达80％。

**（四）政府债务负担沉重，基层财政风险不断累积**

在我国省、地（市）、县、乡四级政府中，处于基层的县乡财政因回旋余地小，遇有风险往往难以外化释放。因而在各种因素的作用下累积了大量赤字与债务。在财政赤字不断累积的同时，县政府债务负担沉重，基层财政风险不断累积，这些沉重的债务负担，使本来就财力不足县级财政雪上加霜。有时不得不靠大量举债搞建设和保民生，无力偿还债务利息和本金。由于债务的滚存利息负担越来越大，陷入恶性循环，已影响了基层政府的正常运转和政权稳定。

## 二、博湖县县级财政困难的原因分析

造成博湖县财政困难的原因是多方面的，既有历史遗留下来的原因，也有现实的客观原因；既有体制方面的原因，也有经济基础方面的原因；既有和其他县市共有的原因，也有博湖县特殊的原因，探究主要原因无外乎三个方面：财力少、支出多、支出效率低。归结如下：

**（一）财政体制原因**

1、分税制对财力的影响。

财力多少取决于其自身的收入能力和上级转移支付的多少，前者是博湖县经济发展问题，后者是财政体制问题；支出的多少取决于事权的划分和财政供养人口的多少；高效率支出可以满足更多的支出需求，效率高低又取决于两个因素，决策的科学性和管理的科学性。但本质上是制度创新过程中出现的不同利益主体之间的利益分配矛盾，问题存在的本身说明了利益再分配过程中不同利益群体之间出现了利益不均衡。

从财政体制内部来看，一是收入划分相对清晰、支出划分比较模糊。只确立了中央和地方财政收入分配格局，但并未对事权进行划分，一些由上级政府承担的支出责任交给了地方，还有部分支出责任划分不够合理，划分模糊，执行中经常发生交叉和错位，相当一部分如教育、医疗卫生等最基本的公共服务以及支农等法定支出主要由县级提供，按照事权划分的原则，博湖县政府主要提供收益范围仅限于辖区范围内的公共服务和公共工程，对于那些收益更广泛的公共物品则应由相应级次上级政府来提供，分税制后，博湖县政府一直是辖区内基础设施、社会治安、行政管理等地方性公共产品以及基础教育、公共卫生、环境保护、社会保障等交叉与区域性公共品，同时还要承担支持经济发展的重任，并且县级政府所履行的大多是刚性强、欠债多、所需支出基数大、增长快、无法压缩的支出职责。如教育（因支出法律的规定依据，由于学生规模增长较快和相关支出价格因素上升快，所需资金膨胀更快）、基础设施建设（县域内长期基础建设投入不足，欠账严重，而农村工业化、城市化急需配套完善的基础设施建设）。

1994 年实行分税制财政体制时，只确立了中央和地方财政收入分配格局，但并未对事权进行划分，由于财权与事权的不对称，导致没有充足的资金来完成上级下放的事务，使得地方财政收支矛盾日益突出，客观上形成了各级政府上收财权、下放事权的局面。博湖县是巴州较为贫困的农牧业县之一，由于社会经济发展长期受地理环境及资源匮乏的制约，三个产业的发展比较缓慢，在财源贡献方面，由于国家取消了农业税后第一产业税源几乎为零，目前地方财政收入主要是依靠二、三产业的增长来拉动，仅靠博湖县自身力量是根本无法维持正常运转，该县财政收入主要还是依靠上级转移支付。近年来，尽管上级转移支付力度在逐年加大，但伴随着财权向下转移的同时，事权也向下转移，由此可见上级的转移支付还是与其所承担的财权和事权不相匹配，上级的转移支付弥补博湖县的财政支出缺口还有一定的距离，这是造成目前博湖县财政困难的最主要的制度性原因。

2、上级转移支付满足需要还有一定的距离

上级政府通过转移支付制度提供的财力性转移支付资金是缓解下级政府财政困难的有力手段，自治区财政对于博湖县来讲财力性转移支付的力度与某些县市相比还是小的，尤其是与其他同类县相比，博湖县得到的补助水平大大低于同类县市的平均水平。

3、专项转移支付支持力度不足

除了财力性转移支付手段之外，各种专项的转移支付也能够有效的缓解县级政府的财政困难现象的方法之一。博湖县获得专项转移支付的数额一直是全疆同类县市中较低的。

**（二）经济发展水平和经济结构原因**

经济决定财政，财政是经济的反映。一般来讲，经济发展水平越高，经济结构越合理，财政收入就越充裕。而根据目前中国的税制结构，税收收入主要来源于第二产业和第三产业，因此一般来说农业县都是财政穷县。但是从全国、全疆来看，农业又是重要的基础产业，支持农业发展是政府的重要任务之一。可以说，农业县是为国家的经济大局做出贡献的，但由此造成的财政困难应当得到上级政府的补助和支持。2014年博湖县三产比重是40.1：24.2：35.7，由此可看出，经济结构非常不合理，农业所占比例过大，工业比例过低，旅游业和服务业等第三产业尚处于起步阶段，是典型的农业县，具体讲，一是自然条件差，滞留传统农业经济，制约了第一产业的发展；二是基础设施差，工业经济基础薄弱，出于对巴州"母亲湖"—博斯腾湖的保护，大型的工业企业无法引进来，而民营企业发展缓慢，制约了第二产业的发展；三是博湖县处于死胡同，距离焉耆县为10公里，距离库尔勒市65公里，广大消费者在焉耆县消费或库尔勒消费，博湖县没有形成中小型消费中心。导致服务业长期得不到快速发展。由于交通的不便利，造成一些企业，在相同条件下，选择在焉耆县办厂，而原材料等均来自博湖县。交通不发达，信息不灵通，小城镇建设步伐缓慢，制约了第三产业的发展。工业化水平较低，地方经济产生的税额相对较少，新型工业化、农业产业化运行缓慢。县域经济自身"造血"功能还不强，南山、博斯腾湖资源优势在短时间内难以转换为经济优势、财源优势，制约了当地社会经济发展

（三）财政支出增长很快

1、社会经济发展所处的阶段决定了支出的不断增长。

影响公共支出增长的决定因素主要有经济因素、人口因素和社会政治因素。在经济发展初期阶段，公共投资占社会投资的比重较高。同时，随着社会人口不断增加和社会公众意识的不断增强，政府会被要求为公众提供更多更好的公共产品和公共服务。从博湖县所处的社会经济发展阶段来看，经济因素、社会政治因素和人口因素都给县乡公共财政支出带来了巨大压力。从经济发展来看，博湖县还没有将资源有优势很好的转化为产业优势，培植财源还需要一个长期过程，属于社会主义市场经济发展的初期阶段，在这一时期，政府为了加快发展，需要营造一个良好的经济发展环境，加之历史欠账过多，尤其需要加大交通、水利、电力、通讯和城市基础设施等公共基础设施建设方面的投资支出，该县政府在这块面临较大的支出压力；从社会政治因素看，医疗、卫生、教育等社会保障性公共产品和公共服务历史欠账多，近年来随着社会不断发展和进步，用于此方面的支出非常大，占县级财政支出的50%以上，并要求县级财政配套，加大了县级财政支出的压力；从县乡

人口增长和少数民族比例看，由于农村人口增加很快，且以少数民族为主体，这就增加了县政府向农村提供公共产品的压力。

2、县级政府行政支出成本较高。

博湖县乡两级政府公用支出成本较高，县与巴州、首府之间距离较远，公用经费支出水平较高。县政府除了维持机构日常运转、提供正常的公共服务和支持经济发展外，还面临着打击民族分裂主义和非法宗教活动的艰巨任务，随着维稳斗争的越来越复杂，博湖县用于维稳工作的支出压力也越来越大。由于受多种因素的影响和制约，该县发展教育、文化、广播电视等社会事业的成本也较高，因为该县为少数民族地区，都需要汉语和维吾尔语"双语"教学多种语言文本、制作和播出等，无形增加支出成本。

3、刚性支出增长较快，超出县乡财力增长的供给能力。

第一，政策性增资。国家几乎每年都有增资政策出台，如调整工资，提高工资津贴补贴标准，改革社会保险，扩大社会保险范围等。第二，法定支出增加。国家制定法律，对一些支出标准做成硬性规定，如国家规定农业、科技、教育等方面支出增长速度要高于财政收入增长速度，且逐年递增等。第三，资金配套政策。上级有关部门出台专项政策，下达各种专项资金，都要求县级财政安排一定的配套资金比例，否则，专项资金难以到达，这也增加博湖县财政支出的压力。

**（四）税收应收尽收，无"藏富于民"，无潜力可挖**

近年来，博湖县税收征管以及财政等各部门协税护税配合等工作在全疆财税系统做得较好，一是加强税收征管，依法治税。对重点税源、主要税种、重点企业实施监控，堵塞跑冒滴漏，做到应收尽收。二是狠抓非税收入征缴。严格按照国家政策规定把行政性收费、罚没收入和政府性基金等非税收入收缴到位，确保非税收入及时、足额缴入国库或财政专户，拓展财政增收渠道，增强财政实力和调控能力。我们从另一个角度来看，对于博湖县这类无骨干和主体税源、工业主要以农副产品深加工为主的非资源性农业县来讲，零星税源，也被征收的干干净净，税收应收尽收，无"藏富于民"，无潜力可挖；如果财政体制、骨干税源没有大的变化，税收的大规模增长没有可能。

## 四、缓解新疆博湖县县级财政困难问题对策建议

近年来，国家和自治区在支持博湖县经济发展和社会稳定方面投入了大量的资金，极大地改善了当地的基础设施和生活生产条件，促进了经济社会发展和民生改善，进一步巩固了社会和谐稳定和各民族团结进步。自治区财

政厅也出台了一系列县乡财政解困政策，对于缓解博湖县财政困难起到了积极作用，但要彻底解决博湖县财政困难问题还是一个长期艰巨的过程，需要分目标、分阶段稳步推进。在推进的过程中，需要方方面面支持和配合，需要上上下下齐心协力，只有多管齐下，才能从根本上缓解县级财政困难。结合新一轮中央支持新疆经济发展、社会稳定和改善民生的有利时机，本节重点从财政政策、体制等方面，遵循调研论证，因地制宜；突出重点，轻重缓急；提出以造血为主，输血为辅；适当集中，合理整合；注重社会效益、人文效益相统一，注重实效等五个原则，提出缓解博湖县县级财政困难的政策建议，实现经济又快又好地发展。缓解博湖县县级财政困难的对策和建议，可分为近期、远期目标。

近期目标是：根据博湖县社会经济发展现状，在近期内首先采取措施确保县乡政府基本运转的正常需要，构建"职责明确、保障合理、运转有序、监管到位"的政府间行政和财政关系框架。

远期内我们努力的目标是：实现基本公共服务均等化，实现"民主决策、依法理财、科学管理、有效保障"的公共财政运行模式。

与此相适应，近期对策建议是：立足于博湖县财政困难的现状及各种客观因素，调整财政体制，特别是转移支付制度，初步实现财力与"基本"支出责任之间的均衡，缓解博湖县财政困难的严重局面，解燃眉之急。

远期对策建议是：立足于通过制度创新和体制完善，从消除财政体制与行政体制、法制体系等制度之间以及财政体制内部给要素之间的制度摩擦入手，构建符合市场经济体制要求的民主政治、法治社会和公共财政。从根本上解决博湖县财政困难的问题，但远期对策建议需要多方面的协调和长期的努力才能见效，任重而道远。

近期对策建议：

（一）上级财政部门给予资金支持以弥补资金缺口

建议由州政府和自治区政府给予资金支持，弥补资金缺口。目前博湖县的财政困难问题已经超出了本级政府的承受能力，急需上有政府的支持和帮助。

（二）按照实际供养人员确定自治区对其转移支付补助基数

自治区财政厅领导在2009年自治区财政工作会议上明确指出，要协调区域发展，注重缓解县乡财政困难。由于博湖县实际财政供养人员超出自治区对下转移支付测算核定人员，在缓解财政困难方面，未得到真实体现。建议分期分批按照轻重缓急原则由自治区编委和自治区财政厅将县级财力自身承担的供养人纳入自治区对下转移支付测定补助基数，特别是能够根据自治区维稳工作的需要，将县级自身财力承担的公安巡防大队纳入自治区供养人基数中。

### （三）组织强有力的班子，研究政策、争取政策

根据前文分析，上级对博湖县财力转移支付力度与我县的社会事业发展需求还有一定差距，并且各种专项的转移支付力度和规模也比较小。这就需要博湖县在研究财政政策和争取政策支持方面下力气，需要组织强有力的班子，研究政策，一项好的政策对财政增长的作用不亚于一大支柱产业，要善于把无形的财税政策研究好、经营好，要认真研究国家和自治区的宏观经济政策和国家产业政策，对照博湖县的实际情况，找出切实可行的政策对接点，要充分研究运用上级的有关政策争取项目、争取资金、争取环境，争取促进生产力发展的各种资源和要素；同时向上级部门反映博湖县财力的状况和形成的原因，反映财政体制方面的变化，形成对博湖县财力困难程度的共识，争取政策和支持，加大上级转移支付的力度，在现行的转移支付办法中加大对博湖县的倾斜力度，部分缓解博湖县的财政困难。

### （四）强化内地对我县帮扶机制

近年来，河北省秦皇岛市对博湖县的帮扶，在社会经济发展中发挥了很大作用，2015年党中央新一轮对新疆的对口援助和帮扶又启动了，河北省秦皇岛市党委、政府继续充分发挥在缓解博湖县财政困难中所起的积极作用，建立和完善对博湖县经济发展的帮扶机制，进一步推动博湖县经济社会的和谐发展。

远期建议：

导致县级财政困难的根本上的原因是分税制后的财政体制方面的原因，但财政体制的自我完善在大程度上受政府职能转变、政府间支出责任的清晰划分、地方政府的行为合理性提高、政府统计系统的完备等制约，同时，地区差距较大、政府层级此较多等特殊性国情也影响了财政体制在推进公共服务均等化、实现中央和自治区政府特定意图等方面功能发挥。

### （一）进一步理顺财政管理体制

1、明确各级政府的事权和支出责任。

近年来各级政府间的事权划分不明确、财权上收事权下移的现象是加剧县市财政困难的一个重要原因。

2、切实转变政府职能。

只有有限的政府才是有效的政府。政府职能必须转变到社会管理、公共

服务等方面，推出竞争领域。如果政府职能与市场边界不清，不仅影响市场配置资源基础性作用发挥，也难以在各级政府之间进行支出责任划分。

### （二）进一步完善和规范转移支付制度

财政转移支付制度是上级政府调控下级政府财力，实现事权和财力相匹配，促进基本公共服务均等化的重要手段。要按照社会主义市场经济体制的要求，围绕构建社会主义和谐社会，促进经济增长方式转变等战略目标，对现有转移支付进行必要的整合，提高转移支付的公开性、合理性与有效性。

1、建议中央财政加大对新疆转移支付的支持力度，特别是加大对新疆县级财政转移支付的力度。

2、完善自治区一般性转移支付制度。

按照建设社会主义新农村与构建社会主义和谐社会的目标，实现自治区内各县市区之间、城乡之间基本公共产品和公共服务（主要指农村基础教育、公共卫生和社会保障等）的均等化。

3、整合专项转移支付制度。

建议进一步整合专项转移支付制度。

4、规范专款配套资金的制度。

建议上级政府规范现有专款配套资金政策，规范专款配套政策出台程序，将地方配套的总体负担控制在可承受的范围内。建议属于中央事权项目，由中央全额承担，不再要求地方配套；属中央和地方共同事权的项目，分别研究配套政策；对于属于县级事权的项目，可研究采取按当地实绩给予奖励的办法或者困难性补助政策，不再要求县级政府配套。

### （三）培植财源、壮大财政实力，促进县域经济发展

培植财源，壮大财政实力，发展县域经济，实现财政收入的可持续增长，这是博湖县政府和财政部门要落到实处的工作重点。

1、落实科学发展观，树立新的财力观和理财观。

科学发展观的核心内容是坚持以人为本，树立全面、协调、可持续发展观，促进经济和人的全面发展。作为县级财政部门我们落实科学发展观的基本着眼点就是从博湖县的实际出发，创新县域经济的发展观念，开拓发展思路，破解发展难题，树立新的财力观和理财观。

2、建立符合博湖县实际的财源结构。

根据博湖县的经济布局和财源状况等实际情况，其财源建设的总体思路是：确保主导财源，培植后续财源，拓展群体财源，建立科学合理的经济结构和财源结构，逐步形成具有博湖县地方特色的财源体系。

**（四）狠抓财税征管，增加收入**

狠抓财税征管，是振兴县域财政的关键，是实现财政平衡的可靠物质保证，强化征管聚财，要从多方面入手：

*1、增强与税务部门的联动性。*

现行的财政体制及博湖县财政困难的状况决定了财政部门对自身的财政收入是十分关心的，但收入征管方面起主要作用的是税务机关，税务机关的关心程度和征管力度直接影响财政收入。

*2、征管重点要突出。*

税收征管方面要重点抓住主体税源、骨干税源、大宗税源的征收入库，尤其要在所得税等一些增收潜力大的难点税征管方面取得突破，对重点工商企业生产经营情况进行跟踪问效，强化征管力度，保证重点税源及时入库。

**（五）调整和优化支出结构，保证重点支出和各项民生需要**

要按照全面、协调、可持续性发展的科学发展观调整和优化财政支出结构，要坚持量入为出的原则，保工资、保运转、保稳定、保重点，加大对社会保障、"三农"、科技教育和公共卫生等民生的投入，集中又有限的财力，保证县委和政府的重点支出项目；要严格控制专项支出，大力压缩非生产性开支，对会议费、招待费、考察费等一般性支出从严控制，制定切实可行的节支措施，使财政资金能够保证重点支出的需要。要完善支出管理机制，建立健全绩效评价系统，加强支出监督，确保支出效益，对国债资金、上级转移支付资金、重点项目资金要加强跟踪管理，提高效益。

**（六）采取措施，积极化解县乡政府债务风险**

*1、做好债务清理，合理分流债务。*

一是要组织大规模的债务登记调查，进一步清理县乡债务规模、种类及分布情况；二是考虑设置一个县乡政府的正常还债能力指标，客观公正地对博湖县乡政府的偿债能力进行评判，为化解债务确立一个基础；三是要分类化解县乡存量债务，对政府间的债务，在重新界定政府间事权和财权的基础上清理债权、债务责任，由上级政府确定核销范围；四是要严格控制新增债务。

*2、建立化解债务的长效机制。*

一是建立偿债基金和风险预警系统；二是形成防范债务风险的长效机制，逐步建立我国县以上地方政府债务融资制度。

# 连片改造与开发强了基础设施富了边疆人民

新疆维吾尔自治区库车县财政局　李之龙

金秋的边疆到处呈现灿烂绚丽，魅力四射的景象，与南方相比，这里没有秋雨绵绵，没有秋愁哀怨，没有百感交织。但这里有伤感、有惋惜、有期待，因为这里的秋天太短了，来不及回味。成片的棉田吐棉絮远看像雪一样洁白的棉花，在秋阳里随风摇曳。正是采摘棉花的时节，从河南、四川来的采棉女工，分散在棉田，正在采摘棉花。穿着五颜六色采棉服的女工与洁白的棉花，构成了一幅棉田风景画，而采棉女工欢快的喧闹声，则飞扬在棉田的上空，让田野散溢着秋天的浪漫。这便是新疆阿克苏地区库车县农业综合开发项目区所在地的丰收景象。

库车县实施农业综合开发之初，由于资金投入较少并且分散，项目建设标准相对较低，成效不够明显，群众满意度不高。如何将党的惠农政策落到实处？怎样把"三农"工作做好，让广大农牧民切身得到实惠呢？对此，库车县农业综合开发办一班人马进行了认真的思考。要解决项目建设与群众诉求相适应的问题，必须坚持一切从实际出发，因地制宜，统筹规划，同时要更加注重民生，顺应民意，不断提高农发工作的水平和效益，及时转变工作作风，把工程建设的重点放在群众迫切希望解决而单一农户又办不了、办不好的事情上去。

2012 年底，新疆阿克苏地区库车县被国家农业综合开发办公室批准为国家农业综合开发县。连续三年，项目总投入资金 2277 万元。分别是 2013 年投资 1089 万元对库车县齐满镇的 1 万亩中低产田改造项目；2014 年投资 594 万元对库车县乌尊镇的 0.5 万亩高标准农田建设项目和 2015 年投资 594 万元对库车县阿拉哈格镇的 0.5 万亩高标准农田建设项目的实施。

一年小变化，三年大变样。如今走在已经改造好的成片高标准农田建设项目实施的田边，一道道防渗渠纵横交错、一条条沙石路平坦相通、一排排防护林郁郁葱葱、一根根电线杆绵延远方、一片片农作物生机盎然。

## 一、成片改造结硕果，农业发展前景广

行走在库车县高标准农田建设项目区可以看到，平坦的道路通往田间地

头，新栽的小树迎风摇曳，雪白的棉花争相吐絮，成片的果树压弯枝头。通过农业综合开发项目建设，项目区灌溉便利了，土地平整了，土质改善了，进出也方便了。

库车县齐满镇渭干村玉山·买买提家种了 80 亩棉花地，属该镇 1 万亩中低产田改造项目范围。2015 年已经是受益的第三年了，指着一条条新修的防渗渠笑着对我们说："这种渠不但节水、干净，而且缩短了浇水时间。过去村里是土渠，浇水不仅费水，而且流速慢，村民经常为'抢水'闹得不可开交、面红耳赤。浇一遍水得用 40 天时间，现在只用 20 多天，而且水情好控制。"

针对干旱缺水的现状，近三年，库车县将农业综合开发项目资金的大半投入水利设施建设，累计完成防渗渠建设 17.25 公里，修建配套渠系建筑物 287 座，量水建筑物 28 座，同时还完成了 3.8 公里的河道清淤，这些基础设施的完工有效地提高了项目区的灌溉水利用率，方便了水管工作，节约了大量的水资源。既便于田间管理，又降低了农业生产成本，既改善农业生产的条件，又实现了农民增产增收。

## 二、知识下乡是推手，科技致富促增收

库车县农发办主任刘春光同志常说，衡量自身工作的好坏，最重要的是看农发项目工程是否实现了效益最大化，是否真正惠及了项目区的广大群众。基于有了这样的认识，他们坚持精细规划、规范管理，确保每一笔项目资金都用在刀刃上，因而取得了较好的社会效益、经济效益和生态效益，让农民群众得到了实实在在的收益。

近三年来，库车县在农业综合开发项目实施中因地制宜推广优质农产品品种，运用农业开发项目资金帮助农户进行科技培训和新品种、新技术的引进。项目区已累计培训农技人员 1900 余人次，发放科技种植资料 12000 余份。首先是坚持"四统一"，即在项目区内实施良种统供、技术统标、肥料统调、病虫统防，示范推广优质长绒棉膜下滴灌高产高效栽培集成技术，推动优质棉标准化、规范化、集约化。其次是项目区建立以"公司＋专业合作社＋农户"的生产管理模式，通过开展农技进村入户培训，大力推广秸秆还田技术，提高土壤有机质含量。最后是采用连片改造与开发的项目区显现出了"三利三省"，三利即：有利于农田水源的灌溉、有利于农业机械化耕种、有利于机采棉的落实。三省即：农业机械化耕种和机采棉的实行后项目区的农户省时、省工、省成本，使农业种植经济效益最

大化。艾合买提·尼亚孜就是受益农户之一，他开心地告诉我："2015年种植棉花90亩地，每亩预计产籽棉500公斤，比去年增产80公斤，按今年棉价每公斤6.5元计算，一亩地就能多收500元左右"。看着他边说边笑满意的样子，我能深刻地感受到国家实施农业综合开发项目，使农民实实在在地真正享受到了党的惠民富民政策。

## 三、上下联动早谋划，资金监管显规范

基于新疆南疆库车县无霜期短、冬季时间长，施工期短的特殊自然条件，县农业综合开发办通过强化项目库建设、加快项目实施计划及方案的编制等措施，力争每年项目早筛选、早申报、早实施、早完工、早受益；同时做好项目的前期和建设管理，落实各项管理制度，细化责任，确保农发项目保质保量及时完成。

坚持按项目投资，按程序治理，以资金投入确定项目规模，按项目管理资金。在资金管理方面，严格执行预算安排，库车县财政按要求做出落实配套资金的承诺，按照配套比例将本级应承担的配套资金列入当年的财政预算。在资金拨付方面，严格执行"专人管理、分账核算、专款专用"，县财政在收到上级农发项目资金后，在5个工作日内将资金拨付到县农业综合开发办，并责成该预算单位适时报送资金支出进度表。严格执行县财政报账制度，严把工程预算、施工、验收、决算四个环节。按照整个项目建设进度，根据批复的项目实施方案，对中标通知书、工程合同、工程预决算、工程监理等报账材料，严格审核，对于不符合报账要求的坚决予以拒绝。县农业综合开发办根据工程资金预算、施工合同、工程进度和用款申请，先拨付30%的资金作为工程预付款，先行开工建设；后根据工程实施进度、监理验收、工程决算、验收结果和单据报账结算，同时预留10%的资金作为质量保证金，一年后工程若无质量问题再予以支付。

总之，库车县县委、政府多年来一直重视农业综合开发项目的开展，并把土地治理作为实现全县经济可持续发展的一项战略措施，实施了目标管理，项目区建成交付使用后，管理方便，运行安全，外观整齐、美观，同时库车县政府制订了一系列优惠政策，加大资金和科技投入力度，努力提高农作物单产和品质。为项目区的农业增产、农民增收创造了良好的条件，好政策春风化雨、润物无声，不仅仅体现在直接的资金补贴上，还体现在科技投入、农业综合开发、农村产业结构调整和优化上。这些变化最终都反映在广大农牧民的张张笑脸上，农民脸上都洋溢着从温饱到小康，

并向全面小康迈进的喜悦之情。农业综合开发项目使广袤乡村焕发勃勃生机，相信有中央新疆工作会议精神、西部丝绸之路经济带政策、全国各兄弟省市的无私援助，项目区任何一个勤劳的农牧民都会有许多致富的机遇，只要选择好了优质的品种加上科技种植，坚定地走下去，路的那端一定是幸福美好的生活。

税 务 篇

# 第一篇
# 税收管理与研究

# 第一章　税收风险管理

## 第一节　概述

创新以纳税遵从风险管理为导向的纳税评估专业化管理新模式，税务机关对不同风险水平的纳税人采取不同的管理方法。这种管理方法不仅局限于财务税务数据的对比分析，而且引入了更加科学、全面的内部控制、生产经营业务流程等信息，发展出了新的统计分析方法，总结纳税遵从风险监控分析指标，形成风险特征库。积极探索以风险管理为导向，运用纳税遵从风险识别与应对理论和方法开展纳税评估工作。同时，依托信息化资源，发挥涉税信息在纳税评估工作中的主导作用和综合征管软件评估功能的基础作用，加强各类信息的采集和比对，结合实际开发应用了风险管理系统。

### 一、纳税评估概念

纳税评估是指税务机关运用数据信息对比分析的方法，对纳税人和扣缴义务人（以下简称纳税人）纳税申报（包括减免缓抵退税申请，下同）情况的真实性和准确性做出定性和定量的判断，并采取进一步征管措施的管理行为。纳税评估工作遵循强化管理、优化服务，分类实施、因地制宜，人机结合、简便易行的原则。

纳税评估分为日常评估和专业评估。日常纳税评估是指税务机关受理纳税申报后，利用获取的涉税信息，对纳税人纳税申报情况的合法性、真实性、准确性进行审核评价，并做出相应处理的税收管理行为。专业纳税评估是税务机关对大企业、重点税源企业、重点行业、主要税种的纳税人申报的真实性、合法性进行核查，并据此进一步加强税源管理、改进纳税服务的行政管理行为。

## 二、纳税评估的意义

纳税评估是纳税申报、税收稽查的桥梁和纽带。通过纳税评估，可以促进企业提高纳税的遵从度，逐步做到纳税申报的最大化，提高纳税质量。通过纳税申报，可以定性、定量地分析出一个地区和企业存在的税收方面的问题，为以后的税收稽查工作指出方向和路子。

### （一）纳税评估是提高纳税质量的重要手段

2012 年 6 月 21 日，国家税务总局以国税发〔2012〕60 号文，下发关于开展税收收入质量评价工作的通知。通知要求全国税务机关努力工作，不仅保证税收收入持续平稳增长，还要认真开展税收收入质量评价工作。税收质量评价的一个重要综合指标是，在报告期内实际入库的税收收入与当期应征收入（法定理论税收收入）相一致或者逐渐逼近。要做到这一点，税收征纳双方需一起努力。通过纳税评估，找出纳税申报的薄弱环节，找出违背税收制度的低税负、负税负纳税申报的原因，并督促其纠正，不断促进企业纳税申报最大化（接近应征税额），避免或减少税收的流失。各地税务机关要通过纳税评估反映出来的问题，针对征管的漏洞，不断提高税收征收率，不断提高税收质量。

### （二）纳税评估是加强税务稽查工作的重要前提

纳税评估在采取初步审核、案头审核、实地审核的过程中，可以把纳税中的相关问题解决在源头。如排除风险，终止评估；对确认应纳税额计算未按税收法律法规规定的问题，由纳税人调整申报，依法补缴税款和滞纳金；对一般税收违法违规问题，税务机关依法直接处理；对涉嫌骗税的重大问题和线索交由稽查部门处理。纳税评估的问题，在源头上做了上述处理后，可以筛选、优化评估中的问题，利用稽查的优势资源，解决重大偷骗税问题，发挥它的震慑作用。利用税务稽查前的纳税评估约谈辅导机制，有针对性地对纳税人的经营管理、经济核算、依法纳税进行宣传、辅导，促进纳税人自查自纠，提高纳税遵从度，减少税收流失。

### （三）纳税评估是完善税收制度、加强税收征管的重要保障

纳税评估作为新的征管程序中承上启下的重要环节，在实施过程中，它要把国民经济中海量的各类数据，通过整理、集中、分类、分析，并按照一

定模型（规律）排列起来，能动地指导纳税申报、税务稽查、税收入库和分析、票证管理等一系列工作，对加强税收征管工作发挥愈来愈大的作用。另外，开展纳税评估工作，一方面要确保现行税收法规贯彻落实，另一方面在纳税评估中，反馈出现行的税收法律、法规中，哪些是适用的、哪些是过时的，需要补充哪些新的制度，并能找出切实可行的完善税收法律法规的建议。

## 三、纳税评估组织实施

纳税评估工作主要由基层税务机关的税源管理部门及其税收管理员负责，重点税源和重大事项的纳税评估也可由上级税务机关负责。

纳税评估所称基层税务机关是指直接面向纳税人负责税收征收管理的税务机关；税源管理部门是指基层税务机关所属的税务分局、税务所或内设的税源管理科（股）。

对汇总合并缴纳企业所得税企业的纳税评估，由其汇总合并纳税企业申报所在地的税务机关实施，对合并申报缴纳外商投资和外国企业所得税企业分支机构的纳税评估，由总机构所在地的主管税务机关实施。

开展纳税评估工作原则上在纳税申报到期之后进行，评估的期限以纳税申报的税款所属当期为主，特殊情况可以延伸到往期或以往年度。

## 四、纳税评估内容

纳税评估主要工作内容包括：根据宏观税收分析和行业税负监控结果以及相关数据设立评估指标及其预警值；综合运用各类对比分析方法筛选评估对象；对所筛选出的异常情况进行深入分析并做出定性和定量的判断；对评估分析中发现的问题分别采取税务约谈、调查核实、处理处罚、提出管理建议、移交稽查部门查处等方法进行处理；维护更新税源管理数据，为税收宏观分析和行业税负监控提供基础信息等。

## 五、纳税评估指标体系

### （一）纳税评估指标

纳税评估指标是税务机关筛选评估对象、进行重点分析时所选用的主要指标，分为通用分析指标和特定分析指标两大类，使用时可结合评估工作实际不断细化和完善。纳税评估分析时，要综合运用各类指标，并参照评估指标预警值进行配比分析。

根据陕西征管实际，结合行业特点，陕西地税征管系统现有基础指标库共计设置指标 105 个，按用途分为日常指标和专业指标两大类，其中日常评估指标 34 个指标，包括提醒类指标 6 个，评估类指标 28 个，涉及申报缴款类、发票稽核类、涉税行为类，专业评估指标包括 71 个指标，包括通用类 27 个，行业类 13 个，税种类 31 个。通用指标涉及收入、成本、费用、利润、资产负债五类；税种指标涉及地税征收管理的全部税种及基金；行业指标包括建筑业、房地产开发业、房地产物业、餐饮业、金融业、保险业、证券业、广告业。

本次 105 个基础指标库全部由省地税局统一设置、维护和管理。系统上线后，各市局可以根据评估实践，提出指标添加需求，上报省局，由省局在后台进行添加维护设置。县区局在工作中建立的新指标，如果经过实践反复验证有效的，可以向市局提出增设申请，由市局统一报省局添加维护。

目前 105 个评估指标主要涉及了征收管理系统、网报系统、所得税管理系统、网络在线发票系统、货运发票管理系统、个人所得税代扣代缴系统、内部信息采集数据、第三方外部数据来源等八大数据来源。

**（二）纳税评估预警值**

评估指标预警值是税务机关根据宏观税收分析、行业税负监控、纳税人生产经营和财务会计核算情况以及内外部相关信息，运用数学方法测算出的算术、加权平均值及其合理变动范围。

测算预警值，应综合考虑地区、规模、类型、生产经营季节、税种等因素，考虑同行业、同规模、同类型纳税人各类相关指标的若干年度的平均水平，以使预警值更加真实、准确和具有可比性。纳税评估指标预警值由各地税务机关根据实际情况自行确定。

# 六、纳税评估分析方法

数据信息评估分析方法依据不同的标准可进行如下分类：

**（一）按照信息处理方式划分，分为核对法和分析法**

核对法即评估人员根据掌握的各种情报、信息，对纳税人、扣缴义务人纳税申报的内容进行核对。核对法主要是对不同来源渠道的数据信息进行简单的比对。常用的方法有：申报与鉴定信息核对、申报与发票信息核对、未申报核对、零申报核对、申报计算核对、与相关税种核对、与外部数据核对等几种类型。

分析法是指评估人员根据各类指标之间的逻辑关系，对纳税人的申报数据及其他各种数据进行综合计算、分析。分析法是对不同来源渠道的数据信息的逻辑关系进行计算分析。分析指标常用的有：综合相关比较、本期与上期比较、本期与上年同期比较、本期与行业平均比较等。

**（二）按评估的手段划分，分为人工法、计算机法和人机结合法**

人工法，就是由评估人员对评估对象申报纳税相关信息进行分析判断的方法。此法多用于对非普遍性、非规律性、个别申报纳税疑点的分析判断。计算机法，就是由计算机根据事先设定的指标公式对纳税评估对象申报纳税信息进行分析判断的方法。此种方法的优点是效率较高，受人为干扰因素较少。人机结合法，就是先由计算机根据事先设定的指标公式筛选出评估对象申报纳税中的疑点，在此基础上再由人工进一步分析判断。在实践中，这种方法最为常用，目前本省纳税评估就使用的这种方法。

**（三）按照分析方式划分，分为因素分析法、配比分析法、逻辑推理法、计算控制分析法**

因素分析法是指从分析影响纳税因素入手，分析出每个因素对应纳税额变动的影响程度，从而判断出应纳税额的变动是否合理的一种分析方法。

配比分析法是从因素分析中衍生出来的一种评估分析方法，是指通过对两个相互关联的指标同步分析，确定纳税人在纳税方面存在的问题。

逻辑推理法是指通过具有内在逻辑关系和相关性的多个数据之间趋同或反差关系而进行的合理性分析。

计算控制分析法是指纳税评估部门通过所掌握的各种外部信息和其他与纳税人生产经营有关的情况和资料，运用一定的手段去控制、影响纳税人的纳税申报心态和申报质量的分析方法。

**（四）按指标参照对象划分，分为横向分析法和纵向分析法**

1. 横向分析法

即利用已掌握的纳税人的财务指标通过计算机系统与同行业的财务指标平均值相比较，找出偏离平均值的纳税人的方法。

2. 纵向分析法

即将纳税人当年的财务指标作为基期指标，和历史年度的同期指标进行对比，求出变化率，通过计算机系统找出偏离平均变化率的纳税人的一种方法。

**（五）根据分析出发点的不同，分为假设法、定量分析法、定时分析法、定比分析法、定性分析法**

1. 假设法

即通过纳税人的纳税情况对其收入、财产等假设，利用其提供的会计报表、内部控制制度以及公众媒介等综合信息对提出的假设进行证明，然后再对不能证明的事项提出假设涉税疑点的"假设——证明——再假设"的评估方法。

2. 定量分析法

即定量地分析纳税人的运作方式及其影响因素，分析影响因素与被评估对象之间的因果关系及影响程度，定量地预测被评估对象的纳税倾向与守法程度。如：初步判定该企业的纳税倾向和守法程度与长期负申报之间的定性。

3. 定时分析法

即分析纳税人历史数据的演变过程和实践的关系，抽象出某一纳税人随时间演变的趋势模型，定时定量地预测其未来发展的趋势。诸如对销售收入、应纳税额、商品的销售毛利、销售成本等项目的本期及上年同期数据的分析。

4. 定比分析法

即分析相同行业不同的纳税人之间的结构关系，研究不同纳税人之间纳税情况结构，从而发现其共性与特性。如同一行业同一经营规模的纳税人所产生纳税差异的原因。

5. 定性分析法

即对于某一具体的纳税人借助于上述各种方法，从时间演变的过程中，或从定量分析其因果关系方面，或从定比分析其结构关系方面，或运用几种方法的结合从不同方面进行分析判断和推算，得出一定的评估结论和预测结果。

**（六）按比较分析的方式不同，可分为比较分析法、结构百分比分析法、比率分析法、合理性分析法等**

1. 比较分析法

是指将连续数月报表中的相同指标或比率数据进行对比，分析其增减、变化情况。

2. 结构百分比分析法

是指测算各组成部分占总体的比重，分析构成内容的变化和发展趋势。

3. 比率分析法

是指对同一期财务报表上的若干不同项目之间的相关数据进行比较、分析。

4. 合理性分析法

是指将有关数据与企业历史数据、同行业或类似行业水平相比较，以分析其合理性，初步确定纳税人申报纳税和扣缴义务人扣缴税款中存在的问题。

比较分析、结构百分比分析、比率分析主要是定量分析，合理性分析主要是定性分析。

在实际工作中，进行纳税评估案头分析，不可能仅按照某一种方法对纳税人进行比对、分析，评估人员要充分利用已有的企业的各项财务数据即纳税指标，尤其是在税收征管信息化全面运用，大量数据均可共享利用的情况下，充分利用现有资源，通过多方位地运用各种方法来共同对相关信息之间的勾稽关系进行分析比对，来确定重点监控目标，这样不仅可以发现异常，还可以掌握一定的证据，提高工作效率，达到事半功倍的效果。

现以某市某企业为例介绍一下分析比对具体方法。

某房地产开发企业纳税评估模型：

### 房地产开发行业介绍

一、行业介绍

（一）房地产业相关概念综述

1. 房地产的概念

在现实中，房地产常常被定义为房产与地产的统称。其实这种说法有误，并非所有的地产都同房产相关，可以都称为房地产。准确地讲，房地产是指房屋及其附属物（与房屋相关的建筑物，如小区附属设施、建筑物的附着物等）和承载房屋及其附属物的土地，以及相应的各种财产权利。民法中将财产区分为不动产（real estate）和动产两大类，不动产是指不能移动，移动后会引起性质、形状改变的财产，包括建筑物、构筑物、土地及其他土地附着物。土地、地产、房地产和不动产的关系如下：

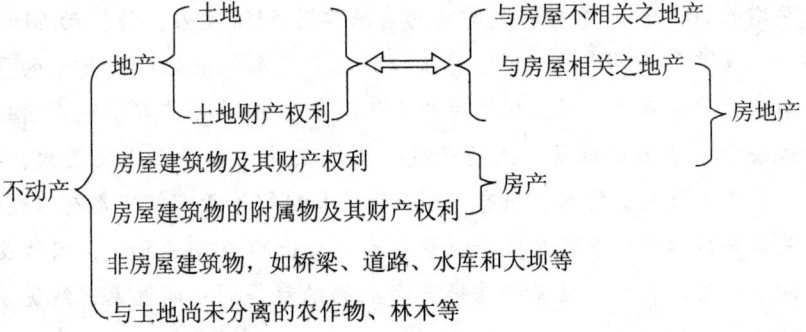

2. 房地产业的概念

房地产业是从事房地产的开发组织、经营管理、买卖和租赁经营，以及中介、咨询、评估等服务的行业。我国的《国民经济行业分类和代码》（中华人民共和国国家标准 GB/T4754 – 2002）将房地产业列为 K 类，包括房地产开发经营（7210）、物业管理（7220）、房地产中介服务（7230）、其他房地产活动（7290）。

房地产业属于服务部门，其性质为第三产业。将房地产业的业务形态分为如下几类：一是房地产开发组织业，是以组织城市的开发、再开发为目的的大规模房地产经济活动。从事这类业务的主要是房地产开发公司。二是房地产经营业，包括房地产的买卖、交换、租赁、抵押、典当等活动。三是房地产中介、咨询及评估服务业。四是物业管理业，包括楼宇管理、住宅小区综合管理等社会服务活动。五是与上述经营活动直接相关的管理，如交易管理、产权管理等。

3. 房地产市场

房地产市场可分为以下几类：房地产一级市场，指土地征用、划拨、出让市场；房地产二级市场，指房地产转让、租赁、抵押等市场；房地产三级市场，指房产的互换、典当、租赁以及二手房交易市场。广义而言，房地产市场还包括物业管理市场，指以物业管理服务为对象的市场。

4. 房地产行业的特点

房地产行业具有以下特点：高投资回报、高投资风险性；投资量大，投资回收周期过长；相关产业链广，工程运作程序复杂；自有资金比例过低，资产负债率高，对金融机构依赖程度大；行业之间以及与其他产业的关联性强；涉及税种多、应税环节较多；项目流动性、长期性突出。

（二）房地产行业宏观经济政策

作为国民经济发展中的基础产业，房地产业2008年全年投资30580亿元，比上年增长20.9%，资本形成总额的贡献率为53%左右，约拉动GDP增长5.35个百分点，在消费、投资、净出口"三驾马车"中对GDP增长的贡献最大。与房地产业直接或间接相关的产业部门多达50多个。在房地产项目开发经营链条中，从土地储备、土地开发、土地供应、取得土地使用权、勘探、设计、施工、监理、售房、保有、物业管理和租赁等所有环节都有涉税行为。据有关资料显示，现在的房地产税费占到了房价的30%～50%，因涉及税种多，涉及相关产业广，提供给房地产企业的纳税筹划空间也大，纳税筹划所带来的效益也明显。

国家在2003、2005、2006和2007年连续四次进行综合宏观调控，以抑制房价上涨过快。2008年，在房地产价格下跌时，国家出台了一系列的政策"组合拳"，防范房地产市场可能带来的经济危机。在这几轮调控中，政府综合运用了财税、金融、土地等多种政策工具。其中税收工具由于具有集经济手段、法律手段和行政手段于一身的特点，成为政府采用的重要工具之一。房地产业从 2002 年到 2009 年被国家税务总局连续列为年度税收重点专项检查行业，房地产企业面临的涉税风险逐渐增大。2010 年 4 月 14 日，国务院办公厅下发《关于坚决遏制部分城市房价过快上涨的通知》，在实行更为严格的差别化住房信贷政策的同时，要求财政部、国家税务总局加快研究制定引导个人合理住房消费和调节个人房产收益的税收政策。税务部门要严格按照税法和有关政策规定，认真做好土地增值税的征收管理工作，对定价过高、涨幅过快的房地产开发项目进行重点清算和稽查。其政策反应的实质是将房地产的投资品特性向消费品特性回归。随着政府对房地产行业宏观调控力度进一步加大，房地产交易市场将进入调整期，交易市场风险因素增加，市场成交量起伏多变，意味着房地产企业的利润空间将缩小。

二、行业税源特点及常见风险点

（一）我国房地产行业财税特征分析

1. 房地产开发过程中繁杂的业务流程，对财税管理能力要求严格

经营周期涵盖工程的前期规划设计、拆迁征地、工程建造、验收工程、营销策略和物业管理等；其经营范围广，业务多元化，多种投资主体，对管理流程和财税管理要求专业化。

2. 资金筹集渠道广

包括预售房定金、预收代建工程款、商品房贷款、联合开发投资等。

3. 房地产业成本和费用构成复杂

（1）房地产开发成本包括：取得土地使用权的费用、前期工程费用、公共基础设施建设费和建筑安装费等。

（2）房地产经营成本主要包括：土地转让成本、销售成本、配套设施销售成本和出租房产、土地经营成本等。

（3）其间费用包括三项费用：即管理费用、销售费用和财务费用。

4. 房地产开发周期较长，平均经营周期约为 2~4 年，使会计核算时跨期摊销运用较为普遍，摊销对各期损益影响重大

5. 房地产开发企业涉税会计核算现状

（1）公司营业收入核算

按照税法的规定：房地产开发企业对商业用房，附着物和配套设施等，按以下原则确认收入：

①房地产开发企业以一次全额收款方式销售的，于实际收到价款或者取得索取价款凭据时，来确认销售收入。

②房地产开发企业以银行按揭贷款方式销售的，于实际收到首付款当日确认收入，银行在办理余款按揭贷款转账之日确认收入。

③房地产开发企业以分期付款方式销售的，将按签订的销售合同或者协议中相约定的付款日来确认销售收入。如果付款方采取提前付款，那么在实际收到付款日确认收入。

④房地产开发企业将产品先租再售，按下列原则确认收入。

a. 如果将待售产品转为经营性资产，即先将其以经营性租赁形式租出或者采取融资租赁形式租出，到期后再将其售出，在其租赁期间获得的全部价款按租赁租金确认收入，待其在出售时可按销售方式确认收入。

b. 如果将待售产品临时租出，在其全部租赁期间取得侨款将按租金确认收入，在其出售时按销售产品确认收入。

⑤房地产开发企业如果采取以非货币性资产的分配形式取得收入，则于分配时确认收入。

（2）公司成本费用核算状况

公司在扣除成本和费用时，应将成本区分为期间成本费用、开发建造成本和销售产品成本。其中期间费用和销售成本在当期直接扣除。开发建造成本将合理划分为直接成本和间接成本。

开发间接费用的总分类核算，在"开发间接费用"账户进行。做如下分录入账。

借：开发间接费用

贷：应付工资

应付福利费

累计折旧

递延资产

银行存款

周转房—周转房摊销

每月终了，对开发间接费用进行分配，做如下分录：

借：开发成本—房屋开发成本

开发成本—配套设施开发成本

开发成本—商品性土地开发成本

贷：开发间接成本

（3）房地产开发成本分析

房地产企业全部成本费用＝土地成本＋建安成本＋财务成本＋前期费用

＋配套费用＋各种税费＋经营费用

①取得土地费用

取得土地时发生的费用主要有取得土地使用权时的城镇土地出让金，拆迁安置补偿费和土地征用费。目前取得土地主要有三种方式：双方协议出让，土地管理部门拍卖出让和招标出让。由于国家打压房价的宏观调控政策，对土地控制采取日益趋紧的政策，以拍卖方式来拿地已成为房地产开发商们的主要选择。国土资源部对全国范围内 105 个城市的多个项目调查的数据显示，土地费用占总成本的 23.2%，国土资源部 2008 年城市地价监测结果显示土地费用占总成本的 25.8%，全国工商联房地产商会于 2009 年 1 月发布的《我国房地产企业开发费用分析》报告中显示土地费用占总成本的 58.2%，这个数据是指土地成本占直接成本比例，这一比例并不包括税费以及利润，因此与地价房价比无关。工商联报告中虽未直接提及地价房价比，但根据其提供的数据，可推算出其调查样本涉及的地价房价比均值也应在 23%～26%。全国各城市土地成本占总成本比例如图 1-1 所示：

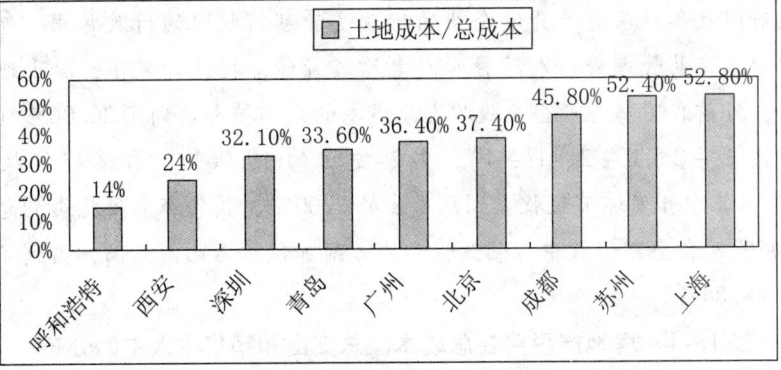

图 1-1　全国各城市土地成本占总成本比例分布

数据来源：2009 年《我国房地产企业开发费用分析》报告

②建筑安装费

建筑安装费指工程建造时发生的建筑材料支出、相关设备和安装费用等，这项费用在总成本中占的比例较大。工程用建筑材料中的钢材、水泥和木材所占份额大，其价格逐年上涨，建筑工程用量最大的螺纹钢和线材，2009 年平均涨幅达 200 元，有的最多每吨涨幅达 500 元，建材价格的上涨，直接影响了建安成本提高，如果说几年前建安造价普通住宅在 650～750 元/平方米之间，现在的框架钢混结构住宅可达 950～1350 元/平方米之间，涨幅每平方米达到 300 元。此项费用约占总成本的 30% ~ 40%。

③前期工程费

前期工程费是指前期规划、工程设计费、地质勘查费和"三通一平"等费用。其在总成本中所占比例较低，大约在 6%。

④市政公共设施费用

市政公共设施费用由基础设施和公共配套设施建设费两部分共同构成。基础设施建设费指道路建设、自来水供应、污水排除和小区绿化等的建设费用。在开发成本构成中，该费用所占比例在 20% ~ 30%。

⑤管理费用

管理费用指企业为组织和管理经营活动发生的期间费用，包括了企业管理人员的工资福利、差旅费、办公费、职工教育费和养老保险费等，占总成本的比例为大约 2%。

⑥税费

房地产开发企业税费包括向国家应缴纳的税款，还有行政性费用，包括地方政府以及各级房地产开发企业的行政主管部门收取的行政费用。包括征地管理费、交易管理费、人防费和水电增容费等。据统计显示，除土地成本支出外，目前我国房地产企业税收占总成本的比例较大占到了 26.06%（见表 1-1，图 1-2、1-3、1-4），占总支出的 19.06%，占总销售收入的 14.21%。其中开发环节税收占到总支出的 2.00%，销售环节税收占到总支出的 17.06%。在全部税收中，营业税和地方附加税所占比例最高，占到了全部税收的 48.84%。

表 1-1　房地产税费在总成本、总支出和销售收入中的分布

| 指标 | | | 占总成本比例 | 占总支出比例 | 占销售收入比例 |
|---|---|---|---|---|---|
| 直接成本 | | | 82.33% | 67.00% | 50.18% |
| 运营成本 | | | 17.67% | 13.94% | 9.47% |
| 土地成本 | | | 37.13% | 30.36% | 23.16% |
| 土地成本和总税收 | | | 63.19% | 49.42% | 37.36% |
| 总税收 | 100% | | 26.06% | 19.06% | 14.21% |
| 开发环节税收 | 11.55% | 100% | 2.64% | 2.00% | 1.41% |
| 房产税 | 0.30% | 4.39% | 0.06% | 0.05% | 0.04% |
| 土地使用税 | 0.71% | 20.26% | 0.15% | 0.12% | 0.08% |
| 契税 | 9.18% | 64.51% | 2.09% | 1.59% | 1.12% |

| 指标 | | | 占总成本比例 | 占总支出比例 | 占销售收入比例 |
|---|---|---|---|---|---|
| 印花税 | 1.36% | 10.85% | 0.34% | 0.25% | 0.17% |
| 销售环节税收 | 88.45% | 100% | 23.43% | 17.06% | 12.80% |
| 营业税及附加 | 48.84% | 57.42% | 9.56% | 7.60% | 5.37% |
| 企业所得税 | 24.33% | 26.40% | 7.71% | 5.36% | 4.21% |
| 土地增值税 | 15.28% | 16.18% | 6.16% | 4.09% | 3.22% |

注：营业及附加税包括：营业税、城建税和教育费附加。总支出＝总成本＋税收。

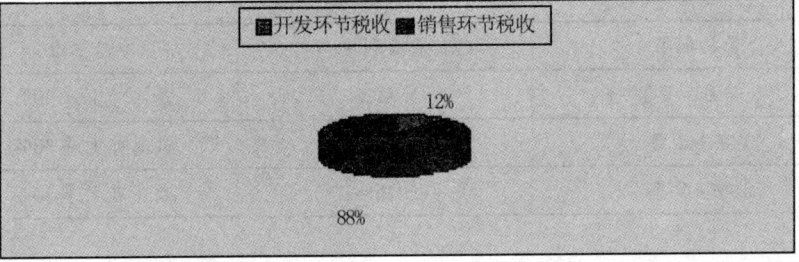

图 1-2 我国房地产企业开发和销售环节税收比例构成

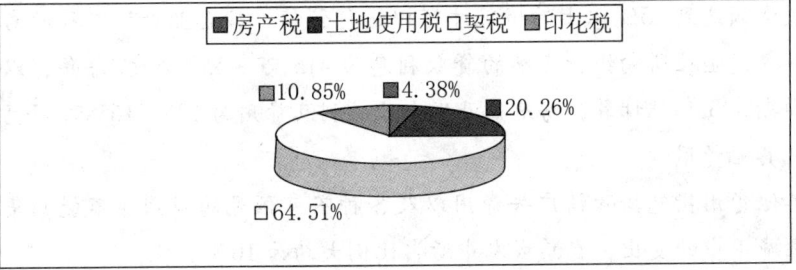

图 1-3 我国房地产企业开发环节纳税比例构成

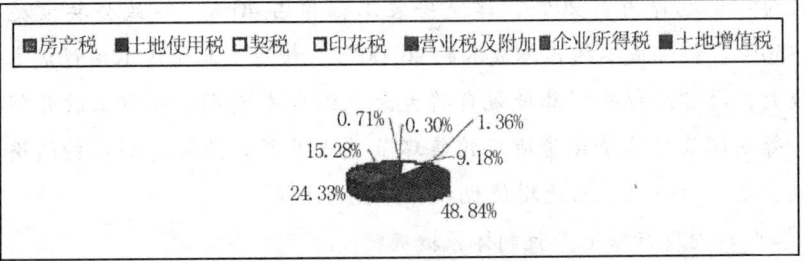

图 1-4 我国房地产企业纳税各税种比例构成

⑦贷款利息

房地产开发企业的开发周期在 2 年到 3 年，投入资金数额非常大，企业很大程度要依赖银行贷款，借贷而应支付给金融机构的利息费用成为成本费用中一个重要组成部分。据国家统计局统计显示，2002 年全国房地产企业直接使用金融机构资金（含按揭贷款）占全部开发建设资金比例约为 50%，平均资产负债率为 72%。中国人民银行曾几次下调贷款利率，但企业承担贷款利率仍要高出同期存款利率的近 3.5 倍，企业贷款利率一览表如表 1 - 2 所示：

**表 1 - 2　企业贷款利率一览表**

| 贷款期限 | 基准利率 | 浮动标准 |
| --- | --- | --- |
| 6 个月 - 1 年 | 5.31% | 最高可上浮 30% |
| 1 年 - 2 年 | 5.49% | 最高可上浮 30% |
| 3 年 - 5 年 | 5.76% | 最高可上浮 30% |

从上表可以看出，房地产企业向银行贷款的最低年利率是 5.31%，最高年利率为 7.49%。按商品房预售管理办法相关规定，全部交完土地出让金，工程投资额达到 25% 以上的情况才可以进行预售。按企业开发工程的启动资金来计算，企业所向银行交纳的贷款利息为 415 万 ~ 552 万元/每年，以项目建设周期为 3 年来计算，房地产开发企业的利息费用为 125 ~ 165 元/平方米。

⑧其他费用

其他费用指包括营销广告费用以及各种不可预见的费用等不能归集在以上七项费用中的支出，在总成本中所占比例大约为 10%。

房地产企业成本各构成部分所占的比例，在不同城市、不同房地产开发项目中表现各异。从全国城镇的商品房价格构成平均状况来看，各种费用比例大致为：土地费用占 20%，建筑安装工程费占 40%，市政公共设施费占 20% ~ 30%，税收成本约占总成本的 26.06%。相对于其他成本纳税成本所占比例较大，通过纳税筹划降低税负将大大压缩成本空间。从以上的介绍可以看出，筹划环节应选择在房地产销售环节重点展开。纳税筹划税种的选择以营业税、企业所得税、土地增值税和房产税为主。

（二）我国现行房地产税制体系概况

我国现行税种为 21 种，目前全国执行的税种是 19 个。关税和船舶吨税由海关征收。因此，目前税务部门征收的税种只有 17 个。

1. 房地产业涉及税种介绍

在这17个税种中，直接关系到房地产的有城镇土地使用税、耕地占用税、土地增值税、房产税、契税、营业税、企业所得税、城市维护建设税和印花税。房地产行业涉及的税种和税率如表1-3、1-4所示，房地产行业营业税涉税事项及税目、税率如表1-5所示：

表1-3　房地产行业涉及的税种及税率表

| 税种 | 纳税人 | 计税依据 | 税率 |
|---|---|---|---|
| 营业税 | 转让土地使用权、销售不动产和房产出租 | 营业额 | 5% |
| 城镇维护建设税 | 营业税纳税义务人 | 应纳营业税税额 | 7%、5%、1% |
| 教育费附加 | 营业税纳税义务人 | 应纳营业税税额 | 3% |
| 企业所得税 | | 房地产企业应纳税所得额 | 25% |
| 土地增值税 | 转让国有土地使用权、地上建筑物及附着物并取得收入的单位及个人 | 增值额 | 四级超率累进税率（30%～60%） |

表1-4　房地产行业涉及的税种及税率表（续）

| 房产税 | 城市、县城、建制镇和工矿区内的房产所有人 | 依据房产余值 | 房产原值扣除（10%～30%）1.2% |
|---|---|---|---|
| | | 依据房产租金 | 租金收入的12% |
| 印花税 | 发生房屋租赁和房地产所有权转移行为的立合同人、立据人及证照领受人 | 租赁合同的租赁金额、转移书据所载金额、房屋产权证和土地使用证件数 | 建筑安装工程承包合同0.03%，房屋产权证和土地使用证5元/件，财产租赁合同0.1%，房产转移书据所载件金额0.05% |
| 个人所得税 | | 房产出租和转让的所得 | 九级超额累进税率 |
| 城镇土地使用税 | | | 规定适用税额标准 |
| 耕地占用税 | 对占用耕地建房或其他非农业建设单位和个人占用耕地面积 | | 1～10元/平方米 |
| 契税 | 境内转移土地、房屋权属行为承受方 | 房地产价格 | 3%～5% |

表1-5　房地产业营业税涉税事项及税目、税率

| 税目 | | 税率 | 涉税事项 |
|---|---|---|---|
| 销售不动产 | | 5% | 售房合同违约金 |
| | | | 代收款项 |
| | | | 销售房屋及附属设施 |
| | | | 合作建房 |
| | | | 以房抵债或房屋互换 |
| | | | 房屋赠与 |
| | | | 转让在建项目 |
| 转让无形资产 | | 5% | 转让其他无形资产 |
| | | | 赠与土地使用权 |
| | | | 转让在建项目 |
| | | | 转让土地使用权 |
| 建筑业 | | 3% | 代建工程 |
| | | | 销售自营自建房屋 |
| 服务业 | 租赁业 | 5% | 出租房屋、土地 |
| | 其他服务业 | 5% | 兼营房地产咨询业 |
| | | | 物业管理代收款项 |
| | | | 兼营物业管理收入 |

2. 房地产开发企业各阶段涉税事项、涉及税种

房地产企业从立项至项目建设完毕，出售或出租并实施物业管理，大都遵循规律性的程序过程。可以将这个程序划分为四个阶段，即投资选择与决策分析、前期工作、建设阶段和销售阶段。四个阶段中，涉税阶段是建设阶段和销售阶段。现分阶段将涉及的主要税种分别做介绍。房地产开发阶段涉税事项、涉及税种如表1-6、1-7、1-8所示：

表1-6　房地产开发阶段涉税事项、涉及税种

| 阶段 | 经营环节 | 涉及税种 | 计税依据 | 税率 |
|---|---|---|---|---|
| 开发建设阶段 | 取得土地使用权 | 契税 | 契约价格 | 3%~5% |
| | | 耕地占用税 | 实际占用的耕地面积 | 1—10元/平方米（一次性征收，最高不得超15元） |
| | 委托工程施工 | 印花税 | 合同金额 | 0.03% |
| | 自营工程项目 | 个人所得税 | 应纳税所得额 | 20% |
| | 销售期、现房 | 营业税 | 转让土地使用权和销售不动产营业额 | 5% |
| | | 城市维护建设税 | 营业税税额 | 市区7%，县城、镇5%，其他1% |
| | | 教育费附加 | 营业税税额 | 3% |
| | | 企业所得税 | 净收益 | 25% |
| | | 土地增值税 | 未超过50% | 30% |
| | | | 超过50%~100% | 40% |
| | | | 超过100%~200% | 50% |
| | | | 超过200% | 60% |
| | | 个人所得税 | 应纳税所得额 | 20% |
| | | 印花税 | 房地产交易额 | 0.05% |

表1-7　房地产租售管理阶段涉税事项、涉及税种

| 阶段 | 经营环节 | 涉及税种 |
|---|---|---|
| 租售阶段 | 出租土地或房产 | 营业税及附加、个人所得税、印花税、企业所得税、土地增值税和房产税 |
| | 自用土地或房产 | 房产税 |
| | 销售房产转让土地使用权 | 营业税及附加、个人所得税、印花税、企业所得税和土地增值税 |
| | 代收费用 | 营业税及附加 |
| | 房屋抵押贷款 | 营业税及附加、个人所得税、印花税、企业所得税和土地增值税 |
| | 赠与房产或土地 | 营业税及附加、个人所得税、印花税、企业所得税和土地增值税 |
| | 股利分配 | 个人所得税 |

表1-8　房地产保有阶段涉税事项、涉及税种

| 阶段 | 经营环节 | 涉及税种 | 计税依据 | 税率 |
|------|----------|----------|----------|------|
| 保有阶段 | 以自用或出租的形式持有 | 房产税 | 房产余值（自用）租金收入（出租） | 1.2%（自用）12% 租金收入（出租） |

3. 我国房地产企业在现行政策下的实际税收负担

我国房地产企业现行政策的实际税收负担的测算，应根据国税发〔2003〕83号文与国税发〔2006〕187号文件、《国家税务总局关于房地产企业土地增值税清算管理有关问题的通知》（国税发〔2006〕187号）的规定。文件规定自2007年2月1日开始，国家要求税务机关在全国范围内加强土地增值税清算工作。经测算，全国房地产企业的土地增值税实际税负会显著增加。计算结果表示如表1-9所示：

表1-9　我国房地产行业现行税收政策的实际税收负担

| 房产增值率（T） | 土地增值税实际税负 | 营业税及附加税负 | 所得税税负 | 税负合计 |
|----------------|-------------------|-----------------|-----------|----------|
| ≤20 | 0 | 5.5 | 3.75 | 9.25 |
| 50 | 10 | 5.5 | 3.75 | 19.25 |
| 100 | 17.5 | 5.5 | 3.75 | 26.75 |
| 200 | 28.33 | 5.5 | 3.75 | 37.58 |
| 300 | 36.25 | 5.5 | 3.75 | 45.5 |

注：企业所得税税负＝企业所

增值税实际税负计算如下；假设房地产公司可扣除项目金额为P，对外销售价格为3P。增值率＝$(3P-P) \div P \times 100\% = 200\%$，因纳土地增值税税额 $= 2P \times 60\% - P \times 35\% = 0.85P$，土地增值税实际税负 $= (0.85P \div 3P) \times 100\% = 28.33\%$

房地产企业的土地增值税的税负占有较大比例，这是由房地产的行业特点决定的。房产增值率会决定土地增值税的税收负担。

（三）房地产开发企业涉税问题管理难点

我国房地产开发行业在纳税意识淡薄的情况下，面对高税负的重压，除了采取违法行为来逃避纳税义务外，可能就是寻租行为。目前房地产行业的涉税违法行为主要表现在以下方面：营业收入确认不实、虚列成本费用以及利用关联关系调节税前利润等方面，现简要表述如下：

1. 营业收入确认不实

房地产企业在预收房款、银行按揭房款、代收代垫款、返租房款、房地置换、土地出让、以房抵债和商品房自用等视同销售行为中，不按税法进行收入确认。企业以通过将销售收入挂在往来账项上，以隐匿收入，或直接削减开发成本等手段逃避纳税义务。具体表现如下：

（1）将预售购房款挂在往来账。这是典型的房地产偷逃税手段，由于房地产企业开发周期在一个以上纳税年度，预售楼收取的款项可以不开具正式发票。

（2）税法视同销售的行为不作申报纳税。房地产开发企业将开发产品转作固定资产或用于捐赠、赞助、职工福利、奖励、对外投资、分配给股东或投资人、抵偿债务，未按税法有关规定确认收入的实现。

（3）取得的其他收入不申报纳税。房地产开发企业除有产权证载明的可销售面积外，还有车库和停车位等营业外收入。但在房屋面积测算证书上没载明，也无相关产权证，企业会隐匿收入。

（4）价外收费和代收费用不申报纳税。房地产开发企业对如室内装修、有线电视安装、管道煤气、集中供热和防盗门安装等收入不申报纳税。

（5）借以代建真开发少申报收入。这是偷税行为，以土地所有方的名义报建，开发方代垫资金。税法认定开发企业转让部分房屋所有权换取了部分土地所有权，土地所有方以转让部分土地所有权换取了部分房屋的所有权。双方均发生了营业税纳税义务。

（6）银行按揭贷款资金不及时结转确认收入。采取银行按揭贷款销售商品房的，实际收到首付款的当天应确认收入，银行对余下的房款在按揭贷款转账日确认收入。而企业则不按照收入确认的有关规定，及时足额结转收入。

2. 成本费用虚构

房地产企业虚构成本费用的手段有：通过土地重新评估、虚构施工工程合同、大量虚开发票和人为多转销售成本等方法。具体表现如下：

（1）通过资产重新评估扩大开发成本。房地产开发企业为减少应税所得额，在购进土地"三通一平"变为熟地后，进行虚假土地评估，虚增土地成本，并将虚增土地成本直接计入开发成本，当用于对外销售时，再将评估增值的商品房转入完工产品，或以转让固定资产的名义对外销售，按评估后的价值结转经营成本，减少经营利润，侵蚀企业所得税税基。

（2）操纵成本归属期和所属项目多转销售成本。房地产企业操纵成本归属期和成本所属项目，控制成本结转，达到调节利润的目的。有些企业把开发周期内全部工程成本，放在单独账户中进行核算，成本内容庞杂，时间范围跨度大，使核算当期单项工程开发成本依据失真。企业任意确定成本费用归集对象、跨会计核算时间任意列支成本费用，将完工和未完工的开发项目混合核算，将在建工程项目成本调整入完工工程项目成本中，或是不按开发产品对象设置各类明细核算科目，将尚未销售的配套设施成本列入商品房的开发成本，或者按照预算成本、预计成本结转。

（3）违规预提房地产费用。房地产开发企业会预提部分费用，预留以后各期使用。但税法规定预提费用不得在税前扣除，必须按实际发生的费用扣除。房地产公司不按规定对预提费用进行纳税调增，确认企业的开发成本，减小了企业所得税的税基。

3. 利用关联行为调节利润

大型房地产集团会设立项目公司，会利用在不同项目公司之间相互调整成本费用。房地产开发企业拥有的控股或全资的销售公司、建筑安装公司和物业管理公司，集团公司采取将建安工程转交给关联的建筑公司承建，由关联的销售公司经营其销售业务和广告业务等，由所属的物业公司代收代垫代付等价外费用。有的房地产集团企业通过对公司分别采取核定征收方式和查账征收方式的手段，将采取按收入定率计征所得税的房地产企业的成本挤到查账征收企业的账上，虚增查账征收企业的成本费用。这些关联企业通过相互订立各种虚假合同等手段，相互调控收入及利润，达到偷逃税收的目的。

以上是房地产开发企业普遍采用违法手段逃避纳税义务的总结，也是税务机关针对房地产开发企业税务管理中监督管理的重点。

（四）某市房地产市场的现状

从1999~2014年某省人均住房面积呈快速增长态势，1999年某省城镇居民人均住房使用面积为15.50平方米；2003年增加了1.96平方米，为17.46平方米；到2008年人均住房使用面积增加了4.18平方米，为19.68平方米。2009年以来，某省商品房销售面积和销售额经历了一个由1~2月份的增长"相背离"（销售面积上涨而销售额下降）到3月份的"双降"，到4月份的"小幅双增"，再到5月份（增速分别为23.1%和31.7%）"较快双涨"的变化过程。1~5月份房地产投资增长28.7%，销售面积增长23.1%，销售额增长31.7%，分别比1~4月份提高4、5.4和16个百分点。空置面积5月份增加9.2万平方米，比3月和4月增加43.21万和13.52万平方米，明显有所下降。房地产市场进入了缓慢价升、量扩的基本常态运行状态。某省房地产开发从量的分布看，主要集中在A、B、C、D等大中城市，A市商品房开发量约占总量的48%，其他市区城市约占总量的40%，县区开发量约占12%。其价格变动特点为波动上扬。

某市房地产业企业发展现状

（1）某市房地产业企业单位数

2014年年末，全市共有房地产企业法人216个，比2004年年末增加121个，增长1.3倍。其中房地产开发业106个，物业管理业38个，中介服务业19个，其他房地产业53个，分别比2004年末增加37个、29个、17个和38个，分别增长53.6%、3.2倍、8.5倍和2.5倍。某市房地产企业单位区县分布如表1-10所示：

表1-10 某市房地产企业单位区县分布

| 县区 | 房地产业企业个数（个） | 房地产开发 | 物业管理 | 中介服务 | 其他房地产 |
|---|---|---|---|---|---|
| 合计 | 261 | 106 | 38 | 19 | 53 |
| A县 | 122 | 73 | 18 | 12 | 19 |
| B县 | 9 | 3 | 4 | 1 | 1 |
| C县 | 18 | 8 | 3 | 2 | 5 |
| D县 | 4 | 3 | 1 | 0 | 0 |
| E县 | 15 | 7 | 3 | 1 | 4 |
| F县 | 17 | 8 | 6 | 1 | 2 |
| G县 | 9 | 1 | 2 | 1 | 5 |
| H县 | 9 | 2 | 1 | 1 | 5 |
| I县 | 12 | 0 | 0 | 0 | 12 |
| J县 | 1 | 1 | 0 | 0 | 0 |

（2）某市房地产业企业单位从业人员

2014年年末，全市房地产业企业从业人员合计3581人，比2004年年末增加891人，增长33.1%。其中，房地产开发业2037人，物业管理业799人，中介服务业184人，其他房地产业561人，分别比2004年年末增加 -58人，703人、173人和73人，分别增长 -2.8%、7.3倍、15.7倍和15.0%。某市房地产企业单位从业人员区县分布如表1-11所示：

表 1-11　某市房地产企业单位从业人员区县分布

| 县区 | 房地产业年末从业人员（人） | 房地产开发 | 物业管理 | 中介服务 | 其他房地产 |
|---|---|---|---|---|---|
| 合计 | 3581 | 2037 | 799 | 184 | 561 |
| A 县 | 2117 | 1260 | 494 | 106 | 257 |
| B 县 | 164 | 78 | 71 | 12 | 3 |
| C 县 | 154 | 113 | 19 | 7 | 15 |
| D 县 | 49 | 39 | 10 | 0 | 0 |
| E 县 | 488 | 247 | 82 | 41 | 118 |
| F 县 | 282 | 164 | 106 | 3 | 9 |
| G 县 | 117 | 38 | 16 | 12 | 51 |
| H 县 | 53 | 28 | 1 | 3 | 21 |
| I 县 | 87 | 0 | 0 | 0 | 87 |
| J 县 | 70 | 70 | 0 | 0 | 0 |

（3）某市房地产业主营业务收入

2014 年，某节房地产企业的主营业务收入 16.16 亿元，比 2004 年增加 13.15 亿元，增长 4.4 倍。其中房地产开发业 14.99 亿元，增加 12.02 亿元；物业管理业 7132 万元，增加 6843 万元；中介服务业 513 万元，增加 508 万元；其他房地产业 4130 万元，增加 4019 万元。分别比 2004 年增加 4.0 倍、23.7 倍、101.6 倍、36.2 倍。某市房地产企业主营业务收入区县分布情况如表 1-12 所示：

表 1-12　某市房地产企业主营业务收入区县分布情况

| 县区 | 房地产业主营业务收入（万元） | 房地产开发 | 物业管理 | 中介服务 | 其他房地产 |
|---|---|---|---|---|---|
| 合计 | 161632 | 149857 | 7132 | 513 | 4130 |
| A 县 | 122269 | 116139 | 2770 | 398 | 2962 |
| B 县 | 1661 | 1254 | 308 | 43 | 56 |
| C 县 | 3750 | 3730 | 0 | 0 | 20 |
| D 县 | 9442 | 9399 | 43 | 0 | 0 |
| E 县 | 7848 | 3978 | 3514 | 0 | 356 |

| 县区 | 房地产业主营<br>业务收入（万元） | 房地产<br>开发 | 物业<br>管理 | 中介<br>服务 | 其他<br>房地产 |
|------|----------------------|----------|----------|----------|-----------|
| F 县 | 15120 | 14756 | 329 | 8 | 27 |
| G 县 | 610 | 0 | 168 | 63 | 379 |
| H 县 | 788 | 60 | 0 | 1 | 186 |
| I 县 | 144 | 0 | 0 | 0 | 144 |

数据来源：某市第二次经济普查主要数据公报

三、房地产开发企业土地增值税测算分析模型

（一）原理描述

一般说来，除个别的房地产企业外，大部分房地产企业房地产的销售收入是比较真实的，因为现在税务机关可以通过多种途径来获取某个企业某个时期的营业收入。如果营业收入掌握了，土地增值税计算的关键就在于成本的扣除，其中涉及土地使用权取得成本、建筑造价成本和其他开发成本。土地成本可以从国土管理部门得到，建筑成本、其他开发成本其实也可以按经验得到。房地产开发费用、与转让房地产有关的税金和加计20%扣除就更简单了，因此，我们可以根据评估对象的申报材料或者中介公司的清算材料中的数据，对土地增值税应该缴纳的情况进行分析，从中发现问题。

（二）建立方法

土地增值税税额＝增值额×适用税率－扣除项目合计×速算扣除系数

增值额＝转让房地产收入－扣除项目合计

扣除项目合计＝土地成本＋建安成本＋其他开发成本＋房地产开发费用＋与转让房地产有关的税金＋加计扣除

我们可以根据土地增值税的计算方法，结合经验系数，来得到土地增值税的预测分析模型。

（三）数据获取途径

一是从财政部门、国土资源管理部门取得某房地产企业取得某块土地使用权的地价款金额（含契税）；

二是从财政管理部门、物价部门等取得上缴政府的规费金额，如无法正确取得，按照下表所示数据进行计算；

表 1-13　报建建筑面积 150 元/平方米

| 基础设施配套费 | 墙改基金 | 教育地方附加费 | 白蚁防治费 | 质监费 | 拆迁管理费 | 散装水泥基金 | 人防经费 | 渣土费 |
|---|---|---|---|---|---|---|---|---|
| 75 | 8 | 10 | 1 | 2.25 | 3 | 2 | 48 | 1275 |

三是从有关建设管理部门取得经审核批准的报建面积及规划图，分清营业用房、住房、车库各自的面积；

四是取得物价部门批准的销售价格或附近楼盘的售价。

（四）土地增值税测算分析模型

营业收入（Y）

首先，要取得营业收入的数据，我们设营业收入为 Y，这可以从纳税人申报信息或清算项目申报表信息中取得，一般较为真实。

扣除项目金额（S）

其次，是扣除项目，也是土地增值税计算中最为重要的，它包括土地成本、建安成本、其他开发成本、房地产开发费用、与转让房地产有关的税金、加计扣除等五个部分，有些可以容易得到，有些也可以根据经验系数得到。

土地成本（A）

土地成本包括取得土地使用权所支付的金额、拆迁成本、契税等，可以根据企业申报资料或清算申报表数据信息取得，一般较为真实。

建安成本（B）

建安成本仅指建筑安装工程费。这里，我们引入了建安成本经验系数的概念，建安成本经验系（α）是指通常情况下，建安成本占销售收入（Y）的合理比例。用预估的销售收入乘以该系数，可以预计出不同类型楼盘的合理建安成本支出。

其他开发成本（C）

其他开发成本包括前期工程费、基础设施费、公共配套设施费、开发间接费用等。这里，我们同样也引入了其他开发成本经验系，数的概念，其他开发成本经验系数（β），是指在通常情况下，以上这些成本占销售收入的合理比例。用预估的销售收入乘以该系数，可以预计出不同类型楼盘的其他开发成本支出。在模型建立的过程中，调查人员经与多个部门协商，并请教相关的专业技术人员，根据楼盘性质将建安成本经验系数（α）和其他开发成本经验系数（β）划分为两大类七小类，设定系数 α、β，具体如表所示。

**表 1-14**

| 楼盘用途 | 楼盘种类 | 建安成本经验系数（α） | 其他开发成本经验系数（β） |
|---|---|---|---|
| 一般住宅 | 多层（6 层以下） | 20% | 6% |
| | 小高层（11 层以下） | 25% | 8% |
| | 高层（12 层以上） | 39% | 10% |
| | 联排别墅 | 30% | 10% |
| | 独立别墅 | 35% | 12% |
| 商办楼 | 多层（6 层以下） | 25% | 8% |
| | 高层（7 层以上） | 30% | 10% |

在此分析模型中，采用建安成本系数30%、其他开发成本系数10%的比例。当然，具体的比例，还需要根据各地的实际情况进行选取，例如，房价高的地区，建安成本系数就小，房价低的地区，建安成本系数就高，并且这个系数的选用，也是采用相对宽松的预测方法进行的。

房地产开发费用（D）

目前，房地产企业的贷款业务几乎都不能分到各个开发项目中去，并且，有些房地产企业贷款也存在困难。根据《土地增值税暂行条例》的规定，房地产开发费用 D＝（A＋B＋C）×10%。

与转让房地产有关的税金（E）

通常情况下不超过销售收入（Y）的7%，即与转让房地产有关的税金 E＝Y×7%。

加计扣除（F）

确定了扣除项目后，加计扣除也比较容易获得，F＝（A＋B＋C）×20%。

扣除项目金额合计 S＝A＋B＋C＋D＋E＋F＝（A＋B＋C）×130%＋E＝（A＋α×Y＋β×Y）×130%＋7%×Y＝（13α＋1.3β＋0.07）Y＋1.3A

设 α＝30%，β＝10%，则：

S＝（1.3α＋1.3β＋0.07）Y＋1.3A＝0.59Y＋1.3A

这里我们得到了一个比较简化的增值税计算模型，其中的关键是系数α、β的设定，这个系数，根据情况会有所不同，如果售价降低，这个占比系数会较高。如果这个系数不符合实际情况，也可以根据当地的实际情况，测算合理系数，重新进行计算分析。

（五）增值额与增值率的计算

增值额 $= Y - S = Y - 0.59Y - 1.3A = 0.41Y - 1.3A = 0.41$ 营业收入 $- 1.3$ 土地成本

增值率 $=$ 增值额除以扣除项目 S

（六）应纳土地增值税计算

应纳税额 $= （0.41$ 营业收入 $- 1.3$ 土地成本）$\times$ 适用税率 $- （0.59Y + 1.3A）\times$ 速算扣除率

## 印证案例

一、案例公司情况简介

（一）公司经营状况及组织情况

1. 公司概况

某市 M 房地产有限责任公司是 1992 年经某省建设厅批准，根据《公司法》规定，组建成立的股份制公司。注册资本 8200 万元，现有总资产 2 亿元。目前固定员工 330 人，其中各类专业管理人员 205 名，季节性合同制工人 1000 多名。主要从事房地产开发建筑施工、设计、销售、租赁商品房、室内外装修、物业管理、园林绿化、建筑材料和铝合金门窗的销售等。公司建筑资质优良，具有房屋建筑工程、市政公用工程总承包一级，地基与基础工程、钢结构工程专业承包一级，公司具有完整的生产管理体系和健全的质量、环境、职业健康安全管理体系，并已通过 ISO9001 质量管理体系、OHSMS18001 职业健康安全管理体系和 ISO14001 环境管理体系的认证。

2. 公司组织结构

公司组织结构：董事会为公司权力机构，决定公司的经营方针，批准公司章程，聘用总经理等事项；总经理负责公司的日常经营管理工作，下设五个经营管理部门，包括人力资源部、工程管理部、市场销售部和财务部等 7 个部门，下属 4 个子公司。

3. 所属主要企业

（1）建筑安装工程施工经营

建设有限公司成立于 1992 年，该公司具备国家二级建筑总承包资质，拥有各类大、中型建筑机械 120 余台，固定资产 1000 余万元，下设工程分公司（项目部）和装饰公司，有各类工程、会计专业人员 120 人，其中一、二级建造师 15 人，现有固定员工 180 人，季节性合同制工人 600 人。

（2）门窗加工生产经营

门窗有限公司成立于 2004 年 4 月，增值税一般纳税人，具备建设行政部门批准的建筑施工（安装）资质。公司建厂于某市经济开发区科技园区，2006 年 6 月正式投产。公司拥有 2000 平方米标准厂房和先进的门窗加工设备，总资产 610 余万元，主要承接本公司房地产开发项目的门窗任务，适量承接外单位建筑门窗加工任务，累计加工生产门窗 11 万余平方米，完成产值 4100 余万元。

4. 物业管理经营

物业管理有限公司作为房地产开发公司的延伸服务，成立于 2003 年，具备国家二级物业管理资质，注册资金 60 万元，现有员工 50 余人。目前承接的管理项目有 W 大厦、和谐小区和 Z 小区，管理房屋总面积 18.0 万平方米，管理住户 14000 余户，年经营性收入 180 余万元。公司从人员培训、规范管理入手，按照物业管理服务行业管理的要求，建有完善的规章制度和服务标准，公司特别注重专业设施管理工作，拥有水、电、暖及设备管理维修人员 20 余名，确保小区正常运转。

5. 销售模式

M 公司实行"住宅开发 + 持有物业 + 增值服务"的战略和差异化经营模式。以完整的产业服务链开发弥补房屋产品到高品质生活之间的衔接断层，实现从销售房屋产品到提供高品质生活的提升。整合所属的建筑装修公司的业务能力，为客户提供包括室内设计、装修施工、机电改造、家具定制和配饰选择等家居整合服务。

公司采用自主营销模式和委托给专业代理公司的代理销售模式，拓展出异地推广的策略。同时引进网络营销模式，利用互联网技术创新营销模式，对传统营销模式进行有效补充。

6. 生产经营情况

（1）总体经营状况

2014 年房地产业受国家抑制房价的宏观调控政策影响，房屋空置率和开发量同时增长、新房地产投资商进入市场等因素造成房价下调压力加大，房地产开发和建筑施工利润率降低；建筑施工企业应收账款数额较大，影响了企业的经营资金周转，对公司的整体资产质量产生不良影响。公司采取坚持走专业化经营之路，实施名牌精品战略，强化核心竞争能力的战略。房地产开发以房产销售为主，实现开发项目的整体营销、全程策划。通过销售率的提高保证房地产业的可持续发展，建筑施工企业抓管理、促质量、创名优工程，多渠道承揽施工业务，扩大市场份额。加大应收账款催收力度，盘活存量资产，物业管理专业化经营，开拓外部市场，创造良好的社会效益。

（2）主营业务范围及其经营状况

公司主营业务集中在房地产的开发经营、销售与出租等业务，是集综合开发、科研设计、经营销售和咨询服务为一体的综合性房地产企业。

公司从开发单项住宅楼起步，为确保项目质量，按照开发、建设、施工一体化模式，即由房产公司开发所属企业建设工程有限公司为主的施工队伍进行施工，取得了开发、施工双赢的好结果。

2004年承接W大厦项目开发，建设规模近1万平方米，投资规模近4000万元，分两期建设，2006年10月完成了一期建设并按期全部销售完。二期工程于2007年10月开工，于2008年12月竣工，由两幢14层高层住宅和部分商铺组成，总建筑面积4000平方米，投资规模2000多万元，2008年9月开盘销售，目前正在热销中。

H小区，由4幢20~24层不等的高层住宅和部分商业用房及地下停车场组成，其建设规模为13.5万平方米，总投资6385万元。该项目于2005年3月正式开工建设，历经三年，于2007年10月建筑房屋全部竣工，2008年8月整体竣工，2009年已全部销售完毕。

公司在此期间还开发了Z小区，开发规模约为40000平方米，由10幢多层住宅及配套设施组成，总投资近4500万元。项目于2006年购地规划做前期工作，2007年4月正式开工建设，分三期，三年建成。本项目由我公司下属的建设公司承建。公司主营业务构成如表1-15所示：

表1-15　主营业务构成表　　单位：（人民币）万元

| 分行业 | 营业收入 | 营业成本 | 营业收入所占比例 |
|---|---|---|---|
| 房地产开发经营 | 75800 | 33885 | 94% |
| 出租 | 3993.36 | 685.21 | 5% |
| 物业经营与管理 | 550.86 | 300 | 0.6% |
| 其他 | 300 | 180 | 0.4% |
| 合计 | 80644.22 | 35050.21 | 100% |

（3）公司开发项目情况如表1-16所示：

表1-16　开发项目构成表　　单位：（人民币）万元

| 开发项目 | 营业收入 | 营业成本 |
|---|---|---|
| W大厦 | 7400 | 13000 |

| 开发项目 | 营业收入 | 营业成本 |
|---|---|---|
| H 小区 | 53400 | 6385 |
| Z 小区 | 15000 | 14500 |
| 合计 | 75800 | 33885 |

2009 年公司主营业务仍然是以房地产开发及销售为主，占公司主营业务收入的 94%。其中：(1) 2009 年公司实现商品房销售收入 75800 万元，商品房销售成本 33885 万元，毛利率 44.7%。(2) 2009 年公司出租业务实现出租收入 3993.36 万元，出租成本 685.21 万元，毛利率 82.84%。

（二）公司纳税情况

随着公司业务迅速发展，营业规模扩大，公司缴纳税款逐年增长，下面将 M 公司近 3 年来纳税情况列表 1-17、制图 1-5 所示：

**表 1-17　M 公司 2007~2009 年纳税情况表**

| 税种 | 2007 年 | 2008 年 | 2009 年 |
|---|---|---|---|
| 增值税 | 100 | 200 | 300 |
| 营业税 | 2210.31 | 2312.21 | 4032.21 |
| 企业所得税 | 1324 | 1400 | 2209.54 |
| 土地使用税 | 35.37 | 38.31 | 41.22 |
| 城建税 | 154.72 | 161.85 | 282.25 |
| 教育费附加 | 66.31 | 69.37 | 120.97 |
| 印花税 | 59.21 | 63.88 | 78.96 |
| 土地增值税 | 710.39 | 765.21 | 2697.9 |
| 房产税 | 11.35 | 13.25 | 17.42 |
| 合计 | 4671.66 | 5024.08 | 9780.47 |

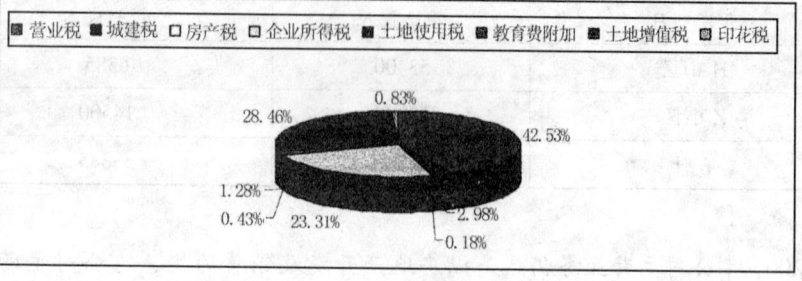

图 1 - 5　M 公司 2009 年度税种构成比例图

由图 1-5 可以看出，从 2009 年各税种构成情况来看，营业税及附加占总税负的 42.53%，企业所得税占总税负的 23.31%，土地增值税占总税负的 28.46%，房产税占总税负的 0.83%。

二、纳税评估的过程

（一）确定对象

根据市局的工作要求，对房地产企业进行纳税评估，重点方向为土地增值税。评估实施前，要求各涉及企业进行自查，由于某市 M 房地产有限责任公司（下称 M 公司）自查中没有自查申报税款，于是，将 M 公司列为评估分析对象，评估小组接到了评估分析任务。开展了对该公司的纳税评估案头分析，该公司所开发的项目已经中介机构清算。根据企业提供的中介机构清算报告，该企业 2008 年 11 月 26 日取得土地面积为 86455 平方米，项目立项时间为 2008 年 12 月 20 日，2009 年 12 月 26 日取得第一张预售许可证。

（二）运用数据模型分析

根据数据模型和所掌握的资料，评估小组成员首先运用数据模型进行了分析计算。根据中介机构清算报告，企业取得的总收入为 4.39 亿元，开发的项目为小高层和连体别墅，土地使用权取得时的金额为 7200 万元（含契税等），企业自行清算缴纳的土地增值税为 525.24 万元。

根据数据模型计算要求，并按最低 30% 的适用税率，评估人员计算如下：

应纳土地增值税 = （43900 × 0.41 - 1.3 × 7200）× 30% = 8639 × 30% = 2591.70（万元）

企业自行缴纳的税款只有 525.24 万元，与模型计算的相差 2066.46 万元，这说明两个问题，或者数据模型的计算方法是错误的，或者企业存在较大问题。

（三）对企业进行清算报告作分析

根据企业提供的中介清算报告，评估人员重点对土地增值税的计算进行分析：

1. 关于评价售价

### 企业提供的情况如表所示

| 名称 | 施工面积（平方米） | 合同金额（元） | 每平方米成本（元） |
|------|------------------|----------------|-------------------|
| A 建筑 | 82823.01 | 104104386 | 1256.95 |
| B 建筑 | 33019.39 | 55362684 | 1676.67 |
| C 建筑 | 20241.87 | 23507923 | 1161.35 |
| D 建筑 | 18962.50 | 23489000 | 1238.71 |
| 小计 | 155046.77 | 206463993 | 1331.62 |

该企业 2011 年度平均售价仅为 2607.70 元每平方米，而 2011 年度是企业销售形势较好的一年，当年取得预收账款 1.74 亿元，结合 2011 年度销售形势分析，评估人员怀疑可能存在低价销售或其他收入不确认情况（如银行按揭不入账等）；另外关于车库，鉴证报告中提到的是 1221.62 元每平方米，根据评估人员所在地区的特点，除非是独立于房屋之外的简易车库，如果是包括在房屋之内的车库，售价要比正常的房屋还高，这里可能也存在问题。

2. 关于企业所得税

该公司 2008 年成立，成立初企业所得税在本地缴纳，分析企业在系统中上报的财务报表，2009 年 5 月开始企业有第一笔预收账款，余额为 18847162 元，到 2009 年 12 月，预收账款余额为 50915970 元，损益表利润总额为 -2559784.89 元，无营业收入，2009~2012 年度有关情况如表所示：

| 征收品目 | 税费所属期起 | 税费所属期止 | 缴款日期 | 计税依据 | 税率（%） | 实缴金额（元） |
|----------|-------------|-------------|---------|----------|-----------|----------------|
| 企业所得税 | 2009 - 1 - 1 | 2009 - 12 - 31 | 2011 - 12 - 5 | 0.00 | 0.00 | 5837.06 |
| 企业所得税 | 2010 - 1 - 1 | 2010 - 12 - 31 | 2011 - 12 - 5 | 0.00 | 0.00 | 55469.52 |
| 企业所得税 | 2011 - 1 - 1 | 2011 - 12 - 31 | 2011 - 12 - 5 | 0.00 | 0.00 | 27743.76 |
| 企业所得税 | 2012 - 1 - 1 | 2012 - 12 - 31 | 2013 - 4 - 30 | 4,942,559.04 | 25.00 | 1235639.76 |
| | | | | | | 1324681.10 |

该公司取得预售收入，为什么没有按照 15% 的利润率预缴企业所得税？为什么在 2011 年一并缴纳入库几年的税款？

3. 关于土地增值税

从企业提供的中介机构鉴证报告和相关资料进行分析，存在如下几个问题：

一是利息支出问题。根据《中华人民共和国土地增值税暂行条例实施细则》第七条第（三）款的规定，财务费用中的利息支出，凡能够按转让房地产项目计算分摊并提供金融机构证明的，允许据实扣除，但最高不能超过按商业银行同类同期贷款利率计算的金额。其他房地产开发费用，按本条（一）、（二）项规定计算的金额之和的 5% 以内计算扣除。企业自行计算列支利息 5680.56 万元，其中金融机构利息支出 3691.90 万元，还有为关联企业的利息支出等，从鉴证报告来分析，企业的利息支出行为属于典型的"不能按转让房地产项目计算分摊利息支出或不能提供金融机构证明的"情况，应按 5% 比例计算扣除，若属实，则可能涉及多支利息 1078 万元，涉及土地增值税 300 万元以上。企业的利息支出总额太多，到 2010 年年末，预收账款已经达到 2.59 亿元，同期的借款余额还有 7000 万元，2012 年年末有 8225 万元的借款，是否存在为他人负担借款的问题？另外，是涉及 1988.66 万元的其他利息支出，是否是向个人借款、企业间借款等，很有可能涉及其他税收问题，应进行核实。企业的利息支出总量也存在问题，占整个收入的 12.9%，按现行市场利率 8% 计算，即便分摊到 3 年，平均每年借款也近 2 亿元。

二是建筑安装工程费为 2.13883514 亿元，占销售收入的 48.65%，占比太高，总建筑面积为 149227.78 平方米，每平方米的建筑成本为 1433 元。单是土建部分，每平方米的建筑成本就高达 1232.44 元，还包括了造价较低的车位和车库等。与此项目同时期取得土地，土地出让金也在同一水平线上的其他单位相比，建筑成本明显偏高，如同期的×××车建土建成本为每平方米 719 元。从企业提供的建筑项目资料来分析，建筑成本也远高于市局所提供的土地增值税清算模型。如果按全部独立别墅最高的 35% 的成本比例计算扣除，该企业可能涉及多支建筑安装工程费 6000 万元。其他开发成本企业的占比为 18.20%，按最高 12% 计算，也涉及多列支成本 2725 万元。

三是甲供材料问题。鉴证报告中提出，项目开发成本中包括 6928.96 万元的甲供材料，是否土建部分的 1839.51 万元中已经包括了 6928.96 万元的甲供材料？档案资料中所订立的合同金额比账面成本要高，企业如何决算？经查询档案资料中所签订的合同，每一份中都提到了甲供材料，甲供材料是否已经由施工方开具发票入账？甲供材料是否是重复入账？如甲供材料没有重复入账，营业税款由谁来承担，是否已经足额缴纳了建筑营业税？评估人员根据鉴证报告提供的材料分析评定，至少甲供材料应缴纳的营业税没有入库，多涉及税款为230.73万元。如甲供材料重复入账，则这里的土地增值税问题就更大了。

四是其他问题。企业提供的资料中显示拆迁补偿费为1514.50万元，是否真有这么多？绿化工程有1300多万元，这个小区绿化真好，是否真有这么多？供电工程一般为每平方米150元，是否多列支？2259.31万元的装饰工程支出明细是什么？企业是否有精装修房？地下人防是否与车位等混合一起核算？

（四）评估处理

鉴于分析出的问题较多，评估人员要求企业的财务负责人接受询问，财务负责人以各种理由推脱，拒绝接受约谈。评估人员遂做出"转税务稽查"结论，提请稽查局查查。

（五）处理结果

事后，稽查局共查补各类税款3280万余元，处以0.5倍罚款，并按规定加收了滞纳金。

（六）税源管理建议

1. 房地产行业情况复杂、相关税收政策繁杂，所以税源管理部门要针对房地产行业特点，开展有针对性的税法宣传和辅导，就房地产税收核算的难点和焦点问题进行专题培训，提高企业纳税申报的准确性。

2. 加强开发项目的成本监控。房地产行业项目复杂、环节多、开发周期长，建议税源管理部门按照开发项目实施成本监控，要求企业准确核算开发成本，及时发现成本中容易出现的问题，帮助企业开展成本控制。

3. 及时开展对已完工项目土地增值税的清算。房地产行业项目多、滚动开发，税源管理部门要及时掌握开发项目的进展和竣工决算情况，及时开展对已完工项目土地增值税进行清算，确保税源管理工作的有序开展。

4. 进一步加强项目管理。房地产企业的项目滚动开发，成本费用的归集难度较大，各项费用入账时间参差不齐，如果放松了项目管理，很有可能造成税款的流失。因此，按照省局、市局项目管理的要求，强化项目管理，建立项目管理台账，实施动态管理。

# 第二节 纳税评估流程

纳税评估的基本流程主要包括：确定评估对象→分配评估任务→案头审核评析→约谈举证→实地调查→评定结果处理→资料归档。

## 一、确定评估对象

纳税评估的对象为主管税务机关负责管理的所有纳税人及其应纳所有税种。

选案部门（岗位）根据现行文件等规定的筛选条件于每月征期后两个工作日内筛选拟评估企业名单，编制《纳税评估任务清册》，经批准后将《纳税评估任务清册》下发税源管理部门实施。

## 二、分配评估任务

税源管理部门根据局长审批的《纳税评估清册》中纳税人名单，结合纳税人的规模、税负情况确定纳税评估人员。

## 三、案头审核评析

纳税评估人员根据分配的评估任务，从"一户式"管理及征管系统搜集纳税申报资料、会计报表、报税认证资料和其他与评估有关的资料和数据，参照各种纳税评估指标和体系，对评估对象的生产经营和申报纳税情况等进行全面审核分析，制作《纳税评估约谈记录》。根据纳税评估，制作《纳税评估案头分析情况表》。

## 四、约谈举证

纳税评估人员根据审核评析结果确认需要约谈的，报经税源管理部门负责人批准后，指定两名以上人员进行约谈，约谈举证前，应向纳税人发出《纳税评估约谈通知书》。在约谈举证过程中，对一般性的疑点问题，可以允许纳税人进行自查，限期报送《纳税评估自查情况表》。纳税人提供的或出示的有关证据资料，包括书面证据（各种自制凭证、报表等）和外部凭证（银行对账单、购货发票、合同等），应在《约谈举证记录》中证明，对需要留存待审核的资料应填写《举证资料签收单》。约谈举证结束后应形成《约谈举证记录》，并由当事人双方签字盖章确认。

税务机关实施税务约谈的人员不得少于（两）人。

## 五、实地调查

对审核评析后需要进行实地调查、或不接受约谈、或经约谈后仍不能排除疑点的问题，纳税评估人员应填制《纳税评估实地调查表》，经税源管理部门负责人批准后，指派两名以上人员深入被评估企业实地进行调查。进行调查前，调查人员应查阅纳税人纳税评估相关数据和档案。深入企业调查时，调查人员应紧紧围绕约谈举证需要说明的问题展开，按照统一计划安排进行，并依法履行出具税务检查证件等有关执法手续。涉及税务检查行为的，同时要依法出具《税务事项通知书》，对检查发现问题的，要制作《纳税评估实地核查记录》并取证。实地调查结束后，调查人员应将疑点问题在《纳税评估实地核查记录》中予以说明并签字，并由被调查企业负责人签署意见并签章。

## 六、评定结果处理

对审核评析结果，纳税评估人员应区别不同情况按以下原则进行分类处理：

一是经审核评析正常的或经约谈能排除疑点的，纳税评估人员直接制作《纳税评估报告》，提交纳税评估评审小组审议后，报科长、分管局长批准后归档。

二是对经约谈后，纳税人自查出的问题，或经转入实地调查且未转入实地检查环节的纳税评估人员评估出的事实清楚、证据确凿，应补交税款、加收滞纳金的，由税源管理部门提交纳税评估评审小组审议后，纳税评估人员制作《申报（缴款）错误更正决定书》，双方盖章确认后要求纳税人限期更正申报；纳税人补交税款、加收滞纳金入库后，纳税评估人员应制作《纳税评估报告》，提交纳税评估评审小组审议，报科长、分管局长批准后归档。

三是对经转入实地检查环节的，纳税评估人员检查出的事实清楚、证据确凿，应补交税款、加收滞纳金和罚款的，纳税评估人员制作《税务行政处罚事项告知书》告知纳税人，并制作《税务日常检查报告》，连同纳税评估资料移交案件审理部门。案件审理部门拿出初步审理意见提交案件审理委员会审理后，案件审理部门制作《税务处理决定书》《税务行政处罚决定书》，转交纳税评估人员送达纳税人。补交税款、加收滞纳金入库后，纳税评估人员制作《执行报告》，连同《纳税评估报告》提交纳税评估评审小组审议后，报科长、分管局长批准后归档。

四是对有偷逃骗税、虚开发票嫌疑的纳税人，纳税评估人员应填制《纳税评估案件移送书》，由税源管理部门提交纳税评估评审小组审议，经局长批准后，移交稽查部门查处。

# 第三节　纳税评估结果处理

纳税评估的结果处理，在实际工作中，主要是指评估机构针对评估对象做出评定处理并向税源管理部门提出管理建议。纳税评估的评定处理，是指针对评估筛选出的疑点对象及项目，根据审核评析、约谈举证和调查核实各阶段对疑点问题的确认结果，对具体评估对象疑点问题性质进行评估认定，并按照税收法律、法规，进行分类处理。

## 一、纳税评估的评定处理

纳税评估的评定处理一般分为下述几种情况：

一是在整个评估过程中，评估人员未发现任何的疑点，那么评估人员无须向相关人员进行核实询问和核实即直接制作纳税评估报告，写明未发现疑点问题并给出评估正常的结论，报评估管理岗位人员后处理。

二是评估中，评估人员虽然也发现一些疑点，但是经过询问和核实后，疑点全部消除，即疑点不能成立，那么评估人员应当在制作的纳税评估报告中写明评估分析中所发现的疑点问题和消除疑点的理由，即询问和核实后纳税人、扣缴义务人的解释、说明、证据以及相关事项，并给出评估正常的结论，报评估管理岗位人员审核签署意见。

三是纳税评估中，评估人员也发现了一些疑点问题，在经过询问和核实之后，疑点被证实确实存在，但是所有的疑点问题均属于计算和填写错误、政策和程序理解偏差等一般性问题，不具有偷税等违法嫌疑，纳税人也同意进行纠正，那么应当允许纳税人、扣缴义务人按照规定进行纠正。此时，评估人员应当制作纳税评估报告，并在其中注明纳税评估中发现的疑点，询问核实的过程，纳税人或者扣缴义务人的解释、说明、证据等，同时给出评估异常结论，以及补税处理意见，除此之外，评估人员还应当就纳税人、扣缴义务人在税收法律义务履行方面存在的一些不足提出管理性建议，并与纳税评估报告一并报评估管理岗位人员审核后签署意见。

四是评估人员在纳税评估分析过程中发现了一些疑点，但是纳税人、扣缴义务人不按照规定的要求进行解释和说明，或者在没有任何理由的情况下，拒不进行解释或者说明，甚至在调查核实环节以各种方式阻挠、刁难管理人员和评估人员实地核实调查的，评估人员应在纳税评估报告中写明疑点内容，注明纳税人等拒不解释、说明甚至阻挠、刁难的情况，给出评估异常待查性结论及提请相关岗位进行税务检查的处理意见，并针对纳税人、扣缴义务人存在的问题，提出相应的管理建议，报评估管理岗位人员审核后签署意见。稽查局安排稽查。

通过评估发现纳税人、扣缴义务人在税收法律义务履行方面存在的问题并予以纠正自然是纳税评估的重要目的之一，但并不是其根本目的，更不是其全部目的。纳税评估的最根本目的是加强税源管理，是为整个税收征管服务的。也就是说，通过对某一部分纳税人在税收义务履行方面的评估，发现税收征管中的不足，进而有针对性地采取措施，改进征管工作，才是纳税评估的真正目的。为实现纳税评估的真正目的，评估人员应当及时地进行总结和分析，有针对性地提出日常监控管理目标。

根据建议对象的不同，管理建议可以分为对外的管理建议和对内的管理建议。对外的管理建议是指评估人员针对在纳税评估过程中所发现的纳税人、扣缴义务人在税收法律义务履行方面存在的问题而提出的一系列的改进建议与意见，其目的在于督促纳税人、扣缴义务人更为全面和及时地履行税收法律义务。对外的评估管理建议大多是在纳税评估询问核实的过程中进行的。评估人员在对有关问题进行询问核实时，就应当针对纳税人存在的问题提供一些管理和意见，同时宣传有关的税收政策业务。

对内的管理建议主要是对税务管理部门提出的，具体地讲，是指评估人员针对评估过程中发现的税务机关在税收征收管理方面存在的一些不足而提出的有针对性的建议和意见。根据管理建议的综合程度上的区别，对内的管理建议可以分为个案管理建议与综合性管理建议。个案管理建议大多由评估人员提出，多是指评估人员针对所评估的特定对象提出的针对性的管理建议与意见。这种管理建议多体现在纳税评估报告中，即评估人员在制作和完成纳税评估报告时，应当对评估对象在税收法律义务履行方面存在的问题，就税收征收管理提出针对性的建议和意见。综合性的管理建议既可以由评估人员提出，也可以由综合性评估管理岗位的人员提出。有关评估人员应当定期做出纳税评估综合报告，对开展纳税评估的情况进行统计和分析，对纳税评估案例进行综合分析，并通过分析形成一定时期、一定地区、一定行业的纳税评估工作总结与管理建议。

## 二、纳税评估报告

纳税评估报告是纳税评估工作过程的总结与结论。纳税评估汇总报告包括以下主要内容：当期评估纳税人纳税申报的总体情况；纳税评估过程中发现的普遍性问题；纳税评估过程中发现的典型案例；重点税源户申报异常情况分析；有针对性的管理建议；其他与纳税评估相关的重大事项。

纳税评估报告的撰写：

纳税评估报告应当条理清晰、语言简洁、逻辑性强，具体包括以下八方面内容：

### （一）基本情况

基本情况主要反映纳税人名称、税号、法人代表、财务负责人、生产规模、工艺流程、主要原材料、评估期间申报销售收入、税额、税负率等。

### （二）评估对象的类别

评估对象的类别应视纳税评估的具体情况确定，包括零申报企业、低税负企业等。

### （三）案头分析

这是纳税评估工作的核心内容，其具体内容包括以下方面：

1. 分析基础：指采集哪些信息、指标，从何处采集，如何采集等。

2. 指标选择：根据单位（行业）的主要特点，选择《纳税评估管理办法（试行）》（以下简称《办法》）中那些有针对性的指标和虽未列举而自设的其他指标。

3. 分析技术：指评估分析所采取的方法、技术手段（软件）。

4. 疑点列举：对确定的评估对象，通过特定的分析方法（包括软件等技术手段的支持）对相关信息、指标进行分析后列出的、需进行约谈的主要异常点。

### （四）约谈举证

纳税评估人员根据审核评析结果确认需要约谈的，报经税源管理部门负责人批准后，指定两名以上人员进行约谈，约谈举证前，应向纳税人发出

《纳税评估约谈通知书》。在约谈举证过程中，对一般性的疑点问题，可以允许纳税人进行自查，限期报送《纳税评估自查情况表》。纳税人提供的或出示的有关证据资料，包括书面证据（各种自制凭证、报表等）和外部凭证（银行对账单、购货发票、合同等），应在《约谈举证记录》中证明，对需要留存待审核的资料应填写《举证资料签收单》。约谈举证结束后应形成《约谈举证记录》，并由当事人双方签字盖章确认。

税务机关实施税务约谈的人员不得少于（两）人。

（五）实地调查

记录评估人员调查核实过程、查看的资料等内容及结果。具体内容应当包括以下方面：

1. 调查缘由：对评估分析和税务约谈中发现的必须到生产经营现场了解情况、审核账目凭证情形。

2. 调查计划：指评估人员开展调查前，对调查的内容、环节、主要方法、人员配备等制订的工作方案。

3. 调查手续：必要时采取日常检查所应履行的程序与手续。

4. 调查实施：调查的过程、方法、内容。

5. 调查结论：指评估人员通过调查后对被评估对象涉税客观事实的确认。

6. 调查意见：指评估人员根据调查确认的事实，依据法律、法规提出的初步意见。

（六）评估结论

记录评估人员针对案头分析、税务约谈和实地调查后对评估对象评估期间的税收情况做出结论。具体内容应当包括以下方面：

1. 事实陈述：指对被评估对象涉税事宜客观事实的陈述。

2. 处理意见：指对经评估确认的涉税事实的处理意见。具体见总局《纳税评估管理办法》。

法律依据：指实体法、征管法的具体条款。

3. 处理程序：具体见总局《纳税评估管理办法》。

（七）分析

记录将评估结论数据重新纳入评估期间计算后的情况，以证实疑点分析的准确性。

（八）管理建议

针对评估对象存在的问题，结合日常征管工作提出的管理建议。管理建议要有针对性。

# 第二章　税收管理信息化

## 第一节　概述

　　信息化进程是充分利用信息技术，开发利用信息资源，促进信息交流共事，提高经济增长质量，推动经济社会发展转型的历史进程。加快信息化发展是强化税收管理的重要手段。

### 一、加快税收管理信息化建设的重要意义

　　税收管理信息化是国民经济和社会信息化的重要组成部分。全球信息化浪潮与我国国民经济和社会信息化的发展，为税收事业发展带来了难得的机遇，也给税收管理带来了严峻挑战。充分利用现代信息技术，大力推进税收管理信息化建设，不断强化管理手段，是提高税收管理水平的重要途径。

　　电子税务作为我国税收管理信息化主要形式，经过多年的建设发展，从模拟手工操作的电子化处理起步，经历了业务流程规范、数据应用集中的快速发展和提升，正在迈向税收管理现代化的新时期。

　　我国电子税务的发展历程大致分为三个阶段。一是萌芽起步阶段。以1982 年税务系统购进第一台计算机为起点，计算机开始应用在基层一线，在会计统计等工作中解放了大量的人力。此后，逐步探索开发征管软件，实现了计算机开票。这一阶段主要是单机和局域网应用、模拟手工、业务电算化，提高了工作效率，保障了税收报表及时准确。二是快速发展阶段。以 1994 年全国财税体制改革为起点，税收管理信息系统建设加快推进，金税工程增值

税管理系统全面覆盖增值税一般纳税人，出口退税管理系统在与海关、外汇管理局等部门数据共享的基础上协同运行，保障了"以申报纳税和优化服务为基础，以计算机网络为依托，集中征收，重点稽查"的征管模式的实现。这一阶段主要是地市级集中、网络化应用、流程化处理，实现了操作层面的电子化，发挥了规范流程、强化征管、堵塞漏洞的作用。三是整合提升阶段。以2003年税务总局提出的"一窗式"管理为起点，解决应用系统林立、信息不共享等问题。按照"一体化"建设思路完成了三大应用系统数据整合，实现了国税综合征管系统的统一和省级集中运行，实现了大部分地税征管系统省级集中。在此基础上，主要税收征管数据实现了定期向总局的集中。依托互联网的网上办税系统迅速发展，成为优化纳税服务的重要手段。这一阶段主要是省级集中、资源整合、互联网应用，发挥了提高管理质量，优化纳税服务的作用。在此期间，金税三期工程完成了立项、批复、设计等工作，应用系统开发及各项试点工作稳步推进。可以预见，随着金税三期工程的成功实施，电子税务又将迈入一个新的时期。

## 二、税收信息化存在的问题

一是在认识上，对税务信息化工作规律把握还不够准确，科技引领的观念比较淡薄，信息系统与税收管理措施同步实施的意识还不到位。二是在管理上，"一体化"的原则执行得不够好，纳税人端软件重复开发、多头管理现象还比较突出，数据管理质量不够高，各项管理制度与措施的落实需要进一步强化。三是在工作机制上，管理流程、制度体系、人员配置和基础设施投入与电子税务发展不匹配，系统运行风险和信息安全风险并存。四是在队伍建设上，技术队伍数量规模有所下降、素质能力提升不够，信息技术岗位对人才的吸引力不足，影响了职能作用的发挥。对于这些问题，我们要高度重视、认真研究，采取有力措施予以解决。

## 三、加强税收管理信息化措施

### （一）加强应用系统管理，保障税制和征管改革深入推进

1. 加强应用系统开发管控

明确应用系统升级完善和运行维护管理的责任和职能，建立健全需求开发管理流程，避免需求无序增长给应用系统稳定性带来的风险。在深化征管改革工作中，及早进行规划设计，完善应用系统，支撑业务流程和工作方式

的调整。在落实税制改革和税收政策调整工作中，积极应对、主动跟进政策制定、实施、评估等各个阶段，保障软件开发修改与税收政策的协同。

2. 完善应用系统升级管理

及时完成应用系统的升级工作，确保各项税收政策及时、有效地落实。同时，做好自有软件的关联分析、自我完善、功能测试和配套升级工作。当前税制和征管改革的重大举措和政策出台较多，尤其要重视自有软件升级完善工作，确保与总局统一推行的应用系统有序衔接。

3. 细化应用系统质量管理

做好需求分析与设计开发管理，保持分析和设计实现的一致性，通过审核、比对、一致性检查等措施，保证软件功能与开发需求相吻合。结合实际，做好功能测试、性能测试及联调测试，确保应用系统的可靠运行。采用配置管理、变更管理工具，利用自动化测试平台，不断提高应用系统升级开发和修改完善的工作质量。

（二）规范纳税技术管理，推动纳税服务良性发展

1. 加强技术统筹

围绕优化纳税服务，归并整合纳税人使用的申报、认证等涉税软件和系统，切实减轻纳税人负担，降低纳税成本。对纳税人端应用系统进行归口管理，逐步进行归并整合，切实减轻基层税务机关和纳税人负担。

2. 拓展技术手段

依托信息技术、整合相关资源，不断提升纳税服务能力。积极拓展纳税服务技术手段，创新技术应用，依托网站、12366 服务热线、自助办税终端、多元化办税的方式为纳税人提供便捷、高效和安全的网上办税环境。

3. 强化技术服务管理

加强纳税人端技术服务管理，是各级信息技术部门必须承担的重要任务。主动做好技术服务单位及人员的管理工作，有效推动纳税服务工作良性发展。

（三）提升数据管理水平，深化信息管税

1. 提升数据质量

制定数据质量管理办法和管理流程，从数据采集环节开始抓数据质量，要把数据采集质量列入日常工作考核。定期对应用系统数据进行质量审计、逻辑校验，提升基础数据的准确性。

2. 深化数据应用

整合数据分析平台，集成税收数据，深入开展税收数据分析，建立纳税评估模型，提升数据分析能力，为税收业务提供有力支撑。探索数据分析应

用与风险管控一体化的管理和工作机制，研究模型分析、数据挖掘等先进分析技术，为深化数据应用奠定基础，有力支撑纳税评估、风险管理和税源专业化管理。

3. 丰富数据来源

扩大纳税人端信息的采集范围，从财务、税收信息逐步扩展到生产、销售、库存、价格、能耗等信息。积极推进国地税之间数据共享，加大外部部门信息采集力度，充分发挥各类涉税信息资源的价值，有效提高信息管税水平。

### （四）强化风险意识，加强应急管理

1. 完善数据备份与恢复策略，加强恢复测试和演练

对应用系统的实际使用环境和配置情况进行分析、梳理，制定切实可行的备份策略，确保专人专岗，严格按照流程，做好备份实施工作。定期开展备份数据恢复测试和演练，确保备份数据的完整性、可用性。建立健全数据备份和恢复管理工作制度，保障信息系统数据安全。

2. 强化应急管理

成立重大紧急故障协调工作小组，负责本地区税务信息系统故障响应、通报、处置等工作。充分协调各业务部门参与，发挥协调工作小组的组织协同作用。针对信息系统运行过程中的各种场景制订应急预案，切实推动应急演练工作。

3. 加强特殊敏感时期信息系统应急保障工作

在特殊时期要提高重要信息系统，特别是互联网门户网站、纳税服务网站以及网上办税系统的应急保障工作级别，提高防攻击、防篡改、防病毒、防瘫痪能力，做到专人值班和零事件报告。

### （五）强化信息安全管理，提升信息安全保障水平

1. 高度重视信息安全管理

不断加大信息安全保障工作的领导力度，健全内外协作机制，信息安全管理责任人要覆盖到各业务部门。着力加强人员、资产、信息技术支持服务以及信息技术产品使用等安全管理工作。

2. 全面提升信息安全防护能力和水平

重点加强网络边界防护管理，加强信息系统、税收数据、门户网站、电子邮箱、终端计算机和移动存储设备安全管理，要确保信息系统管理员、安全管理员和安全审计员"三员"分离，相互制约。

3. 大力推进税务身份认证系统应用

在业务专网的重要信息系统中，逐步应用税务身份认证系统。在网上办

税系统，特别是涉及纳税人敏感信息的采集、传输和处理过程中，也要通过税务身份认证系统逐步免费向纳税人发放互联网证书，保障纳税人涉税敏感信息的安全。

# 第二节　税收数据分析

近年来，随着金税工程和某省地税系统应用平台的逐步建立，税收基础数据也逐步向省、市地税部门集中。面对"海量"信息，深入数据分析与挖掘，推进数据增值利用，已成为税务部门信息化建设的重要组成部分和工作重点。如何利用数据资源，推进数据分析利用的深入开展，进而推动税收征收管理工作的科学化、精细化发展，成为摆在各级税务部门面前的重大课题。

当前，许多税务部门在数据分析应用的平台建设、模型构建、数据挖掘、工具引进等方面进行了大量的探索和突破，取得了一定的成绩和经验。通过在实际工作中对数据分析利用的实践，以印花税、土地增值税等 6 个税种的分析方法为例进行说明。

## 一、印花税分析说明

主要对"实收资本"项目、"资金账簿"项目和"合同类"项目印花税的分析进行说明。

### （一）"实收资本"项目印花税

1. 分析对象

在地税部门新注册登记的企业纳税人。

2. 数据来源

省局回流的征管数据；征管系统中税务登记信息数据。

3. 分析依据

（1）根据印花税暂行条例和有关规定，印花税在书立或领受环节，由纳税义务人即立合同人、立账簿人、立据人和领受人，根据规定自行计算、自行购买、自行贴花、自行注销，即实行"四自"缴纳方法。

（2）根据《国家税务总局关于资金账簿印花税问题的通知》（国税发〔1994〕25 号）规定，生产经营单位执行"两则"后，其"记载资金的账簿"的印花税计税依据改为"实收资本"与"资本公积"两项的合计金额。

(3) 根据印花税暂行条例实施细则和财税〔2004〕170 号文件精神，同一种类应纳税凭证，需频繁贴花的，纳税人可以采用按期汇总缴纳印花税的方式。汇总缴纳的期限为一个月。采用按期汇总缴纳方式的纳税人应事先告知主管税务机关。缴纳方式一经选定，一年内不得改变。

(4) 根据国税地字〔1988〕第 025 号文件规定，凡是记载资金的账簿，启用新账时，资金未增加的，不再按件定额贴花。

(5) 除针对特定行业和特定企业的专文规定外，根据陕税二〔1988〕072 号文件精神，对在某省范围内建立的跨地区经营的分支机构，不论其企业的领导关系是哪一级的，其营业账簿均应按照国税地字〔1998〕025 号第 18 条的规定，由各分支机构在其所在地缴纳印花税。

4. 分析方法

从征管系统的税务登记信息中抽取新办理税务登记企业纳税人"实收资本"金额，乘以适用税率，计算出该企业应缴纳的"资金账簿"类印花税税额，与当期该企业实际缴纳的"资金账簿"类印花税税额进行比对分析，如果应缴金额大于实际缴纳的税额，则该企业存在漏缴"资金账簿"类印花税情况，差额为疑似漏税额。

**(二)"资金账簿"项目印花税**

1. 分析对象

在地税部门注册登记的企业纳税人。

2. 数据来源

省局回流的征管数据；纳税人报送的财务报表数据。

3. 分析依据

(1) 根据《国家税务总局关于资金账簿印花税问题的通知》（国税发〔1994〕25 号）规定，生产经营单位执行"两则"后，其"记载资金的账簿"的印花税计税依据改为"实收资本"与"资本公积"两项的合计金额。企业执行"两则"启用新账簿后，其"实收资本"和"资本公积"两项的合计金额大于原已贴花资金的，就增加的部分补贴印花。

(2) 原公司法第一百七十九条规定："公司的公积金用于弥补公司的亏损、扩大公司生产经营或者转为增加公司资本。"

中国证监会于 2001 年 6 月制定发布的《公开发行证券的公司信息披露规范问答第 3 号》明确，上市公司以公积金弥补亏损的顺序依次为任意盈余公积、法定盈余公积、资本公积。

新《公司法》自 2006 年 1 月 1 日起施行。新《公司法》第一百六十九条规定："公司的公积金用于弥补公司的亏损、扩大公司生产经营或者转为增加公司资本；资本公积金不得用于弥补公司的亏损。"

2006 年以前，一般情况下资本公积减少会引起实收资本增加或者冲减利润分配借方余额；2006 年以后，资本公积减少的同时只是引起实收资本增加。

计算"资金账簿"印花税必须同时考虑"实收资本"和"资本公积"两个科目的变动。

4. 分析方法

根据企业财务报表信息，分别取"实收资本"科目和"资本公积"科目的年初数和期末数，计算出企业的"实收资本"和"资本公积"增加部分应缴纳"资金账簿"印花税税额，与该企业当期实际缴纳的印花税数额进行比对分析，如果计算出的"资金账簿"类印花税税额，大于该纳税人实际缴纳的"资金账簿"类印花税税额，则该纳税人存在漏税疑点，差额为疑似漏税额。

### （三）"合同类"项目印花税

1. 分析对象

在地税部门注册登记的企业纳税人。

2. 数据来源

省局回流的征管数据；纳税人报送的财务报表数据。

3. 分析依据

根据《中华人民共和国印花税暂行条例》及《实施细则》中所列举的合同进行分析，对未涉及的合同项目予以排除，如：旅游合同等。根据《某省印花税征收管理暂行办法》的规定，纳税人有下列情形的，由县级地方税务机关核定纳税人印花税计税依据：未按规定建立印花税应税凭证登记簿，或未如实登记和完整保存应税凭证的；拒不提供应税凭证或不如实提供应税凭证导致计税依据明显偏低；采用按期汇总缴纳办法的，未按地方税务机关规定的期限报送汇总缴纳印花税情况报告，经地方税务机关责令期限报告，逾期仍不报告或地方税务机关在检查中发现纳税人有未按规定汇总缴纳印花税情况的。

本办法从 2007 年 4 月 1 日起执行。

按照以上政策规定，对《实施细则》中列举的合同项目按照核定其主营业务收入为计税依据的原则进行分析。"合同类"项目印花税分析方法：根据企业的《利润分配表》中的"主营业务收入"数据，依据《某省印花税征收管理暂行办法》的规定，按照分行业核定征收率乘以主营业务收入计算当年应申报的计税依据，乘以适用税率，计算出应缴纳"合同类"印花税税额，与该纳税人当期实际缴纳的"合同类"项目印花税税额进行比对分析，如果应缴金额大于实际缴纳的税额，则该企业存在漏税疑点，差额为疑似漏缴"合同类"印花税税额。

4. 分析方法

根据企业的《利润分配表》中的"主营业务收入"数据，按照分行业核定征收率乘以主营业务收入的方式计算当年应申报的计税依据，乘以适用税率，计算出应缴纳"合同类"印花税税额，与该纳税人当期实际缴纳的"合同类"项目印花税税额进行比对分析，如果应缴金额大于实际缴纳的税额，则该企业存在漏税疑点，差额为疑似漏缴"合同类"印花税税额。

## 二、土地增值税分析说明

### （一）分析对象

国标行业为"房地产业"，申报缴纳"销售不动产"品目营业税或者通过网络在线发票系统开具"销售不动产"发票的企业纳税人。

### （二）数据来源

征管系统申报入库表数据；在线开票系统数据。

### （三）分析依据

根据《某省地方税务局关于调整土地增值税预征率的公告》（2012 年第 3 号）的规定，某市市区普通住宅土地增值税预征率为 1.5%，非普通住宅（除别墅外）2%，别墅、写字楼、营业用房等 3%，其他县分别是 1%、1.5% 和 2.5% 的预征率。

土地增值税实行"预征 + 清算"的管理模式：在项目销售阶段，按月或季度以申报收入预征土地增值税；在项目售完之后，再按照实际销售收入所得，清算应纳所得税额。而在所掌握的数据中无法区分项目是否为普通住宅，在计算中采用最低预征率某市市区 1.5%，其他县 1%。

### （四）分析方法

根据纳税人申报品目为"销售不动产"营业税和该纳税人在线开票为"销售不动产"营业税的合计数，反推算出其"销售不动产"的营业收入，乘以预征土地增值税税率，计算出应征土地增值税税额，与该纳税人实际缴纳土地增值税税额进行比对分析，查验企业是否存在漏缴土地增值税情况。

## 三、城镇土地使用税分析说明

### （一）分析对象

在地税系统注册登记的企业纳税人。

### （二）数据来源

省局回流的征管数据；纳税人税务登记信息数据。

### （三）分析依据

根据《中华人民共和国城镇土地使用税暂行条例》及《某省城镇土地使用税单位税额调整方案》文件内容，某市城镇土地使用税，税额按照每平方米1元至8元征收。

### （四）分析方法

根据征管系统纳税人税务登记信息，城镇土地使用税税源登记表的数据应满足以下逻辑关系：

土地面积＝自用土地面积＋出租土地面积

应纳税额＝自用土地应纳税额＋出租土地应纳税额

抽取申报征收表中纳税人实际缴纳的土地使用税与上面的应纳税额进行比对，若实纳税额≥应纳税额，不存在漏缴税款；若实纳税额＜应纳税额，存在疑似漏缴税款。

## 四、房产税分析说明

### （一）分析对象

在地税系统注册登记的企业纳税人。

### （二）数据来源

省局回流的征管数据；纳税人税务登记信息数据。

### （三）分析依据

根据《中华人民共和国房产税暂行条例》及《某省房产税实施细则》规定：房产税有从价或从租两种计算缴纳形式。房产出租的，以房产租金收入为房产税的计税依据，税率为12%；依照房产余值计算缴纳的，房产余值为房产税的计税依据，税率为1.2%。房产余值按照文件规定，按照房产原值一次减除20%的余值计算。根据以上政策依据，结合某局现有的可用数据信息，确定了以房产原值和房屋租金收入为线索的两种分析思路。即：

从价计算房产税＝房产原值×80%×1.2%

从租计算房产税 = 租金收入 ×12%

**（四）分析方法**

1. 从价计算分析

确定计税依据：自用房产原值。

自用房产原值 =（房产原值 − 免税原值）×自用面积／（自用面积 + 出租面积）（排除小于零的情况）

应纳税款 = 自用房产原值 ×80% ×1.2%

从价分析欠税情况 = 从价分析房产税应纳税额 − 从价已缴纳房产税

根据上面计算出的应纳税款，与纳税人当年申报过的房产税进行比对，发现企业存在缴纳房产税疑点情况。

2. 从租计算分析

从租计征房产税的计税依据是租金收入，根据企业纳税人登记的房产（城市房产）税税源登记表，从以下两个渠道得到租金收入：一是出租房屋纳税人月租金收入。二是承租人租用房所支出的月租金和出租方租金。三是根据征收表中营业税房产租赁子品目的申报信息，可以得到出租房屋取得营业收入的纳税人的房屋租金收入。根据房产税法，计算如下：

（1）以出租方月租金收入为基准计算：

应纳房产税税额 = 月租金收入 ×12 ×12%

（2）以承租方的月租金为基准计算：

应纳税款 = 月租金收入 ×12 ×12%（反推算出租方为个人按 4%）

（3）以"营业税房屋租赁子品目"数据进行计算

统计条件为：纳税人状态为正常户，当年交过房屋租赁收入营业税的纳税人。

根据上面计算出的应纳税款，与纳税人当年申报过的房产税进行比对，发现企业存在缴纳房产税疑点情况。

按照税法规定，出租方为房产税的纳税人，但具体征管工作中，存在有承租人缴纳房产税的情况，所以将承租人缴纳的情况进行了分析，即将计算出的应纳税款与承租人缴纳过的房产税进行比对，如果如实缴纳，则排除该户；若未缴纳或未足额缴纳，则为纳税疑点户。

# 五、营业税分析说明

营业税主要以建筑业、房地产开发经营业、住宿和餐饮业营业税的分析进行说明。

**（一）建筑业营业税分析说明**

1. 分析对象

国标行业为"建筑业"；征收方式为查账征收（或代扣代缴）的企业纳税人。

2. 数据来源

省局回流的征管数据；纳税人报送的财务报表数据。

3. 分析依据

（1）《中华人民共和国营业税暂行条例》第五条第三款纳税人将建筑工程分包给其他单位的，以其取得的全部价款和价外费用扣除其支付给其他单位的分包款后的余额为营业额。

（2）实施细则第十六条 纳税人提供建筑业劳务的（不含装饰劳务），其营业额应当包括工程所用原材料、设备及其他物资和动力价款在内，但不包括建设方提供的设备的价款。

（3）工程承包公司承包建筑安装工程业务，即工程承包公司与建设单位签订承包合同的建筑安装工程业务，无论其是否参与施工，均应按"建筑业"税目征收营业税。工程承包公司不与建设单位签订承包建筑安装工程合同，只是负责工程的组织协调业务的，对工程承包公司的此项业务按"服务业"税目征收营业税。

（4）建筑业税目的征税范围是：在中华人民共和国境内提供的建筑、修缮、安装、装饰和其他工程作业的劳务。

（5）《中华人民共和国营业税暂行条例》规定：应纳税额＝应用额×税率。

（6）纳税人通过签订建设工程施工合同，销售自产货物、提供增值税应税劳务的同时，将建筑业劳务分包或转包给其他单位和个人的，对其销售的货物和提供的增值税应税劳务征收增值税；同时，签订建设工程施工总承包合同的单位和个人，应扣缴提供建筑业劳务的单位和个人取得的建筑业劳务收入的营业税。

（7）建筑企业的主营业务收入是指"工程结算收入"。

（8）通信线路工程和输送管道工程所使用的电缆、光缆和构成管道工程主体的防腐管道、管件、清管器、收发球筒、机泵、加热炉、金属容器等物品均属于设备，其价值不包括在工程的计税营业额中。

其他建筑安装工程的计税营业额也不应包括设备价值，具体设备名单可由省级税务机关根据各自实际情况列举。

4. 分析方法

抽取"建筑业"企业纳税人利润分配表"主营业务收入"项目"本年累计数"栏，与该企业本年已纳营业税计税依据进行逻辑比对分析，查验建筑企业是否存在疑似漏缴"建筑业"营业税的情况，具体为：

（1）计算"建筑业"营业税计税依据

营业税计税依据（全口径）＝主营业务收入累计数－已缴纳营业税的计税依据（全口径）－公共户营业税计税依据（全口径）－国税销售收入（用缴纳的增值税税额反推算得出）

营业税计税依据（纯口径）＝主营业务收入累计数－已缴纳营业税计税依据（纯口径）－公共户营业税计税依据（纯口径）－销售收入（用缴纳的增值税税额反推算得出）

"全口径"指国标行业为"建筑业"，不区分税目缴纳的所有营业税（依据）。

"纯口径"指国标行业为"建筑业"，只计算税目为"建筑业"的所有营业税（依据）。

"全口径"和"纯口径"分别统计，进行比对分析，在推送疑点核查任务时，为减轻征收一线工作量，一般推送通过"全口径"比对出的疑点任务。

考虑到存在相当数额公共户开票的情况，因此采用以下比对口径：检索公共户开票中名称与母公司或项目登记名称相同的，将缴纳的税款与母公司合并统计；使用母公司财务报表与上述汇总后数据进行比对，避免遗漏。

（2）计算应缴"建筑业"营业税

应纳营业税税额＝营业税计税依据（全口径）×适用营业税税率

如果应缴纳营业税税额大于该企业当期实际缴纳的营业税税额，则该建筑企业存在纳税疑点，差额为疑似漏税额。

**（二）房地产开发经营业营业税分析说明**

1. 分析对象

经营行业为"房地产开发经营"的查账征收的企业纳税人。

2. 数据来源

省局回流的征管数据；纳税人报送的财务报表数据。

3. 分析依据

（1）中华人民共和国营业税暂行条例第二十五条规定："纳税人转让土地使用权或者销售不动产，采取预收款方式的，其纳税义务发生时间为收到预收款的当天。"

（2）除去"房地产开发经营"外，房地产业包括物业管理、房地产中介服务和其他房地产活动的企事业单位。

房地产中介服务企业包括房地产咨询、房地产评估、房地产经纪、房屋置业担保、房地产信息服务等企业。

其他房地产活动：包括房地产交易管理、房屋权属登记管理、城市房屋拆迁、白蚁防治、住房公积金管理、房产测绘等企事业单位。

（3）房地产开发企业营业收入的核算范围

房地产开发企业的营业收入，是指房地产开发企业在开发经营过程中，由销售开发产品、出租商品、提供劳务，以及其他多种经营活动所实现的收益，分为主营业务收入和其他业务收入。主营业务收入包括土地转让收入、商品房销售收入、配套设施销售收入、出租产品租金收入和代建工程结算收入等在主要开发经营过程中实现的各种收入。除了上述的主营业务以外的其他业务实现的收入，均应在"其他业务收入"科目中核算，如商品房售后服务收入、材料销售收入、固定资产出租收入和无形资产转让收入等。另外，房地产开发企业出售的周转房，在旧城改造中回迁安置户缴纳的拆迁面积内的安置房产权款和增加面积的房产款，也属于房地产销售收入核算范围。而房地产开发企业出售自用的作为固定资产核算的房产则不能作为房地产销售收入的核算对象。

（4）《中华人民共和国营业税暂行条例》规定：应纳税额＝营业额×税率。

4. 分析方法

（1）计算"房地产开发经营业"营业税计税依据

根据"纳税人转让土地使用权或销售不动产，采用预收款方式的，其纳税义务发生时间为收到预收款的当天"，因此对于经营行业为"房地产开发经营"的企业，其应缴"销售不动产"营业税计税依据的计算方法是：

营业税计税依据（全口径）＝主营业务收入＋（预收账款年末数－预收账款年初数）－已缴纳营业税的计税依据（全口径）－公共户营业税计税依据（全口径）－国税销售收入（以缴纳的增值税反推算）

营业税计税依据（纯口径）＝主营业务收入＋（预收账款年末数－预收账款年初数）－已缴纳营业税计税依据（纯口径）－公共户营业税计税依据（纯口径）－销售收入（用缴纳的增值税税额反推算得出）

"全口径"指国标行业为"房地产经营业"，不区分税目缴纳的所有营业税（依据）。

"纯口径"指国标行业为"房地产经营业",只计算税目为"房地产经营业"的所有营业税(依据)。

对"全口径"和"纯口径"分别统计,进行比对分析,在推送疑点核查任务时,为减轻征收一线工作量,一般推送"全口径"比对出的疑点任务。

(2)计算应缴"建筑业"营业税

应纳营业税税额=营业税计税依据(全口径)×适用营业税税率

如果应纳营业税税额大于该企业当期实际缴纳的营业税税额,则该房地产经营企业存在纳税疑点,差额为疑似漏税额。

### (三)住宿和餐饮业营业税分析说明

1. 分析对象

国标行业为"住宿业和餐饮业"的查账征收纳税人。

2. 数据来源

一是省局回流的征管数据;二是纳税人财务报表数据。

3. 分析依据

《中华人民共和国营业税暂行条例》规定主营业务收入指企业(集团)从事某种主要生产经营活动所取得的营业收入。本项指标在各行业会计制度中的名称叫法不同,但一律按各行业会计制度或报表定义的口径进行填报。其中农业企业是指"主营业务收入",工业企业是指"产品销售收入",交通运输企业指"主营业务收入",建筑企业指"工程结算收入",批发零售贸易企业指"商品销售收入",房地产企业指"房地产经营收入",其他企业指"经营(营业)收入"。本项指标应按企业集团各成员企业相加汇总的数据填报。

4. 分析方法

主要采用比对分析法,抽取"住宿和餐饮业"企业纳税人利润分配表"主营业务收入"项目"本年累计数"栏,与该企业本年已纳营业税计税依据进行逻辑比对分析,查验"住宿和餐饮业"企业疑似漏缴营业税情况。

营业税计税依据=本年主营业务收入累计数-本年已纳营业税的计税依据-国税销售收入(用缴纳的增值税税额反推算得出)

应纳营业税额=营业税计税依据×适用税率。

如果应纳营业税税额大于该企业当期实际缴纳的营业税税额,则该住宿和餐饮企业存在纳税疑点,差额为疑似漏税额。

## 六、城市维护建设税和教育费附加的分析说明

**（一）分析对象**

在国地税共同办理税务登记的企业纳税人。

**（二）分析数据**

一是省局回流的征管数据；二是从国税获取的在国地税共同办理税务登记的企业纳税人缴纳增值税、消费税数据。

**（三）分析依据**

《中华人民共和国城市维护建设税暂行条例》第二条："凡缴纳增值税、消费税、营业税的单位和个人，都是城市维护建设税的纳税义务人（以下简称纳税人），都应当依照本条例的规定缴纳城市维护建设税。"

《中华人民共和国城市维护建设税暂行条例》第四条："城市维护建设税税率如下：纳税人所在地在市区的，税率为7%；纳税人所在地在县城、镇的，税率为5%；纳税人所在地不在市区、县城或镇的，税率为1%。"

《征收教育费附加的暂行规定》第二条"凡缴纳消费税、增值税、营业税的单位和个人，除按照《国务院关于筹措农村学校办学经费的通知》（国发〔1984〕174号文）的规定，缴纳农村教育事业费附加的单位外，都应当依照本规定缴纳教育费附加"。

修改《征收教育费附加的暂行规定》的决定第三条："教育费附加，以各单位和个人实际缴纳的增值税、营业税、消费税的税额为计征依据，教育费附加率为3%，分别与增值税、营业税、消费税同时缴纳。"

**（四）分析方法**

从国税部门获取的国地税共管户在国税缴纳增值税和消费税数据，计算出应缴纳的城建税和教育费附加，与该企业在地税机关实际缴纳的城建税和教育费附加数据进行比对，发现存在纳税疑点的企业和疑似漏税金额。

城市维护建设税的应纳税额计算：

应纳税额 =（实际缴纳的增值税额 + 实际缴纳的消费税额 + 实际缴纳的营业税额）×适用税率

教育费附加的计算：

应纳教育费附加 =（实际缴纳的增值税额 + 实际缴纳的消费税额 + 实际缴纳的营业税额）×征收比率

# 第三节　税收数据分析报告

分析报告是用书面语言进行表达的，是一种陈述性和论理性相结合的文体。税收数据分析报告的写作过程就是税收数据分析的完整过程，是整个税收数据分析出成果的阶段。报告的表达方式以说明为主。要写好税收数据分析报告需遵循以下原则：

1. 瞄准目标，有的放矢

经过税务信息化建设的持续努力，税务系统已经储备了海量涉税数据，税收数据分析就是要在这海量的涉税数据中发现问题，通过有效的分析方法和技术，使数据说话。因此要在认真领会国家政策和上级精神的基础上，抓住工作重点，深入基层，广泛搜集材料，锁定分析目标，展开分析写作。

2. 实事求是，反映现实

税收数据分析报告不仅要保证其中涉及的事实、使用的数据必须真实准确，也要保证对事物的分析、说明必须科学严谨，符合客观事物的本来面目。做到尊重事实，说真话，以充分发挥分析报告的作用。

3. 言之有物，真切深入

报告要坚持以事实和数字做基础，以事实来说明观点，避免空话连篇。内容上要注意税收变动的内外部联系，揭示税收问题的内在规律性，透过现象抓住事情的本质，提出问题、分析问题并尝试寻找解决问题的方法和途径。

4. 立足数字，专业实用

税收数据分析报告基于数据描述，通过对相关数据的分析，最后得出结论。该类报告应以大量的税收调查资料和税收核算数据为基础，应用数据方法对税收问题进行分析，与普通的分析报告相比更具专业化特点，与学术论文相比更具实用性，对实际工作有更强的指导作用。

附件：数据分析报告实例

### 关于"实收资本"项目印花税缴纳情况分析报告
#### ——印花税税种管理分析

本文根据有关政策规定和某局实际，通过确定分析对象，提取相关数据等方法，从新办企业的基本情况入手，对新开业企业实收资本项目缴纳印花税情况进行了宏观分析。通过分析，发现新办企业纳税人（不包含分支机构）

疑似漏征 2664.21 万元，本文对问题存在的原因进行了简要的分析，并提出了改进意见及建议。

第一部分　分析说明

一、分析背景

本文依据新办企业登记信息，对新办企业纳税人注册登记的"实收资本"缴纳"资金账簿"印花税情况做进一步分析。

二、分析对象

根据某局的管理模式以及某局数据库中所占有的数据资源，确定本次分析的对象为：2010 年至 2013 年新注册登记的企业纳税人登记注册的"实收资本"部分缴纳印花税情况。

三、分析目的

2010 年至 2013 年新注册登记的企业纳税人对注册登记的"实收资本"部分缴纳印花税情况，是否存在漏征"资金账簿"印花税的现象。

四、分析依据

（一）政策依据

1. 根据印花税暂行条例和有关规定，印花税在书立或领受环节，由纳税义务人即立合同人、立账簿人、立据人和领受人，根据规定自行计算、自行购买、自行贴花、自行注销，即实行"四自"缴纳方法。

2. 根据《国家税务总局关于资金账簿印花税问题的通知》（国税发 [1994] 25 号）规定，生产经营单位执行"两则"后，其"记载资金的账簿"的印花税计税依据改为"实收资本"与"资本公积"两项的合计金额。

3. 根据印花税暂行条例实施细则和财税发 [2004] 170 号文件精神，同一种类应纳税凭证，需频繁贴花曲，纳税人可以采用按期汇总缴纳印花税的方式，汇总缴纳的期限为一个月。采用按期汇总缴纳方式的纳税人应事先告知主管税务机关。缴纳方式一经选定，一年内不得改变。

4. 根据国税地字 [1988] 第 025 号文件规定，凡是记载资金的账簿，启用新账时，资金未增加的，不再按件定额贴花。

5. 除针对特定行业和特定企业的专文规定外，根据文件精神，对在某省范围内建立的跨地区经营的分支机构，不论其企业的领导关系是哪一级的，其营业账簿均应按照 [1988] 国税地字 025 号第 18 条的规定，由各分支机构在其所在地缴纳印花税。

（二）某局的实际情况

目前，纳税人在某局办理税务登记时，必须如实填写"实收资本"信息。

在税务登记证换发工作中，对税务登记信息再次进行了全面采集；在进行纳税申报时，实行分税种分品目的明细申报方法。

五、数据说明

1. 提取分析对象为新办理税务登记的企业纳税人，即开业日期或税务登记填表日期在 2010 年至 2013 年期间，税务登记类型不包含个体、个体临时以及跨区项目登记、扣缴税款登记、委托代征登记、外来经营登记、纯社保登记的所有纳税人，纳税人状态为正常户。

2. 在对实收资本项目印花税征收情况的筛选中，选取税款所属时间在 2010 年至 2013 年中，申报缴纳品目为"资金账簿（121201）"印花税的征收记录。

第二部分　数据分析

一、2010 年至 2013 年新办企业实收资本项目印花税缴纳基本情况

2010 年至 2013 年某局新办理税务登记的企业纳税人（不含分支机构的正常户）为 7667 户，已经采集实收资本总额为 1086.13 亿元，应缴纳"资金账簿"印花税 5430.67 万元，已经缴纳 2766.47 万元，疑似漏征 2664.2 万元（统计数据见下表，单位万元）。

| 年度 | 新办户 | | | | |
|---|---|---|---|---|---|
| | 户数（正常户） | 实收资本 | 应纳税款（疑似） | 实纳税款 | 漏征税款（疑似） |
| 2010 年 | 1883 | 3276348.7 | 1638.17 | 903.61 | 734.56 |
| 2011 年 | 2297 | 3926950.95 | 1963.48 | 947.88 | 1015.6 |
| 2012 年 | 2137 | 2522646.75 | 1261.32 | 611 | 650.32 |
| 2013 年 | 1350 | 1135394.7 | 567.7 | 303.98 | 263.72 |
| 合计 | 7667 | 10861341.1 | 5430.67 | 2766.47 | 2664.2 |

二、税务登记环节实收资本信息未采集或者采集有误的情况

在 2010 年至 2013 年新办正常企业 7667 户中，有 7511 户存在实收资本信息，占新办税务登记企业的 97%，实收资本总额为 1086.13 亿元，有 156 户无实收资本信息，占新办税务登记企业的 3%，其中 2010 年 21 户，2011 年 69 户，2012 年 30 户，2013 年 36 户（各基层局具体统计情况见下表）。

| 单位 | 2010 年 | 2011 年 | 2012 年 | 2013 年 |
|---|---|---|---|---|
| A 县局 | 0 | 47 | 6 | 4 |

| 单位 | 2010 年 | 2011 年 | 2012 年 | 2013 年 |
|------|---------|---------|---------|---------|
| B 县局 | 1 | 5 | 6 | 12 |
| C 县局 | 12 | 1 | 3 | 3 |
| D 县局 | 2 | 11 | 7 | 5 |
| E 县局 | 1 | 0 | 0 | 1 |
| F 县局 | 0 | 1 | 0 | 0 |
| G 县局 | 0 | 1 | 0 | 0 |
| H 县局 | 0 | 2 | 2 | 1 |
| I 县局 | 0 | 0 | 0 | 0 |
| J 县局 | 0 | 0 | 0 | 0 |
| K 县局 | 0 | 0 | 0 | 0 |
| L 县局 | 0 | 0 | 0 | 0 |
| M 县局 | 0 | 0 | 0 | 0 |
| N 县局 | 0 | 0 | 0 | 0 |
| O 县局 | 0 | 0 | 0 | 0 |
| P 县局 | 5 | 1 | 5 | 10 |
| Q 县局 | 0 | 0 | 1 | 0 |

（一）正常申报纳税企业的实收资本信息采集情况

按规定，新设立企业必须有一定的注册资本（注册资本为实收资本的一部分），在税务机关办理税务登记的纳税人一定有相应的实收资本。通过对10～13年在某局申报缴纳过"资金账簿"印花税的纳税人与其实收资本信息进行比对，发现申报缴纳过"资金账簿"印花税而无实收资本信息的纳税人为14户。

（二）实收资本信息采集的情况

在此次数据清洗核对过程中，我们将重点放在了实收资本一个亿以上的纳税人上。2010年至2013年中，全市新设立了349户实收资本一个亿以上的纳税人，通过与缴税信息对比，其中只有55户足额缴纳了实收资本项目印花税，80户少缴纳税款，15户多缴纳税款（应属于正常，"资金账簿"印花税计税依据包含"资金公积"），199户未申报缴纳。其中，发现有220户实收资本信息明显存在异常现象，实收资本总额为419732.52亿元，64户缴纳过印花税，156户未缴。例如：某市至诚网络工程有限责任公司实收资本20亿，计算应纳印花税 100 万元，实际缴纳 500 元；某省广播电视信息网络股份有限公司某市分公司实收资本为 95045 亿元，计算应纳印花税 475225 万元，但从未缴纳该项目印花税。

文中所列数据是对存在异常的 220 户数据进行更改核对后的数据。

三、申报征收环节，实收资本项目印花税未缴纳或者未足额缴纳的情况

（一）有实收资本信息而从未申报缴纳过实收资本项目印花税的情况

**各征收单位漏征"资金账簿"印花税税额统计**　　单位：万元

| 单位 | 2010 年 | 2011 年 | 2012 年 | 2013 年 | 合计 |
|---|---|---|---|---|---|
| A 县局 | 145.13 | 100.67 | 112.25 | 103.61 | 461.66 |
| B 县局 | 181.07 | 262.56 | 154.79 | 42.97 | 641.39 |
| C 县局 | 185.12 | 151.1 | 58.53 | 27.1 | 421.85 |
| D 县局 | 24.77 | 226.18 | 12.76 | 1.63 | 265.34 |
| E 县局 | 7.29 | 56.34 | 6.44 | 7.85 | 77，92 |
| F 县局 | 14.04 | 78.46 | 16.03 | 28.36 | 136.89 |
| G 县局 | 12.88 | 9.91 | 10.05 | 5.8 | 38.64 |
| H 县局 | 17.9 | 2.26 | 7.47 | 2.96 | 30.59 |
| I 县局 | 2.15 | 4.28 | 1.78 | 4，21 | 12.42 |
| J 县局 | 6.26 | 0.63 | 0.11 | 1.63 | 8.63 |
| K 县局 | 1.3 | 3.15 | 3.18 | 2.31 | 9.94 |
| L 县局 | 0.23 | 4.62 | 1.05 | 0 | 5.9 |
| M 县局 | 0 | 2.85 | 157.95 | 0.25 | 161.05 |
| N 县局 | 28.08 | 32.69 | 0 | 0 | 60.77 |
| O 县局 | 0 | 0 | 0 | 0 | 0 |
| P 县局 | 14.4 | 20.12 | 78.34 | 25.92 | 138.78 |
| Q 县局 | 0 | 3 | 6.9 | 0.5 | 10.4 |

2010 年至 2013 年中，在某局新办理税务登记的企业，实收资本信息已经采集，截至 2013 年 12 月 31 日从未在某局申报缴纳过"资金账簿"项目印花税，全市共计 3536 户，实收资本总额为 496.43 亿元，疑似漏征税款 2482.17 万元。各征收单位漏征"资金账簿"印花税税额统计和漏征"资金账簿"印花税的户数统计情况见下表。

**各征收单位漏征"资金账簿"印花税的户数统计**　　单位：户

| 单位 | 2010 年 | 2011 年 | 2012 年 | 2013 年 | 合计 |
|---|---|---|---|---|---|
| A 县局 | 193 | 186 | 258 | 184 | 821 |
| B 县局 | 295 | 406 | 281 | 97 | 1079 |
| C 县局 | 121 | 129 | 102 | 25 | 377 |
| D 县局 | 71 | 66 | 51 | 5 | 193 |
| E 县局 | 37 | 31 | 52 | 34 | 154 |
| F 县局 | 22 | 34 | 36 | 27 | 119 |
| G 县局 | 51 | 82 | 101 | 14 | 248 |
| H 县局 | 41 | 25 | 32 | 24 | 122 |
| I 县局 | 9 | 9 | 15 | 7 | 40 |
| J 县局 | 10 | 10 | 4 | 5 | 29 |
| K 县局 | 9 | 40 | 35 | 18 | 102 |
| L 县局 | 11 | 9 | 5 | 0 | 25 |
| M 县局 | 0 | 3 | 4 | 1 | 8 |
| N 县局 | 5 | 18 | 0 | 0 | 23 |
| O 县局 | 0 | 0 | 0 | 0 | 0 |
| P 县局 | 37 | 47 | 60 | 44 | 188 |
| Q 县局 | 0 | 1 | 6 | 1 | 8 |

（二）未足额申报缴纳实收资本项目印花税的情况

由于"资金账簿"印花税的计税依据是实收资本和资本公积的合计，所以，以实收资本计算缴纳的印花税，逻辑上应小于等于"资金账簿"印花税税额。根据实收资本计算，实际缴纳金额小于应缴金额的企业纳税人，全市共计 175 户，疑似漏征税款 182.04 万元。各征收单位漏征"资金账簿"印花税税额统计和漏征"资金账簿"印花税的户数统计情况见下表。

**各征收单位漏征"资金账簿"印花税税额统计**　　单位：万元

| 单位 | 200 年 | 2011 年 | 2012 年 | 2013 年 | 合计 |
|---|---|---|---|---|---|
| A 县局 | 9.4 | 16.25 | 9，49 | 4.22 | 39.36 |
| B 县局 | 4.51 | 16.16 | 3，29 | 3.91 | 27.87 |
| C 县局 | 72.39 | 11.82 | 0.05 | 0 | 84.26 |

| 单位 | 200 年 | 2011 年 | 2012 年 | 2013 年 | 合计 |
|---|---|---|---|---|---|
| D 县局 | 1.58 | 0.32 | 0.01 | 0 | 1.91 |
| E 县局 | 0.02 | 0 | 0.8 | 0 | 0.82 |
| F 县局 | 0.76 | 2.75 | 1.21 | 0 | 4.72 |
| G 县局 | 0 | 0 | 0 | 0 | 0 |
| H 县局 | 0 | 0 | 0 | 0 | 0 |
| I 县局 | 0 | 0 | 0.85 | 0.07 | 0.92 |
| J 县局 | 0 | 0 | 0 | 0 | 0 |
| K 县局 | 0.01 | 0 | 0 | 0 | 0.01 |
| L 县局 | 3.39 | 0 | 0 | 0 | 3.39 |
| M 县局 | 0 | 0 | 0 | 0 | 0 |
| N 县局 | 0.5 | 0 | 0 | 0 | 0.5 |
| O 县局 | 0 | 0 | 0 | 0 | 0 |
| P 县局 | 1.39 | 9.03 | 6.99 | 0.4 | 17.81 |
| Q 县局 | 0 | 0.45 | 0 | 0.05 | 0.5 |

**各征收单位漏征"资金账簿"印花税的户数统计**　　　　单位：户

| 单位 | 2010 年 | 2011 年 | 2012 年 | 2013 年 | 合计 |
|---|---|---|---|---|---|
| A 县局 | 22 | 27 | 23 | 18 | 90 |
| B 县局 | 10 | 7 | 3 | 2 | 22 |
| C 县局 | 13 | 6 | 0 | 0 | 19 |
| D 县局 | 6 | 2 | 1 | 0 | 9 |
| E 县局 | 1 | 0 | 1 | 0 | 2 |
| F 县局 | 1 | 5 | 5 | 0 | 11 |
| G 县局 | 0 | 1 | 0 | 0 | 1 |
| H 县局 | 0 | 0 | 0 | 0 | 0 |
| I 县局 | 0 | 0 | 1 | 1 | 2 |
| J 县局 | 0 | 0 | 0 | 0 | 0 |
| K 县局 | 0 | 0 | 0 | 0 | 0 |
| L 县局 | 1 | 0 | 0 | 0 | 1 |

| 单位 | 2010 年 | 2011 年 | 2012 年 | 2013 年 | 合计 |
|------|--------|--------|--------|--------|------|
| M 县局 | 0 | 0 | 1 | 0 | 1 |
| N 县局 | 1 | 0 | 0 | 0 | 1 |
| O 县局 | 0 | 0 | 0 | 0 | 0 |
| P 县局 | 3 | 5 | 3 | 2 | 13 |
| Q 县局 | 0 | 1 | 0 | 1 | 2 |

## 第三部分　分析结论

一、存在实收资本信息未采集或者采集有误的问题

2010 年至 2013 年在某局新办正常企业中，实收资本信息未采集或采集有误共计 376 户，占新办正常户的 4%。其中，企业无实收资本信息 156 户，占新办税务登记企业的 3%；抽样实收资本在一个亿以上企业，有 220 户实收资本信息明显存在异常。在某局实收资本信息未采集而申报缴纳过"资金账簿"印花税为 14 户，占新办企业的 0.16%，134 户既未采集实收资本信息也未缴纳印花税，占新办企业的 1.74%。

二、存在未缴纳或未足额缴纳实收资本项目印花税的问题

2010 年至 2013 年，从未缴纳"资金账簿"印花税的新办正常户企业共 3536 户，占新办企业的 46.11%，疑似漏征税款 2482.17 万元；未足额缴纳的共 175 户，占新办企业的 2.28%，疑似漏征税款 182.04 万元，两项共漏征 2664.21 万元。各单位统计情况见下表，单位：万元。

| 单位 | 疑似漏征税款 | 单位 | 疑似漏征税款 |
|------|------------|------|------------|
| A 县局 | 501.02 | J 县局 | 8.63 |
| B 县局 | 669.26 | K 县局 | 9.95 |
| C 县局 | 506.11 | I 县局 | 9.3 |
| D 县局 | 267.24 | M 县局 | 161.06 |
| E 县局 | 78.73 | N 县局 | 61.28 |
| F 县局 | 141.6 | O 县局 | 0 |
| G 县局 | 38.64 | P 县局 | 156.59 |
| H 县局 | 30.58 | Q 县局 | 10.9 |
| I 县局 | 13.33 | 合计 | 2664.21 |

从统计中可以看出，漏征资金账簿印花税金额较大的为 A 县局、B 县局、C 县局，均超过了 500 万元。

第四部分　分析建议

除了在思想上足够重视外，建议加强以下几个方面的工作：

一、对存在问题的原因分析

（一）在税务登记环节中，实收资本信息没有或不实问题产生的主要原因：一是纳税人填写税务登记表时漏填或错填，税务登记受理岗审核不严造成的；二是数据采集录入有误。

（二）申报征收环节漏征或少征税款问题产生的原因：一是由于在日常工作中对印花税管理重视不够，认为印花税是小税种，对总体税收收入影响不大；二是印花税具有征税范围广、缴纳办法特殊等特点，管理工作不容易开展；三是管理手段还有待进一步改进和创新。目前仅依靠纳税人自觉、如实申报和年底地方税结算等措施还难于实现对印花税的精细化管理。

二、改进的意见和建议

（一）针对税务登记环节数据采集有误的问题要加强税务登记受理岗的工作责任心，严格审核。

（二）针对申报征收环节漏征税款的问题，建议一方面从管理制度上进一步规范和精细管理，例如，规定纳税人在第一次申报时必须如实申报缴纳"资金账簿"印花税；一方面将实收资本印花税申报缴纳情况设定为指标，作为纳税评估的一项内容。

# 第三章　税收制度改革研究

　　税制改革是通过税制设计和税制结构边际改变来增进社会福利的过程。其形式既有税种的出台、废弃及其搭配组合的变化，又有征税对象、税目税率和税收优惠等要素的调整等。税收制度改革研究主要阐述和研究税制结构模式理论、税制改革主要取向和税制改革专题分析 3 个问题。税制结构模式理论包括税收制度的结构理论、优化理论、模式研究和基本设计；税制改革主要取向包括现行税收制度体系、税收制度改革要求和税制改革基本构想；税制改革专题分析包括增值税扩围改革、个税的改革问题和开征物业税分析。

## 第一节　税制结构模式理论

### 一、税收制度结构理论

#### （一）税制结构的含义

　　目前我国学术理论界对税制结构含义的认识还有一定的差异，其代表性的观点及表述为：

　　第一，强调税种在税制中的重要关系。如税制结构是指构成税制的各税种在社会再生产中的分布状况及相互之间的比重关系。

　　第二，强调税收体系在税制中的整体性。如税制结构是指一国税收体系的整体布局和总体结构，是国家根据当时经济条件和发展要求，在特定税收制度下，由税类、税种、税制要素和征收管理层次所组成的，分别主次，相互协调与补充的整体系统。

我们认为，税制结构是指一国征收一种税还是多种税的税制体系。所谓税制体系是指国家在税制设计时，根据本国的具体情况将不同功能的税种进行组合配置，形成主体税种明确，辅助税种各具特色及其作用、功能互补的税种结构关系。

**（二）税制结构的类型**

税制结构按照税种多寡或税制繁杂程度，可分为单一税制和复合税制两类。单一税制是指在一国税收管辖权范围内只征收一种税的税制；复合税制是指一国税收管辖权范围内征收两种以上税种的税制。

（1）单一税制理论。单一税制的理论主张较多，且都与不同时期的政治主张、经济学说相呼应，其理论依据及其经济基础也各有差异。单一税制理论大体可分为四类：

第一，单一所得税论。早在16世纪后期法国经济学家波丹曾主张过单一所得税制，但也承认在必要时可征收关税等为辅助；18世纪德国税官斯伯利明确提出单一所得税制，并在19世纪中叶后盛行于德国；1869年德国社会民主党，就曾以单一所得税制作为其经济纲领。他们认为，所得税只对富人课征符合税收公平原则，且采用累进税率富有弹性，较之单一土地税、单一消费税更为先进。但实行单一所得税制仅对所得课税，对财产继承者等有纳税能力的人不课税，有失税收公平。

第二，单一消费税论。早在17世纪利益说刚刚萌芽之时，英国思想家霍布斯就以利益说为理论依据而主张实行单一消费税制，他认为消费税可以反映人民获得的国家利益。19世纪中叶，德国经济学家普费菲等人则从税收的社会原则出发，主张税收应以个人支出为课征标准，他们认为：只有消费税才能遍及全体人民，人人消费则人人纳税，从而符合税收的普遍原则；消费是纳税人的纳税能力的体现，消费多者负税能力大，消费少者负税能力小，因而按消费能力纳税符合税收的平等原则。

第三，单一财产税论。最早由法国经济学家计拉丹提出的单一资本税制所形成，后为门尼埃所倡导，主张以资本的价值为标准征税。这里所言的资本基本上是指不产生收益的财产。他们认为，对不产生收益的财产或资本课税不但不会影响资本形成，还可刺激资本投入生产、促使资本的产生，同时征收单一财产税可课及所得税不能课及的税源。该理论又分为两种观点：一是以美国学者主张的，以资本为课征标准，但以不动产为限；二是以法国学者主张的，应以一切有形资本为课征对象。

第四，单一土地税论。由18世纪古典政治经济学的奠基人之一的魁奈所提出，19 世纪中叶美国经济学家亨利·乔治所倡导。魁奈认为，只有土地（农业）才生产剩余产品，形成土地所有者的纯收益，故应向土地征税，否则课于他物最终还是由土地纯收益负担。乔治主张的实质上是土地价值税，他认为土地所有者所获得的经济租金完全是一种不劳而获的剩余，对这种剩余不应归土地所有者占有而应交给国家；实行单一土地税制可消除不平等和贫困，是促进经济发展的一种税收政策工具。

单一税制在税收历史的长河中，基本上处于理论的探讨阶段，至今也没有哪个国家真正付诸实践。

（2）复合税制理论。复合税制的内容主要是税系组成及其之间如何组合与协调、各税系内部各个税种之间如何组合与协调、整个税制体系中各基本税制要素相互间及其各自内部间的系统构成、每一税种内部各税制要素相互间及其各自内部间的组合与协调、征收管理层次之间的组合与协调 5 方面。这些内容是紧密联系的，其不同的组合与协调关系就形成各种不同类型和多种多样的税制结构。

各种不同税制结构的差别主要表现为：主体税系、税种和辅助税系、税种的不同；各税系、税种的组合协调关系不同；税系、税种之间及其各内部税制要素的组合协调关系的不同；中央与地方之间税制组合协调关系的不同等。其优点：选用税种较多，征税范围较宽，且可相互配合、相互补充发挥作用，税收具有弹性，税负趋于公平，能保证国家财政收入的需要；但缺点是：税制易致繁杂，税收征管困难，征收费用较大。

世界各国之所以普遍采用复合税制，主要是因为这种税制符合经济运行与发展的要求。就其本身而言，税源广泛、灵活性大、弹性充分；就税收负担而言，既公平合理又普遍；就税收政策而言，具有平均社会财富、稳定国民经济的功能。因此，复合税制是一种较为科学的税收制度，为古今中外各国所普遍重视与运用。新中国成立以来，税收制度虽由繁到简、又由简到繁，但总体上看始终实行的是复合税制。

（三）单一税论的分歧

（1）单一税论的传统分析。一般认为，单一税论从总体上看具有刺激投资、提高效率、调节收入、降低成本等优点。该理论之所以能够产生并盛行的主要原因：一是仅课征一种税，对社会的生产与流通危害小，有利于促进经济发展；二是纳税人应纳税额易明确，少苛扰之弊；三是征收手续简便，有利于减少征收费用。

单一税论的问题是：单一税制从财政上看，无法保证收入的充裕、稳定和可靠，也不能充分发挥税收对社会经济有效的调控作用；从政策上看，征税范围较窄、不普遍而有失公平；从经济上看，就某一课税对象征收重税，或易致偷税和逃税的可能性，或税源易枯竭，妨碍国民经济平衡发展，更无法实现税负公平。

（2）单一税论的现代分析。现代单一税制的理论最早起源于美国。1981年美国胡佛研究所罗伯特·霍尔和阿尔文·拉布什卡，第一次提出单一税制的改革方案，从而引发了对税收公平与效率的热烈讨论。根据霍尔和拉布什卡的单一税理论，单一税制具有单一税率、消费税基、税收中性（储蓄投资一视同仁）和消除特别优惠的特征，其"降低税率、扩大税基、简化征管"的税收思想被诸多的国家所接受。单一税论要求采用较低的税率，有利于刺激经济增长，能减少逃税、避税和税收服从的成本。

1986年牙买加开始实行单一税，但因税率较高及发展中国家的缘故，其影响不大；1994年爱沙尼亚实施22%的单一税（原为26%），经济增长率达到7%；2001年起俄罗斯对工资薪金等所得，实行13%单一税率的个人所得税；2004年起斯洛伐克对公司和个人实行单一所得税制，税率为19%；2007年保加利亚采用10%的单一税，有效地打击影子经济，是让金融寡头和富人纳税的唯一途径。2009年有27个国家和地区对个人所得税实行单一税率，所谓的"单一税俱乐部"每年都在扩大，国际单一税运动发人深思。

实行单一制的国家实践表明：这些国家采取积极的改革措施，来消除特别优惠和偷逃税的漏洞；摒弃了多税率或扩张性的个人所得税制，而代以更少优惠的单一税制；选择低利率的单一税，近十年大多数国家的税率在15%或更低（如蒙特尼格罗为9%），平均的个人所得税率约为17%、企业所得税率约为18%。根据国际货币基金组织的数据显示，每一个实行单一税的国家在最近几年都实现了快速的经济增长，实行单一税的很多国家都吸引了大量的外商直接投资，减少了逃避税，增加了国家财政收入。

（3）我国对单一税的分析。有人提出我国应选择单一税，其理由：我国税制复杂，个税高累进，重复征税严重，名义税负较重，实施单一税具有积极效应。如税基具有无限扩大性，税收的简化和透明利于保护个人财产隐私，避免保留大量发票及票据，激励个人储蓄和投资，纳税自由度增强，税制永久性简化而纳税申报简便易行。财政部科研所所长贾康认为，个税具有筹集财政收入和调节收入分配的功效，实行单一税制等于放弃分配调节功能，而我国更为强调其调节分配职能的重要性，因而单一税制在我国是不可取的。

我们认为，现代国家税制改革的核心和趋势是"多税种、宽税基、低税率"。上述的单一税指的是以单一法定税率征收的直接税，并不是传统意义上的单一税，它仅指所得税特别是个人所得税的税率改革问题，即只就一个税种的改革，且是实施单一或统一税率或税率多少的问题，而非一个国家和地区的整体税制。因此，上述的单一税制不能认为是真正意义上的单一税，即使就个人或企业所得税实施单一税率改革而言，也是不符合纳税能力和公平负担的原则，故而在我国进行单一税改革的理论和实践也是行不通的。

## 二、税收制度优化理论

### （一）税制优化基本含义

税制优化又称"最优税制"，是指税收制度符合福利经济学中的最优原则。其最优原则的基本含义是指私人部门（市场机制）对经济资源的有效配置。福利经济学认为，如果不存在任何市场失灵，市场机制就能使商品的供求达到均衡，消费者对最后一个单位商品所愿意支付的价格（即商品的边际价格）正好等于竞争性生产者生产该商品的成本（即边际成本）。在这种条件下运用价格调整供给和需求，使各种生产要素与经济资源得到充分的利用与有效的配置，从而在生产、交换与总体市场上都实现了均衡。

一国税制如果使经济资源得到有效配置并可弥补市场缺陷，此时税制为最优。我国专家学者从 20 世纪 20 年代开始探讨税制优化问题，初期只考虑效率问题并集中在商品税制和关税制度的研究，目前对税制优化的研究主要集中在所得税制与流转税制等方面。主要包括：一是所得税制与流转税制在税制体系中是所得税制为主，还是流转税制为主；二是对不同货物或所得征税的税率结构与税率形式，是对甲产品或所得征税多，还是对乙产品或所得征税多；三是税收征管制度是否具有效率等。

### （二）西方税制优化理论

自 20 世纪 20 年代以来，西方国家对税制优化理论的研究先后形成了三大流派，主要包括：

（1）拉姆齐等人的税制优化理论。自 20 世纪 20 年代开始，拉姆齐、维克里、米尔利斯和阿特金森等提出了关于最优税制理论的诸多观点。1927 年拉姆齐提出和建立了最优税制理论的简单框架，第一次用一般均衡的分析方法来研究最优税制问题；1945 年维克里认为，向高收入者征收高额累进税就是向人们的额外努力征收高边际税收，削弱人们努力工作的激励机制；1971 年米尔利斯发表了"最优所得税探讨"一文，通过最优所得税阐述最优税制理论，即对有能力的人多征税，但对最高能力的人的边际收入不征税。

拉姆齐等人的最优税制理论，主要包括最优商品税、生产效率的税收条件和最优累进所得税等三大理论体系。该理论采用数学方法，以一系列假设为前提，主要假设包括：一是完全竞争市场假设，即假设市场机制能够有效地配置资源；二是行政管理能力假设，即任何税收工具的使用都不受政府行政管理能力的限制；三是标准福利函数假设，即利用标准福利函数对各种可供选择的税收工具进行择优，并从中得到最优的税收工具。在上述假设前提下，政府付出代价取得收入，其代价集中表现为税收干扰资源配置的经济效率损失，即税收的超额负担。因此，政府应致力于寻找一种最优的税收工具，并在征税到既定数量的前提下产生最低限度的负担。

（2）供给学派的税制优化理论。供给学派认为，拓宽税基和降低税率是提高税收公平与效率的最好办法。高额累进税制将会导致财政收入来自那些可能用于投资的资金，造成经济萎缩，因此不应采用高边际税率，而应降低税率并永久性减税。其目的就是要减少对工作、储蓄和投资的税收歧视，即增加对工作、储蓄和投资的报酬。

供给学派认为，20世纪70年代美国的累进所得税率和资本收益税率等已进入"税率禁区"，从而造成储蓄和投资减少、工作热情削弱和诸多服务的高成本等后果，加剧了广泛的地下经济活动。因此，美国政府采取了大幅度削减边际税率的措施来优化税制，从而促进经济的发展。实践证明，20世纪80年代以来，以美国为代表的世界性减税浪潮，对世界各国经济的发展起到了积极有效的推动作用。

（3）公共选择学派的税制优化理论。公共选择学派是以经济学方法研究非市场决策问题的一个重要学派，其创始人布坎南（James Mc Gill Buchanan，1919~2013），代表作包括《财政理论与政治经济学》（1960）、《同意的计算》（1962）、《自由的限度》（1975）、《民主过程中的公共财政》（1976）、《立契约中的自由》（1978）和《征税的权利》（1980），1986年获得诺贝尔经济学奖。公共选择学派将市场经济分析方法运用于财政领域，试图在政府征税决策同社会和个人的选择之间建立起内在联系。他们认为，最优的税收工具就是参与公共选择的人们，至少能够在理论上获得一致同意的税收工具。

该学派认为，税制优化是指实施税制产生的收入所提供的公共产品，以该税制所分摊给每个纳税人的税收份额，能获得纳税人广泛的一致赞同。要确立一种能够获得广泛赞同的优化税制关键，主要是解决好个人真实偏好强度的显示问题，应建立起一套适当的机制，以促使个人在公共场合能真实地显示其偏好。该机制功能使个人感到，只有真实地显示自己的偏好，才能使其处于最佳境地。研究结果表明，某种特定的税制结构可能具有的功能：在这种特定的税制结构中，个人不论是有意夸张或隐瞒真实的偏好强度都对其不利，而这种特定的税制结构只能存在于优化税制中。

公共选择学派还认为，优化的税制不仅应促使个人真实地显示其对公共支出的偏好水平，还应将政府实际公共支出水平限定在公众所意愿的水平上。公众应选择对政府的公共支出水平限定在公众所意愿的水平上的税制，公众对税制的选择可用公式表示：

$$G/T\ (t,\ y)\ = K$$

上式中的 G 为公共支出的最优水平；T 为既定税制所产生的最大税收，是税率 t 和税基 y 的函数；K 为所需的公共支出水平占税收收入的比重，是一个外生变量。公式表示为公众通过选择税率结构和税基两个基本要素构成的税制，使该税制所产生的最大收入量限定在公众意愿的水平。

## 三、税收制度模式研究

### （一）税制模式的概念

税制模式即税收制度的模式，是指税制结构中以某类税或某种税为主体构成的有机体系和式样。在多种税的相互补充、协调的税制体系中，在国家财政收入中的比重，以及对经济运行过程的调节作用深度和广度来说，总有某一类税或某一种税居主导地位。而这种居主导地位的某类税或税种，则属于税收制度体系中的主体税，从而构成税制模式。

### （二）税制模式的类型

综观世界各国的税制模式，大体上有以下 4 种类型：

（1）流转税类为主体的税制模式。如匈牙利、阿根廷和多数发展中国家的税制模式。流转税一般具有普遍征收、收入刚性等特点。在课税对象上，包括对收入全额征税和对增值额征税，前者为周转税（产品税、销售税或消费税），征收简便易行，但重复课税，不利于专业化协作；后者为增值税，可避免重复征税，但对征管有较高要求。

（2）所得税类为主体的税制模式。如英国和加拿大等发达国家的税制模式。所得税随经济效益的高低或所得的增减而增减，收入弹性较大；一般不能转嫁，税收增减变动对物价影响较小，但对消费、投资和储蓄等作用鲜明；特别是对个人所得征税更能体现纳税能力的原则，可培养纳税人良好的纳税习惯，有利于增强人们的税收法制意识。

（3）流转税和所得税双主体模式。如巴西和中国等的税制模式。双主体税制结构模式是流转税和所得税在整个税制体系中占有相近比重，在财政收入和调节经济方面共同起着主导作用。流转税和所得税并重、优势互补，更能充分发挥税收的职能作用。目前世界各国有着向以流转税和所得税并重为主体税制模式发展的趋势。

（4）个人所得税为主体税制模式。如美国和瑞典等的税制模式。以个人所得税为主体税制一般是在经济较为发达的国家个人收入水平较高、收入差异较大，需运用个人所得税来稳定税收收入，促进个人收入的公平分配。美国联邦个人所得税的比重约为 40%；瑞典税收主要来源于个人所得税和社会保障税，其比重分别约为 30% 和 25%。

### （三）我国的税制模式

新中国成立以来，为适应不同时期社会政治经济条件的发展变化，我国税制经历了多次重大改革，但在税制结构中流转税始终是具有主导地位的优势或特点。其税制模式的发展大体经历了 3 个阶段。

（1）流转税多次征的税制模式。新中国成立初期到党的十一届三中全会以前的这一阶段，我国税制实行以流转税为主体的"多种税、多次征"的税制模式，流转税收入占整个税收收入的 80% 以上。在国营（国有）企业占绝对比重、利润上缴形式为主的计划经济背景下，该种税制模式基本上可满足政府的财政需要，但弱化了税收发挥调节经济的作用。

（2）流转税为主体的税制模式。党的十一届三中全会后至 1994 年税制改革前，我国经济体制改革使国有经济"一枝独秀"的局面逐步有所调整或改变，1983 年首次对国营企业开征所得税。1993 年我国流转税和所得税占税收总额比重分别为 55.2% 和 15.9%，基本形成了一套以流转税为主体、所得税次之和其他税种相互配合的复合税制体系。

（3）弱化流转税的税制模式。从 1994 年税制改革建立以增值税为主，营业税、消费税和企业所得税等配合的税制体系以来，流转税比重逐步降低、所得税比重稳步上升。如 1995 年、2003 年和 2013 年流转税占税收总额的比重分别为 66.4%、56.3% 和 49.1%，而所得税收入的比重分别为 16.7%、21.7% 和 26.2%，这与我国经济发展及经营管理水平是基本适应的。

## 四、税收制度基本设计

### （一）税制设计的原则

研究税制设计就是研究一国税制按什么样的目的、目标和形式进行组合可使税制达到科学、合理与最优。一般而言，税种的多少、税率的高低、覆盖的范围、调控的力度及其合理性和可行性，可体现出一国税制的科学性及其优化程度，通常表现为税种结构、税负结构和征管构成的优化。

（1）优化税种结构的原则。优化税种结构是一国税制中应包括的税种及其关系，以及这些税种各要素构成而形成的税收广度（征税范围）、税收覆盖（纳税人）、税收深度（税率）等的科学性和适宜性。主要层次包括：一是现行税制由多少个税种构成，哪些税种为主体税制模式，是否符合本国税收征管水平；二是各税种构成要素的确定是否优化，即该税种调控的深度和广度是否适宜、确当。

衡量一国税种结构的合理性、公平性和有效性时，主要是看税种分布、调控力度的均衡性。分析一个税种结构的合理性时，主要是看构成该税种的各个要素，如课税对象设计、适用税率高低、纳税人选择、计税依据确定和优惠政策内容等方面，从而保证税收调控力度的均衡性和结构的科学性。

（2）优化税负结构的原则。优化税负结构主要是不同的税种及其总和的深度，即税负总水平的科学性和合理性。但衡量税负水平不能以税种的多少和某税种的税负水平来分析税负的轻重，也不能以某类税种的负担轻重来代表税负总水平的高低。因为某类或某税种的负担，只对讨论税收调控力度的分配和均衡程度即税收覆盖范围的公平性才有意义，因而只有税负总水平才能衡量一国税负的轻重和税收对经济调控作用的大小。

一般而言，衡量一国总体税负的国际指标，是税收总额（T）占 GNP 或 GDP 的比重，即前述税收负担中所阐述的国民生产总值负税率（T/GNP）或国内生产总值负税率（T/GDP），其中后者比前者应用更为广泛。同时由于一个国家的收入名称不一定是以税的名称体现，以国家权力为前提所收取的规费和基金等收入总额占 GDP 的比重也是宏观税负水平，且主要受社会发展、经济结构、人均收入、国际税负和政府职能等因素的影响。

（3）优化征管构成的原则。征管构成是为有效组织与实施税收政策法令而必须具备的征管工作的法律依据、征管模式、征管机构和征管技能的税务队伍。优化征管构成是税种结构和税负结构得以优化、有效运行的保证，它在一定程度上制约着税种结构和税负结构的实现程度，以及税种结构的方向选择和税收预期的实现。

税收征管质量是通过合理的征管法规、完善的征管制度和过硬的征管技能予以体现与保证。主要取决于：一是税收征管法制建设程度，即征管法制的建立和完善对经济发展和客观工作实践的适应性；二是税务人员依法行政的"刚性"，以及征管水平的高低；三是纳税人纳税意识和法制观念的强弱，防范偷逃税等违法损失的程度。因此，优化征管构成就是要研究和采取有效措施，不断提高税收征管工作的质量和水平。

我国税制模式的确定，其基本要求主要包括：符合社会主义市场经济体制的总体要求；有利于发挥财政、经济、社会效益；合理配置税种，相互协调与制约；适合中国国情，建立一套具有中国特色的税制模式。

**（二）税制结构的选择**

无论是从理论上还是实践中，复合税制都是税制结构唯一的选择。因为单一税制是弊大于利，且其弊端在很大程度上能被复合税制所克服，因而各国税制古往今来都是复合税制，我们所言的税收制度也是指复合税制。

当然，复合税制下的各税种都是在一定政治和社会经济条件下产生、发展和完善起来的。不论是政治因素、经济状况，还是财政经济理论的影响，归根到底是由经济发展水平决定的。在不同的生产力水平和经济发展阶段，复合税制的主体税种是不同的。

**（三）税制模式的选择**

有关我国税制模式的选择问题，学术界有着不同的认识。包括对单主体税制模式和双主体税制模式的分歧，其中前者还存在着不同税种的观点。主要包括以下 5 个方面：

（1）流转税的主体税制模式。随着我国社会主义市场经济的体制建立与发展，国家实施间接计划管理的经济政策主要是依靠经济杠杆来发挥作用，而税收是一个重要的经济杠杆，尤其流转税税源广泛、收入具有"刚性"，能够保证国家财政收入的稳定增长，这是其他税类所不具有的。因此，以流转税为主体的税制模式是世界上部分发达国家和大多数发展中国家的主要做法，同时也与我国客观实践的税制模式相吻合。

（2）所得税的主体税制模式。从理论上与实践上，所得税具有经济"内在稳定器"的效应，且收入富有"弹性"，这是流转税所不具备的。特别是随着我国经济的快速发展和经济效益的提高，人均国民收入和个人收入的逐步增加，以及涉外企业和个人的增多，使得所得税收入占税收总额的比重稳步增长，如从 1995 年的 16.7% 增长为 2013 年的 26.2%，平均每年上升 0.53 个百分点，为确立所得税主体税制模式奠定了可靠的基础。

（3）双主体并重的税制模式。从理论与实践上看，流转税和所得税在税收筹集资金和调控经济方面有着不同之处：流转税税源广泛，收入具有"刚性"；所得税具有经济"内在稳定器"的作用，且收入富有"弹性"。流转税和所得税优势互为弥补，可充分、更好地发挥税收的职能作用。流转税与所得税并重为主体的税制模式符合中国国情，这已为我国的理论研究和客观实践所证实，且可为我国税制改革与完善税制体系提供依据。

（4）增值税的主体税制模式。增值税是对增值额进行的课征，有效解决了重复课税的问题，是"中性税收"和最具有发展前途的税种。从税收实践上看，我国 1994 年税制改革在税种的设计上突出增值税的地位和作用。1995年增值税收入实现 2602 亿元，占税收总额（6038 亿元）的 43.1%，足见该税在我国税制中的重要性；同时随着我国增值税的扩围改革及营业税全部改征增值税的实现，其增值税为主体税制模式是必然的。

（5）资源税的主体税制模式。市场经济条件下的竞争是公平竞争，且应是在同一起跑线上的竞争。资源税主要是对自然资源因地理环境条件、蕴藏量、品位质量，以及开发技术设备和交通运输等优劣差异在客观上形成的"级差收入"进行征税，最能体现税收的公平性，也是最具有发展潜力的税种。我国资源丰富，但目前征税范围有限、税负较轻，因而可确立广义上的资源税，适宜提高税率，进一步提升资源税的财政与调控功效。

**（四）税制要素的设计**

复合税制是由多种税所组成的，而每一种税是对不同的课税对象或不同的纳税人的课征，为保持复合税制应有的优势，就要慎重选择税种、税源和税率等税制要素。

（1）税种的设计。一个国家设计多少种税为宜，应根据国情而定。纵观世界各国税种设计主要有两种类型：一是中央政府统一设计全国税种，为大多数国家所采用；二是按国家与地方分别设计，如美国按联邦、州、地方三级政府设计税种。据不完全统计，美国全国性的税种约有 80 多种、日本 50多种和匈牙利有 60 多种等，而我国现行有 19 种。

我们认为，税种设计要着重考虑：一是各国总体数量与结构必须与国情相适宜，既要兼顾国家财政的需要与纳税人的可能，又要有利于促进社会经济的发展；二是各税种的构建要符合税收原则的要求，即财政、经济、公平和管理原则；三是考虑每种税之间的关系，有主有次、相互补充，并使其各有自己的税源保证。

（2）税源的选择。税源的选择不能侵及税本，应保护本国产业和生产力的发展，否则就会伤害国民经济，以致税源枯竭；不能课征发展初期的产业和创造发明的专利权，因为创造发明和技术改良是振兴产业、繁荣经济的重要条件；保护民族工业与贸易的发展，对进口货物区别对待课以重税，对出口货物予以免税或退税，以增强本国经济实力。

税源通常可分为收入、所得、收益和财产4种。一般认为，适宜作为税源的是所得和收益，尤其所得则是最为适宜、合理的税源。因为以所得作为税源，在既不侵蚀资本又不过大影响国民消费的情况下，就会有源源不断的所得；且对所得征税富有弹性，更能体现纳税能力的原则，具有税收"自动稳定器"的效应。

（3）税基的选择。税基是课税基础的简称，是税收课征的客观依据，包括税基的质和量两个方面：前者即课税的具体对象，不同税种有着不同的税基；后者即课税对象中作为计税的基数，可宽可窄、可多可少。选择税基的一般原则：一是体现国家财政需要和经济调控目标；二是与税源分布相适应，选择税源较广泛、充裕的课税对象为主。

税基的选择视不同税种而定。一般来说，流转税实行从价计征或从量计征，如我国增值税实行从价计征，消费税实行从价、从量或复合计征；所得税按所得从价计征；财产税实行从价或从量计征等。此外，从价计征还有价内税或价外税的选择问题，如世界各国对增值税均采用价外计税方式，税金和价格分离、清晰；而其他税种多为价内税。

（4）税率的设计。税率高低直接体现税负的轻重，是税制要素设计的关键和核心，也是较为复杂的技术工作。税率不当或不合理，则会影响纳税人的投资、储蓄和消费，影响社会经济的稳定与发展。因此，设计税率时应着重注意：一是课税货物的供给与需求弹性；二是纳税人的负担能力；三是提高经济资源的配置效率等。

从理论与实践上看，税率可视不同税种而定。一般而言，比例税率适用于对货物和劳务的课税等，按流转额计税简单、便于税收征管；累进税率适用于对所得、遗产赠与的课税等，收入弹性大、体现税负的纵向公平；定额税率适用于以计量单位明确、规格统一、价格稳定的实物为征税对象的税种，如对资源、土地、车船的课税等，计税简便易行。

（5）纳税人的设计。国家无论课征何税，都必须明确规定其纳税人。纳税人一般是指税法上规定的直接负有纳税义务的单位和个人。作为纳税人的单位是指机关、团体、事业单位、企业等非自然人的实体组织或其卜属部门，但其必须是法人；而个人必须是自然人，自然人是能以自己的名义独立享有财产权利、承担义务并能依法起诉与应诉的个人。

不同的税种要规定不同的纳税人，它与课税对象等要素密切相关。如个人所得税法规定以工资薪金所得为征税对象，其纳税人就是有工资薪金所得的个人。根据税收公平和纳税能力原则，纳税人的设计应具有普遍性，不应区分企业经济类型及国内外的单位和个人；同时还应考虑纳税人与负税人的一致性及特殊情形下的非一致性。

（6）税收优惠的设计。税收优惠主要包括减免税、优惠税率、再投资退税等直接优惠和加速折旧、扣除、抵免、亏损弥补等间接优惠。其对象包括农林牧渔水等行业，能源和交通等基础产业，科教文卫体和社会福利等事业，第三产业、环境保护、货物出口和吸引外资与技术，以及高新技术开发区、民族地区、贫困地区、保税区和经济特区等因素。

税收优惠的设计与纳税人、税基的设计，应综合考虑、相互配合。在税制设计普遍的纳税人与广泛的税基中，总有一些或个别的有某种特殊情形或纳税困难，因而可酌情给予其税收优惠政策。总体的税收优惠原则包括：一是宽税基、少优惠；二是以行业、项目优惠为主，地区或特殊区域为辅；三是优惠方式的多样性和时间的有限性。

此外，除上述 6 种税制要素设计以外，还应当包括税目、征税范围、计税价格、计税单位、计税标准、计税依据、纳税环节、纳税期限、纳税方法和纳税地点等要素的设计。由于这类税制要素因税种差异而有所不同或有或无，故此这里不再作进一步的探讨。

# 第二节　税制改革主要取向

## 一、现行税收制度体系

### （一）税收实体法体系的构成

经过 1994 年税制的全面改革及近年来的调整、改革与完善，我国现行的税收实体法体系，按其征税对象的性质大体可分为 5 类 19 个税种：

（1）流转税制类。包括增值税、消费税、营业税、烟叶税、关税和船舶吨税 6 个税种。主要是在生产、流通、服务业和进出口贸易等方面发挥税收调节作用。

（2）所得税制类。包括企业所得税和个人所得税 2 个税种。主要是在国民收入形成以后，对生产经营者的利润和个人的纯收入发挥税收调节作用。

（3）资源税制类。包括资源税、土地增值税、城镇土地使用税和耕地占用税 4 个税种。主要是对因开发和利用自然资源差异而形成的级差收入发挥税收调节作用。

（4）财产税制类。包括房产税、车船税和契税 3 个税种。主要是对某些特定财产发挥税收调节作用。

（5）行为目的税制类。包括印花税、车辆购置税、城市维护建设税和投资方向调节税（已停征）4 个税种，以及具有税收性质的教育费附加和社会保险费等。主要是为达到特定的目的，对特定对象和特定行为发挥税收调节作用。

在上述税种中，关税由海关负责征收管理，并按《中华人民共和国海关法》和《中华人民共和国进出口关税条例》等有关规定执行；除关税外，其余各税（费）由税务机关负责征收管理，并按《中华人民共和国税收征收管理法》等有关规定执行。

**（二）税收程序法体系的构成**

（1）核心的税收程序法。如 2001 年 4 月第九届全国人大常委会第 21 次会议通过修订的《中华人民共和国税收征收管理法》，以及 2002 年 10 月国务院发布的《中华人民共和国税收征收管理法实施细则》和 2003 年 4 月国家税务总局制定的《关于贯彻〈中华人民共和国税收征收管理法〉及其实施细则若干具体问题的通知》等。

（2）辅助的税收程序法。主要包括：国务院制定的税收程序法，如 2010 年 12 月国务院修改的《中华人民共和国发票管理办法》；财政部、国家税务总局制定的税收程序法，如国家税务总局 1994 年 10 月制定的《税务代理试行办法》、2005 年 3 月制定的《纳税评估管理办法》、2006 年 10 月修订的《增值税专用发票使用规定》、2010 年 3 月修订的《税务行政复议规则》和 2011 年 1 月制定的《中华人民共和国发票管理办法实施细则》等。

（3）参照的税收程序法。相关法律制度规定和税务执法工作中，应当参照执行的税收程序法，主要包括：1989 年 4 月通过的《中华人民共和国行政诉讼法》（第七届全国人民代表大会第 2 次会议修正）、《中华人民共和国行政处罚法》（2009 年 8 月第十一届全国人民代表大会常务委员会第 10 次会议修正）和《中华人民共和国国家赔偿法》（2012 年 10 月第十一届全国人民代表大会常务委员会第 29 次会议修正）等。

## 二、税收制度改革要求

**（一）税制改革的基本状况**

（1）税制改革的条件。党的十八届三中全会报告明确提出了"财政是国家治理的基础和重要支柱，科学的财税体制是优化资源配置、维护市场统一、促进社会公平、实现国家长治久安的制度保障。必须改革税制、稳定税负……"。

税制改革的基本条件主要包括：一是政治条件，即政治的稳定性，改革者的态度与魄力；二是经济条件，即经济的稳定性，宏观经济稳定与经济可持续发展，企业经济效益和个人收入水平的提高；三是其他条件，即税制的可行性，相关政策措施的配合等。

（2）税制改革的背景。主要是在我国 1994 年税制改革的基础上进行调整、完善与改革。即税制整体格局合理，对存在问题予以修改，如流转税的征税范围及税负、企业所得税的优惠、地方税体系构建和费改税的相关问题等。

税制改革的理论与实践问题需要进一步研究与探索。主要包括：税制改革的税基——所得为主或消费为主；税负——高税率多优惠为主或低税率宽税基为主；税率——统一税率或差别税率；原则——公平、效率为主或公平与效率结合问题等。

**（二）税制改革的目标要求**

（1）税制改革的基本要求。作为新一轮改革重要组成部分的税制改革应按照党的十八大及其三中全会要求，结合我国"十二五"规划和经济社会发展实际，以及国际形势变化，正确处理好 4 个方面的关系：一是税制改革需要与经济体制改革形成紧密互动关系；二是税制改革需要与加快转变经济发展方式紧密结合；三是税制改革需要与优化分配格局、调整分配关系内洽配套；四是税制改革需要对走"创新型国家之路、发挥科技第一生产力作用"加以支持与呼应。

（2）税制改革的基本目标。财政部部长楼继伟（2014 年 7 月）提出：中国将在 2016 年基本完成深化财税体制改革的重点工作和任务，2020 年各项改革基本到位，现代财政制度基本建立。税制改革的基本目标是建立"有利于科学发展、社会公平、市场统一的税收制度体系"，其改革的重点是 6 大税种，包括增值税、消费税、资源税、环境保护税、房地产税和个人所得税。其内容主要包括：

第一，增值税的改革。其改革目标是按照税收中性原则，建立规范的消费型增值税制度。营改增范围将逐步扩大到生活服务业、建筑业、房地产业、金融业等各个领域，"十二五"全面完成营改增改革目标，相应废止营业税制度，适时完成增值税的立法工作。

第二，消费税的改革。完善消费税制度主要包括调整征收范围，优化税率结构，改进征收环节，增强消费税的调节功能。

第三，资源税的改革。加快煤炭资源税改革，推进资源税从价计征的改革步伐，逐步将资源税范围扩展到水流、森林、草原、滩涂等自然生态空间。

第四，开征环境保护税。按照"重在调控、清费立税、循序渐进、合理负担、便利征管"的原则，建立环境保护税制度，将现行排污收费改为环境保护税，进一步发挥税收对生态环境保护的促进作用。

第五，房地产税的改革。加快房地产税立法并适时推进改革，由人大常委会牵头，加强调研，立法先行，扎实推进。

第六，个人所得税的改革。探索逐步建立综合与分类相结合的个人所得税制，加强个人所得税的征收管理等。

## 三、税制改革基本构想

### (一) 税制改革的基本原则

我国税制改革应按照党的十八届三中全会提出的税收政策的目标要求，其遵循的基本原则包括：强化税收调控，稳定宏观税负；完善税收体系，调整税制结构；提高征管效率，优化征管环境。

第一，强化税收调控，稳定宏观税负。税收参与国民收入分配包括初次分配、再分配和第三次分配。西方国家的税收调控主要集中在再分配，通过个人所得税、社会保障税和财产税等税种进行。在我国市场机制不完善、初次分配不够合理的前提下，税收需要在初次分配和再分配环节发挥调控作用。但其调控能否取得预期效果，这与公平的税收负担、完备的税收体系、科学的税种设置、合理的税制结构、有效的征管水平、优良的税收环境等密切相关，因而应以强化税收调控为首要原则，以提高税收调控收入分配的效果。

税收直接关系国家集中社会财富的程度，体现国家与纳税人之间的收入分配格局，中央与地方、地方各级政府之间的财政分配格局，以及社会稳定与协调发展问题。我国 1998 年以来税收快速增长，2011～2013 年平均 GDP 税负率为 19.25%，已达到发展中国家平均水平的上限，因而宏观税负应稳定在 20% 左右。税收调控收入分配结构，既要提高居民收入和劳动报酬，关注民生、扩大消费；又要注重减轻中等收入者的税负，保障财产性收入的增加，扩大中产收入阶层，中长期还要形成城乡、区域之间公平、合理的税负水平。

第二，完善税收体系，调整税制结构。税收体系主要是由流转税、所得税和财产税构成，对收入分配的调控有着不同的方式和功效。市场是经济分配的主体，主要按生产要素的贡献进行分配，流转税主要是借助税收中性原则，在获得市场经济效率目标前提下，强调国民收入分配的起点公平，以期获得经济公平；而所得税、财产税分别对收入的流量和存量进行征收，对收入再分配起到调控作用，强调结果公平，以达到社会公平的目标。因此，完善税收体系应按照多税种、多环节、科学、系统的税收调控收入分配的思路进行。

税制结构的合理与否对宏观经济运行和国民收入分配有着一定的影响，其中主体税种对收入分配的影响权重最大。目前我国主体税种仍为流转税，其流转税与所得税并重的双主体税模式尚未形成，这在一定程度上限制了税收调控国民收入再分配的效力。因此，继续调整税制结构十分必要，目标应是向对个人征收的所得税、房产税为基础过渡，逐步达到流转税和所得税并重的混合税制结构；同时完善流转税的税制结构，加大所得税的改革力度，尽快矫正与现实不符的税制结构体系，修正税收制度漏损。

第三，提高征管效率，优化征管环境。税收体系科学确立、税制结构恰当选择和税制要素合理设计，这是税收调控国民收入分配的基础性条件。目前我国税权归属不合理，有碍于地方灵活处理税收问题；而计划式、任务式的征税办法，往往导致各地税收计划分配与税源的脱节，或是"放水养鱼"或是"竭泽而渔"；税收征管信息化水平较低、税收征管重点选择出现偏差等，加剧税收分配的不公平性。因此，必须改进与完善税收征管制度，提高税收征管效率，实现税制的理论税负与实际税负的一致性。

充分发挥税收调控的作用离不开优良的税收环境，税制改革需要与税收征管条件、税收环境和配套设施建设的有机结合。我国目前税收法治化、税收立法技术、政府收支行为规范化、个人收入货币化、经济活动现金交易范围和数量，以及信息的通畅程度等方面，都与税收对国民收入分配的调控作用效果密切相关。因此，无论是改革与完善资源税、房产税、环境保护税和社会保障税等税种，还是发挥税收对国民收入的调控作用，都需要贯彻优化征管环境原则，注重整体推进与配套改革，以及需要相关涉税部门的配合与支持。

## （二）继续优化结构性减税

结构性减税是指在"有增有减，结构性调整"下侧重于减税的一种税制改革方案，旨在根据经济发展形势的需要，通过一系列"减法"措施，对税制结构做进一步优化，从而使税收更好地发挥其宏观调控作用。其基本内涵包括：一是强调减税、降低税负水平，但有别于税负水平维持不变的有增有减的结构性调整，着眼于降低纳税人的实际税负；二是强调结构性，即不是全面的减税，而是有选择、带有强烈优化税制结构意图的减税安排，既有一定环境、条件下的结构性减税，也有一定环境、条件下的结构性增税。

（1）加快增值税改革进程。党的十八届三中全会明确提出了"推进增值税改革，适当简化税率"的目标要求。增值税改革主要包括加快增值税的扩围改革、调整税率和整顿优惠等内容的改革。

第一，扩大征收范围。增值税扩围改革的目标是将其扩大到营业税的征收范围。我国政府和学术界普遍认为，增值税扩围是结构性减税的重头戏和具有减税效应的改革。2012 年 1 月起上海市对交通运输业和部分现代服务业试点营业税改征增值税，由此拉开了增值税扩围改革的大幕，目前已扩展至全国范围的交通运输业、邮政业、电信业和部分现代服务业。这项改革更有利于推动现代服务业发展、促进产业优化升级，因而应加快增值税扩围试点的进程，及时总结试点经验、稳步扩大试点范围、消除政策洼地效应。

第二，调整适用税率。在 2013 年 170 个开征增值税的国家和地区中，有 91 个国家和地区（大多为发展中国家）增值税的基本税率低于 17%，占 53.5%。在中国周边的 18 个国家和地区中，有 16 个国家和地区增值税的基本税率未超过 15%，占 88.9%。我国增值税 17% 的基本税率显然偏高，可逐步降低到一般发展中国家的水平。为改善民生，也可先行降低普通食品、服装和药品等生活必需品的税率。此外，应当尽量减少增值税税率的档次，以利公平税负和方便管理，同时增值税小规模纳税人的征收率也要作适当的调整。

第三，整顿税收优惠。及时清理增值税过时的和其他不适当的税收优惠政策，如销售自己使用过的物品，部分资源综合利用销售的货物等，因为它们不仅不符合增值税的原理和准则，而且不利于加强税收征收管理。为适当照顾收入微薄的个体经营者，促进社会就业和平衡税负，可将增值税的起征点改为免征额，并根据经济发展情况和工资、物价等因素适时适当提高。此外，还应对出口货物退（免）税的标准、退税率、退税额的计算和退税数额的审批与使用等问题，应予以适当调整、科学规范与管理。

（2）完善企业所得税制。综观世界各国税制改革，企业所得税的减税仍为主线。许多国家面临增税弥补财政赤字或减税刺激经济两难抉择，但许多国家咬紧牙关继续实施减税政策，个别国家甚至大幅度减税。如日本自 2010 年 4 月起将公司所得税的税率从 30% 降到 25.5%。根据对 220 个国家和地区公司所得税税率变化的检索来看，其平均综合税率（包括地方所得税税率）

从 2006 年的 26.9% 降至 2008 年的 25.6%，2010 年降至 24.6%，4 年下降了约 2.2 个百分点，平均每年降低 0.55 个百分点。

我国现行企业所得税基本税率为 25%，小型微利企业和非居民企业为 20%，国家重点扶持的高新技术企业为 15%，这样的税率显然不利于吸引外资与技术。2014 年 4 月国务院出台扩大小微企业所得税优惠后，减半征收企业所得税范围的标准由 6 万元提高到 10 万元，应纳税小微企业享受优惠政策面，将由原来的 26% 提高到 85% 以上。扩大小微企业税收优惠，可以营造更为公平的经营环境，提升小微企业发展信心，数量众多的小微企业可以创造更多的就业机会，为实现社会就业增长，稳定经济增长助力。

（3）完善个人所得税制。其主要政策措施包括扩大征税范围、改变征税模式、调整税基和税率、清理税收优惠等内容。

第一，扩大征税范围。可参照目前多数国家的做法，将居民纳税人认定标准的期限由在中国境内没有住所而在中国境内居住满 1 年改为 183 天，扩大居民纳税人的适用范围，更好地维护中国的税收权益；根据经济发展的情况和税收征管能力，逐步将某些应当征税尚未征税的个人所得，纳入个人所得税的征税范围。

第二，改变征税模式。参照国际惯例，将按照不同所得分项征收改为综合征收与分项征收相结合、以综合征收为主的模式，以平衡税负、保障低收入者的基本生活和加大对高收入者的调节力度。在该体制调整前可先采取一些过渡性的措施，如将按月对工资薪金征税改为按年征收、按月预征、年终汇算，将某些征税项目合并按年征收等。

第三，合理确定税基。合理确定纳税人及其赡养人口生活的基本费用，以及保险、住房、医疗和教育（培训）等专门费用，儿童、老人、残疾人和艰苦地区、危险职业（岗位）人员特殊费用等扣除标准，并适时根据工资、物价和汇率等因素调整。但在现行分项征收模式下，费用扣除的细化困难，可提高基本生活费的扣除标准（如 5000 元左右）。

第四，适当调整税率。在 2013 年：179 个开征个人所得税的国家和地区中有 147 个国家和地区的最高税率不超过 40% 的，占 82.1%；中国周边的 26 个国家和地区的最高税率，均不超过 40%。相比之下，我国现行个人所得税 45% 的最高税率明显偏高，且实行 7 级税率级次偏多，因而对综合所得可考虑采用 1%、5%、10%、20%、30% 和 40% 的 6 级超额累进税率。

**（三）合理实施结构性增税**

（1）加快消费税改革。消费税的改革措施主要包括调整征税范围、适用税率和开征地方消费税等。

第一，调整征税范围。主要包括两类：一是扩大范围，包括奢侈品和高档消费品（如私人飞机和高档的家具、电器、时装及高端保健品等），节约资源及环保需要的消费晶（如燃料、一次性包装物及塑料制品、含氯汞电池等消费品），以及原来征收营业税的某些奢侈性消费、高档消费的行业和项目；二是取消范围，如酒精、汽车轮胎和护肤护发品中雪花膏、头油、发乳等某些消费品应适时取消征收消费税。

第二，调整适用税率。世界各国消费税率有逐步提高的趋势，如匈牙利从 2010 年起消费税税率平均提高 10%，2011～2013 年日本提高了飞机燃料税的税率，2011～2015 年德国分步提高烟草消费税负担等。为加大消费税调节力度，我国可适当提高某些奢侈品、高档消费品和资源、环境保护的消费品（如化妆品、烟、酒、首饰、鞭炮、焰火、成品油等）的适用税率。对汽油和柴油等价格不断上涨的消费品，可以改从价定额征税为从价定率征税。

第三，开征地方消费税。考虑我国各地区之间收人水平和消费水平差异很大，因而可探索地方消费税的改革试点。如可以允许地方政府选择某些应税消费品（如烟、酒等）的零售环节和某些服务行业（如餐饮业、娱乐业等），按照其销售收入或营业额征收一定比例（如 5%～10%）的地方消费税；或按照纳税人实际缴纳的消费税和 1%～3% 税率征收地方消费税。该种地方消费税是一种附加税，可作为地方政府的财政收入。

（2）推进资源税改革。资源税的设计原理是对开采自然资源所形成的级差收入的调节课征，主要包括产出型、利润型和财产型资源税，这对保证增加财政收入、保护自然资源开发与利用等都有着积极的重要作用。2010 年 6 月我国新疆维吾尔自治区率先进行资源税费改革，为在全国实施资源税改革启动了第一步。其改革方向：应充分发挥资源税与初级产品价格联动的杠杆调节功能，促进企业节能降耗和社会公众低碳生活。

在资源税改革的推进上，应采取征收产品和地域范围逐步扩大的路径，前者依次为石油和天然气、煤炭、金属矿原矿、非金属矿原矿、水资源；后者的扩大可先在某个产品资源富集和管理有一定基础的省级区域试点，而后扩大至若干资源富集地区，最后推广至全国。此外，现行资源税税率与英国的 12.5%、美国的 14.6%（平均）和俄罗斯的 16.5% 水平还有较大的差距，因而可适当提高其税率标准并进行动态优化。

（3）推进房产税改革。房产税作为房地产调控的重要税收手段，对完善税收制度、抑制房价上涨、强化房产管理和保障财政收入等方面都具有积极的现实意义。房产税改革主要有两种设想：一是在现行房产税制的框架下，结合重庆市和上海市对个人住房征收房产税试点情况予以完善，如修订其征税范围、计税依据、适用税率和优惠政策等，重新出台房产税暂行条例；二是参照世界各国研究物业税制。这里只分析第一种情况。

房产税的征税范围可逐步扩大到个人住宅和农村地区，按照房产评估值征收，可规定一定的免征额（价值或面积，或价值和面积双重标准）和减免税标准，适当照顾低收入阶层。其适用税率按照不同地区、不同类型的房产分别设计，如中小城市房产及普通住宅的税率可适当从低，大城市房产、高档住宅和生产经营用房地产的税率可适当从高，豪华住宅等还可适当加成征税，使房产税逐步发展为市（县）财政的主要支柱。

此外，下放房产税管理权限，予以地方较大的自主权，包括征税对象、纳税人、计税依据、税率、减免税等要素的适当调整。房地产税改革涉及大量纳税人的切身利益，且房地产登记、房地产价值评估和新房地产税征管制度的构建也需要一个过程。全面征收房产税还有信息、法律、征管等障碍，应当统筹考虑，慎重决策，逐步推进。可选择一部分大城市、中等城市和小城市同时试点，待取得经验以后在全国范围内实施。

### （四）逐步健全地方税体系

（1）开征社会保障税。社会保障税虽有不同的称谓，但总体上它是世界各国普遍开征的一种税，且收入呈现稳步上升的势头。如 OECD 国家 1965～2009 年社会保障税在税收总额中的比重从 18% 提高到 27%，在斯洛伐克、德国、法国、日本等 9 个成员国中成为政府收入最大的税收来源。此外，社会保障税在 OECD 各成员国税制结构中的比重差距极大，如 2009 年斯洛伐克和捷克为 44%，丹麦仅为 2%，而澳大利亚和新西兰则没有社会保障税。

近十年来，我国对是否征收社会保障税，已成为政府官员、专家学者和公众讨论的热门话题。但在学界分歧很大，如以贾康、张胜民、胡鞍钢为代表的专家支持社会保障费改税，认为社会保障费改税是我国经济社会转轨过程中必然的、合理的选择，并主张尽快开征社会保障税；而厉以宁、郑功成、郑秉文等专家学者则反对费改税。2010 年 4 月财政部部长谢旭人在《求是》中提出研究开征社会保障税的问题。我们赞成费改税的观点。

我国自 1986 年开始推行国营（国有）企业职工退休费用社会统筹，逐步形成包括社会保险、社会救济、社会福利、优抚安置和其他保障的社会保障制度体系，以社会保险（养老保险、医疗保险、失业保险、生育保险和工伤保险）为核心，2010 年后逐步改由税务部门进行征收管理。我们认为，费改税是解决现实矛盾、建立社会保障新机制的必然要求，能有效提高社会保障的社会化程度，实现公平性目标，降低筹资成本，减轻企业和政府负担。

构建社会保障税的基本思路：以现行社会保险缴费制度为基础，其基本要素包括：一是纳税人：城镇各类企业、机关、事业单位及其干部职工，以及自由职业者等；二是征税对象：企业、单位按职工工资总额，职工按工资薪金收入，个体和私营企业主按缴纳个人所得税的所得额；三是税目税率：设立基本养老、医疗、失业、生育和工伤保险 5 个税目，分项制定比例税率，合理划分个人账户的比例，综合税率限定在工资总额的 30% 以内。

（2）开征环境保护税。环境保护税最早由英国经济学家庇古（Arthur Cecil Pigou）最先提出，其观点已为西方发达国家所普遍接受与实施。欧美各国的环保政策是逐渐减少直接干预手段，越来越多地采用生态税、绿色环保税等多种特定的税种来维护生态环境，针对污水、废气、噪声和废弃物等突出的"显性污染"进行强制征税。目前世界各国的环境保护税主要包括碳税、硫税、水污染税、噪声税、固体废物税 5 种。

我国现行税制中一些税种涉及环境保护的内容，如消费税、资源税和车船税等税种，但长期以来缺少针对污染、破坏环境的行为或产品课征的专门性税种。因此，可借鉴开征环境税的国际惯例并逐步构建适合我国国情、符合环境保护及可持续发展要求的税收体系。我国目前环境保护税立法工作依法正式启动，2014 年 4 月国务院法制办已完成环境保护税法草案送审稿的修改，国务院审议通过后由其按法定程序向全国人大或常委会提请审议。

（3）开征遗产赠与税。遗产赠与税的最基本功能是调节居民收入和财产状况，实现社会公平的目标，具有调节社会分配、增加财政收入、限制私人资本、抑制社会浪费、平衡纳税人心理的效应。最早起源于古罗马，近代遗产税始于 1598 年的荷兰，1694 年、1703 年和 1916 年英国、法国、美国分别开征遗产税，目前世界上有 100 多个国家开征了遗产赠与税，其税制模式包括总遗产税制、分遗产税制和总分遗产税制 3 种。

我国应及早开征遗产赠与税，已被诸多的专家学者作了较为系统研究，即在确定一个科学、合理免征额的基础上，实行超额累进、多档税率征收。其核心问题是免征额的问题，结合美国 500 万美元、英国 40 万英镑和德国 40 万欧元的做法，以及我国居民实际收入状况，我国可考虑 300 万 ~ 500 元万人民币的免征额。目前我国应加快研究立法与实施进程，以利于调节居民收入及财产水平，开辟新财源增加财政收入。

（4）合并与调整税种。尽快将我国现行税制中性质相近、征收交叉的税种进行合并与调整，简化税制，以适应结构性税制改革的相关要求。主要包括：一是将营业税改征增值税，彻底解决营业税重复征税等问题；二是恢复征收固定资产投资方向调节税；三是其他税种的合并与调整，包括：将城镇土地使用税、耕地占用税合并为土地使用税，烟叶税并入增值税，船舶吨税并入关税，车辆购置税并入消费税，契税并入房产税。

按上述设想全国统一开征的税种16个：一是流转税类：包括增值税、消费税（含地方消费税）和关税3种；二是所得税类：包括企业所得税、个人所得税、社会保障税3种；三是资源税类：包括资源税、土地增值税、土地使用税3种；四是财产税类：包括房产税、车船税和遗产赠与税3种；五是行为目的税类：包括印花税、环境保护税、城市维护建设税和固定资产投资方向调节税4种，以及具有税收性质的教育费附加和社会保险费等。

（5）改进财税管理体制。目前我国地方税体系建设滞后，地方政府财政大多是税源分散、征管难度大、征收成本高和收入不稳定的小税种，加之税权过于集于中央，不利于地方有效组织财政收入和调控区域经济发展。因此，建议将地方税的立法权划分为两个层次，即全国统一征收的地方税种由中央立法，经中央政府批准允许省级政府通过立法程序对具有区域性特征的税源开征新税种的权力，如烟叶税等特产税、地方消费税等。

此外，按照上述构建的3个新税种，建议其税收征管权限及收入归属等问题作如下处理为：一是社会保障税、遗产赠与税、环境保护税，由地方税务局进行征收管理；二是社会保障税作为共享税在中央与地方之间按60%：40%分成，遗产赠与税和环境保护税作为地方固定收入（见表1-18）；三是下放部分税收管理权限，赋予省、自治区和直辖市在保证统一国家税收政策政令进行区域税收调整权（如房产税等地方税的税目税率调整等）。

表1-18　中央与地方财政收入范围的划分

| 收入划分 | 具体范围 |
| --- | --- |
| 1. 中央固定收入 | 关税、消费税、由海关代征的消费税和增值税，中央企业所得税、地方银行和外资银行及银行金融企业所得税，以及各银行总行、各保险总公司等集中缴纳的收入（包括增值税、所得税、利润和城市维护建设税）和中央企业上缴的利润等。 |

| 收入划分 | 具体范围 |
|---|---|
| 2. 地方固定收入 | 地方企业所得税（不含上述地方银行和外资银行及非银行金融企业所得税）、地方企业上缴的利润、城市维护建设税（不含铁路部门、银行总行、保险总公司集中缴纳的部分）、房产税、车船税、遗产赠予税、环境保护税、土地使用税、土地增值税、印花税、固定资产投资方向调节税（停征），以及国有土地有偿使用收入（新批转为非农建设用地的部分收入上缴中央财政）等。 |
| 3. 中央与地方共享收入 | 增值税中央与地方按 75%：25% 分成，营业税改征增值税收入归地方；企业所得税（纳入共享范围）、个人所得税和社会保障税，中央与地方按 60%：40% 分成；资源税除海洋石油资源税作为中央税外，其余大部分资源税作为地方税；证券交易税中央与地方按 97%：3% 分成。 |

# 第三节 税制改革专题分析

税制改革专题分析主要是以增值税、个人所得税和物业税相关问题进行的分析，其内容是作者曾发表的论文，只是个别的数据及观点等作了适当的修改与增删；其基本格式仍沿用了原论文的式样，但表、图中的序号等按照本书序号进行了重新排列。

## 一、增值税扩围改革

### 增值税扩围后的分享比例及弥补地方财力的对策

增值税扩围是我国"十二五"时期财税体制改革的重点内容之一，但将地方主体税种的营业税改为增值税则会影响地方的财政利益。通过增值税扩围前后两税收入测算得出，单纯提高地方的增值税分享比例，无法保证每个省级行政区恢复到扩围前的财力水平。在实践中可通过完善财政转移支付制度、构建新型地方税收体系和强化税务信息管理建设等措施，减少增值税扩围对地方财政利益冲击，保证地方既得财力，顺利推行增值税扩围改革的进程。

一、增值税扩围的效应及其利益分配

(一) 增值税扩围的积极效应

我国 1979 年开始试行增值税，1984 年、1993 年和 1994 年进行三次重要的改革，确定了增值税与营业税并立、消费税为补充的税制体系。该税制体系可抵扣制造业外购产品的进项税额，促进生产的专业化分工，鼓励产品出口退税，极大地支持了制造业的发展，并奠定了其在国际上的制造大国的地位。然而却有碍经济结构的调整及产业结构的升级，虽然 2009 年 1 月在全国范围内实行消费型增值税，已取代原生产型增值税，但在固定资产中占较大比重的厂房等不动产并不在抵扣范围内，企业外购的专利权、非专利等无形资产未纳入扣除之列，增值税转型不彻底，也未能从根本上解决重复征税的问题；同时随着我国市场经济的发展，增值税与营业税两税并立的征收办法，日益凸显出其种种弊端与不合理性，其核心问题是第三产业的重复征税。因此，在增值税转型后旨在使增值税抵扣链条完整的扩围改革随即提上日程，成为"十二五"时期财税体制改革的重点。

为加快增值税扩围改革进程，自 2012 年 1 月起在上海市交通运输业进行营业税改征增值税试点，同年 7 月扩大至 10 个省（直辖市），2013 年 8 月扩大到全国交通运输业和部分现代服务业。目前国家已出台了有关增值税扩围改革的政策料度，可概括为"一个方案、一个办法、两个规定和若干补充性规定"。增值税扩围改革的积极效应可概括为：有利于完善税制体系，优化税制结构；有利于实施结构性减税，改变税收增长方式；有利于强化税收中性，发挥增值税良性效应；有利于消除重复征税，完善增值税抵扣链条；有利于优化投资、消费和出口结构；有利于服务贸易发展，推动产业结构优化升级；有利于降低企业税收成本，增强企业发展能力等。

(二) 增值税扩围的利益分配

按照现行财政体制规定，增值税收入按 75%：25% 比例分配。营改增的税收也应作为共享税在中央与地方之间分成。增值税扩围改革对地方财政利益分配的影响主要表现在：

第一，减少地方财政收入。1994 年分税制改革以来，营业税是地方财政收入的主要来源，一般为 1/3 左右。营改增后增值税在中央与地方分成比例不变的情况下，地方财政所分得的增值税收入总量虽有所提高，但远不能弥补减少的营业税收入（减少 25%～35%）。为保证地方既得利益，现行将增值税扩围收入全部留给地方政府，但该规定有违财政体制的基本原则。

第二，阻碍地方经济发展。在地方政府财政收入相应减少的情况下，地方财政支出规模下降，导致地方公共基础设施投资短缺，科技、教育、卫生等方面投入不足，降低了整体的公共服务水平；同时在执行国家产业政策时，地方政府需要配套投资，地方财政收入规模降低必然影响到对不同产业的投资额度，弱化对产业结构调整的引导作用，不利于地方经济的长远发展。

第三，加大地方财政风险。防范地方财政风险基本方法是增加财政收入和减少财政支出两个方面。一般而言，财政支出刚性强，只能做到控制其规模，因而增加财政收入就成了比较常用的方法。增值税取代营业税后总体上导致地方政府财政收入减少，财政收支缺口逐步增大。而地方政府举借外债、向银行借款或提供财政担保来筹集资金，金融风险增大，从而加大了财政风险。

因此，如何在中央与地方之间分享增值税收入，弥补地方政府因营改增带来的财力损失，调动其改革的积极性，这是增值税扩围改革能否成功的关键。我们认为，短期内可以通过营改增收入留归地方，加大对地方政府转移支付力度、适度提高地方政府共享税的分成等办法，来缓解地方政府的财政压力。长期看，必须保持地方经济健康快速发展，完善政府间转移支付制度和地方税收体系，保证地方政府有稳定的财政收入来源。

二、增值税扩围后地方分享比例预测  （一）数据选取

我国现行增值税作为重要的中央与地方共享税，其收入按75%：25%比例分配，约占国内税收收入的31%；而营业税作为地方的主体税种，约占地方税收收入的56%。增值税扩围改革后将全面取代营业税，这必将导致中央与地方财政利益的重新分配，给地方财政收入造成损失。增值税扩围前，全国31个省级行政区2011年营业税与增值税数额见表1-19和图1-6。

表1-19  各省级行政区2011年营业税、增值税收入及其比重

| 地区 | 营业税 a（亿元） | 国内增值税 b（亿元） | 营业税占两税之和的比重 k = a/（a + b）（%） |
|---|---|---|---|
| 海南 | 123.48 | 19.61 | 86.30 |
| 北京 | 1071.51 | 237.76 | 81.84 |
| 重庆 | 343.92 | 81.78 | 80.79 |
| 四川 | 611.51 | 185.12 | 76.76 |
| 宁夏 | 80.11 | 24.40 | 76.65 |
| 西藏 | 16.00 | 5.18 | 75.54 |
| 广西 | 240.75 | 86.13 | 73.65 |

| 地区 | 营业税 a （亿元） | 国内增值税 b （亿元） | 营业税占两税之和的 比重 k = a/ (a + b) (%) |
|---|---|---|---|
| 江西 | 272.79 | 105.90 | 72.04 |
| 辽宁 | 556,20 | 218.32 | 71.81 |
| 上海 | 1041.49 | 416.70 | 71.42 |
| 天津 | 352.86 | 141.32 | 71.40 |
| 湖北 | 366.77 | 148.36 | 71.20 |
| 福建 | 400.03 | 164.22 | 70.90 |
| 贵州 | 181.73 | 76.41 | 70.40 |
| 湖南 | 320.58 | 135.24 | 70.33 |
| 安徽 | 379.18 | 164.68 | 69.72 |
| 甘肃 | 110.05 | 48.95 | 69.21 |
| 河南 | 404.27 | 181.38 | 69.03 |
| 新疆 | 209.84 | 95.70 | 68.45 |
| 广东 | 1431.16 | 701.17 | 67.12 |
| 吉林 | 189.30 | 92.78 | 67.11 |
| 云南 | 277.71 | 136.64 | 67.02 |
| 青海 | 45.66 | 22.93 | 66.57 |
| 河北 | 457.27 | 229.85 | 66.55 |
| 浙江 | 915.71 | 461.75 | 66.48 |
| 江苏 | 1260.60 | 650.80 | 65.95 |
| 陕西 | 332.88 | 176.05 | 65.41 |
| 山东 | 765.72 | 413.82 | 64.92 |
| 内蒙古 | 283.63 | 179.87 | 61.19 |
| 黑龙江 | 218.92 | 145.48 | 60.08 |
| 山西 | 242.81 | 239.97 | 50.29 |

资料来源：《中国统计年鉴（2013）》及计算整理。

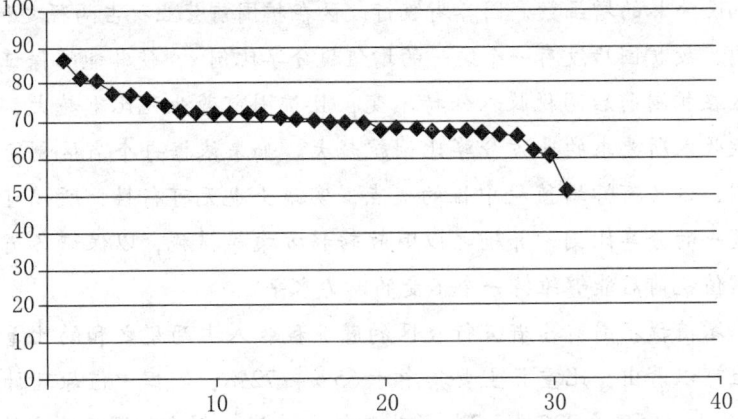

图 1 - 6　2011 年各省级行政区扩围前营业税占两税之和的比重散点

通过表 1 - 19 可以看出：各省级行政区营业税占两税之和的比重各不相同，比重越大该地区财政收入对营业税的依赖程度越高。由于各省级行政区对营业税的依赖程度不同，在营改增后对各地区利益影响也各不相同。本文通过计算分析增值税扩围对各地区的财力影响，并预测一个统一的地方分享比例，使每个地区都能保持其扩围改革前的财力水平。

（二）比例预测

假设：增值税扩围后企业税负保持不变，且不考虑营业税改增值税对企业所得税及城市维护建设税等其他税种的影响；扩围后地方分享增值税比例为 x，为保证扩围前后地方财政收入不变，有等式：

$$x \times (b/25\% + a) = b + a \tag{1}$$

等式左边为营改增后地方分享的增值税收入，其中 b 为其扩围前地方分享的增值税收入，b/25% 为扩围前的增值税额，则（b/25% + a）为扩围前两税总额，假定扩围前后总体税负保持不变，（b/25% + a）又代表扩围后的增值税额；右边为扩围前地方两税收入之和。解方程，得出：

$$x = (a + b) / (a + 4b) \tag{2}$$

且有等式：

$$k = a/ (a + b) \tag{3}$$

解方程组，得出：

$$x = 1/ (4 - 3k) \quad 0 < k < 1 \tag{4}$$

对 k 求导，有：

$$dx/dk = 3/ (4 - 3k) (4 - 3k) > 0$$

可知 x 为 k 的增函数，因各省级行政区在扩围前营业税占两税之和比重 k 各不相同，故扩围后没有一个统一的增值税分享比例 x，使其能够保证所有省级行政区在扩围前后两税收入保持不变，且扩围前营业税比重越大，为保证地方财政收入所要求的地方分享比例就越大。如果依据每个省区制定不同的分享比例，这又有悖增值税中性的优点，实践上也无可行性，所以可考虑设定一个统一的分享比例，并辅之以财政转移方案等措施，以保证各省区在营业税改增值税前后能够维持一个不变的财力水平。

根据增值税扩围前各省级行政区的营业税收入占两税之和的比重分布的散点图上可以看出：比重 k 主要集中于 65% ~ 72%，依据中值原理计算 k 值为 68.5% [（65% + 72%）/2] 并代入等式（3），得出扩围后地方的增值税分享比例 x 为 51.4% [1/（4 − 3 × 68.5%）]。对 k > 68.5% 的省级行政区，其所要求的 x > 51.4%，才能保证其在营业税改征增值税之后财力基本保持不变。

（三）基本结论

在增值税扩围后若不调整增值税在中央与地方之间的分配比例，就意味着原由地方全额享有的营业税将转变为地方只能分享 25% 的增值税，这势必会对地方财政收入产生极大的影响。目前中央与地方财权、事权的不匹配本身就造成了地方财力的紧张，如果要地方牺牲自身财政利益来推进增值税改革，不仅地方政府缺乏改革动力，而且也不具备现实条件。

因此，营业税改增值税过程中涉及的最为核心和敏感的问题，就是如何弥补地方政府由此造成的财力损失。协调中央与地方两税收入分配关系首要的原则就是保障地方既得的财力，使其在扩围改革后至少应享有与扩围前持平的财政利益。为减少增值税扩围对地方财政利益带来的冲击，仅根据扩围前后营业税与增值税的数额，调整中央与地方的增值税分成比例是不够的，即在按照 51.4% 的比例分享增值税后地方取得的增值税收入与扩围前地方享有的两税之和相比的差额部分，应有相应措施予以解决，如辅之完善财政转移支付制度和构建新型地方税体系等措施予以保障。

三、弥补地方政府财力损失的对策

（一）完善财政转移支付制度——合理制定扩围收入分享比例

1. 财政转移支付数额的确定。营业税改征增值税后的增值税分享比例应作科学、合理的调整。在根据上述中值原理计算出的统一分享比例后，因有一部分省级行政区的 k 值高于 68.5%，仅依靠调整分享比例无法使其恢复增值税扩围前的财力，故而需要中央辅之转移支付办法以弥补缺口。其中央对地方财政转移支付数额的计算公式为：

某地区应得的均衡性转移支付资金 ＝（扩围前本地区两税之和 － 扩围后本地区分享的增值税）×转移支付系数

当扩围前本地区两税之和 ＜ 扩围后本地区分享的增值税时，该地区不享受财政转移支付资金；在扩围前本地区两税之和 ≥ 扩围后本地区分享的增值税下，该地区可获得相应的财政转移支付资金补助。沿用上述公式表示为：

$$T = [(b+a) - x \times (b/25\% + a)] \times t \tag{5}$$

上述 $T$ 表示某地区应得的均衡性转移支付资金，$b+a$ 为扩围前本地区两税之和，$x \times (b/25\% + a)$ 即扩围后本地区分享的增值税，$t$ 表示转移支付系数。

此处某地区应得的均衡性转移支付资金，仅针对增值税扩围前后各省级行政区两税收入的财政缺口进行弥合，不包括地方财政收支缺口中除了两税收入缺口的其他部分。由于营改增在调整地方增值税分享比例后，部分省级行政区获得的增值税收入比扩围前的两税收入有所增加，故不需中央再给予补助，但大部分（$k$ 大于等于 $68.5\%$ 的）地区的财力损失需要中央实行财政转移支付，以弥补其财力缺口。

对 $k \geq 68.5\%$ 的地区，扩围前两税收入总和减去扩围后分享的增值税总和的差额，小于中央由于增值税扩围而多获得的那部分增值税收入，可给需要补助地区的资金需求量乘以一个系数 $t$（该系数小于等于 $1$），以此来确定各省级行政区获得的均等化的财政转移支付资金，这样各地区接受的转移支付资金（包括负值）加总后便等于中央可用的转移支付资金总额，该均等化的财政转移支付系数为：

$t$ ＝ 中央政府由于增值税扩围增加的增值税收入／（需补助地区扩围前两税收入总和 － 需补助地区扩围后分享的增值税总和）

沿用上述原理，增值税扩围前，中央增值税与营业税两税之和为：$m = c + \sum 3b$，其中 $c$ 为铁道、金融部门集中缴纳的增值税。增值税扩围后中央政府分享的增值税收入：$n = c + \sum [(1-x) \times b/25\% + a]$，则 $t = (n-m) / \{\sum (a0 + b0) - \sum [x \times (b0/25\% + a0)]\}$，$a_0$ 为需补助地区扩围前营业税收入，$b_0$ 为需补助地区扩围前增值税收入。依据表 1 – 19 数据计算得出 $t = 0.313$（即 $238.49/762.21$），则各省级行政区在扩围后所需转移支付数额测算情况见表 1 – 20。

表 1 - 20　增值税扩围后各地区所需转移支付额　　单位：亿元

| 地区 | 营业税 | 国内增值税 | 扩围前两税和 a + b | 扩围后分享 x × (b/25% + a) | 扩围后财政转移支付额 |
|---|---|---|---|---|---|
| 海南 | 123.48 | 19.61 | 143.09 | 103.79 | 12.30 |
| 北京 | 1071.51 | 237.76 | 1309.27 | 1039.59 | 84.41 |
| 重庆 | 343.92 | 81.78 | 425.70 | 344.91 | 25.29 |
| 四川 | 611.51 | 185.12 | 796.63 | 694.92 | 31.84 |
| 宁夏 | 80.11 | 24.40 | 104.51 | 91.34 | 4.12 |
| 西藏 | 16.00 | 5.18 | 21.18 | 18.87 | 0.72 |
| 广西 | 240.75 | 86.13 | 326.88 | 300.83 | 8.15 |
| 江西 | 272.79 | 105.90 | 378.69 | 357.94 | 6.49 |
| 辽宁 | 556.20 | 218.32 | 774.52 | 734.75 | 12.45 |
| 上海 | 1041.49 | 416.70 | 1458.19 | 1392.06 | 20.70 |
| 天津 | 352.86 | 141.32 | 494.18 | 471.92 | 6.97 |
| 湖北 | 366.77 | 148.36 | 515.13 | 493.55 | 6.75 |
| 福建 | 400.03 | 164.22 | 564.25 | 543.25 | 6.57 |
| 贵州 | 181.73 | 76.41 | 258.14 | 250.51 | 2.39 |
| 湖南 | 320.58 | 135.24 | 455.82 | 442.83 | 4.07 |
| 安徽 | 379.18 | 164.68 | 543.86 | 533.48 | 3.25 |
| 甘肃 | 110.05 | 48.95 | 159.00 | 157.21 | 0.56 |
| 河南 | 404.27 | 181.38 | 585.65 | 580.71 | 1.55 |
| 新疆 | 209.84 | 96.70 | 306.54 | 306.67 | 0 |
| 广东 | 1431.16 | 701.17 | 2132.33 | 2177.22 | 0 |
| 吉林 | 189.30 | 92.78 | 282.08 | 288.06 | 0 |
| 云南 | 277.71 | 136.64 | 414.35 | 423.67 | 0 |
| 青海 | 45.66 | 22.93 | 68.59 | 70.61 | 0 |
| 河北 | 457.27 | 229.85 | 687.12 | 707.61 | 0 |
| 浙江 | 915.71 | 461.75 | 1377.46 | 1420.03 | 0 |
| 江苏 | 1260.60 | 650.80 | 1911.4 | 1985.99 | 0 |
| 陕西 | 332.88 | 176.05 | 508.93 | 533.06 | 0 |
| 山东 | 765.72 | 413.82 | 1179.54 | 1244.39 | 0 |
| 内蒙古 | 283.63 | 179.87 | 463.50 | 515.60 | 0 |
| 黑龙江 | 218.92 | 145.48 | 364.40 | 411.63 | 0 |
| 山西 | 242.81 | 239.97 | 482.78 | 618.18 | 0 |

2. 财政转移支付方式的选择。1994 年分税制财政体制改革确立的以税收返还和体制补助为主的财政转移支付制度，但现行税收返还机制实际上是一种逆均等化的转移支付手段，并没有致力于实现公共服务均等化目标，即发达地区因增值税和消费税收入多，所分配的税收返还额也高，且随着各地"两税"收入的逐年增长，其地区间的财力差距会逐渐加大，因此应取消这种以基数为计算基础的税收返还机制。

在增值税扩围改革过程中，主要涉及中央与地方政府间纵向的财力分配关系。中央对地方财政转移支付方式包括三种：一是以各地区提供公共服务能力均等化为主要目标的一般性转移支付；二是旨在维持既得财力的体制补助与税收返还转移支付，由于增值税扩围并不涉及原有的体制补助，且税收返还有悖财政均等化目标，因而也不具备可行性；三是专项转移支付，即分配财政转移支付资金时限定资金用途。因此，中央政府可采取一般性转移支付和专项转移支付，以弥补增值税扩围改革地方政府的财力损失，并实现各地区公共服务均等化的财政政策目标。

## （二）构建新型地方税收体系——调动地方组织收入的积极性

我国现行地方税收体系是 1994 年为适应当时社会主义市场经济体制推行分税制财政体制时确立的，但目前地方税收体系在新时期与新要求的前提下明显存在着缺陷，即地方税收缺乏明确的主体税种，税源不稳定且零星分散，地方财权与事权不匹配等，加之营改增后导致地方营业税税源的永久性消失，应亟须构建新型地方税收体系，培育新的地方主体税种。

1. 以财产税作为地方主体税，保证获取持续稳定税源。在新型地方主体税选择上可考虑将财产税作为接替营业税之后的地方第一税种，包括房产税、车船税和遗产税等。在目前的分税制体系下，流转税、所得税与财产税共同构成了税制体系的三大支柱，财产税作为经常性的税收收入可构成地方财政的主要来源。

（1）大力推行房产税改革，增加地方财政收入。房产税由于具有简单公平、税源稳定、收入充足及税收中性等特征，是地方税收的一种良税。改革现行房产税有助于完善地方税收体系，为地方政府创造稳定地财源。目前上海市和重庆市作为房产税改革试点，以此为契机扩展为全国范围，将房产税作为地方的主体税种，并成为增值税扩围后地方政利益的重要财源。但开征房产税是一项系统工程，还面临许多要解决的难题，如房产价值评估和评估机构等。因此，房产税改革不宜操之过急，在考虑地方增税的同时，还应充分考虑为百姓减轻税负的问题。

（2）开征遗产与赠与税，扩大地方政府新税源。我国尚未开征遗产与赠与税，在开征的国家通常作为地方税进行征收管理。遗产与赠与税主要分为总遗产税制和分遗产税制：前者以美国为代表，后者以日本为代表。我国开征此税可参照日本模式，一方面以财产继承人、受赠人作为纳税人，体现了谁受益谁负担的原则；另一方面，分期课税方式可避免纳税人在一个纳税期间承担过多的税收而加重其税负，这也符合我国结构性减税的理念。遗产与赠与税作为财产税的一个重要税种，把其列入地方税收体系，毫无疑问地可为地方增加财政收入，以增强地方政府的财政实力。

2. 建立与完善税权管理制度，合理界定地方税收权限。税权包括税收立法权、税法解释权、税收调整权和征收管理权等，在分税制财政体制下税收征管权是极为重要的要素。

（1）扩大地方税收征管权限，调动地方的积极性。分税制财政体制下相对形成了"中央富、地方穷"的局面，地方政府负责大部分税种的征收管理工作，却分配较之中央较少的税收收入，这种地方财权与事权不匹配的问题极大影响了地方征税的积极性。因此，应逐步扩大地方政府对地方税收的征管权限，加大地方税收尤其是财产税的管理权，调动地方政府增加财政收入的积极性，进而推动地方政府支持增值税扩围改革的进程。但地方税收体系的构建并非一蹴而就，也不能为缓解增值税扩围后地方财政压力而仓促推出，应先行试点、条件成熟时再适宜推出科学、规范的地方税收体系。

（2）改革地方税收管理体制，建立相应征管模式。增值税扩围改革导致地方财权与事权不匹配问题的加剧，需要完善现行税收管理体制。目前全国除上海市税务部门尚未分离外，其他省级行政区域则是地方税务局负责征收管理营业税、国家税务局负责征收管理增值税。营业税改征增值税后如果仍由国税局负责征管，地方政府可能会因丧失其征管权而影响增值税扩围改革的积极性。因此，可重新构建国税、地税征管权限，即消费税与增值税由国税局征管，而所得税征管则由地税局负责，两个机构各司其职，这样既有利于简化管理流程、降低税收征管成本，又有利于维护地方财政利益，减小其对增值税扩围改革的阻力。

### （三）强化税务信息管理建设——为增值税扩围厘清征管障碍

我国将扩展增值税管理信息系统和税收征管信息系统，作为增值税扩围试点的重要内容。强化税务信息管理建设，推进税务系统信息化进程，降低征收管理成本，完善税务信息共享机制，可为增值税扩围厘清征管障碍。

1. 税务系统融入通信技术，降低税收征管成本。改进原税收征管信息系统纳税人的数据库，将纳税人联系方式元素与新整合的通信技术相连，在纳税人列表中选定需要通知的对象，可用短信在网络上通知纳税人，大大降低了传统逐户拨号方式的时间成本。

国内通讯可选择腾讯公司的 QQ 交流方式或中国移动公司提供的飞信服务，其飞信通信成本低，可覆盖不同形态的客户通信和满足税务机关广泛的通信业务需求；跨国通讯可选择微软公司的网络服务，该服务提供包括手机即时通讯与在线社区、必应移动搜索、中文资讯和手机娱乐等服务，可便捷与国外纳税人沟通税务信息。

2. 构建税务信息协作平台，完善信息共享机制。我国在财政转移支付过程中，由于中央与地方信息不对称可能产生委托代理问题。如果中央转移支付以地方财政缺口为计算依据，则地方政府有可能有意编造财政缺口来获取更多的财政转移支付资金。因此，有必要建立统一的税务信息系统，使中央和地方共享税收数据。

当前可建立一个虚拟的联络中心和征管工作组，将税务部门的工作人员整合到一个虚拟的工作组中，这个虚拟空间中的信息数据对其工作组成员均可使用，不因所属机关、地域及级别的不同而受到限制。通过使用协作软件程序，不同地域或组织成员可实现动态协同工作。在 Groove 区工作，用户可提高税务管理效率和监测税务信息质量。

3. 运用驱动 Top – K 服务查询，提高信息管理质量。Top – K 服务查询是一种关注查找到的信息质量的 Wed 服务查询，由于税务机关对税务信息质量要求较高，诸如关键字查找这类传统的信息检索方案或是结构化查询中的形式逻辑检索法无法满足税务管理的需要。

传统的 Wed 检索方法虽查找速度快，但可用性低，而运用 Top – K 服务查询可使税务人员获取较高质量的税收数据。纳税方可通过定义 Top – K 服务接口，在其程序中内嵌申报及查询模块，随时在互联网上各终端查询纳税申报情况；税务部门可与金融保险、海关、公安等部门实现联网，实时共享涉税数据、监控税源，第一时间发现误报的税务信息。

此外，现实经济活动中纳税人依法纳税观念淡薄，仍旧存在着的"能少交就少交、能不交就不交"的纳税心理，欠税、逃税或抗税等税收违法行为，以及漏管户（私人会所、个人所得税房产租赁等）、人情税及关系税甚至协商税等现象较为普遍，必须予以严厉打击，真正做到依法治税、应收尽收，保证地方税收收入的稳定增长。

# 二、个税的改革问题

## 个人所得税制模式转型及其相关问题的研究

世界各国个人所得税模式有综合所得税制、分类综合所得税制和分类所得税制三种类型，我国的个人所得税制实际上属于"小综合、大分类"模式，实践表明，分类所得税制模式既缺乏弹性，又加大了征税成本，存在诸如税收调节难以到位、税制缺陷日益明显、征管难度较大等问题。鉴于我国的实际情况，将分类所得税制改为分类综合所得税制不仅必要而且可行。

一、个人所得税模式转型的必要性

世界各国个人所得税模式有综合所得税制、分类所得税制和分类综合所得税制三种类型，将我国现行个人所得税由综合所得税制模式改为分类综合所得税制模式，其必要性主要表现在以下几个方面：

（一）税收调节难以到位，有悖立法初衷

1. 代扣代缴制度无法对非上薪收入阶层进行有效约束。个人所得税是最"敏感"的税种，它有缩小贫富差距等功能，富人应缴纳更多的税，故在西方被称为"良税"。我国个人所得税的立法宗旨也基于此，但实际上没有真正达到预期的目的。在实践中，个人所得税管得住的只是工薪阶层，且是规范单位的上薪阶层。在非工薪收入阶层中，非公有制经济的投资者占有相当大的比重，一些非劳动所得和通过股市获利、娱乐演出及俱乐部等形式取得的收入，税务部门核查的难度极大，难以保证征税的有效性。

从黑龙江省个人所得税来看，2003 年工薪所得税比例为 68.4%；个体经营、企事业单位承包、劳务报酬等其他所得征税项目 28.5%，这意味着大部分非工薪阶层的高收入者应交的个人所得税并没有足额缴纳。从分项目构成看，个人所得税已由原来的劳动所得与资本所得双主体结构转变为以劳动所得为主、资本所得为辅的模式。1994年个人所得税收入来自于工薪所得的比重为45.9%，来自于利息等资本所得的比重为36.1%，而2003年这一比例分别为90.1%和3.1%。

工薪阶层成为个人所得税的最大税源，而真正的高收入群体即非工薪收入阶层在逃税或避税，这是不合理的、问题也是比较明显的。可见，个人所得税调节节高收入的作用范围和力度都是有限的，特别在当前社会配套条件没有到位的情况下，个人所得税的功能未能得到充分发挥。

2. 宏观总体税负低于其他发展中国家整体水平。2003年我国人均GDP超过1000美元，按照世界银行分组标准，在746~2975英元属于下中等收入国家；按照联合国分组标准和IMF分组标准，我国属于发展中国家。目前我国的宏观总体税负低于其他发展中国家整体水平。

(1) 个人所得税占GDP的比重。发达国家个人所得税占GDP比重为5%~15%，发展中国家在4%以下。近年来随着我国经济的快速增长，个人所得税相应增长较快，占GDP的比重逐年提高，由1990年的0.1%上升到2003年的1.2%，大大低于国际一般水平。

(2) 个人所得税占税收总额的比重。发达国家和发展中国家这一指标分别在30%和10%左右，特别是在一些北欧国家，个人所得税已经成为调节个人所得收入分配的主要手段之一，通常个人所得税占税收总额在50%左右。2003年我国个人所得税收入占工商税收总额的6.9%，占全国财政收入的6.5%，仍低于国际一般水平。

(3) 个人所得税的上薪税收占税收收入的比重。2003年黑龙江省工薪税收占税收收入的9.8%，高于世界其他国家工资税的一般水平。这表明黑龙江省工资薪金是个人所得税的主体税源，源泉扣缴措施是有效的，而其他各项所得征管效果不佳。目前我国个人所得税主要来自城镇居民，而目前工资性收入是我国城镇居民收入的主要来源，靠工薪为主要收入的群体是社会的重要成分，这也构成了个人所得税的最大税源。

3. 高档边际税率调节作用弱化。伴随着20世纪80年代中后期掀起的以美国为代表的"扩大税基、降低税率"的全球性税改浪潮，各国个人所得税的累进程度明显减缓，最高边际税率大大降低。但高边际税率有碍投资、刺激资本外逃，促使人们逃避劳动、选择闲暇等弊端已为各国认同，因而降低最高边际税率是必然选择。税改后，最高边际税率20%~40%。同时，由于计税档次过多、计算繁杂、调节作用不明显，各国根据其宏观经济状况和财政需要而定，纷纷简并纳税档次、简化税制。

我国现行个人所得税的税率设置没有完全体现"调节高收入，缓解个人收入差距悬殊的矛盾"原则的初衷，在一定程度上也偏离了公平原则。工薪税最高税率本应体现调节高收入的宗旨，但与个体工商业户生产经营所得和偶然所得的税率相比，其宗旨又没有得以体现，且最高边际税率为45%，在某种程度上却产生了"刺激"偷逃税的负效应。现行差别税率对不同的收入制定了不同的税率和扣除标准，而对同属劳动所得的工资薪金所得和对个体工商户及承包承租经营所得税率设计不统一，难以体现公平税负原则。

从差别税率的设计上看，我国现行个人所得税制采用累进税率和比例税率相结合的税率组合。这种将不同项目的应税所得区别对待的做法，造成各项所得之间的税收负担不一致，容易引起税收歧视，使纳税人之间产生严重的税负不公现象，且这种不公平具有制度性特征，即在现行制度模式下即使对税率进一步调整也不能实现公平的目的。

我国城镇居民收入水平只是刚进入世界各国中下收入水平行列。2002年全国平均职工工资12422元，月平均1035元。2003年黑龙江省个人所得申报纳税达到427万人次，占全部纳税人次的78.6%；个体和承包业户97.6万户，占18%，最高月薪不足10万元。工薪税收的纳税人主要集中在市级城市，各县工资水平较低，如哈尔滨市属12县（市）年平均工资在4000～8000元，月平均工资不足800元。

（二）税制缺陷日益明显，迫切需要调整

1. 分类课征的模式有失公平，易产生避税和偷逃税行为。我国目前采用分类所得课税模式，其后果造成相同收入的纳税人会由于其取得收入的类型（项目）不同，或来源于不同类型的收入次数不同而承担不同的税收负担，造成横向不公平。不同类型（项目）所得的计征时间（月、年和次）规定不同，不能反映纳税人的支付能力，使课税带有随意性，会出现支付能力低者的税负高于支付能力高者的不正常现象，造成纵向不公平。这种税制设计极易引起人们的不满，产生逃避税行为，造成纳税人税负的扭曲，使税款大量流失。调研中，某集团的财务总监就直言不讳地说："如果个人所得税合并征收，我们就无法避税了"。此外，税收优惠政策取向偏差，勤劳所得税负重于非勤劳所得；对投机所得不征税，更加不公平。

2. 课税范围较窄，项目界定不明晰。虽然税法规定所有居民和非居民纳税人都必须照章缴纳个人所得税，但事实上课税范围较窄。如对股票转让所得等资本所得未征收个人所得税；现行税制规定了大量减免优惠，使征税范围大大缩小；企事业单位对个人进行实物分配、搞福利和"暗补"，税基受到了严重的侵蚀。此外，项目划分不具体，背离了现实，如工薪所得与劳务报酬所得的界定问题。随着社会经济的发展，多渠道就业增多，一部分自己找出路的职工所获得的收入被归入劳务报酬所得。如人寿保险公司招收的非雇员取得的收入要按劳务报酬征税，但按税法规定该项收入属于工资薪金所得。因此，应将劳务报酬中属于工资薪金所得的部分和工资外的劳务报酬收入做严格划分。

3. 费用扣除标准过低，扣除项目单一。免征额过低已不适应我国经济发展状况，使众多低收入者也要纳税，既有失公允，又加大征管难度。且费用扣除项目中，尚未考虑纳税人获取所得所必需支付的生活、教育、医疗和住房等各项费用，以及个人婚姻状况、实际赡养人口、是否在岗等家庭综合实际收入情况。这不仅无法体现公平，也挫伤了劳动者的积极性，影响了经济效率的提高。例如，应区分夫妻双方工作和一方工作的情况，对夫妻一方工作的，应该少缴税等，这样有利于缓解就业压力，有利于对老人的赡养和下一代的培养教育等。

4. 免税项目多而杂乱，易产生"说税、劝税和要税"等问题。个税设置过多的减免税项目在实际执行中往往难以把握，不仅容易使税基受到侵蚀，而且有过滥之嫌，难以控管税源。如税法规定，个人工资薪金所得中误餐补助免税，但在实际操作时，企业往往看重局部利益和个人利益，通常全额扣除，而税法本意是企业职员因执行公务误餐支付的补助免税，对全体员工统一发放的补助应视同工资性所得征税。

（三）税收征管难度较大，需要有新的突破

1. 税源模糊、征管难度大——个人所得税流失严重的主要成因。随着我国改革开放的不断深化和社会主义市场经济体制的不断完善，个人所得必将由单一向多元化、由公开向隐蔽化、由相对集中向分散化发展，必然造成个人所得税税源控管的困难；同时个人所得税征管工作的"三难"——难征、难管、难查，加之征管力量单薄、处罚准度大，以及现代化手段与技术的落后，使个人所得税难以做到应收尽收。

我国现行税法规定，个人在两处以上取得工资薪金所得先由支付单位扣税，月终由纳税人自行到税务机关申报并结算上月税款，多退少补。由于税务机关无法知道纳税人从多处取得工资薪金性所得及适用税率，纳税人将两处所得合并计算纳税，多是纳税人补税。但在现实生活中，具体到某一个人时，会出现要么干脆不申报、要么虚假申报。又如，在外地从事劳务取得的劳务所得，若在取得时未扣税或低于起征点，回原地后应自行到税务机关申报补缴在外地取得的多处劳务报酬所得，这原本也是很正常的事。而目前为什么申报的人很少甚至没有，原因也与上述同理。

尤其要说明的是：由于我国尚未广泛使用个人支票，个人经济往来或劳务提供等多以现金结算，造成税务机关无法监控。从广义货币、货币和准货币占 GDP 的比重来看，我国三项指标均高于美国、日本和韩国，2002 年我国人均手持现金超过 1300 元。

2. 分税制带来的弊端——个人所得税由国税和地税两个机构征管带来诸多不利。我国现行个人所得税由国家税务局和地方税务局两个机构进行征管，由于征管的手段和力度不同，很容易造成相同的个人会因在不同的地区而税负不同，甚至产生经济不发达地区的纳税人税负反而高于经济发达地区纳税人的坏公平现象；且随着纳税人流动性的加大，使应税收入来源复杂交错，受征管水平的限制难以掌握纳税人全部信息，造成征收成本的增加和征管效率的低下。

一种税由两个税务机构征管的问题还包括：一是对跨地区流动人员来源于多处的应税收入，在征税时有些地方往往出于各自利益的考虑，而不能互相协调、配合稽征，使地区与地区之间有时出现"税收真空"，造成部分税款流失；二是不利于地区之间个人收入分配的调节，我国城镇居民收入的基尼系数从 1989 年的 0.545 到 2002 年的 0.377，农村从 0.548 到 0.462，这种差距主要体现在城市与农村、东部沿海与中西部内地之间，且这种差距还在不断扩大，而个人所得税作为地方税收，其调节收入分配作用的弱化，也是出于地方经济利益考虑的缘故；三是制度软约束，我国代扣代缴制度制性不够，代扣代缴单位（人）错误地认为自己不是纳税人，只是在帮税务局的忙，因而自觉履行扣缴义务并不普遍，有些甚至帮助纳税人逃税。

3. 税收博弈无处不在，税收信息不对称。目前税务机关对纳税人真实收入情况的掌握还远远不够，与有关机构的协调还没有真正建立起相应的制度，现代化技术装备不足或利用不科学、不充分，闲置与浪费并存；同时纳税人既可直接从征税部门，也可间接从报纸杂志及其他新闻媒介或从社会中介机构获取所需信息，包括各种极具实用性的偷税技巧，且随着信息业的快速发展，纳税人获取信息的渠道更趋多元化。作为理性人，纳税人与税务部门之间进行的逃税与反逃税的博弈游戏不会停止。

二、个人所得税模式转型的可行性

（一）采用综合为主、分类为辅的混合所得税模式

目前世界上普遍实行的是综合所得税制或混合所得税制，几乎没有一个国家实行纯粹的分类所得税制，我国个人所得税实际上属于"小综合、大分类"模式。我国分类所得课税模式实践表明，这种模式既缺乏弹性，又加大征税成本。个人纳税支付能力的高低，只有经过较长时期才能全面反映出来。可改革按月和按次征收的方法，实行以年度为课征期更符合量能纳税的原则。随着经济发展和个人收入来源渠道的增多，这种课税模式势必会使税收征管更加困难和效率低下。但我国完全放弃分类所得课税模式也是不现实的，这样做可能会加剧税源失控、税收流失。因此，建议将现行税制改为混合所得税模式，既有利于解决征管中的税源流失问题，又有利于税收政策的公平。

按照上述混合所得税模式，可对不同所得进行合理的分类。从应税所得上看，属于投资性的、没有费用扣除的应税项目，如利息股息红利所得、股票转让所得、偶然所得宜实行分类所得征税；属于劳动报酬所得和费用扣除的应税项目，如工资薪金、劳务报酬、生产经营、承包承租、稿酬、特许权使用费、财产租赁、财产转让等项目，将不同性质的各项所得加总求和，扣除法定的宽免额和费用后，按统一的累进税率课征，以实现税制的公平和效率，降低征收成本。

（二）确定以家庭为纳税单位的公平目标

我国受传统文化的影响，家庭观念非常重，因此对家庭行为的调节是调节经济和社会行为的基本点。个人所得税的最基本目标是实现收入分配的公平，从该角度看，收入分配差距的扩大最终要体现在家庭收入的差距上，因而对收入分配的调节完全可集中到对家庭收入的调节上。选择以家庭为纳税单位的最重要之处：相同收入的家庭缴纳相同的个人所得税，实现按综合纳税能力的征税原则；以家庭为单位可实现一定的社会政策目标，如对老年人减免所得税，对无生活能力的儿童增加基本扣除，对有在校学生、贷款购房、购买保险的家庭，可给予一定的扶持或照顾。此外，我国现在就业压力很大，如果实行以家庭为纳税单位，则家庭的实际收入将有所增加，从而减轻全社会的就业压力。

当然，在现实生活中纳税单位选择的转换会面临很多实际问题，如我国的家庭结构与西方的核心家庭结构不完全相同，至少存在 3 种结构：一是核心家庭为三口之家，占 30%；二是占很大部分的是三代同堂的家庭，三代及以上户占家庭总户数的 18%，这与我国传统的养老模式有关；三是还有一些四代、五代同堂的，但这样的家庭正趋于减少。

设计个人所得税税率时一般以核心家庭为基本出发点，对一个家庭生活有两对夫妇（即典型的三代同堂家庭）以上的可采取分拆方式，即纳税单位不是以生活在一起的家庭为单位，而是以婚姻关系为基本单位，即以夫妇为一个纳税单位。如何设计联合申报和单身申报的不同税率，这需要对税负水平作一些测算，原则上应对联合申报销优惠一些，以利于实现纳税单位的转换。当然，其差别也不能太大，否则个人所得税会成为一种对婚姻有较大影响的税收，也就会破坏了其中性原则。

（三）税制设计要体现公平与合理的原则

收入分配公平是社会公平的基本内容，而税收是政府实现收入公平分配的主要工具之一。面对现实中日益扩大的收入差距，如何保障新税制的公平、合理性，保障低收入者及贫弱人群的基本生活需要，防止收入分配差距扩大所带来的绝对贫困化，将是对我国政府的一大考验。因此，应根据目前国家经济发展水平，制定符合实际的扣除项目和标准，并对经济发达的东部地区和落后的中西部地区，国家可授权各地在法定的扣除标准内上下浮动一定的比例，使扣除项目和标准合情、合理、合法。税制在技术设置上，既要严密、合理，也必须有弹性，体现人性化；开征遗产税和社会保障税，建立"所得、消费、遗产"三位一体的税收调节体系，强化税收对收入分配不公的调节力度。

个人所得税具体税制要素设计为：一是全国统一免征额可考虑为 3500~5000元，经济发达地区可通过财政转移支付方式为国家作出贡献；二是设 5%、10%、15%、20%和30%五档税率，纳税级距相应缩减为 0.2 万元以下、0.2 万~1 万元、1 万~5 万元、5 万~10 万元、10 万元以上；三是缴纳方法：按月扣缴，年终汇算，多退少补；四是申报期限：每年4月1日至30日；五是税收征管：源泉扣缴，支付单位汇算清缴，纳税人申报（夫妻合并申报与单独申报，确定不同的扣除额），税务稽查。

三、实现个人所得税税制模式转换需解决的问题与对策

（一）从制度上解决个人收入差距扩大问题

随着改革的深入和按"要素"分配政策的实施，其收入分配不合理的问题在某些方面表现的会更加突出，2002 年城乡居民家庭人均可支配收入的差距已扩大到 16.1 倍。在我国工业化过程中，农业保护的成本会逐渐增加。虽然通过进口保护可以在一段时期内提高农民的收入，但这是不可持续的。加入 WTO 使农业部门受到一定冲击，从而导致农村居民的收益少于城镇居民，生活质量也有明显的差距，其中 2002 年城乡消费水平对比为 3.7：1。我国个

人收入分配不公主要体现在城镇，2002 年最高收入户（10%）人均收入、人均可支配收入和人均消费性支出，分别是最低收入户的 8 倍、7.9 倍和 5.5 倍，且与韩国、新加坡和美国差异不大。

遏制收入分配不公、缩小贫富差距是个人所得税需要研究的问题，在《宪法》和《税收基本法》中应明确规定纳税人和税务机关的基本权利和义务。个人所得税不必也不可能把"社会公平"一次调整到位，在市场经济条件下收入及其差距是调动积极性、提高效率的重要杠杆。从一定意义上说，人们的收入、财富有差距也是一种公平。社会不可能、也不应当通过个人所得税把收入差距一把"抹平"。根据国际经验，调整贫富不均这种事实上的不公平应当依靠一个包括所得税、资产税、赠与税、遗产税等在内的税收体系，而不是单一税种。例如在日本，拥有"豪宅"的富人要为市场价值巨大的不动产不断支付很高的资产税。此外，各国对事实上的不公平的普遍做法是，在个人所得税上对富人做出较多的退让，而靠遗产税及赠与税最后"把关"。我国调整个人所得税显然也需要与正在酝酿中的遗产税、赠予税联系起来考虑，而不能期望个人所得税一次调整到位。

（二）借鉴国外有益经验来实行渐进式改革

任何改革都有个进程，尤其是税改的影响极为深远，因而我国应实行渐进式改革。到目前为止，个人所得税的开征已经有 200 多年的历史。英国最初创立所得税，从 1798 年的"三部课征捐"开始到 1874 年确认为永久性税种，其间经历 76 年；德国从 1808 年决定征个人所得税，到 1891 年颁布真正的所得税法，其间历经 83 年；法国 1848 年提出所得税到 1914 年正式开征，用了 66 年；美国 1861 年征收个人所得税到 1913 年最终确立，用了 52 年。无论是税法的规范性和透明性都是众所周知的，人们都知道应该怎样做以及政府希望他们怎么做。

我国征收个人所得税的历史很短，言之为起步阶段也不为过。因此，在设计新税制时应优先考虑该税种的配套条件和基础环境，这是税改成功的关键。从调整的情况看，多数人都冷静地认为，个人所得税的改革应分步进行，如先提高免征额或降低税率等。税收法律制度应保持相对的稳定性，如果条件和时机暂不成熟，不急于改，且不成熟的改革莫不如不改，否则很容易造成制度上的混乱而得不偿失。

（三）完善个人所得税征管的配套条件

个人所得税征管的：配套条件主要包括：一是尽快建立健全社会信用制度，包括健全如实登记个人财产制度、储蓄存款实名制度和现金管理制度等；

二是实行居民身份证号码与纳税号固定终身制度；三是建立健全覆盖全社会的协税护税网络制度；四是建立健全配套调节收入分配制度。

此外，应进一步修订、充实《税收征管法》的内容，为个人所得税的制度设计提供法律依据。要以政策和制度方式赋予税务机关和税务人员稽查个人财产（如私人住所、名车、豪宅）和高档消费等纳税凭证权利，为税务人员执法提供有力的法律保障，真正实现个人所得税的有效管理。

## 三、开征物业税分析

### 我国物业税的要素构成与开征的可行性

我国 2003 年提出对不动产开征统一规范的物业税以后，学术界就物业税理论及如何开征等问题展开了研究，人们对其首套住房是否征税等问题颇为关注。物业税作为房地产调控的重要手段，对完善税收制度、抑制房价上涨、强化地产管理和保障财政收入等问题具有积极的现实意义。但物业税要素如何设计，开征可行与否，土地获取、房价评估、小产权房、新老房主、首房免税和税负转嫁等如何解决，这是我们研究的问题。

国外物业税主要是对土地、房屋等不动产，要求其所有者或承租人按年缴纳税款，且应纳税额随着不动产市场价值的上升而提高。我国物业税改革的基本框架是：将现行的房产税、土地增值税和土地出让金等税费合并，转化为房地产保有阶段统一收取物业税，并使物业税的总体规模与其保持一致。

一、开征物业税的背景及其现实意义

（一）开征物业税的历史背景

我国最早于 2003 年 10 月党的第十六届三中全会提出开征物业税的设想，即"实施城镇建设税费改革，条件具备时对不动产开征统一规范的物业税，相应取消有关收费。"而最早提出开征物业税试点的是广州市，随之深圳市、上海市和温州市等地也先后提出开征物业税改革的试点工作。财政部于 2003 年批准北京市、深圳市、重庆市和南京市等城市开始物业税"空转"实验，2007 年又批准河南、安徽省、福建省和大连市等地区部分区域作为房地产模拟评税扩大试点范围，到 2007 年 10 月物业税已在北京市、辽宁省、江苏省、深圳市、宁夏回族自治区、重庆市、河南省、安徽省、福建省和大连市等 10 个省市进行了房地产模拟评税试点（可称其为物业税的"空转"）。

虽然上述试点只是"空转"，但受全国房价飙升的影响，2009 年中央在《深化经济体制改革工作意见》中提出：要深化房地产税制改革，研究开征物业税，作为地产调控的手段；2010 年"是否出台物业税"再度成为"两会"

代表委员们争论的焦点，且有关房地产的提案占所有提案的"半壁江山"。2010 年 1 月国家税务总局提出，物业税"空转"将推广至全国；2010 年 4 月上海市房管局证实继重庆市宣布征收特别房产消费税后，上海市也将开征住房保有税；据《经济参考报》报道，房产征税的试点地区，可能包括北京、上海、深圳和重庆等 4 个城市。房产税如果能"实转"成功，那么物业税的"实转"也就为期不远了。

（二）开征物业税的现实意义

第一，避免房地产业重复征税。从广义上讲，现在所购一套住房，其房价就包含了房地产开发企业直接缴纳的营业税、城市维护建设税和教育费附加，以及间接缴纳的印花税、房产税、城镇土地使用税、耕地占用税、车船税和企业所得税等税种，这在很大程度上制约了房地产企业的发展。目前我国土地制度实行的是"批租制"，根据土地用途不同，其租期从40 年至70 年不等，用地者须一次性支付用地费用，即房产所有者支付的房价包含土地批租期限内的房地产税费，并构成了重复的、不断滚动征收的营业税等税费的税基。而物业税的基本原理是将土地出让金改为在房地产保有阶段分期进行征收，从而避免重复征税，同时将各税种统一后一并征收，也有利于完善税收制度。

第二，有效抑制房价恶性上涨。目前我国的不动产税制重交易、轻保有，在房地产保有阶段仅有房产税，且是扣除原值10% ~30% 后征收，其增值部分由于没有税收的调节机制，房产的增值价值全部由保有者享有，以至于炒房行为泛滥，房价一再飙升，严重超出了多数百姓的承受能力。开征物业税一方面土地出让金由一次支付变为多年分摊，房价也会有较大幅度的下降，房地产投资利润将会缩减，炒房者养房的压力加大、风险增加；另一方面，初始房价的下降能增强人们的购房能力，也降低了炒房者的热度，起到抑制房地产投机的作用；对豪宅课以重税，对普通住宅者给予优惠，也起到了调节贫富差距、维护社会稳定的积极作用。

第三，加强房地产业管理力度。现行房地产行业的进入门槛高，房地产行业的内部竞争力不足，形成房地产资源配置效率较低，但房地产行业利润率却较高的不正常现象。如果开征物业税，就可以改变土地出让金缴纳制度，使开发商的开发成本大大降低，从而降低了开发商的准入门槛，使得原先资金不够雄厚的开发商也能有机会进行土地开发，这样就有利于增强房地产行业的竞争力度，也增大了房产的供给。可见，更多房地产商的竞争能使行业平均利润率下降，以促进房产价格的理性回归。

第四，改变现实土地财政问题。根据瓦格纳法则，随着经济的不断发展，政府支出也应相应的增长。要保障政府支出增长，必须以政府收入增长为基础，即政府收入增长应与经济增长保持一致。但在我国，政府投资往往高出经济增长，一般在 20%～30%，究其原因是政府的卖地行为。由于土地出让金的一次性转让，未来 40～70 年收益可以提前一起收取，快速、大量筹集资金可以缓解支出压力，因而导致每届政府的疯狂卖地行为和政府投资的非正常增长。这实际上是在侵占下一代人的权益，也为以后各界政府造成很大的压力。开征物业税将会改变这一现状，以往一次性缴纳的土地出让金按年收取，政府为求短期政绩而疯狂卖地行为也会得到遏制，避免或减少政府的"寅吃卯粮"。

第五，保障国家组织财政收入。征收物业税对经济运行的影响足深远的，它不仅为地方政府提供连绵不断的、稳定的税源，而且也能促使地方政府更加注重基础设施、环境和投资条件，树立可持续发展的投资理念，使城市土地资源达到合理配置，以理顺中央与地方的事权关系。从长期看，物业税可对房地产增值部分进行调控、增加税收，政府收入总体上是递增的。虽然短期内政府财力可能会有些紧张，但可以通过加强税收管理等方式予以解决。目前房地产开发过程中的愉逃税问题比较严重，如果能很好加大税收征管的力度，就可以弥补短期内政府财力的不足。

二、物业税的要素设计及其对策

（一）物业税的要素设计

1. 征税对象。我国现行房产税的征税对象是房产。物业税的征税对象可比照规定为土地使用权、房产、其他不动产及其附属物。

2. 纳税人。房产税的纳税人是房屋产权的所有人。物业税的纳税人可比照规定为在中国境内拥有土地使用权和地上建筑物所有权的单位和个人。

3. 征税范围。房产税的征税范围是城市、县城、建制镇和工矿区。物业税的征税范围可比照房产税的征税范围办理。

4. 计税依据。房产税的计税依据是房产的折余价值（房产原值扣除 10%～30%）和租金收入。物业税的计税依据可规定为房产的评估价值。根据西方国家的实践经验，物业税的计税依据包括土地的级差收益、房产的物理价值和物业的时间价值，是通过评估得到的房地产公允价值。我国房产的评估价值可由政府认可的权威评估部门，运用科学的方法评估后予以确定。

5. 免征额。考虑普通居民的收入水平、住房状况、子女安家和通货膨胀等因素，物业税可规定免征额，目前免征额可考虑为每人 50 万元的房产评估价值。免征额可随居民财产、收入增长和通货膨胀情况，定期进行调整。

6. 税率。房产税实行折余价值1.2%（年）和租金收入12%（月）的比例税率。易纲教授报告提出，物业税合理的税率为市场价格的0.4%，该数据是通过居民收入测算的。而现行"空转"试点城市的税率大多选择为0.8%。我们认为，物业税的税率可根据房产评估价值，设计5级超额累进税率，幅度为0.2%～1.0%，具体见表1-21

表1-21　物业税5级超额累进税率

| 级数 | 应税房产评估价值 | 税率（%） | 速算扣除数（元） |
| --- | --- | --- | --- |
| 1 | 50万元以下 | 0.2 | 0 |
| 2 | 超过50万～100万元的部分 | 0.4 | 1000 |
| 3 | 超过100万～200万元的部分 | 0.6 | 2000 |
| 4 | 超过200万～500万元的部分 | 0.8 | 4000 |
| 5 | 超过500万元以上的部分 | 1.0 | 10000 |

注：应税房产评估值是指房产评估价值扣除免征额50万元以后的余额。

7. 减免税。物业税的减免税，总体上可比照房产税的减免税办理。如国家机关、军队及各种非营利性（科研、医疗、慈善和教育等）组织的自用不动产，孤老、残疾等特殊群体的自住用房，教堂、寺庙、公园、国家纪念馆及其他名胜古迹自用的房产，市政街道、广场、绿化地带等公共物业及居民购买的首套住房等，可给予免税优惠。对受重大灾害等不可抗力造成房屋损坏的，可依其损坏程度，在修缮期内按比例减征。

（二）解决物业税的对策

我国是否征收物业税数年来议而未出，主要是因其牵扯利益纠葛及技术难题。主张征收者认为，相比其他稳定房价的手段，物业税是最有效的；而反对者认为，在其他税费尚未厘清的情况下，出台物业税有失公允。我们认为，尽管物业税的好处不胜枚举，但仍有些障碍，其问题更不容忽视。其问题与解决的对策主要包括：

1. 土地获取的问题与对策。我国现行土地出让、买卖制度是招拍挂制度，该制度是指国家在土地资源出让或买卖程序中的"招标"、"拍卖"和"挂牌"交易的政策及其规定。如果开征物业税，土地出让金就纳入了物业税的范围，也意味现行的招拍挂制度的取消，那么开发商该如何通过竞争来获取土地呢？

征收物业税以后，开发以后的房屋均价可以作为政府衡量土地出让给谁的一个重要标准，即哪个开发商给出的房屋均价最低，政府就将土地出让给谁。这既能解决土地出让金纳入物业税后的开发商如何竞争土地的问题，又可以防止竞争土地中的"寻租"行为，同时还能促进房价的降低。

2. 房价评估的问题与对策。构成房价的因素很多，其中主要因素是土地价格和房屋的造价。此外，交通便利状况、户型、周边的公共资源等也是重要的因素。随着房屋的使用年限不断增加，房屋的建造价值也会逐步降低，所以房产的升值主要是由于地价的升值。但对房产价值评估如何能做到公平公正、成本又低呢？

目前有关房价评估办法主要有两种：一是个别评估，即指各地成立专门房地产估价机构进行的评估，凭估定的价格申报纳税，其前提是评估机构和评估师能秉公执行，有较高职业操守，否则就很难做到公平公正；二是批量评估，即指房地产评估机构对土地分地段考虑地价升值率，房屋的购置成本、使用年限和折旧率等基础上进行的批量综合估价，其前提是公布评估结论，业主可进行查询，有异议可提出申诉。个别评估工作量较大，评估费用和征管成本较高；而批量评估可以借助计算机进行测绘、计算，操作简便易行，工作量相对较小，成本相对较低。我们则倾向于批量评估办法。

3. 小产权房的问题与对策。小产权房是指建造在集体土地上，没有国有土地证，无法办理房产证的商品房。全国各地普遍、大量地存在小产权房，开征物业税需要解决好小产权房的问题。房主没有产权证，物业税就无从征起，如何解决好小产权房的问题呢？

小产权房的存在主要是因为房价偏低受消费者欢迎，更能够给开发商带来更大的收益。因此，政府可收取小产权房开发商的超额收益，并给予一定的经济处罚，小产权房开发商则无利可图，也就不再开发小产权房；同时对已开发的小产权房再收取其所有人的土地差价，以变更土地性质，且为其办理房产证，彻底解决小产权房问题。

4. 新老房主的问题与对策。开征物业税是将土地出让金纳入其中，但之前的业主是在买房时一次性缴纳土地出让金，如果对其征收物业税就会造成重复收取土地出让金。因此，如何对待新老房主、公平征税，使其税负平等呢？

鉴于新老业主承担土地出让金的不同方式，可采取"新人新办法，老人老办法"的政策。也就是说，对开征物业税后购房的房主正常征收物业税，对之前的房主征收物业税时可从中扣除土地出让金的部分，避免对老房主的重复征税、税负过重，使之新老房主的税负公平。

5. 首房免税的问题与对策。首套房免税指对居民购买的第一套住房不征物业税，只对拥有两套或两套以上的住房征收物业税。这一政策在现在阶段是适宜的，但如何定义首套住房，以避免房屋实际购买人变更房主姓名逃税的问题，因此如何体现首房免税政策的意义，怎样才能在对居民实行首房免税的同时，又能防止逃税问题呢？

我们认为。首房免税应采取家庭定义，因为多数房屋购买者变更房主姓名通常是变更为自己的家庭成员，如果是针对家庭来定义首房、那么在很大程度上会制约这种偷逃税手段。有些人提出，对家庭定义首房会导致有人选择"假离婚"来逃避物业税，但这毕竟只是少数，不能因噎废食。从总体上看，以家庭定义首房比以个人为单位计算首房，能史有效避免逃避房产税的问题。

6. 税负转嫁的问题与对策。开征物业税将会大幅度地提高多套房主的房产成本，而这些房主就会面临着两种选择：一是为避免物业税所带来的高成本而在开征之前卖掉其多余的房产；二是想办法转嫁物业税负担，其最直接的方式是提高租金。显然，房主选择第二种居多，从而导致房租的提高和租房者的负担，那么如何来应对这一问题呢？

我们认为，转嫁物业税的问题可以通过两个途径解决：一是政府尽可能地提供更多的廉租房，来缓解租房压力；二是物业税税率可随业主房屋数量的增多而提高，使拥有不同房屋数量业主的持有成本区分有别，由最小持有成本的房主决定市场租金提高的程度。这样，拥有房屋数量较多的房主就无法转嫁或只能较少转嫁物业税负担，使其选择将其部分房屋出售，以增加房屋的供给量。

三、开征物业：税的可行性分析

（一）法律依据保障——物权法的颁布与实施

我国的《物权法》于 2007 年 10 月 1 日开始实施，这为征收物业税奠定了法理依据和保障。《物权法》首次明确规定：对不动产进行统一登记，对由登记机关失误给权利人造成的损失，相关部门要承担赔偿责任。可见权利人对登记资料的查询，要比以前更加便利。

《物权法》第 149 条规定：住宅建设用地使用权期间届满的，自动续期；非住宅建设用地使用权期间届满后的续期，依照法律规定办理。可见房主可以不为使用期限到期后的归属问题而担心，只要房子没有报废就还是属于自己。《物权法》的根本任务在于界定产权、确认产权和保护产权；最重要的基本原则是财产平等，即不管是国家、集体和个人的财产，只要进入民事领域都同等受法律保护。因此，《物权法》明确对私人财产的保护，清晰物权，使物业税具有法律的依据。

（二）对象监管保障——完善的房产登记制度

居民购买房产、办理房屋产权证，需要到房地产管理部门予以办理。为加强对房地产的监督管理，需要房管部门与税务部门密切联系、加强合作。无论是开征物业税以前还是以后购买的房屋，都必须到税务部门进行房产登记，这为征收物业税提供依据。其基本做法：对单身业主登记其个人的身份证和房产证号码，已婚人士则按夫妇双方身份证号码进行联名登记。由于买卖房屋时必须办理房产证或过户手续，因而房屋登记可由房管部门和税务部门配合完成。

此外，必须严格房屋销售管理制度，建立类似毕业证、学位证验证系统的房产证查询与验证系统，以确认房屋所有者名下的房屋产权状况，加强对拥有多套住房者的监管；建立房地产产权数船库，将该数据库与税务机关的征管信息系统进行联网，或由房产交易部门定期将更新的数据库报送税务机关；税务机关则应尽快实现全国房地产信息管理的微机联网，以加强对异地拥有多套住房的业主进行监控管理，防止物业税款的流失。

（三）物质基础保障——不断增长的财产收入

从 20 世纪 80 年代初期，经济的发展与制度的变迁，使我国居民的经济社会生活逐步得到改善，城市居民财产与人均收入都在增加。更重要的是住房制度市场化改革，使得家庭住房成为重要的家庭财产，房地产已经成为我国普通居民最重要的财产。

房地产价值与个人收入之间成正向关系，即个人拥有的房产价值随着其收入提高而升值。所以，居民拥有房地产的多少，在一定程度上反映了房地产持有者在相当长的时期内的持续收入能力。由此可见，我国开征物业税的社会物质基础已经具备。

（四）税收来源保障——房地产业的繁荣发展

近年来，我国房地产的开发投资额、商品房销售额呈持续上升趋势，且其占 GDP 比重也一直呈上升趋势。2003 年全国房地产投资总额比上年增长 30%，我国 2005 年实施稳健财政政策和 2008 年受世界经济危机影响，房地产投资增长率有所下降，如 2005 年增长 20%，2009 年增长 17.8%，但还是高于 GDP 的增长。

可见，相对于其他产业来说，我国房地产业已是我国现阶段发展较快的一个产业。此外，房地产消费也将是未来主要的消费热点，其社会财富也会在这一领域快速聚集。企业和个人的房地产占有面积和价值将会大幅度增加，这无疑为物业税提供了丰富稳定的税收来源。

综上所述，我们认为，适宜开征物业税，对抑制房价过快增长、完善房地产税制、加强房地产监管和保证财政收入，以及促进房地产业健康、稳定发展是大有裨益的，是必要的、可行的。

# 第四章　建税收征管新格局
# 全面提升税收征管效能

## 坚持"六个结合"　塑造"六种税风"

河北省南和县国家税务局　张君秀　高志强　聂远飞

今年以来，南和国税局把行风建设作为一项重要的工作内容来抓，树立了以"标本兼治、纠建并举、内强素质、外树形象、优化服务、强化监督、整体推进"的工作思路，紧密围绕全市国税系统党风廉政建设和行风建设的工作思路，按照教育越深入越好、监督力度越大越好、违法违纪率越低越好的工作要求，实施标本兼治，严以治标，着力治本，并结合我局实际情况，建立健全教育、制度、监督并重的惩治和预防腐败体系，在全系统建立了严密的防范预警机制，大力构筑反腐防线，坚定不移地推进党风廉政建设和行风建设，将行风建设融入到税收工作的方方面面，渗透到工作中的各个环节。坚持做到"六个结合"，塑造"六种税风"，取得了明显的成效，有力地促进了税务队伍整体素质的提高，全面提升了南和国税形象。

**一、行风建设与税收征管紧密结合，塑造秉公办税、严格执法的税风**

一是从规范税收管理员制度入手。落实管理员的管理对象，落实管理员的职权范围，落实管理员的有关制度，落实管理员应负的责任，真正发挥税收管理员应有的作用。二是规范行业管理。尤其是南和县重点行业的管理，南和局印发了关于砖瓦窑、板材业和小五金行业的管理办法。三是加强所得税管理。我局按照市局要求，在税政股配备所得税专职管理人员，明确了职责，在抓好业务培训的同时，强化了所得税汇算清缴工作，严格做到税前扣除，确保了所得税税基的完整。四是深化了纳税评估。规范了纳税评估制度和程序，大力推进纳税评估由个别企业和单税种评估向全面评估、由人工评估向人机结合评估的转变，精心做好纳税评估试点工作，确保取得明显效果。五是加大清理漏征漏管户力度。以所、分局为单位，对辖区内所有的个体工商户进行逐街、逐户、逐门市的清理，通过清理，补办税务登记 120 多户，预计可增收税款 50 余万元。

## 二、行风建设与党风廉政建设相结合，塑造遵纪守法、廉洁自律的税风

我局把党风廉政建设、行风评议与税收中心工作作为同等重要的大事，一起安排部署一起抓落实。要求广大干部职工不断加强学习，提高认识，在预防教育和监督制度上下功夫。

首先以建设勤廉型机关为目标，以深化廉政文化教育为出发点，在全县系统内开展了每日讲党课教育活动。大力倡导以文兴税，以文兴局，全面打造具有南和特色的税务文化。以股室为单位，搜集整理出一些有教育意义和警示作用的诫勉警句，发布到开办的每周诫勉栏内，供大家交流学习，以此增强干部职工的廉洁意识，提高同志们的服务层次。活动开展后，倍受到大家的关注，该活动也得到广大纳税人的一致好评，真正实现了为纳税人所思，为纳税人所想、为纳税人服务的承诺。其次，我局为配合行风建设工作的开展，开通了《德润邢襄 情暖国税》南和国税党风廉政建设微信群，为全体税务干部职工提供了一个良好的廉政宣传教育平台，通过寓教于学、寓教于乐，定期创新形式，推送廉政和业务内容，使廉政教育在不知不觉中影响税收干部的思想，触及他们的灵魂，从根本上杜绝不廉洁行为的发生。再次结合"两学一做"活动，开展"手抄党章"书法比赛活动。要求全体干部职工不仅要手抄党章，还要写的漂亮。在县局五楼会议室开展了集中评分，评选出一二三等奖。同时，在办公桌放置了廉政桌牌，时刻提醒税务干部要廉洁从税，形成人人知荣辱、个个树新风的良好工作环境。

### 三、行风建设与机关规范化建设相结合，塑造科学规范，优质高效的税风

坚持为纳税人提供便捷、高效、优质的办税条件、办税环境和办税方式，积极推行易操作、高效率、低成本的服务方式，在系统内，大力推行八小时预约服务制和文明办税规范，在办税服务大厅，深化了"一站式"、"一窗式"、"全天候"、延时服务、零距离服务、多元化申报，全面推行首问负责制等，建立起高效的行风建设征管服务机制，不断提升国税工作的社会满意度。今年作为全市国地税办税试点单位，对办税服务厅进行了升级改造，完善了24 小时自主办税系统，设立了 2 个国地税综合业务办税窗口，实现了纳税人叫一次号，在同一窗口同时办理国地税两家业务，极大的方便了纳税人。此举也得到了省市局领导的高度好评。

### 四、行风建设与行政权力公开透明运行相结合，塑造阳光行政，公正执法的税风

将国家赋予税务人员依法征税的权力全部公开，在办公区设立了税收公开透明公开栏，在网络上开通了"和阳税讯"微信公共平台，在办税服务厅设立了纳税服务导税台和纳税人服务咨询岗，做到了纳税人只要走进南和国税，各项办税流程便一目了然，即使第一次来南和国税办税，也能非常清楚的了解到自己所办事项的规程。真正地方便了纳税人，实现了阳光行政。

### 五、行风建设与创建"六型"机关相结合，塑造和谐诚信，尚廉崇文的税风

将行风建设工作与市局提出的"学习型、文化型、规范型、创新型、勤廉型、和谐型"六型税务机关相结合，在全县国税系统开展了岗前十分钟教育活动、主题党日教育活动、"两学一做"教育活动，全局干部职工每天坚持岗前十分钟教育活动，即要求干部职工每天抽出时间学习有关的税收政策、法律文件、政策导向等相关知识，充实自己的知识，并要求中层干部每月写出两篇不少于 1500 字的心得体会。通过学习促进了国税队伍的健康和谐发展。

## 六、行风建设与税收收入工作相结合，塑造服务经济，勇于奉献的税风

通过发放廉政反馈卡、聘请纳税服务监督员、深入业户走访调查等形式，形成内外监督相结合的监督机制。在按照"依法征税，应收尽收"的原则，确保税收收入质量的前提下，不断培植税源，扩大税收规模，保证税收收入持续、健康增长，实现税收与经济的良性互动。在服务地方经济上，充分发挥了税收职能，用足用好税收优惠政策，不断强化税收征管质量，堵塞税收漏洞，深入挖潜税源，要通过征管数据分析，发现问题，找出征管存在的薄弱环节，提高征管质量和效率，确保完成各项税收任务。

# 科学管理　提高认识
# 加强工商个体户税收管理

河北省容城县国家税务局　郭喜龙　杨占青

为了贯彻落实国务院关于支持小型和微型企业发展的要求，财政部、国家税务总局对《中华人民共和国增值税暂行条例实施细则》和《中华人民共和国营业税暂行条例实施细则》的部分条款进行修改，提高了增值税和营业税起征点，增值税起征点提高幅度是：销售货物和销售应税劳务的增值税起征点为月销售额 5000～20000 元；按次纳税的，为每次（日）销售额 300～500 元。而增值税起征点调整之前，销售货物的起征点为月销售额 2000～5000 元，销售应税劳务的起征点为月销售额 1500～3000 元，按次纳税的为每次（日）销售额 150～200 元。按照《增值税暂行条例实施细则》的相关解释，此政策的适用对象应是"个体工商户和其他个人"。

增值税起征点调高后，对我县的财政收入有什么影响？税务机关应如何适应调整后的政策进行有效管理？如何规范的进行税收执法和纳税服务？成为摆在我们面前的一项重要任务。下面就增值税起征点提高后如何加强个体工商户税收管理谈几点看法和认识。

## 一、起征点提高后对我县国税收入的影响

我县范围内在国税机关办理税务登记的个体工商业户有 1540 户，占全部总户数的 71.43%，个体户所占比重较大。2011 年个体税收入库为 434 万元，占全县国税收入的 2.81%；2012 年 1～10 月个体户实现税金 488 万元，占全县同期国税收入的 2.25%，受大企业税收增长原因，所占比例有所降低。此次个体户起征点调高将直接影响我县的税收收入，按照可比统计口径计算，年均预计影响税收在 300 万元以上。

## 二、起征点提高后对个体税收管理的影响

起征点提高后，将大量减少个体工商户起征点以上的纳税人数量。在新的形势下，给个体税收管理提出了更高的要求，也带来了新的难度，主要表

现在：

1、个体纳税户户数明显下降。增值税政策调整后，如按 10000 元的起征点计算，目前在我县的个体工商户中实际纳税的业户将减少 90% 以上，纳税的个体工商户主要集中在城镇规模较大的商业户和制造、加工业户，而农村的综合商店、大部分的修理修配及小规模的加工业户都将转入起征点以下业户管理。

2、税收管理的难度进一步加大。一方面由于目前县域范围内的个体工商户绝大部分都没有实现真实的建账管理，个体定期定额户的销售收入时高时低，其销售额是否达到了起征点，税务机关很难界定，工作稍不到位，就会造成税收流失。另一方面起征点提高后，由于起征点上下之间的利益差距进一步拉大，有的纳税户特别是新开业户会想方设法争取被划到起征点以下，这就给税收管理提出了新的更高的要求。

3、对个体工商户的关注力度减弱。由于起征点提高，多数的个体工商户开业后只须办理税务登记证不需再缴纳税款，对于税源管理部门来说，势必会减少对这部分纳税人的关注力度，甚至放松对其进行的税收管理。加之未达起征点业户的比例过大，久而久之将造成这部分业户纳税意识的逐步淡化，一旦达到起征点时再恢复征税，将会给工作带来更大的难度。

## 三、加强个体税收管理的思路及对策

### （一）提高思想认识，更新征管理念

个体税收虽然占全部税收的额度不大，但涉及面非常广，个体税收管理得好坏，直接关系到广大人民群众的切身利益，最能体现构建和谐社会重要思想在税务部门的落实情况。因此，作为基层税收管理人员，必须提高认识，更新观念，积极落实好国家的税收优惠政策；同时对应征税款必须做到应收尽收，这既是我们肩负的职责所在，又是依法治税的客观要求；对未达起征点户不是放任不管、而是要实施更加科学和更严格地管理，要通过抓大、控中、放小，提高对个体户的征管效能，创建公平税负、依法征管的税收环境，促进个体经济积极健康稳步发展。

### （二）加强户籍管理，完善监控网络

一是加强与地税、工商等部门的信息沟通，特别是要按照《税收征管法》的规定，争取工商部门的大力配合，按季开展办证户的稽核比对工作，减少漏征漏管户。二是对未达起征点户要在办理税务登记后，将其纳入监控范围，加大监控力度，随时监控税源变化，当其达到起征点时要及时调整定额，积

极恢复征税。三是对一证多点或一户多证个体工商户的管理，要合并计算其经营额，防止此类纳税人利用起征点分散避税。四是对销售额在一年中波动较大，有的月份未达起征点、有的月份超过起征点的个体工商户，按实际达到起征点的月份足额征收。

### （三）实施科学管理，健全"定税"机制

起征点调高后，税收定额的核定工作成为个体税收管理工作的关键环节，定额核定是否公正，不仅关系到广大个体户的公平竞争，而且还关系到税收优惠政策能否得到真正落实。因此，基层税源管理部门应在深入调查研究的基础上，科学合理确定各行业、地段的税收参数，严格按个体纳税评估软件测算应征税额。积极实行定额公开制度，减少"人情税"、"关系税"的发生。

### （四）严格以票控税，强化发票管理

目前，个体户在实际经营过程中，绝大部分不使用发票且为现金交易，给税务部门核实其真实经营状况带来极大的困难，也是我们在个体户管理方面的一大难点。税务部门应借助定额发票和机打发票实施这一有利时机，加强督促纳税人在经营过程中依法取得和开具发票，积极推广税控收款机，实行逐笔开票。一是对经营地点固定，发票使用量较大，可申请领购使用百元版发票，税务机关严格实行"限量发售"验旧售新制度，"用一验一、验一换一"，要求在每月法定纳税申报期内到税务机关报验发票使用和开具金额情况，税务机关查验后，加盖查验戳记。二是对经营不正常，经营地点经常变动或零星使用发票的纳税人，由税务机关实行代开代管，同时积极鼓励广大消费者购物索票，对上述两种情况开具发票金额超过起征点销售额时，按全额进行征税；严厉打击各类发票违章行为，严肃查处各种拒绝为消费者开票的行为，鼓励群众举报，强化"以票控税"。

### （五）加大工作力度，强力推进个体户建账

大力加强个体工商户建账建制，强化查账征收，凡按照规定达到建账标准的业户必须设置会计账簿，凭合法有效的凭证记账，如实记载经营事项，财务收支情况，正确核算盈亏，对达到起征点的据实进行征税。业户具备建、记账能力的由其自行建、记账，不具备建、记账能力的探索实行联户聘请社会中介机构代理建、记账。对未按照规定设置、保管账簿、记账凭证和有关会计资料，违反建账规定的，依照《征管法》及其实施细则等相关规定进行处罚。

总之，由于个体工商业户数量所占比例较大，影响面较广，因此，在当

前构建和谐征纳关系的背景下，税务机关在管理上更应该细心周到的做好各项工作，既要在坚持原则的基础上依法征收，又要在充分落实国家税收优惠政策的同时，更好地服务于纳税人，充分让纳税人享受到改革开放带来的成果。

# 立足本职工作　全面提高素质

河北省蔚县国家税务局　丁　玫　李慧明

习总书记提出的"五个坚持"是坚持绝对忠诚的政治品格、坚持高度自觉的大局意识、坚持极端负责的工作作风、坚持无怨无悔的奉献精神、坚持廉洁自律的道德操守。这就要求办公室人要提高自身综合素质，要善待岗位，立足本职干好工作，在工作中学习，在工作中积累，在工作中提高。

## 一、把工作当事业干，在发奋进取中提高思想素质

首先，把工作当事业干折射出一股浩然正气。立足本职，奋发有为，把自己分管的工作干得卓有成效，让领导非常放心，让同事非常信任，上级会赏识你，领导会重用你，部门愿意接纳你。其次，把工作当事业干蕴藏着一种昂扬锐气。把工作当事业干的人，会始终处于一种待发的精神状态，专注于事业，不断谋求新的突破。

## 二、把工作当专业干，在刻苦钻研中提高业务素质

一是要向实践学习，做调查研究的高手。经常"身"入基层，切实"心"入基层，从一个个具体问题中，透过现象看本质，摸准"瓶颈"问题，分析研究出具体有效的解决办法，长期坚持必能提高自身调查研究能力。二是向领导学习，做能参善谋的好手。作为办公室工作人员，能参善谋必须紧跟领导思路，为此，要注意学领导的思想方法、思维方法和工作思路，强化理性思维和把握全局的能力，并"关注领导的关注，思考领导的思考"，这样才能当好高参，提出好建议。三是向各科室领导学习，做协调矛盾的能手。他们具有丰富的组织协调经验，要多请教、勤思考，在亲身实践中掌握协调工作和解决矛盾的方式方法。四是向老同志学习，做撰写材料的快手。在办公室工作，必然要具备一定的文字综合能力，不仅要善写，而且能写好写快，为此要特别虚心向机关老同志学习，向撰写材料的能手学习，熟悉业务中的名词术语，了解专业知识，掌握写材料的基本套路，抓住写作要害，不断提高写作技巧和效率。

### 三、把工作当乐趣干，在以苦为乐中提高抓落实素质

第一，要培养抓落实的成就感。当你完成一项或大或小的工作任务而受到赞扬的时候，当你为领导出了一个好主意的时候，当你撰写的材料得到肯定并顺利通过的时候，当你写的文章被刊出的时候，心里总有说不出的高兴，这时候过去的苦和累就都变成了最美好的回忆。第二，要调节抓落实的兴奋点。要有意识地调节个人兴奋点，调整自己的精神状态，把最旺盛的精力用在抓工作落实上。这样就会情绪高涨，思路畅通，思维敏捷，干工作、写材料既快又好。第三，要强化抓落实的责任感。抓落实是责任要求，不管你有无兴趣，能否调整到最佳状态，都必须不折不扣地狠抓落实。

### 四、把工作当精品干，在精益求精中提高创新素质

把工作当精品干就是在工作中做的每一件事、完成得每一项任务都要求创新，求完美。首先，要有一流的工作标准。部署工作、下达指标、总结经验等都要着眼税务部门实际，要有很强的针对性、操作性和示范性，使其经过努力能够落实；无论何时都要着眼贯彻上级的指示和要求，站在全局的前沿，具有广泛的指导意义和推广价值。其次，是要有敢为人先的精神。要想干出精品工作，必须善于用最新理论成果指导实践，敢于干那些工作急需而别人没干过的工作，做那些可能有一定风险或者被人误解而对提高工作战斗力十分有利的事情。第三，是要有不怕反复的细劲儿。任何工作的落实都有一个从被动到主动、从初级到高级不断发展的过程，必须抓反复。好的材料都是反复酝酿、推敲、提炼、修改出来的，是在反复中深化认识、去粗存精、推陈出新的。

# 关于皮毛制品加工行业
# 实行农产品核定扣除政策的一些思考

河北省肃宁县国家税务局 娄胜利 王占国

《河北省国家税务局 河北省财政厅关于肠衣加工等行业实行农产品增值税进项税额核定扣除有关事项的公告》（2015 年第 3 号）规定：我省从事肠衣加工、棉纺纱加工、羊绒（毛）加工、毛皮鞣制加工、毛皮购销、毛皮制品加工等 6 个行业的增值税一般纳税人（以下简称试点纳税人）自 2015 年 4 月 1 日实行农产品增值税进项税额核定扣除。自此皮毛制品加工行业实行核定扣除政策千呼万唤始出来。沧州市的皮毛制品加工企业主要集中在肃宁县，作为一名基层税收管理人员，笔者一方面为新政策的出台欢心鼓舞，另一方面又对新政策下，如何加强皮毛制品加工行业的税收管理陷入深深的思考。

## 一、实行农产品核定扣除的益处

（一）试点纳税人购进农产品不再凭"收购发票、农产品销售普通发票、专用发票、海关进口增值税专用缴款书"抵扣，购进农产品不再计提进项税额，一并计入成本

这就从根本上解决了利用农产品收购凭证虚抵进项税额，大肆偷、骗税的行为。作为经历过"利剑二号"的税务人员，至今仍印象深刻。国家为了扶持农业，一方面初级农产品免征增值税的政策必须坚持，而另一方面屡屡发生的农产品虚开大案，使得农产品抵扣政策屡受诟病，新政策的出台，无疑解决了这一难题。

（二）极大降低了税收管理人员的执法风险

河北省国税局为防止皮毛制品加工行业偷税骗税的发生，自 2008 年至今已经数次出台皮毛行业管理办法。在规范企业的同时也为广大基层税收管理员增加了巨大的工作量和执法风险。比如要求对所有皮毛企业每季进行纳税评估，对购进的生皮进行查验。只有税务人员查验确认后方可抵扣进项，在当前市场经济相当发达的情况下，企业从市场"二道贩子"购进生皮，税务人员无法区分，而税务人员查验签字就可抵扣进项，无疑加大了执法风险，

也极易造成税务人员的权力过大。

**（三）企业税收会更加均衡**

农产品核定扣除政策的核心是以销售的实现确定进项税额，这就不会出现由于农产品集中上市、集中收购，造成一定时期内进项税额过大形成留抵，也不会出现由于集中销售销项税额过大，造成企业一定时期内纳税较多，税收负担重的情况。

## 二、实行新政策前应加强的工作

**（一）应加强政策宣传力度**

虽然国家自 2012 年陆续在部分行业开始试行农产品核定扣除政策，但目前大部分皮毛制品加工企业对此政策还知之甚少，新政策施行已迫在眉睫，我们税务部门要利用各种形式对新政策、新规定进行宣传、培训，使得新政策的推行得以顺利开展。

**（二）合理确定农产品耗用率指标**

由于皮毛制品加工行业的特殊性，省局确定实行成本法，而成本法的核心是合理确定农产品耗用率，此指标直接影响当期允许抵扣农产品增值税进项税额的大小。由于皮毛制品品种繁多，可以说，此指标确定的合理与否是实行新抵扣政策稳妥推行的一个关键因素。

**（三）期初库存正确转出，否则造成农产品双重抵扣**

自 2015 年 4 月 1 日，将期初库存农产品以及库存半成品、产成品耗用的农产品增值税进项税额作转出处理，并于当期缴纳入库，即农产品以及半成品、产成品耗用的农产品以含税金额入账。按期初库存农产品，取得增值税专用发票、海关进口增值税专用缴款书普通发票或自制收购发票分别进行进项转出，也就是说"怎么进来的，怎么出去"。这项工作不仅要求责任心强，而且要避免出现税务人员协同企业弄虚作假，少转出进项。

进项税额转出形成应纳税款一次性缴纳入库确有困难的，可将进项税额分期转出，分期转出期限最长不得超过 12 个月；分期转出处理的纳税人，应制作分期转出台账，税收管理员要监督执行。

## 三、新政策执行中可能出现的问题及对策

农产品核定扣除政策改凭票扣除为核定扣除，是一种新思路、一种新的尝试，但它不是万能的，特别是针对皮毛制品加工企业执行中可能存在一些

问题。比如：

**（一）实行核定扣除，内销企业虚开、代开增值税专用发票的可能性增大**

据测算，实行核定扣除对于大部分企业来说，可有效降低增值税税负，减少企业负担。加之，进项税来源合法化，就可能给一部分人以可乘之机。例如，经过核定扣除计算，某皮毛加工企业 100 元的销项可以抵扣 90 元的进项，此时增值税税负仅为 1.7%，则该企业可能以收取 6 ~ 8% 开票手续费的方式，对外虚开发票，以赚取高额的差价。

对策：在核定扣除政策环境下，一是将工作重心放在核查农产品加工企业的实际经营情况上，注重企业生产产品数量、销售产品数量的真实性。二是对销售收入异常增长的企业加强评估，严防虚开发票的情况发生。

**（二）成本法下，当期主营业务成本的真实性也成为确认进项是否真实合理的关键因素**

当期允许抵扣农产品增值税进项税额 = 当期主营业务成本 × 农产品耗用率 × 扣除率/（1 + 扣除率）。利润表中的"主营业务成本"反映的是企业当期销售产品或提供劳务所含的成本，即产品成本。按照《企业会计准则》的要求，产品成本包括直接材料、直接人工和制造费用。也就是说人为增加原材料成本，即使当期未增加抵扣进项，但在产品销售后就可增加核定的进项。另一方面生产工人工资、设备折旧、电费等等随着计入主营业务成本也成为影响进项的因素。

对策：基层税务管理人员和稽查人员要转变以往只重视增值税进、销项审核的观念，要加强主营业务成本构成要素真实性的审核，这对税务人员的业务素质也提出了较高的要求。

**（三）容易忽视皮毛制品行业的副产品（由下脚料加工的产品）或下脚料的销售问题**

核定扣除政策下，主要以销售产品为依据核定进项税额，这就很容易忽视对副产品或下脚料销售的审核。比如以皮毛下脚料编织的围巾等副产品。皮毛制品加工企业副产品或下脚料不对应进项税额。另外，核实企业是否准确核算副产品的销售额并计提销项税，并通过副产品与主产品的比例关系测算企业实际生产及销售主产品的数量。

对策：为准确核算副产品和下脚料销售，我们在实际工作发明了"称重法"，以原材料重量减去产品重量来确定下脚料的重量，并明确了每种皮张的下脚料标准，也作为纳税评估的一项重要指标。

# 以纳税人为心 深化国地合作
# 共谱优质纳税服务新篇章

内蒙古呼和浩特市赛罕区国家税务局 张和平 于 扬

5月16日，全市第一家规范化管理的国税、地税联合办税服务厅正式运行，这标志着赛罕区国税、地税在国地税合作旗县级示范区创建上迈出了实质性的一步，这是赛罕区国税局、地税局以纳税人为"心"，破藩篱、搭平台、建载体，在以往合作的基础上，取得的国地合作阶段性胜利。多年来，赛罕区国、地税主动协作、探索前行，不断拓展合作领域、创新合作方式，共同谱写出国地税合作新篇章。

## 一、敢为人先，共创合作局面

2015年8月，赛罕区国税、地税召开首次联席会议，对32项合作事项逐一探讨研究，探索国地税合作新方式，并联合签发了《赛罕区国、地税局关于加强纳税服务合作落实国家税务局 地方税务局合作工作规范（1.0）的通知》，为全面合作打开了通道，掀开赛罕区国地税合作序幕。

## 二、互商互动，共建合作机制

为确保合作不断向纵深推进，赛罕区国地税局多次召开推进会，签订合作备忘录，联合印发合作方案，成立了由国地税双方主要负责人任组长、相关部门负责人为成员的国地税合作工作领导小组，建立联席会议机制，为全面开展合作奠定了坚实的基础，使国地税合作紧密度实现了"1＋1＝1"。

## 三、文化共建，共创和谐共赢

2015年11月，赛罕区国地税联合举办"国地携手，服务赛罕"主题道德讲堂，合唱一首歌曲，同看一部短片，共读一段经典，分别讲个故事，做一番点评，同台表演诗朗诵，送温暖，互赠书籍，通过共同学习先进典型，学习身边人，宣扬敬业奉献、助人为乐、诚实守信和孝老爱亲的中华民族优良传统，大力弘扬优秀家庭美德和个人品德。通过一个个凡人善举的点点滴滴引领国地税的党员和干部职工学习效仿先进典型，传播税收事业健康发展的正能量，推进税务精神文明建设，为国地税深度合作搭建起了基层国地税沟通交流的平台。

## 四、凝心聚力，合力备战"营改增"

2016年3月赛罕区国地税共同召开"营改增"专题部署会议，就"营改增"前期准备工作，进行了深入细致的分析和研讨。摸清税源情况。对现有税源，依照经济性质、纯地税户、国地税共管户、有税户、无税户等标准进行全面清理，严格分类，为后期税务登记信息补录、票种和税种核定以及营改增后的后期管控奠定基础；梳理优惠政策。把现有营业税的优惠政策，依照种类、行业、适用条件以及涉及的纳税人进行认真的梳理，确保"营改增"后，符合条件的纳税人，依法享受的税收优惠政策落地；核对税控装置。对使用税控装置的纳税人，依照税控机、税控器和服务单位为内容，进行认真核对，不重户，不漏户，做好税控装置升级准备。2016年4月赛罕区国地税办税服务厅实现一体化，助力"营改增"顺利开展。

## 五、拓展"增值"，纳税人获得感加强

借助"纳税人学堂"这一平台，赛罕区国税、地税开展联合纳税人培训，由国地税业务骨干主讲，根据纳税人的需求，结合税务管理中遇到的常见问题进行了详细的讲解，现场为纳税人答疑解惑，突出实用性、可操作性，同时加大网络宣传力度，通过微信公众平台，将最新税收政策、办税注意事项以及营改增试点前后政策衔接等一一进行告知。国、地税局联合制定《新办纳税人培训计划》和《营改增专项培训实施方案》，明确培训目的、培训方式和培训内容等具体事项。按照"懂政策、能开票、会申报"要求，针对"营改增"试点纳税人，分别按国地税共管户和地税纯管户分类，计划采用不同培训方式开展培训。

## 六、国地联动，开启税收宣传新格局

4月1日，全国第25个税收宣传月首宣日，赛罕区国税局、地税局联动，围绕"聚焦营改增试点　助力供给侧改革"主题，举办"营改增"专题培训班，赛罕区国税局党组书记、局长张和平，赛罕区地税局副局长张凤墀以及300多户"营改增"试点纳税人参加了此次活动。"首宣日"活动的顺利开展

既深化了国地税之间的合作，又让纳税人及时了解最新、最实用的税收政策，拉近了与纳税人之间的距离，营造了良好社会舆论环境。

## 七、联合办税，实现多方共赢

办税服务厅是基层税务机关为纳税人办理涉税事项、提供办税服务的重要场所，是征纳双方沟通的桥梁、展现税务机关和税务人员形象的窗口。赛罕区国税、地税联合办税服务厅的整合建立，实现了按业务需求设置窗口（互设窗口），一机双网，24 小时自助认证、自助代开专票、社保云 pos 自助缴费，委托代征，电子档案，设置预受理区、维权室、应急办公室，纳税人共享税法公告、咨询辅导、休息等候等服务。联合办税服务厅由国地两家共管、定期联席。在赛罕区国税、地税办税服务厅办理涉税业务时，只需向一个窗口提出申请，由国税、地税相关工作人员后台内部流转，一站式解决纳税人涉税业务，避免了办税人多头找、多次跑、重复排队、重复受理等弊端，缩短了办税时间，降低了办税成本，提升了纳税服务水平，实现了由"进一家门、办两家事"到"成一家人、做自家事"的跨越。这不只是形式上的简单联合，而是与整个税收工作流程相匹配衔接，实现税收资源共享的深度融合，也是我们赛罕区国税、地税在深化合作上求同存异、大胆开拓的新体现。

尽管赛罕区国地税合作取得一定的成绩，但我们明白：未来还有许多工作要做，还需完善提高，砥砺奋进。我们将不断开展更加广泛、更深层次的合作，进一步挖掘国税、地税资源，大胆创新，释放"1 + 1 > 2"的效应，提升便捷、规范、经济的服务水平，增加纳税人获得感，树立税务部门良好形象，演奏出"纳税人所盼，税务人所向"的和谐乐章。

# 党组书记抓党建 抓好党建促税收

安徽省休宁县国家税务局 陈利民

本人作为县国税局局长、党组书记切实履行抓党建工作第一责任人的职责，团结局班子成员及全体党员干部，以"三严三实"延伸活动为主线、以"113"专项行动为抓手、以提高党员干部素质为根本，全力夯实工作基础、探索工作方法、创新工作机制，认真落实基层党组织建设工作各项措施，抓好党建促税收事业发展。

## 一、尽职履责，当好"第一责任人"

本人始终坚持主动抓党建、带头抓党建、自觉抓党建，切实履行"第一责任人"职责，充分发挥"第一责任人"作用，凡是涉及党建工作的重要会议和重大活动都做到亲身参与、系统思考后提出具体要求，引导全局党建工作呈现出欣欣向荣的可喜局面。县局机关党委荣获"机关党建工作示范点"，6位同志被命名为"党员示范岗"，并被县委推荐申报全省"学习型党组织"标兵。

### （一）高处摆位，理清思路

年初厘清全年党建工作重点和任务，拟定工作目标和具体措施，结合"三严三实"延伸活动和"113"专项行动，主持召开了机关党委扩大会议，与党委委员、各支部书记围绕"怎么看、怎么办"，"活动怎么开展、工作怎么落实"进行深入的研讨，围绕党建工作中心任务，以转变作风、为民服务为主线，突出抓好税收收入质量，扎实推进基层组织建设、党员队伍建设，努力把我局党建工作打造为休宁县的示范品牌，市直机关工委带领各区县党务工作相关人员莅临县局观摩指导。

### （二）细处自律，以身作则

践行"领导带头、阳光公道"的理念，在日常学习、工作与生活中，坚持凡要求别人做到的，自己首先要做到；带头学习，将学习当作一种追求、一种境界、一种兴趣，通过自主学习、集体学习等方式，加强政治理论学习、夯实基础业务能力。带头实践，主动到大厅前台值班，主动服务纳税人，主动参加各类党员活动，用言行带动和影响全局干部，筑牢服务意识。

### （三）远处着眼，强化组织

从党建长效机制着眼，选好、用好、管好党支部带头人，通过抓机关党委和各支部书记这个关键，发挥领头羊作用。将党建工作纳入干部综合考评，压实责任，推动党建工作开展，充分挖掘各支部书记和支委委员的潜力，使党建工作活力大大增强。重视党员发展，优化组织结构。坚持从严治党，在吸收新党员时坚持高标准、高要求，把保证质量放在第一位，严把推荐关、考试关、审查关。同时在发展党员工作中，建议重点从团组织推荐的优秀青年、具有本科以上文化水平和获得省市级岗位能手的青年中发展党员，着力解决基层党组织党员年龄偏大的问题。今年我局发展 2 名年轻党员和 1 名入党积极分子。

### （四）短处着手，提高效能

通过召开各类座谈会、发放意见征求表、个别谈话等形式，广泛征求党员和群众建议，共征集意见 92 条，归纳合并为 7 个方面的突出问题，积极整改。进一步完善涉税服务需求响应机制，推广应用各类办税服务资源，形成 12366 服务平台、税企 QQ 群、办税流程二维码、办税联系卡和政务网站等各类服务资源优势互补的咨询服务工作体系，扩大即时咨询辅导覆盖面，提高纳税人需求的收集效率、分析能力和响应速度，优化纳税服务。

### （五）实处落实，提升形象

用制度建设引领党建工作，进一步健全领导信访接待日制度、党风廉政建设制度、三会一课制度、"党务公开"制度、党员结对帮扶制度、定期督查制度等。2016 年我局与休宁县横江社区签订了共建协议，强化党员进社区服务，机关党委和三个支部分别与四个村支部开展了结对共建，与三个非公重点企业党支部建立共建机制，纪检组长成为非公企业党建工作指导员。开展党员八小时之外奉献社区、帮扶企业，税法知识普及教育、辅导留守儿童学习、慰问空巢老人等活动，号召党员干部积极捐款捐物，热心帮助困难群众，帮扶资助物品及资金达万元。注重狠抓内部管理，严格考勤制度、结合纳税服务质量提升年活动。开展"服务之星"评选等，督促干部转变作风，强化责任意识，大大提升了国税形象。

## 二、整改提高，当好党建工作"指挥员"

总结县局的党建工作主要表现出 4 个方面的不足：

### （一）政治理论和业务学习不扎实

税收工作具有多头性、复杂性，少数党员对自身的政治理论学习有所放松，缺乏认真钻研的精神，理论修养境界不高。

**（二）部署党建工作系统思考不足**

习惯于被动作为，依赖性强，主动性差，缺乏全年党建工作的系统思考，全面指导对党员干部关心体谅也不够，部署工作有些急于求成。

**（三）党建工作创新能力不强**

想问题、做事情按部就班，习惯老方法、老套路，有时有点求稳怕乱。虽然也创新形式开展了一些工作，但党建工作创新的原动力不足。

**（四）党员示范引领作用不显**

党员的先锋模范作用和党组织的战斗堡垒作用还没有充分发挥。有些党员自我管理、自我约束、自我提升能力不强，但求过得去，不求更好。表现在工作上是执行力和推动力不够，模范带头作用缺乏。

以上问题虽然不是主流，但从点和面上也折射出少数党员宗旨意识不强、党性修养不够，创新精神不足等，应当高度重视，认真整改。我们的主要措施有：

（一）强化理论学习，激发党建活力

一是强学习，提升党员干部素质。每月开展一次党组中心组理论学习，将理论学习与税收工作相结合，与服务纳税人相结合，与助力力地方经济发展相结合。二是强管理，完善党建工作制度。结合创先争优、"三严三实"教育、"113"专项行动，完善了《中心组理论学习制度》、《党务公开制度及流程》、《服务之星评比办法》、《岗位练兵考核办法》、《绩效管理考核办法》等一系列制度办法，保证党组织活动质量，保证党内生活规范化、制度化。三是抓典型，发挥引领示范作用。借助道德讲堂平台讲述休宁县第一届道德模范刘素龙同志和最美职工胡玉梅先进事迹。以身边人、身边事教育激励党员牢固树立宗旨意识、服务意识。

（二）强化人文关怀，增强组织合力

以"一局一品"文化创建为基石，延伸打造党建项目品牌。开展了"创建学习型机关。争当学习型干部"、党员的"政治生日"、"学党史、知学情、强党性"、"思想政治大讲学"、与非公企业党组织共建等活动，不断完善党员教育、管理和培养机制。针对基层干部反映的食堂就餐环境差、中午午休及大厅工作人员压力大等问题，围绕基层建设年各项工作，对局职工休息室、职工食堂、文体活动室进行改造，积极创造舒适的办公条件和生活环境。关注大家合理利益诉求、精神生活和心理健康，多渠道增强党员对组织的信任度和归属感，激发党员的积极性和创造力。

（三）强化工作创新，增添发展动力

打破老习惯和旧框框，以抓工作作风为突破点，积极创建省级学习型党组织示范点，内强素质，外树形象。增拨支部活动经费，使党员活动的开展从经费上得到保障。开展丰富多彩的党建活动，清明节前夕，组织青年党员到黄山茅山烈士陵园开展祭扫和重温入党誓词活动，七一期间，我局组织党员干部参加了休宁县"同心向党"歌咏比赛并获得三等奖、到黄山区谭家桥红军北上抗日纪念馆接受党史教育、在纪念抗日战争胜利70周年之际，参加了县委组织的"不忘国耻、圆梦中华"千人签名活动，弘扬爱国主义精神。

## 三、增强五个意识，提升整体合力

今后我们将以党的十八大精神和十八届三中、四中、五中全会为指导，以严的态度、实的作风，进一步加强基层党组织建设，着力构建服务型、学习型、效能型党组织，提升综合推进能力，努力实现党建工作服务发展、服务社会、服务群众、服务党员的目标。

### （一）增强学习意识，提升党建统筹力

以解决思想和工作中存在的实际问题为出发点，以改进自己和全体党员干部的工作作风、工作方式、提高工作成效为落脚点，不断增强学习的自觉性和主动性，特别要在理论联系实际、指导实践上下真功夫，不断提高理论学习的效果，实现理论与实践相统一，把学习作为提高素质、履行职责的重要方法、手段和途径，提高抓党建工作的统筹能力。

### （二）增强宗旨意识，提升党建原动力

进一步加强党员干部的思想政治工作，引导党员干部进一步树立全心全意为人民服务的思想，始终把服务纳税人、服务地方经济发展作为第一要务、第一使命，坚持以实谋事，不做表面文章，认真开展调研工作，定期走访企业，深入群众，正视问题与困难，接收批评与建议，大力强化作风建设，增强践行群众路线的内驱力。

### （三）增强人本意识，提升党建凝聚力

加强领导班子建设，不断提高领导班子的综合素质和整体合力，培养班子成员与群众的"融和"能力，打造敢抓敢管、善抓善管的中层干部队伍，进一步提升执行力；加强与干部职工的交流沟通，倾听干部心声，着力解决干部合理合规需求。加强人才培养，坚持政治与业务并举、活力与能力并重的育人思路，提高党员干部综合素质和能力，培养一批"有德、有才、有为"的能手、骨干。

**（四）增强效能意识，提升党建约束力**

加强党员干部传统教育和廉政教育，增强拒腐防变能力。严格执行党内情况通报制度和重大决策征求意见制度，积极做好党务公开工作，对非涉密重要部署情况以及广大群众关心的问题及时进行公开，充分保障广大党员的知情权、参与权、监督权，使干部群众更好地了解参与党内事务。细化党建工作考核，压实党建工作责任，强化党建工作效能，增强党员自我约束能力。

**（五）增强品牌意识，提升党建创新力**

通过打造"养身之都、有养国税"、"状元魂"休宁国税文化品牌，建设机关党建工作示范点和全省学习型党组织建设标兵，提升全员文化素养，营造心中有党、心中敬党和心中爱党的核心价值观，进一步增强党员干部的责任感、使命感，进一步扩大党建工作影响力，提升休宁国税良好形象。

# 优班子强队伍　建机制立规矩

安徽省临泉县国家税务局　王卫峰

近年来，临泉县国税局以创建"四好"班子，激发队伍活力，锻造廉洁国税，加强基层建设为工作主线，统筹推进各项国税工作，逐步呈现出管理细化、活力迸发、落实有力、发展良好的局面。

## 一、创建"四好"班子，增强班子战斗力

以创建"学习好、团结好、工作好、廉洁好"的"四好"领导班子为标准，重点抓好以下工作：

### （一）以学习为基础，提高班子整体素质

完善党组理论学习制度，采用班子成员轮流领学、联系分管工作谈心得、座谈讨论等形式，使学习成果入脑入心，提高领导班子思想政治素质和觉悟。建立"学习－研讨－决策"机制，即"学习一个专题，研讨一个问题，推动一项工作"，班子成员每人每年至少确定一个专题调研方向，带队深入税户、深入基层开展调研，解决问题，将学习效果转化为推动工作开展的有效力量。

### （二）以团结为合力，坚持民主集中制

班子成员"同挑一副担、同唱一台戏"，经常性互相谈心，沟通思想交换意见，彼此之间以诚待人、相互尊重，做到讲信任、重感情，补台不拆台；讲合作、重协商，分工不分家，形成心往一处想、劲往一处使的强大合力。认真贯彻落实《税务系统领导班子和领导干部监督管理办法》，规范"三重一大"事项研究决策程序，坚持重大问题民主讨论、集体研究，实行"一把手"末位发言制，听取意见不走"过场"，酝酿充分不搞"个别操作"。

### （三）以落实为抓手，推动工作上台阶

一是抓思路。坚持问题导向，科学制定年度工作规划，理清工作思路，明确发展目标，力求工作年年有所发展、有所进步、有所创新。二是抓责任。班子成员切实担负起抓党建、带队伍、抓业务、严纪律及一岗双责责任。建立责任制，层层传导压力，使具体工作措施落实到每一个单位，细化到每一个人。三是抓行动。班子成员少在办公室听汇报、作指示，多走出机关、走出办公室，到征管一线摸实情，听呼声，解难题。四是抓考评。跟踪督查工

作落实情况，对完成不力、效果不佳的责令限期改正。发挥绩效管理评判作用，对因工作失误导致被市局扣分的班子成员相应扣减个人分值。

**（四）以制度为约束，狠抓班子廉洁自律**

抓好制度遵守。严格遵守党组工作条例，切实履行党组职责，强化党组第一责任人责任和党组成员"一岗双责"责任，加强对责任制落实情况的日常督查。抓好示范带头。班子成员带头执行党规党纪，带头严于律己、模范遵守党和国家有关廉洁自律的各项规定，始终做到心中有戒、清正廉洁。抓好执纪问责。"手电筒"既照别人，也照自己，突出对领导班子的绩效评价，强化问题整改与问责，对在工作中不守纪律、不讲规矩、不愿担当、不去落实的干部及时做出组织处理，让"只想当官、不想干事"的人没有市场。

## 二、坚持严管善待，激发干部队伍活力

坚持慎重稳进、夯实基础、严管善待、凝聚人心的干部队伍建设总体思路，注重可持续性，多做打基础、利长远的工作，把基层组织搞强、把基础工作做实。

**（一）理清干部队伍管理的思路**

客观的说，要求100%的人拿出100%的精力投入工作并且高质量完成工作是不现实的。因此，县局提出最大限度挖掘干部潜力的"三个三"工作原则，即：抓30%的人，这些人工作态度端正、工作热情高涨、工作能力突出，想干事，能干事，会干事，要给这些人舞台，敢于、善于给他们压担子，在工作中磨练才能，增长才干。这30%的人可以引领、带动剩下的70%的人中的30%，这样就又多了21%的人拿出充足干劲投入工作。还剩下49%的人，受多种因素影响，工作态度和工作能力有所欠缺，假若他们以前对工作只投入10%的热情和精力的话，现在我们拉一把、拽一下、推一推，可以让他们能投入至少30%的热情和精力到工作中，当然底线还是100%按时按量完成工作任务。工作原则确定后，干的好不好，能不能重用，用工作实绩和群众口碑说话。

**（二）注重提高全员政治业务素质**

采取"请进来"教学、视频教学、轮流讲学、分组讨论、谈心得体会等形式，坚持每周三下午县局机关集中政治业务学习；开展"每月学一法"活动，重点学习与税收相关的法律法规，学习完成限时测试，成绩存入个人学习档案；鼓励干部自学成才，参加"三师考试"、学历提升教育及各类职称考试，以考促学。制定《临泉县国税局岗位练兵实施办法》，按序列组织练兵团

队，明确牵头人和核心成员，制定学习计划，抽查学习进度，每半月监测统计并在内网公布各部门、各类别岗位练兵情况；组织召开青年干部岗位练兵座谈会，以岗位能手成长成才经历作为生动案例激发干部职工的学习动力；搞好"传帮带"，由1名省、市局能手自由结合1~3名新进人员，每周互相检查督促学习进度，共享学习资料和学习方法，互相提问讨论学习过程中的疑点难点，营造"爱学习、比学习、帮学习"的浓厚氛围，以达到学教相长、共同提高的效果。

### （三）注重最大限度调动干部积极性

一是守住干部完成工作任务的能力线。针对干部业务水平、工作能力、年龄结构等因素的差异，划出干部完成工作任务的两个能力线：按时、按量、保质完成，这是最低要求，是完成工作任务的"底线"；优质、创新完成工作任务，所做工作有示范引领作用，这是"高线"。让全体人员都有岗位、都有职责、都有任务、都有标准、都有激励措施，最大限度调动干部积极性，让他们想干事；最大程度提升干部能力，让他们能干事；最大力度为干部提供支持，让他们干成事；最大尺度把权力关进制度的笼子，让他们不出事。二是精干机关充实基层。加大干部交流轮岗力度，结合个人业务专长、发展潜力和工作实绩，交流轮岗27人。利用税源管理机构职能调整契机，选配10多名业务较好、政治素质较高的干部充实到征管和稽查一线，加强基层力量。坚持重视基层的用人导向，重品行、重能力、重实绩，不唯年龄、不唯资历、不唯学历，大胆使用"靠得住、有本事、不出事、群众公认"的干部。

### （四）注重培养后备人才队伍

站在事业长远发展的高度，积极储备后备人才，重点培养、使用优秀年轻干部，多交任务、多压担子，使他们在实践中锻炼成长。优先选派年轻干部参加省局、市局组织的各类业务培训。成立税收调研团队，广泛吸收年轻业务骨干参加，通过以老带新开展税收调研，使他们在调研中增长才干，解决实践问题。优先安排9名优秀年轻干部跨部门交流锻炼，尽可能地让年轻干部成为税收业务和行政管理的"多面手"。实行"自由人"制度，安排办税大厅的年轻税干在征期之后轮流到各业务股室学习工作，既可以发现年轻税干的特长，有利于两年或三年大厅锻炼后安排到合适的岗位，也可以多方面锻炼综合才能，又可以缓解部分股室临时性工作需要。加强年轻干部思想教育，帮助查找在工作思路和工作方法上的不足，克服浮躁情绪，拓宽工作视野。

### （五）注重完善正向激励措施

发挥工、青、妇等群团组织作用，激励税干多参加文化体育、知识竞赛、岗位练兵、各类评比等活动，鼓励他们多拿奖牌，多获名次，营造积极健康向上的氛围；打造"爱民"志愿者服务队品牌，建立多个兴趣小组，举办职工运动会，丰富干部职工精神文化生活。关心爱护干部职工，在政策允许范围内尽可能关心职工生活，解决他们的后顾之忧。开展"最美国税人"、"党员示范岗"等评选，支持税干参加"阜阳好人"、"最美临泉人"评选，多层面挖掘典型，让大家学有榜样、赶有目标。扩展荣誉结果运用，畅通与绩效管理体系、培训体系和职业发展体系的连接通道，作为评先评优、外出培训、提拔晋升的重要考量，激励干部职工创先争优，拾级而上。

## 三、加强监督制约，狠抓党风廉政建设

坚持把纪律规矩挺在前面，强化教育警示措施，切实改进工作作风，拓宽社会监督渠道，在解决好如何"定责"，怎样"履责"、"追责"上狠下功夫，让"不敢犯"逐步向"不能犯、不想犯"转变。

### （一）压实"两个责任"

紧抓"两个责任"这个党风廉政建设的龙头和"牛鼻子"，厘清"两个责任"清单和职责，党组对党风廉政建设直接抓、具体抓、经常抓，纪检监察部门按照"三转"的要求，执好纪、问好责、把好关，一级抓一级、层层抓落实，做到责任内容具体、主体明确、考核科学、追究严格。注重"抓住关键的少数，管住少数的关键"，关键的少数就是县局领导班子、中层干部，以及身在廉政风险较大的有权岗位人员，少数的关键就是抓思想警示、制度制约、批评惩处这三个关键环节。

### （二）廉政教育常态

坚持廉政教育抓早抓小，防患于未然，做到常教育、常提醒、常鸣钟、常警示、常熏陶，让广大党员干部受警示、明底线、知敬畏。着重抓提醒、抓重要时间节点，明确禁止事项，防范廉政风险，切实解决好苗头性问题。每季度选择一天为"廉政日"，邀请专家作廉政专题报告，观看廉政教育影片，组织领导干部、廉政风险较大岗位人员到市、县廉政文化展厅、预防职务犯罪警示教育基地和红色文化阵地参观学习。利用近年来系统内发生的系列案件，开展"身边事教育身边人"预防职务犯罪等警示教育活动。

### （三）日常监督主动

前移监督关口，由监察部门牵头政策法规、征管等部门，提前介入税收执法环节，每周到办税大厅、税源管理股（分局）、稽查局等部门，查系统、看资料，把脉问诊每一个执法环节，及时发现各环节、各岗位的执法失误和

管理漏洞，提高监督实效性，变以往半年、一年对执法结果的检查监督为即时监控、过程监控，变事后惩处追责为事前预防、事中纠偏。积极参与政风行风评议，与县检察院建立预防职务犯罪联席会议制度，从社会各界聘请21名特邀监察员，向纳税人发放廉政监督卡，有效解决"门难进、脸难看、话难说、事难办"等问题。

**（四）失责追究刚性**

健全责任分解、检查监督、倒查追究的完整链条，坚持有错必究、有责必问、问责必严，不搞"特殊化"、不搞"情有可原"、不搞"变相处理"，提高责任追究的震慑力。坚持从严处理与保护党员干部权利并重，实行惩处与教育相结合，既维护法律和纪律的严肃性，也注意保护干部，重在教育本人、警示他人。2015 年以来，共追究相关责任人 23 人，其中通报批评 23 人，经济惩戒 18 人，惩戒金额 8016 元。

通过"优班子强队伍，建机制立规矩"各项措施的持续有效落实和县局几任领导班子的不懈努力，临泉县国税局各方面工作规范有序，取得了长足进步。2016 年 1－5 月份，入库税收收入 22856 万元，较上年同期增收 5309 万元，增长 30.26%。在省局委托第三方机构开展的 2014 年全省国税系统纳税人满意度调查中，整体满意率得分 91.3 分，在全省 126 个县（市、区）国税局中排名第 6。被省纪委、省监察厅命名为"廉政文化进机关示范点"，连续多年在县委、县政府政风行风评议执法单位中排名前三，连续七届获得安徽省"文明单位"称号。

# 关于建筑业跨县（市、区）
# 提供建筑服务税收管理有关问题的思考

安徽省太和县国家税务局　任黎明　李振宇

2016 年 5 月 1 日后，全面推开营业税改征增值税试点这场重大税制改革，在全国范围内正式实施，建筑业正式纳入增值税征收范围，增值税抵扣链条进一步延伸和覆盖。如何加强并规范跨县（市、区）经营的建筑业税收管理，确保税收的安全完整，成为国税机关当前面临的严峻考题。

## 一、太和县建筑业跨县（市、区）提供建筑服务基本情况

### （一）太和县建筑行业发展概状

2015 年太和县开工项目共 157 个，总投资 253.8 亿元，其中亿元以上项目 55 个，10 亿元以上项目 6 个；五年累计开工项目 382 个，总投资 633.8 亿元。全县各类在建项目 261 个，亿元以上项目 111 个。商合杭高铁太和站、洛阜铁路等一批重大项目扎实推进，中铁、广厦等一批"国字号""铁字号"企业相继入驻我县承建项目。其中 90% 以上的项目均由有建筑资质的外地企业承包施工，或转由外地建筑企业分包。

### （二）建筑业跨县（市、区）提供建筑服务政策解读

《国家税务总局关于发布＜纳税人跨县（市、区）提供建筑服务增值税征收管理暂行办法＞的公告》（税总发〔2016〕17 号公告）第三条规定：纳税人跨县（市、区）提供建筑服务，应按照财税〔2016〕36 号文件规定的纳税义务发生时间和计税方法，向建筑服务发生地主管国税机关预缴税款，向机构所在地主管国税机关申报纳税。

第五条规定：纳税人跨县（市、区）提供建筑服务，按照以下公式计算应预缴税款：

适用一般计税方法计税的，应预缴税款 =（全部价款和价外费用 – 支付的分包款）÷（1 + 11%）× 2%

适用简易计税方法计税的，应预缴税款 =（全部价款和价外费用 – 支付

的分包款）÷（1+3%）×3%

纳税人取得的全部价款和价外费用扣除支付的分包款后的余额为负数的，可结转下次预缴税款时继续扣除。

纳税人应按照工程项目分别计算应预缴税款，分别预缴。

第九条规定：小规模纳税人跨县（市、区）提供建筑服务，不能自行开具增值税发票的，可向建筑服务发生地主管国税机关按照其取得的全部价款和价外费用申请代开增值税发票。

## 二、建筑业跨县（市、区）提供建筑服务税收管理存在的问题

### （一）纳税人不适应征管模式的转变

按照总局及省局现行相关规定，跨县（市、区）提供建筑服务纳税人在建筑服务所在地按照规定预缴税款后，一般纳税人和符合自开增值税普通发票条件的小规模纳税人需在机构所在地自行开具发票和纳税申报。国税机关只为小规模纳税人提供代开增值税专用发票服务，或者为不具备开票条件的小规模纳税人代开增值税发票。

5月份以来，大量纳税人咨询的集中问题就是《外出经营活动税收管理证明》报验登记、预缴税款及开具发票问题。很多纳税人对该规定不理解，反映程序复杂、业务繁琐，为了一个建筑服务项目的预缴税款，两地要来回好几次，浪费了人力、物力和精力。一些纳税人无论税务人员怎么解释就是不理解，认为是税务人员故意刁难，恶化了征纳关系。同时，该规定也没有从简化税制、源头控管、方便管理的角度出发。这种征管模式的变化会在相当长的时间内对建筑业跨县（市、区）提供建筑服务税收管理产生不利影响。

### （二）管缴分离产生税收流失风险

根据规定，建筑业纳税人即使不在建筑服务发生地预缴税款，也可以向机构所在地国税机关领取发票并自行开具，在下月征期内进行纳税申报。这给建筑服务发生地的主管国税机关的征管带来了严峻考验，更可能造成建筑服务发生地税收流失，造成财政收入的损失（营改增后的建筑业增值税年内暂时按照100%县区级入缴国库）。

虽然国家税务总局规定："纳税人跨县（市、区）提供建筑服务，按照本办法应向建筑服务发生地主管国税机关预缴税款而自应当预缴之月起超过6个月没有预缴税款的，由机构所在地主管国税机关按照《中华人民共和国税

收征收管理法》及相关规定进行处理"。但在实际管理过程中,怎么处罚、处罚多少、对责任单位责任人怎么追责等问题都不明确。同时,地方利益的保护,也会让处理大打折扣。

**(三)跨县(市、区)提供建筑服务带来管理困难**

1. 建筑经营方式问题。跨县(市、区)经营建筑企业往往在业务发生地通过设立项目部的方式负责施工,一个公司可能同时存在多个项目部,相应的建筑公司财务负责人难以对各项目部的税收业务进行一一处理。而项目部负责人由于只负责施工项目管理方面,对相关税收业务政策和操作流程并不熟悉,对建筑企业是一般纳税人还是小规模纳税人及是否采用简易计税办法等不清楚,处理涉税事项及预缴业务生疏,给在业务发生地预缴税款带来不便。

2. 建筑企业管理问题。建筑业跨县(市、区)提供建筑服务一般时间跨度比较长,承包及分包流转次数比较多,部分分包方为取得建筑资格而挂靠的现象比较普遍,而承包方对分包方大多采取松散的管理模式,有的甚至以收管理费为主,分包方先预缴再让承包方开具发票及进行财务核算,承包方抵触情绪很大,甚至借机提高管理费标准,最终的结果是带来管理的难度和征纳关系的不和谐。同时还存在相关税务信息不完善、联系不畅通、项目报验登记不及时、预缴税款额难以核实等系列问题,仅仅依靠国税部门一方单打独斗,要管好管住跨县(市、区)提供建筑服务的纳税人任重道远。

## 三、加强建筑业跨县(市、区)提供建筑服务税收管理的建议

**(一)加强企业政策宣传**

县国税局将继续开展针对建筑业纳税人的专题培训,通知并帮助外地建筑企业了解熟悉发生建筑业务时预缴税款的相关政策和办理流程,确保纳税人应知应会,力争税款的应收尽收。提请由省、市局等进行高层间沟通,以当地政府名义召集重要项目的跨县(市、区)提供建筑服务的纳税人,进行营改增政策的宣讲和预缴税款业务的办理介绍。并定期召开国税、地税、财政、房管、土地、住建等多部门联席会议,利用财政、住建、房管等部门熟悉县域内项目投资和开工情况的优势,联合对跨县(市、区)提供建筑服务的纳税人开展宣传培训和业务指导,确保营改增政策宣传的有效性和实用性。

**(二)继续完善税务政策**

1. 县国税局将及时向上级部门反映建筑业跨县(市、区)提供建筑服务

在管理过程中存在的问题。请省、市局层面尽快出台补充规定，对预缴税款业务进行进一步规范，明确企业需要在建筑服务发生地预缴税款后才可以开具发票。并及时建立跨区域管理建筑企业的沟通平台和追缴税款平台。

2. 建议在总局层面建立监控机制，对外出经营管理证明及预缴税款在金三系统中设置相应监控，对没有报验登记的跨县（市、区）提供建筑服务纳税人进行预警提醒；对开具给建筑服务发生地的发票必须在录入建筑服务发生地的预缴税款证明后方可开具，防止税收流失。

**（三）推动大治税网络建设**

1. 建议省、市局与地方政府联系，建立信息交换平台，实现国税、地税、财政、房管、住建、土地、电力公司等多部门之间的信息交换。通过定期发布各类建筑项目的开工数目和施工进度、用电量等信息，进行建筑情况与税款预缴的实时比对，确保相关建筑业务税款的实时预缴，降低税收流失风险。形成"全县一盘棋"的大治税格局，实现各部门之间的互相协作、精诚配合，有效提升税源管理质量。

2. 提请省、市局建立上层沟通，对财政部门提出加强建设项目管理的意见，要求由政府财政支付的建筑服务在支付款项提供发票的同时，一并提供建筑企业在当地预缴税款的完税凭证，或者由财政与国税部门进行联系获取此项建筑服务是否已预缴税款的信息。对于部分财政拨款项目，也可继续探索沿用原代扣代缴的征收方式，由财政部门进行建筑服务预缴税款的代扣代缴工作。

**（四）规范企业财务管理**

跨县（市、区）提供建筑服务的纳税人应自行建立预缴税款台账，区分不同县（市、区）和项目逐笔登记全部收入、支付的分包款、已扣除的分包款、扣除分包款的发票号码、已预缴税款以及预缴税款的完税凭证号码等相关内容，留存备查。并加强对跨县（市、区）提供建筑服务企业的实时监控，加强财务资料的归集、核算，准确及时办理涉税业务。

**作者简介：**

任黎明，现任安徽省太和县国家税务局党组书记、局长。

李振宇，现任安徽省太和县国家税务局办公室科员。

# 步入"大数据时代"的税收征管

福建省永泰县国家税务局　陈樟炜

## 一、大数据基本概念

1、定义。"大数据"一词最早出现在美国著名的未来学家阿尔文·托夫勒在 1980 年发表的著作《第三次浪潮》中，其在书中写到：第三次浪潮是信息社会，大数据是第三次浪潮的华彩乐章。大数据开启了一次重大的时代转型。目前对"大数据"有两种比较权威的定义：一是徐子沛在其著作《大数据》一书中对大数据的定义："大数据是那些大小已经超过了传统意义上的尺度，一般的软件工具难以捕捉、存储、管理和分析的数据。"二是维克托·迈尔－舍恩伯格在其著作《大数据时代》中对大数据的定义："大数据是人们获得新认知、创造新价值的源泉，是改变市场、组织机构以及政府与公民关系的方法。"《大数据时代》指出大数据时代到来带来的最大转变就是人们不再注重对因果关系的探求，而是注重数据之间的相关性；不再注重"为什么"，取而代之的是"是什么"，换而言之，就是在海量、无序的数据中总结规律，发现价值。

2、大数据的特点。（1）数据容量大数据的存储单位依次是 B、KB、MB、GB、TB、PB、EB、ZB、YB、DB、NB，数据存储 TB 级别是典型计算机硬盘的容量，有些大企业的数据存储量已经达到了 EB 级。世界正在向 ZB 级别迈进，根据国际互联网络数据中心对此作出的预测，到 2020 年全球以电子形式存储的数据量将会达到 35.2ZB，未来数据容量之大将会超乎我们的想象。（2）数据多样性在大数据时代信息可以分为两大类：一类是能够用数据或统一结构加以表示的结构化数据，如数字、网页浏览所产生的数字化数据；另一类是无法用数字或统一结构表示的非结构化数据，如图像、声音。税收征管系统中不仅应包括征纳信息等结构化数据，还应包含网络、图片等非结构化数据，使结构化数据与非结构化数据相融合，更好地为税收征管服务。（3）数据运行速度快。2015 年 11 月 11 日（天猫"双十一"）根据阿里巴巴方面提供的数据显示，支付宝当天成交金额为 912 亿元，最高时交易峰值达到 8.59 万笔/秒，是 2014 年双十一峰值 3.85 万笔/秒的 2.23 倍。可见，大数据时代数据的处理速度极快，这有利于及时地发现并解决问题，防范税收风险。

## 二、当前我国税收征管的局限和难点

1、基本征管制度的效力难以得到保证。纳税人是指税法上规定的必须履行纳税义务的单位和个人。在传统商业模式中纳税人显而易见，而在新型的商业模式譬如电子商务领域则较为模糊。在阿里巴巴等大型电商平台上，卖家共分为两种：一种是拥有实体店的大型商户，这类商户的纳税人可直接划为其实体店法人；而另一种卖家则在贸易中隐藏了商户信息，鱼龙混杂，其中还有些从事跨境交易使得交易的确切地点难以确定并采用 B2B 形式运行的小商户。此外，一些新型的商业模式使得一些传统经营中的有形商品转换为了无形商品。譬如亚马逊公司在其电子书阅览器 kindle 上提供的付费电子书，再譬如苹果公司在其 APP 市场中提供付费应用下载，诸如此类等，一切可数字化的对象都可成为商品进行交易。而这些商品到底适合何种税种，现行税法并没有明确规定，税务部门对此不能明确辨别，使得征税对象的界限难以划清。同时，新型商业模式也使得税务登记管理的难度大大提升。税务登记在税收征管中十分重要，是征税和纳税双方法律关系的依据。而在互联网交易活动中，一些企业及个人在虚拟的交易平台从事商业活动且并未在税务部门进行税务登记，这使得其交易金额和交易地点都难以确定，很容易成为偷税漏税现象滋生的温床。

2、跨地区税源监管问题不能得到有效解决。随着市场经济深入发展，税源流动性日益增强，税收征管难度加大，现如今经济发展呈现全球化的特点，纳税人的经营业务趋于复杂，经营方式也趋于多变。跨区域经营、混业经营在如今的企业发展中已不鲜见。跨区域经营使得税源的流动性增强，传统的属地管理方式已经难以适应经济发展需求。例如，福州一家公司的采购人员在杭州出差时，通过当地终端向北京一家网络公司购买一批电脑终端设备，北京公司接到订单后，要求福州公司将货款支付给青岛分公司并由青岛分公司开具发票，收到货款后指示设在沈阳的配送中心发货。在这样一笔交易中，涉及多地多家企业，资金流、物流、信息流完全分离。我们依靠一地一个税务局已经很难全面地监控税源。换句话说，一个基层税务局把业务做得再好，也无法有效解决跨地区税源的监管问题。

3、税收征管效率低，税款征收困难。传统的税收征管程序并不能满足现今纳税人的需求，繁琐的办税流程增加了税收征管的时间成本，而纳税人的经营现状短时间内很容易就发生改变，税收征管存在很严重的滞后性。税务信息的处理不及时也使得征管资料反复报、税务稽查反复查这样的管理工作重复、管理资源浪费问题时有发生。经济急速发展使得纳税人的数量日益增大，而他们中的许多又需要个性化的全面服务，这样极为庞大和负责的工作任务是现行税务征管方式难以满足的。此外，复杂的经济模式也使得税款征收更加困难。互联网经济迅速发展，电子商务等经济模式多实行无纸化交易，各类销售凭证都仅以电子形式存在，而电子数据具有一定的隐蔽性，且通过技术手段容易修改，这使得税款征收和税务检查在收集信息时都较为困难。而互联网经济的隐蔽性也使得交易主体更多地考虑自身利润的最大化，纳税申报的主动性较低。

4、税务信息不对称。一方面，税务机关与纳税人之间存在着严重的信息不对称问题。纳税人了解自己的生产经营以及核算情况，知道自己的纳税能力，而税务机关相对于纳税人来说却是局外人，对纳税人的生产经营、会计核算信息知之不多。纳税人作为"经济人"，为了自身的利益，可能会制造假象来掩盖真实的税务信息。如果税务机关对此不能加以辨别，不仅不能惩治现存的违法者，原有的依法纳税者也会加入到违法行列中，使偷逃税蔓延。在不同的税收征管模式下，信息不对称问题的程度有所不同。在实行"一人进厂，各税通管，征管查一人负责"的专管员征管模式下，税务人员管理对象相对固定，管理范围稳定，专管员对纳税人生产经营状况变化的信息可以及时了解沟通。通过长年累月的调查积累，对纳税人信息的掌握是比较充分的。实行"征、管、查分离"以及"自行申报、集中征收、重点稽查"的模式后，税务人员与纳税人之间不建立固定的对应关系，税务机关缺乏对纳税人生产经营情况和财务状况进行深入了解的渠道。所以，实行"征收、管理、稽查分离"模式后信息不对称问题比"专管员"模式严重。其次在税务机关内部以及税务机关和其他机关单位间也存在着税务信息不对称。税务机关内部譬如国税与地税之间都存在着普遍的税务信息不对称现象，税务信息资源没有很好的整合和共享。而在税务机关和其他机关单位间则因为一些法规上的不健全和冲突导致缺乏信息或阻碍信息分享交流的渠道。

## 三、结合"大数据"的现代税收征管模式

1、将"大数据"思维融入税收征管体系中。"信息管税"理念非常先进，明确了改革方向，但缺少理论支撑和配套措施。其一，税务部门对大数据认知十分匮乏。"大数据"是继"物联网"和"云计算"后 IT 业界最炙手可热的新名词。但是，今天其影响已经远远超出 IT 领域，"大数据正以前所

未有的速度，颠覆人们探索世界的方法，驱动产业间的融合与分立"。而税务部门对于大数据并不熟悉，对大数据的内涵、大数据技术的功能了解甚少，不清楚大数据技术应用会对税收征管产生哪些影响，更没有意识到大数据背景下我国税收征管正在面临着重大转折，当然也无法前瞻性地把握税收征管改革的未来走向和节奏。个别地方虽然已经开始探索大数据的应用整合，但远未上升到理论高度，也不能确认其已具备大数据思维。以目前税务部门对大数据认知水平来看，要实现税收征管模式的转型将是十分艰巨的。其二，税务部门对税收征管的地位存在错误认识。经济决定税收，表现为经济决定税源、税源决定税收。在经济规模一定的前提下，能形成多大的税源，这取决于税收政策制度设计；在一定税源下，能实现多少税收收入，则取决于税收征管能力、纳税人纳税意识和社会协助。现实中后两个因素往往被忽视。税务部门通常的认识是：税源转换为现实税收收入取决于税收征管能力。基于这一认识就形成了"征税就是税务局的事"的理念。这种封闭的理念束缚了税务机关寻求外部协作的努力，这与大数据的开放理念是格格不入的。"大数据"是数据、思维和技术的高度融合，将大数据思维融入税收征管体系，是实现"信息管税"的必然选择。

目前，各级税务机关和干部对大数据思维运用到税收征管中的意义认知有限，这就需在税务系统内深入开展并普及"大数据"的知识，提升税务系统内部各层级人员对大数据思维、战略、技术与税收征管关系的重视程度，培养大数据思维方式，将税收征管模式与大数据先进的管理理念相结合，为实现税收大数据时代奠定坚定的思想基础。

2、构建以"税收大数据"为基础的税收征管模式。"大数据时代"的税收征管模式，是以税收大数据为基础，以解决征纳信息不对称为目标，以信息流程为主线，以数据比对为核心，计算机处理与人工处理相结合的新型工作模式。税收大数据是指来自于税务机关内部和外部、与税收有关的各类数据的综合。其由以下几部分构成：（1）税务信息系统数据，是指基于税收业务处理以及税务人员专门采集直接录入的、由税务部门各种信息系统积累的数据。（2）纳税人提供的数据，是指纳税人在办理税务登记、纳税申报等业务时提交的纳税、发票、财务核算等方面数据。（3）第三方数据，指与纳税人的主营业务无直接经济行为，但由于某种原因也知道纳税人生产经营信息的一方主体。例如电力公司掌握的纳税人生产用电情况；土地收储中心掌握的纳税人土地收储收入情况等信息；技术监督局、房管局、银联等都是重要的第三方信息来源渠道。（4）其他方数据，前三方主体以外提供的数据，如媒体、公众等形成的与税收相关的数据。

在取得税收大数据基础上，构建税收大数据比对机制和运行模式。（1）比对机制，是指由计算机自动将"税收大数据"与"纳税申报数据"进行比对验证，以检验纳税人当期申报的真实性、准确性，从而解决征纳之间信息不对称的根本问题。（2）新的运行模式是形成计算机处理→纳税评估处理→税务稽查处理三段递进、层层深入的数据处理架构。第一步，由计算机对税收大数据进行处理、比对，查找信息不对称的疑点纳税人；第二步，基层税务机关纳税评估部门，对疑点纳税人进行审核分析、约谈、调查核实，查找和落实问题；第三步，税务稽查部门对评估部门移送的案件，进一步查证惩处。

3、发展大数据技术，培养大数据人才。税务机关应当与国际接轨，加大与海外先进大数据技术工作的交流，加大国内大数据技术的发展力度。更重要的是及时引进先进的技术，及时更新优化现有技术。充分运用大数据思维，建立大数据人才培养体系，培养既精通税收业务又掌握法律、统计、计算机技术的复合型人才，能够将杂乱无章的涉税数据变成有序、可分析的数据，探寻蕴含在数据中的税收征管规律，及时发现涉税疑点，实施税收风险监控。

4、健全相关制度，保障大数据在税收征管中更好地发挥作用。完善相关法律法规，更好地界定数据的归属和使用，让税务机关更好地进行涉税信息的采集，同时明确税务机关采集信息的范围，避免对企业和个人正当权益的侵犯。也要对纳税人提供涉税信息的义务进行更加详尽的规定，确保其对所提供的涉税信息的真实性承担相应责任。

同时，税务机关还应创新纳税服务，尽可能缩短办税流程。积极推广手机服务，开发税收征管手机 APP，扩展 24 小时网上纳税，纳税人可以随时办理涉税业务。同时，利用 APP 和电子税务局为纳税人提供更多的"私人定制"服务，不断满足税收征管的个性化需求，提高税收征管水平。

# 深化国地税合作 走活发展"联手棋"

福建省厦门市翔安区国家税务局 毛卫红 张世杰

2015 年 10 月，中央深改组通过了《深化国税、地税征管体制改革方案》，提出了一系列针对性强、覆盖面广、影响深远的改革举措。为响应总局深化国地税征管改革的战略决策，按照国家税务总局制定《国家税务局 地方税务局合作工作规范》的布置，翔安区国地税以国地税征管体制改革方案为合作路线，以国地税合作规范为行动指南，联合成立领导小组，定期召开联席会议，不断探索协作模式，健全协作机制，拓宽协作领域，丰富协作内容，取得了显著成效。

## 一、业务共联，实现"征纳共赢"

### （一）共同搭建服务平台

实现资源共享，为纳税人节约办税成本，有效提高办税效率。一是共建联合办税服务厅。2016 年 4 月，整合国、地税两个独立办税厅为国地税联合办税服务厅，充分挖掘双方合作"地利"优势，拆除一墙之隔，畅通国地税办税渠道，真正实现"进一家门，办两家事"。二是联合成立国地税自助办税厅。2016 年年初，"国地税自助办税厅"正式启动运行，目前已配备 3 台国税自助办税终端机、1 台地税自助办税终端机，全天候为纳税人提供抄报税、发票认证、个人所得税明细查询、涉税证明自助打印等综合性服务。三是创建维权中心。区国地税联合成立四方维权点，合作部门囊括区行政服务中心与人力资源和社会保障局，2016 年 4 月 19 日，区国地税与厦门市台亚塑胶有限公司联合设立纳税人维权服务中心，延伸税务机关对外服务，搜集纳税人的意见建议、咨询和权益维护诉求。

### （二）联合开展培训辅导

通过统筹协调，增强纳税辅导实效性和针对性，打造纳税人学习新园地、税企沟通新平台、税收宣传新窗口。一是共建税企学堂。结合纳税人需求，共同制定计划，合理安排师资，共享教学资源，让纳税人"进一家门，听两家课"。自 2013 年以来，共举办包括国税热点业务在内的五项内容 15 期培训，避免纳税人重复受训，提高税收培训质效。二是成立纳税人茶室。2014

年 3 月，为构建税企间平等、友好、零距离的交流机制，区国地税把闽南茶文化融入纳税服务，"以茶为媒、品茶聊税"，不定期与不同行业企业法人或高管以"流动茶室"为形式举办活动，让企业充分享有知情权、参与权、建议权和监督权。

### （三）合力助推"营改增"

为切实打好"营改增"这场攻坚战，区国地税精诚合作，团结一心，确保营改增改革试点顺利推进。一是合力攻坚，用制度护航营改增工作顺利开展。为了保证工作有序开展，区国地税及时召开联席会议，成立营改增突击队，制定营改增应急预案，以制度为保障，加强组织领导，形成改革合力，为做好营改增试点各项工作打下了坚实的基础。二是合心交接，确保试点前期各项工作衔接有序。在营改增准备环节，区国税积极主动与地税合作，理清四大行业纳税人名册、户籍、有税户等数据，核实重点税源户和报验户信息，及时办理纳税人档案交接手续，切实做到了无缝衔接、平滑过渡、按时办结。通过通力协作，核查现有缴纳营业税纳税人的户籍情况，并联合完善征管基础信息资料，顺利实现了 5543 户次纳税人户籍交接工作。

## 二、信息共享，带来"乘数效应"

### （一）联手打破信息孤岛

一是搭建数据传输高速通道。充分利用网络资源，组织搭建统一的第三方信息共享平台——协税护税文档资料上报系统，已联合从 8 部门采集 3100 余条涉税信息，实现信息的自动传递和监控管理，提高信息的综合利用率。二是健全完善数据交换机制。区国地税成立了由国地税分管局领导任组长，征管科、相关业务科室负责人为成员的数据交换工作组，明确了数据交换的内容、口径和方式，建立了国地税涉税数据交换的长效机制，确保纳税人数据交换常态化开展。目前，国地税已在非正常户管理、欠税管理、定期定额户核定、第三方信息等方面，实现信息互联互通。2016 年第一季度，区国地税共交换非正常户信息 81 户次，欠税信息 602 户次，定期定额信息 150 户次，税收风险企业信息 44 户次，联合对 28 户企业开展企业所得税核定征收。三是深化涉税信息应用。双方利用共享数据，开展了风险识别分析、经济税收分析、协同管理等方面的应用，挖掘涉税信息价值，增强管控能力。截止2016 年 4 月底，利用共享的涉税信息，联合开展风险识别分析，采取堵漏增收措施共增加税款 2960 万元。

## （二）联合纳税信用评价

国地税成立联合纳税信用评价领导小组，有序开展评价工作，统一宣传报道，统一量分尺度，统一评定程序，统一公布名单，实时交换纳税人违章记录，共同协商评定等级，确保共管户的信用级次一致，2015 年对 2277 户纳税人联合开展信用评价，共同确定 A 级纳税人 43 户，2016 年已对 2505 户纳税人联合开展信用评价，共同评定 A 级纳税人 106 户。对共同评定的 A 级纳税人提供特色服务，取消 A 级纳税人增值税发票认证，放宽发票领购限量，为 A 级纳税人提供绿色通道，方便 A 级纳税人。

## （三）联合开展"银税互动"

2015 年 4 月 2 日，国地税与建设银行、兴业银行、厦门银行、邮储银行携手签约"税易贷"，共同为纳税信用等级为 A 级、B 级纳税人尤其是小微企业推守信激励措施。2016 年 4 月 6 日国地税与厦门农村商业银行、民生村镇银行、中国农业银行签订了"税易贷"协议。联合开展"税易贷"以来，共为 25 户纳税人授信额度 17.59 亿元，提供 7.597 亿元贷款，其中，为 6 户小微企业提供 0.1405 亿元贷款。"税易贷"实现了三方共赢，赢在纳税人，解决了融资难的资金问题；赢在银行，国地税提供的有效信息，降低了企业贷款风险问题；赢在税务，"税易贷"助力企业发展，涵养了税源，促进税收收入增长。

# 三、文明共建，激活"一池春水"

## （一）整合优化人力资源

一是互派干部，挂职"取经"。2016 年 5 月 3 日，区国地税办税厅 2 名干部，互相派驻办税厅，展开挂职锻炼。此举是国地税深度合作的具体举措，在实现了办税地点融合、业务融合后，积极探索人员融合，以盘活国地税办税资源，破解"营改增"税制转换后带来的业务难题。二是联合开展干部培训。区国地税统一调配培训师资，联合开展二手房交易征收流程、现有二手房税收政策、房地产业和建筑业税源管理、生活服务类税源管理等培训，进一步夯实国、地税合作基础，让人才互动、经验共享、能力互促，实现服务一个标准、征管一个流程、执法一把尺子。

## （二）齐抓党风廉政建设

为深入推进国地税党风廉政建设和反腐败工作，建立常态化的纪检监察和反腐败学习交流机制，有效预防职务犯罪。2015 年 7 月，为加强税务干部廉洁从政意识和自我保护意识，预防职务犯罪，国地税局特邀翔安区人民检察院丁进城检察官为全体税务干部上了一堂预防职务犯罪的辅导讲座，提升干部职工拒腐防变和抵御风险的能力，增强执法一线人员在预防职务犯罪方面的紧迫感、危机感和忧患意识。

**（三）联合开展文明创建**

国地税局联合在党建工作、文明创建、干部教育、文化建设等方面进行全面深度共建。每年联合开展交通文明督导活动，促进文明城市建设；携手组织志愿者开展培训，互相交流经验，积极联合扶贫、济困、文明帮建活动，解决老百姓的实际困难。

# 弘扬古田会议精神
# 推进精神文明创建活动深入开展

福建省上杭县国家税务局　黄京容

　　福建上杭是著名革命老区，境内有彪炳史册的"古田会议"旧址，形成了"思想建党、政治建军、求实创新、保持先进"的"古田会议"精神。2014年10月，习近平总书记亲自提议在古田召开了全军政治工作会议，就如何继承弘扬古田会议精神提出了新的要求。近年来，上杭县国税局秉承革命老区优良传统，以"四个坚持"为突破口，以建设学习型组织、创新型团队、实干型集体、廉洁型班子为目标，全局上下齐心协力，奋力拼搏，取得了精神文明建设的丰硕成果，先后被评为"人民满意国税局"、"平安建设先进单位"、"目标管理先进单位"、"全国税务系统文明单位"，连续六届被省委省政府授予"省级文明单位"称号；所属的古田分局先后被评为"全国青年文明号"、"全国税务系统先进集体"、"福建省示范青年文明号集体"。

## 一、坚持思想为先，激发参与热情，争创"文明国税"

　　"古田会议"的第一个精神实质是思想建党、永葆先进。思想文明是精神文明的重要内容。我局坚持把加强思想政治建设摆在精神文明建设的首位，认真组织学习党的十八大和十八届三中、四中全会精神，深入开展"爱国、爱党、爱岗、爱家"主题教育，凝聚全体干部职工的军心士气。邀请龙岩市、上杭县文明办主任来我局指导精神文明创建工作，并为干部职工授课，提高干部职工思想认知水平。开设税务文化大讲堂，今年来邀请了享受国务院政府特殊津贴的省特级教师黄恒振老师等3名学者讲授税务文化课，提高干部职工文化修养。认真落实领导干部过双重组织生活制度，今年来党组书记带头给党员上了5堂党课，还聘请了古田会议纪念馆、毛泽东才溪乡调查纪念馆研究员及县委党校3名教师给党员上党课，提高了党员干部的党性观念。按照精神文明建设工作"长远有规划、年度有安排、阶段有落实"的要求，及时成立创建工作领导小组，制定创建规划，下发实施方案，明确"建一流班子、带一流队伍、树一流形象、创一流业绩"，争取跨入全国文明单位行列的创建目标。将文明创建工作和年度业务工作一起量化考核，纳入绩效管理，做到文明创建与税收工作同部署、同落实、同检查，并与评先评优、干部使用相结合，努力实现文明创建与税收工作互为促进的双赢局面。开展"文明集体"、"文明家庭"、"文明职工"、"红土先锋岗"、"巾帼英雄岗"、"我身边的好税官"、"纳税服务之星"等评选活动，将精神文明创建内容贯穿日常税收征管全过程，激发全体干部职工热情，提高干部职工参与创建工作的积极性、主动性和创造性。扎实开展"道德讲坛"建设活动，今年来，以"敬业奉献"、"职业道德"、"家庭美德"、"爱岗敬业"、"助人为乐"、"孝亲敬老"等为主题，开展6次道德讲堂活动，通过以"以身边人讲身边事，身边人讲自己事，身边事教身边人"的形式，大兴遵德守礼之风。

## 二、坚持服务为主，优化纳税服务，争创"和谐国税"

"古田会议"的第二个精神实质是政治建军、服务人民。落实到国税工作中，就是要从讲政治的高度，收好税，服好务。我局积极发挥税收职能作用，主动融入地方经济社会发展大局，从税收角度服从服务于企业的发展，连年超额完成组织收入任务，2010年以来，税收收入年均增幅达13.95%。认真落实各项税收优惠政策，仅今年来，为企业办理民政福利企业、资源综合利用企业等税收优惠1300万元，其中小微企业优惠政策落实率达100%。建立定点联系制度，指定专人对接辅导紫金铜业、龙氟化工、泰山石膏等副产品循环利用链条企业，打造服务循环经济品牌，今年来蛟洋工业区5户循环经济链条企业产值超百亿元，有力促进了循环经济发展。围绕经济发展与税收质量撰写《近年来上杭县铜产业发展对税收贡献度分析及对策》、《上杭县铜产业税源结构分析及对策》、《加强税源管理的思考》等五篇关于铜产业发展论文，三篇被福建省国税局评为百题大调研优秀论文，为地方党政领导决策提供了参考。加强国、地税协作，在两个办税服务厅代征或协助地方税费的征收，公平了税负，解决了多年来窗口代开发票地方税费流失的问题。扎实抓好纳税信用等级评定，评出纳税信用A级企业66户，提升了上杭企业的形象，树立了诚信品牌，提高了企业的知名度和竞争力。在全省范围内率先将办税服务厅整体搬迁至县行政服务中心，推行"一机双屏"、安装星级服务评价器和"视税通"系统，配备叫号机、电子显示屏和自助办税设备，为纳税人提供良好的办税环境。挑选业务熟练、责任心强的年轻干部到办税大厅工作，制定完善晨会制度，并专门组织文明礼仪培训，统一窗口人员着装和发型发饰，打造"职业装"造型，为纳税人提供温馨服务。设立税收宣传咨询服务中心，整合税收宣传资源，举办"税收大讲堂"12 次，吸引了 1100 人次参加；组建纳税人学堂，开展新办企业税收辅导会、新企业所得税申报表申报辅导、"营改增"业务等 8 场次培训；制作巨幅 LED 电子宣传墙，滚动播放税收政策动态。首创并推广了"三零四点五到户"纳税服务工作法，建立了驻点服务、预约服务、卡牌联系和结对帮扶等快速反应落实机制，着力建好纳税服务示范点、延伸点、联系点和咨询点，实现纳税服务零距离、零积压、零差错，做到政策宣传、便民服务、优惠落实、服务回访和办税提醒"五到户"，进一步方便了纳税人，中国税务报、福建日报、福建电视台等宣传媒体对我局的这一做法进行了深入报道；开通铜产业办税绿色通道，为纳税人提供"一企一策"服务，全方位满足纳税人的服务需求。组织全县中学生开展"青春梦、税收情"主题辩论赛，吸引了城区 3000 多名高中生参与，辩论赛过程中组织了税收知识问答等互动环节，并在现场分发《纳税人办税指南》、《税收知识宣传手册》和《中学生税收知识读本》等资料，在中学校园营造了议税收、谈改革、话民生的浓厚氛围。对照"六提速三减负二公开一首问"要求，扎实开展便民办税春风行动，纳税人报送的资料、办税环节、办税次数、办税时间大大减少。实行"缺件备忘"服务制度，对纳税人办理涉税事项时资料不齐全的，采取先办后补的办法，解决了纳税人多次跑、多头跑的问题。

## 三、坚持立足实际，充实创建内容，争创"责任国税"

"古田会议"的第三个精神实质是立足国情、实事求是。我局坚持从国税部门实际出发，扎实开展"下基层、解民忧、办实事、促发展"等"联乡挂村帮户"联建和"美丽乡村"建设活动，选派优秀干部担任驻村第一书记，近 3 年来为挂钩帮扶的 4 个行政村引进项目并协调资金 35 万元，落实帮扶资金 42 万元，帮助解决饮用自来水和村道建设等难题，并购置了两套会议室桌椅。建立支部与贫困乡村挂钩制度，班子成员深入帮扶乡村，与村两委共商发展大计，并组织慰问特困党员、老村主干、特困户，结对帮扶家庭困难学生，组织党员入村进行环境卫生整治。组建 105 名干部参加的网上志愿者服务队，扎实开展"邻里守望·情暖八闽"、"文明福建·有你有我"、"美丽福建·美丽心灵"等主题志愿服务活动。成立了由 35 人组成的学雷锋志愿服务队，开展义务献血、交通安全、文明环保劝导、到县敬老院慰问孤寡老人等各种志愿活动。坚持从实际出发，创新党风廉政建设形式，建立落实"两个责任"的点评、报告、汇报制度，形成党组书记、班子成员、各科室和分局一级抓一级、一级带一级、一级对一级负责的良好局面。聘请 10 名政风行风监督员，定期召开税企座谈会，组织对被评估和稽查企业回访，查找国税工作和政风行风建设方面存在的不足。与县检察院共同举办预防职务犯罪知识竞赛，与县地税局联合举办廉政知识主题辩论赛，提高了党风廉政教育实效。根据当前税收征管现状，起草《上杭县税收保障实施办法》，在全县 42 个部门广泛征求意见，并经政府常务会议通过，以县政府名义颁布施行，为取得第三方涉税信息奠定了基础。实行企业所得税分类管理，对年销售收入 500 万元以下且账证不健全的企业实行核定征收，对部分企业采取行业利润率预警值管理办法，有效控制"假账"行为，对重点税源企业采取"一企一策"跟踪管理，做到"抓大控中规范小"，提升企业所得税管征质效。

## 四、坚持文化引领，突出人文关怀，争创"文化国税"

"古田会议"的第四个精神实质是团结奉献、勇闯新路。我局以文化建设为抓手，紧紧把全体干部职工拧成一股绳。结合传统文化、地域特色、国税特点，通过组织外出参观学习、召开专家学者座谈会、干部职工讨论会等形式，提炼了"忠诚、崇法、务实、高效"的核心价值观，形成"根植红土，润泽杭川"的文化品牌，增强干部职工的认同感、归属感、荣誉感。充分发挥我县红色资源丰富的区位优势，深入挖掘和整理税收史料，开展了"红色税史"的研讨，得出了"闽西是共和国税收发源地"的结论，并在古田分局策划、筹办了"共和国税收摇篮"展厅和"廉政文化教育"展厅。积极参与地方政府组织的"红土清风杯"篮球友谊赛、"共筑美丽杭城"文艺汇演、"舞动杭城"群众广场舞大赛、"全民健身与青运会同行万人健身跑"等活动，提高文化品味。加强制度文化建设，围绕建立责任落实机制、健全工作机制、强化督促检查机制、完善追究问责机制四条主线，制定 35 项内部管理制度，形成靠制度管人、按制度办事的良好风气。根据个人工作情况，结合岗位需要，将 12 个中层干部及 23 个一般干部进行岗位调整，确保人尽其才、才尽其用，为干部职工搭建干事创业平台。关心干部工作，在干部患病、子女求学和就业以及丧葬时给予组织关怀，增强干部职工的认同感和归属感。关注干部身心健康，成立书画、太极拳、游泳、乒乓球、羽毛球等兴趣小组，形成快乐工作、快乐生活的氛围；定期邀请心理专家为干部上心理健康课，缓解工作压力，预防心理疾病；聘请律师为干部职工上法律课，化解税收执法和个人借贷风险。关心离退休老干部生活，在县局住房较为紧张的情况下，腾出一间办公房建成老干部活动中心；每年召开 2 次座谈会，听取意见建议，党组成员带队定期慰问离退休老干部和遗属，按政策规定落实好他们的福利待遇，得到老干部的充分肯定。

**作者简介：**

黄京容，现任福建省上杭县国家税务局党组书记、局长。

自参加工作历任漳平县税务局干部；福建省财会管理干部学院 学员；龙岩地区税务局税政一科科员；龙岩地区国税局办公室 副主任科员；龙岩市国税局办公室副主任；龙岩市国税局办公室 副主任（主持工作）；龙岩市国税局办公室主任；龙岩市国税局征收管理科科长；漳平市国家税务局党组书记、局长。2013 年 12 月至今任福建省上杭县国家税务局党组书记、局长。

# 高位推进 深度融合
# 全力构建国地一体化联合办税平台

江西省南昌市青云谱区国家税务局 万 萍

从 2012 年 4 月青云谱区国、地税局召开了首次国地联合办税联席会议以来，区局始终严格依照上级有关文件精神，贯彻落实纳税服务规范和便民春风行动要求，充分利用国、地税相邻的便利条件，深度整合征管资源，聚焦服务创新发展，办税服务便民惠民，国地联合全面推进，逐步实现了纳税人"进一家门办两家事"的国地联合办税目标。

## 一、思想重视，高位推进

以科学发展观为指导，以"服务科学发展、共建和谐税收"为主题，从有利于提高税务机关行政效能、有利于服务纳税人的角度出发，国、地税在共同管辖纳税人的涉税管理中，成立了国地联合办税工作协调领导小组，下设联合办税办公室，具体由征管科牵头负责，相关部门共抓。牢固树立大局意识、效率意识、服务意识和税收工作一盘棋的责任意识，共同制定年度合作计划，部署重点合作事宜，做好统筹指导及经费保障，积极谋求合作，全力配合，求同存异，真诚合作，互动共赢，推进国地联合工作有效开展。

## 二、举措创新，服务便民

始终坚持心系纳税人，办税服务便民惠民。一是搭建"一厅通办"新平台。将"派员入驻"升级为"一厅通办"，真正实现国地税空间、业务、服务"三通"。空间相通，开门凿墙，统一标识，设置联合导税平台，共享办税自助区。业务相通，互派人员，互拉网线，设置国地联合办税窗口，实现税务登记"一窗联办"，申报征收"一窗通办"，发票代开"一窗开具"。服务相通，安装联合排队叫号系统，联合公示税收政策，实行统一服务标准。创建国地联合办税窗口以后，2015 年单个国地联合办税窗口联合办理发票发售4200 户次，申报 3450 笔，发票认证 980 户次，税务注销 150 笔，票种核定980 户次，每月组织入库城建税、教育费附加约 18 万元。二是贯彻"多边协作"新理念。国地联合公安、工商等部门，吸收纳税人共同参与入户式税法宣传；提供信息化服务支撑，整理收集常用的税收咨询、法规查询等网站，制作成二维码，联合印制发放《国地纳税服务畅行卡》；灌输全能型服务理念，抛开国地人员管辖限制，联合进行业务培训，前期实现大厅人员熟练操作两家业务，后期逐步实现所有人员一专多能。三是实现"三方共赢"新目标。缩短办税时间，统一在办税服务厅增设自助办税终端，共同实现 8 小时工作时间之外的业务办理；减少纳税人办税程序，统一对自助办税区进行重新改造，升级自助办税电脑配置，自制表证单书填写台，制作公示栏公布办税流程；实现统一流程控管，相关税费及时足额征收，最大限度堵塞征管漏洞，提高办税效率。据初步统计，青云谱区 7000 余户国地共管户 2015 年一年节约交通费用 11 万余元，节省人工工时 7000 多个，节约税收征管成本约 10 余万元，实现三方共赢目标，纳税人普遍反映，到青云谱区国、地税局办税，不用来回奔波，有了一厅通办，不用排队等候，有了一窗服务，没有分头检查，而是联合执法。

## 三、健全机制，深度融合

坚持从实际出发，有计划、有步骤地开展联合办税工作，找准着力点，健全机制，先易后难，瞄准突破点，稳步推进，深度融合。一是建立"五制度一中心"联合机制。建立了联席会议、联合管理、联合个体税款核定、联合纳税评估、联合纳税信用等级评定五项联合机制，成立了国地联合纳税人权益保护中心，每月开展联合个体工商户调查，每季召开联席会议，交换涉税信息、进行数据比对，共同进行评估检查，既增强了工作合力，又畅通了征纳双方沟通渠道。二是扎实开展联合税收征管核查。国、地税共同建立检查计划备案制，将各自掌握的征管信息相互交流，共同分析研究，协商确定核查对象，制订切实可行的联合核查方案，提高核查准确率；对涉及双方业务的重点纳税人，成立联合检查组，对联合评查活动可能发现的发票使用、账证管理、银行账户备案等问题进行归类梳理，相互通报，明确整改落实部门，形成征管合力，提升打击力度。国地联合办税以来，累计比对征管数据 10 余万条，补缴税款 60 余万元，清理漏征漏管户 700 余户，补缴税款 10 余万元，联合纳税评估补缴入库税款 9 万余元。三是联合强化营改增"两业"税源管理。针对营改增以后建筑安装和房地产业征管模式发生转变，容易产生税源征管漏洞，国地税两家单位联合区政府财政局、协税护税办、7 个街道镇园的财政所共同强化"两业"税源管理。结合"三个名单"排查堵漏。对地税局移交、国税局接收登记和协税办街道镇园实地了解掌握的"两业"纳税人名单进行全面比对排查，进行跟踪管理。抓住"三个关键"全面征管。抓好业主单位、总承包商这一源头，盯住大型工程这一重点，用好政策宣传辅导这一手段，提高"两业"纳税人税法遵从。规范"三个环节"按章执法。规范外经证的开具和备案环节，规范新旧项目区分和征收方式确认环节，规范征管台账的建立和完善环节，确保执法风险有效防控。

事实证明，自实行联合办税以来，办税时间大大缩短，办税程序大大减少，办税效率有了极大提高，税源征管基础有效夯实，纳税人、税务人员、地方党政普遍反映良好，真正实现了三方共赢。

# 新常态下基层税务机关落实
# 依法治税的几点思考

江西省武宁县国家税务局　徐鸾翔

　　党的十八届四中全会审议通过了《中共中央关于全面推进依法治国若干重大问题的决定》，开启了依法治国新篇章。作为依法治国的重要组成部分，依法治税是依法治国方略在税收领域的具体体现，是税收工作的战略目标和永恒主题。王军局长指出，我们要切实增强在依法治国基本方略下做好税收工作的责任感和使命感，让依法治税生命线深深扎根全系统。当前我们基层税务机关面临种种税收执法问题和困扰，随着《关于全面推进依法治税的指导意见》的颁布实施，在新常态下我们基层税务机关如何正确认识、严格坚持和大力推进依法治税，值得我们去思考和探索。

## 一、树立依法治税思想理念

　　思想是行动的先导，推进依法治税必须首先解决思想认识问题，树立依法治税思想理念。目前，在依法治税工作中，有些领导干部法治观念淡薄，人治思想严重，仍习惯于传统管理和依"长官意志"办事。有些领导干部对依法治税虽然有一定的认识，但面对管理体制的制约和税收任务的左右，面对来自方方面面的阻力和干扰，不敢作为。解决这些问题，就必须进一步统一和提高思想认识。

　　随着党的群众路线教育实践活动的深入推进，我们领导干部的思想理念也在不断的得到提升和洗礼，要明确依法治税的重要意义，要从以下三个方面提高认识。第一，强化征管是依法治税的基础。我们必须从依法治国的高度来深刻认识依法治税的重要意义，清醒认识自己作为依法治税主体所承担的责任和义务，牢固树立依法治税观念；第二，依法治税是强化征管的需要。全面加强税收管理的过程是贯彻执行税收法律、法规的过程，坚持依法治税，集中体现了全面加强税收管理的工作要求，是税收管理工作中必须长期坚持的基本原则。只有推进依法治税，才能保证全面加强税收管理的奋斗目标落到实处；第三，依法治税是组织收入的保证。只有坚持依法治税，才能保证国家财政收入，才能促进社会主义市场经济的健康发展。否则，就会导致税收秩序乃至经济秩序的混乱，不但组织收入工作得不到基本保障，社会主义市场经济也难以正常运行。

与此同时，我们要坚持法治思维提升依法治税能力，坚持以依法治税理念统领税收工作全局，坚持"法定职权必须为，法无授权不可为"的行政规则，落实税收法定原则，做到既不缺位，又不越位，也不扰民，使各项工作始终沿着法治化的轨道运行。要健全和落实"党组中心组集体学法、新进干部初任学法、执法干部法治轮训、领导职务任前考法"制度，把税收法律法规作为各类培训班的必学内容加以强化。要自觉维护宪法和法律的权威，做到征纳双方法律面前义务地位平等。要强化规则意识，倡导契约精神，建设税收法治文化，将税收法治原则作为税收行为先导，将法治要求运用于认识、分析、处理事项各环节，培育税收法治思维整体生成。注重运用法治原理和法律规定对相关问题进行分析研究，通过实践锻炼，努力做到知行合一，提升依法治税的能力和水平。

## 二、强化依法治税机制保障

推进依法治税，根本在于建立科学有效的依法治税运行机制。过去在税收工作中存在的有法不依、执法不严、违法不究以及偷逃税现象严重等问题，之所以没有从根本上得到很好的解决，主要原因就是缺乏真正相互制衡的、完善的依法治税监督制约机制。

我们要完善制度建设保障依法治税的落实。推行税务重大决策和重大执法行为的合法性审查制度，落实重大税务案件集中审理制度，加快推进内控机制信息化升级版建设，进一步明确岗责体系，细化确定执法风险点，利用信息化手段建立起"横向道边、纵向到底"的网格化监控体系。加强外部监督，主动接受人大、政协、司法、审计等部门的监督，充分发挥新闻媒体及各种新媒体、特邀监督员和纳税人代表对税收执法的监督作用。完善税收政策执行情况反馈制度、基层联系点制度，及时研究解决政策执行中的问题。对于征管质量、政策执行、纳税服务、税务稽查、廉政建设等情况，进行经常性的检查督查、跟踪问效。建立健全奖惩并举的法治考评机制，进一步完善税收执法责任制，加大对执法过错行为的惩戒力度，对于执法违法的行为，特别是玩忽职守、不作为的行为，以及乱作为、损害纳税人利益、破坏税收公平正义的行为，坚决追究当事人的责任及相关领导责任。与此同时，对于税收执法过程中遇到的各类税收风险问题，我们必须慎重应对，明确其重要地位，创新驱动、大胆尝试，结合工作实际，采取切实有效的针对性措施，做好风险防控。

### 三、营造依法治税良好环境

治税环境是税收工作顺利开展的基础，它在很大程度上影响着依法治税的运行状态和运行结果，全面推进依法治税，必须注重营造良好的治税环境。

一是优化服务举措。我们要以纳税人的合理需求为出发点，以提高纳税人满意度和税法遵从度为中心，努力实现"办事效率、服务效能、纳税人权益保障"三个提升。牢固树立法治思想、平等观念、效率意识，培养"快乐服务、服务快乐"服务态度，积极构建诚实、守信、和谐的征纳关系。完善服务功能。落实导税服务、提醒服务、延时服务、预约服务，积极推广"免填单"、"无纸化"服务，扩大"免填单"业务范围。例如我们武宁国税便开通了"武宁国税手机e税通"服务项目，打造了一个名副其实的"移动的掌上办税服务厅"，使手机成为税务机关和纳税人之间便捷的沟通平台。全年开展政策推送、温馨提醒、风险提示等特色服务402次，赢得了纳税人的肯定与好评。

二是强化权益保障。保护纳税人合法权益要多管齐下，税前要加强宣传，使纳税人明白自己的权益；税中要敢于用权，使自己的权益得到有效保障；税后要及时维权，切实防止侵权行为的发生。一方面要进一步加强行政监督力度，规范税收执法行为，提高税收执法水平，促进税务执法人员依法行政，确保税务机关执法的规范化、透明化；另一方面严格落实执法过错责任追究，在坚持公平公正公开、有错必究、过罚相当、教育与惩处相结合的原则，严格落实执法过错责任追究办法，减少执法随意性，有效维护纳税人的合法权益。

三是加强税法宣传。只有让税法家喻户晓，深入人心，才能使税法在全社会得到较好贯彻落实。所以加强税法宣传教育，不仅是加强税收管理的一个重要环节，也是推进依法治税的基础性工作。我们必须根据新时期、新形势、新要求有针对性地开展税法宣传，并且经过长期坚持不懈地强化宣传，使全民纳税意识普遍提高，使广大纳税人自觉依法纳税，使广大税务干部依法行政、依法计征，也使使全社会逐步形成依法治税、依法纳税的良好环境。这就要求我们在税法宣传教育的广度、深度、力度上有所突破，从而促使纳税人从历史和现实的高度重新认识税收的地位和作用，提高纳税人对税法的遵从度。

　　四是做好政务公开。坚持以公开为常态、不公开为例外原则，推进决策公开、执行公开、管理公开、服务公开、结果公开。依据权力清单，向社会全面公开税收工作职能、法律依据、实施主体、职责权限、管理流程、监督方式等事项。健全我们税务部门政务信息公开的监督和保障机制，定期对政务信息公开工作进行考核和评议。加强信息公开载体建设。不断拓展政务公开渠道，推进政务公开信息化，加强互联网政务信息数据服务平台和便民服务平台建设。

　　五是加强队伍建设。干部队伍素质的高低，关系到税收执法行为是否公正，关系到税务机关的形象，关系到税务行政执法质量。我们要不断强化队伍建设，坚持以正确的政治理论导向指导国税工作，特别是在党的群众路线教育实践活动深入推进的当下，把学习作为重要的政治任务抓紧抓牢，紧紧围绕"公正执法、诚信服务、科学管理、廉洁奉公"的基本要求，严格"一岗两则"的贯彻落实，准确领会精神实质和科学内涵，武装头脑、指导实践。

# 关于县级国税纪检监察工作聚焦主业的探讨

山东省兰陵县国家税务局

党的十八大之后，中央要求各级纪检监察机关聚焦中心任务，实现"三转"，明确职责定位，突出主责主业，强化执纪监督问责，深入推进党风廉政建设和反腐败斗争。作为位于基层的县级国税机关，处在税收执法第一线，在当前经济形势复杂多变的情况下，更要牢记"两个责任"，加强权力运行的监控制约，确保干部队伍的和谐稳定，促进各项工作任务的圆满完成。

## 一、聚焦主业应明确工作重点

转职能、转方式、转作风"三转"理念的提出，明确了党组的主体责任和纪检组的监督责任。县级国税纪检监察部门和专、兼职纪检监察员必须聚焦主责主业，执好纪、问好责、把好关，真正做到守土有责、守土负责、守土尽责。

一是聚焦主业重在"监督"。要把不该管、管不了、管不好的工作交还给主责部门，把履行监督职能的切入点从配合相关职能部门开展业务检查，转变到对职能部门履行职能的监督检查上来，重点检查主责部门执行党的路线方针、税收政策法规、上级工作部署、党组重大决策和依法履行职责等情况，重点监督履职行为的合法性、执行结果的有效性和操作过程的廉洁性。

二是聚焦主业重在"执纪"。首先要把查办案件工作摆在突出位置，既注重查办以税谋私、为税不廉等违法案件，又注重查办玩忽职守和滥用职权的渎职案件；要全面清理问题线索，执行分类处置标准，强调用法治思维和法治方式惩治腐败；积极改进办案工作模式，变被动坐等、单纯依靠信访举报为主动出击，全方位、多渠道地挖掘案件线索，坚持"抓早抓小"、"快查快办"，提高揭露腐败问题几率和违纪案件查处率。

三是聚焦主业重在"问责"。要学会使用问责这把"利剑"，重点加大对滥用职权、失职渎职、决策失误等问题的责任追究力度，对不作为、慢作为、乱作为善于问责、敢于问责、严于问责，责任追究要做到"两个并重"：既追究结果，又追究过程，结果问责和行为问责并重；既追究直接责任、具体责任，又追究领导责任，领导责任与具体责任并重。纪检监察部门学会把板子打到具体单位和具体人身上，才有利于强化问题导向意识，把压力层层传导下去，把工作职责落实下去。

监督执纪问责，是纪检监察机关的神圣职责。聚焦主业后，县级国税纪检监察工作显得更为重要。表现在：一是职能更强了。纪检监察部门可以抛开不必要事务的牵绊和束缚，从过去直接参与部门的日常业务工作中跳出来，集中更多的精力和时间把主业做深、做细、做强。二是要求更高了。纪检干部作为监督者、执纪者，政治素质要过得硬，正人先正已，要求别人做到的自己必须首先做到，业务素质更要适应聚焦主业的需要。三是责任更重了。面对违法违纪行为和消极现象，敢于"亮剑"，敢于动真碰硬，旗帜鲜明地抵制各种歪风邪气，肩负起监督执纪的职责。

## 二、聚焦主业应提高思想认识

如何更好地发挥监督执纪问责职能，既是一项重要的政治任务，也是困扰县级国税纪检监察机关的工作难点。当前，部分基层国税机关和一些纪检监察干部在推进"三转"、聚焦主业中还存在认识浅、困惑多、难推进等问题，具体表现为：

一是不愿聚焦。一些基层国税部门对新形势下加强纪检监察工作的重要性认识不足，认为国税机关中心任务是组织收入、税源管理、税收执法和纳税服务。纪检监察作为一项保障性工作，在人力资源紧张的情况下，只能把有限的骨干力量放在税收征管等业务性工作上；有的片面强调现在基层税收任务重、执法风险大、工作压力大，已经很不容易了，没有必要腾出专人对干部职工日常工作和生活进行监督管理；还有的基层同志认为县级以下税务机关直接面对纳税人，收好税才是主业，税源管理才大有可为，纪检监察等工作没有什么发展前途，甚至担心如果只履行纪检监督职能，不分管其他工作，不参与税收业务，不仅会荒废了业务容易失去话语权，还可能失去党组重视而被边缘化，因此不愿意从事纪检监察工作。

二是不敢聚焦。个别单位怕纪检监察查出问题影响考核成绩，影响单位形象，因此大事化小，小事化了，极力"捂盖子"。有些县局纪检组长认为自己在同级党组领导下开展工作，在党组排位一般靠后，对同级监督心存顾虑。加之监督执纪问责是一件得罪人的事，省、市局来查办案子，查完、处理完就走，无后顾之忧。但县局就不同了，大家几十年在一个单位共事，都是老领导、老同事，朝夕相处，甚至一辈子都要生活中这个圈子里，在开展监督检查和查办案件中难免会受到人情困扰，放不开手脚。这样一来，一项工作还未开展，自己首先就没了底气，总感到自己在与领导、同事"作对"，既怕这又怕那。监督上级怕遭打击报复；监督同级怕妨碍团结；监督下级怕伤和气，担心自己管多了，干部产生反感心理，使自己原本融洽的人际关系恶化。

三是不会聚焦。纪检监察工作作为一项独立的工作，具有自身的规律和业务特点。目前多数县一级国税纪检监察力量薄弱，县（区）局专职纪检监察干部一般只有3~4人，且年龄结构、知识结构也不尽合理，年龄偏大，第一学历低。近年来新考入的优秀大学生极少有从事纪检监察工作的，大多纪检监察干部是半路出家，既非纪检监察科班出身，没有办案实践经历，能力和经验确实有待提高和积累，又缺乏系统的专业知识培训，难以适应当前形势下强化执纪监督问责的新任务、新要求，干部理论水平、工作思路、方法举措都相对滞后，对执法过程监控不到位。对干部履行执法流程的每一个环节、自始至终的整个程序，缺乏扎实有效的约束，使过程监督制约得不到有效发挥。

由此可见，县级国税纪检监察工作推进"三转"不仅是认识问题，也是现实问题，需要各级党组和各部门共同努力，进一步强化措施，统一思想，消除认识误区，促进基层国税纪检监察工作质效的提升，为国税事业健康发展提供有力保障。

## 三、聚焦主业应完善工作机制

关于县级国税纪检监察工作聚焦主业，强化监督执纪问责，笔者提出如下建议：

一是改革纪检管理体制。建议推行县级及以下国税纪检监察人员派驻制，县（区）局纪检组长由市局纪检组派驻，县（区）局稽查局和一些较大的分局专职纪检干部由县（区）局监察室派驻。一方面，剖析近年来国税系统发生的违法违纪案件，县（区局）以下涉案人员占绝对多数，不管是税收执法权还是行政管理权，他们确实处于权力的核心，必然成为监督的重点，由市局派驻纪检监察干部，代表市局纪检组开展工作，能够减少基层纪检监察干部的后顾之忧，更有利于执纪监督问责。另一方面，各县（区）在市局纪检组的统一指挥和部署下，树立全市大纪检、一盘棋的思想，便于有效集中全市纪检监察力量，形成拳头，合力办案，提升威慑力。派驻人员工资福利待遇等均由派出单位负责。办公设施及经费等后勤保障由驻在单位解决，切实提高基层纪检监察人员的工作积极性。

二是厘清纪检监察职责。实行派驻制后，基层国税纪检部门应围绕主业主责开展工作。首先，厘清纪检组长的工作职责。按照纪检组长不分管业务等方面的工作要求，涉及征管查、减免罚和人财物特别是税收业务工作不宜分管，避免既当执行者，又当监督者。其次，厘清监察室的工作职责范围。不要什么事都去牵头和参与，把不该管的事交出去，把自己的主责主业抓紧抓实抓好。第三，厘清上下级纪检监察部门的办案职责。针对纪检力量分布现状，建议县局纪检部门只负责本辖区案件的受理和初查，对于有违法、违纪事实，需要立案查处或给予党纪、政纪处分的，一律移交市局纪检部门集中查处。

三是加强纪检队伍建设。要配齐配强基层国税纪检干部，充实县级国税纪检监察力量。对全系统纪检干部进行一次全面清查，对于自身业务素质跟不上主责主业的需要、怕得罪人、不遵守工作纪律的干部，应调整出纪检监察队伍。进一步优化纪检监察干部队伍结构。坚持高标准选人用人，不断优化纪检监察干部队伍的年龄、知识和专业结构，注重把党性好、作风正、能力强、群众威信高的优秀干部选拔到纪检监察干部队伍中，提高队伍的整体素质和能力。对于一些在监督执纪工作中坚持原则，不怕得罪人，敢于唱"黑脸"的纪检监察干部，组织上应给予一定的爱护，在评先树优、提拔任用等方面予以倾斜，能提高纪检监察干部的积极性。建立纪检办案准入制度。通过理论考试和实践考核，建立全系统纪检监察办案人才库。市局根据实际工作需要，可随时从人才库中调取人员参与监督、执纪和问责的各项活动。

四是提升纪检监察能力。为适应主责主业的需要，应加强对县级国税纪检监察干部的系统培训。按照分级培训的原则，采取"走出去，请进来"等方式，定期或不定期地通过集中学习、以会代训、岗位练兵、业务竞赛等方式，强化对纪检监察干部法律、税收、财务、计算机和其他相关知识的学习培训，必要时进行上挂外派，有计划选择年轻优秀纪检干部参与到纪委或检察院办案，提高纪检办案的实战经验，增强基层纪检监察干部业务素质和岗位技能。

# 提升效率　降低成本
# 认真做好企业出口退免税管理

山东省菏泽市定陶区国家税务局　张文昶　王继灵

## 一、定陶区简介

　　菏泽市定陶区位于鲁苏豫皖四省交界，山东省西南部，菏泽市中部，辖10 镇 2 个街道办事处和 1 个省级经济开发区，93 万亩耕地，70 万人，总面积846 平方公里。2016 年 4 月 29 日，定陶撤县设区。是山东省最佳投资城市、平安山东建设模范县、中国绿色名县、中国果菜无公害十强县、全国科普示范县、全国生态文明建设先进县，是闻名遐迩的玫瑰之乡、戏曲之乡、武术之乡。

　　历史悠久，史称千年古县。定陶古称陶，又名陶丘，曾是国家民政部首批命名的"千年古县"。早在 4000 多年前的新石器时代，人类就在这里渔猎耕种，繁衍生息。自春秋至西汉 800 多年间，一直是中原地区的水陆交通中心和全国性经济都会，历史上曾 12 次为国，8 次为郡，公元前 221 年置县，至今已有 2200 多年的历史，享有"天下之中"的美誉。尧、舜时期为古陶国。夏商有三翮国。公元前 12 世纪，周武王封其六弟振铎为曹伯，建曹国，都陶丘。西汉建元三年改济阴郡，后又改为定陶国，东汉时又改为济阴郡。据《史记》载：春秋末期，范蠡助越灭吴后，辗转至陶，"以陶为天下之中"，遂在此定居经商，"十九年间，三致千金"，被后人尊为商祖，死后葬于陶。《汉书·地理志》："禹贡陶丘在县西南，有陶邱亭。"据《说文解字》："定，安也。"定陶之名由此而始。

　　底蕴深厚，文化渊源流长。定陶中原文化、儒商文化、汉文化、西周曹文化底蕴深厚，辖区内有仿山、法源寺、官堌堆（刘邦登基台）、戚姬寺、梁王台等众多名胜古迹，定陶汉墓 2013 年入选第七批全国重点文物保护单位，列入中原经济区文化产业示范园区项目。定陶现拥有陶朱公传说、两夹弦、定陶皮影、仿山山会、牛屯鼓乐、柳子戏宋家班等六项市级非物质文化遗产，其中，陶朱公传说、两夹弦、定陶皮影已被列入山东省首届非物质文化遗产名录和第二批国家级非物质文化遗产名录。仿山（度假）景区、法源寺、华侨城生态游乐园、中华商圣文化园、天沐温泉度假小镇、"新乡土中国、鲁西南记忆"等文化旅游项目集群初步形成。

区位优越，交通便利发达。定陶区城距菏泽市中心 20 公里，自古为九省通衢、商贾云集之地。京九铁路与新欧亚大陆桥在此交汇；济广、济菏、日东、日南、徐菏"米"字型高速公路网与东丰、临商、菏民、定砀四条省道在境内纵横贯通，直达京杭大运河的万福航道在境内设有 2 处港口，"六纵六横" 12 条路网、菏曹运河直连大市，距济南、郑州两大国际机场均约 200 公里，济宁机场 75 公里，菏泽机场已在境内开工建设，2017 年底可建成通航，"南北借力、东西逢源"的地势优势凸显，使定陶成为南引港、粤、沪、杭，北接京、津，东通沿海发达地带，西联能源富集区的黄金区域，是投资兴业、休闲居住的首选之地。

物产富饶，资源丰富充足。定陶是全国重要的粮棉生产基地，山东省重要的优质农产品资源基地，常年粮食总产 50 万吨，棉花 30 万担，蔬菜面积 40 万亩，产量 120 万吨，畜禽存养 800 万头只，林木蓄积量 130 万立方米。油用牡丹、陈集山药、杜堂蔬菜、黄店玫瑰、南王店西瓜、力本屯粉条、张湾林产品等特色农业远近有名。

要素齐备，设施一应俱全。总投资 11.2 亿元的六纵六横 12 条道路基本建成通车，对接大市的路网框架形成。水资源可利用总量 1.2 亿立方米，境内现有三大水系，主要河流 23 条，建有库容 1152 万立方的国家中型刘楼水库，有 3 处水井水质达到直接饮用矿泉水标准；地热资源约 52 平方公里，井口水温达 58 度左右；日东石油管道、西气东输二线途经境内，定陶地下煤藏面积 200 平方公里，优质焦煤储量 10 亿吨。

载体完备，生产环境优良。围绕"三园三区"，着力构建产业发展平台，打造区域产业聚集区。"三园"：润鑫产业园、中小企业创业园、临港产业园。润鑫产业园重点发展新型生物医药基地，中小企业创业园布局机电制造、纺织、食品加工产业及电子商务、"互联网＋"等新兴产业，临港产业园培育新材料、新技术、高端制造、智能制造等高新产业。"三区"：京九铁路以西、沿临商路片区，以生活性服务业为主，重点发展居住、生活、办公等公共服务业和文化旅游业；铁路以东、沿广州路和高速连接线片区，以生产性服务业为主，发展传统产业和商贸物流业；沿长江路片区，发展现代物流、科技研发、高新技术产业。近年来，传化集团、九州通医药集团、稻香村食品、仙琚药业等中国 500 强及行业龙头企业进驻定陶，沃特管业、盛陶化工等 54

个骨干项目建成投产，天久生物、嘉宏食品等 39 家企业实现规模膨胀，万泰国际商贸城、汽车产业园、驾考中心等 12 个较大服务业项目落地建设。华电定陶电厂列入省"十三五"规划纲要，赛托生物 2016 年将完成创业板上市，建设募投项目 4 个。斯瑞药业列入省重点建设项目，纳福尔食用油、汽车产业园等 18 个项目列入市重点建设项目。2015 年，全县规模以上工业企业发展到 210 家，主营业务收入 362 亿元，服务业增加值 46 亿元。全县纳税过千万元的企业达到 16 家、过 500 万元的 26 家、过 100 万元的 116 家。新增储备项目 74 个，计划投资额 142.6 亿元。

## 二、落实分类管理，做好管理与服务的结合，服务外贸向好发展

为落实国发〔2016〕27 号文件要求，定陶区国家税务局主动走访外贸企业，多层次征求意见及建议，帮助企业完善内部空管工作措施，提升企业出口退免税管理上台阶，对出口退税企业类别进行了重新评定与调整，调整后一类企业 4 户，较调整前 1 户增加 3 户，增长 3 倍。一类企业申报五月份退免税 289.2 万元，较申报四月份退免税 143.41 万元增加 145.79 万元，环比增长 101.66%。菏泽利德尔食品属于我区外商投资企业，主要生产果蔬罐头、速冻食品、腌渍食品等罐头食品；主要出口西班牙、多米尼加、古巴、德国、智利、哥伦比亚等国家。5 月份出口销售额 144.2 万美元，环比增长 723%，实现免抵退税额 118.63 万元，环比增长 600%。公司总经理陈成银说："干企业目前资金是大问题，组织货源、生产工人工资支出都要资金支撑，评定一类企业后，从申报到退税两天，税退的快了，资金到户及时，对企业出口生产是莫大支持啊"。

## 三、"互联网＋税务"模式下实现"无纸化"申报退税

自 5 月份区出口企业试点"无纸化"申报退税后，企业财务人员只需将搜集好的单证、申报资料输入申报平台，点击申报即可完成申报工作，无需将纸质申报资料送交国税部门，大大节省了企业财务人员往返的时间，降低企业成本，节约出口企业财务人员申报时间，把更多的精力放在企业管理上来。国税部门，提升了出口退免税审核工作效率，降低了出口企业申报出口退免税成本，加快了退税资金周转使用。山东天骄生物技术有限公司，是我

区一家私营企业，主要生产麦芽糊精、植脂末、麦芽糖粉等，出口土耳其、越南、坦桑尼亚、俄罗斯、马来西亚、加拿大等国家。5 月份出口销售额 151.71 万美元，环比增长 36%，实现免抵退税额 147.12 万元，环比增长 31%。该企业厂区设立在离市区较远的陈集镇，每月申报期，企业财务人员都要往在企业与国税间往返几十公里送交申报资料，试行"无纸化"申报退税后，企业财务经理张朝社说："现在只要是申报信息齐全，通过出口退税网络申报平台，坐在办公室内一鼠标，就完成了申报，无需在到国税局送交资料，退税审核时间大大缩减了，退税更快了，我们节省了时间，节约了费用，国税部门的'便民春风行动'给我们企业带来了一个又一个的利好消息"。

# 践行社会主义核心价值观
# 凝聚税收发展正能量

河南省方城县国家税务局　刘年辉　王　桥

　　近年来，我局在市局党组及方城县委、县政府的正确领导下，深入落实中央关于培育和践行社会主义核心价值观的部署要求，聚焦在精神、落脚在实践，通过开展志愿者服务、爱心送粥等一系列活动，社会主义核心价值观在干部职工心中生根发芽，为国税工作实现新发展新跨越提供了强大的精神力量和道德支撑。

## 一、三对接、强认识，培育核心价值观

　　对接文化建设。将核心价值观融入工作实际，助推核心价值观入脑入心。以"为国聚财、为民收税"为工作宗旨，设置"政务公开长廊"，集中公开纳税人权利义务、办税流程、收费标准、各项税收法律法规等；设置"监督服务长廊"，将单位职责、职能，税务人员的照片、姓名、工号以及岗责体系予以公布，接受纳税人监督；设置"廉政文化长廊"，集中展示单位廉政文化理念、廉政作品、警示教育各项内容以及本单位廉政建设各项举措；设置"执行文化长廊"，对系统内征收管理、税收服务、稽查案例等工作成果进行展示；设置"文明建设长廊"，集中展示县局曾经获得的各项荣誉和创建成果等，不断深化干部职工对核心价值观的认识。

　　对接思想教育。以"道德讲堂"为平台，以"税之源"、"税之魂"、"税之韵"、"税之德"、"税之戒"、"税之果"为核心内容的法治税务示范基地，开展用好一个平台、上好一次党课、举行一次考试、开展一次走访、写好一次心得、征集一次作品等廉政教育"六个一"活动，多管齐下，加强核心价值观的学习。举办"推荐我身边好人"和"最美国税人"等评选活动，在大厅服务窗口开展"学雷锋优质服务"活动，做好"善行义举榜"的发布工作，拍摄微电影《榜样的力量》，收看《鉴史问廉》纪录片，邀请全国岗位学雷锋标兵、全国先进工作者郭春鹏举办宣讲会等，聚焦凡人善举，传播最美精神。

对接物态熏陶。开展"我们的核心价值观"为主线的廉政作品征集活动，创建了方城县国税局廉政文化展厅，现已创作廉政系列作品 100 余件，集中宣传和展示了方城县国税局廉政文化建设的成果，四月份开展了"扬清风·守纪律"廉政文化作品展。依托文化展厅、办税服务厅、楼道等办公办税场所，围绕"图说我们的核心价值观"主题，张贴标语，摆放展架，播放短片；通过"文化展板＋宣传画"的形式，打造绩效文化墙，面向全局干部开展绩效微感言征集活动，营造处处彰显核心价值观的浓厚氛围。

## 二、三对标、铸税魂，践行核心价值观

对标国家层面富强、民主、文明、和谐的价值目标，举立业之纲。牢记宗旨，攻坚克难，挖潜增收，深化评估、强化征管，确保国家税收应收尽收。构建以收入核算、税源管理、其它相关部门的预测网络，指定专人开展重点行业和重点税源税收分析，分类、分级推送风险应对任务。全局上下紧紧围绕组织收入工作中心，统一思想，狠抓目标责任落实，切实加强税收征管，严格依法依规组织收入，坚决不收过头税。贯彻各项税收优惠政策，帮助纳税人切实享受政策红利，保持小型微利企业政策优惠面达到100%；扎实开展便民办税春风行动，行政审批事项同比减少 66.7%；对依申请的 225 个事项确定为"即办事项"；对 140 种涉税文书实行免填单、签单、电子填单服务。

对标社会层面自由、平等、公正、法治的价值取向，明立业之法。始终坚持以法治理念统领全局筹划，用法治手段推进税收工作。对内规范管理。执法上做到文明执法，依法处事，管理上做到有权必有责、用权必监督、违纪违法必追究，加强责任过错纠正和执纪问责力度。把公平正义贯穿于税务稽查的选案、稽查、审理、执行、监督全过程。对外加强执法。全面推行行政执法文书电子化，充分利用全省国税征管信息系统、现场记录设备、视频监控设施等科技手段，实现了对选案、立案、调查取证、决定、执行等行政执法活动全过程的跟踪记录。以此在抓好税收专项整治、重点税源企业轮查，加大案件查处力度，落实黑名单制度上，充分发挥税务稽查的震慑力和警示作用。

对标公民层面爱国、敬业、诚信、友善的价值准则，铸立业之魂。将核心价值观有机融入道德讲堂、文化大讲堂的授课内容中，重点培育"团结和谐、合作包容"的共事文化，"担当履责、以上率下"的干事文化，"创先争优、见贤思齐"的向上文化，"尊重善待、助人济困"的尚善文化。先后举办道德讲堂 30 余场、文化大讲堂 20 余期，让价值理念转化为价值风尚。县局

成立了志愿者活动办公室，共注册登记本单位学雷锋志愿者50人，通过参加税法宣传、扶贫助学、环境保护、文明创建、关爱老人等活动，传递社会主义文明新风尚。

### 三、聚人心、树品牌，彰显核心价值观

以走访救助为契机，弘扬核心价值观。县局志愿者团队成立于2011年，志愿服务站挂牌于2013年。在成立之初，面临着独自开展走访救助资金压力大、开展走访救助志愿活动乏力等困境，县局不断创新思路，摸索出一条利用网络和民间慈善机构相结合的联动机制。近年来，县局志愿者利用周末节假日深入河南、河北等地农村已累计组织走访169起，通过各级慈善机构筹措善款近200万元，救助农村孤寡老人、贫困学生2528人。并先后组织参与为患下颚骨动脉瘤的中学生张卧浩、白血病患者陈改香、白血病患儿刘俊宇、王世帅、刘昕哲、困难学生黄双双、赵圣杰等7个救助对象进行募捐筹款近60万元；搭建12名爱心人士对12名困难中学生实施定点全程帮扶的桥梁。

以"爱心粥铺"为阵地，聚力核心价值观。爱心粥铺是县局城区分局朱磊及机关志愿者联合其他社会爱心人士于2013年9月15日自愿开办的，旨在为广大环卫工人、进城务工人员、流浪人员提供免费的早餐，让他们感受城市大家庭的温暖。粥铺开业近3年来，共募集资金30余万元，累计提供就餐服务8万多人次。县局42名志愿者以及30多名社会人士自觉排班前来从事劳动服务，无论春夏秋冬从未间断。"我自愿加入志愿组织，热爱祖国，遵纪守法；热爱善举，无私奉献；成就他人，不求回报……"每天早上，为就餐人奉上第一碗饭，值班的志愿者都要重温志愿者宣誓词，凝聚合力，不忘使命。

以"人人参与"为目标，彰显核心价值观。"点亮一盏灯，照亮一座城"。在我局志愿者的带动下，崇尚先进、学习先进、争当先进的良好风气在方城蔚然成风。志愿者们通过微信、贴吧、微博等途径定期发送免费爱心粥的图片、活动情况，感召社会各界人士参与。在县局志愿者的感召带动和帮助下，人人做志愿，处处献爱心的良好风气日益形成。在爱心粥铺开办过程中，还有许许多多和志愿者一起并肩前行的人们。他们中有风尘仆仆赶来捐款数千元却不愿意留下姓名的商人；有白发苍苍却起早贪黑前来义务从事劳动的耄耋老人；有在中考、高考日放下生计无私接送学生的出租车司机；有捐钱捐物牺牲双休日和假期忙前忙后却从不喊累的机关干部；有坚持每日清晨5点钟起床做饭劳动的大妈、大叔……他们用共同的理想信念、价值追求带动身边的人开启更多的爱心之灯。

以志愿服务为引擎，升华核心价值观。春风化雨，润物无声。公益彰显爱心，爱心促进工作。我局浓厚的志愿服务氛围，为机关干部精神面貌带来了潜移默化的影响。办税服务厅里原本脾气急躁的工作人员小潘，自从参加了志愿服务活动，逐渐融化了他那颗浮躁的心，慢慢的，他改善了自己的态度，服务中更多了一些细致和耐心，现在是办税服务厅的服务之星。平时不爱打扫办公室的小王参与志愿服务后，也开始早早赶到单位，收拾卫生。以前对父母关心不够的同事通过志愿服务，也深深感悟到对陌生人尚能如此，怎能不孝敬自己的父母呢？税政科王科长家有年迈偏瘫的老父亲需要照顾，但当生病不起的弟弟将两个孩子托付给他时，他不仅没有推辞，还把弟弟的孩子当自己的孩子一样悉心照料……在他们身上折射出来的正是省局党组提出的"尊重善待、助人济困"的尚善文化。通过这种孝心、爱心的感化与传递，现在局里同事关系变得更加融洽、团结。全面推行"营改增"中，副局长房松波，坚持带病工作在一线，生病期间每天在办公室一边输液，一边工作；办税服务厅异地干部胡宇、尹苗，坚持一个多月没有回家，每天工作到深夜。

2015 年，省领导李克、赵素萍，省局孙荣洲局长分别就我局学雷锋活动给予批示肯定。2016 年 1 月 18 日，中央电视台朝闻天下栏目报道了我局腊八送粥活动。7 月 18 日，省委宣传部副部长王庆、南阳市委常委、宣传部长王新会亲临我局考察全省践行社会主义核心价值观示范点创建工作。7 月 22 日早晨县委书记褚清黎带领党政领导到爱心粥铺从事志愿服务活动。这也进一步激发了我局干部爱岗敬业、无私奉献的激情和动力。

# 对基层国税文化建设的探索与思考

河南省正阳县国家税务局 叶 品 孙 犁

为实现新时期国税工作的总体任务和目标，国税部门积极探索先进、有效的管理模式，以期用最科学的管理方式来最大限度调动和发挥干部的潜能。其中文化的力量越来越被重视和利用。省局"十项工程"把税务文化建设摆在了重要的位置，充分显示了管理层的高瞻远瞩，深谙事业的发展，离不开软环境的内在推动力，正因如此，税务文化建设现已成为我们面前的一项新课题。我们结合正阳国税税务文化建设实践，力求探索税务文化的建设途径，希望能对税务文化建设有所启发。

税务文化作为一个国家文化体系的子文化，反映了一个国家法制程度以及税法在实践中的执行程度，是一种较高层次的科学管理模式，具有丰富的内涵。一般观点认为国税文化包括四个层面：一是制度层面，主要是指保证国税工作正常运行的规程体系和体现国税系统价值取向的行为准则。二是精神层面，主要是通过管理文化的熏陶，集中体现在国税部门、国税干部身上的有形的文明表现。三是行为层面，即国税干部的外部形象、交际原则和服务语言等方面的内容。四是物质保障层面，主要表现为保障税收征管工作的物质条件和物质环境。国税文化是国税部门为完成特定目标而产生的，并在国税部门具体实现各个工作目标的过程中由广大国税干部共同遵循的；国税文化是国税部门管理方式的深层次反应，它引导着广大国税干部的思想行为，使全系统保持巨大的凝聚力和向心力；国税文化能唤起广大干部无限的热情和冲动，为国税机关完成其目标发挥巨大的作用。

近年来，我局在构建国税文化方面进行了一些探讨和实践，主要做法：

（一）兼容并蓄打造文化品牌。确立短期靠管理、中期靠制度、长期靠文化的管理理念，注重从本地深厚文化底蕴中发掘优秀品质。以正阳历史名人黄叔度和当代英模刘文功的精神和品质，提炼出正阳国税精神："快乐自信，负重向上，友善包容，和谐共赢。"进一步锻造为"清·和"文化品牌，蕴意"政清人和"。正阳国税通过教育引导、实践激励、人文关怀、文明创建等一系列行之有效的综合举措，努力在全局培育文化自觉、文化自律和文化自愿氛围，使"聚财为国、执法为民"成为全体税务人员发自内心的职业认知和自觉行动，并在不断摸索的过程中逐渐孕育出了独具特色的正阳国税文化。"求实创新、忠诚奉献、廉洁高效、服务民生、和谐发展"的20字正阳国税精神的塑造，将全体干部职工凝聚为一体，把共同的目标和理念转化为税务工作的自觉行动，使国税系统永葆奋发向上的精神动力。增强了全局干部同舟共济、合作共赢的团队精神，开拓创新、敢为人先的创业精神，廉洁高效、勤政为民的奉献精神和勇争一流、追求卓越的进取精神。

（二）以营造人文关怀为重点，着力打造家园文化。正阳县局以"爱我正阳，奉献国税"作为"家园文化"的主线，大力增强情感渗透，着力打造富有正阳国税特色的"家园文化"品牌。一是改善待遇与改进环境。以改善工作和生活环境为载体，不断建立和完善公正公平的分配机制；以解决干部职工工作实际困难为载体，为干部职工办实事办好事，从感情上、行动上、工作上真正理解、照顾、支持干部职工。二是做硬硬件优化软件。小食堂、活动室、阅览室等基本生活娱乐设施上加快建设，让干部职工居者有其屋，食能饱其腹。并定期召开年轻干部座谈会、节假日庆祝会、建立反映问题绿色通道、帮助年轻干部解决婚姻问题等。三是优化用人环境，使人人都能凭实绩求进步，让职工有优越感、有成就感，用共同的事业，公平的环境感召干部职工，不断浓厚"家园文化"氛围。

（三）以促进廉洁从政为核心，着力打造廉政文化。文化倡廉政，清风铸党魂。近年来，正阳局突出特色，打造亮点，通过领导表率，机关示范，全局形成了人人参与、干群互动的廉政文化建设"大合唱"格局，处处荡漾廉洁风。一是学廉、思廉、明廉，净化职工心灵。广泛开展了"读书思廉、开会讲廉、谈话促廉"活动，组织职工听预防职务犯罪专题讲座，参观法制巡展，到警示教育基地接受教育，和干部职工一起细算廉政"七笔账"，较好地营造了"清白做人、干净干事"的廉洁文化氛围。二是倡廉、颂廉、兴廉，蕴育国税文化。不断硬化基础设施，打造廉政环境。开辟了"廉政长廊"，张贴悬挂廉政格言警句，制作廉政台历警示语、建设廉政文化专栏、廉政屏保，增强廉政文化教育的穿透力。三是述廉、评廉、督廉，构筑监督网络。通过向纳税人发放廉政《监督卡》、公开监督投诉电话、严格落实税务人员廉政承诺公示制度和述职述廉制度、寄发廉政倡议书、开展家属助廉劝廉等活动，把廉政文化建设延伸到干部8小时以外的生活圈和社交圈，用亲情共同呵护家庭廉政港湾。

（四）以推动科学发展为目标，着力打造和谐文化构建和谐的发展环境、和谐的法治环境、和谐的征纳关系、和谐的干部队伍。为实现税收事业与地方经济的双赢发展，正阳县局在依法组织税收收入，为地方经济社会发展提供财力保障的同时，对全面落实结构性减税、涉农优惠等各项税收政策，促进地方经济调整优化结构，扶持社会弱势群体，维护社会稳定更是不遗余力，以最佳的政治表现赢得了党政领导的信任和肯定。正阳县局还大力倡导与人为善、平等友爱、团结互助的社会风尚，使和谐的理念和道德观念成为国税干部的核心价值观，积极营造和谐的上下关系和工作环境，调动税务干部的积极性、主动性和创造性。大力创建学习型税务机关，着力营造关心人、尊重人、发展人的文化氛围，增强全体人员的职业荣誉感和集体归属感，增强队伍的凝聚力、向心力和战斗力，实现了税务机关内部的和谐共处。

（五）以提升服务品质为追求，着力打造服务文化。对服务文化建设，正阳县局完成了角色转变：将服务理念从"要我服务"向"我要服务"转变；改变了强调管理，忽视服务的传统做法，增强了服务意识，端正了服务态度。完善了服务设施：将服务环境从"征税人需要"向"纳税人需求"转变；合理划分功能区域，实行"一窗多能"模式，打造温馨服务平台，使纳税人有宾至如归的感觉。创新了服务手段：服务渠道从"形式单一"向"内容多样"转变；进一步构建了办税功能齐全、监督制约有力、管理服务高效的办税体系；四是优化了业务流程：服务方式从"注重硬件"向"软硬相宜"转变；实现了办税在前台受理、业务在内部流转、质量在后台监控。多层次、多渠道、方便快捷的信息化纳税服务平台，满足了纳税人合法合理的个性化要求，实现征纳双方的良性互动。

随着税收事业的快速发展，税务文化建设越来越被各级税务部门所重视，成为加强税收干部队伍建设，推动税收事业持续发展的强大动力。但在推进税务文化建设过程中，也存在一些误区和盲点：一是动力不足。有人认为税务文化建设有点务虚，短期成效不大；有人认为税务文化建设深不可测，难以实现；也有人认为税务文化建设就是领导的"政绩工程"、"面子工程"，与己无关。这些观点都有局限性，没有认识到税务文化建设就是宏观的社会和经济在税收领域中的集中反映，是一种独具特色的行业管理文化。二是目标不明。税务文化建设不是搞运动、一阵风，不是口号标语的浅层宣传，不是制度上墙的形式主义，不是脱离实际喊口号、敷衍上级走过场，而是应把这些形式实实在在变成税务人员的行为规范，变成干部职工的精神动力，变成约束干部职工的行为规则，促使干部职工以主人翁的身份积极投身于优秀税务文化的创建活动，做到时思之、勤学之，达到振奋士气、凝聚人心、促进工作的目的。三是重视不够。中国的当代转型是现代化的转型，而现代化的过程将充满变动和撞击，现代化所展现的种种美好，并不会顺利实现。而一旦在其实现过程中，人们的期待得不到满足，相对的挫折感就会出现。在美好的预期和冰冷的现实面前，人们就容易失去方向，就会充满焦虑，时时感受到自己的挫折。在这种情况下，很多税务人员认为，在职位和待遇得不到改善的情况下，税务文化建设意义不大。四是畏难情绪。认为税务文化建设是"空中楼阁"，高不可攀，无法实现。其实税务文化建设不是高不可攀、遥不可及的，它源于管理，在管理中发展、完善、成熟，它是把有形的管理通过理念变成无形的管理，让广大干部在潜移默化中逐渐养成自觉的行为习惯。税务文化建设涉及诸多层次，不是一朝一夕能完成的，一定要克服畏难情绪，做好整体规划与打持久战的准备。五是方法不当。没有充分认识文化管理是群众性活动，轻视做好宣传、轻视发动群众，行政干预过多。没有充分认识文化建设是永续工程，必须循序渐进，而是要求立竿见影；推动活动停留在浅表层，重形式轻灵魂，不会强化和突出主题；项目推进缺乏规划系统性，想到哪里做到哪里，想到多少做多少；教育方式呆板单一，多以显性教育方式、强制教育方式，组织成员容易产生学习疲劳，甚至产生抗拒情绪，缺乏对活动适时的总结评价。

针对以上各种误区和盲点，我们也进行了一些深层次的思考和探索，具体是：

（一）充分认识税务文化建设的重要性。当前，基层国税部门存在的执法和服务等方面的问题，尤其是干部队伍中自我满足、维持现状、不思进取的现象，实践证明，这些问题的解决，光靠制度严密、考核严格、提高待遇、增加物质刺激已不能从根本上解决问题；面临的危机不是因为制度上的纰漏，物质上的匮乏，而是因为文化上、精神上的危机。为此，就必须营造和弘扬税务文化，把文化的力量融入到税收工作中，力求满足各种精神需求，实现干部的自我加压、自我约束和自我激励，把共同的目标和理念、激发出的热情和创造力转化为税收工作的自觉行动。

（二）牢牢把握税务文化建设的灵魂。税务文化建设的灵魂是为干部职工提供生活愿景。现实生活中，文化对很多事情确实无能为力，不能奢望用文化建设去改变现实生活，也不要想用税务文化建设解决职位和待遇问题。但是文化建设厉害的地方，在于能够改变组织成员对于生活的态度，能够引导组织成员向往什么样的生活。想做好税务文化，就要围绕这个灵魂去工作，同时要认识到，文化力量的发挥是渗透式而不是爆炸式的，越是品味高的文化项目，其目的性越含蓄，但是其影响越深远、越有力量。

（三）准确定位税务文化建设的着力点。税务文化建设的着力点在于帮助税务人员树立"生活本位"的理念。"官本位"、"权力本位"思想影响深远，会长期困扰税务工作，单纯靠批判很难消除。针对这种情况，应该有破有立，以"生活本位"理念对"官本位""权力本位"思想进行冲击。工作就是成长发展，而不断发展、不断生长就是生活。单位是一种社会组织，工作是一种社会过程，单位便是社会生活的一种形式，工作也就是生活的过程，而不是为生活做准备。要给干部职工创造知行合一的环境，帮助他们树立知行合一的生活原则。从生活本位角度讲，税务文化直接目的不是促进工作，而是让税务人员生活的更幸福，所以领导者不能用非常功利的态度去做税务文化，而要把文化建设当作与税务干部共同进行的生活体验。

（四）辩证对待税务文化建设的结果与过程。税务文化建设没有终点，其过程比结果更重要。每个阶段的成果，都是下一阶段起点，真正的文化精神蕴含在建设过程之中。因而税务文化建设必须让内部人员动起来，一起去培育组织精神，一起去探索组织文化，不要怕自己人做不好，这个动起来的过程本身就是特别文化的事。请人设计一套眩目的系统，理念部分往往做得很漂亮，很有煽动性，但却不一定是单位的核心价值观，缺乏足够的塑造过程，会导致组织文化缺乏生命力。最好的办法还是要领导和员工一起动起来，摸着石头过河与顶层设计相结合，做好过程，这样文化成果才会坚实。从这个角度看，文化建设就是不断的做文化活动，一年能有几项精品活动，要比制定宏大的规划更有效。

# 树立七个第一意识 推进国税事业发展

湖北省郧西县国家税务局

## 一、树立基础是第一关键的意识

基础不牢，地动山摇。国税事业大发展，必须以稳固的基础作支撑。对于地处僻远、经济基础脆弱的郧西国税来说，重视基础，打牢基础，必须要在思想上立足三个"着眼"，克服三个"焦""急"：一是要着眼大势谋当前，克服焦躁思想，不急于求成。发展的关键在于善谋大势，重点在于科学研判形势。当前，税源潜力有限、税种结构单一是我们的发展瓶颈，队伍年龄老化、人才稀缺是我们事业的短板，税收信息化程度不高、信息化应用水平较低是我们工作的软肋，只有正视这些问题，明确缓急，分清主次，才能把握规律，化解矛盾，步步为营；二是要着眼长远谋全局，克服焦虑思想，不急功近利。"不谋全局者，不足以谋一域"。要始终胸怀"为国聚财，为民收税"大局，清醒认识周边的竞争优势和走势，找准自己工作定位，自觉地把国税发展融于经济社会发展全局中进行考量，以更开阔的思维统筹征管、服务、政务、队伍工作全面发展；三是要着眼未来蓄后劲，克服焦灼思想，不急躁冒进。一方面要戴好望远镜，放长眼光，精心谋划未来；另一方面要戴好显微镜，善于发现工作细节，打好基础聚集能量。当前，打基础就是要着力抓好四基管理：即加强税收征管，抓好税基管理；抓实纳税服务，执行服务基准；强化干部培训，提高基本技能；强化政务管理，加强基层建设。只有下真功夫，花大力气，抓基础、抓根本、抓关键，才能蓄积发展后劲，助推事业发展。

## 二、树立创新是第一动力的意识

一是要顺应潮流，达成创新共识。创新，是促进工作上质量、上层次的关键因素。能不能创新，靠的不仅仅是实力，还要靠意力。因此，处于落实层、操作层、执行层的基层国税部门，应主动摒弃循规蹈矩、墨守成规、碌碌无为的思想，跳出"照单执行、被动执行"的圈子，坚持不等、不靠、不观望，加强宣传，统一思想，以最大公约数寻求系统上下对创新工作的认同，当好改革创新的"排头兵"。二是要凝聚智慧，找准创新项目。要让点多面广的工作有所独创、出众，不仅需要视力，更需要眼光。要在完全消化上级决策部署和理解税收法律法规规定的基础上，广泛开启干部职工心智，汇集干部职工灵感，一改故辙，独辟蹊径，建立人无我有、有人我优的项目工程。要坚决防止制定华而不实的作秀工程、哗众取宠的面子工程，拟定的项目要立得准，靠得住，行得通，推得开。当前，我们在创新落实专业化管理、纳税服务、文化建设等方面，都应该有所作为、有所突破。三是要集结团队，形成创新合力。要大力推行项目责任制，组建工作团队，拟定任务清单，排出工作日程，推行派单管理；要认真落实一线工作法，把有限的人、财、物向一线倾斜，为创新团队提供菜单服务；要建立和完善创新工作的绩效评价体系，及时总结工作得失，修正工作偏差；要进一步健全考核奖励机制，促使干部向一个方向、一个标准使力加劲，严防"垃圾工程"和"半拉子工程"。

## 三、树立法治是第一责任的意识

法治是税收工作的灵魂。要始终坚持"内外并举、重在治内、以内治外"的方针，把依法治税贯穿于税收工作全过程。一是要维护税法权威。要不折不扣地落实各项税收政策，依法征税，应收尽收，严防越权减免税，要完善规范性文件会签、备案和定期清理制度，强化规范性文件制定会签把关和备查备案，积极排除地方干预，切实维护税法统一。二是要突出执法刚性。认真执行税收实体法和程序性法，严格落实行政处罚法、行政许可法、行政强制法等法律法规。对外，要坚持"魔高一尺、道高一丈"，有效运用评估和稽查等方式，加大税收保全措施、强制执行措施和涉税犯罪移交力度，大力整顿税收秩序，提高税法的威慑力和打击力；对内，要不继强化风险意识，完善税收执法检查机制，认真落实税收执法责任制，大力实施责任追究和过错追究。三是要体现综合治税。要大力宣税，普及税法意识，提高税法遵从度；要阳光办税，公开办税流程、办税内容和办税结果；要综合管税，加强政府及各部门的联系沟通，推进信息互通共享，要广开监督渠道，开门评税，不断提高国税部门的公信力和满意度。

## 四、树立服务是第一义务的意识

一是要有主从意识。国税部门既是征税人，同时也是用税人，面对创造社会财富主体的纳税人，要心怀忐忑，心存敬畏，要认真研究每一位纳税人的所思、所想、所求，做到有求适应，无求先应。二是要有品牌意识。要始终围绕高效、快捷、安全、便利办税要求，推进国、地税合作，实行办税厅共建、人员互驻，推行网上办税，减轻办税负担，丰富服务方式，着力提供更富亲和力和人性化的品牌服务。三是要有规范意识。严格履行法律、法规赋予的法定义务，建立健全纳税服务评议评价机制，引入外部监督机制，强化税收服务、文明执法督查，推动纳税服务向更高层次进阶。

## 五、树立人才是第一资源的意识

一是要搭平台促人才拔尖。要积极搭建人才煅练平台，坚持经历是一种财富，鼓励广大干部尤其是年轻干部到征管一线、到基层岗位进行磨砺，固化良好的素质；要着力搭建人才培训平台，坚持人人都可成才、人人都是人才的人才观念，制定人才培育的长、短期规划，有计划地培养本地化、梯队化人才队伍；要完善人才选拔平台，突出德才兼备、以德为先的用人导向，坚持从赛马中识别好马，促使人才脱颖而出。二是要建机制促人才增值。要建立良好的用才机制，取其所长，用当其时；要优化人才奖励激励机制，宣传典型，提高待遇，增强优秀人才的成就感和归属感。三是靠载体促人才保鲜。要用好后续培训载体，保持红灯常亮，促使干部不断补充知识，汲取营养；要用好考核载体，建立人才淘汰机制，敦促干部自我加压，永不落伍。

## 六、树立稳定是第一保障的意识

没有和谐稳定的环境，改革就会功亏一篑，努力就会前功尽弃。抓稳定，一是要抓民主，要认真贯彻民主集中制，落实重大事项报告制度，完善议事决策制度，做到会议之外无决定。二是抓公开，要按照"公开是原则，不公开是例外"的要求，合乎规范地公开政务、党务信息，尤其是要及时、全面、准确地公开广大干部职工最关心的人事、财务、待遇等敏感信息。三是抓排查，要建立干部谈心制度，及时了解干部思想动向，积极开展坐班接访活动，掌握各种显性和隐性的问题，不断强化安保措施，源头杜绝各类安全隐患。四是抓化解，要综合运用教育、引导、稳控、惩处等组合手法，果敢处理各类矛盾和问题，防止小事拖大，大事拖炸，力保一方平安稳定。

## 七、树立节俭是第一美德的意识

"历览前贤国与家，成由勤俭败由奢。"要积极弘扬艰苦奋斗、勤俭节约的创业精神，从节约一滴水、一张纸、一度电的小事做起，使有限的经费在保运转、促发展上发挥出最大效益。一是管好筷子。严格执行公务活动接待标准，杜绝铺张浪费，确保接待费用零增长。二是管好车子。严格公务车辆管理，严肃车辆维修支出审批制度，降低车辆运行成本。三是管好票子。全面落实财务公开制度，发挥财务监督管理作用，定期对财务运行情况进行分析，进一步加强经费预算管理、政府采购管理和经费报账管理。

# 实行"五化"共建办税厅
# 推进管理融合　促进服务提档

湖北省宜昌市猇亭区国家税务局　薛传斌

## 一、标准化环境建设

猇亭办税服务厅建筑面积 480 平方米，严格按国家税务总局标准化办税服务厅建设。统一信息网络接入，国税、地税各类办税、办公平台均接入办税服务厅，完全满足各类涉税业务办理和行政办公的需求；统一办税功能分区，为满足纳税人办税需求，合理规划办税服务区、自助办税区、咨询辅导区、休息等候区四大功能区，其中办税服务厅设有 6 个办税窗口 12 个办税岗；自助办税区设有 4 座取表填单平台，6 个电脑网上办税平台，1 台自助免费复印机；咨询辅导区设有 4 座咨询辅导台；休息等候区设有 24 座休息条椅、1 台排队叫号机、1 个导税服务台，饮水机、针线盒、急救包等便民设施一应俱全。四大功能区标识明显、相对独立、设施完善、网络畅通，可以满足纳税人各类办税需求，营造了舒适宜人、方便快捷办税环境。

## 二、一体化联合办税

梳理国税、地税办税业务及流程，整合办税窗口功能，合理设置窗口，实行"一窗双人双机双屏"一体化联合办税模式，分国地税联办、国税综合、地税综合三类业务，即除了国税车购税、发票发售以及地税社保费征收分别为国税综合、地税综合业务外，其他税务登记、申报纳税、代开发票、文书受理等业务均实行国地税联办业务，由纳税人自行在叫号机上取号排队，纳税人只需取一次号、填一套表、到一个窗口即可办结国税、地税所有业务。如办理税务登记，以往在国税办税服务厅办理税务登记，国税录入票种核定、税种认定后，纳税人还需到地税办税服务厅办理税种认定，如今只需在一个厅、一个窗口就可完成。此外，办税服务厅还设置了预约办税、绿色通道两类特别服务方式，纳税人可通过电话、QQ、微信等方式进行预约排队取号，对纳税人急难事项以及行动不便的，则临时启动绿色通道服务。

## 三、实时化信息交换

信息共享是国地税深度合作的基石，区国税局、地税分局以及市地税局纳税服务局在全面梳理国地税需共享的信息类别、项目的基础上，制定各类信息交换的流程和办法，将办税服务厅建成信息共享、传递、流转的枢纽。一是窗口办税信息适时交换，通过窗口业务联办，在窗口内对纳税人登记、开票、申报等基础信息进行同步交换与共享，解决国地税信息共享的滞后性，从而提升税源管理质效。如纳税人代开发票后，国税部门征收增值税的同时，在窗口内将相关信息传递给地税部门征收附加税及个人所得税，堵塞以往国税部门代开发票征收增值税而地税部门无法征收附加税及个人所得税的漏洞；二是定期集中交换，办税服务厅定期开展业务探讨，由国地税部门通过对各自管理系统信息的梳理、分析、比对，对比对分析信息以及异常信息、风险信息进行交换沟通，实现分析应用信息国地税共享，提高信息共享的全面性，增强信息增值应用效益，推动国地税在征管执法中深度融合；三是信息沟通交换快速响应安排，因个性化管理业务需求，国地税需对方提供相关信息，由办税服务厅根据信息沟通交换快速响应安排，向需求方及时提供相关信息，解决以往个性化信息交换国地税两头跑、多部门沟通的繁琐程序。通过国地税信息深度共享，进一步推动国地税深度合作，为国地税双方做好税源管理和纳税服务提供了坚实的信息支撑。

## 四、统筹化宣传辅导

对宣传辅导实行统一管理和统筹安排。一是整合资源与平台。办税服务厅内显示屏、触摸查询屏、宣传站牌、宣传资料取阅架等宣传设施由办税服务厅统一管理、统一维护，以前国税部门纳税人学堂、地税部门纳税人之家由办税服务厅统一组织运行，实现各类宣传平台共享共用；二是统一宣传口径。除了政策性文件分别以国地税局名义发布外，其他各类宣传品分别由国地税局各自提供内容，统一由办税服务厅的名义制作、发布、发放，实现国地税宣传元素均衡有序；三是统一辅导培训。根据国地税业务工作需求，由办税服务厅对培训内容、师资统筹安排，对纳税人进行统一培训；在办税服务厅开展国地税业务互帮互学活动，对纳税人一般性问题实行首问答复制，对特殊疑难问题则实行指引答复制。

### 五、统一化管理考核

对办税服务厅内国地税工作人员推行统一无差别化管理考核。一是统一管理。办税服务厅主任实行国地税周轮值制，由国地税办税服务厅主任按周轮值，统一负责大厅的管理。按《纳税服务规范2.0》的要求，对国地税纳税服务制度进行整合，制定规范统一的服务标准、服务流程、服务承诺、服务举措，实现服务一个标准。二是统一考核，制定标准统一考核标准体系，所有办税事项均通过叫号排队发起，通过叫号系统对办税窗口人员办税量、办税效率进行统计考核，由纳税人评价系统对办税窗口人员满意度进行统计考核，按月汇总三方数据，按月公布考核绩效。三是统一结果应用，考评结果与数字人事系统、最佳办税服务明星评选、年度公务员考核相结合，纳入数字人事个人成长账户管理，最佳办税服务明星不分国地税系列直接按结果选出公示，实现办税服务厅"一个制度管理、一把尺子衡量，一个结果应用"。

# 搭建个人绩效管理平台提升工作绩效

湖南省湘潭县国家税务局　贺昌泰

湘潭县局按照"以信息技术为依托、岗责体系为导向、工作流程为引擎、绩效考评为动力、人力资源管理为目标"的五位一体工作思路，搭建个人绩效内部管理综合平台——"湘潭县国家税务局干部综合评价体系"，该系统以日常工作评分（40 分）＋组织绩效（40 分）＋作风建设（20 分）构成评价体系的整体分值，在全局建立了一套科学规范、评价公正的绩效管理机制，有力推动了工作的全面落实。

## 一、把握一个理念

开发之初，牢牢把握以强化过程管理，引导干部提高工作质量，提升工作绩效的设计理念。目前，全局所有工作都通过该平台进行布置安排，具体工作的责任人、执行者、工作过程、细节等都在评价体系得到反映，清晰地体现了责任层层分解的全过程。同时，干部个人每天的工作内容、事项，请休假、学习培训情况等都在评价体系上一目了然。局领导能够实现对全局人员的工作情况、全局各项重点工作推进情况进行准确把握和实时监管。

## 二、突出二项功能

干部综合评价体系主要包括核心模块和辅助性模块：

一是通过"任务管理"、"日志管理"、"绩效管理"、"在线培训"等核心模块来规范各项工作流程。"任务管理"模块是通过上级向下级或牵头单位向协办单位发布任务，要求其在规定时限内完成某项工作，并给予一定的分值进行考核，采取打工分方式；"日志管理"模块是干部个人通过记录当天工作日志来展示当天的工作内容，日志的撰写也能实现分值的积累；"绩效管理"模块有效对接上级和本级的组织绩效以及加减分项目，对于在组织绩效中扣分的单位，不仅可以直接考核到扣分的当事人，该单位的负责人、分管领导、一把手都负有连带扣分；"在线培训"模块是将各方面的理论知识、最新政策、题库、试卷都纳入进来，要求干部按月进行学习、测试，并及时公布全局人员的培训、考试情况，并将其按一定比例换算成分值累加到"绩效管理"

模块中的加减分项目中，这种设置提高了干部学习的紧迫感，也使得全局干部政治业务水平的实际情况得到更清晰的体现。

二是推出"休假外出"、"通知公告"、"邮件中心"、"内务管理"等辅助模块来满足各类日常办公、管理的需要。"休假外出"模块实现了干部日常出勤、外出休假的电子化管理，简化了干部外出请假程序，该模块可以直接查看所有干部的在岗、去向情况，干部的作风纪律情况一目了然，方便监管；"通知公告"模块是对重要工作、通知的发布平台，其操作简便，可直接回复跟帖，同时还推出了通知公告同步短信提示，方便外勤干部即时接收工作任务；"邮件中心"模块实现了各类文件、资料以邮件方式在县局内部的有序流转，方便大家对重要工作资料的共享；"内务管理"模块整合了就餐、车辆和电子设备的管理，强化了日常内部管理工作。

## 三、体现三大特点

一是采取量化评分。干部通过日志撰写和完成任务累计分值，日志撰写越多，完成的任务单越多，所累积的分值便越高。系统根据分值对同一部门的干部进行工作情况分等，其中系统分等在 96～100 分的为 A 类，占该干部所在单位人员的30%；分值在 90～95 分的为 B 类，占40%；分值在 90 分以下的为 C 类。各单位负责人在系统分等的基础上，结合干部个人工作实际，给出每个干部的具体分值。如某位干部落在 90～95 分值段（B 类），单位负责人再根据该干部的工作质量在 90～95 这一区间内给出一个合理的分值，如93 分。干部综合评价体系使干部的日常工作全部实现数字量化，且尽量减少了人为干预，同一单位内，工作量更大、工作难度更高的同志直接进入 A 类，取得 A 类的工作奖金，打破了过去"干与不干、多干与少干一个样"的状态，也体现过程管理和结果管理的相互益进。

二是实现痕迹化管理。干部综合评价体系真实记录了每位干部每天的具体工作、每项重要工作任务推进的各个环节，所以当组织绩效中产生扣分时，扣分指标的具体责任人、出错环节的直接责任人等都可以在系统中找到痕迹。该系统的运行，从每月工作任务的制定到工作任务完成情况的反馈再到考核结果的形成都有迹可循，全局每项工作都做到了全过程公开透明，同时也让每一项考核都可监控、可回顾、有痕迹、有证据。

三是有效对接奖励机制。褒奖先进、问责落后，是干部综合评价体系评分的最终体现和落脚点。县局建立绩效奖金制度，60% 的绩效奖金根据评价体系内干部每月工作质量的等级，按比例发放；40% 的绩效奖金根据在线培训的情况发放，以一个科室（局）为单位，各单位每月培训测试的平均分在 75 分以上的全额发放该部分奖金，低于 75 分的，按平均得分的百分比进行发放，如平均分为 74 分，则发放 74% 的奖金。另外，对 A 类人员进行表彰通报，并以加分的形式在评先评优、干部提拔选用过程中予以优先考虑。同时，以科室（局）为一个单位，取全年综合分值（即日常工作分值占 40% + 市县组织绩效占 40% + 党风廉政建设、工作纪律占 20%）前 4 位直接作为当年的先进单位。在褒奖先进的同时，对在综合评价体系中分值落后的个人严格问责。如对全年分值排名最后的 10% 的人员，进行诫勉谈话，取消当年各类表彰、优秀公务员和职务晋升的资格，扣发一定比例的绩效奖金，做到奖惩分明、奖优罚劣。

## 四、发挥四大优势

一是推出责任制。由各单位的负责人根据单位职责、工作内容将任务下达给本单位干部，在任务单内明确工作要求、时限，当该干部在时限要求以内完成工作并予以提交后，单位负责人作为任务的审核者，要严加把关，一旦该项任务审核通过，则不得要求干部再进行返工，且该项工作任务经审核通过后引起的扣分等，都只与审核者即该单位的负责人相关；如果干部提交的任务不合格，则应当退回并说明原因。责任制的推出对各单位负责人的管理水平和工作实务水平提出了更高的要求，负责人必须十分了解本单位的工作，能够掌控工作的全局，同时也增强了工作的主动性。

二是设置抢单制。基于部分单位有工作分工的原因，工作任务不多，干部累积分值较慢，县局采取抢单制的方式，优先 C 类分值区域的干部接受任务，承担分值。抢单的情况一般发生在跨科室任务中，该项任务单的分值一般比普通任务单分值高，工作任务也更为繁重、复杂，该项任务发出后，会先出现在 C 类分值区域，先由 C 类分值区域的干部抢单，当出现无人抢单的情况时，才会由发出者指定一人承担该项任务。抢单制的设置是对工作任务少，但愿意且能做事的人提供一个累积分值的机会，有助于他们绩效分值的攀升。

三是完善分值制度。为避免任务单分值与具体工作任务难易程度不匹配的现象，超过 2 分的任务单，任务发起人对分值的设置只有建议权，必须提交由分管绩效与分管监察的局领导共同决定该任务值多少分。在任务单分值的设置方面，其中工作任务在市局组织绩效中超过 3 分的可以建议将分值设置在 2 分以上。实行重点工作工单派单制，以任务单的形式下达工作任务，通过完成工作任务来挣取分值，提升工作评价，在全局形成竞争氛围，促进各项工作持续改进和全面提高。

四是实行连带制。连带制度是指当某位干部因为工作失误产生了扣分或扣款，其所在单位负责人相应减半扣分或扣款，而分管局领导则在该单位负责人的基础上减半扣分或扣款，局长则在分管局领导的基础上进行减半。该项制度旨在加强各级领导者的责任感和管控力，同时也对干部的出勤、工作质效等情况形成约束力和紧张感。

## 五、凸显五大成效

一是促进了工作落实。评价体系的运行，促使各部门、各单位将工作任务目标及时落实到具体岗位，落实到责任人。工作质效的量化考核，对干部职工的工作实绩进行客观公正地评价，使局领导能全方位地掌握干部职工的工作状况，能随时掌握工作项目的完成情况，对更好地执行、完成上级确定的目标任务，起到了良好的促进作用。

二是促进了管理规范。通过评价体系来推行绩效管理考核，使全局的工作思路、工作重点和总体部署转化为具体的可操作、可监控、可考核的工作任务单。工作任务单在各个环节的推进清晰明了，不仅可以及时总结工作的业绩和成效，同时也能更一针见血地发现工作中存在的问题和不足，更容易察觉管理漏洞和薄弱环节。换而言之，问题也能在大范围出现前得到解决和整改，从而达到规范管理的目的。

三是提升了队伍活力。评价体系从设计之初就对局内的各个岗位的职责任务、思想作风、业务技能、工作质效、绩效考评、奖励惩戒等都提出明确的要求，作出了具体的规定，让广大干部职工工作有目标、肩上有责任、心里有压力、思想有动力，进一步激发其在提高思想政治素质、增强业务工作技能、履行岗位工作职责上拿出实实在在的行动。

四是形成了竞争氛围。评价体系通过工作量化、分值积累等方式，全面改变以往干部们不愿做事、不想做事的心态，逐步形成了想干事、抢事干、怕没事干的氛围。因为每一个工作任务都是分值，做事越多的人分值越高，绩效奖金就越高；全年的分值越高，评为优岗、先进的可能性就越大，晋升的机会也更多。而做事少的人，在绩效奖金、评先评优、岗位调配等诸多方面都处于劣势。这直接激发了干部创先争优、干事创业的热情，在全局范围内形成了良性竞争的工作氛围。

五是优化了资源配置。评价体系的分值积累、重点工作的透明化推进，为选拔任用干部提供重要参考依据。局领导层面能够通过评价体系，对干部做事的积极性、工作能力有较为直观的了解，结合其他考察方式，能够对干部德、能、勤、绩、廉等综合情况进行全面评判，从而合理进行人力资源配置，达到"人岗适配、岗得其人，人适其岗"的目的。同时，也能够根据干部每个年度绩效评分的变化状态，对岗位进行动态调整，从而保证整体工作能够高效推进。

# 围绕发展抓党建 抓好党建促发展

湖南省华容县国家税务局 许东阳

华容县国家税务局现有干部职工 160 人，其中党员 124 人，占总人数的 77.5%，下设包括老干支部共 9 个党支部。负责华容县 1000 多户企业和 4000 余户个体工商户的国家税收征管，税收规模 2 亿元。近年来，我们按照"抓党建、带队伍、树形象、促发展"的工作思路，注重发挥党组织的战斗堡垒作用和共产党员的先锋模范作用，不断提升凝聚力、执行力和影响力，增强工作活力，特别是通过党的群众路线教育实践活动，抓党风、转作风、正税风，促进了各项工作的健康、稳定发展。先后获得"湖南省文明单位""湖南省工人先锋号""湖南省依法办事示范窗口单位"，全省国税系统"五星级办税服务厅""廉政文化建设示范点"，岳阳市"学习型党组织建设示范点先进单位"、"书香机关"、"纪检监察系统先进集体"、"文明窗口单位"等多项荣誉，在华容县地方考评中，连续多年被评为"综合考评"（绩效考评）和"党风廉政建设工作"先进单位。在党建工作中，我们主要突出三抓、增强三力：

## 一、突出抓组织建设，积极发挥堡垒作用，不断增强促发展的凝聚力

工作中，我们注重加强县局党组、机关党委以及支部班子建设，坚持党组中心组学习制度，举办党支部书记培训班，修订健全集中议事、民主理事、公开办事等工作制度，坚持在三个方面下功夫：

一是讲团结，在提升组织凝聚力上下功夫。不论是县局党组还是机关党委、支部委员会，都坚持既统一思想，又分工协作。大事常讨论，工作常碰头，思想常交流，始终保持团结一致；深入开展民主生活会，主动自找差距，相互批评、相互帮助，达成共识；大事讲原则，小事讲风格，抓工作"一盘棋"，谋发展一条心，形成"九牛爬坡，个个使劲"的局面。二是重民主，在发挥班子集体智慧上下功夫。始终把贯彻执行民主集中制作为增强班子整体战斗力的根本，坚持集体领导和个人分工负责相结合，做到重大问题、重要事项事前通气商量，集思广益，广纳群言，决策前发扬民主，决策后一种声

音，执行时一个步调。三是作表率，在起到班子带头作用上下功夫。对党组成员、党委委员、支部书记严格要求。在着装上班、上班打卡、廉政纪律等执行制度面前，不但人人平等，还要领先一步做好表率，要求大家做到的，首先要求自己做得比大家好。

近年来，县局党组把党建工作列入重要工作议程，与税收工作紧密结合，做到统一规划、统一部署、统一考核、统一检查。机关党委定期召开会议，研究党建工作重要问题，经常督促、适时检查，动态跟踪党建工作任务的落实与完成。在推进国税工作发展中，县局党组织积极发挥战斗保垒作用，围绕税收中心，坚持把各项工作抓紧、抓实、抓出成效。先后提出了"有能力没表现＝零，有计划没落实＝零，有发现没有处理＝零，有机会没争取＝零"的四零理念"崇德向善、敬业守廉"的华容国税价值观。县局党组成员坚持以上率下、一级带一级，深入基层、深入一线，求真务实、真抓实干，发挥了龙头领头作用。加强党的组织建设，为推进国税工作发展提供了有力的思想保障和组织保障。

## 二、突出抓队伍建设，注重发挥党员先锋作用，不断增强促发展的执行力

工作中，我们坚持以人为本，不断增强党员干部能力、激发党员干部活力，并发挥好传、帮、带作用，着力运用好三种手段：

一是通过思想政治工作，提升党员干部想事、谋事的责任。把加强思想政治工作，关心党员干部个人成长进步作为党组织开展日常工作的主要课题。严格执行"三会一课"制度，开展书记上党课、讲形势课、民主评议党员活动。坚持开展"道德讲堂活动"，组织"责任胜于能力"、"假如我是科（局）长"等支部讨论座谈，举办预防职务犯罪讲座，开展公开述职述廉等，引导党员干部树立勤政、廉政的责任意识。建立谈心谈话制度，紧贴干部思想，帮助解决思想问题，紧贴干部实际，帮助解决实际困难。二是通过业务教育培训，提升党员干部干事、成事的能力。县局党组高度重视教育培训工作，建立教育培训基地，帮助党员干部和群众结成师徒对子，举办脱产学习培训班。各支部把开展读书学习活动作为支部的重要工作，帮助党员干部和群众结成师徒对子，全局开展"六个一"活动，即每天读书一小时，每周参加一次集中学习，每月进行一次全员考试，每季开展一次业务培训，半年撰写一篇心得体会，全年摘录一本读书笔记。三是通过丰富载体，提升党员干部创

先争优的活力。积极探索党建工作与税收业务工作相结合的途经，不断激发党员干部的活力。广泛开展"一个支部一座堡垒、一个党员一面旗帜"创先争优活动，在各单位中深入开展争创"先进科室""示范支部"活动；在广大党员中积极开展"党员示范岗""巾帼党员示范岗""争做优秀共产党员"活动；在全局广泛开展"创一流业务、做一流贡献"的税收业务竞赛活动。在党的群众路线教育实践活动中，开展"四比四看"履职创优竞赛，即：比学习效果，看谁的思想认识深；比遵纪守法，看谁的工作作风好；比爱岗敬业，看谁的工作表现优；比创先争优，看谁的工作业绩佳。通过创先争优，推动先进、树立典型。每年评选出一个党员示范区、三个党员示范岗，并评先表彰一批优秀党员。

近年来，县局党组组织和带领全局，建立健全了工作发展需要什么就培训什么、岗位职责要求什么就培训什么、干部成长缺少什么就培训什么的教育培训体系，建立健全了责权利对等、奖勤罚懒和德才兼备、任人唯贤的干部管理机制，建立健全了帮困解难、和谐发展的国税组织建设体系，营造了"让想干事的人有机会，让能干事的人有舞台，让干成事的人有激励"的创先争优环境。

## 三、突出抓业务建设，努力发挥服务中心作用，不断增强促发展的影响力

工作中，我们坚持围绕中心、服务发展，把党的群众路线教育实践活动等党建工作融入到税收工作的具体实际中，通过创新体制机制扫清发展道路上的障碍，通过建章立制解决存在的突出问题，注意把握四个结合：

一是与税收管理相结合。坚持组织收入中心和依法组织收入原则，健全税源控管机制，建立税负分析评估体系，实行重点税种重点清、重点行业重点管、重点企业重点抓。并深入开展纳税评估和税务稽查，大力堵漏挖潜。二是与依法行政相结合。认真落实税收执法责任制，积极运用税收执法监察信息系统，对税收执法情况进行事前把关、事中审查、事后监督，适时组织税收执法检查，对税务稽查、税务登记、税务行政许可等进行重点监督。三是与税收服务相结合。坚决落实税收政策，对涉及享受政策性减免、税收优惠政策落实等方面的企业，及时送政策上门，定期组织政策培训、定期询问落实情况、定期进行信息交流。坚持"公开承诺""首问服务""预约服务""延时服务""限时服务"等规范性服务，拓展"提醒服务""上门服务"

"随时服务""点对点服务"等个性化服务，健全服务需求及时响应的纳税服务体系。四是与廉政建设相结合。严格党风廉政建设责任制，建立健全责任明晰、合理分权、流程规范、制约有力、监督到位、制度完备的内控机制，实行对行政权力和执法权力重点部门、重点事项、重点环节的适时监督，落实公开述廉、网上评廉和廉政回访制度。并注重文化导廉，建立廉政文化走廊，大力开展廉政文化建设。

近年来，县局党组带领各支部积极鼓励和引导党员干部立足税收工作岗位，敬业奉献，建功立业。收入规模不断壮大，税收收入趋向良性发展，税收管理不断健全，征管质量保持"零问题"，金税工程持续"零障碍"，数据质量始终"零差错"，多次被评为全市国税系统先进单位。落实税收执法权力清单制度，规范执法下户和进户执法工作，依法治税深入推进，三郎堰分局被评为"湖南省2011～2012年依法办事示范窗口单位"。纳税服务逐步实现"办税服务零距离""办税程序零障碍""办税对象零投诉""审批改革零盲区""规范服务零区别"，办税服务厅获得湖南省"巾帼文明岗""工人先锋号""全省国税系统五星级办税服务厅"等称号。党风廉政建设持续多年"零投诉""零信访"和"零发案"，县局多次获得省、市国税系统和华容县"党风廉政建设先进单位"称号，先后被评为全省、全市国税系统"廉政文化建设示范点"，岳阳市"纪检监察系统先进集体"。2015年，县局被评为全县综合绩效考评优胜单位、党风廉政建设工作优胜单位，通过省级文明单位复查，获评全省国税系统"十佳最有特色纪检日活动"单位；县局北景港分局获评市级"文明窗口单位"，办税服务厅被评为省级"文明窗口单位"。逐步打造了"效能国税""法治国税""服务国税"和"廉政国税"四大品牌，逐步建立了"围绕发展抓党建，抓好党建促发展"的工作路子。

在党建工作中，我们做了一些工作，取得了一些成绩，机关党委曾被评为全市"先进基层党组织"，老干支部被评为全省国税系统"离退休干部创先争优先进党支部"，纳税服务党支部被评为"全县先进基层党组织"，但与新形势下抓好党建工作的要求还有很大差距。我们将认真落实党建责任，坚持把思想建设摆在党的建设的首要位置，进一步健全党员干部组织生活制度，不断探索新形势下党建工作的新方法，努力推进党建工作和华容国税事业同步发展。

# 以"执法"和"廉政"为主线加强监督考核

湖南省双牌县国家税务局　骆　雄　李立新

　　近年来，湖南省双牌县国税局结合本地实际，创新各项工作制度，加强内部和外部的监督考核。以"执法"和"廉政"为主线，以强化岗位运行的适时监控为核心，以制度执行结果问责为手段，以完善内控制度体系为支撑，全面加强内控机制建设，有力地促进了税收大幅度增长。

## 一、以"执法"和"廉政"为主线，健全制衡控制流程

　　如何以内控机制建设为保障，创新各项工作制度，从源头上预防风险点，把公共权力高效率、低风险运行当作一项中心工作来抓。

### （一）成立组织，加强领导

　　2016 年初，该局成立内控机制建设委员会，并下设办公室，负责系统内控机制建设工作的组织、指导、协调、实施和日常监控等职责，为内控机制建设提供组织和人力保障。各分局明确一名内控检查员，配合分局负责人抓内控机制建设工作的具体组织和实施。

### （二）紧扣主题，制定措施

　　一是制定了《双牌县国家税务局内控机制建设工作实施方案》，对内控机制试点工作的宣传发动、梳理职权、制定措施、全面实施和检查验收等工作进行了规划安排。二是印发了《双牌县国家税务局内控机制建设管理暂行办法》，明确了内控对象、内容、措施、流程、方法和要求，是内控机制建设的操作蓝本。

### （三）抓好结合，协调运作

　　内控机制建设工作是一项系统工程，既需要机关各科室支持配合，也与日常工作密不可分，按照"边摸索、边推进"的原则，集思广益，注重协作。一方面，《实施方案》和《暂行办法》出台前广泛征求、听取机关科室和基层分局的意见，并将内控机制建设与绩效考核、日常检查、综合督查、执法监察及现代化分局监测充分衔接，从而形成了以"执法"和"廉政"为主线的工作制度，从源头上预防风险点，降低税务人员执法风险，有效地防治和

遏制地税队伍违纪违法行为的发生。近 3 年，该局没有一位税务人员因执法问题受到处理。

## 二、以岗位运行适时监控为核心，推进权力网上运行

该局依托省局大集中征管信息系统，逐步将以审批事项为重点的各类权力运行纳入信息化管理，实现实时监督、控制和综合分析，做到全程留痕，可查可控。

### （一）制定网上测评制度

为了规范统一税管员网上测评工作，形成长效制度，该局出台了《税务干部勤廉测评工作规定》，明确网上测评由监察室统一组织，每年 2 次。测评问卷的内容根据税管员勤廉承诺的有关内容设计，主要检验税管员勤廉承诺的兑现情况。问卷由纳税人在网上申报缴税时自愿填写，由系统进行无记名统计。测评结果及统计分析指标值由系统自动推送到税管员及其领导的桌面，用密码进入，税管员查看本人的测评结果，各级领导查看下属税管员的测评结果和本单位的分析指标、纵横向比较指标。

### （二）明确网上测评结果的使用

要求各单位结合每位税管员的管户数量情况，综合分析服务态度、业务水平、办事效率的满意率，即"三率"指数，对指数靠后，或者有单项问题反映，或者廉政纪律方面出现"纳税人反映违纪点"的税管员，有关领导要主动以谈心方式进行思想沟通。去年 5 月，该局在全市纳税人满意度调查中名列第一名，并连续两年名列前茅，中央电视台新闻频道对此进行了专题报道。去年 12 月，该局名列全省国税系统各县（市）局纳税人满意度调查第一名。

### （三）网上测评效果明显

一是充分发挥"税收执法预警监察系统"，在征管数据库中抓取可能存在不缴少缴税款的疑点数据，自动推送给税管员，限时核查，督促企业纠正；二是实行稽查大要案"一案双查三审"制度，用查实的企业偷逃税案件倒查内部征管漏洞，追究执法责任。如此循环，形成"测评－督促－改进－再测评"的闭环，使税务人员时时处处感受到社会环境的"倒逼"态势，营造"蓬生麻中、不扶而直"的良好生态。

### 三、以制度执行结果问责为手段，界定制约监督重点

#### （一）创新测评办法，督促税管员扎实工作

由于税务行业具有分片管辖的特点，每一位税管员面对的都是一群特定的纳税人，该局充分利用这个特点，采取了新的测评办法：当纳税户用自己的企业代码和密码登录"电子办税大厅"时，就得到一张针对本企业税管员的电子调查问卷，纳税户点击评价提交；申报期结束，测评统计结果就自动送达到税管员本人，同时送达各级领导和纪检监察部门；组织上根据测评结果对税管员进行表扬或谈话教育，同时作为年度考核的重要依据，督促税管员发扬成绩，改进不足。

#### （二）设立专职辅导员，引领纳税人办税

2015 年，该局根据办税业务量大小和轮班服务需要，率先在办税服务厅设立 1～2 名专职办税辅导员，现场引导纳税人办税，耐心解答纳税人疑惑，辅导纳税人办理涉税事项，指导纳税人使用有关办税服务设施，及时收集和反馈纳税人意见，妥善处理办税中的各种矛盾等。作为纳税人办税的引导员、咨询员、辅导员，又担当起办税厅的接诉员、监督员、管理员的角色。同时我局对办税辅导员的考核实行内部评价与纳税人评议相结合的办法，优先考虑办税辅导员的岗位津贴、评先评优、进修学习等，极大的调动了税务人员工作的积极性。

### 四、以完善内控制度体系为支撑，强化责任考核落实

该局不断强化多点联动，进一步明确管理、评估和稽查各自的工作职责，从而形成了三者之间优势互补、各为支撑的完整的内控制度链条，强化责任考核落实。

#### （一）组织开展机关效能建设年活动和行风评议工作

2016 年，该局党组把机关效能建设列入了重要议事日程。一是出台了活动方案和具体措施。该局将行风评议工作纳入了党风廉政建设责任制重要内容，将优化行政审批、规范税收执法、推进政务公开，完善纳税服务等工作分解到每一个部门科室去落实和考核，要求每个税务干部认真查找在工作中推诿扯皮、低效率、门难进、脸难看、话难听等问题，边查找边整改。二是积极参与和配合双牌县组织的行风评议测评活动。该局与县纪委优化办工作联系紧密，遇事及时汇报。三是开展明查暗访活动。该局经常组织明查暗访

小组进行突击检查，对上下班是否及时、作风是否拖拉、懒散，办事是否公正，服务态度是否蛮横等工作作风进行调查。今年3月份该局聘请12名人大代表和政协委员对我局工作作风、行风建设进行监察，局党组及时听取他们的反馈意见。同时该局在全县纳税户中发放1000多张服务监督卡，把行风建设置于全社会监督之下，切实解决干部思想、行风、工作中存在的问题。

**（二）责任考核落实到位**

一是在考核方法上由定性考核为主转变为定量考核为主，力争考核结果客观公正；日常工作多方位评价，探索由社会人员评价税务部门工作人员的办法，完善基层人员述职制度，提高考核的全面性，采用信息化手段，将分散在各部门的评价资料系统化，实现年终考核资料规范化。在考核结果的应用上采取奖励与惩戒相结合，强化激励导向作用，增强干部责任意识；考核评价与改进工作相结合，实现对干部工作过程及时评价，适时纠错，持续改进，强化干部工作质量意识；考核评价结果与干部管理使用相结合，做到用人之长，适才适位，激发干部上进意识。目前，该局逐步建立横向职能部门内部、各职能部门之间既相互制约又相互协调的权力结构和运行机制，纵向形成了省、市、县税务机关三级权力监督控制体系。该局通过上述外评内控机制，努力打造一条监督主体多元、监督过程自动、监督创口自愈的执法权"生态制约链"，这个链条一旦形成，将自动发挥作用，不再以人的主观意志为转移，这对降低税务领域腐败风险会起到关键的作用。

# 新常态下基层国税部门涉税网络舆情的应对

湖南省怀化市鹤城区国家税务局

随着微博、微信、QQ 空间、公众号等新媒体的迅猛普及，不仅为广大网民提供一个自由发声的舆论平台，同时"网络问政"、"网络举报"等网络舆情也应运而生。基层国税部门特别是县市区级国税部门作为税收执法和纳税服务的最前沿，其执法行为、服务举措、干部形象逐步成为社会民众关注的焦点，已成为引发公众网络舆情的敏感地带。因此，基层国税部门如何科学应对并处理涉税网络舆情必将成为一种新常态下基层税收工作的一种"新常态"。

## 一、涉税网络舆情的主要内容

1、正常咨询类：这类舆情主要表现在由于纳税人对现行或将新发布的税收政策的不理解或因各类条件所限理解的不全面、不透彻，通过网络对基层国税机关的税收工作或服务提出的咨询、建议和意见。

2、投诉举报类：纳税人或民众对基层国税部门在税收执法和纳税服务过程中一些涉嫌违法、违纪行为和不规范的服务行为等进行的正常监督及举报。这类舆情是涉税网络舆情中最容易引起社会各界关注的类型。

3、恶意发泄类：当事人对国税部门执行的税收政策、采取的执法行为或纳税服务行为、税收执法对象不理解或误解，身体上或心理中故意抗拒，进而在网络上歪曲事实真相发帖引起公众关注和误解而达到恶意发泄的目的。

4、随意跟风类：由于部分网民信息获取的间接性和不对称性，网民针对一些涉税网络言论跟贴讨论或转发分享，往往容易形成舆情有失偏颇、以偏概全的负面观点，易导致舆情升级形成税务机关工作被动。

## 二、涉税网络舆情的主要特点

1、事件的突发性。由于当今部分人的性格取向和价值取向不同，一些人为达到自身目的，对一些涉税事项动不动就在网上发帖或通知相关新闻媒体曝光以引起社会关注给国税部门施压，使得舆情形成非常迅速，非常突然，事先可能没有任何征兆，让人始料不及。

2、传播的快捷性。当今社会，由于网络的迅猛发展，网络已完全融入人民的日常生活，人人都是麦克风，个个都是自媒体新闻发言人，加上微博、微信、公众号等即时通工具都具有现场图文直播的功能，使得一个事情在几秒钟的时间内就可以以各种方式快速传播出去。

3、传播的多样性。税务部门做为国家的重要执法部门，其社会关注度较高。由于微时代的来临，现在借助网络平台传播信息简单、直接且身份隐蔽，往往涉税舆情可以由一个平台发布而在数个、无数个网络平台或平面媒体分享发酵。使涉税舆情的传播形式变得多样复杂。

4、舆情的破坏性。由于网络具有前台的隐蔽性，发言者身份隐蔽，加之缺少规则限制和有效监测，网络自然成为一些在现实生活中遇到挫折，对社会问题片面认识的纳税人发泄情绪的空间，一旦处理不及时，民众很容易情绪化，进而推动舆情的蔓延扩散，最后演变成舆论焦点。

5、迅猛的扩散性。现实中我们发现，当一个涉税事件或议题产生后，可能会在网络如同滚雪球般不断衍生、聚合、裂变、扩散，由一个平台、组群向其他平台、组群甚至境外网站扩散，其传播速度、广度及力度几乎呈爆炸式扩散，从而瞬间形成一种舆情风暴。

6、处置的紧迫性。舆情如火情、汛情，对涉税舆情如果处置不及时，不得当，舆情的影响会产生"涟漪效应"、"蝴蝶效应"，使问题扩大、裂变、变得复杂化，影响征纳关系及社会和谐稳定。如果处置得当，则将由坏事变好事，让公众认可税务机关依法办事能力，增强税务机关的公信力。

## 三、涉税舆情应对存在的问题

近年来，基层税务部门都高度重视和加强涉税舆情的监控管理，部分地方有专人和专门部门负责网络舆情监控，正确引导舆情发展，效果很显著，但与新时期形势发展和涉税舆情的管理要求相比，还存在较多问题和不足。

1、思想不重视。对涉税网络舆情在思想上重视不够，认为涉税网络舆情是一些素质不高或心怀不满的纳税人的无端之举，不必理会；有的认为网络舆情起不了风浪，"你行"影响不了"我素"；有的认为网络涉税舆情结构很复杂，基层税务机关应对不了，所以对涉税舆情不理不睬，隐瞒拖延，任其发展，最后陷于被动才仓促应对。

2、机制不健全。目前基层国税部门特别是县市区级国税部门大都没有专门的涉税舆情监测机构和人员，有的单位由办公室负责，有的单位由纳税服务科负责，有的单位则由监察室负责，机制的不健全容易造成涉税网络舆情监控支离破碎，主要表现为没有形成舆情收集、调查分析、信息发布、内外联动的系统工作机制，造成舆情收集、整理分析、判断应对工作严重滞后和缺失。

3、信息不透明。在"众声喧哗"的"大众麦克风时代"，税务部门对涉税事件的解释说明情况如果发布不及时，不全面，不权威，或信息明显有失公允，往往会诱发涉税事件的进一步发酵和裂变，"谣言止于真相"，信息公布越是不透明不对称，越会给人留下"合理想象"的空间，进而为谣言的出现和传播提供温床。

4、缺乏应对经验。由于网络的迅猛发展只是近一、二十年的事，所以很多基层税务机关和税务干部普遍缺少应对舆情的经验，没有应急预案，缺乏同各媒体有效沟通的技巧，更缺少相关知识与技能的培训，面对涉税舆情特别是重大负面舆论，思想慌乱、底气不足，反应滞后，往往采取简单压制、拖延、隐瞒和回避方式，不利于问题的解决。

5、沟通渠道少。在网络微时代的今天，自媒体蓬勃发展，很多政府机构、职能部门都与时俱进推行"互联网＋"，但基层税务部门利用自媒体不显著。仅就怀化来说，目前只有一个县办有微信公众号（微博的也不多），在涉税舆情发生后，可以自行第一时间，第一现场发布对事件的权威解释，其他单位对其涉税舆情则往往借助于各类报纸、电视、政府网站等传统媒体发布事件声明，容易形成事件真相滞后。

## 四、涉税网络舆情的应对措施

1、提高思想认识，强化涉税舆情责任追究。基层国税部门特别是县市区级国税部门要强化对新常态下涉税网络舆情应对重要性的思想认识，应充分认识到"发展是硬道理，是第一要务；稳定是硬任务，是第一责任"，增强网络舆情的敏感性，积极主动应对涉税网络舆情。要成立主要领导挂帅的"涉税舆情处置领导小组"，把涉税舆情监控工作列入重要议事日程。按照谁主管谁负责、谁的问题谁负责的原则，强化责任追究机制，对舆情引导、控制不力、发生舆情事故的，严格追究相关单位和人员的责任。

2、普及舆情知识，夯实涉税舆情应对基础。新常态下，基层税务干部，特别是领导干部应当熟悉互联网，了解并掌握互联网的一些基础知识和基本技巧，知晓网络语言的基本含义，这样才能看得懂网络舆情，才能正确区分出网络舆情的属性：一般网络舆情、网络群体性事件、网络谣言等，理性面对涉税舆情。要将舆情视为"民情"，不能看作"敌情"。涉税舆情虽非全部准确，但这些"声音"都非常直接、坦率，"乐言"能鞭策、激励自身，"杂音"亦应接纳、分析和疏导，做到尊重网民民意诉求和言论自由，恰到好处地回应网络舆论，积极参与网民热点讨论。

3、建立公开透明、及时有效的信息发布制度。首先要做好信息公开工作。基层国税部门应主动公开相关规章制度、廉政规定、税收政策、工作流程及纳税人关心的其他热点问题，对涉及到纳税人切身利益的一些税收优惠政策和执行结果要及时让纳税人知晓；二是涉税网络舆情出现后，税务机关要积极主动，"早说话、说实话、会说话"，积极向地方政府汇报，争取支持，和新闻媒体沟通，多渠道、第一时间向公众传递权威信息，及时澄清不实传言和恶意猜测，取信于民，防止涉税舆情发酵和裂变。处置舆情时要坦诚不要遮掩，要引导不能堵塞，做到以事实为依据，敢于"亮家丑"、"不护短"，决不打官腔。

4、加强内部管理监督，减少网络舆情发生机遇。不积跬步，无以至千里。网络舆情虽然产生并流传于网络上，其根源还是存在于人们的现实生活中。首先，基层税务干部特别是领导干部要加强自身素质建设并以身作则。不说、不做与时代精神、发展趋势和上级精神相违背的话和事，对所主管或分管的工作了然于胸，不说外行话，不说官僚话；其次，要加强"两权监督"，坚持不懈地抓好党风廉政建设和行风建设，坚持依法行政，畅通投诉信访渠道，及时化解征纳矛盾，防患于未然。第三要优化纳税服务，遏制舆情发生。如正常咨询类舆情只要基层国税机关做好纳税服务、及时公告税务相关信息，就能减少此类舆情的数量。也不会对基层国税机关产生多少负面影响，甚至可以督促基层国税机关加强纳税服务、改进工作作风。而投诉举报类舆情，则应是基层国税机关加强舆情监测的重点，因为此类舆情会对基层国税机关产生一定的负面影响，损坏国税机关的整体形象。因此要重视此类舆情，并认真面对，及时处理。四是在做好宣传解释工作的同时，多从主观上找原因，敢于开展批评和自我批评，决不利用部门的权力开展打击报复。

5、建立和完善涉税网络舆情应对处置机制。对出现涉税舆情，事发地国税机关的涉税舆情领导小组必须在第一时间内启动工作，认真核查舆情所反映的问题，对查证不实的虚假舆情要及时查实，对查证属实的重大涉税舆情，因国税机关及税务人员执法等方面原因造成的，要积极进行补救处理，不仅要认真做好当事人的引导安抚工作，对涉税事件的税务人员进行调查，及时从严追责到位，绝不护短，姑息迁就；而且要主动与媒体沟通联系，争取媒体的理解与支持，敢于承担有关过错和责任，从正面实施舆论引导，消除公民的质疑，逐步化解舆情危机。在涉税舆情趋于平稳后，及时总结、梳理舆情的发生、传播和处置情况，形成书面报告，建立起有效的舆情处置评估和反馈机制。一方面，从引发危机的事由入手，查找税务机关在干部管理、税收征管、纳税服务等工作上的不足，提出整改意见，避免问题的再次发生；另一方面，从危机管理的成效入手，分析整个危机管理体系存在的不足，及时制定改善措施，并将每一次涉税舆情危机的应对制作成应急处理案例，以便今后遇到同类情况时能快速有效处理。

6、重视应对措施，积极开展危机补救。高度重视涉税舆情，有意识培养一批表达能力强、政治素质高的网络舆论粉丝，将其作为重要推动力量而加以正面引导；建立基层税务官方微博、微信等自媒体，以便及时迅速通过官方途径权威发布，解释说明情况，消除公众疑虑，正确引导舆论，主导舆论方向，树立良好积极的舆论形象，确保政府公信力，从近年来网络热点事件可以看出，领导干部应对网络舆情能力越强，工作就会越主动，驾驭复杂局面的能力也就越强。

# 创新托起文明花

湖南省双峰县国家税务局　匡益平　胡建和　张国平

创新是一个民族进步的灵魂，也是一个国家兴旺发达的不竭动力。近期，习总书记再次强调"创新是引领发展的第一动力"有着重要的现实意义。双峰县国税局为更好的服务新常态、服务纳税人，一直注重工作的创新，产生了良好的社会效应，2014年，该局在全省138个县市区局纳税人满意度调查中位居全省第五，2015年3月被评为"湖南省2014届文明标兵单位"，成为了双峰县首家获此殊荣的单位，实现了该局文明创建工作历史性的跨越。

## 一、服务创新，办税流程更加便捷

该局简政放权，创新"一科式"集中审批。在办税大厅前台设置行政审批事项办理窗口，按照"职责不变、关口前移、一科审批、闭环管理、便民办税"的原则，由法规科、征管科各派一名副科长轮流值班，业务科室提供业务支持，税源管理单位严格按要求下户调查，所有行政审批事项在窗口规定时限内统一审核、督办、审批，办税流程增加即核即办的涉税事项17项，增加先办后核的事项4项，减少先审后办涉税事项19项，涉税事项平均提速达40%。该项举措执行后，该局办税效率空前提升，执法行为更加规范、审批结果日趋公平、监督制约更加深化。

2014年11月湖南卫视《湖南新闻联播》对此进行了专题报道。

## 二、管理创新，大胆探索绩效管理

2014年9月，该局被省局确定为全省唯一的县级局个人绩效管理试点单位，该局集思广益、大刀破斧试点个人绩效管理。

自行开发了"双峰县国家税务局绩效管理系统"软件系统，实现工作任务单自动分发、实时预警自动提示、工作任务自动归集、绩效成绩自动打分在系统内自动完成。科学设置了固定指标与临时性工作任务两类指标。

全面推行"三册、三定、三单、三表、三评、三向"举措。全员定责，切实解决职责不清的问题；差异化考核，切实解决"大锅饭"问题；全程监控，切实解决考评脱节的问题；全员参与，切实解决考评主体单一问题；全方位推进，切实解决了只考不评的问题；正负激励结合，切实解决激励与约束不同步问题。

个人绩效管理推动着各项工作更趋规范。2014 年，该局绩效管理、优化经济发展环境等 7 个单项工作同时被评为全县先进。信息网络安全因全年"零病毒"得到省局通报表扬，被评为省级园林式单位，蝉联 2013～2015 年度"全省依法办事示范窗口单位"。

### 三、教育创新，队伍素质不断提高

该局根植湖湘文化土壤，首创富有地域特色的"曾国藩廉修学堂"，构建了完整的廉政教育体系，营造浓厚的勤政廉政氛围，通过"六廉合教"真正做到"勤廉入脑入心"。

"曾国藩廉修学堂"按照学堂管理模式，设置了管理机构，成立曾国藩廉修学堂校务会，校务会由局长任校长，编排了 5 个班级，将全局 154 干部作为学员分为 5 个班，班长均由党组成员兼任。学堂制定了具体的教学方案，聘请研究曾国藩的专家、学者授课或收看"百家讲坛"系列讲座，收集有关曾国藩的影像资料供学员观看，摘编曾国藩有关勤廉的文稿及其勤廉故事的小册子，供学员学习，组织学员开展撰写学习曾国藩勤廉思想心得体会、进行课堂点评、课外拓展活动等多种教学活动。

干部职工置身其中，时时警醒，处处修身，而"曾国藩廉修学堂"也因效果突出入选省局"一局一品"样板，多期"国家税务总局处级干部任职培训班"学员前来交流勤政廉政思想。

### 四、文化创新，提炼整合文化理念

提炼出了"勤勉和畅　赋美双峰"的双峰国税精神。经过近两年时间，通过在干部职工中征集、民主投票、专家评定等环节，确定了"勤勉和畅　赋美双峰"的双峰国税精神。这八个字既体现着双峰国税人的性格特点，也富涵着双峰国税人的美好愿景，成为了双峰国税人的人生理念和座右铭。

建成了税务文化展厅"税月馆"。设置在办税大厅旁的文化展厅，系统展示着该局近年来在各方面取得的成绩、创新的工作、优秀的人物、描绘的蓝图等，成为了一个让纳税人了解国税、让国税人铭记历史的窗口。

营造了触手可及的文化氛围。通过打造楼层文化、院落文化、食堂文化等区域，将国税精神、绩效理念、勤廉思想等蕴含其中，让干部职工的思想在潜移默化中得到升华。

搭建多层次思想交流平台。经常性召开青年干部座谈会、老干重阳座谈会、各类征文、才艺表演、志愿服务等活动时刻关注干部的思想状态。开展"最美国税人"等评选活动，用身边的先进典型引导干部解放思想，弘扬正能量，坚持真善美。

工作的创新结出了丰硕的成果。近年，该局先后被评为全国税务系统文明单位、全省思想政治工作先进单位、办税服务厅被评为全国"巾帼文明示范岗"，工会被评为全国"模范职工小家"，赢得了社会各界和越来越多的纳税人好评。

# "营改增"后柳州市柳北区生活服务业
# 税收风险管理的难点与应对

广西壮族自治区柳州市柳北区国家税务局 罗平安 覃建祥

生活服务，是为满足城乡居民日常生活需求提供的各类服务活动。包括文化体育服务、教育医疗服务、旅游娱乐服务、餐饮住宿服务、居民日常服务和其他生活服务。由于该行业直接面对消费者，发票使用率低，大部分为现金交易，难以准确核实其收入，关系民生，税收核定难度大，社会舆情风险高等特点，给税收征管带来不少困难。2016 年 5 月 1 日，"营改增"试点全面实施后，国税部门负责该行业的税收管理，如何找准切入点，加强"营改增"后该行业的税收管理，成为各级税务机关亟待解决的课题。

本文以柳州市柳北区生活服务业税收管理难点现状，对加强该行业税收管理现状进行分析并提出应对措施。

## 一、柳州市柳北区生活服务业税收管理现状

生活服务业纳税人数量大，种类多，单店规模较小，经营者也较为分散，并且直接面对最终消费者，因此导致该行业的增值部分很难确定。

2016 年 4 月，柳北区国税局从地税局接收确认的"营改增"纳税人共计 1601 户（企业 794 户，个体工商户 807 户），其中生活服务业纳税人达 795 户，占此次接收确认"营改增"纳税人的 49.66%（其中单企业 160 户，占比 20.13%，个体工商户 635 户，占比 79.87%）。而在生活服务业纳税人中，一般纳税人户数仅为 11 户，仅占生活服务业纳税人的 1.38%。享受增值税月销售收入 30000 元以下小微企业税收优惠的生活服务业个体工商户达 482 户，达起征点以上纳税人仅为 153 户。

生活服务业在营业税下多数适用税率为 5%，而营改增后适用税率为 6%，尽管比之前税率高出 1%，但是由于一般纳税人可抵扣进项税额、增值税为价外税等原因，对于进项税额较多的生活服务业纳税人来说，整体还是较为有利的。

## 二、柳州市柳北区生活服务业税收管理的难点

**（一）试点纳税人新接触增值税政策，容易产生政策理解偏差，执行把握难度大**

大多数营改增试点纳税人对于增值税业务都是全新接触，各纳税人经营管理和财务管理参差不齐，并且增值税政策相对复杂。试点纳税人较容易对政策理解产生偏差，由此造成政策执行错误，产生税收风险。例如兼营和混合销售划分，酒店房间里售卖饮料食品就是兼营，但无偿赠送早餐和房间里的赠送食品饮料，不能按兼营和视同销售征税。经营方式不一样，适用政策就不一样；又如不得抵扣的情况，纳税人容易忽视对用于免征增值税项目、集体福利或者个人消费的购进货物等不得从销项税额中抵扣的情况。

**（二）直接面对消费者，发票使用率低，纳税人税收遵从度不高**

从柳北区国税局生活服务业行业分布情况看，总户数795户，文化体育服务6户，占比0.7%；教育医疗服务19户，占比2.3%；旅游娱乐服务9户，占比1.1%；餐饮住宿服务507户，占比63.7%；居民日常服务和其他生活服务254户，占比31.9%；达起征点以上153户，占比17%。领用发票户数为230户，占比为26%。这795户纳税人以核定征收方式为主，纳税人主动申报不开票收入的极少。

同时生活服务业大部分为现金交易，难以准确核实其收入，在个体"定税"时增加很大难度。特别是对柳北区国税局而然，餐饮住宿服务507户，占比达63.7%；507户中个体双定户为466户，占比91.9%。此行业的特点主要是家庭成员为纳税体，人员的素质参差不齐，主动纳税的意识较差，由于是现金交易，税务人员对其收入难以核实，给日常管理工作带来极大的难度及风险。

**（三）关系民生，税收核定难度大，社会舆情风险高**

生活服务业从业人数众多，岗位流动性大，经营风险也较大。近两年来受到市场经济下滑的影响，餐饮、住宿、娱乐业受到较大冲击，市内一些大型餐饮、娱乐企业纷纷破产倒闭，还在经营的企业也举步维艰，从企业发票使用数据就不难体现，相关纳税户纷纷要求调低双定额度。个体纳税人开业、注销事项频繁。由于该行业个体经营占比较大，大多未建帐核算，即使建帐，财务核算也不规范，目前大都采取"双定"加发票的办法进行税收管理。税收"双定"工作（尤其是餐饮业不能简单地以路段、面积、租金等常规指标来推算）稍有不慎，极易激化征纳矛盾，引发社会负面舆情风险。

**（四）以票控税难度大，增值税专用发票管理风险加大**

由于生活服务业直接面对消费者，营业时间不统一，而当前大众消费者消费后索取发票的意识不是很强，部分纳税人税法遵从度不高，销售实现后未按规定开具发票，不如实申报纳税现象普遍存在。

按税务机关现行规定，企业购买的餐饮服务不得抵扣增值税进项税额，但是住宿服务开具的增值税专用发票可以进项抵扣。因此一般纳税人企业员工出差、会务培训等取得的住宿类进项发票均可用于抵扣，但开具发票名称需为公司名称，否则定性为个人消费，这将会是个风险多发的领域。以员工出差为例，一般酒店也会提供餐饮服务，由于餐饮与住宿税率均为6%，如果该酒店未分别核算餐饮与住宿项目，酒店可能会提高住宿价格，同时相应减少餐饮消费收入，造成下游企业虚增进项税。

生活服务业行业特点造成虚开增值税发票风险加大。由于生活服务业直接面对消费者提供服务，消费者自行消费很多都不索取发票，并且对于小规模纳税人月销售额不超过3万元的，免征增值税。纳税人容易形成发票结余。对于餐饮行业而言，增值税一般纳税人购进农业生产者自产农产品，可以使用国税机关监制的农产品收购发票，按照现行规定计算抵扣进项税额。但在实际的税收管理中，税务机关很难去判定是否为农业生产者自产农产品。由于酒店业往往多种经营，因政策差异，容易把不能抵扣的个人消费、餐饮服务、娱乐服务以及17%高税率的商品销售统一开到住宿服务上来。以上种种原因容易造成增值税发票虚开，使下游企业虚抵增进项税。

**（五）企业分布地域特点鲜明，行业税收管理差异大**

一般城市中心区域餐饮、住宿、娱乐企业集中且规模较大，档次较高，边缘地带相对分散档次不高。旅游城市、省会城市相对一般城市餐饮、住宿、娱乐业更加发达，行业比较差异较大，税收管理各有特点，难以做到规范统一。

**（六）涉及税收优惠政策项目多，政策执行把握难度大**

《关于全面推开营业税改征增值税试点的通知》（财税〔2016〕36号）附件3"营业税改增值税试点过渡政策"的规定，涉及免征增值税项目共二十项，其中十二项涉及到生活服务业免税，在备案界定及后续管理上存在较大税收执法风险。

## 三、柳北区国税局应对生活服务业税收管理风险的措施和建议

柳北区国税局针对辖区内生活服务业纳税人存在税收管理问题，主动作为，积极应对，主要采取以下几项措施加强税收管理，并提出相关建议：

**（一）对纳税人加强教育宣传，提高依法纳税意识**

一是成立营改增生活服务业政策辅导志愿小组，充分学习相关政策和虚心向地税部门交流请教生活服务业行业管理技巧；

二是主动走访生活服务业部分代表，充分听取纳税户意见和建议，第一时间建立沟通联系渠道，得到理解和支持；

三是采取多种形式分期分批对相关纳税人进行税收政策宣传辅导，让所有纳税人都了解营改增政策：一要分类型、分对象进行政策培训；二要下企业授课辅导；三要下发宣传资料；四要开通政策咨询电话；五要利用办税大厅阵地，现场为纳税人释疑解惑，使此次营改增纳税人找得到归宿、读得懂政策、学得会办税、解决得涉税问题。

**（二）积极推行国税卷式发票税控收款机应用，掌握纳税人收入真实情况**

根据原地税部门管理经验，税控收款机对于有效掌握纳税人的收入的真实情况，弥补"以票管税"的不足，有积极作用，并且能够广泛应用于餐饮、酒店等行业。税控收款机推行充分考虑纳税人不同类型及实际情况、原地税收款机费用抵减程度。同时积极争取政府财政补助，对纳税人做好充分解释说明，取得纳税人的支持，使国税卷式发票税控收款机能够平稳推行，达到防范涉税风险、提高税收收入双重效果。

**（三）"点面结合"加强对发票风险排查、应对**

以税收管理员日常管理排查为点，对所有业务人员进行电子底账系统进行操作培训，并且整理归纳出常见发票风险点（如"开票量激增"、"连续顶额开票"、"开票内容与经营范围不符"等）特征及排查方法的资料供管理员参考。对日常管理中发现的发票疑点按照资料所示在电子底账系统中进行排查，提高每名税收管理员应对、处理发票风险的能力。以市局每季度下发后台发票风险数据排查为面。对于下发的发票风险点，及时推送到管理员进行进一步核实，并且按照风险等级采取相应方法处理应对。通过"点面结合"加强对发票风险纳税人排查，丰富管理手段，提高管理能力。

（四）将规范生活服务业的财务管理水平作为全面提升税收征管质量的重要前提

规范小微企业财务核算水平，首先要引导企业建立健康发展的价值导向。生活服务业要突破生存发展的瓶颈，在企业管理中要完善内控管理、加强财务核算。其次，要提高企业会计核算能力。一方面，提高会计人员的业务素质和核算水平。另一方面针对生活服务业企业建账能力、会计与核算水平较低的现实，加快推进税务代理服务，并对创立初期的生活服务业采用税务代理服务的，可建议提供一定的财政资金支持，在生活服务业经营的前3年，由政府部门免费提供税收会计服务。主动为生活服务业纳税人提供财务知识和涉税知识的咨询，支持中介机构规范代理记账业务，结合《小企业会计准则》的贯彻落实帮助纳税人健全财务核算。

（五）将实施税源专业化管理作为全面提升税收征管质量的重要保障

一是全面开展生活服务业税源摸底调查工作，摸清生活服务业企业税源底数。将企业实际经营规模、用工和资产等涉税信息资料建立电子户籍档案管理，夯实征管基础。

二是实行行业分类管理。针对生活服务业的行业特点和适用政策，建立包括日常征管、基础数据、分析预警、评估模型为主要内容的行业税收管理办法。制定符合生活服务业实际管理情况的措施和制度规定，加强生活服务业财务报表、企业所得税申报表以及其他征管资料核实，审核分析涉税信息，准确掌握企业的真实经营情况。对于长期出现零申报的生活服务业，应加强纳税评估工作确保申报工作的准确性。结合税源分类管理和专业化管理的监控内容，分解细化不同规模、不同行业生活服务业小型微利企业纳税人的管理需求，深入了解企业经营特点，加大对其涉税信息的掌控，全面掌握纳税人履行纳税义务的情况，达到强化税源管理、提高征管质量、优化纳税服务、推行依法治税的目的。

三是抓好生活服务业的日常监管、动态跟踪等后续管理。以年度所得税汇算清缴为契机，全面核实生活服务业优惠政策的资格认定情况，对应享受而未享受的企业及时沟通辅导，对放弃享受优惠的情况进行原因分析，总结经验，对工作中出现的新情况新问题及时反应，妥善应对，确保生活服务业优惠政策落到实处。对生活服务业进行不定期的巡查检查工作，加强税收调研，建立生活服务业管理的长效管理机制；强化后续管理，防止突破条件的生活服务业或其他一些指标明显不符合优惠政策标准的，停止执行优惠政策，责令补缴已减免税额，提高对生活服务业的管理水平。

**（六）建议自治区国税局在缫丝、奶制品等行业成功推行农产品进项税额核定扣除的基础上，尽快在餐饮行业实行定额扣除办法**

《国家税务总局关于明确营改增试点若干征管问题的公告》（国家税务总局公告［2016］年第26号）第一项规定：餐饮行业增值税一般纳税人购进农业生产者自产的农产品，可以使用国税机关监制的农产品收购发票，按照现行规定计算抵扣进项税额。建议自治区国税局在缫丝、奶制品等行业成功推行农产品进项税额核定扣除的基础上，尽快在餐饮行业推行该办法，既解决大型餐饮企业税负上升的风险，又解决税务机关监管农产品收购抵扣进项税的风险。

**（七）充分利用第三方信息大数据，建立综合协税体系**

在深化国地税合作的基础上，加强与工商、公安、卫生、银行等部门联系，定期召开协税护税联席会，获取真实可靠数据，科学运用到日常征管工作中，真正做到管理精细化，执法规范化。例如通过与公安部门交换信息，就能得出住宿业纳税人客房准确入住数量信息，通过与工商部门交换信息，就能比对出纳税人准确信息及变动情况。与卫生防疫部门合作就可以掌握餐饮业纳税人每天使用消毒餐具的数量；与银行合作就可以掌握纳税人资金流量。

总之，随着全面推开营改增工作不断走向深入，生活服务业税收管理中存在的问题也将更加凸显，税收管理部门必须积极应对，主动作为，在以纳税服务为基础，风险管理为导向的税源专业化管理模式中不断探索，切实降低企业经营税收风险和税务机关执法风险，达到管理与服务双赢的目标。

# 加强组织 完善机制
# 推动国地税合作顺利进行

广西壮族自治区阳朔县国家税务局 诸葛俭 钱伟钢

近年来，特别是《深化国税、地税征管体制改革方案》和《国家税务局地方税务局合作工作规范（2.0 版）》实施以来，阳朔国税、地税部门迅速行动，主动作为，结合营改增等重点工作的开展，及时沟通协商，制定工作方案，完善合作机制，推动国地税合作事项的落实，取得了一些成效。

## 一、组织有力，共建合作长效机制

国地税征管体制改革任务下达后，阳朔县国地税局达成共识，对照《合作规范（2.0 版）》44 项具体合作内容，联合制定下发了《阳朔县国地税关于优化纳税服务和加强税收征管合作的办法》和《阳朔县国地税局关于联合开展税收风险管理的通知》。进一步共同细化分解任务，明确责任部门及责任人，形成详细的任务书、时间表；建立季度联席会议制度，明确会议召开的具体时间和内容，研究和推进具体工作事项，以规范性文件促进工作的常态化和制度化。

## 二、措施有效，共创合作工作大局

### （一）抓需求促减负，合力打造联合服务升级版

一是开展联合办税。在县政务中心设置两个国地税联合办税窗口以及在地税设置两个办税窗口。共同推进"三证合一、一照一码"的办理。2016 年 1~6 月共办理新设"三证合一"税务登记 208 户，变更登记 286 户。二是联合开展年度纳税信用评价工作。2016 年以来对 230 户纳税人联合开展信用评价。其中：联合评价 A 级纳税人 2 户，联合评价 D 级纳税人多少户 22 户。同时国税部门对 A、B 级的纳税人提供增值税专用发票免认证的激励措施。三是联合维护纳税人权益。联合推行税收执法权力清单和责任清单制度，统一规范税务行政处罚裁量权；阳朔县国地税局联合成立了纳税人权益维护中心，构建了纳税人权益维护工作机制，在日常工作中发挥了积极作用。今年上半

年共受理纳税人意见和建议 73 条，政策咨询 213 人次，全部按要求进行了回复。四是共同"联企进户"提高纳税人满意力度。共同开展以"聚焦营改增试点、助力供给侧改革"为主题的系列宣传活动；共同举办全面推开营改增税企座谈会，为纳税人解读"营改增"税收热点和难点；集中借助主流媒体和办税服务厅、微信等多种平台，营造良好氛围。避免社会各界因为得到的信息不一致而产生困扰。今年上半年联合开展了 3 次税收宣传，联合开展了 2 次纳税人培训，培训人次 278 人次，让纳税人通过一次宣传、一次培训、一次咨询，同步获知两家政策，确保国地税之间政策口径一致。

通过落实《合作规范（2.0 版）》，纳税服务实现了最大效能化，联合办税模式对人员、岗位、工作流程实行了统一管理，切实解决了纳税人"多头跑、两头找"等问题，树立了税务部门良好的外部形象。据测算，联合办税服务为纳税人节省 60% 以上的办税时间和成本，为纳税人带来实实在在的便利。

（二）抓资源促整合，合力打造征管协作升级版

一是联合开展征管基础核查。阳朔国地税局联合开展对辖区内的漏征漏管户逐一核实和清理。对于正常纳税申报且能够取得联系的企业，税收管理员通知其履行法定义务，及时到国地税部门进行纳税申报、变更企业登记事项、发票验旧、缴销和其他应办而未的税务事项；对于在联合巡查中发现已注销、非正常、无税务登记信息且未在工商部门办理相关手续的企业，依法提请工商局吊销其营业执照，严格依法行政。通过联合核查工作，共清理未办理税务登记的纳税人 57 户、已注销和转非正常管理的企业 21 户，变更经营地址、范围、电话号码等基础信息 97 条，及时办理发票验旧缴销 57 份，发票超定额补缴税款 1.6 万元。

二是联合加强个体税收管理。组成了国地税"个体税收征管秩序清理规范活动领导小组"，并从以上相关部门抽调 40 人组成 6 个清理整顿小组，对西街、蟠桃路、滨江路等路段的部分双定户的经营地、经营规模、从业人数、经营面积、租金情况进行全面信息采集，做到一次下户，一次信息采集，共同运用，并根据定额情况分别下达定额核定通知书。今年上半年，共实地调查 21 户，收回信息采集表 57 多份；总共核定个体"双定" 21 户，月核定销售额 101.3 万元，月"双定"税额合计 21.3 万元。三是联合组建风险管理团队，共享信息，开展对重点企业税收风险应对。首先根据纳税人的生产经营情况和申报情况联合确定需要风险应对的企业名单，在此基础上互相交换信息数据，以进一步确定疑点指标，按照疑点统一下户进行核查、评估，并按照各自权限做好企业申报税款的申报、入库等工作。今年上半年对 1 户重点

企业在申报企业所得税时涉农贷款多抵扣部分进行提醒，企业自查补报企业所得税 83 万元。

（三）从启动干部挂职交流、联合培训入手，进一步促进干部素质锻炼

双方安排 2 名中层干部相互挂职交流，并根据国税干部的特长和工作需要，安排到适合的工作岗位发挥效用。通过大力整合人才、培训、信息等资源，加速了税务干部锻炼和队伍交流，一定程度上缓解基层地税部门人少事多的矛盾。特别在全面推进"营改增"工作中，地税、国税干部相互学习、取长补短、共同提高，为准备工作顺利推进和后续管理工作开展提供了坚实的力量保障。

## 三、抓重点促共识，合力推进"营改增"各项工作

一是顺利启动营改增。按照需要及时召开"营改增"工作联席会议，研究交流征管数据传递、户籍信息、税款清理、发票衔接、二手房交易税收和其他个人出租不动产代征工作的具体流程和细节。地税局准时向国税部门移交 2089 户营业税纳税人以及 1113 条个体定额信息、17 户景区冠名发票信息和景区门票监控系统、旅行社税收管理办法。

二是税密切配合确保营改增发票管理衔接顺畅。双方征管部门实行每日联系制度，通过电话、电子邮件等形式交流彼此发票管理的最新情况、遇到问题等。特别是对于一些在原地税部门领票量大的单位，国地税部门积极为企业想办法，将企业反映的情况及时以书面形式向上级部门汇报，保证企业在能及时使用发票的同时，将企业的纳税成本降到最低。截止到 6 月 30 日，共受理景区办理冠名发票企业 12 户，涉及办理发票印制 100 余万份。

共同加强对营改增企业的后续管理。阳朔地税部门将景区门票监控系统移交国税部门，通过该系统可以准确监控景区的入园人数，从而进一步加强对景区门票收入和税源的监控。目前共有 9 家景区，18 个售票点纳入系统管理，预计在 7 月中旬移动部门完成网络专线改造后系统正式投入运行。

三是做好委托代征。在国地税部门的共同参与下，在地税部门办税服务厅设置了四个代开个人出租房和纳税人出售二手房的窗口和代开发票相关设备，于 5 月 1 日如期实现了"顺利开票"的预定目标，目前运行情况总体良好。截至 6 月 30 日，阳朔地税局办理"双代"业务 113 笔，代征增值税款 26.5 万元。

四是联合做好第一次纳税申报。地税部门积极配合国税部门完成对部分个体工商户定税清册的调整以及行业和征收品目的修订。于 6 月 27 日顺利完成了营改增之后的第一个纳税申报期的各项工作任务。

# 唯实创新抓思想政治建设
# 凝心聚力促国税事业发展

广西壮族自治区天峨县国家税务局　吴　迪　韦庆和

几年来，我局始终秉承"带好队，收好税"理念，认真履行"为国聚财、为民收税"神圣使命，抓关键、抓主体、抓创新，切实加强和改进思想政治工作，全局上下呈现出学习氛围浓厚、工作作风扎实、发展势头和谐、团队精神振奋、干事创业积极的良好局面，为国税事业的发展提供了强有力的精神动力和思想保证。

## 一、抓关键，自上而下，进一步突出领导干部在思想政治工作中的主导作用

### （一）抓领导

一是身先士卒。作为一把手，我始终把思想政治工作放在领导班子建设的首位，坚定理想信念，树立正确的人生观和权力观，倡导终身学习观念，每天坚持读书看报，了解国家大事，通过不断学习，加强自身建设，增强了免疫力，激发了工作创新力，提高了贯彻执行力。

二是引领班子建设。严格按照区局争创优秀领导班子的目标要求，强化理论武装，努力提高班子的政治素养，营造建设学习型领导集体的氛围，党组采取中心组学习、专题培训、研讨交流等多种形式，派出去学、请进来教、走出去看，重点对班子进行党的十八大精神和科学发展观的教育，引导班子牢固树立马克思主义的世界观、人生观和价值观，增强了党性修养，全面推进了领导班子建设工作。

三是以身作则，率先垂范。加强班子思想教育和管理监督，具体做好"六个带头"，发挥"六个表率"。即：带头学习提高，做勤奋学习的表率；带头真抓实干，做勤奋工作的表率；带头真抓实干，做勤奋工作的表率；带头遵章守纪，做清正廉洁的表率；带头服务群众，做公道正派的表率；带头以身作则，做民主团结的表率；带头转变作风，做勤俭节约的表率。

### （二）领导抓

我们建立领导干部抓思想政治工作的机制，建立一套行之有效的工作制

度，建设一支强有力的思想政治工作队伍，确保思想政治工作落到实处。

一是建立思想政治工作责任制。成立领导小组，制定工作方案，保证思想政治工作正常运作，坚持一把手亲自抓、班子成员共同抓、分管领导具体抓，不断增强工作的主动性、针对性、实效性，形成领导班子齐抓共管的浓厚氛围。

二是落实目标管理。建立思想工作目标管理责任制，把思想政治工作纳入工作目标管理之中，做到工作统一部署、统一检查、统一考核。

三是充分发挥中层领导干部的作用，采取局班子成员与中层领导和一般干部结对挂钩的方法，把思想政治工作落实到人，延伸到家庭。

**（三）发挥党组织、工、青、妇的作用，形成合力**

党组织加强对工会、共青团、妇女组织的领导，根据各自特点，按照"围绕中心，贴近工作、活跃生活、凝聚人心"的思路开展工作，在和谐机关建设中发挥积极作用。

一是配合党组织做好思想政治工作。做到关心群众，爱护群众，关心群众疾苦，工会组织对每一位干部和家底都建立了登记卡，干部职工和家庭成员生病住院时有探望，家庭遇到困难和个人有思想包袱时有领导主动上门做思想工作，积极引导干部用和谐的思维和方法认识事物、处理问题，培育乐观、豁达、宽容的精神，培养自尊自信、理性平和、健康向上的社会心态。

二是党群共建开展创先争优活动。将全局分为四个小组，每组由分管领导带队，根据各小组的活动方案开展活动，每季对各小组进行评比，优胜小组获一面小红旗，活动结束时，对先进小组和优秀党员给予表彰和奖励，形成比、学、赶、帮、超的良好氛围。我们在活动中将党员与非党员结成对子，通过言传身教，有4名47岁的老同志向党组织递交申请书，光荣地加入中国共产党。

三是营造精神文明创建活动氛围。开展形式多样的文化活动，组织读书、摄影、体育、文艺活动，在工作中党员开展争创"党员先锋岗"、"慰问困难职工"活动，妇女开展"健身操"、"广场舞"活动，共青团开展书法、摄影、文体活动，据统计，三年来，工、青、妇组织参加县政府的大型活动16次，局内组织的活动11次，组织捐款13次，其中：捐助本单位贫困职工5次，金额1.6万元，响应县委、政府号召捐助8次，金额12.5万元。

**二、抓主线，虚实结合，进一步提高思想政治工作的针对性和实效性**

**（一）抓学习**

一是树立终身学习观念。我每天坚持读书看报，了解国家大事，通过不断学习，加强自身建设，增强了自身免疫力，激发了工作创新力，提高了贯彻执行力。

二是坚持每星期二理论、业务学习制度和党组中心组学习制度，做好干部教育培训计划，每年采用"走出去、请进来"的方式培训干部，利用集中培训、业务大课、网络学习、知识竞赛等多种形式，特别是"十八大"以来，大力开展理论学习和业务活动，做到从人人有心得，个个写笔记，把学习的过程变成提高觉悟、锤炼作风、履行使命的过程。

三是开展理想信念教育学习。面对复杂的社会形势，我坚持以理想信念为核心，以道德规范教育为基础，加强社会主义核心价值体系建设，邀请县组织部、直属工委领导到我局上党课，邀请监察局上廉政教育课，邀请检察院教预防职务犯罪知识，组织全体党员到遵义市、东兰县接受革命传统教育，到井冈山开展以"六个一"为主要内容的增强党性系列教育活动，面对革命先辈的壮烈豪情和奉献精神，每一名干部的心灵都受到强烈震撼，接受了心灵的洗礼。

通过学习，干部职工思想得到升华，素质得到显著提高，全局有 30 人（次）获得市局、区局表彰，荣获全区国税系统"税收征管能手""信息技术能手""青年岗位能手""百名优秀女税官""信息宣传标兵"等荣誉称号。

**（二）抓制度建设**

我始终把制度建设放在突出位置，完善和健全思想政治工作的运行机制，制定完成了多项思想政治工作制度：

一是中心组理论学习制度。把学习的过程作为思考研究、提高认识、解决问题的过程，作为理清工作思路、寻求新突破的过程。

二是党组例会制度。每月初由我主持，传达学习上级有关文件，小结和布置工作，明确分工，责任到人，把例会作为既是工作布置过程，又是党组与干部交流的过程。

三是"四必访"、"五必谈"制度。"四必访"即"对干部职工、家属有病住院必访、婚丧大事必访、家庭有纠纷必访、有困难必访"，"五必谈"即：职工岗位变动必谈，工作生活遇到重大挫折必谈，受到批评、处理必谈，思想反常、情绪低落必谈，与同事发生纠纷必谈。"四必访"、"五必谈"制度，拓宽了与干部职工交流沟通渠道。三年来，局党组征集 6 项工作意见和建议，实际解决问题 6 个。

**（三）抓实际解决问题**

我坚持"为干部办实事、解决困难凝聚人"的理念，倾情带队，善待严管，时刻把干部职工的冷暖挂在心上，诚心诚意为群众办实事、办好事。

退休干部陈昌旭 1977 年因公负伤，为三等乙级残疾，由于政策方面原因，至 2008 年年底累计少付给陈昌旭伤残抚恤金达 9741.70 元，因我局在经费预算中无此项支出，无法解决这笔费用。局党组高度重视这件事，立即行文向上级请示解决，并派专人专程到市民政局、自治区国税局、自治区民政厅财政厅进行汇报、协调，为陈昌旭全部补齐了伤残抚恤金。

年轻干部覃剑华因病早逝，在南宁住院期间，我得知覃剑华病情后，组织干部职工先后无偿捐款 6 千多元，赶到南宁进行慰问，覃剑华去世后，留下妻子和两个幼小的儿子，我看在眼里、痛在心里，想方设法为其解决困难，由人教部门到民政局为他妻子和两个幼小的儿子办理了"低保"，将他妻子安排做食堂临时工，解决了他妻子"天大的困难"，他妻子感动地说"天峨县国税局真是一个温暖的家"。

开展帮扶互助活动。经常组织帮助困难职工，让干部职工感受和谐大家庭的氛围，2012 年我倡议全局涌跃捐款，为第三届"感动广西国税"人物韦仕海家庭解决住房，共捐款 6350 元，同时，在市局的倡议下，全市国税系统共向韦仕海家庭捐款 34615 元。韦仕海同志说："如果没有吴迪局长，我家的住房不知要到哪年哪月才能修建"。

### 三、抓创新，软硬兼施，进一步丰富思想政治工作的内容和形式

#### （一）抓税务文化

为充分发挥国税文化在引导人、教育人、规范人等方面的重要作用，不断丰富国税文化的精神内涵和形式载体，我和局党组倡导"转变观念、树立信心"、"逢奖必夺、逢旗必争"、"用心做事、快乐工作、开拓创新、和谐发展"的理念，引导国税事业发展。

2009 年 7 月全市国税系统举行"祖国在我心中，红歌颂中华"歌咏大赛，2011 年 7 月全市国税系统文艺汇演，我们坚定信心，及早谋划、精心准备，两次比赛均获了一等奖，充分展示天峨国税的精神风貌。

2012 年经过精心策划，我们举办"2012 年天峨县国家税务局迎春晚会"，组织我局干部职工及其家属自编自演，晚会集税收宣传、和谐税收征纳关系、联欢互动于一体，内容丰富、精彩纷呈，获得了巨大成功，开创了全县局级单位独立主办大型文艺晚会的先河。

2013 年，我依托办公楼走廊墙体，打造一道全面生动、构思新颖、情趣盎

然的"国税文化走廊",室内将将干部的人生格言配上工作照片装裱悬挂上墙,室外一至六楼分别为综合长廊、廉政长廊、励志长廊、艺术长廊、文化长廊,收集典型案例和名言警语,其内容精辟,寓意深刻,感染力强,在劝学、励志、修身、处事等方面具有警示作用,给予税收工作一种勃勃生机的张力。

(二)抓文明建设

积极倡导和谐、文明、健康新风尚。为陶冶情操,强身健体,每个工作日上下班前后15分钟,播放优美、健康的轻音乐,整个音乐旋律优美动听,音色丰富多彩,给予人愉悦抒情,心旷神怡。

同时,我倡议"每天锻炼一小时,健康工作50年,幸福生活一辈子"的理念,举行第九套广播体操比赛,并以此为契机鼓励干部职工积极参加体育活动,现在形成每天早上8点集体做广播体操的良好锻炼习惯。

推进局容局貌建设。先后投入40万元建设摩托车棚、花池和绿地,提高环境质量,改善人居条件,塑造洁、净、绿、美的局容局貌。如今,机关大院绿草茵茵,果树葱笼,鸟语花香,四季如春,人与自然和谐一体。

(三)抓典型示范

我把典型培树作为干部队伍建设的一项重要工作,注重不断丰富典型教育载体,积极发掘和推广身边的典型人物和事迹,使大家学有榜样、赶有目标。2012年通过谈心、帮扶活动挖掘到韦仕海同志的感人事迹,将韦仕海同志推向全区,在韦仕海同志荣获第三届"感动广西国税"人物后,我以此为契机,在全局掀起学习韦仕海同志先进事迹的热潮。

三年来,我坚持不懈地抓好典型培树和典型引领,在典型精神的示范下,系统先后涌现出廖韧同志等一批先进人物,有力地推动了国税工作的全面开展,自国税局成立以来实现连续二十年违法违纪案件零发生,被县、市两级纪委授予全县、全市"廉政文化建设示范单位"荣誉称号,我本人2011年被天峨县委授予"优秀党务工作者"荣誉称号,2012年被天峨县委授予"创新争优活动优秀共产党员"荣誉称号,2013年被区国税局授予"优秀领导干部"荣誉称号。天峨县国税局荣获天峨县"全县十佳单位"、河池市国税系统"优秀领导班子"、河池市"先进基层党组织"、全区国税系统"先进集体""优秀领导班子"、自治区"文明单位""军(警)民共建先进单位""和谐单位"等43项荣誉称号。2015年2月荣获"全国文明单位"的荣誉。

# 出口退税企业涉税管理实践与思考

重庆市璧山区国税局 胡 睿 唐 鹏

出口退税是国家为了实现国际上通用的各企业间公平定价，以不含税成本进行的竞争，也是我国经济三套马车的重要增长方式之一，是实现外汇收入的主渠道，不可或缺。但是，如果是虚假出口，骗取出口退税，以及利用与非居民企业关系逃避税收，则是扰乱了国家外汇和税收秩序，骗取国家财政资金，对国家经济增长带来严重的负面影响。正因为如此重要，对出口退税企业在涉税上有各种乱象情况的发生，禁而不绝，使税收管理风险有增无减，不能不引起高度重视。近年来，璧山出口退税企业逐年增加，对璧山国税人来说，如何尽快理解和熟悉相关法律和政策，利用现代科技和完善制度，加强税收管理，减少并杜绝不作为、乱作为、慢作为的风险，已经是摆在我们面前的严峻任务。

## 一、璧山出口退税企业涉税管理现状及风险

### （一）出口退税企业组织规模及基本结构

由于重庆前几年经济结构战略性调整，注重外向型经济发展，笔记本电脑及电子产业向纵深发展，现已有相当规模，并必将有更大规模。从 2010 年开始，重庆建设笔记本电脑基地，而璧山作为十园区之一，也吸引了大量笔记本二级三级电脑配套厂商、主要产品是包装材料、绝缘材料、键盘、模具及其他笔记本的零配件。到 2014 年底，占出口企业总户数的 60.8%. 而其他传统产业出口已退居二线。2014 年年底企业行业主要有：计算机、通信和其他电子设备制造业 45 户，橡胶和塑料制品业 24 户，木材加工和木、竹、藤、棕、草制品业 1 户，印刷和记录媒介复制业 6 户，这部分产品主要是为重庆保税港区内的笔记本电脑整机厂提供配套产品，占 2014 年出口企业总户数的 60.8%，而另外的传统行业主要有制鞋业、通用设备制造业、仪器仪表制造业等等，主要出口到境外，占 2014 年出口企业总户数的 39.2%；从出口企业销售规模上看，出口销售额达一亿以上的 9 户，出口额 232574 万元，占总出口额的 71.85%；5000 万到 10000 万的 5 户，出口额 31706 万元，占总出口额的 9.79%；1000 万至 5000 万的 24 户，出口额 46276 万元，占总出口额的

14.29%；从企业出口经营类型上，生产企业 120 户，占总户数的 96%，外贸企业 5 户，占总户数的 4%；从出口产品贸易性质上，一般贸易 108 户，进料加工 17 户；从企业属性上划分有内资企业 125 户，外商投资企业 35 户，而居民企业与非居民企业有关联关系的企业约有 20 户以上。

（二）出口退税企业税收及财务结构现状

近三年来，出口退税情况是，璧山在 2012 年共办出口退税 16088.98 万元，出口企业申报户数 73 户；2013 年共办理出口退（免）税 28479.01 万元，出口企业申报户数 100 户；2014 年共办理出口退（免）税 31643.01 万元，出口企业申报户数 125 户。办理退税基本上是增值税。在盈利能力上，逐年倒有所增强，在 2014 年有盈利的有 48 户，在国税征收的企业所得税 2856 万元，小企业基本上是微利或亏损，没有企业所得税。因支付非居民企业技术咨询、专利转让等服务费，代征代扣增值税、企业所得税的有 15 户，2014 年代扣增值税 220 万元，企业所得税 403 万元。2014 年进料加工生产企业出口退税 2000 万元以上，年末有 17 户。此外，出口退税企业财务核算健全上，企业普遍采用的是会计核算电算化，甚至三级实物帐也是电子化了，较大企业财会人员是座班会计，较多小企业不少是代帐会计、且会计流动性较大。

（三）税务对出口退税企业管理情况

众所周知，国家税务总局对出口退税管理规范大小调整，近几十年不低于十次以上，尽管如此，全方位的科学管理机制体制还是未能真正形成，企业要享有退税，涉及的部门有海关、外汇管理局、银行、税务等多部门，每月经济业务产生海量数据，仅靠税务部门把每月各出口退税企业发生每单业务的货物数量及流向、资金收汇及流向等方面的海量数据核实清楚，工作量之大便可想而知。目前，璧山局就只是第一税务所（出口退税审批中心）管理，加之该所还在管全区绝大部分重点税源 80 户和笔电企业 130 户，而全部管理人员只有 10 人，且年龄较大，老年化必然接受新知识和办事效率较低、脑力眼力较差，这在客观上要把精细化管理到位要付出精力更多、更难。同时，按照国家税务总局关于印发《全国税务机关出口退（免）税管理工作规范（1.0 版）》的内控要求，还要分别设立申报受理岗、人工审核岗、计算机审核岗、复审岗、核准岗、综合管理岗、调查评估岗、预警分析岗、系统维护岗，这在一定程度上也增加了内耗工作量。所以需了解掌握的各企业变化很大的产、供、销之基本动态情况，其进项增值税的真实性等重要涉税情况，要全面随时掌握几乎不可能。

（四）出口退税企业涉税方面的风险点

一是出口退税企业有主观恶意，骗取出口退税款方面的风险。表现在 1、虚购进货，增加进项增值税；2、有实际货物出口，但出口货物单价虚高；3、既有外销，也有内销，出现虽有货物出口，但虚构该出口货物的品名、数量、单价等要素，骗取未实际纳税部分出口退税款；4、将未纳税或者免税货物作为已税货物出口的；5、未能全部收汇或者部分收汇的；6、即有进出口经营权的公司、企业，明知他人意欲骗取国家出口退税款，仍违反国家有关进出口经营的规定，允许他人自带客户、自带货源、自带汇票并自行报关，骗取国家出口退税款；7、对关联企业之间业务往来不按独立企业往来定价以及与非居民企业往来虚构或虚大经济业务规避税收等；二是出口退税企业无主观骗税、偷税故意，但因对出口出税政策等不甚了解，造成虽然报关出口收汇，但不能享受退税。表现在1、对不同退税率未能分别核算收入或外贸企业不单独核算出口货物的进项税；2、收汇核销不准确；3、没按规定单证备案；4、退税、免税、应税适用错误；5善意取得虚假发票；6、不能准确划分内外销所耗用的原、辅料；7、对代扣代缴增值税、企业所得税所支付的费用认定不到位，造成事实上的避税；三是税收管理人员没有严格按涉税管理之要求作为，使出口退税企业因形式而非实质要件执行不到位，造成出口退税企业事实上的执行出口退税政策的偏差，而要求追回退税款。如对企业单证备案形式要求不到位造成不退而已退税等等；此外，形式到位但实际虚假存在的风险，如对国内购进原材料、辅料、零部件、燃料、动力、机器设备和包装材料，之进项税真实性监管不到位，造成实质骗税。

## 二、出口退税企业造成涉税风险的原因及制约方面

### （一）现行出口退税机制体制先天造成对出口退税额管理的难度

按照设定，出口退税本意是指在国际贸易业务中，即对出口货物实行零税率，对本国报关出口的货物退还或免征在国内各生产环节按税法规定缴纳的增值税、消费税。在税法上有两层涵义：一层是对本道环节的生产或销售不征增值税、消费税，二是对销售的出口货物前道环节所含的进项税额进行退付，即出口货物退税。发生出口退税，是要在符合出口退税货物报关出口且收到外汇，二个事项真实已发生为前提。但现实是对频繁发生出口货物业务，均涉及海关、外汇管理局、人民银行、税务机关多部门，要较快清晰海量的每单的货物与外汇收入的对应关系，是可想而知的。进而言之，首先，在出口退税的货物流方面，是由海关管理，而面对每天大量的出口货物，要核实其进出的货物数量、规格、不同的货物品种，只能是有限的抽查，而海关是依托电子口岸系统传输数据给总局，然后总局再下传各级税务局，这给

侥幸的不法分子留下了操作空间；其次，在出口货物后，是否收到外汇，收到多少，对应的是哪一单，哪一批的外汇，这是外汇管理部门在管理，企业货物的频繁进出，把每一笔外汇收入与出口的货物相对应，目前是没有做到的，同样也有不按规定的操作的可能。

**（二）出口退税企业对申报退税额有主客观上的自由操作空间**

一是对要享受退税，即要是有对境外的货物劳务服务，还须收到外汇，除非约定与境外企业按人民币结算。实际情况是海关每天要有大量出口货物流，要较普遍核实真实性，是不现实的，对没有及时收汇的出口也可及时办理退税，事后由税务部门来核实，但大量的哪些哪笔货物没有或部分收汇，确实难以准确到位，加之如果有境内外勾结，就更难由外管部门处理的业务，而由税务核实查处，带来的尴尬这无疑给出口退税纳税人有意或无意的操作空间。二是出口较多较大退税企业普遍与境外企业、其它境内企业有关联关系。这无疑已超出国内税法的约束范围，在出口货物的价格上，收汇的业务真实性上，出口企业支付的境外服务费等方面，都难以把握准确，对在境外支付的费用凭证的真实性，完全没有能力核实，尽管是资料形式合规合法的甄别；在与境内关系企业上，发生劳务、费用及货物购进，其真实性、独立性，税务管理难以到位。

**（三）税务人员能力和工作量方面分析**

由于出口退税企业多与外地企业、外商及境外企业有特别关系，又是近年来从无到有，从少到多，从小到大的特殊纳税人，其涉税业务要求显得广而深，的确给管理工作带来较大挑战。我区近几年因出口退税企业快速增加，相对业务政策的了解熟悉相对滞后矛盾较为突出，而此块涉税政策业务与管理员较熟悉的国内增值税和企业所得税征管业务而言，有很大的不同，要了解熟悉此块全新业务，不在出口退税企业管理岗位全心投入工作一年半载以上是难以胜任的，与此同时还需及时跟上与国内外经济往来的翻新发展，与时俱进的学习。正因为对涉税政策要求较高，对税务征管人员就必须不但爱岗敬业，而且要有一定再学习能力，那种安于现状或学习能力较差的不可能全面了解熟悉此块业务，这势必给"规避"税法和骗取出口退税的不法分子的违法行为得以实现的可能。在工作量上，现阶段第一税务所管理人员的大致现状是有三分之一的工作时间是务虚的政治廉洁等开学习，三分之一的工作时间是税收催报催缴、各种报表统计、政策及申报操作宣传咨询服务等，剩余的三分之一时间才是对企业的涉税动态管理，即了解、规范、督促、评估检查。从中可以看出，本需大部分时间精力用在对企业的涉税管理上，但现实情况很无赖。对涉税极为重要的，企业原、辅材料的购进情况真实性核实，是有心无力，对同样重要的真实销售情况的动态了解中，也是只能由纳税人自己证明自己。

### 三、提出专业化的管控建议，为税收现代化、常态化作好准备

#### （一）利用好现代工具，并匹配有重大风险点防范制度是关键

1. 要充分利用成熟软件，对海量数据的案头审核进行计算机管理，提升退税效能和质量。由于全球经济的不断渗透融和，境内外企业的经济往来必然越来越频繁，对每天每月的海量数据，要核实其不同商品和数量，以及流向、收汇等信息，只能利用计算机这个现代工具，而计算机功能是否强大好用，便取决于开发的运用软件，而运用软件开发得如何，与开发软件公司人员是否悉知出口退税法律法规及政策流程密切相关，所以在设计软件时，要充分融入海关电子数据和外管局的收汇数据有接口，时时反映每一单出口商品所对应的收汇动态，以及退运、销售折扣折让、退货等，软件同时界面友好，统计生成灵活快捷，这样在案头审核上，就解决了人工审核难精准、效率不高的弊端。管理人员就可把有限的精力去核查企业各业务的真实性上。

2. 要充分利用出口退税函调系和抵扣凭证审核系统这个网络工具，对企业货物购进情况，根据工作量，分轻重缓急进行全面的外调协查。此外，要开发一款应用软件，并与企业原、辅材料实物账数据有接口，定性定量分析企业原辅材料与产成品的配比数据，这样就为高效准确管好购进真实性前进一大步。

#### （二）对不同经营特点的出口退税企业分类、分项目地细化集约式管理

因产业集群的特点，在不同地区出口退税企业有普遍性的行业特点。在璧山地区，笔记本电脑配件、总成的生产组装是主要的出口退税企业，但还有皮鞋生产出口兼内销企业也不少，汽车、摩托车配件等出口，正因为有行业固有特点，集中管理，便于发现涉税问题，提高反避税能力。如对销售给总成企业的数量与相配的其它配件的配比合理性，原辅材料购进与产出配比是否相符，企业产品销售价格是否合理，视同自产是否合规等，这对管理的广度与深度均有促进效应。此外从财会制度健全上、经济性质上也可分，上市公司，专职座班会计的较大企业、兼职会计的小企业，内资企业和外商投资企业，这对税务有限的征管力量的科学分配，绝对是一个重要依据，进而

达到对风险管控与纳税服务的最好效果。

（三）对出口退税政策的理解落实，要经常对企业相关人员进行培训和交流，要充分利用会计师事务所等社会中介之专业化，服务好出口退税企业

1. 出口退税政策涉及方面较广、较深，变化较快，操作软件升级补丁频繁，而出口退税企业人员业务素质普遍不高，不少财务人员还不太适应出口退税业务，知其然不知其所以然，因此进行多种形式的纳税辅导必不可少。对变化较大的政策要举行培训会，对少数企业个别问题，要充分利用QQ群平台进行交流，管理人员要经常现场指点服务，电话答疑释惑，只有这样急事急办，慢事缓办，共性问题与个性问题分层次办，政策理解执行才不出现大偏差。

2. 税务中介机构是经相关部门审核通过设立的，按规定税务代理也是独立的法律主体，要承担相应的法律责任，况且会计师事务所里的工作人员一般都有较强的全面业务能力和整体工作经验，对税收法律法规及政策、财务会计较精通，这与不少出口退税企业财务人员流动性大，个人工作经验不足，税收及财务政策业务理解不全不准形成鲜明对比。因此利用好中介平台，对出口退税企业涉税风险的降低，有促进作用；对提高退税时间、规范征纳行为无疑也将起到积极作用。

（四）提升税务管理人员业务素质和敬业精神。管理的好坏最根本的因素是人的因素。提升每个管理员的综合素质和管理团队的科学管理，是对出口退税管理的迫在眉睫的内在要求

1. 多方位的激励机制。要解决我愿做，要做好，是激励机制的本质要求。因此为持续激励人的活力，对较特殊的岗位，应有更高要求的责、权、利的统一，不论资排辈，凡是有明确意愿出口退税管理的人员，才是为首选对象，这就基本解决了我愿做的要求；组织可根据对干部能力素质的了解，确定人选，这也基本解决了能做好的问题。一经确定，就要加大奖惩力度，对做得好的，应有各种形式的物质和精神奖励，反之有退出鞭策机制，这基本解决了敬业精神不够的问题。

2. 多种形式的教育学习与交流。一是加强业务能力的再培训，全球经济一体化程度越高，进出口货物、劳务及服务就越频繁，同时带来对税收工作的政策性、专业性、国际性越来越强。对这些企业的涉税管理，必须应有过硬的业务素质，因此再学习培训显得很重要。为了达到较高较新的学习效果，再学习可以取"走出去和请进来"的专题培训方式。二是税务管理人员要善于与企业相关人员、本单位同事交流，只有善于交流，才能发现企业的涉税

问题，才能发现自己对掌握政策的理解不足。对待出口退税企业，要把管理与服务相结合，在服务中有管理，把管理寓于服务之中，这样就可能及时找到涉税风险，而提前解决；在税务系统内部，要定期开展案例分析会，定期对涉税问题的交流会，只有通过各种形式的交流学习，才能更好的共同进步，资源共享。

# 基于 4E 原则的基层国税机关绩效管理研究

四川省蓬溪县国家税务局 刘元毅 周志烈 徐支波

实施绩效管理是国家税务总局着眼税收现代化的一项重大战略部署，确定了"一年试运行，两年见成效，三年创品牌"的战略规划。2016 年是"绩效提升年"，也是"创品牌年"，本文立足基层国税工作实践，主要就如何运用4E 原则创新推进基层国税机关绩效管理工作进行阐述。

## 一、4E 原则的基本内涵及核心要义

芬威克 Fenwick（1995 年）提出评价政府绩效的"3E"原则，即绩效评价应包括经济（Economic）、效率（Efficiency）、效益（Effectiveness）三个方面。随着新公共管理运动的兴起，国内外学者根据"3E"原则对政府绩效评价做了很多有价值的研究，公平性（Equity）也成为了评价政府绩效的指标之一，福林 Flynn（1997 年）在此基础上提出了"4E"的绩效评价理念。经过近 20 年的发展，"4E"原则逐渐成为评价政府绩效的基本原则，在国内外评价政府绩效中得到广泛认同与应用。

经济原则主要涉及成本与投入，表现为以尽可能低得的投入或成本，实现预期目标，或者说充分使用已有的资金或资源获得最佳的回报，关心的是"成本"问题。效率原则涉及投入与产出之间的比例关系，指行政管理活动的产出同所消耗的人力、物力、财力等要素之间的比率，关心的是"手段"问题。效益原则涉及产出与效果之间的关系，具体包括产出的质量、产出是否导致了所期望的社会效果、公民的满意程度等，关心的是"结果"问题。公平原则涉及内容上的公平和标准上的公平，前者是指评价指标对于每个被评价部门的难度在理论上是一致的，后者是指相同的评价信息将出现相同的评价结果，关心的主要问题在于"接受评价的团体或个人都受到公平待遇"。

## 二、依据4E 原则分析基层国税机关绩效管理存在的问题

自 2014 年全国税务系统全面实施绩效管理以来，各级税务机关将绩效管

理作为"一把手"工程，主要领导挂帅、分管领导主抓、职能部门组织实施、全员积极参与，取得了来之不易的成果，积累了宝贵经验，在很多地方充分体现了 4E 原则的基本取向。但全面对比 4E 原则看，仍存在一些突出问题和薄弱环节。

### （一）经济原则方面

一方面，绩效管理指标是工作指南、指挥棒和评价器，本应直接对工作产生作用，但在实际工作中还需要做大量工作，如分解指标、制定指标、指标定责、指标导入等工作，这就让绩效管理自身成为了一项工作，大大增加了基层工作量，占用了大量的人力、财力、物力等资源。另一方面，绩效考评与税收征管业务等信息系统的对接不力，需要人工收集情况进行考评，考评工作既难以保证客观公正又牵扯了绩效工作人员极大的时间和精力。

### （二）效率原则方面

突出表现为过程监控不力，有些单位仍停留在"年底算总账"的思维状态，认为绩效管理工作就是绩效办的事，日常考评机制、指标运行分析机制、指标预警机制、指标通报机制、统筹管理机制等日常监控机制既不够健全又没有得到有效落实，导致不能及时掌握工作进度、重点指标完成情况和工作过程中存在的问题，没有发挥绩效管理整改不足、弥补差距、促进工作的作用，绩效运转效率低下。

### （三）效益原则方面

绩效管理的根本目的在于促进工作绩效不断持续改进和提升，而绩效考评结果是改进工作、加强管理的重要依据。在单项指标考评结果应用方面，有的单位年度指标设置比例过高，考评进度迟缓，既丧失了通过中期或时点考评发现问题、改进工作的机会，又导致了奖惩信息滞后。在年终考评结果运用方面，考核结果运用范围狭窄，激励奖励措施落实不到位，干得多、做得好与干得少、干得差奖惩差别不大，以至于考核激励与惩罚不明显，没有体现出多劳多得、优劳优得的激励分配模式，反而影响了队伍士气与活力，影响了税收工作推进与落实。

### （四）公平原则方面

在指标设置方面，指标考点不够明确，标准不够清晰，导致少数被扣分单位对考评结果的公正性反响较大；指标设置未充分考量单位与单位之间、工作人员与工作人员之间工作量的不对等以及工作难易程度各异等差异性因素，客观上造成了"干得多、错的多、扣得多，不干或少干扣得少、成绩高"的情况。指标考评方面，有的仅凭主观印象或工作报告实施简单考评，考评结果不能准确反映工作落实情况；有的对纳入组织绩效考核的重点工作指标少有扣分，对个人绩效考评"搞平均"，考评成绩基本无差异。

## 三、基于 4E 原则创新推进绩效管理的思考

笔者以为，遵循经济、效率、效益、公平的 4E 原则方向，创建富于基层税务机关特色、具有示范效应、发挥引领作用的绩效管理模式，应从以下四个方面努力。

### （一）遵循经济原则，强化技术理念运用

积极引入在学界被广泛认同、在实践中被广泛应用的科莱斯平衡计分卡（Careersmart Balanced Score Card）理论，从绩效计划制定、绩效沟通与辅导、绩效考评与反馈、绩效诊断与提高四个维度，将组织绩效战略落实为可操作的衡量指标和目标值，实现以更少的资源投入取得倍增的绩效管理效果；积极运用现代科技手段，增强绩效管理信息化程度，充分利用绩效管理信息系统、金税三期税收管理系统、税务综合办公信息系统等软件系统，实行以计算机考评为主、人工考评为辅的绩效考评方式，降低绩效管理的时间、人力等成本，实现考评工作既客观公正又快捷方便。

### （二）遵循效率原则，完善过程控制体系

建立绩效沟通机制，加强考评单位与被考评单位的沟通协调、广泛交流，形成工作共识和价值认同，促进工作开展；建立绩效诊断机制，通过绩效诊断，进行深层次绩效剖析，找出影响绩效指标完成的关键因素和根本原因，明确优势劣势，以制定和完善中长期工作规划和绩效目标；建立绩效讲评机制，按月形成并公布绩效分析报告，分管局领导每月专题分析讲评绩效管理运行情况，"一把手"按季进行总评，及时查找问题和薄弱环节，提出改进工作、加强管理、提升绩效的意见和建议。

### （三）遵循效益原则，注重考评结果运用

建立结果运用机制，将考评结果与考评对象的职务任免、评先评优、公务员考核等利益挂钩，在重奖先进典型、处罚落后分子的同时，激励中间层这个数量众多的群体争先创优、干事创业的积极性和主动性；完善持续改进机制，探索建立"评价—反馈—改进—再评价"机制，通过设置时点指标，实现从考核评价及时发现问题、实时反馈结果，到督促责任部门限期整改，再到绩效办对整改情况进行回访、再次考评，确保绩效考评结果的实用性及考评效果的持续性。

**（四）遵循公平原则，科学设置岗责指标**

建立健全岗责体系，针对不同层级、不同岗位类别人员特点，充分考虑岗位工作饱和度、工作繁杂度和质量要求等因素，确定不同的考评内容和方式，充分体现干多干少、干好干坏不一样；科学制定绩效计划，按照可量化、可衡量、可实现的要求，坚持定量指标为主，定性指标为辅，细化分解考评指标，确保绩效管理的客观性和公正性；建立绩效考评工作责任制，明确各考评主体的考评责任与追究处理，保证考评过程和考评结果的客观、透明、公平、公正。

# 基层国税部门 "80后" 干部队伍建的思考

四川省道孚县国家税务局　陈　安

近十年来，国税系统连续多年以较大力度招录公务员，吸纳了数量众多的 "80后" 甚至 "90后" 青年税务干部，作为新的公务员群体——"80后" 已经成为国税系统干部队伍的重要组成部分。在一些基层局，"80后" 们逐渐成长为工作的主力，这一方面为沉寂多年的国税干部队伍吹进了新风，引进了新鲜血液，优化了干部队伍结构；另一方面也给队伍建设带来了新的课题：何有效地培养和教育 "80后" 年轻干部？如何 "人尽其才" 地使用他们？

## 一、充分了解 "80后" 的性格特征是做好培养的前提条件

作为伴随着改革开放成长起来的一代，"80后" 们优点突出、可塑性强，其特点可概括为以下几个方面：

（一）基本素质较好，自我意识强，但全局观念不够

"80后" 青年干部在严格的层层选拔中脱颖而出，基本素质较好。他们的专业化程度较高、知识面较广，形成了良好的学习习惯，具备公务员岗位要求的基本素质和能力。

但同时 "80后" 们的个人意识和自我表现较强；凡事倾向于自己解决，不大愿意寻求别人的帮助，对于必须多人、多部门合作才能完成的工作，也只是做好自己分工的那一份，不善于深入思考调查，全局观念不足。

（二）富有热情、勇于竞争，但自我管理能力不佳

"80后" 干部在成长过程中一直面临着激烈的竞争：小升初、中考、高考、公考等等，一路过关斩将，"考试改变人生、竞争成就未来" 的观念对他们影响很大。他们更相信个人奋斗的作用，对工作充满热情，对未来充满期待，勇于承担急难险重的任务，渴望个人价值得到认可。

同时 "80后" 的成长环境则比较单调，"家门－校门－机关门" 的成长模式使他们很少涉足社会其他领域，大学的宽松环境也养成了 "80后" 自律不严的习惯。进入单位后，面对众多的管理规章制度和严谨的工作要求，他

们往往会显得无所适从，工作的计划性和条理性不强，自我管理能力不佳，这一点在刚刚参加工作的"80 后"身上表现尤为突出。

### （三）思维活跃、敢于创新，但承受挫折韧性不足

"80 后"是一个年轻活跃的群体，思维敏锐，富于想象，保守观念少，条条框框少，新想法多、新创意多，敢怀疑，不盲从，正处于创新的黄金阶段，是改革创新的新生力量。

受政策影响，大部分"80 后"为独生子女，自幼倍受疼爱，较少遭遇挫折与批评。工作后，面对纷繁复杂的人际关系和紧张繁忙的工作，难免会出现彷徨失措，拈轻怕重的思想，承受挫折和失败的能力较弱。顺利的时候，情绪很高、斗志昂扬；不顺利的时候，自信心受到打击，消极厌战，迅速变得颓废低落，少有那种越挫越勇的韧劲。

## 二、国税"80 后"干部队伍建设的思路

### （一）创新方式育人才，这是加强"80 后"干部队伍建设的前提

"80 后"干部参加工作时间短，在思想修养、业务能力等方面还不是很成熟，这是弱点也是优点，各方面不成熟的同时也潜藏着巨大的可塑性。要把加强"80 后"干部培训教育作为干部培训教育的一大重点，着力提升其综合素质。

"德才兼备，以德为先"是人才的评价标准和培养要求，对"80 后"干部更要注重思想修养，加强对党史、党章以及党的理论知识的学习，认真领会习近平总书记系列讲话精神，不断夯实思想基础；结合邓波、蒋海泉等模范人物事迹，学习他们扎根基层、无私奉献的精神，树立踏实做人、扎实做事的信念，激发干事创业热情。

加强学历教育、资格教育。鼓励 80 后优秀干部继续参加各层次的学历教育，积极参加全国统一组织的研究生、博士生等学历教育考试；大力支持参加"三师"（注册会计师、注册税务师、律师）资格考试，不断提升知识层次。

### （二）基层一线出人才，这是加强"80 后"干部队伍建设的主要抓手

"不历州县，不拟台省。"坚持把在基层一线进行实践锻炼、在重要岗位和活动中加强历练，作为培养选拔"80 后"年轻干部的重要手段，有意识、有计划的安排他们到基层分局和征管一线经受锻炼，放下架子、扑下身子，帮助他们开阔视野，增长才干。

针对 80 后干部上岗时间短、缺乏实践锻炼的实际情况，对年轻干部实行

"交叉互补式"培养模式，通过轮岗交流，将行政管理岗、后勤岗的干部交流到征管一线部门进行锻炼，着力提高业务能力和法律政策水平；将经济管理类、专业技术类干部交流到行政后勤部门学习锻炼，着力提升组织协调能力和综合管理水平，促进年轻干部全面发展。

（三）以人为本管人才，这是加强"80后"干部队伍建设的重要保障

对"80后"年轻干部，既要关心爱护，又要严格要求。要坚持跟踪培养，建立县局班子成员与年轻干部交心谈心制度和中层干部联系年轻干部制度，及时掌握思想动态、工作表现，帮助和引导他们保持优点，克服不足，不断进步。

加强绩效考核。根据不同岗位，按照领导干部和普通科员两大类制订分级考核标准，进行绩效考核。对走上领导岗位的注重对决策能力、人事管理能力、献身精神、战略目光、民主意识等方面的考核；对普通科员则注重对其吃苦耐劳、办事能力、动手能力的考核。通过客观、全面、公正的评价，有效调动工作积极性，增强做好工作的信心和决心。

（四）大胆放手用人才，这是加强"80后"干部队伍建设的关键措施

"80后"干部队伍建设的效果如何，关键表现在对"80后"干部的选用上。要进一步解放思想、转变观念、拓宽选人视野，在干部选拔使用中突破论资排辈的旧思维框架，为年轻干部脱颖而出创造条件。

要有大胆使用"80后"的魄力。根据领导班子建设的实际需要，采取"小步快走"的办法。一旦选准，就要敢于把他们放在急、难、险、重的工作岗位上锻炼，通过有意识地给他们加任务、压担子，加快"80后"优秀干部的成长步伐。

# 拓展服务领域 深化合作共赢

甘肃省天水市麦积区国家税务局 叶 成 李国恩 张玉平

今年以来，天水市麦积区国税局、地税局认真贯彻落实《深化国税、地税征管体制改革方案》，严格按照《国地税合作规范（2.0 版）》要求，精诚合作，立足纳税人的实际需求，围绕纳税人最关心的现实问题，在国地税联合办税、税法宣传、深化业务合作等工作中积极探索实践。通过共享资源、交换信息、协作配合，不断拓展合作领域，有效整合了行政资源，提高了工作效能，实现了国地税共赢。

## 一、加强组织保障，夯实合作基石

为确保各项合作工作顺利开展，麦积区国税局、地税局从强化组织领导、制定合作方案和加强宣传等方面入手，为深化国地税合作奠定了坚实的组织保障。

一是强化组织领导，建立协作机制。成立了由麦积区国税局、地税局主要领导为组长的国地税合作工作领导小组，明确双方分管领导为合作联系人，具体负责日常联络工作，确保各项联络工作职责到位。领导小组下设办公室，分别设在国税征收管理科和地税征管和纳税服务科，负责国地税合作有关事宜。按照"依法合作、多方共赢、积极稳妥、创新发展"的原则，建立了信息共享机制、联席会议制度等，使国地税合作步入了常态化轨道。

二是制定合作方案，确立工作目标。双方根据不同的合作事项制定了相应的实施方案，明确了一个时期内合作事项的指导思想、工作目标、工作原则、工作步骤、工作要求，为各项合作事宜的顺利开展奠定了坚实的基础。确立了"打造服务型税务机关，更好的服务于纳税人"的工作理念，最终实现纳税服务质效提高，纳税成本有效降低，纳税人合法权益得到切实维护，纳税人满意度和税法遵从度提高的工作目标。

三是加强宣传引导，开展业务培训。通过 LED 显示屏、12366 短信、税企 QQ 群、网站等多种方式，积极宣传国地税联合办税的重要意义、业务办理相关事宜等。通过办税服务厅、内外门户网站向纳税人公告有关合作办税方案，争取社会各界人士的广泛支持，为加强国地税合作营造了良好的舆论氛围。通过联合举办纳税人学堂，开展纳税人辅导培训，共建兼职教师人才库，共同培育兼职教师队伍，共享教学资源，为国地税联合开展各项业务提供了人力保障。

## 二、丰富服务内容，拓展合作新领域

麦积国税局、地税局以"便民办税春风行动"为出发点，按照"确立项目、共同组织、分步实施、整体推进"的原则积极开展合作。

### （一）共同优化联合办税服务厅，推进合作办税

为进一步优化联合办税服务厅建设，提升纳税服务质效，打造办税服务升级版。一是完善管理制度。联合制定了联合办税服务厅管理办法，明确了服务厅人员管理、岗位职责、工作纪律等内容，确保工作流程无缝对接。二是健全办税服务功能区。结合办税服务厅标准化建设要求，统筹优化国地税网络环境，进一步完善了咨询服务、自助服务等功能区。三是积极推行"互联网＋"办税模式。充分发挥新兴媒体和网络平台优势，将110项"全国统一事项"业务进行"二维码"公示。提供网上办税设备和自助办税终端，完善纳税申报，抄、报税等网上办理功能，大力推进财税库银横向联网电子缴税，简化审批流程，缩短审批时限，减少办税环节。四是探索国地税农村分局合署办公。麦积国税三阳分局与麦积地税中滩分局两个农村分局根据"管辖区域相同、户籍管理交叉、人员配置相等、办公场所相邻"等特殊外部环境，积极沟通和协商，采取"国税提供场地、地税派驻人员、光纤资源共享、统一服务标准、双方合署办公"等形式，开启国地税联合办税新模式。

### （二）共同开展税法宣传，建立跨省协作税收宣传工作机制

麦积区国税局、地税局联合举办了麦积区第25个税收宣传月活动，在联合办税服务厅、二马路步行街、桥南家具建材城以及农村分局设置了6个宣传咨询点，并联合邮政部门在邮政"双代"合作点同步开展宣传，向过往行人发放宣传资料600多份，接受咨询相关问题100余次；同时通过在几大商场LED屏幕滚动播放税收宣传动漫，在繁华地段悬挂横幅标语等方式扩大宣传，取得了预期宣传效果。在税收宣传月期间，麦积区国地税局还联合召开税企座谈会、联合开展纳税人学堂培训以及"送税法、送服务、促诚信"、联合宝鸡市陈仓区国地税局建立跨省协作税收宣传工作机制，共同赴麦积区东岔镇开展联合宣传等8项活动，努力营造浓厚的税收宣传氛围，为营改增树立良好的舆论环境，有效提高了纳税人税法遵从度，进一步和谐了征纳关系。

### （三）共同深化业务合作，凝聚征管合力

一是联合开展纳税信用等级评价工作。严格按照评价依据和标准以及信用评价系统的操作步骤，对省局下发的纳税人数量、评价得分结合日常管理情况进行认真核实和确认。二是联合开展税务稽查。组成联合检查组，通过对纳税申报信息疑点数据相互交换，分析比对，确定部分纳税户作为双方联合稽查的重点，共同立案，对辖区内共管企业进户实施了检查。三是联合召开税收分析会议。建立联合分析制度，定期研究制定分析课题，交流工作情况，全面提高税收预测准确率。四是联合与中国建设银行股份有限公司麦积支行签定了《支持小微企业发展合作协议》，支持小微企业发展。五是联合成立"纳税人维权服务中心"，邀请地方政府相关部门专家、纳税人代表、注册税务师、注册会计师等参与，协调和处理纳税人维权的相关工作。

### （四）共同推进"营改增"试点工作，助力供给侧改革

自全面推开营改增试点工作通知下发后，麦积区国税局、地税局紧密协作，主动作为，确保5月1日营改增试点工作顺利上线运行。一是制定实施方案，印制下发《信息核实确认交接单》，组成管户移交、信息采集确认工作组，确保管户移交信息全面完成。二是加强国地税网络信息互通、内外网络运行维护等，为管户移交信息确认、税种认定、税控器具发行等工作提供网络保障。三是开展营改增业务培训。以一般纳税人为重点，共同分层次对营改增纳税人进行税收政策宣传、业务培训，提高培训效率。四是积极推进委托地税代征业务。双方技术人员利用双休日时间加班加点对代征代开计算机网络和增值税发票税控专用设备进行安装调试，于4月27日代开出了第一张增值税普通发票和增值税专用发票。

## 三、稳步推进实施，初显合作成效

国地税多项合作事宜的稳步推进，打通了国地税合作的"最后一公里"，进一步整合了国地税资源，达到了 $1+1>2$ 的效果，实现了国税局、地税局、纳税人等多方共赢。

### （一）减轻办税负担，优化了纳税服务

联合办税服务厅的不断优化升级，真正实现了纳税人"走进一家门，办好两家事"的服务诉求。通过有效整合国地税现有服务资源，解决了纳税人"多头跑"、重复报送资料和信息不对称、办税标准不统一等问题，最大限度地实现了纳税服务质效的整体提升，减轻了纳税人负担，把服务纳税人的最后"一公里"变成了"零距离"。

## （二）整合信息资源，降低了征纳成本

国地税不断深化合作，加大信息交换，有效实现了纳税人信息共享，为强化纳税人事后监管提供了基础资料，进一步降低税收征管成本和征管压力，提高了征管效率。国地税共管户纳税人到税务机关办税次数平均减少40%以上，平均每户办税时间缩短20%以上，实实在在地减轻了纳税人的负担，大幅降低了纳税人办税成本，得到了广大纳税人的一致好评。

## （三）堵塞管理漏洞，提高了征管质效

联合办税服务厅从办理税务登记、发票代开到纳税申报等环节实现国地税统一受理、统一办理，在强化国地税信息传递交互实时性的同时也有效堵塞了税收征管漏洞。通过联合开展纳税信用等级评价、税务稽查等工作，共享信息，不断充实征管基础数据，完善征管基础档案，有效堵塞了征管漏洞、防止了税源流失，提高了征管质效。

## （四）创新宣传模式，营造了公平的税收环境

跨省协作税收宣传工作机制建立，创新了宣传方式，加强了税法宣传力度，提高了纳税人税法遵从度。纳税人维权服务中心的建立，架起了征纳双方沟通的桥梁和纽带，为维护纳税人合法权益，更好地发挥税收为纳税人服务，助推地方经济发展起到了积极地作用。联合办税服务厅从联合办理税务登记、纳税申报、税款缴纳等方面，实现数据的实时交互和实时传递，确保了税负公平，为纳税人生产经营营造公平的税收环境。

**作者简介：**

叶成，男，汉族，1964年7月生，党员，大专学历，1981年10月参加工作。现任甘肃省天水市麦积区国家税务局党组书记、局长。

自参加工作历任天水市秦城区税务局 科员；秦城区国家税务局 科员；秦城区国家税务局市场三所 所长；秦城区国家税务局征管二分局 副局长；秦城区国家税务局管理二分局局长；秦城区国家税务局管理一分局 局长；秦城区国家税务局第二税务分局局长；秦城区国家税务局纪检组长；秦州区国家税务局 纪检组长；秦州区国家税务局副局长；秦安县国家税务局局长。2015年6月至今任甘肃省天水市麦积区国家税务局党组书记、局长。

李国恩，男，汉族，1966年10月生，党员，大专学历，1988年7月参加工作。现任甘肃省天水市麦积区国家税务局党组成员、副局长。

自参加工作历任北道区税务局东岔税务所 副所长；北道区国税局办公室科员；北道区国税局办公室 副主任；北道区国税局人教科科员；北道区国税局人教科科长；北道区国税局三阳税务所负责；北道区国税局三阳税务所所长；天水市国家税务局办公室 副科；天水市国家税务局办公室 副主任科员；天水市国家税务局办公室 副主任；天水市国家税务局机关党委办公室主任。2014年2月至今任甘肃省天水市麦积区国家税务局党组成员、副局长。

张玉平，男，汉族，1987年7月生，党员，研究生学历，2009年7月参加工作。现任甘肃省天水市麦积区国家税务局办公室副主任。

# 加强税收风险管理　有效规避执法风险

甘肃省庆阳市西峰区国家税务局　刘得海

在现实税收管理工作中，如何更好地引入风险管理理念、强化税源控管，规避执法风险，我们西峰区国税局结合实际，从加强执法主体建设、优化税收外部环境入手，积极探索风险管理，取得了一定成效，有力的提升了征管质效。下面，结合实际，谈谈自己的看法。

## 一、加强执法主体建设，防范税收风险

一是建立健全税收风险管理机制。为切实加强税收风险管理工作的组织领导，有效推进税收风险管理工作深入开展，我局成立了由主要负责人任组长，分管征管和政策法规的局领导任副组长，相关科室及各分局负责人为成员的领导小组，主要负责领导和组织全区国税系统税收风险的监控和防范，督导和检查税收风险管理工作落实情况。制定下发风险应对整体方案和分户应对预案，由征管科牵头，专门负责下发风险应对事项以及省市局识别确定的风险应对事项，采取临时集中、团队作战的方式，开展风险应对，降低税收风险。

二是强化执法人员自我保护意识。对风险认识上的片面性和不到位，其实是最大的风险所在。客观地讲，目前基层执法人员都有一定的风险意识，知道徇私舞弊、贪污受贿是违法行为。但是对于一些行政不作为、执法过错或工作不到位引发的风险认识不足，不能履行或者不能正确履行职责，虽然主观恶性不大，但仍要被追究刑事责任，这种教训是深刻的。因此，必须对执法风险有一个正确的认识，只有充分认识到规避执法风险，就是关心干部、保护干部，是确保干部人生平安的具体体现。为此，我局利用每周二、四学习日，组织干部职工学习《刑法》、《征管法》、《行政许可法》、《行政处罚法》、《行政诉讼法》和案例通报，每月组织干部撰写学法心得体会，每季度进行讨论交流，并把学习体会在区局网页上发布，供大家借鉴，进一步强化干部税收执法自我保护意识，促进了学法、懂法、守法的良好氛围。

三是提高税务干部执法能力和水平。建立一个提高执法能力与激励学习相结合的长效机制，实现税务干部从"要我学"到"我要学"的根本转变。

把学习和实践紧密结合起来，把学习的目的定在提高执法能力，规避执法风险上。我局开展了"拓展视野增见识、启迪智慧强素质"国税大讲堂活动，每月开展风险理论讲解，案例剖析、体会交流等，调动了学习积极性，进一步深化了对风险管理认识，懂得了那些应该做，那些不应该做，提高了干部素质能力。

## 二、优化执法外部环境，防范税收风险

一是提高纳税人税法遵从度。纳税遵从度与税收执法风险关系密切，纳税遵从度越高，带来的税收执法风险就越低。我局充分利用纳税人学堂开展涉税风险专题教育活动，收集典型涉税案件，以案释法，讲解税务风险形成原因、后果及防范重点，提高纳税人对税务风险的认识及防范意识。同时利用班子成员调研、税收宣传月、纳税明星授牌、纳税户开业等时机，进行面对面辅导，解读政策，使纳税人及时了解税收政策，并根据纳税人的需要，由纳税服务科牵头，加强个性化辅导，降低企业因政策把握不准而产生的风险。

二是大力优化纳税服务。税务部门要站在纳税人角度考虑问题、分析问题、解决问题，建立健全纳税服务体系，努力实现在执法中服务、在服务中执法，使税务机关与纳税人在税收执法活动中取得双赢，化解执法风险。我局从优化办税流程入手，积极创造条件，实现了涉税业务"同城通办"，将《全国税务机关纳税服务规范》制作成二维码，纳税人只要"扫一扫"二维码，就可以轻松地浏览办理各项涉税事项所需的资料和办税流程等内容；开通远程抄税、报税和申报工作，在全区8个邮政网点全部开通了邮政"双代"业务，方便了纳税人；积极拓展网上办税服务厅平台，构建以网上办税为主体，自助办税、财税库银缴税等多元化办税体系，构建和谐征纳关系。

三是打造健全协税护税网络。从第三方信息中识别税收风险，是我们国税部门常用的一种方法，但从实际效果看不尽人意，政府支持不够，获取信息渠道不畅。对此，我们本着获取信息是为了税收的目的，勤汇报，多沟通，取得了政府主要领导的支持和理解，建立了以政府为牵头，各相关单位为成员的信息治税领导小组，定期与公、检、法机关召开协调会，与财政、工商、审计、发改委、银行、电力部门密切配合，与纪检、监察、审计等政府有关部门经常联系，使外部监督部门了解税收执法的基本内容及行为标准，减少因内外认识标准不一致而引发的执法风险。今年来，我们通过第三方涉税信息采集渠道，开展普通发票风险分析，对政府单位及国有企业发票报销信息

采集，共查处纳税人取得虚购的增值税专用发票 18 份，单页套打的"大头小尾"通用机打增值税普通发票 11 份，共处罚款入库 21.87 万元。

### 三、积极开展风险应对，有效规避执法风险

一是加强数据资料管理。我局对开业的税务登记信息、纳税申报、财务报表等基础信息由专管员上门核对采集，分局审核后上报征管部门，每月利用数据质量分析系统查询，对录入错误的纳税人基础信息，及时修正、补录，提升了数据的完整性、准确性。今年以来，共补录、修正 3062 户纳税人的基础数据，规避了数据信息失真带来的税收风险；同时，积极开展征管资料规范化建设，在局机关和两个分局建立了专门征管资料室，对近年来征管资料按照"按户分拣、限时移交"和"分级整理、同步规范"的工作方法，进行分类整理、归档、装订，解决了征管资料不规范的问题。市局在我局召开了全市征管资料规范化建设推进会，受到了与会者的好评，省局刘虎局长在工作督察中，给予了高度评价，认为我局征管资料规范化建设亮点突出，走在了全省的前列。

二是强化户籍清理力度。为了做到管户清、底子明，杜绝户籍管理风险，我局每年在全区范围内组织一次漏征漏管户、非正常户、注销户的清理检查工作，有效堵决假注销、假停业带来的风险。重点对"一户多证""多店一证"等存在户籍管理风险的纳税人作为重点检查对象，及时进行清理整改，有效防范套领发票和逃避纳税义务行为的发生。今年，共清理"一户多证"、"一证多店" 45 户，未办理税务登记证 31 户，清理注销长期走失户 2467 户，重新税务登记认定 2 户，对 79 户纳税人定额调整到起征点以上，有效的防范了户籍管理风险。

三是加强企业税收风险管理。去年后季，我局探索形成税收风险高、中、低和一般风险四级管理模式。对高风险实行扣缴税款，对中风险实施发票代管监开，对低风险实施专项核查，对一般风险实行疑点排查，有效的防范了税收风险。

四是加强农产品收购行业专项核查。我们结合实际，制定了农产品收购发票适用范围、农产品收购发票用量、进项税抵扣审核、验货开票等四条规范农产品收购发票开具的措施，规定了在外地收购农产品、不同季节收购发票用量等情形，有效解决了该行业"少进多开、低进高开"等虚开收购发票引起的税收风险。

## 四、开展税收风险管理工作取得的成效

税收风险工作开展以来，在降低纳税人税收风险的同时，进一步提高了征管效能和水平，成效显著：

一是通过税收风险管理工作的应对，使税收管理人员对税收风险管理模式有了进一步的认识，了解和掌握了纳税评估实施方法，有针对性地进行税收风险疑点的排查和消除；

二是及时发现了纳税人在纳税申报、税款缴纳、财务报表和其他涉税资料报送方面存在的问题，使税收管理人员加强了对企业的日常管理，提高了对企业报送资料案头分析的工作能力，进一步提高了工作效率；

三是使基层税务机关积累了对以行业为主的税收风险和以税种为主的税收风险应对的工作经验，明白了涉税资料完整和准确的重要性，有利于对不同风险程度的企业实施不同的管理措施，加强了管理的针对性。

# 找准抓手　打造品牌　创党建新亮点

甘肃省临洮县国家税务局　杨理新　宋佳陆

临洮县国家税务局在党建工作方面积极探索、锐意改革、大胆创新，不断探索新思路、新方法，党建工作亮点纷呈。

## 一、以"三联三促"为抓手

临洮县国税局开展"三联系三促进"活动。一是县局联系帮扶单位；二是老干部与青年干部互相联系；三是党组成员联系基层分局。

一是搭建县局联系帮扶单位的党建工作桥梁。县局积极开展"结对共建、先锋同行"活动，积极联系西沟村党支部创建并完善村党支部党建活动室，制作党建活动展板，帮助完善村党支部"三会一课"制度。为帮扶村全体党员人手定制一份《党的建设》，为村支部订阅一份《甘肃经济日报》。邀请帮扶村党支部书记参加临洮县局党建工作的"五讲"活动，邀请村支部委员一行参观临洮县局党建阵地建设情况，并介绍临洮局党建工作开展情况，同时虚心向他们征求临洮县局党建工作的改进意见建议。

二是搭建优势互补、联动互助的党建活动平台。为丰富党建活动的载体，促进"比、学、赶、帮、超"活动的深入开展，县局有针对性的开展了"优势互补、联动互助"促党建活动，采取"党员带头、互相交流，互相学习，互相借鉴，共同提高"的方法，共结成14对帮扶小组，通过党员带群众、先进带后进、先锋模范带普通、以老带新、互相帮扶的方式，达到"比、学、赶、帮、超"、共同进步的目的。老干部用丰富的工作经验，针对年轻同志进行一对一带动，尽快帮助年轻干部融入税收工作；年轻干部在向老干部学习的同时，针对老干部计算机知识薄弱，对最新的税收相关政策掌握不到位进行辅导，增强自我完善、自我提高的能力。通过互相帮助和互相借鉴，共同学习和掌握各类税收业务知识，充分调动共同学习的积极性。

三是加强领导联系基层分局党建工作。为推进了领导责任机制建设。通过领导联系基层分局，督促基层分局党建工作的开展和落实，并将党建工作纳入基层分局的重要议事日程、列入分局目标绩效管理，落实各项工作任务，认真履职、带头履责，为加强和改进基层分局党建工作提供领导保证。通过领导联系分局，使得基层分局能站在县局的全局上思考和谋划工作，形成"一盘棋"的思想，不断优化机关抓党建工作的资源，有效构建机关抓"大党建"的工作格局，着力解决过去抓机关党建职能单一、各自为阵、重复工作的倾向和问题。

"三联系三促进"体现了机关党建"服务中心、建设队伍"职能，是机关党建能够更好地"围绕中心抓党建、抓好党建促发展"，在服务中心、服务发展上跟得更近、贴得更紧、做得更实；在建设队伍上增强党员干部宗旨意识、提高党员干部素质能力，大力营造"谋事要实、创业要实、做人要实"的机关生态环境。

## 二、打造"五讲"品牌

为扎实开展党建工作，临洮国税积极部署"五讲"活动，并将相继开展"人人讲体会"、"党组书记讲党课"、"先进典型讲事迹"、"专家讲理论"、"老干部讲传统"五讲活动，努力打造成"五讲"品牌。

开展"专家学者讲理论"，邀请了县党校专家为全体党员干部上主题党课；开展"讲故事、忆传统、砺心志"主题党日活动，通过老干部为党员上"忆苦思甜"党课，开展学先进、强素质、促赶超主题党课活动，县局最美国税人、优秀公务员、先进中层干部等人讲工作经验、晒心路历程。开展"人人讲体会"，组织党员干部相互交流，开展心得交流大会等活动。

## 三、打响"志愿者"服务团队

为了进一步深化志愿者工作，突出时代最强音，临洮国税积极行动，将志愿者精神与雷锋精神有效整合，积极开展志愿服务活动，凸显服务的正能量。

一是强服务，开展"三进"活动。县局积极开展"三进"活动，即党员干部进社区、进农村、进校园。开展党员志愿者进社区活动。县局每月组织干部和党员志愿者参加了社区卫生大扫除活动。此外，为切实给社区群众提供志愿服务，丰富活动载体，党支部组织党员志愿者进社区活动，为社区企业、商户、居民开展税法宣传、咨询、义务帮扶等活动。此外，结合农业合作社，积极组织党员干部进农村，宣传税收政策。结合双联工作，开展"进校园"活动，进校园慰问帮扶村全体师生，并送去文化体育用品。通过一系列丰富的载体，充分发挥党组织、"红色细胞"的作用，达到凝心聚力的目的，助推中心工作。

二是强机制，创出管理新规。制定《临洮县国税局党员志愿者管理办法》，为志愿者服务队开展活动提供制度约束；签订《共产党员承诺书》，填写《党员干部志愿者活动登记表》，此外，将在职志愿者服务情况作为所从事工作评优评先依据，激励在职党员积极开展志愿服务活动。在开展基层组织工作考核评价的同时，还与每个部门签订党建工作承诺书，每个部门与部门成员签订党建工作承诺书，切实用从严考核强化刚性约束，加强党建工作责任落实。同时在党建考核中，把党建工作与部门考核工作、个人绩效考核工作挂钩。

临洮国税机关党组织主动适应"新常态、新税风"的要求，不断创新，做到破旧立新的改革创新精神，破除旧的、落伍的思维定势，跳出传统的党务抓党建，围绕中心抓党建，把机关党建有机融入到现代化税收改革和纳税服务的大局中去思考、去谋划，"虚"功做实，真正把税收工作和纳税服务所需、基层所盼、纳税人所求、机关所能的事办实、办好。

# 关于基层国税绩效管理结果运用的思考

甘肃省陇南市武都区国家税务局　任晓敏　周惠玲

税务系统推行绩效管理，是想通过建立科学合理的绩效指标体系和考评机制，对考核部门围绕中心、服务大局、履行职责、完成任务的过程和结果进行绩效考评，并根据考评结果改进工作、加强管理、提高效能。年度绩效考评结果作为评价业绩、改进工作、提升绩效和激励约束的重要依据，最终结果能否被合理使用，直接关系到管理能否达到"改进工作、加强管理、提高效能"的目的，关系到绩效管理能否持续开展，能否被干部职工认可和积极参与。基于这样的背景，如何进一步完善绩效管理结果运用就值得探讨。

## 一、现行绩效管理办法结果运用存在的不足

### （一）结果运用与个人利益相脱钩

绩效结果运用的目的之一就是想通过考核的差异性来赏优罚劣，提拔和奖励有能力、肯干事的干部，诫勉和帮助消极怠工、不求上进的个别人员。考核结果只有具体到个人，区分出个体差异，才能区分出干工作的效率和能力，从而与干部职工的个人利益直接挂钩。如果绩效管理的结果不能很紧密的与价值分配挂钩，不能对干部的晋升、提拔产生较大影响，干部的价值和能力得不到充分体现，晋升中的德才兼备、以绩为主原则得不到贯彻，这必然在一定程上会影响到干部参与绩效管理工作的热情，直接影响考核后续程序行使的效能。县区局绩效管理实施方案中也要求指标的制定要"目标明确、指标落地、任务到岗、责任到人"，但在结果运用中则主要以"单位"、"科室"、"股室"、"分局"等为基本单元进行奖惩，牵涉到具体人员的也仅是"班子成员""部门负责人"，没有与普通干部职工的利益关联起来，也体现不出个体的差异。最后极有可能使绩效管理流于形式，回退到考核和奖惩"两张皮"的老路上去。

### （二）运用方式较为单一

分析基层的绩效管理办法，结果运用方式都较为单一，主要与以下 4 方面挂钩：

1、奖金、奖牌。如"考评结果为优秀等次的县（区）国税局，确定为当

年'系统绩效管理先进单位',适当给予一定经费奖励并颁发奖牌"。

2、评优选先资格。如"连续两年未达标的……取消县(区)国税局班子成员公务员优秀等次评定资格";"年度绩效考评结果为优秀等次的县(区)国税局,县(区)国税局主要负责人确定为公务员优秀等次人选,县(区)国税局其他班子成员增加一名优秀公务员评选名额"。

3、外出培训名额。考评结果为优秀的,"适当增加县(区)国税局参加全国、全省和全市国税系统教育外出培训名额"。

4、诫勉谈话。"连续三年排名最后一名的,按照有关规定对县(区)国税局主要负责人进行诫勉谈话"。

### (三) 薪酬分配激励作用有限

基层国税人员的每月薪酬由基本工资、津贴和奖金组成,除工资以公务员级别为依据,少数岗位有很少的特殊岗位津贴外,拉开距离只能在奖金上做文章。但实际情况是基层国税部门基本都面临经费紧张的现状,上级对于绩效结果经费奖励方面也没有明确的标准,在试行办法中,模糊地概括为"适当给予一定经费奖励",按照实际情况来看,如没有绩效专项资金的支持,奖金额度不会很大,所以奖金、奖牌对干部职工的激励作用不明显。

### (四) 晋升评级与工作实绩联系不大

当前,基层国税公务员的考评和晋升以民主测评、投票表决为主要参考依据。绩效管理运行之前,公务员为了自己晋升和考评,一般都比较注重人际关系,以获得更多的选票和支持。这样在公务员晋升时,经常出现重人缘、轻业绩的现象。而绩效管理推行后,因为基层国税部门既有税收业务工作,又有行政管理工作,还存在大量的服务性工作,其工作量、工作效率、工作业绩难以进行准确量化,这种复杂性使得绩效管理很难对一个股室或分局的业绩进行具体的分解,细化到个人的绩效水平考核上去,更多的只能反映部门整体的业绩水平和效率。个人绩效既然无法在绩效结果中体现出来,那么试行办法中"将年度绩效考评结果作为干部选拔任用和交流任职以及工作问责等方面"的规定也只能流于形式。晋升评级还是只能依据传统的上级对下级的主观考评和员工间的民主测评,导致大家对绩效工作的执行不会认真对待。

### (五)"马太效应"相对明显

基层国税人员的荣誉评定,特别是省、市局以上单位荣誉的评定,都是采取先由基层单位推荐,上报事迹材料,然后由上级单位确定。而试行办法中的结果运用是以部门整体业绩为主的,导致的结果就是考评结果的优劣只能由部门负责人或者区局班子成员来承担结果，与普通干部职工关系不大。这在办法中体现的很明显，如第三十九条"年度绩效考评结果为优秀等次的县（区）国税局，县（区）国税局主要负责人确定为公务员优秀等次人选""年度绩效考评结果为优秀等次的考评部门，部门主要负责人优先考虑为公务员优秀等次人选"。所以面对荣誉评选时，必然是以部门负责人为主，而一旦某人被确定作为上级奖励或者荣誉评选的对象，那么以后外出培训、评优选先的机会大部分都会落到此人头上，致使各种荣誉光环趋于放大，进一步强化了他人的不公平感。

### （六）考评结果反馈不足

沟通和反馈是绩效管理的润滑剂，保证整个绩效管理工作良好运转，它存在于绩效管理的各个阶段。在指标设计阶段，要通过沟通，避免指标的设计与实际相脱离，增强指标的可操作性，并消除干部职工的排斥感和被动感。在绩效考评阶段，要根据干部的绩效考评结果，进行反馈和沟通辅导，肯定成绩，找出差距，分享经验，吸取教训。但是按照目前推行的情况来看，大部分干部职工绩效理念依然没有转变过来，部门的绩效管理出发点往往不是为了实现绩效改进，而是带有明显的任务导向，因而常常看不到部门针对考核结果及考核对象做出迅速而有效的反馈意见。

## 二、结果运用方式存在不足的原因

### （一）"扣分制"的绩效管理办法，不利于调动干部积极性

2.0版的绩效管理办法是在千分制的基础上实行"扣分制"，完成指标内容可以得到预先设定的基础分，而一旦有未完成的项目就会被扣分。任务定责时是按照日常分工设置的，没有考虑到每个人因承担岗位不同而工作量不同。有的人承担岗位职责任务比较多，临时交办的任务也多，最后工作完成率自然会低，扣分项目自然也会增加，这样就造成"鞭打快牛"的情况。另外，分配工作难度系数不同，有的人分配的工作难度系数较小，但是是在"磨洋工"的情况下慢慢完成的，因此仅仅按照工作量完成情况考核是不科学的，是不全面的，考核最终结果差异性不大，考核达不到目的。

### （二）执行环境的现状决定了绩效管理难以起到激励奖惩的作用

绩效考核难以落实到位，这与基层现有的人员结构有关。基层的职工趋向老龄化，而且每人平均所承担的工作量偏大，比如我局政策法规股只有两个人，却要对应承担市局政策法规科、货劳科、所得税管理科三个科室的工作，任务量非常繁重。基层税务分局也面临同样的问题，一个分局只有两到

三个人，却要管理上百户管户，难免精力不济。年龄的偏大，临时任务的频繁下达，以及重点工作的强调投入，使基层员工对绩效管理存在着一种很隐形的抵触情绪，认为工作负担更重，那么自然会消极应对。

### （三）绩效管理体系尚不完善

由于缺乏统一、规范的职位说明书，各县区税务机关制定的考核标准也不尽相同。加之税务工作人员绩效自身的价值复杂化，导致了其绩效标准制定的复杂化，有效的考核指标体系尚待完善。在具体考评实施过程中，各地一般对上级机关考评比较重视，而较轻视对税务人员的平时考评或群众考评，注重定性考核，忽视定量考核。绩效管理考评系统自动提取的数据有限，多依赖于基层人员的自己的填报，质量分值的打分标准不明，随意性大，必然影响考核结果的准确性和公平性。

## 三、建议改进的措施

### （一）改变"扣分制"的考核方法

目前"扣分制"的绩效管理方法在一定程度上制约了绩效作用的发挥和绩效管理目标的实现。因此，从考核机制而言，要改变考核方法，将原"避免出错型"向"绩效激励型"转变。先制定统一、规范的职位说明书，然后按照岗位职责、难易系数，对税务系统每年都要开展的基本工作进行分值确定，按每个单位所完成工作质量和数量进行考核。每干一项工作加一定的分，干活越多，加分越多，绩效成绩越高，干活越少，分值越低。管理方法的转变让每个人、每个部门从只承担不出错的消极型责任上升为主动承担工作绩效的积极型责任，真正做到以工作实绩来衡量，在基层税务机关内部形成良好的竞争氛围。

### （二）优化能级评定条件

长期以来，由于受到职位数量限制以及论资排辈等因素影响，一些综合素质高、业务技能精的人员没有晋升相应的职位。为进一步调动资历浅、能力强、素质高的税务人员的工作积极性，在绩效结果首次评定后，根据客观的绩效成绩和实际的工作能力确定能级。能级等次不同，奖励不同，能级越高，绩效奖金越高，以此来拉开差距，激发干部的进取心。同时，确定首次能级评定条件时，参照目前市局已制定的加分项，考虑素质方面的因素，如取得注册会计师资格的人员或通过全国司法考试的税务人员，适当给予加分。

### （三）注重激励手段的长远性和发展性

绩效结果的运用除了同薪酬、奖金挂钩，用于奖优罚劣外，还要充分注意税务干部作为人的社会价值追求和高层次的精神需求，把干部的潜能开发、绩效提高与个人发展引入绩效管理体系。建议根据对干部累次绩效考评结果的连续跟踪，建立绩效档案，综合考量干部在各个考评期内的总体表现情况。一方面，可以发现干部个体与设定标准的差距，从而制定有针对性的干部发展计划和培训计划，对绩效低的人员以"补课"式的岗位技能培训为主，对绩效高的人员以深造提高式的培训为主，从而提高培训的有效性和干部参与培训的积极性，使不同绩效水平的干部的业务水平和综合素质都能在相应的层次上得到提高。另一方面也可以判断某个干部是否适应现在的职位和岗位，据此进行相应的岗位调整，实现干部职工与岗位间的最佳匹配，从而达到人尽其才，才尽其用的良好局面。

### （四）加强考评结果的沟通和反馈

建立考评结果的沟通和反馈机制，可以使单位和个人对其未来的工作发展达成共识，充分肯定干部做出的工作绩效和对单位的贡献，在了解其未来要求的基础上，尽可能为他们未来的工作绩效改进和发展提供支持和帮助，激励他们在下一轮的工作中提高积极性；另一方面，对于不符合或偏离绩效目标的行为可以给予引导，让干部明白自己工作中的不足和差距，找出相关原因，提出改进意见，使其能够改变工作态度，积极投入到进一步的培训当中，从而充分发掘干部潜力。

# 实施扁平化管理的实践与思考

甘肃省两当县国家税务局　周　磊

2015 年 12 月，为了适应税收现代化建设的新要求，认真落实中央税收征管体制改革决定，按照省局韩局长关于实施扁平化管理的批示精神，两当县国税局结合实际，打破原有的"金字塔"层级式管理模式，减少管理层级，大胆探索实施"扁平化"管理，目前已取得了初步的成效。

## 一、实施扁平化管理的理由

### （一）县局机构设置臃肿，人少事多，征管一线力量薄弱

该局原有内设股室 6 个，即：人事教育股、监察室、征收管理股、政策法规股、办公室、办税服务厅；直属机构 1 个，即：稽查局；事业单位 1 个，即：信息中心；派出机构 2 个，即：城区税务分局、西坡税务分局，共计 10 个。全局职工 31 人（其中：工勤事业人员 3 名）。县域面积 1408 平方公里，共辖十二个乡镇。管理纳税人 1012 户，2015 年度计划税收目标 1900 万元。县局 31 名干部职工中，局领导 5 人，工勤人员 2 人，6 个职能科股室 8 人，仅剩的 16 名干部要承担 2 个分局、1 个稽查局和 1 个办税服务厅的工作任务。每个单位平均 4 人。征管一线人员除了按部就班地完成纳税人的申报、定额评定调整、报表审核、发票领购、宣传辅导、下户调查、纳税评估等各项服务管理工作，还要应对上级下派的各类专项和重点工作任务，无法正常休假，工作中只能疲于应付，大大的影响了工作的质量和效率，而且导致干部们身心疲惫、怨言较多、苦乐不均，年轻干部普遍"有走心、无守心"，严重影响了队伍稳定，科学化、精细化管理无从谈起。

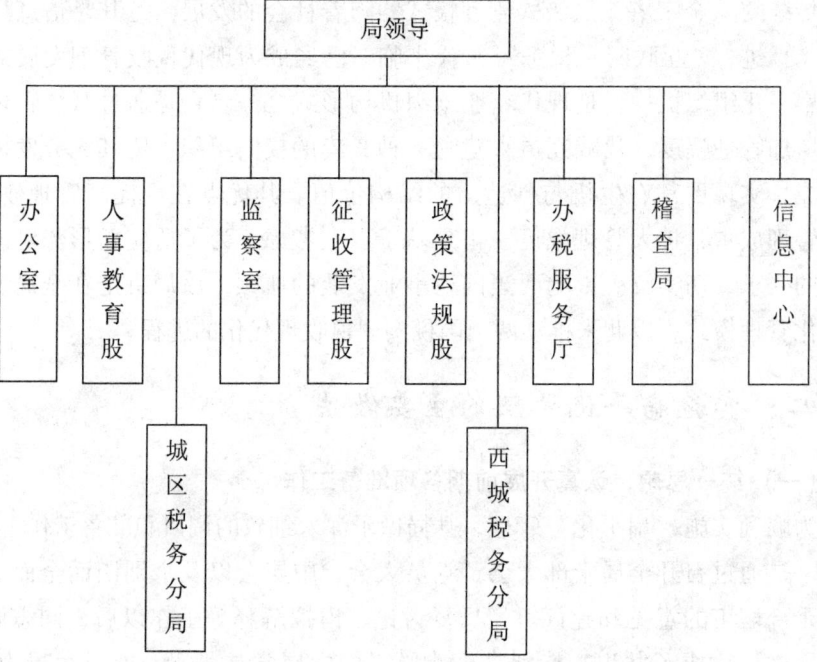

图 1　两当县国家税务局原机构示意图

**（二）现行"金字塔"层级管理导致办税程序繁琐，层次多，环节多，效率低**

"金三"系统中文书流转审批环节是系统固有设置，无法人为改变路径，文书的流转仍是大厅受理、传递、分局审批、传递股室审批、再传递县局分管局长审批，之后系统自动传递至股室，再由股室传递分局、分局再传递到大厅处理的模式。造成纳税人多头找多次跑现象比较明显。

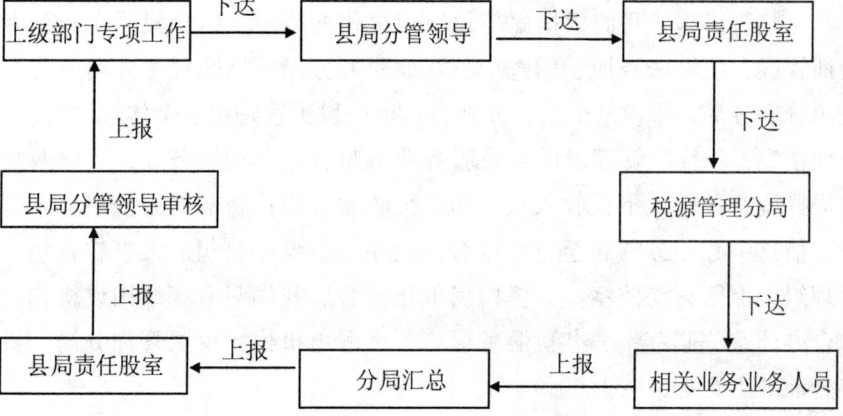

图 2　一般性业务流程（原管理模式）

传统的"金字塔"层级式管理模式，随着社会的发展，尤其是信息技术的突飞猛进，"互联网＋税务"时代来临，已经成为现代税收管理发展的桎梏。扁平化组织机构，是现代企业组织机构形式之一。它是通过减少管理层次，增加管理幅度，裁减冗员来建立一种紧凑的横向组织，使其充分发挥组织功能，实现更富有生机与创造力的结构价值。其优点在于提高管理效能，降低管理成本，扩大管理幅度。正是基于以上考虑，为了适应新形势对国税工作的要求，切实解决影响两当国税事业发展的瓶颈，该局决定在全局实施扁平化管理模式，以此来推动两当国税实现税收现代化的进程。

## 二、实施扁平化管理的主要做法

### （一）统一思想，认真开展前期各项准备工作

为顺利实施"扁平化"管理，县局做了深入细致的调研和准备工作。

一是通过召开全局干部大会、党员大会、中层会以及个别谈话全面征求全体干部职工的意见和建议。经反复讨论、模拟解释等工作以后，同志们消除了顾虑，达成了共识。特别是机关原来的中层党员骨干，能以大局为重，不计个人得失，由"正职"转为"副职"，心甘情愿到税源管理分局当"配角"，充分发挥了党员领导干部的示范引领作用，也带动了党员干部在面临单位征管体制改革创新中积极发挥先锋模范作用，为其他干部职工做好了表率。为实施扁平化管理奠定了坚实的思想基础。

二是及时向纳税人进行宣传。重点宣传我局实施扁平化管理的意义以及新的办税地点、新的办税流程、新的办税人员，得到了纳税人的大力支持和配合。

### （二）构建扁平化组织机构，实现人力资源优化组合

一是整合机构。我们根据扁平化组织机构的特点，结合我局实际，将原有的征管股、政策法规股、稽查局、西坡税务分局、城区税务分局整合，成立税源管理分局，下设三个组，分别为：企业税源管理组、个体税源管理组、检查评估组；将征收管理股的纳税服务业务整合至办税服务厅，成立两当县国税局办税服务厅，下设收入核算组、征收服务组；将县局办公室、人事教育股、信息中心业务整合至行政综合办公室。下设办公组、人事教育组、信息管理组；保留县局监察室。机构扁平化整合后我局只有三个内设机构：行政综合办公室、监察室、办税服务厅。一个派出机构：税源管理分局。机构比整合前减少6个，减少60%。

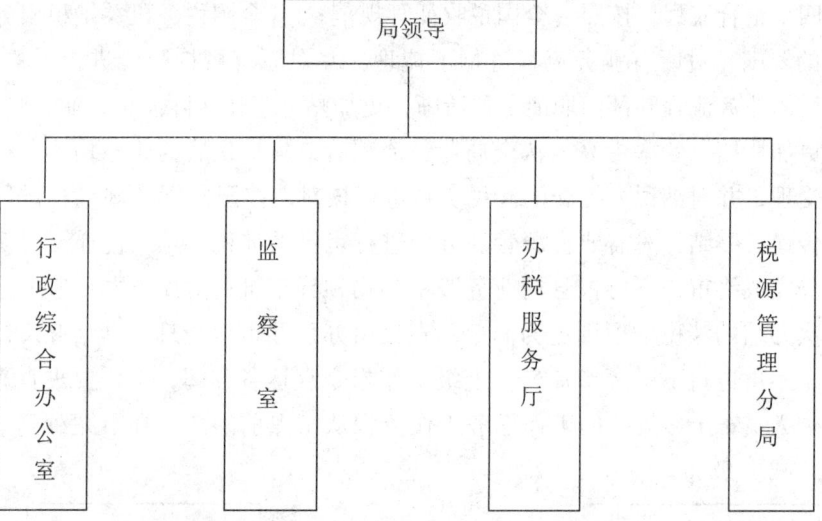

**图3 两当县国家税务局整合后机构示意图（扁平化管理模式）**

二是整合人员。整合后人员设置：税源管理分局分局长由党组成员、副局长兼任，配置三名副分局长，分别负责三个组的工作；办税厅主任由党组成员、副局长兼任，配两名副主任，分别负责两个组的工作；行政综合办公室主任由党组成员、副局长兼任，配置三名副主任，分别负责三个组的工作；党组成员、纪检组长按照"三转"的要求只分管监察室。同时结合干部队伍的整体状况和个人特点、专业知识、年龄结构、履职经历等因素，对现有人员进行科学分类、优化组合，将综合分析能力、税收管理能力以及实际工作能力强的专业人才优先配置到税源管理分局。这样，除"一把手"外，班子其他成员都从事具体的管理服务业务，进行实体化操作。同时对每个工作人员定岗定责，做到人员岗位职责明确，实行岗位"AB"角制度。

三是整合职责。整合后各部门职责：税源管理分局负责全县纳税人巡查管理、评估检查、风险应对等工作。主要负责应对市局征管科、法规科、货物和劳务税科、所得税科、大企业管理科、稽查局交办业务；办税服务厅负责全县纳税人税款征收、日常窗口业务办理、收入核算、纳税服务工作。主要负责应对市局收入核算科、纳税服务科的交办业务；行政综合办公室主要负责应对市局办公室、机关服务中心、财务管理科、人事教育科、老干部管理科、机关党办、信息中心的交办业务；保留监察室，其职能不变。以上仅仅是内部业务整合，保留现有机构编制和领导职数，人员待遇不变。对外称呼和职能不变。

　　四是整合流程。按照《全国税收征管规范》、《全国税务机关纳税服务规范》的要求，对所有业务流程进行了梳理，并对原有机构职能进行了整合，梳理后的业务流程和部门职能更加清晰，更加贴近工作实际需求，业务受理、审批更加快捷，效率更高。从全局业务流程看，扁平化后的业务均由办税服务厅受理，并对纳税人提交的涉税资料进行核对，按照操作《规范》进行受理、传递、办结；对需要税源管理分局进行审批的涉税事项，传递至税源管理分局完成终审，不再报县局业务股室和局领导审批；对属于办税服务厅可以一次办结的涉税事项则更为简单，直接由办税厅审核受理、办结并反馈纳税人，不再进行下一环节流转。上级工作指令直达各部门，工作要求直达具体岗位人员，上级安排的工作任务工作流程从试点前的 7 个环节减少到 3 个环节，减少58%。

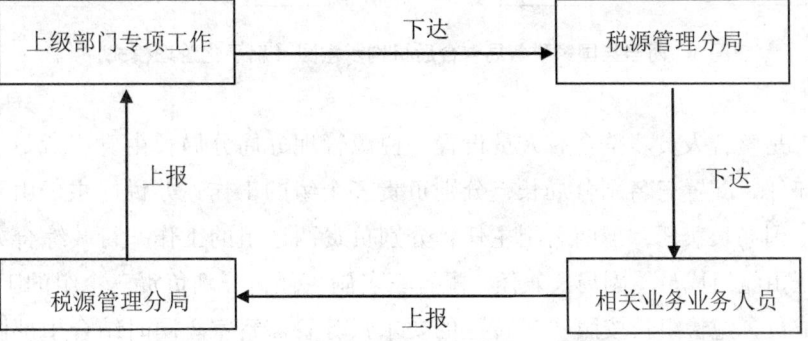

图4　一般性业务流程（现扁平化管理）

## 三、实施扁平化管理后取得的成效

　　县局实施扁平化管理4个月来，随着扁平化模式的全面推行和逐步完善，有效解决了长期以来困扰两当国税事业发展存在的机构设置臃肿、工作效率低下、人员配置不足等一系列问题，收效明显。

　　（一）充实了一线征管力量

　　整合后一线管理人员由16人达到22人，占全局人员比例由53%提高到73%。切实解决了基层税务分局征管人员紧缺的问题，税源管理力量薄弱的状况得到明显改善。同时也较好地解决了机关多头安排工作人员多、基层抓落实人员少的矛盾。

　　（二）切实提升了征管效能

　　由于缩减了管理层次，使部门之间的联系沟通更加畅通，职责更加明确，减少了重叠与交叉，避免了推诿扯皮的现象。局领导靠前指挥，即当"指挥员"，又当"战斗员"。安排、落实工作不再通过业务股室这个"二传手"传递，而是"一竿子插到底"。报表、报告等资料信息实现了由分局到市局的直报。原分局和股室合并到税源管理分局后，减少了审批环节。纳税人办理所有业务均由办税服务厅受理，即办事项当场办结，限办事项分局核实、窗口出件，简化了办税流程，改变了以往限办业务多部门、多环节、多层次流转审批，工作质效得到明显提高。

### （三）优化了纳税服务

管理层级压缩后，原业务股室人员和业务并入到税源管理分局，分局的职能更加完善，职责更加清晰，改变了以往只有分局税收管理员和办税厅人员接触纳税人的局面，有更多的人员从事税源管理和纳税服务工作，大大的缩短了业务办理时间，工作质效显著提升，从而拉近了税务人员和纳税人的距离，实现了业务流程最简、时效更短，让纳税人切实感受到便利、快捷、高效的办税服务，纳税人满意度明显提高。

### （四）节约了征税成本

将原有的征管股、政策法规股、稽查局、西坡税务分局、城区税务分局整合，成立税源管理分局，将办公室、人事教育股、信息中心业务整合，成立了行政综合办公室，实行和署集中办公。机关股室腾退了多余的办公室，西坡税务分局办公楼停用、车辆停用，西坡税务分局的管护费用、车辆运行费、网络费用和机关的水、电、电话等办公经费大大减少，征税成本明显降低。

### （五）人员综合素质得到了进一步提升

由于将局机关股室业务骨干充实到一线，在日常工作中，他们不仅要承接应对市局各职能科室安排的各项工作，还要直接参与税源管理工作，与纳税人直接打交道，接了地气。在工作中他们与原分局管理人员一起互学互帮，取长补短，交流经验，相得益彰，共同进步。这种良好的工作氛围不仅调动了他们的工作积极性，增强了团队意识，而且使他们的业务技能和工作水平得到了明显提升，工作质效更高，一批懂业务、能查账、有担当的复合型人才正在基层快速成长。

## 四、存在的问题

### （一）扁平化后整合的机构没有部门编制，税源管理分局没有执法主体资格

扁平化后整合的新机构是县局自己根据工作需要确定的名称，没有得到

市局人事科机构编制的正式批准，既不合法也不合规。税源管理分局对外没有执法主体资格，对外执法仍使用原城区、西坡税务分局的税务执法资格。税源管理分局和行政综合办公室也不能刻制印章，沿用老机构的印章。

**（二）原有的表、证、单书不适应目前的工作**

扁平化管理后将业务股室整合到了税源管理分局，因实际工作环节、业务流程都在减少，而需要填制的表证单书式样没有改变，新的《全国税收征管规范（1.1版）》中的表、证、单、书按分局、职能股室、县局层级设计。现在的税源管理分局对外代表分局，对内代表县局各业务股室，纸质征管资料的每一个环节都要签负责人、经办人，"金三"系统也是如此，所以存在不同环节同一人办理的问题。

**（三）扁平化管理后文书、文件流转审批环节依旧，提效减负的目的无法实现**

因"金三"系统和综合办公信息系统中无法维护扁平化管理后新机构，所以"金三"系统中文书流转审批环节无法人为改变路径，是系统固有设置，仍沿用分局、股室、县局模式。扁平化管理后因机构压缩，实际工作环节、业务流程都在减少，但在文书流转上还要沿用系统固有的流程跑文书，综合办公信息系统中文件流转也存在同样的问题。

**（四）扁平化管理之后的部门、机构体系与绩效管理系统不匹配**

绩效管理信息系统中部门、人员与扁平化管理后整合的部门、人员不相符；扁平化管理之后的部门、机构体系与全省绩效管理框架体系不符，造成绩效考核实施中存在诸多问题和困难。

**（五）队伍不稳定，人员素质有待提高**

一是非两当籍公务员人数偏多，人心不稳。我局近几年招录公务员12人，占全局职工总数的三分之一还要多。其中：本地户口仅2人，外地户口10人，其中徽县户口8人，目前已有3人已调回徽县，1名本地户口人员也已调到徽县。另外有2名同志今年初被市局借调1年。这些徽县年轻人对象绝大多数都在徽县，且已在徽县买了住房。想调走的趋势非常明显。人往高处走，水往低处流。这本无可厚非。但造成的后果是令人十分担忧的。那就是定向招录流于形式，征管力量流失严重，人员调动过快给该局队伍建设造成极大影响。特别是现在"营改增"改革全面实施、加速推进，县地税局将给该局交接三百多户"营改增"试点纳税人，造成管户剧增，征管力量严重不足，人员使用捉襟见肘，后续征管状况十分堪忧。

二是扁平化设置后，县局机构设置、业务流程发生较大变动，对各部门人员素质提出了新的更高的要求。受年龄、能力、经验等因素限制，在现有队伍中一些人员综合素质尤其是业务素质还不过硬，水平能力有限，工作责任心还不是很强，影响了工作质量和整体工作的推进。

## 五、几点建议

### （一）解决扁平化管理以后的机构编制、执法主体资格问题

该局实施的扁平化管理与中办、国办印发的《深化国税、地税征管体制改革方案》的精神相符合，方案提出"按照精简统一效能原则，优化税务系统编制结构，提高编制使用效益。税源规模较小的地区，可按照便利纳税人、集约化征管的要求，适度整合征管力量"。建议上级局考虑解决扁平化管理以后的机构设置的合法性，将税源管理分局按副科级机构设置，对内履行县局职能股（室）的职责，对外为县局的派出机构，取得执法主体资格，降低税收执法风险。

### （二）按照扁平化管理以后的文书流程修订表、证、单、书

建议上级部门在修定《全国税收征管规范1.1版》中特殊考虑扁平化税源管理的实际，制定符合扁平化管理以后流转的表、证、单、书。

### （三）建议修改"金三"文书、综合办公信息中文件流转和审批环节

允许在"金三"系统和综合办公信息系统中维护扁平化管理后新机构。从后台重新设计文书流转路径，并与纸质的表、证、单、书相对应，提高文书、文件运行效率。

### （四）建议上级部门允许将绩效管理系统中的部门机构按照扁平化管理后的部门、机构进行设置

该局现在采取的是临时过渡办法，是将扁平化管理实施后负有双重岗位身份的人员在绩效管理系统部门中再虚拟一个岗位和用户名，用这种虚拟的岗位和身份因对工作。

### （五）强化培训，提升干部队伍综合素质

扁平化管理对税务人员的综合素质提出了更高的要求，从而迫使税务人员更加注重能力培养，提高自身综合素质。要增强每一位干部提高自身素质的迫切感和危机感，主动适应扁平化内在需求。

一是强化专业培训。以干部队伍能力建设为主线，以岗位应知应会知识为重点，创新培训形式，丰富培训载体，通过目前正在全省国税系统开展"岗位大练兵、业务大比武"活动，重点从专业技能、政治理论、政策法律、办事态度及效率等方面着力提高干部队伍综合能力。

　　二是对新录用人员除日常提拔、交流外，在本单位工作年限最低不得少于 5 年，以保证人才培养的可持续性和干部队伍相对稳定性。三是增加公务员招录名额，对落后地区新录用的公务员采取户籍限制，仅限本县学生报考。这样可最大程度限制人员外流，解决"营改增"试点改革后基层国税系统人员严重不足的问题。

# 自觉强化"六种意识"
# 全面践行"三严三实"

甘肃省临夏回族自治州国家税务局　喇世忠

习近平总书记提出"领导干部要树立和发扬好的作风，既严以修身、严以用权、严以律己，又谋事要实、创业要实、做人要实"，深刻阐明了共产党员最基本的政治品格和做人准则，是党员干部的修身之本、为政之道、成事之要。面对经济和税收新常态，基层国税部门党员干部要自觉强化党员意识、法治意识、规矩意识、问题意识、担当意识、忠诚意识，全面践行"三严三实"，努力实现自我净化、自我完善、自我革新、自我提高，示范引领干部职工在税收现代化事业中建功立业。

## 一、自觉强化党员意识，全面践行严以修身

严以修身，就要始终坚定理想信念，拧紧思想和行动上的"总开关"，常补理想信念之钙，不断锤炼党性修养，在任何时候都能守得住规矩，在任何时候都能挡得住诱惑。结合开展"三严三实"专题教育活动，要坚持专题党课、党章党规党纪辅导课、正反典型教育课和学习研讨交流会、民主生活会、组织生活会，以及干部群众民主评议的"三课三会一评议"制度，把思想引导、目标激励、典型感染、情感沟通、人文关怀等形式融入到干部思想政治工作中，以先进典型为镜，以反面教材为戒，使党员干部受警醒、明底线、知敬畏，牢固树立正确的世界观、人生观、价值观和公私观、是非观、义利观。深入开展如何在遵守纪律中发挥模范带头作用、加强政治业务学习提升素质修养中发挥模范带头作用、工作特别是重点工作和专项工作中发挥模范带头作用"三个专题讨论"活动，让党员干部认清自身存在的问题，始终保持自我加压、争创一流、开拓创新、昂扬向上的精神状态，在思想上同心同德、在行动上步调一致，坚决抵制歪风邪气，自觉增强道路自信、理论自信、制度自信和政治上的"免疫力"。

## 二、自觉强化法治意识，全面践行严以用权

严以用权，就要按规矩制度和法律法规办事，把权力关进制度的"笼子"

里，给权力运行划"红线"、布"雷区"，让敬畏法律和遵守制度成为不可逾越的"高压线"。要认真落实总局《关于全面推进依法治税的指导意见》，深入推进依法行政、依法治税，主动公开税务行政审批事项目录清单和税收执法权力清单，让权力在阳光下运行，坚持制度面前没有特权、制度约束没有例外，依法依规履行税收执法权和行政管理权，谨慎地把握好权力边际，自觉接受各方面监督，切实提高权力运行的透明度和公信力。要严格遵循组织程序，不超越权限办事，把依法办事作为工作习惯，自觉摒弃凭经验、想当然的惯性思维。要深入推进"法治国税"建设，依托"学好法、用好法、促公正、促清廉"专项行动，引导党员干部牢记法律红线不可逾越、制度底线不可触碰，带头把对法律的敬畏和制度的遵守转化成思维方式和行为自觉，在做事时首先弄明白什么事能干、什么事不能干，时时处处知道什么是高压线，时刻保持头脑清醒，把握好一言一行的"度"，带头营造办事依法、遇事找法、解决问题用法、化解矛盾靠法的干事氛围。

## 三、自觉强化规矩意识，全面践行严以律己

严以律己，就要对照党的政治纪律和政治规矩，始终坚持自重、自省、自警、自励，慎独、慎微、慎初、慎友；始终坚持党性原则，懂规矩、守底线、拒腐蚀、永不沾，面对各种诱惑时保持政治定力、守住法纪底线、把好私欲关口，做到为民务实清廉。作为基层国税部门，我们每天直接面对着纳税人，党员干部的一言一行不仅体现着个人的修养，而且关乎国税事业发展和部门社会形象。作为基层国税部门党员领导干部，做到严以律己，就要结合开展"党性集中教育月""讲党性、守纪律、讲规矩、做表率""亮身份、亮标准、亮承诺、亮服务、争先锋"等主题活动，进一步在政治纪律、组织纪律、工作纪律方面严格要求自己，把时间花在工作上、学习上，把得住操守，管得住小节，依法用好手中权力，绝不含糊地做政治上的明白人。进一步在政治上讲忠诚、在组织上讲纪律、在行动上讲规矩、在工作上当标杆、在自律上做表率，要求别人做到的自己先要做到，要求别人不做的自己坚决不做，不断增强政治纪律和政治规矩的意识，带头做到以身践廉，拒腐防变，把住底线，永葆本色，推动形成上行下效、上率下行、示范带动的良好风尚。

## 四、自觉强化问题意识，全面践行谋事要实

谋事要实，就要做到不好高骛远，不脱离工作实际，抓住当前税制改革

的"牛鼻子"，坚持以问题为导向，着力解决事关国税事业科学发展中存在的问题。面对经济和税收工作新常态，当前基层国税部门要在推进金税三期工程、营改增扩围、行政审批改革、绩效管理、纳税服务、税收征管、国地税合作、"一路一带"建设税收职能发挥等重点难点工作中，主动抓准切入点和主攻方向，把推进工作和查摆问题结合起来，把解决问题和提升站位结合起来，勤于调查研究、倾听意见建议，善于抓住关键、洞察税收工作的发展规律，在总结工作经验、科学务实谋事的基础上，建立问题台账，对照问题清单，列明整改时限，靠实整改责任，使基层国税部门在破解税收发展难题中提升工作站位。要发挥好新常态下的税收职能作用，瞄准服务发展大局方面问题的焦距，自觉把税收置于经济转型跨越发展中去谋篇布局，深入研究税收政策对扶持经济发展的弹性空间，在"大众创新、万众创业"中精准对接服务，在激发市场活力、培育新的经济增长点和税收增长点中主动作为，用税收杠杆为经济发展保驾护航，实现税收与经济的良性循环和协调发展。

## 五、自觉强化担当意识，全面践行创业要实

创业要实，就要脚踏实地、真抓实干，敢于担当责任，勇于直面矛盾，牢牢把握税收工作主动权，努力创造经得起实践、人民、历史检验的实绩。在各项国税工作加速推进的新常态下，基层国税部门普遍存在着人少岗多、复合型人才匮乏等困难和问题。面对各种不利因素，党员领导干部要把牢"心中有责"这一基本要求，强化担当意识，敢于负责、敢于担当，从履行岗位职责和做好手头工作开始，把完成好每一项任务当作展示担当能力的重要平台，锤炼担当的意志，养成担当的习惯，提高担当的能力，凝聚担当的劲头，做到接受工作不挑剔，落实任务不变通，执行效果不打折，真正做到守土有责、守土尽责。要结合开展"工作落实年"活动，大力发扬"马上就办"的优良作风，积极消除畏难观望、徘徊不前的心态，把干部心思凝聚在干事创业和抓好落实中，进一步增强干部的担当意识和担当能力，充分发挥具有强烈担当精神的干部在落实重大工作、重大事项、执行急难险重任务当中的示范带动作用，倡导其他干部敢于争先、勇于进位，在比较中寻找差距、发扬成绩、创先争优，持续提高贯彻力、执行力、创造力，确保省局各项部署要求得到全面贯彻落实。

## 六、自觉强化忠诚意识，全面践行做人要实

做人要实，就要对党、对人民、对同志忠诚老实，做老实人、说老实话、

干老实事，襟怀坦白，公道正派。对基层国税部门干部来说，做人要实，就要自觉践行社会主义核心价值观，在政治上忠诚老实，做人上老老实实，工作上求真务实，以实绩立身，靠忠诚服众；就要对同志忠诚相待、肝胆相照，坚持原则、敢讲真话，团结同事、与人为善，能力过硬、敢闯敢干，作风正派、勤勉敬业，做"老实人"但不当"老好人"。对基层国税部门来说，就要忠诚于国税事业，严格执行《干部任用条例》，健全完善选人用人制度，树立正确的用人导向，围绕"信念坚定、为民服务、勤政务实、敢于担当、清正廉洁"好干部标准，坚持公道对待干部、公正使用干部，不为人情关系所缚，不为歪风邪气所扰，重视勤勉尽责的老实人、重用踏实干事的老实人，让政治上靠得住、工作上有本事、作风上过得硬、人民群众信得过的老实人越来越吃香，切实增强心往一处想、劲往一处使的工作凝聚力和向心力，在单位上下形成"做老实人、说老实话、干老实事"的良好风尚。


**作者简介：**

喇世忠，现任贵州省临夏回族自治州国家税务局党组书记、局长。

# 推进绩效管理创新　催生奋勇争先活力

甘肃省东乡族自治县国家税务局　徐玲玉　郭晓敏

东乡县国税局面临着一苦（生活环境艰苦）、二穷（县穷、民穷）、三缺（缺资源、缺资金、缺人才）的县情和一少（人员少）、二多（岗位多、兼职多）、三不（征管力量不足、工作质效不高、规范执法不够）的局情。2016年是绩效管理"提升年"，为充分发挥绩效管理"指挥棒"和"风向标"的作用，绘好"提升年"绩效管理工作的"施工图"，让"人人讲绩效，个个重绩效"成为一种习惯和自觉，东乡县国税局坚持个人绩效与组织绩效并行，为探索实施扁平化绩效管理模式增添了内生动力。

## 一、主要做法

### （一）引入质效评定　强化领导职能

压缩层级管理，从扁平化、集约化管理思路入手，根据实际情况，将原有的分局、业务股室、办税服务厅等机构重新整合调整，组成了以班子成员任组长，中层干部任副组长的办税服务厅、专业化管理、风险应对、分析监控"一厅三队"的扁平化机构模式，重新确立了工作岗位，将各部门的工作职责细化分解到"一厅三队"里面，压缩了中间层级，淡化了部门壁垒，为个人绩效考核由单点对多点转变为单点对单点奠定了基础，大大减少了个人绩效管理的繁琐环节。

为确保绩效管理考评过程规范透明和考核结果的公平公正，在扁平化绩效管理工作中，采用工作量化考核、权重系数考核、风险等级考核三项固定型指标考核，结合职务职级考核、加减分项考核两项浮动型指标考核的方式开展考核工作。职务职级的考核分为优秀、良好、有待改进三个等次。为避免在绩效考核工作中出现"平均主义"和"老好人思想"，职务职级考核规定优秀率不得超过本单位在职人员总数的90%，工作人员出现一项以上（含）工作失误时，不得评为优秀等次，每个团队内出现两项以上（含）工作失误时，组长（由班子成员兼任）不得评为优秀等次。因工作中出现重大失误、出勤不出力、被上级部门通报批评、受到党纪、政纪处分的人员不得评为良好等次。通过局领导这样层层审核把关的考核方式和严格的量化指标设定，使每一班子成员都树立了敢抓、敢管的思想，不仅增强了领导职能，而且也极大地提高了领导威信，整合了团队力量，全局上下形成了"领导严抓善管，职工争先愿干"的浓厚氛围。

### （二）兼顾一人多岗　体现多劳多得

优化个人指标，根据"一厅三队"组织绩效任务分解、县局年度重点工作部署，结合个人的岗位职责，通过个人申报和组织确定两种方式，共同确定个人工作任务，明确工作目标、标准、完成时限及具体措施。针对人员少，岗位兼职多的实际，设置了岗位兼职、延时服务和全勤嘉奖三个加分项，使绩效考评结果客观反映个人工作成效，提升干部职工对个人绩效考评的认同度。个人按照确定的工作任务，制定分解落实计划、明确任务清单、建立工作台账，并及时逐项进行工作记实或工作小结。

东乡县国税局现有干部职工为 24 人，在当前国税部门办公自动化、征管网络化的新形势下，部分老同志因不具备计算机操作技能而无法适应工作需要，东乡县国税局除 4 名领导班子外，真正在一线工作岗位上发挥作用的只有 14 名干部，多数部门只有 1 名工作人员，2 个税务分局总共只有 3 名工作人员，承担着全县纳税人的税收征管工作，同时，经济发展落后和自然条件严酷的县情决定了东乡国税的局情税情，新录用的公务员不愿来，留下来的不安心工作或想方设法调走，留不住人才始终是制约东乡县国税局工作发展的最大瓶颈因素。人少岗多、一人多岗、征管力量严重不足的矛盾非常突出。扁平化管理跳出了个人的局限，团队合作使集体的力量得到做大的发挥，最大限度地激发了干部的工作潜能，保障各项工作高效完成。

税源管理团队的小张，在营改增工作期间，身兼数职，从票中核定、数据录入、上门辅导到纳税人培训，无一不在参与，但同时，小张并不是一个人在战斗，整个税源管理团队的每一位队员，不到最后一刻，绝不松懈，坚持奋战，最终顺利打好营改增这场攻坚战，小张在任务取得胜利之后说道："从前干劲不足，总感觉是一个人在干工作，可现在不一样了，与自己一起战斗的还有分局长、年迈的老党员、新公务员，团结就是力量，工作起来比以往轻松许多。"扁平化管理的实效在实际工作中得到了验证，接受住了考验。

### （三）实行全员考核　凸显联动格局

扁平化绩效管理工作涉及到干部职工切身利益，考评内容面广复杂，东乡县国税局把扁平化绩效管理覆盖全体干部职工，从主要领导到班子成员，从中层干部到征管一线人员，全员考核，不留死角，形成县局联动格局，发酵出全向、多维、纵深的正效应，建立起"人人身上有指标，个个肩上担责任"的考核机制。班子成员既是指挥员，又是战斗员。考评指标与参与考评的每一个人挂钩，被考评部门所有人共同分担考评责任，共同完成考评任务。每一项指标的下达，领导班子成员在进行工作分配的同时，又参与到工作完成的过程中去，这样全覆盖式的考核管理，一方面有效解决了人少岗多，征管力量严重不足的情况，另一方面又极大地激发了干部职工的积极性和创造性，打破了以往"管事的不干事，干事的质量不高"的局面。

政策法规股的小喇同志，一个人对应州国税局6个科室的工作任务，有时候会有好几个科室的工作任务要求同一天内完成，他常常感觉压力巨大，容易出现顾此失彼的问题。推行扁平化绩效管理后，分管政策法规的领导既是负责人，又是工作者，在分配任务的同时，也会参与到小李的工作中来，通过扁平化绩效管理将上下级联系起来，同标准，共考核，将负向的刚性压力转化为正面的柔性激励，催生了创新管理的内生动力，激发了干部的工作潜能，释放了奋勇争先的正能量。

通过推进运行扁平化绩效管理，东乡县国税局已把工作责任落实到具体岗位和人员身上，明确和夯实了岗位职责，达到了点面结合、抓点带面提高工作质效的目的。扁平化绩效管理形成了落实重大决策部署的快速响应机制、税收工作持续改进的评价导向机制、树立税务队伍良好形象的内生动力机制、促进征纳关系和谐的服务增效机制，切实发挥了绩效管理"指挥棒"和"业绩导向"的作用。

## 二、取得成效

东乡县国税局在个人绩效管理中，通过采取"整合机构职能，缩短办税流程；引入质效评定，强化领导职能；兼顾一人多岗，体现多劳多得；推行全勤嘉奖，激发工作热情；实行全员考核，凸显联动格局"等一系列行之有效的措施，取得了一定的成效。一是局领导和绩效办层层审核把关的"双审"考核方式以及严格的量化指标设定，使每一班子成员都树立了敢抓、敢管的思想，不仅增强了领导职能，而且也极大地提高了领导威信，整合了团队力量，全局上下形成了"领导严抓善管，职工争先愿干"的浓厚氛围；二是个人兼职岗位按比例分档加分考核，彻底打破了论资排辈、平均主义的惯性思维，有效破解了"干多干少一个样"的难题，充分体现了能者多劳、多劳多得的激励机制，最大限度地激发了干部的工作潜能；三是对每月无请假、迟到、早退、旷工的全勤人员加分考核，激发了干部职工的工作热情，扭转了发生在个别同志身上的无故请假、迟到、早退的不良现象，使东乡国税总体出勤率达95%以上，工作作风明显转变，干部职工"躲事"的少了、"干事"的多了，实现了"要我做"到"我要做"的转变，切实增强了工作责任心；四是从主要领导到班子成员，从中层干部到征管一线人员，全员考核，不留死角，形成县局联动格局，发酵出全向、多维、纵深的正效应，建立起"人人身上有指标，个个肩上担责任"的考核机制。一方面有效解决了人少岗多，征管力量严重不足的情况，另一方面又极大地激发了干部职工的积极性和创造性，打破了以往"管事的不干事，干事的质量不高"的局面。

# 丰碑凝聚长征精神 红星映照国税风采

甘肃省迭部县国家税务局

重走迭部腊子口，仰视纪念碑，眼前好似跃动着红军前仆后继的身影；陡峭的山道上，仿佛依旧能听到红军铁流的铿锵脚步声。历史长流滚滚而过，红军长征胜利即将迎来 80 周年，而就在这片红色的热土上，有一群拥有蓝色情怀的迭部国税人，依旧坚持着从长征精神中汲取力量与智慧，不断书写党建新篇章。

近年来，在甘南州国家税务局党组与县直机关工委的领导下，围绕省局党建 2.0 版体系建设要求，迭部县国税局党支部充分发挥支部战斗堡垒和先锋模范作用，弘扬"长征精神"，不断激发基层党组织的潜力，为推进国税事业提供了强大的政治保障和组织保障。由于党建工作突出，被中共迭部县委评为"2015 年度党建工作先进党支部"荣誉称号，实现了党建工作和税收工作的双丰收。

## 一、固本强基，夯实党建堡垒

为规范完善基层党组织体系，建立健全基层党组织和党员先进性的长效机制，迭部县国税局党支部坚持围绕"服务税收、建设队伍"两大核心任务，不断完善基层党组织体系，推动各项党建资源有机融合、统筹利用。

### （一）建立党建工作领导机构

为进一步提升迭部国税党建工作水平，切实加强对党建工作的组织领导，形成责任明确、领导有力、运转有序、保障到位的党建工作领导体制和运行机制，成立了由党组书记任组长，班子成员、党支部书记、支部委员、各部门负责人为成员的迭部县国家税务局党建工作领导小组，领导小组下设办公室，与人事部门合署办公，有力的推动了党建各项工作的开展。

### （二）建立完备的组织体系，优化基层党组织设置

一是为建立健全党组织体系、优化调整基层党组织设置，迭部县国税局党支部按期积极完成支部换届改选工作，采用不记名选举的办法，选举产生了新一届党支部书记、支部委员和党务干事，为支部注入了新的活力，进一步加强了支部党建工作组织保障。二是按照业务相近、规模适度、便于服务

的原则，根据不同部门工作服务对象、工作内容情况，以股室、分局为单位设置了3个党小组，分别承担税企共建、思想政治工作和组织党员学习等任务。

**（三）组建不同类型党员服务组织，应对急难险重任务**

一是成立了党员及入党积极分子志愿者服务队，下设三个小队。志愿者活动以志愿服务为宗旨，围绕"服务科学发展、共建和谐税收"的税收工作主题，为有特殊需要的纳税人提供公益性和专业化的服务，富有成效的开展了一系列志愿服务活动，获得了广大纳税人的肯定和赞誉，树立了国税党员良好的形象；二是在应对急难险重任务时，组建不同类型的党员先锋突击队，第一时间深入困难工作，发挥表率引领作用。一年来成立了"营改增"党员突击队、"绩效管理"党员突击队等等，尤其是在今年3月迭部林业局达拉林场发生森林火灾后，县局党支部迅速做出反应，立即成立"火灾救援党员突击队"奔赴达拉沟火场，积极参与灭火扑救工作，充分发挥了党员干部在急难险重任务面前冲锋在前的先锋模范带头作用。

**（四）建立健全其他基层组织**

为统筹党建资源，加强党对群团工作的组织领导，建立健全了工会、妇委会等群团组织，坚持以党建带工建、带妇建，把群团组织团结凝聚在党组织周围，真正做到了活跃基层、夯实基础。

**（五）完善制度体系落实党建保障**

近两年迭部县国税局党支部不断加强党建工作制度建设，系统梳理现有的党建工作制度办法，修定完善了《党组和党支部党建责任清单》、《党支部工作职责、支委会委员及党小组工作职责》、《党建工作实施方案》、《道德讲堂实施方案》、《党支部工作细则》、《干部职工召回教育管理办法》等党建制度30多个，明确了党组层面、支部层面、党员层面的工作目标及具体责任，逐步建立了系统完备、科学规范、运行有效、更加成熟的党建工作制度体系，确保了各项党建工作任务落实到位。

**（六）加强教育培训推进学习型党组织建设**

一是充分利用总局网络学院、干部教育培训管理系统等教育资源，加强党员的政治理论、业务技能和廉政教育等知识培训，二是坚持党组中心组理论学习制度和党组书记与党组成员轮流讲党课制度。党支部每月至少组织1次中心组理论学习，全年集中学习时间不少于12天；党组书记与党组成员每年至少讲党课一次。二是科学制定学习计划，促进党员干部综合素质提高。年初结合年度工作和培训要求合理制定全年学习计划，同时根据新情况、新任务及时调整学习计划，通过学习，党员干部队伍的学历、专业知识结构得到整体优化，新形势下税收执法和纳税服务的本领进一步增强。三是通过在全局开展"提升全员技能、激发团队活力"的岗位大练兵、业务大学习、能力大提高活动，努力造就一支政治坚定、业务过硬、作风优良、执法公正、服务规范的税务干部队伍。

## 二、丰富项目，打造党建品牌

为摒弃党建工作封闭运行的传统思维，迭部县国税局党支部坚持创新理念、破除壁垒，以创新的思维和举措研究探索党建项目建设的发展方向，将党建工作渗透到税收工作、覆盖到党员、辐射到群众，力争打造党建新品牌。

### （一）弘扬长征精神，强化党员党性

充分利用腊子口红色教育资源，组织全体党员开展了"重走红军长征路"、"重温入党宣誓词"为主题的党员一日党课活动，重温了中国共产党那段波澜壮阔、跌宕起伏的革命历程。广大党员干部纷纷表示要发挥先锋模范作用，以身作则、率先垂范，做"为国聚财、为民收税"的表率。活动的开展使全体党员干部接受了深刻的理想信念教育，增强了党性修养，强化了奉献意识。

### （二）开展"道德讲堂"，推进社会主义核心价值体系建设

为进一步扎实推进社会主义核心价值体系建设，迭部县国税局党支部在局开展了三期以"爱岗敬业，无私奉献"为主题的"道德讲堂"活动。活动以本单位普通干部职工讲述自己爱岗敬业的典型事例，通过"我学、我讲、我议、我选、我行"等环节，旨在用身边人讲述身边事，身边事感动身边人的教育形式，让党员、职工在面对面交流中净化心灵、崇德尚善，把社会主义核心价值观融入干部职工日益增长的精神文明生活需求的各方面。讲堂采取固定场所和固定时间的方式，安排每位职工轮流主持，力争把"道德讲堂"建设成为人人参加的道德教育平台。

### （三）开展"讲党性、守纪律、讲规矩、做表率"主题实践活动，强化争创意识

一是按照"党性觉悟高、纪律观念强、工作效率高，热忱服务纳税人"的标准，在全体党员干部中开展了"党员先锋岗"争创活动。二是全体党员佩戴"我是共产党员"胸牌，设置"我是共产党员"示范岗，亮明党员身份，接受群众监督。三是在全局深入开展"比技能、比作风、比业绩"和"群众评议、同事互评、领导点评"为内容的"三比三评"活动。广大党员

干部在日常工作中看实绩、比贡献，当表率、树标杆，充分发挥先锋模范作用，带动全体干部职工形成了比学赶超的生动局面。一年来通过群众监督、民主评议，涌现出了一比党员先锋模范代表、业务标兵及服务明星。

**（四）结合教育实践活动成果抓党建，践行"马上就办"**

一是通过开展"作风建设永远在路上"专题教育活动，告诫每位党员干部教育实践活动有期限，加强作风建设无尽期，是一个永远在路上的活动，要求以始终保持"永远在路上"的精神状态干好各项工作。二是深入践行"马上就办"精神。全体党员干部认真学习贯彻《实干才能梦想成真》记实文章，深入践行"马上就办"精神，将"马上就办"精神带入各自的工作中，并成为自觉行动。同时，进一步完善各项规章制度，使"马上就办"常态化、制度化。

**（五）主动实施"互联网＋党建"模式，丰富党建工作形式**

在"互联网＋"概念提出后，县局党支部第一时间响应，建立了党建微信平台。利用这个微信小平台，融合党建服务发展，及时报道党建工作动态。发布了制度建设、工作动态、党员风采等版块内容，目前信息内容尚在继续完善中。"互联网＋党建"这一举措进一步打破了党建工作在时间、空间的界限，丰富了党建工作形式，符合信息化时代发展的客观要求，对于提升基层党建工作产生了积极的意义。

**（六）落实"党组成员靠前工作"制度，强化示范带动**

局党组成员做到靠前指挥，分别深入三个党小组，体验普通党员的日常工作。到税务分局、办税服务厅开展税收政策解答咨询、了解税收政策执行情况、受理纳税人投诉等工作。实现党组成员带着责任立足一线，带着感情贴近群众，带着问题走进基层，带着思考走向实践，化解基层矛盾，为企业和纳税人提供方便、快捷的服务。真正做到了"靠前了解情况，靠前解决问题，靠前融合感情，靠前考核干部"。

## 三、筑牢防线，推进廉洁从政

为了坚定不移的推进党风廉政建设，筑牢税务干部的思想防线，迭部县国税局党支部认真落实党风廉政建设主体责任，抓好廉洁从政教育，有效提高了队伍拒腐防变能力。

**（一）落实党风廉政建设主体责任，推进党风廉政建设**

一是制定并下发《迭部县国家税务局党组落实党风廉政建设主体责任实施意见》及《党组落实主体责任清单》。二是认真落实"两个责任"和"一岗双责"。党组书记与党组成员、党组成员与各股室主要负责人分别签订了党风廉政建设责任书。通过层层签订《党风廉政建设责任书》，做到了"千斤重担大家挑，人人肩上有目标"。同时，按照"集体领导与个人分工负责相结合的原则"，实施"一岗双责"，规定班子成员既要抓好主管的工作，又要抓好分管范围内的党风廉政建设工作。三是完善党员领导干部廉政档案，促进廉洁从政。在加强对领导干部八小时内外的跟踪检查和监督的基础上，对领导干部廉政档案进一步完善，让廉政档案真正有助于领导干部了解自己在廉政勤政方面的不足，以便自警、自省、对照整改，对绝大多数领导干部起到教育、警示和保护作用。

**（二）抓好廉洁从政教育，筑牢廉洁从政思想防线**

党支部突出抓好廉洁从政教育，把反腐倡廉的工作要求渗透到税收执法权和行政管理权运行的各个环节，认真开展上党课、听讲座、看影片等一系列教育活动，通过理论学习、典型示范和反面警示，使党员干部不断增强廉洁从政意识和自觉接受监督意识。一是结合群众路线教育实践"回头看"活动，先后邀请了迭部县机关工委领导、县党校教师为我局全体干部职工举办了2期涉及反腐倡廉、"三严三实"等内容的专题讲座。二是党支部通过12366平台每周两次定期编发廉政警示短信给全局干部职工，敲响警钟，同时，为了时刻自警自省，全体干部职工更换了廉政主题电脑桌面背景，从点点滴滴处达到警示效果，队伍凝聚力与拒腐防变能力不断增强。

**（三）坚持廉政谈话制度，提高廉洁从政意识**

近年来，一直坚持层层谈话制度，县局主要负责人对班子成员、班子成员对分管部门主要负责人、部门主要负责人对所在部门职工每年廉政谈话不少于一次。同时，纪检监察部门对有不良苗头的个别干部及时进行诚勉谈话，切实做到"三个在前"，即对苗头性问题提醒在前，对倾向性问题防范在前，对普遍性问题约束在前。廉政谈话制度的落实，为促进干部勤政廉政，进一步推进县局党风廉政建设打下了良好的基础。

## 四、创建阵地，营造党建氛围

为切实加强党的阵地建设，不断增强党组织的凝聚力，战斗力和号召力，迭部县国税局党支部夯实组织建设基础，全面提升基层组织阵地建设水平，营造出了浓厚的党建文化氛围。

**（一）大力实施廉政机关建设，积极营造廉政氛围**

一是在单位院内制作廉政文化宣传栏，以廉政警示展板教育干部职工

"常思贪欲之害，常怀律己之心"。二是以"走廊文化"建设为切入点，充分利用办公区走廊作为宣传主阵地，精心打造了以廉政文化、税务文化等为主题的党建文化走廊，使单位走廊变成传递党建正能量的文化走廊，醒目的展板成为一道亮丽的风景线，全局干部职工在潜移默化中接受着廉政文化的教育和熏陶。

**（二）创建规范的党建活动阵地建设**

一是切实加强党的阵地建设，全面提升基层组织建设水平。建成了以"一室八有两栏"为标准的党建活动室，修订完善党支部各项制度 34 个，档案资料做到了标识清楚、分类摆放，有配备专人负责党员活动室的日常管理。二是制做党建工作宣传栏，做到党建专题活动有组织领导、有责任目标、有步骤结果。设置党务公开栏公开支部制度、党建年度计划安排及党员信息，便于广大党员干部自觉接受监督。

**（三）筹建体育器材，丰富党员文体活动**

为了丰富党建活动载体，县局党组筹集经费在单位院内设置篮球场地、羽毛球场地并安装健身体育器材，办税服务大厅改建了减压室。"七一"建党节期间，党支部组织全体党员开展了"党在我心中"主题演讲比赛和征文活动以及丰富多彩的文体活动，增强了党性修养、增进了友谊、促进了团结，提升了单位凝聚力。

## 五、凝聚人心，增强党建影响力

为了使每位党员感受到党组织的关怀，使基层党组织对党员的影响力、辐射力得到进一步提升，迭部县国税局党支部在凝聚人心的慰问帮扶工作方面做出了一系列努力。

**（一）落实家访制度，帮扶困难职工**

迭部县国税局党支部积极落实"四个必访"工作，为更好的帮扶困难党员、困难职工、离退休干部，支部书记带领支部委员看望走访了困难党员、困难职工及离退休干部遗孀，切实了解他们家庭困难情况，并将家访情况上报给党组，由党组召开会议研究解决措施。去年，迭部县国税局党支部为困难职工及离退休干部遗孀家庭送去了每户 1000 元的困难补助金，困难职工家属和离退休干部遗孀分别通过写信、打电话的方式表示了感谢之情。

**（二）写好一份家书**

在 2016 年新春佳节来临之际，迭部县国税局党支部积极响应省局、州局指示，认真开展春节期间离退休干部走访慰问工作，并为离退休干部寄去了慰问信。同时，为单位全体职工家属寄去了感谢信，衷心感谢家属对于国税工作给予的关心与支持，使每位职工家属和离退休干部都感受到了国税大家庭的温暖。

**（三）深入寺院送温暖**

每年春节前夕，县局党支部都会深入单位所联系的迭部县洛大乡藏尼寺看望慰问寺庙僧人，与寺庙活佛、寺庙寺管会成员进行亲切交谈，了解他们的学习生活情况，向他们宣传党的法律法规和各项惠民政策，为他们送去慰问品以及节日的问候，把党的关怀送到了僧众心坎上。

风正潮平，自当扬帆破浪；任重道远，更须策马加鞭。2016 年，前进中的迭部国税将以满怀的热情走向更高、更远的目标，以全面促进税收工作为落脚点，做到党建工作与税收工作的同频共振，力争走出基层党建工作的新路子。

# 浅议强化税收风险管理
# 提升税源管理质效的再思考

青海省西宁市城北区国家税务局　靳道斌

风险管理兴于 20 世纪 30 年代，是现代科学管理的重要分支，主要研究风险发生规律和风险控制方法，现在被广泛运用于税收管理工作之中。税收风险管理的广泛运用，有效的规避了税收执法风险，提升了税源管理质量和效果。在这里就推行税收风险管理、提高大企业管控和信息管税做如下思考。

## 一、实施税收风险管理工作的有益尝试

我们都知道，税收风险管理是指税务机关运用风险管理的理念和方法，应用涉税信息比对、数理统计分析等技术手段识别和评价税收风险，针对不同的税收风险进行差别化风险应对，合理配置征管资源，防范和化解税收风险，提高纳税遵从度和税收征收率的过程。将现代风险管理引入税收征管工作，旨在应对当前日益复杂的经济形势，最大限度地防范税收流失；规避税收执法风险；实施积极主动管理，最大限度地降低征收成本，创造稳定有序的征管环境，是提升税收征收管理质量和效率的有益探索。

（一）建立完善风险管理工作流程。把有限的征管资源优先用于风险较高的纳税人，实现风险分析识别、等级排序、应对处理、绩效评价与征管基本程序高度融合，形成风险管理导向下的税收征管流程，自上而下地实行"统一分析、分类应对"，逐步实现"无风险不应对"。结合税源分布地域、规模、行业、平均税负、财务指标、纳税人信用等级等因素，生成科学合理的指标体系，通过风险识别和等级排序将涉税风险分为低、中、高三个等级。对低风险纳税人采取 12366 系统风险提示、纳税辅导等纳税服务类风险应对策略，由纳税服务部门承担应对职责；对中、部分高等级风险纳税人采取纳税评估类风险应对策略，由各级纳税评估机构和基层税源管理部门承担应对职责；对涉嫌偷逃骗税纳税人、部分高等级风险或者经纳税评估后重大疑点无法消除的纳税人，采取税务稽查类风险应对策略，由各级稽查部门承担应对职责；对涉嫌反避税的纳税人，由税政部门承担应对职责。

（二）进一步夯实税源日常管理。税源日常管理是深化税收征管改革的基础，是税源管理必须持续深化和加强的工作内容：一是加强税源户籍管理。进一步加强不同类型纳税人的登记、变更和注销管理，努力推动地方税收保障体系建设，积极实现与外部门户籍信息比对，不断规范非正常户户籍动态管理，及时公告、清理长期处于非正常状态的纳税人信息，确保税源户籍真实准确；二是夯实税源基础信息。将税源基础信息巡查工作列为日常管理工作的一项重要内容，要对所管辖纳税人至少一个季度巡查一次，核实更新纳税人基础登记信息和地方税源信息，加强纳税人一户式电子档案建设，为征收服务、风险管理、税务稽查等工作提供信息保障；三是明确日常管理工作任务。为实现税源管理由"人找事"向"事找人"转变，引入任务管理理念。提升搭建统一的日常管理工作平台，对日常管理岗原有工作职责和任务进行归口管理，按照业务分类，由计算机自动生成工作任务直接推送到日常管理人员，实现税源日常管理任务事前提醒、事中监控和事后考核，逐步实现"无任务不下户"，不断强化和规范税源日常管理。在"日常管理工作平台"正式运行之前，要进一步加强工作计划管理，规范下户工作行为，凡是下户必须要有明确的工作任务，履行必要的审批程序，填写完备的工作记录，要积极消除随意下户、无事下户等现象。

（三）强化纳税评估工作。要把纳税评估作为深化征管改革、实施风险应对的核心工作来抓：一是分类分级实施。按照专业化分工和业务难易程度，将纳税评估分为日常纳税评估和专业纳税评估，日常纳税评估主要由基层税源管理机构纳税评估岗实施，专业纳税评估主要由各级纳税评估专业机构实施，实行业务的专业分类和专业分工；二是规范工作流程。要实现日常纳税评估任务的自动派发和专业纳税评估任务的分类应对，细化案头分析、约谈举证、实地核查各环节工作规程，统一纳税评估表证文书，建立任务接收、评估实施、结果处理、绩效考核工作闭环，实施过程管理；三是建设指标模型。通过纳税评估实践，对现有的指标体系进行修订完善，丰富行业纳税评估指标，建立重点行业、主体税种指标体系和预警模型，不断提升风险识别的准确性。大力开展优秀纳税评估指标和模型案例评选活动，激发评估人员工作主动性和创造性；四是加强评估考核。推行一案双评制，每年抽取一定比例或者数量的纳税评估案卷，对评估处理的准确性、规范性进行评查，规范日常和专业评估实施过程记录，及时纠正评估处理的随意性行为，提升纳税评估工作质量。要加强纳税工作考核，以纳税评估任务完成率、纳税评估税款入库率等考核指标为主，按季对各基层单位进行通报排名。

（四）不断优化纳税服务工作。要把优化纳税服务作为转变政府职能、促进税法遵从的重要方式；一是建立健全咨询辅导制度。在办税厅设置纳税辅导岗位，以纳税人之家为载体，以办税流程、涉税事项和税收政策为主要辅导内容，统一事前辅导的标准和规范，通过税前、税中辅导有效地降低纳税人因非主观故意而造成的遵从风险；二是提供高效便捷的办税服务。进一步深化税务行政审批制度改革，简政放权，严格按照法律法规的规定开展行政审批工作，取消不符合法律规定的税务审批事项。不断优化办税服务方式，积极推进涉税事项受理、审核等环节向办税服务部门前移。优化征管流程，简化办税环节，精简表证单书，积极推行国地税联合办税，提高办税效率，减轻纳税人办税负担，降低遵从成本。同时，结合当前税收征管工作实际，积极构建"以企业网上申报纳税、个体批量扣税方式为主，以上门申报纳税方式为辅"的"2＋1"征缴体系。优化整合纳税服务资源，形成涵盖办税服务厅、税务网站、12366 纳税服务热线、微信和短信在内的一体化纳税服务平台；三是维护纳税人的合法权益。建立健全纳税人诉求的征集、分析、响应、处理机制，快速有效地处理投诉和举报问题，及时回应纳税人的诉求。提供纳税风险提示，做好税收政策异议处理，帮助纳税人降低涉税风险。完善税务行政复议制度，注重运用调解手段化解税收争议，依法做好税务行政应诉和国家赔偿等工作，不断畅通纳税人合法权益救济渠道，真正使纳税人有获得感。

（五）实现税收风险统一管理。建立风险管理一体化工作制度，成立风险管理委员会，统筹协调风险管理各环节各部门职责。明确纵向风险管理工作职责，明晰各部门横向的职责分工，形成横向联动、纵向互动的工作机制。所有涉及到风险识别应对的业务，都要统一通过风险管理系统进行任务派发，避免政出多门，重复下达，切实减轻工作负担。要加强纳税评估与税务稽查的工作协作，避免对纳税人多头检查，原则上一年内对已稽查的纳税人不进行纳税评估，对已纳税评估的纳税人，除有专项、专案检查和举报等情形外，不进行税务稽查，合理制订纳税评估与税务稽查在选案管理、结果利用、移送反馈等环节工作规程，避免重复选户、多头评估检查，减轻纳税人负担。

## 二、积极推行专业化分工，提高大企业管控能力

就城北国税局所辖地区而言，被省市局列入重点企业的有 10 户，从我们日常的税收征管工作中不难看出，整体规模大、内部结构复杂、财务核算规范、税收贡献大、信息化程度高等特点。根据大企业自身特点，按照科学发

展观的要求，在坚持科学化、精细化管理的前提下，实行有针对性的专业化税收管理。

（一）完善大企业税收管理体制。税源管理部门负责省市级大企业管理的组织实施，大企业风险管理、大企业监控，大企业反避税，大企业的涉税诉求处理、遵从合作协议谈签、事先裁定等个性化服务工作，配合上级税源部门做好大企业管理有关工作。各单位可结合自身税源实际，确定本级列名企业，以城北国税局为例，在被省市局确定的 10 户重点企业的基础上，针对辖区的实际，确定对 9 户企业列入重点监控，明确税源管理部门承担本级大企业税收管理工作，并配合配合省市局做好大企业管理工作，并承担大企业的户籍管理、信息采集、申报受理、发票管理、税款征收、催报催缴、欠税管理、处罚执行、调查核实、政策宣传、纳税辅导、政策解读等日常基础性管理服务工作。

（二）明确大企业管理职责划分。（1）大企业税收管理部门在税收风险管理中发现的列名大企业涉税违法行为，应移送市级税收稽查部门进行查处，稽查部门将查处情况向大企业税收管理部门反馈。（2）纳税评估部门开展综合性纳税评估工作涉及列名企业的，大企业税收管理部门积极参与，提出相关实施意见和建议，并与纳税评估部门做好协作、沟通工作，纳税评估部门应及时将评估结果反馈给大企业税收管理部门。

（三）纳税服务部门应对积极作为。纳税服务部门组织开展综合性纳税服务工作涉及定点联系企业和列名企业的，大企业税收管理部门积极参与，提出相关意见和建议。大企业税收管理部门拟订的大企业个性化服务制度、业务规程，应征求纳税服务部门的意见。

（四）列名企业的各类涉税诉求和事先裁定事项，由大企业税收管理部门牵头按程序办理，涉及税收政策问题的处理意见以税政部门为主提出，涉及征管程序问题的处理意见由征管部门为主提出，处理意见由大企业税收管理部门回复和落实。

（五）反避税调查涉及列名大企业的，大企业税收管理部门积极参与，提出相关实施意见和建议，并与税政部门做好协作、沟通工作，税政部门应及时将调查情况反馈给大企业税收管理部门。

## 三、树立大数据管理思路，提升信息管税水平

在推进税收现代化进程中，数据管理涉及到税收业务的全过程，加强数据管理和分析利用是提升税源管理质量的重要保障。按照信息管税理念，以

涉税数据的采集、加工、存储、质量控制、分析利用以及安全管理为主线，完善数据管理机制，不断提升信息管税的综合能力。

（一）明确数据管理职责。根据强化大数据管理的工作需要，应当成立数据处理中心，负责数据管理工作的统筹规划和组织实施，建立完善并落实涉税数据管理制度和办法，组织数据管理类及决策管理类项目建设，负责涉税电子数据的传输、存储、备份和恢复，确保数据安全，负责数据质量的总体管理，负责涉税电子数据的处理、修改、维护以及技术性加工、后台分析、提供和推送工作。征收管理部门负责涉税数据需求的规划和管理，负责数据采集的业务统筹，负责各业务报表的整合，组织实施税收征管数据管理和应用，督促检查征管类数据质量，负责第三方涉税信息采集和总体协调。税源管理和纳税服务科负责拟定税收收入类数据指标和标准，编制相关税收收入类数据应用的业务需求，督促检查税收会计统计数据质量，对外发布税收收入类数据，承担税收收入数据的综合管理应用工作。其他业务科室负责拟定主管业务数据指标和标准，编制相关的业务需求，督促检查各税种或基金数据质量，对外发布所管业务的数据。

（二）统筹整合信息资源。按照"数据共享"要求，着重从数据标准、采集规范、数据存储、数据交换、数据安全、数据仓库的建设等方面统筹规划，建立统一数据标准规范，整合各系统数据，集中存储，统一管理，统一数据分析应用平台，从而建立数据管理可持续发展的机制。

（三）规范和拓展数据采集。加强和改进信息采集工作是落实信息管税的初始环节，通过制度建设和统一的采集规范，按照"一次采集，多次使用"的思路，最大限度的减少基层和纳税人的负担。充分发挥各类涉税信息资源的价值，消除各个应用系统的数据壁垒，建立规范统一的数据仓库，完善数据回流机制，做到数据的共享利用。充分利用涉税第三方信息，加大外部门信息采集力度，增强从第三方获取各类涉税信息的能力。

（四）提升涉税数据质量。加强对税务登记、纳税申报、发票管理、资料报送等纳税人涉税信息的质量管理，在确保其合规性的基础上加强对真实性的审核。同时，定期开展数据质量审计、逻辑校验，对分析出存在质量问题的数据，及时进行核实和更改，提升基础数据的准确性和可信度。

（五）深化数据分析利用。集成税收数据，深入开展税收数据分析利用：一是根据税收征管业务需求，生成各类报表查询，满足日常管理工作；二是着力开展基于后台数据的深层分析和挖掘，开展数据比对工作，深度分析风险管理及税收管理各个环节，研究模型分析、数据挖掘等先进技术，做好数据、信息、情报、知识的转化工作，形成信息分析应用的长效机制。

（六）加强数据安全管理。统筹规划，对税收数据安全进行统一管理，充分利用现有操作系统和数据库系统提供的安全保护和审计功能，分类分层划分使用权限，从数据安全管理、数据系统安全、运行环境安全、数据应用安全、数据传输环境保护、数据备份及恢复、入侵检测、安全审计等不同方面，全面加强数据安全保护工作。

# 明确工作职责　实现环节把控
# 不断促进注销清算工作实现规范管理

宁夏回族自治区固原市原州区国家税务局　段永刚　张　丽

近年来，原州区国税局不断完善、规范注销税务登记管理工作，以明确职责为重点，以环节把控为核心，着力提高注销税务登记质量，有效地堵塞纳税人利用注销来偷逃税款的漏洞，提升了税收征管质量。

数据统计显示，我局 2014 年～2015 年，企业及个体的注销户数增幅为 42.99%，其中不乏通过注销清算逃避我局监控，从而达到少缴税款目的的企业。再加上随着纳税人数量的增长，跨区域、跨行业企业不断涌现，经营方式地多样化、复杂化，使注销管理的复杂性、风险性不断加大，而以前的注销管理工作由分局承担，注销程序简易且不规范，极易产生税收执法风险。这些都迫使我们在实际工作中，不断创新，积极推进税收注销管理工作，提升注销清算工作质效从而达到规避税收执法风险，防止税款流失等管理目标。

## 一、围绕三个转变，把握提升注销清算工作质效方向

### （一）注销清算工作由"多头跑"向"一站结"转变

通过对纳税人办理注销是提供服务引导；在纳税人提出注销申请或咨询时一次告知，提示纳税人做好资料准备；进一步简化注销流程，通过实行全职能窗口、明确办税时限、业务前移等多种优化服务手段，实现了"窗口受理、内部流转、限时办结、窗口出件"的目标，在极大方便纳税人的同时提高了工作效率。

### （二）注销清算由"单兵作战"向"团队协作"转变

紧密结合征管与服务实际，围绕注销税务登记"申报、受理、清算检查、核准、资料收集"五个环节，通过成立纳税服务、纳税评估等专业化团队，使各环节岗位人员各负其责，密切配合，严格审核把关，确保注销清算质量。

### （三）注销清算由"一般应对"向"差异应对"转变

完善注销管理办法，按行业特征、企业税收规模、有无领购发票等要素，明确分局和评估中心的分级分类注销管理职责。将个体户的注销清算工作交

由管理分局负责；将企业的注销清算工作交由评估中心负责，实现分级分类"细化执行"，集中优势兵力打好攻坚战。

围绕三个转变，我局注销清算工作实现了：由平面直线式管理向立体模块式管理转变，形成"流水作业"模式；实现由无差别管理向分级分类管理转变；实现由分散全面管理向风险导向团队管理转变，有效配置人力资源，进一步提高注销清算管理的质效。从2014年至今，累计注销896户，其中注销企业326户，注销个体570户，入库税款25.78万元，加收滞纳金0.067万元。2015年注销459户，清算入库税款15.96万元，滞纳金0.117万元。

## 二、把握四个重点，规范注销清算各项工作

### （一）注重宣传，提高纳税遵从度

改变以往轻注销宣传的状况，通过报纸、广播、网络等途径，强化对纳税人办理注销的服务引导，让纳税人广泛知晓自开业到注销应履行的义务和办事程序。同时提升纳税服务质效，进一步完善各种纳税服务制度，在纳税人提出注销申请或咨询时，一次性告知纳税人清算注销政策、注销的流程、所需资料，以及不按规定注销和偷逃税款所要承担的法律责任，促使纳税人自觉遵守规定，确保注销核查工作高效顺利地开展；实行限时办结，明确了定期定额个体工商户注销事项在5个工作日内办结，单位及查账征收个体工商户注销在20个工作日内办结；进一步简化注销流程，实现了"窗口受理、内部流转、限时办结、窗口出件"的目标，在极大方便纳税人的同时提高了工作效率。

### （二）明确分工，建立联动工作机制

以实施"扁平化"管理为目标，结合我局开展的税源专业化改革工作，实施分级分类管理，打破以往管理分局承担所有税源管理工作职责的格局，把注销清算职责在税务分局和县局业务科室之间进行科学分解，制定下发了《涉税事项办理流程规范》，明确工作流程及各部门工作职责：征管科负责注销税务登记工作的业务指导、组织实施、审核审批及监督检查工作；办税服务厅负责受理纳税人注销税务登记申报，书面审核纳税人提交的资料，缴销发票、税务登记证件及其他税务证件，办理经核准的注销税务登记事项；纳税评估部门负责企业的注销税务登记清算检查工作；管理分局负责个体户的注销清算工作。实现了由一级管理到分级管理的转变。即实现了管理层级的扁平化，又充实了税源管理的力量，形成了上下联动机制，增强了工作合力。同时在在注销清算实施过程中，实行分类重点应对，对申请注销纳税人的账

簿、企业所得税、个人所得税、财产税登记等情况进行检查、清算；对领取发票的，严格检查发票使用情况；对欠缴税款的，严格按规定进行清缴，并予以处罚；定期组织对无纳税疑点、无欠税、无未缴发票的非正常户进行注销处理，优化税源税户数据。

（三）注重风险管理，强化数据分析应用

涉税数据是最重要，最宝贵的涉税资源。但只有把涉税数据互联互通，才能将沉睡的数据唤醒，发挥活力。因此，我局不断拓宽信息渠道，加强社会综合治税。一方面依托现有的国、地税综合征管系统、税收管理辅助系统以及市局开发的税收征管查询系统、数据分析系统等各种信息平台，另一方面做好来自政府及其其他部门的第三方信息以及来自新闻、报刊、网络等媒体的新闻媒介类信息等外部信息数据与内部信息数据的对比性结合，及时掌握纳税人的开业和注销情况，发现注销税务登记管理中存在的疑点线索，并据以进行深入检查，堵塞税收征管漏洞。同时针对注销清算工作中具体问题，研究制定了《关于明确企业注销清算有关问题的通知》，对注销清算工作中常见查无下落、账务不健全、未清算、资产未处置等等情况，分别规定具体的处理办法。解决了注销清算过程中的一些难点和棘手问题。更是发现了此项工作的难度

（四）注重过程管理，确保注销规范度

在实际工作中，我局严把税款清算关。对申请办理注销登记的，采取现场检查与帐面检查相结合的方式，严格按照注销税务登记管理办法审阅纳税人上报的注销资料，通过对所获取的现场资料比对来引证帐面数据的真实性，确保纳税人已办理缴销发票手续。对有疑问的企业实地调查，了解企业历年生产经营情况、规模、各税缴纳情况等，确认企业注销税务登记的真实性，堵塞注销过程中可能存在的税收管理漏洞。同时注重审核，强化注销程序严谨度。对于补缴税款超过五万元或较复杂的注销核查报告，提交注销审理工作组进行集体审理，经审理通过后方可对其进行注销。对于注销案卷实行交叉复核，每人每月交叉抽查一户人家，复核情况计入干部绩效考核，确保注销税务管理的严谨性。

（五）强化后续管理，实现跟踪管控

为了防止纳税人利用注销来逃避监控以及纳税义务的现象发生，我局特别注重加强对已办理注销登记纳税人的跟踪管理，，建立了对注销户的巡查制度，征管科每年组织对已注销登记纳税人，在注销登记后3个月内定期或者不定期到纳税人原登记的生产经营场所进行实地核查，重点对注销登记时有

存货或者未处置资产的纳税人、只办理税务登记注销但工商营业执照等仍在使用的纳税人加强监控管理，发现纳税人有涉税违法违章行为的，依法进行处理、处罚。同时，加强对注销登记后通过变更纳税人名称、法人代表等手段重新办理设立登记纳税人的税源管理。并将巡查情况纳入到目标管理考核工作，加强对注销登记管理的监督检查。

### （六）严肃工作纪律，维护税法尊严

对纳税人在注销税务登记过程中未按照规定申报结清应纳税款，隐瞒或者提供虚假资料，导致未缴、少缴税款的依法不予受理、核准或者撤销注销税务登记，并追究纳税人的相应责任；对蓄意逃避纳税义务而虚假注销的纳税人，依法严肃查处；对税务代理机构为纳税人出具虚假鉴证报告，导致纳税人未缴、少缴税款的，对纳税人和中介机构依法进行了处理。并强化责任追究，对违规注销造成税收损失的，实施"一案双查"，严肃税风税纪。同时完善资料报送及归档制度，要求除报送资料清单中列明的归档资料外，需要对注销资料进行统一归档，"一户一档"，以备查验。

## 三、扎实推进，努力实现了五个提升

经过近两年的努力，我局的注销清算工作取得了一些进步和成绩，在促进收入增长，夯实控税能力，规范执法行为，提升纳税遵从、优化资源配置等方面都发挥出积极作用。

### （一）组织收入能力进一步提高

注销清算工作有效的堵塞了税收征管漏洞，促进了税收收入的持续快速增长。面对经济下行压力仍然较大、房地产宏观调控等各种不利因素的影响，税收收入实现了82322.2万元，同比增长26.34%，增收1763.9万元。

### （二）风险防控能力进一步加强

我们通过加强注销清算管理，有效的堵塞了税收征管漏洞，防范了执法风险，2015年税收执法信息系统监控的税收执法准确率达到了100%，较2014年降低了40%。

### （三）人力资源配置进一步优化

在注销清算工作中，我们通过数据分析、纳税评估等向相关岗位"派单"，实现"人找事"到"事找人"的转变。通过人力资源的重新配置，各个环节做到了专人专管、各司其职，职责更具体，运转更顺畅，各岗位人员的特长和能力得到充分发挥，在注销清算工作中实现了"以优对优、以强对强"的管理目标。

### （四）纳税服务水平进一步提升

通过前移注销清算有关事项，减少了流转环节，缩短了审批时间，提高了办税效率。纳税人办税更加方便，"多头找、多次跑"的问题得到根据解决，实现了从过去一点对多点向一点对一点的转变，办税效率明显提升，办税服务厅真正成为了纳税服务中心。

### （五）纳税人税法遵从度显著提高

在注销清算过程中，我局进一步加大了对非正常注销清算纳税人的处罚力度，采取对利用虚假注销偷逃税款的法人代表进行公开曝光亮相等措施。造成纳税人普遍感到偷税的风险无时不在、无处不在紧迫感，从而自觉增强诚信纳税的意识，自觉遵守国家的税收法律法规。实践也证明，监控越到位，处罚越有力，对纳税人教育威慑力就越大。近年来我局纳税人的税法遵从度显著提升，以营业税准期申报率为例，2015年我局营业税准期申报率由37%提高到了95%以上。

## 四、存在的问题以及下一步工作打算

虽然我局在注销清算工作做了一些工作取得了一定的成绩，但是不同程度的存在一些问题：一是存在企业不规范履行税务注销清算程序和手续。如有些企业在清算期间对应该或是可以进行处置的流动资产等资产不进行处置；二是部门间的合作有待进一步加强；三是从事注销清算工作的管理人员业务技能需要进一步提升。针对上述困扰着基层税务机关的注销清算工作的问题。下面谈几点防范执法风险，提高企业税务注销清算管理的质量和效率的方法：一是加强部门合作协调，与市场监管部门建立长期固定的合作协调机制和定期的信息沟通机制防止企业"恶意注销"行为；二是督促企业规范落实注销清算程序和制度并做好监督管理；三是加强后续跟踪管理，堵塞税收漏洞。及时向监管部门传递企业税务注销的信息，并且可以通过一定的媒介和途径向社会公告企业税务注销信息，防范可能存在的税收风险；四是进一步发挥会计师事务所、税务师事务所等中介机构的作用，来辅助企业完成注销清算工作，降低税务部门的征管成本；五是进一步加强注销清算培训力度，针对注销清算工作，开展系统、具体的讲解，深入剖析解决，讲深讲透，提升人员素质。

# 合作共赢谱新曲 杞乡税风塞外歌

宁夏回族自治区中宁县国家税务局 蔡正勇 吴兴贤

合作，大势所趋不可挡；共赢，目标所指用心为。中宁县国税局、地税局借中央深化国地税征管体制改革的东风，依托金税三期平台建设，紧扣"两个规范"落实，以"兄弟抱团，力大如牛"的团结精神和"塑造亮点，打造精品"的必胜信心，在塞外杞乡深化国地税合作的道路上谱写了一曲斗志昂扬的奋进之歌。

## 一、凝聚共识，坦承相见，迈开"点上"合作第一步

按照自治区国税局张曙东局长、地税局马建民局长"打造'高标准、可复制、可借鉴'国地税合作办税厅"的要求，中宁县国税局本着"统一制定、统一规范、统一执行"的原则，以"主动迎上去，合力成大事"的态度，与县地税局凝聚共识、坦承相见，成功打造了宁夏首家联合实体办税服务厅，实现了办税效果"1＋1＞2"的叠加效应。

一是凝聚共识，联合推进。双方认为：国、地税虽分家多年、各自为政，但同根同源，只要凝聚共识、坦承相见，必能共谋大事。首先，"一把手""常碰头"。头不动，足难行。合作伊始，国、地税负责人便一起把脉会诊、探讨交流，一起到县委、政府专题汇报工作，争取支持。双方在亲密交往中弥合了分歧，解决了难题，达成了共识，增进了互信。其次，人财物"跟得上"。把识大体、敢担当、能力强、会沟通的干部派上去，以精兵强将巩固合作阵地；筹措专项资金，专门用于人员培训、设备采购等，以最大限度的投入为合作保驾护航。

二是明确方案，建立制度。吃透税务总局和自治区国税局文件精神，利用国、地税联席会议平台，与地税局就合作项目推进的时间表、任务书、路线图进行谋划沟通，出台了《中宁县国、地税联合办税实施方案》；成立"联合专家评审分析组"，就《方案》的可行性进行了科学评估，对可能存在的问题进行了充分预见，确保了工作推进有的放矢、不走弯路；建立《协调配合落实机制》、《办税服务厅绩效考评办法》等多项制度办法，从实施步骤、管理考核、责任追究等方面进行了详细明确，把国、地税"两张皮"织成了一

张网。

三是采智增技，强化练兵。外取真经，内强精兵。共同指派业务骨干赴外省联合办税服务厅示范单位采智增技，收获经验，拓宽视野，理清思路；不分人员归属，不分税种科目，互派人员提前进入对方系统现场办公，全面熟练掌握对方业务流程，达到了"业务通办能力人人达标"的要求。我们还联合开发了国、地税两个窗口"秒切换"的小脚本程序，为"一人一机双系统"一窗通办扫清了技术障碍。

四是完善设施，规范管理。以"五个统一"为抓手，统一设置导税咨询台，专人负责答询、引导有序办理业务；统一设置13个综合办税窗口，"一人一机双系统"国地税业务一窗通办；统一划分咨询辅导、文书填写、自助办税、等候休息、办税服务等5个功能区，以分区优势促整体功能发挥；统一叫号办税，有效维护正常办税秩序；统一管理服务，国地税办税服务厅负责人一人一周轮值当班，对任内一应事务全权负责，双方班子成员轮流到办税服务厅值班，全天候监督协调，随时处理问题。

随着中宁县办税服务厅的顺利投入运行，长期困扰纳税人的办税"多头跑"、答复"多口径"、资料"多头报"等问题得到有效解决。国地税业务全面实现"一窗一人一机通办"，纳税服务质效快速提升，赢得了纳税人的一片叫好声。由此，也拉开了中宁国、地税合作从"点上"向"面上"推进的序幕。

5月的一个早晨，中宁县办税服务厅人头攒动，秩序井然，置于办税窗口上方的长条电子屏滚动播放着"新常态，新税风"、"走进一家门，办完两家事"等宣传标语。笔者的悄然到来并没有引起大家的"注意"。在"导税咨询台"，一名办事人员正在咨询枸杞苗开票事宜，负责接待的导税咨询人员正在耐心解释，并双手递过一张"开票注意事项清单"。在"文书填写"区，大约七八个人正在埋头填写资料；在各办税窗口，工排队等候的人不超过两三人。"等候休息"区的人很多，有的在翻看手中的资料，有的看着手机，听到叫号后不紧不慢向窗口走去……

笔者随机采访了几名企业办税人员和工作人员。在"等候休息"区，一位姓王的会计说："过去办事国税、地税来回跑，路途远不说，这个窗口的手续办完赶快要到其它窗口重新排队，有时候还要遭遇"插队"，老总老是埋怨我办事不力。如今好了，带全资料，再取个号，往这里一坐，轮到自己后到窗口把国税、地税资料一起递过去，一切OK！"。一位姓康的会计说"合作办税好，进一家门就能办两家事，我给你们点赞"。在5号综合办税服务窗口，工作人员正在电脑上熟练地录入数据，记者随口问了合作办税前后的感受。工作人员笑着回答："以前大厅秩序有点乱，也很吵闹，抬头一看，尽是伸胳膊递资料的，让人无暇应付。现在采用的是"一窗一机一人双系统"，两个系统通过我们自己开发的脚程序实现自动秒切换，国地税业务 10 个窗口都能办，办税功能增强了，效率提升了，我们普遍感到工作压力比过去小了。"

## 二、再度握手，主动作为，耕好"面上"合作连片地

在认真总结联合办税服务厅建设成功经验的同时，中宁国、地税抓住"营改增"有利契机，再度握手，以"乘胜追击、扩大成果"的态度积极探索、大胆尝试，集中梳理国、地税业务共性事项，制定了纳税人基础信息采集、纳税辅导、催报催缴、纳税评估、税法宣传、纳税信用等级评定等 12 项共性任务清单，一体督促落实。联合将税种核定、票种核定、税收优惠等 12 项基本管理职能关口前移至办税服务厅，涉及到的分局所相关人员从"后台"走向前台，有效解决了纳税人办税"两头跑"的问题。联合将最高开票限额审批、出口退税审核审批等 9 项职责下沉，涉及到的政策法规、税政工作人员定期到办税服务厅现场受理、答复、办理有关业务事项，实现了国、地双方数据的即时比对。联合开展税收执法，筛选共同核查户，由双方管理人员联合入户执法，避免了重复入户、交叉执法。联合在聘请社会监督员、向纳税人述职述廉、建立廉政教育基地、聘请法律顾问等方面进行探索尝试，相互借鉴经验做法，共同打造廉洁型税务机关。

## 三、务实苦干，合力共进，跨入"深度"合作示范区

《国地税规范 2.0 版》坚持问题导向，增加了合作事项，优化了合作流程，强化了信息化支撑手段，既回应了纳税人关切，又把握了基层税务机关的现实需求，为基层税务机关破解管理服务难题，消除纳税人"痛点"，提升纳税人获得感，打通服务纳税人的"最后一公里"提供了制胜法宝。双方认为，唯有紧扣《规范 2.0 版》落实，发挥比较优势，创新思维、主动作为、合力共进，才能推动"服务深度融合、执法适度整合、信息高度聚合"目标的顺利实现，进而从根本上解决办税"多头跑"、答复"多口径"、资料"多头报"、执法"多头查"等问题。为此，中宁国地税从四个方面持续发力：

一是制定共性任务清单。集中梳理业务共性事项，制定联合信息采集、定额核定、纳税辅导、催报催缴、纳税评估、税法宣传、进户执法、网上办税、

征收税款、税收调查、咨询服务、廉政教育等 12 项共性任务清单，从责任对象、工作流程、完成时限、跟踪问效等方面进行约束规范，一体督促落实。

二是建立联合管控机制。坚持"服务一个标准、征管一个流程、执法一把尺子"，谋划成立联合入户巡查、发票控税、税收分析、风险应对等多个联合执法小组，统一税务行政处罚裁量权基准，有效提升税源管理、税收执法、纳税评估、风险应对专业化、精细化管理水平。

三是共同实施人员培训。不分岗位、不分税种，对办税服务厅人员进行上岗资格统一培训考试，强化"一窗一人一机通办"业务操作技能再提升；组织办税服务厅以外人员，围绕《规范 2.0 版》所列事项，对所有国、地税业务进行全面同质化培训，进而实现"业务互通、能力互补"的目标。

四是互享互通网络资源。利用"中宁国税微信平台"，通过纳税提醒、政策解读、热点关注、纳税人学堂、政策速递等栏目一体发布国地税政策信息，一起开展税法宣传，一并进行征纳互动；加快"互联网＋税务"建设，利用手机微信平台、"中宁国税掌上办税 APP 系统"，创新服务与管理模式，拓宽网络应用空间，加快"电子税务局"建设，早日实现国、地税所有行政、业务工作的全覆盖。

历尽天华成此景，人间万事出艰辛。中宁国地税在合作办税中做了大量有益的工作，取得了丰硕的成果，引起了全区税务人的广泛关注。

5 月 27 日，全区"聚焦营改增深化国地税合作现场推进会"在中宁县成功召开。中卫市委书记张柱、宁夏区国税局党组书记、局长张曙东、宁夏区地税局党组书记、局长马建民，中宁县县长陈宏等领导出席会议，自治区国地税合作领导小组成员单位负责人以及各市国地税局局长、纳税服务科科长等 120 余人参加了会议。张柱书记、张曙东局长、马建民局长和其他参会人员首先观摩指导了中宁县国地税联合实体办税服务厅、网上办税服务厅、纳税人学堂的建设和运维情况，观看了专题片《新税风杞乡合作谱新篇》，详细了解了实体办税服务厅的建设背景、建设过程、运行情况及取得的成效，了解了网上办税服务厅的后台支撑、前台运行、所办事项、办理时效等方面的情况，了解了纳税人学堂的师资情况、运行模式和覆盖范围等。对网上办税、掌上办税带给征纳双方的轻松办税体验纷纷点赞，对纳税人学堂迈入 E 时代，实现远程教学个个叫好，对联合实体办税服务厅为纳税人带来的方便、快捷、高效服务，取得的 1＋1 大于 2 服务效果给予了经久不息的掌声。

合作共赢谱新曲，杞乡税风塞外歌。新常态，新思考，新目标。前行的路上，我们结伴而来！

# 第二篇
# 网络信息化纳税服务

# 第一章　网络与信息化纳税服务的一般分析

## 第一节　税收信息化的概念

要研究网络与信息化背景下的纳税服务，必须首先对信息化有一个基本了解，尤其是对网络与信息化的概念要有一定的了解，只有这样才能更为清晰的确定税收信息化的基本含义和税收信息化的基本要求。

### 一、网络信息化与税收信息化的定义

#### 1. 网络与信息化

人类自古就存在着信息的生产、传播和使用，信息在人类社会发展进程中扮演了十分重要的角色。事实上，普遍居民日常生活、工农业生产、社会科学实践的一切内容都离不开信息传递和流通。对于什么是信息，人们有过多种定义。控制论的创始人同时也是信息科学奠基人的美国统计学家维纳说："信息是人们在适应客观世界并使之反作用于客观世界，同客观世界进行交换内容的名称。"也就是说，信息是对客观世界各种客观事物特征的本质反映，并通过各种媒介传播工具为人们所掌握。随着现代计算机、通讯网络、分析决策等信息技术的出现和快速发展，信息产业在国民经济中的比重不断上升，网络与信息化的概念应运而生。

"信息化"一词，最早是由日本学者 Tadao Umesao 于 20 世纪 70 年代在《论信息产业》一文中最先提出来的，并为此创造了一个新的英文单词"informationalization"，其含义就是"从有形的物质产品创造价值的社会向无形的信息创造价值的社会的转变过程"。根据我国《2006～2020年国家信息化发展战略》中的定义，信息化是指充分利用信息技术，开发信息资源，促进信息交流和知识共享，提供高经济增长质量，推动经济社会发展转型的历史进程。也就是说，网络与信息化涵盖了整个信息传播过程，包括信息技术的研究应用、信息资源的挖掘使用、信息产业的扶持发展等，最终归结到经济的和社会的变化，即经济的发展阶段由工业经济向信息经济演进，社会由工业社会向信息社会演进。

目前，信息产业已经成为世界范围内规模最大、影响最深远的支柱产业和战略产业，网络与信息技术能力的普及已成为国家竞争力的重要标志。随着"十二金"工程的全面启动及电子政务的逐步深入，我国部署实施了一系列网络与信息技术的战略决策，网络与信息技术已成为我国实现工业化和现代化的重要支撑。完整的网络与信息化内涵包括以下一些内容：

一是信息网络体系，它是集大量信息资源、各种特殊类型的信息系统及公共电信网络和信息平台的总称；

二是信息产业基础，即信息科学技术的研究、开发和设备的制造，软件开发与利用，各类信息系统的一体化及信息服务；

三是社会支持环境，现代工业和农业生产、管理制度、政策、法规、道德观念等生产关系和上层建筑；

四是效用积累过程，劳动者素质、国家的现代化水平和生活质量不断改进，精神文明和物质文明不断进步。

根据信息资料涉及的范围可以将网络与信息划分为区域信息化、领域信息化、行业信息化。其中，区域信息化是指基于本地区经济社会发展的实际，发挥本地区所拥有的内在区域优势，以城市信息化为突破口，在本地区范围内开展实施的信息化建设；领域信息化是指在某一个部门和某一类行业确已实现信息化建设的基础上，采用网络信息化的思路和方法，组织协调行业内与业务内容和业务处理方式相类似的有关部门和行业，按照国家信息化规划的总体要求，打破部门和行业间的界限，从总体上推进网络与信息化建设，从而实现综合解决宏观经济管理和社会发展中的重大问题的目标；行业信息化是指在某个具体行业实行的信息化策略。作为信息化在税收征收管理工作中的具体运用，税收信息化属于行业信息化，是其有效组成部分。

2. 税收信息化

税收信息化是网络与信息化在税收征收管理工作中的一个具体运用，它与其他政府部门、与居民、企业的信息化程度密切相关。2001 年 5 月正式实施的《税收征收管理法》第六条明确指出："国家有计划地用现代网络与信息技术装备各级税务机关，加强税收征收管理信息系统的现代化建设，建立、健全税务机关与政府其他管理机关的信息共享制度"。这是我国政府第一次把税收信息化写进法律，说明税收信息化在我国信息化进程中的重要性，同时也表明这项工作已经成为税务部门的迫切需要和艰巨任务。但到目前为止，国内和国际上尚未对税收信息化做出能够被普遍接受的定义，人们对税收信息化的概念也因此衍生出了各种各样的提法。

从网络与信息化的角度对税收信息化进行定义，并对税收信息化特征进行了具体的描述。她认为税收信息化是网络与信息技术在税收领域的应用。真正完善的税收信息化，具有纳税申报、税款缴纳、文书传递、信息反馈、入库催缴、税务稽查、会计统计等税收服务功能，以及意见征询、广告宣传等其他功能，多种信息通过计算机网络最终实现共享和传输汇总。

税收信息化作为一场税收征管革命，其内涵可概括为"人——机器——人"，主要由两个有机部分组成，先是机器管人，获取详尽、准确、全面的税收信息，不受纳税人、执法者主观意志的影响；其次是人管机器，培养合格的执法者，建立良好的管理制度，最终实现税收管理的网络与信息化。

由上述各自不同的定义可以看到，一方面，税收信息化是税制改革与网络信息技术运用相互结合与相互促进的过程。税制改革需要有网络与信息技术的广泛运用和积极引入，也需要有现代网络与信息技术的内在推动；同时，伴随着税制改革的进一步深入，税务机关对网络与信息技术新的要求也必然摆在人们面前，需要人们不断进行技术革新和创新发展。另一方面，税收信息化也是管理创新的过程，通过技术创新引发管理创新，形成科技加管理的双轮驱动，推动税制改革的不断深入。据此，我们认为，税收信息化是指将网络与信息技术广泛应用于税收管理过程中，深度开发和利用信息资源，提高税收管理、税收监控、纳税服务水平，并由此推动税务部门业务重组、流程再造、文化重塑，实现税务管理现代化的过程，主要有以下几个方面的内容：

一是利用现代网络与信息技术改造原有的税收征管技术，大幅度提高税收征管效率和纳税服务水平；

二是利用网络与信息化技术强化信息采集、处理、传输、存储效率，提高税收征管和服务在经济社会中的契合度；

三是提高整个人类社会的网络与信息化程度，促进人类社会的发展和进步。

鉴于此，可以看出，税收信息化的主要内容是将现代网络与信息技术广泛应用于税务管理与服务中，并通过税务部门内部和外部的信息传递和共享，深度开发利用税收信息资源，为纳税人和社会各界提供税务信息和社会管理服务、推进和谐税收征纳关系的建立，并从根本上降低纳税人无知性税收不遵从。

3. 税收信息化的必要性

随着经济全球化趋势的加快，网络与信息化技术正日新月异地改变着整个社会。加入 WTO 后，我国必须融入世界信息化的洪流之中，这对税收工作提出了新的挑战，税收改革面临着新一轮的探索和深化。因此，税收事业要发展，必须依靠"科技加管理"，把科学的管理理论、方法和现代化科技手段引入到税收工作中，依托网络与信息化的先进征管手段强化税收管理，提高税收征管质量和效率，实现税收现代化。

税收信息化建设是贯彻公平、效率原则的需要。税收原则中有一项基本原则是"公平负担、量能负担"，即公平与效率相结合的原则，但在具体设计税收制度时，如果找不出衡量纳税负担能力的合理方法，就只能放弃公平与量能负担原则。

税收信息化建设是降低涉税信息不对称问题的需要。从征纳关系来看，纳税人对税法不可能全面了解，而我们的税务人员也不可能完全了解企业真实的生产经营情况，这种信息不对称的矛盾可能会在某种程度上导致相互之间产生不信任感，给征纳双方带来许多困难和矛盾。如果这种矛盾处理不好，所带来的后果，一方面问题可能是申报失误，另一方面将会是偷税与反偷税的长期斗争。由于税收信息化大大增加了税务活动信息量，并加强了对涉税信息资源的深度开发利用，从而使税务行政管理部门掌握的纳税人涉税信息较以前大为增加，提高税收制度设计的科学性和税务行政活动的合理性，对广大纳税人更公平，工作更有效。因此，加强税收信息化建设必然有助于降低信息不对称程度。

税收信息化建设是构建和谐税收征纳关系的需要。和谐征纳关系必须要有一个让税收征纳双方都有一个理解对方、认识对方的平台。税收信息化建设的开展，搭建了一个税务机关与纳税人沟通的平台，为纳税人提供了一个熟知税收法律法规政策信息的平台；也同时为税务机关提供了了解纳税人涉税需求信息的平台。即是说，税收信息化建设的开展从事实上构建了一个让税收征纳双方都能普遍接受的认知平台，这必然有利于我们构建和谐的税收征纳关系。当然，和谐税收征纳关系的构建也必然有利于我们构建和谐社会，毕竟和谐社会需要我们从现实生活的每一个具体内容和方面来具体展开。

## 二、税收信息化的演变进程

现代信息系统发展理论源于诺兰阶段模型，税收信息化的演变进程也可以从诺兰阶段模型里得到启示。

1. 诺兰阶段模型

信息系统发展的阶段理论，又称为诺兰模型。1973 年，美国著名的管理信息系统专家理查德·L·诺兰（Richard·L·Nolan）通过对 200 多家开发和使用信息系统的企业进行调查研究后提出了所谓的诺兰模型。该模型于 1980 年被诺兰进一步完善。他认为，不管什么行业，其网络与信息化的发展都遵循一个共同的模式：初始、蔓延、控制、集成、数据管理和成熟，对于任何一个国家或地区，网络与信息技术可以引进，但只有逐步发展不能跨越网络与信息化的各个阶段。

（1）初始、阶段

初始阶段又叫起步阶段。在这个阶段里，人们对网络与信息技术并不是十分熟悉，且在工作中且受到使用成本较高的因素限制而较少采用，计算机也仅仅被个别门所引入。在这个阶段里，人们事实上并没有真正意识到网络与信息技术给人类工作带来的便利和经济效益，对它的存在鲜有兴趣，此时的网络与信息系统建设也因此停留在一个低水平上。

（2）蔓延阶段

蔓延阶段又称为传播普及阶段，计算机强大的信息传递功能随着时间的推移逐渐得到人类的认可和赞同，人们基于自身工作的实际需要对网络与信息技术逐渐开始产生兴趣，少数成功者采用网络与信息技术获得成功的案例成为了网络与信息技术普及的加速器。这一阶段的主要内容是学习和普及网络与信息技术，但是在这个阶段里，社会可能会出现某种盲目地购买网络与信息技术设备机器、盲目开发网络与信息技术软件的现象。

（3）发展阶段

在这一阶段，网络与信息技术将得到一定程度上的普及和快速发展，网络与信息基础设施的建设被越来越多的信息人所注意。但是由于在网络与信息技术运用的初始阶段和蔓延阶段缺乏全局考虑，各个应用程序之间缺乏协调，网络与信息技术的投入产出与预期相比可能会存在一定的差距，但应用经验的不断增长使得数据共享的呼声日益高涨，网络与信息技术使用者对统一协调网络与信息技术管理和使用的要求也日益提高。

（4）系统集成阶段

这是一个非常重要的阶段。因为以前的发展缺乏统一规划使得各个信息系统之间彼此不协调，所以人们开始依照信息系统工程的项目，进行二次改造，制定统一的数据技术和处理标准以实现系统内的整合和集成。

（5）全社会集成阶段

经历了系统整合阶段之后，网络与信息化的建设需要进一步从全社会作为一个整体的角度来考虑，真正实现对整个机构的数据进行统一规划和应用，这一阶段也称为数据管理阶段。

（6）成熟阶段

在系统内集成阶段和整个社会集成阶段之后，社会与经济运行的全部过程被网络与信息技术完全融入，信息产业成为第一大产业，为机构的管理和决策服务，人们充分享受到网络与信息化所带来的好处。

以上六个阶段是从点到面、由浅入深的过程，前一个阶段均是后一个阶段的发展基础，而后一个阶段是前一个阶段的升华。诺兰阶段模型深刻总结网络与了信息化发展的普遍历史演变轨迹。在一个国家或一个地区的任何一个部门里，无论是确定网络与信息系统的战略发展还是制定信息技术产业的发展规划，都应首先明确该国或该地当前阶段网络与信息化发展所处阶段，并依据诺兰阶段模型在各个历史阶段的特征来指导网络与信息化建设。

2. 我国税收信息化的发展历程及现状

从1983年税收机关单机统计报表起步，历经二十多年的发展，经过各级税务部门的不断探索和革新，我国税务信息系统的建设目前取得了显著成绩，初步实现了从无到有，从简单应用到全面铺开，从各自为政到统一规范发展的目标。到目前为止，连接全国税收机关的四级网络（即中央、省、市、县四级计算机网络）和涵盖大部分税收业务的四大系统（即税收业务管理、行政管理、对外信息交换与为纳税人服务系统）确已建成，我国税务机关的统计数据初步实现了省级数据大集中并逐步实现了征管数据的国家税务总局大集中模式，数据搜集整理工作迈上了新的台阶；"以申报纳税和优化服务为基础，以计算机网络为依托，集中征收，重点稽查"的征管新模式也因此得到了初步确立，依据统计资料，现阶段在全国纳入征管系统管理的纳税人已超过3000万户，当期由信息系统自动处理的税款征收额占税款征收总额的92%及其以上。税务部门已经成为我国网络与信息化程度最高的政府部门之一。参照诺兰模型，我国税收信息化建设的历程大致可分为四个阶段：

（1）中国税收信息化建设的初始阶段（1982～1989年）

我国税务部门第一台计算机是1982年底湖北省税务局购进的Z80，引进这台电脑的主要作用是用于初步处理部分税收会计报表。但Z80的使用标志着税务部门的税务管理工作第一次实现了数字化，更为重要的是，它的使用标志着我国税收信息化建设进入了初始阶段，开始了税务部门工作的网络与信息化进程。之后，我国经济发展水平相对较高的省份如广东、福建等税务部门于1983年也逐步将计算机引入会计工作。国家税务总局于1985年对税务系统的计算机应用工作作出统一规划，并对计算机配置、软件开发和人员配置等问题提出了具体要求。1986年12月，国务院批准《关于建立全国财（政）税（务）业务信息管理系统有关问题的报告》，正式批准将（财政）税务信息系统列入国民经济十二个大系统规划。1988年11月，国家税务总局计算机管理处成立于计划会计司，负责计算机的开发及应用工作，我国税务机关的税收信息化建设得到了积极开展。经过多年的努力，中国的税收网络与信息技术取得了突破性进展：截至1989年底，全国已有29个省、自治区、直辖市和计划单列市将微机配齐到县，安装微机5318台；计算机人才队伍从无到有，逐步壮大，全国拥有超过3400名计算机专业管理人员；各地根据当地发展的需要开发并推广应用各类软件十余种；实现了税务总局与省、自治区、直辖市和计划单列市的网络数据传送，部分省市已延伸至县局。

从计算机在税务工作中的实际运用来看，这一阶段的税收网络与信息技术仅限于对部门初级信息的数字化，侧重于计算机内在的机器功能，其使用过程实际上是通过简单反复模拟现实可见的手工行为来提高工作效率、降低劳动强度，最终结果是强化了税收征收与管理，激发了税务工作人员对计算机的使用意识，但尚未对网络与信息技术有更为深刻的理解和运用，税务人员的使用心理带有一种潜在的畏惧和抵制情绪。

（2）中国税收信息化建设的蔓延阶段（1990～1993年）

全国税务系统第一次计算机应用工作会议1990年4月在广州市召开，实现税务管理现代化的总体目标在会议上首次被提出，以此为标志，我国的税收信息化建设也进入诺兰阶段模型中的蔓延阶段。这个会议召开之后，我国税务机关扩大了计算机的运用范围，逐步强化计算机在税款征收缴纳、日常办公、税务稽查等涉及到税务管理诸多方面的使用力度，我国税收信息化建设得到了前所未有的发展，网络与信息技术在税务管理领域的运用取得重大进展，硬件设施得到了不断升级改造，我国的税收网络与信息建设实现了由点到面、由小到大、由个别使用到普及使用，税收信息化处理的相关规定和规则以及使用规范也相继出台，我国税收网络与信息化建设处于显著的蔓延阶段。为了进一步推进网络与信息化建设，国家税务总局于1991年2月下发了《税务系统计算机应用软件评测标准》。这个标准从软件的功能、用户的评价、系统运行稳定性等几个方面提出了技术要求，正式的《税收征管软件业务规范》于1991年7月颁布。次年8月，国家税务总局又下发了《税务系统计算应用工作规则》和《税收业务分类代码》。这些制度和标准的颁布对当时相当混乱的征管软件的开发及应用的局面起到了较好的约束作用，提高了税务系统网络与信息技术的研发水平和应用效率。当然，国家税务总局及时出台的相关使用规定也从根本上杜绝了网络与信息技术使用过程中因处在蔓延阶段所带来的"盲目地购买网络与信息技术设备机器、盲目开发信息技术软件的现象"的弊端。

在系统的应用和建设方面，为适应我国税制改革和管理需要，我国税务部门完成了出口退税计算机管理信息系统的开发及应用，这个系统是全国范围内跨部门信息交换和合作的成功范例。该系统在促进税务信息共享的基础上实现了税收管理专门化的分工，并以网络与信息技术为依托强化了各个税收征管工作岗位之间的制衡，税收征管工作的效率得到了一定程度的改善，税务工作的准确率也大为提高，税务工作的规范性得到进一步实现，当然，这个信息系统的推广使用也在某种程度上显著地促进了出口退税管理工作。此外，1991年底，国家税务总局在吉林省税务局的配合下建立了税务条法数据库，该数据库在1992年正式于全国范围的税务系统推广。

与此同时，我国税务行政部门还大力加强了对计算机硬件设施的装备力度。截至1993年底，全国已有46个省、自治区、直辖市、计划单列市和省会城市配备了计算机系统，计算机数量达17000多台，与初始阶段相比，增幅近两倍。随着税务部门使用计算机的意识不断提高，在众多税务于部队伍中伺，大批既懂得税收征收管理业务、又懂得计算机知识的复合型人才脱颖而出，应用软件开发技术素养较高、团队意识强的人才也不断充实到税务征管队伍中来。

在蔓延阶段的后期，全国税务系统中发展较快的个别部门已经开始应用办公自动化、管理自动化和工作流程软件，实现了业务流程的自动化，相关信息被初步的整合，计算机从可有可无逐步成为能够辅助税收征管的一种替代工具。

（3）中国税收信息化建设的控制阶段（1994～2003年）

1994年，我国成功进行了分税制改革，负责税收信息化建设的专职机构

——国家税务总局信息中心正式成立，这标志着中国税收信息化建设正式全面展开，进入了控制阶段。这一阶段从税务部门对网络与信息化的认识和实践来看侧重于电脑的"脑"，自动生成报表资料，具体的内容包括实时监控税源、有效监控征管流程和保障征管质量。这个阶段的主要工作形式就是金税工程，尤其是充分开展金税工程项目中的核心——广域网建设工作。作为国家"十二金"系列工程之一，金税工程最主要的工程内容是用七年的时间完成广域网络三期的工程建设：1995～1996 年完成了一期广域网建设工程，1997～1998 年完成了二期广域网建设工程，1999～2001 年完成了金税网络建设工程。受益于金税工程建设，国家税务总局与各省、自治区、直辖市、计划单列市税务局，与地市级税务局，乃至县区级税务局的四级网络通过广域网络的建设得以实现。而且，该四级网络在建设初期就特别重视建设的前瞻性与扩展性，充分考虑到了网络与信息技术在未来一定时间段内的发展趋势和发展要求。

1994 年税制改革在保障国家财政收入、促进经济与社会发展方面都发挥了很大作用，但犯罪分子利用增值税专用发票管理漏洞大量偷骗国家税款的问题也随着产生，而且犯罪活动十分猖獗。为此，我国税务机关积极引入现代化技术手段，为加强对增值税专用发票的监控管理、严厉打击各种利用发票进行犯罪活动的金税工程应运而生。从 1994 年 3 月起，国家税务总局就组织实施了以建设 50 个城市为试点的增值税计算机交叉稽核系统，这是金税工程一期；2003 年 7 月，增值税防伪税控开票系统、防伪税控认证系统、增值税计算机交叉稽核系统、发票协查信息管理系统四个系统在全国税务系统中被投入使用，并在县区级税务局设立了数据采集中心，在地市级以税务局设立三级稽核中心，相关业务被增值税防伪税控系统全面覆盖，这是金税工程二期。

税务部门对增值税专用发票的监督和管理能力借助于金税一期、二期工程的建设得到了加强，有力地打击了各项增值税涉税犯罪行为。截至 2003 年 7 月，税收系统的电子化网点超过 30000 个，电子化作业率超过 80%，增值税销项发票申报率达到 99.95%，问题发票数量不到增值税防伪税控系统运行前的 1%，工作效率得到明显提升。

在人员素质方面，我国税务机关各级领导干部对税务管理网络与信息化的理解和重视程度已经从工作效率提高到管理层面，也十分关注税务信息化建设进展，全国范围的税务系统已有超过 30000 人的专业网络与信息化技术人员。在金税工程的建设过程中，国税和地税绝大部分税务干部都参加了网络与信息化技术培训和网络与信息化业务培训，从总局的领导到税收征管基层的工作人员，网络与信息化的意识得到了一定程度的增强，网络与信息化操作能力得到了显著提升。

(4) 中国税收信息化建设的集成阶段（2003年至今）

经过多年的发展，税务信息系统的功能更加齐全、协调与高效，按照"一个平台，两级处理，三个覆盖，四个系统"的总体目标，金税工程三期于2003年全面展开。考虑到金税工程三期的特殊性，我国的金税工程三期建设标志着中国税收信息化建设进入了诺兰阶段模型中的集成阶段。按照国家税务总局的预期设想，金税工程三期的建设目标是建成基于统一规范的应用平台，依托税务系统计算机广域网，以国家税务总局为主、省税务局为辅，高度集中处理信息，全面覆盖基层国税地税系统的税收征管业务处理，同时满足各级税务机关管理层的监控、分析、查询和辅助决策需求，从而实现对纳税人的综合监督管理和全面监控，实现上级税务主管部门对下级税务机关征管业务的全面监控，实现国地税涉税信息共享以及税务机关与纳税人之间的信息共享。需要注意的是，此处的"一个平台"是指建立一个包含网络硬件和基础软件的统一的技术基础平台。即逐步建立一个覆盖国家税务总局、各省市县级国地税部门以及与其他级次政府部门的网络互联，形成一个基于互联网的纳税人服务网络平台；充实配备相应的硬件设备，尤其是注重充实业务处理、在线分析、存储系统、数据交换、网络安全和系统管理等方面的相关硬件设备；并建立起充分覆盖物理环境、网络层、系统层、数据库层、应用层信息安全的日常业务管理体系和安全技术保障体系，以保证税务管理工作能够在统一、稳定、安全的网络化平台支撑下平稳运行。"两级处理"是指依托统一的技术基础平台，逐步实现税务系统数据信息在总局和省局集中处理。在"一个平台"支撑下，按照金税工程三期的要求，我国将建立总局、省局·两级数据处理中心以及以省税务局为主、税务总局为辅的数据处理机制，逐步实现涉税电子数据在总局、省局两级集中存储、集中处理和集中管理模式，以使税收管理业务流程更加简化，机构更加趋向于扁平化，对纳税人的横向管理和纵向监控更加严密，纳税服务也因此变得更加简便，税务管理系统维护更加便捷，税务系统运行更加安全。在此背景下，网络与信息化的数据处理系统把数据的宏观分析与微观分析相结合，全面剖析分析与局部分解相结合，从源头上真正提升了统计数据的价值。"三个覆盖"指应用内容逐步覆盖所有现实税种；覆盖所有税收征收管理工作环节，覆盖各级国税、地税部门，并与有关部门联网。通过"金税工程"三期建设项目的有效实施，促进了网络与信息技术和信息管理方法在我国税务征收管理部门中间的广泛应用，逐步实现了税务管理信息系统对国地税管理的所有税种有关征收管理的有效监控，税务管理工作环节全过程进行全面的电子化监控，从而保障税务管理工作简便、规范、高效运行。"四个系统"指通过业务的重组、优化和规范，逐步形成一个以征管业务为主，包括行政管理、外部信息和决策支持在内的四个信息管理应用系统。即建立以税收征管业务为主要处理对象的税收业务管理应用系统，以税务部门内部行政管理事务为处理对象的税务行政管理应用系统，以外部信息交换和为纳税人服务为主要处理对象的外部信息管理应用系统，以及面向各级税务部门税收经济分析、监控和预测的税务决策支持管理应用系统，全面满足税务管理工作多层面、全方位的应用需求。四个系统的建设完成，从根本上满足了税务机关对网络与信息化的基本要求，也从制度上保证了纳税人对纳税服务系统的基本要求。

　　基于集成阶段在诺兰阶段模型中的重要性考虑，集成阶段必然是我国税收信息化建设的关键阶段，由于网络的发展，网络与信息化日渐成为我国税收工作的"载体"，它的存在有利于穿透我国现有的行政管理层次内在的负面影响，能有效打破日常行政层级管理界限给税收征收管理工作所带来的层级闭塞问题。在集成阶段建设时期，相关税收征管信息能基本实现数字化，网络与信息化管理系统开始从支持单项应用逐步发展到在逻辑数据库支持下的综合应用，现存的数据系统开始逐渐变得庞大和复杂，同时伴随着税收业务数据大幅的增加，各项业务应用对数据来源的真实性、及时性的要求逐渐提高，这就需要我们对现有的网络与信息化系统进行进一步的优化。与信息系统相配套的信息管理建设内容，如信息系统管理组织构建、信息系统正常维护所需人力资源搭配、相关法律法规制度建设等需要我们在推进网络与信息化建设过程中适时推进，这就可能带来更大范围的税收业务重组和机构重组问题，甚至还涉及到不同层级机构事权的重新调整、优化以及职能实现方式的转变问题。这样的建设结果在一定程度上完全可能引发建立电子政府等社会性流程再造问题。因此，在税收信息化管理过程中的集成阶段，税收信息化建设不仅要着眼于本部门内的系统集成，还要继续关注与其他有关部门的信息系统集成。相关信息实现集成后，涉税信息共享一体化的程度将会更高，对数据的加工处理也将会得到更进一步的深入，开展智能化决策支持系统也因此成为网络与信息化发展的一个重要趋势。在充分整合内外资源的情况下，税务系统的执行力将大幅提高，税务工作的外延将会适度扩大，纳税服务工作具备了不断扩展与深入的硬性条件，柔性管理和个性化服务势必将成为新时期纳税服务的工作重点内容。

# 第二节　纳税服务的概念

## 一、纳税服务的定义

考虑到纳税服务的基本属性是一项服务，只是它的服务对象是纳税人。因此，本文在这里需要在界定服务的基础之上总结出纳税服务的概念。

1. 服务

在西方，"服务"一词源自于拉丁语"servus"（意为奴隶），如同单词"仆人"或"劳役"。在中国古代，"服务"的意思为卑贱者对尊者的侍奉，《辞海》中对"服务"的解释有两个，一是为集体和他人工作，二是提供劳务。与有形商品相比，服务的本质特征是无形和不发生实物所有权的转移。按照不同的角度，服务可以分为不同的类别（如表2－1），按照这种分类，政府的公共服务是国家通过权力介入或公共资源投入为满足公民经济生活和社会发展需要所提供的服务，也是服务的一种，具有选择余地小，替代产品少等特点。

表2－1　服务的分类

| 名称 | 分类依据 | 分类 |
|---|---|---|
| 休斯分类法 | 根据顾客与服务体系的接触程度分类 | 高接触性服务 |
| | | 中接触性服务 |
| | | 低接触性服务 |
| 科特勒分类法 | 1. 根据提供服务的工具的不同分类 | 以设备为基础的服务和以人员为基础的服务 |
| | 2. 根据顾客在服务现场出现的必要性大小分类 | 顾客必须亲临现场的服务与顾客不必余临现场的服务 |
| | 3. 根据顾客的不同购买动机分类 | 因个人需要购买服务与因企业需要购买服务 |
| | 4. 根据服务组织的目的与所有制形式的不同分类 | T《Calibri》] 营利性服务和非营利性服务，私人服务与公共服务 |

| 名称 | 分类依据 | 分　类 |
|---|---|---|
| 洛夫劳克分类法 | 1. 根据活动的本质划分 | 作用于人的有形服务；作用于物的有形服务；作用于人的无形服务；作用于物的无形服务 |
| | 2. 根据服务机构同顾客之间的关系 | 连续性、会员关系的服务；连续性、非正式关系的服务；间断性、会员关系的服务；间断性、非正式关系的服务 |
| | 3. 根据在服务过程中服务提供者选择服务方式的自由度大小以及服务本身对顾客需求的满足程度划分 | 标准化服务，服务选择余地小；标准化服务，服务选择余地大；非标准化服务，服务选择余地小；非标准化服务，服务选择余地大 |

2. 纳税服务

作为政府公共服务的重要组成部分，纳税服务（Taxpayer Service）是税务机关及其工作人员为纳税人所提供有关税收政策咨询、税收政策宣传、税收权益维护等方面的服务。现代意义上的纳税服务理念起始于美国联邦税务总局在 20 世纪 50 年代实施的一个帮助纳税人计划，其基本含义是征税主体通过各种途径、采取各种方式为纳税人服务。这一理念充分体现了对纳税人的尊重，也符合现代服务行政管理的要求，其后的几十年时间里，纳税服务的范围和外延都得到了不断深化和扩张，纳税服务质量也得到了根本意义上的提升。随着经济的发展和经济全球化趋势的日益加强，越来越多的国家意识到纳税服务的重要性，纷纷建立起了专门的纳税服务机构和纳税服务网站，公开发表了"纳税人权力宣言"和"纳税人宪章"，也积极制定出了各种为纳税人提供服务的措施。

我国现代意义上的纳税服务从提出到现在只有十多年的时间，但纳税服务的国际潮流和现实实际要求我们必须对纳税服务的基本属性和基本内涵有一个清醒的认识。学术界普遍认为，纳税服务的概念有广义、狭义之分。广义纳税服务指的是国家机关及其工作人员以恪尽职守和最大化地利用好税款推动社会、民生的进步，服务纳税人的公务行为，它涵盖了税收制度的优化、税收政策的完善、税收征管的健全、纳税成本的降低、税务行政效率的提高乃至整个政府效率等方面的内容，还包括税收立法、税务司法在内的全过程的服务，基于这个角度纳税服务可以被称为"税收服务"。狭义纳税服务指的是税务机关依照法律、行政法规的规定，指导和帮助纳税人正确履行纳税义务，维护其合法权益而提供的专业服务，从某种程度上讲，对纳税服务的理解直接关系到了提供纳税服务的相关责任部门提供纳税服务的服务手段、服务方法和服务质量等问题，直接关系到纳税服务的最终建设问题。

本篇所指的纳税服务侧重于上文所指的税务机关具体的专业服务或指狭义的纳税服务，即国家税务总局制定的《纳税服务工作规范（试行）》中所定义的纳税服务——税务机关依据税收法律、行政法规的规定，在税收征收、管理、检查和实施税收法律救济过程中，向纳税人提供的服务事项和措施。它包括服务方式的转化，从面对面的单一介绍性服务演进为多元化、多层次性的税收法律法规政策咨询服务；也包括纳税服务对象的扩展，从单一地为现实纳税人服务逐步扩展到同时为潜在纳税人服务和现实纳税人服务；还包括服务内容从形式化向各个具体管理环节实质性的渗透，贯穿于为纳税人依法履行纳税义务、行使税收权力和获取纳税权益的整个过程。

虽然纳税服务的具体内容因为各个国家现实经济发展水平、历史发展沿革、文化知识传统、对外交流程度等方面因素的影响而稍显不同，且在不同的国家或地区在相同时代或不同历史时期均存在差异，但如何实现让纳税人及时、便捷、成本最低地缴纳税款无疑是税务机关提供纳税服务最基本的出发点和着力点。总的来看，按纳税人办税的环节划分，纳税服务的内容主要包括：税前纳税服务（简称税前服务）——为纳税人提供税收政策宣传、税收政策咨询，其存在的目的有效提高纳税人的办税能力；税中纳税服务（简称为税中服务）——创造条件使纳税人在办理税务登记、申报纳税、发票领购等具体业务过程中可以方便快捷地依法纳税，其存在的目的是有效降低纳税人的纳税成本；税后纳税服务（简称税后服务）——为纳税人监督投诉、争议仲裁、损害赔偿提供渠道，其存在的目的在于维护纳税人合法权益，形成良性激励。即是说，纳税服务的基本内容可以用图 2－1 来表示。

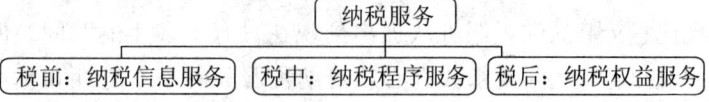

图 2－1　纳税服务内容构成图

3. 优化纳税服务的必要性

（1）优化纳税服务有利于增强纳税人对税收政策的理解

税收作为一国调节经济运行最为重要的杠杆之一，对经济行为主体的投资、消费、储蓄行为产生了深刻影响。当前，经济形势的复杂性决定了税收政策的多变性和不稳定性。面对着大量复杂多变的税收政策，一些税务人员都会感到头疼，可想而知，纳税人的境况如何。在现实工作中，由于不清楚税收政策而导致非主观故意偷逃税款的事例不在少数。虽然人们日常获取税收信息的途径与前些年相比增加了很多，但是涉税信息在传输过程中的互动性却很差，有的纳税人尽管已经通过网络、电视、广播、报纸、宣传册等各类媒体对最新的税收政策有所了解，但却存在着主观臆想，甚至是偏颇的理解。典型的实例如农业税减免政策，对农业税实施减免政策是国家的大政方针，是国家积极减轻农民负担的一个重要举措，但在现实生活中，一些农户持有的观点是所有应由农民交的税，包括营业税、可能存在的其他税种如契税、个人所得税、增值税等，都应按照农业税减免政策实施减免。这实际上就是政策理解上的偏颇问题。而这样的理解偏误也为我们税收工作的开展带来了诸多不便。通过优化现阶段的纳税服务手段、内容、形式，积极为纳税人提供个性化辅导，实际上可以扩大对税收政策的宣传力度，也能从某种程度上提高涉税辅导和解答的覆盖面，避免类似理解上的偏误问题。

（2）优化纳税服务有利于促进税收收入的稳定增长

便捷的办税条件、高效的办税通道、及时的纳税辅导、快速的政策指引都是有效提升税收征收管理效率的重要手段和方式。通过优化纳税服务，税务机关与纳税人呈现积极的良性互动发展态势，可以有效地增强征纳双方对彼此工作的理解和沟通，提高纳税人对税务工作的认可度，进而有效降低纳税人的无知性税收不遵从问题，从根本上引导纳税人积极缴纳税款、积极履行纳税义务，从而确保税收随着经济的发展而稳步增长。另一方面，对于守法纳税人而言，身兼经济管理部门和经济执法部门两职的税务部门能为纳税人提供有效的纳税服务，这能从根本上降低纳税人对税务工作的抵触情绪，也能为纳税人的投资创业提供更为优质的服务保障，毕竟严格执法是纳税人创业、投资成功的先决条件之一。即是说，实施有效的纳税服务对税收收入的稳定增长有着显著的涵养税源、固本培元的作用。

（3）优化纳税服务有利于充分尊重纳税人权利的主体平等地位

有别于民法中法律主体双方权利、义务的完全对等，在税收法律关系中，由于征纳双方一方是涉税事项的管理者，而另一方只是被管理者。这一基本事实造就了税收征纳双方的权利义务可能出现某种程度上的不对等问题，按照以往的惯例，我国税务机关在进行税务管理时因此衍生出对纳税人不尊重、不信任，甚至不分青红皂白地对纳税人进行"过错推定"，把绝大多数纳税人都设想为偷税、逃税的对象。这实际上是否定了纳税人对积极缴纳税款的内在驱动力，否定了纳税人对积极履行纳税义务的潜在动力。鉴于此，我们认为，要从根本上治理和纠正在税收执法中对纳税人所出现的怀疑、歧视性做法要得全面开展和优化纳税服务工作，从源头上治理税务机关的行政作为，充分尊重纳税人的税收权益。

## 二、我国纳税服务的演变进程

改革开放初期，我国税收工作强调管理权，在税收理论及实践中，很少提及服务一说，这主要是在当时的经济发展水平和整个税收意识培养上，普通老百姓的税收意识还比较单薄，老百姓的生括水平普遍较低，市场经济体制尚未真正建立起来，国民经济市场化程度并不高，以国有、集体企业为主体的纳税人和代表国家行使税收征收管理权力的税务机关在纳税问题上更加注重国家行政命令和行政计划，在税务实践过程中，人们更是将居民缴纳税款与国家财政收入之间的关系视为左口袋与右口袋的关系，对税收征管执法与纳税服务没有特别的诉求。

这个观念直到 1993 年召开的全国税制改革工作会议才被真正纠正过来。在这次会议上，"为纳税人服务"的概念第一次被提出，纳税服务与税收征管之间的关系也得到了一定程度上的明晰。1994 年我国开始推行分税制财政体制改革后，"纳税申报、税务代理、税务稽查"三位一体的税收征管模式在一些地方被试行，"以申报纳税和优化服务为基础，以计算机网络为依托，集中征收，重点稽查"的新型税收征管模式在 1996 年召开的全国税收征管改革会议上被提出，"优化服务"在税收征管中的基础地位首次被确定，纳税服务在我国作为公共服务的一个核心思想以文件的形式被正式确定下来。而后，这个核心地位在 2001 年修订通过的《中华人民共和国税收征收管理法》中进一步以法律的形式被确定下来。2003 年 4 月，国家税务总局下发《关于加强纳税服务工作的通知》，明确开展纳税服务在日常税务工作的地位，尤其是明确了纳税服务作为构建现代税收征管新格局的基础环节的地位，为我们各级税务机关将纳税服务工作列入重要议事日程提供了重要的制度保障。相应地，国家税务总局在征收管理司专门成立了纳税服务处，也在某种程度上为纳税服务提供了组织机构保障。2004 年 7 月，"优化服务"问题被时任国家税务总局局长的谢旭人在全国税务工作会议上再次重申。2005 年 10 月，国家税务总局制定下发了《纳税服务工作规范（试行）》（国税发［2005］165 号）。2007 年 5 月，国家税务总局在北京召开了全国第一次纳税服务工作会议，提出要构建法治、公正、服务、对等的税收征纳关系。2008 年，国家税务总局在其内部组织机构里正式成立纳税服务司，专司管理纳税服务机构的设置标志着我国纳税服务工作进入了一个新的发展阶段，其职能定位为"税法宣传、纳税咨询、办税服务、权益保护"，这就更为明确地指出了纳税服务的主要内容和主要目的。组织机构的设立从某种程度上看能够为纳税人创造一个公平、公开、公正的制度环境，必然有利于和谐税收征纳关系的发展，当然也有利于强化纳税服务作为税务机关核心业务的地位。表2-2实际上已经明示出我国纳税服务的发展历程。

表2-2　我国纳税服务的发展历程

| 阶　段 | 标　志 | 机构设置 | 服务内涵 | 服务方式 |
|---|---|---|---|---|
| 20世纪50年代—80年代 | 税收专管员制度 | 没有专门机构 | 一人进厂，各税统管，征管查合一 | 对纳税人支、帮、促 |
| 1994—1996年起步阶段 | 1993年全国税制改革会议，"为纳税人服务"概念第一次被提出 | 没有专门机构 | 精神文明建设范畴 | 改变态度，微笑服务，文明用语、制度上墙 |
| 1997—2001年发展阶段 | 1998年，金税二期推广运行 | 建立了集征收与服务为一体的办税服务厅 | 纳税服务从分散服务向信息数据化方向发展 | 以申报纳税和优化为基础，以计算机网络为依托，集中征收，重点稽查 |
| 2001年至今完善阶段 | 纳税服务作为行政行为的根本性质和法律地位以法律的形式被明确 | 2003年国家税务总局成立纳税服务处，2008年成立纳税服务司，各地开始成立专门纳税服务机构 | 服务经济建设、服务社会发展、服务纳税人 | 纳税服务融入税收征管的整个过程，成为税收管理的基础环节 |

## 三、需要厘清的几个关系

### 1. 纳税服务与税收执法的关系

市场经济条件下，税务机关可以被视为一个获取正常收入的"经济人"，只是这个"经济人"范畴更多的是强调为公共利益来获取收入，而非私利。从这个角度上看，依据征税机关的职责，税务机关若要想获取更多的税收收入，它最根本和最理想的收入筹集状态是"依法征税，应收尽收"。要实现这一目标，除了要求税务机关秉公执法外，还必须有纳税人对税务工作的实际支持和充分认可，否则可能会带来税收征纳关系的恶化。这些纳税人的实际支持内容包括：充分熟悉税收法律法规，充分享受到便利的办税服务，纳税成本最小化。为了得到纳税人对税务工作的支持，税务机关必须从根本上转变工作作风、努力优化服务，使纳税人懂税、懂法、懂政策，在实际纳税过程中能更为方便快捷地缴纳税款，尽可能减少纳税成本，从主观上积极提高纳税人的税收遵从度，这些都是纳税服务的核心内容。由此可见，纳税服务与税收执法最终调整的对象均是纳税人的行为，二者既有区别又有联系。

区别在于：税收执法是税务机关依照法律、行政法规和有关税收规范性文件的规定征收税款以及从事有关税务管理活动的一种具体行政行为。从《税收征收管理法》规定的内容上看，税收执法主要包括税务管理、税款征收、税务检查、税务处罚、税务行政复议等五个方面。税收执法的目标是促使税务机关依法履行职责，纠正纳税人涉税违规行为，严厉打击涉税违法犯罪行为，促使纳税人正确履行纳税义务，积极建立公平竞争环境。简而言之，税收执法是对纳税人行为有效调整和权益的适时保护，更多时候体现出对纳税人义务的课处。相比较而言，税收执法更多的是行为过程中的单向流动，是税务机关向纳税人的单向流动，对税务机关的税收执法行为纳税人只能单方面接受，如有不同意见，根据纳税人权益保护规定可以采取法律救济手段。鉴于此，过于简单粗暴的税收执法行为容易使纳税人产生抵触情绪，Klepper 和 Nagin（1989）就认为，"那种以为对惩罚的畏惧会减少违法行为的威慑假设不能直接应用到税收遵从上"。

而纳税服务从理论上来讲为纳税人提供优质高效的法律法规政策咨询服务和办税服务，是纳税人权益的正向增加，并不涉及到纳税人具体行为的课处，因此它的存在不仅不会直接增加纳税人的负担，甚至可以有效降低纳税人的办税成本。因此，有效提供纳税服务不但可以提高纳税人对税法的遵从度，也可以提高纳税人对税务工作的认可度。事实证明，纳税服务对于提高税收遵从度是有显著效果的。美国的税务部门从 1998 年开始实施重组和革新法案，在这个过程中，美国联邦税务部门通过大力开展纳税服务，让纳税人知晓税收政策，其效果非常明显，得出的结论是"1 份纳税服务的努力相当于 50 份税务稽查的收获。"通过税制改革的推进和纳税服务的开展，美国的纳税遵从率也因此达到了 98%。

联系在于：1998 年美国国会通过《IRS 重组和改革方案》后，IRS 提出了"服务＋执法＝遵从"的核心理念，把"通过帮助纳税人理解和履行税法义务，统一公平地使用税法，为纳税人提供最高品质的服务"作为 IRS 的使命。从中我们可以看出，纳税服务与税收执法是相辅相成、相互促进的有机统一体，纳税服务是征税人与纳税人接触的首要环节，离开了纳税服务谈税收执法，实际上是舍本求末，必然使税收执法成为旧行政监督管理模式下的监督打击，导致税收征纳双方关系紧张。市场经济推崇有法可依、有法必依，从这个角度上看，严格依法治税是最高层次的纳税服务。部分纳税人为了追求所谓的利益最大化，任凭"经济人"思想作怪，在守法和违法的"博弈"中选择逃避纳税义务，从而直接增加纳税人的利润。即偷税成为企业实现其利润最大化最终目标的一种必要手段，纳税人都乐于接受税务部门提供的税收服务，而不乐于接受税务部门实施的税收监管，"予则喜、夺则怒"正是这种纳税心理的集中体现。在此背景下，如果税务机关只讲服务不讲执法，就会放松税收监管，必然使得整个社会的涉税违法案件增多，经济社会的正常秩序受到影响。因此，税务机关必须对少数偷、逃、坑、骗税者给予严厉打击，也只有这样才能有效保护现实生活中那些守法纳税人的合法权益。由此可见，尽管税收执法和纳税服务所针对的对象有所不同，但两者存在的目标是相一致的。纳税服务针对的是所有的纳税人，而严格执法虽然名义上也是针对所有的纳税人的，但实际上是针对违反税收法律法规的纳税人。严格执法其实是对依法纳税的纳税人的保护，是为经济建设服务，为所有纳税人提供公平、公正的竞争环境，为纳税人提供优质服务的最好体现和法律保证。这种关系我们可以用图 2-2 来表示。

所以，离开了税收执法谈纳税服务，等于将纳税服务架空，纳税服务因此会变得空洞、乏味、表象化。基于税收工作的过程既是执法的过程，又是为纳税人服务的过程考虑，我们认为税务机关不仅要做好收税的本职工作，也应同时做好为纳税人服务的工作。纳税服务作为税务机关的行政行为之一，与税务机关的其他行政行为，特别是税收执法行为是密不可分的。优化纳税服务，要坚持纳税服务与税收执法并重，努力做到在服务中执法，在执法中服务。

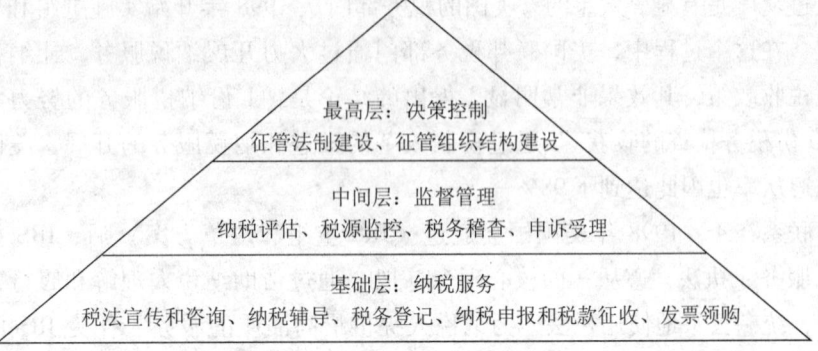

图 2－2　纳税服务所处层级示意图

2. 纳税服务中的"客户"不同于商业服务中的"客户"

在理论界，有两种截然不同的立场存在于公共管理研究之中：管理者的立场和公众的立场。传统观点基本上秉持管理者的立场，即以政府的公共管理作为核心研究对象，以"公共部门如何实现和服务于公共利益"为焦点，主要关注"作为公共利益的代表者和维护者怎样才能对公共事务进行有效的管理"。站在管理者立场来实施税务管理的弊端是显而易见的，基于这种立场，税务部门所开展的税收征管工作可能更多的是传统税收模式下的税收征管工作，即重打击、轻服务，过分强调"刚性"管理，忽视"柔性"服务；习惯于用解决敌对性矛盾的方法解决税收执法过程中的诸多税收征纳矛盾问题；把打击偷逃税行为作为税收征管工作的关键或主要内容。由此可见，基于管理者的立场采开展税务征管工作最终可能会导致偷逃税案件愈查愈多，屡禁不止。新公共管理理论站在公众的立场上对政府和社会公众的关系进行了重新定位。政府不再是拥有绝对政策权力制定者和执行者，不再是传统意义上的官僚机构，政府工作人员应该是负责人的"企业经理和管理人员"，社会公众则是提供政府税收的"纳税人"和享受政府服务作为回报的"顾客"。克林顿总统的 1993 年行政令——"制定顾客服务体系"中使用了这样的定义："为了本行政令的目标起见，这里的'顾客'指的是一个部门或机构直接服务的个人或实体"。

税务部门是政府公共部门的重要组成部分，这决定了税务机关为纳税人所提供的纳税服务必然属于公共服务的一种。在这项服务的供求关系中，国家或者政府是服务的供给者或者"供应商"，纳税人则为服务的使用者或者"顾客"。纳税人为使用这项公共服务（包括纳税服务）所应付出的成本就是向国家缴纳的税收。但总的来看，由于公共服务具有显著的正外部性特征，这必将导致诸如纳税服务之类的公共服务与一般商业性服务是有着本质意义上的区别。

首先，提供服务的主体不同。纳税服务是由税务机关向广大纳税人就其在纳税过程中所遇见的政策性疑难问题进行排忧解难及提供办税时的方便快捷，因此，它所涉及的主体必然是税务管理当局和税务行政管理人员。而一般商业性服务的提供主体是商业性服务机构，因此这项服务的供给主体必然是经济社会里追求利润最大化的经济人。当然，这种商业性服务是平等的双方民事主体基于双方共同意愿而建立起来的一种具有等价支付关系，是一种常见的民事行为。

其次，服务的目的不同。一般商业性服务完全以盈利为目的，而税收征纳关系并非一般意义上的债权债务关系，更不是为了达到某种政治经济上不可告人的企图。纳税服务作为税务机关的一项基本工作，它的最终目的是为了促使纳税人依法纳税、从根本上降低纳税人的非故意性税收不遵从和无知性税收不遵循。因此，它存在的目的并不是为了盈利，更不是为了赚钱，也不是税务机关为了得到回报而给予纳税人的馈赠。当然，如果超出了这个最终目的，则可能是另外一种情况，即税务机关及其工作人员的渎职或者是与纳税人共同违法或犯罪，这就不是我们这里所说的纳税服务了。由此可见，税务机关开展纳税服务的范围和作用也是有限度的，它必须要在国家法律法规和政策的框架范围内实施，否则就是无效的纳税服务。进一步看，纳税服务的内涵和手段都是有边界的，不可能无限度地扩展。我们所主张的纳税服务应避免无限地扩大服务范围，否则将无法承担后果，甚至会损害政府的信誉和形象。

再次，服务主体在具体的服务过程中所扮演的角色不同。在纳税服务的供给过程中，税务机关或者是税务人员是指导者、教育者、信息传递者，而一般意义上的商业服务供给者则是"客户经理"。需要我们注意的是，当前我国部分地区的税务机关或税务工作人员所提供的纳税服务有淡化纳税人的纳税意识之嫌。例如，可以由税务机关辅导纳税人填写的纳税申报表，有些工作人员直接代纳税人填写；纳税申报截止日期到来后，纳税人本应自觉申报纳税，结果还需要办税大厅工作人员或税收征管部门来提醒，很多原本应当由纳税人办理的事项都由税务机关代劳了，这样做不但没有真正实现纳税服务的供给目的，还有可能助长纳税人的依赖心结，且不利于明确相关法律责任。因此，税务工作人员不能都成为一般意义上的"客户经理"。

最后，服务的替代性不同。税务机关提供的纳税服务是一项特殊的公共服务，它所面对的"客户"是广大纳税人，尽管我们提倡税务机关提供个性化纳税服务，但这种个性化纳税服务必然带有普遍意义上的个性化服务特征。税务机关不可能为了不具有普遍意义上的单个纳税人个体的利益需求来提供纳税服务。对纳税人来说，在税务机关、税务管理人员所提供的纳税服务无论是内容选择上，还是在形式选择上，与普通商业服务相比，服务替代性显著不同。在市场经济条件下，后者的选择余地非常大，可替代性相对较多。

总之，一般商业性服务中双方的关系是一种民事约定，而纳税服务的法律规范是刚性的，两者没有什么可比性，彼此服务关系的直接比较是绝对的理论误区。"始于纳税人需求，终于纳税人满意"，其中的"需求"和"满意"是有特定含义的，税务机关开展纳税服务的范围和作用也是有限度的，任何超越此限度的纳税服务都将是无效的，甚至是违法的。当然，纳税服务的内涵和手段也是有边界的，不能无限度地扩展。这就要求我们在构建和谐税收征纳关系的应避免两个极端，过度集中政府的管制权力，这可能会侵犯公民个人的私有权力；无限地扩大服务范围，这可能会导致无限责任问题的产生，且对政府的信誉造成严重损害。

3. 纳税服务供给过程中的成本效益问题

由于纳税服务在供给过程中必然有成本支出，依据市场经济的要求，我们必须对服务供给成本有一个清醒的认识。一般而言，纳税服务的供给成本是国家公共财政支出的一个组成部分。对此，我们认为，税务机关在提供纳税服务的过程中需要遵循成本收益原则，用最低的成本博取最大的服务收益。在纳税服务实施之前，税务机关应当对实施的成本和收益进行评估，科学确定纳税服务成本支出规模，高效使用财政经费。尤其需要我们注意的是，我们应以网络与信息化建设为契机，改革当前的税收征管模式，提高税收行政效益。事实上，在提供纳税服务的同时，税务机关也应根据纳税人的实际需求对税款的缴纳方式、稽征模式进行科学化、人性化管理和改革，纳税人对税务机关的正常工作认可度更高，税收遵从度也因此呈现显著提升的态势，纳税人违法几率降低，税务机关的征税费用与纳税人的奉行费用都可能会因此减少到最低水平。

亚当·斯密在他的《国民财富的性质和原因研究》中把便利和节省作为征税的基本原则，这也是关系到纳税服务的两条基本原则。便利原则指的是征税及其相应的管理程序必须尽量从简，给纳税人最多、最大的方便。节省原则指的是纳税服务体系的建设要尽量节约开支，以使税收征管成本和纳税成本减到最低。便利、节省原则体现了新公共管理理论站在公众立场以纳税人为导向和同时注重成本管理的内在要求。

基于这个原则，纳税服务不应该是一个大规模的"烧钱"行为。纳税服务需要足够的投入，但这些投入也需要讲究投入与产出效益，特别是在网络与信息化背景下的纳税服务，无论是 CTAIS 还是 12366，都不应该是一种"烧钱"游戏。最佳效果应该是税务机关的征税成本和纳税人的纳税成本的双降，把纳税人要费很大力气的事由税务机关通过网络与信息化服务来完成，这一方面降低了纳税成本，同时也不应该过多增加征税成本。

# 第三节　网络与信息化纳税服务特点

众所周知，技术上的创新是服务发展的突破点，伴随着我国税收信息化建设步伐的加快，网络与信息化为我国纳税服务的发展注入了新的活力，网络与信息化在各级税务部门正常业务处理过程中发挥了积极的作用并且为税收征管效率的提高提供了技术保障。一方面，对于纳税人来说，税收信息化建设突破了时间和空间的限制，为纳税人提供及时、快捷、准确的服务，能真正有效地降低纳税人获取服务的成本，满足了纳税人的纳税服务需求，进而提高纳税人对税务工作的满意度，提升了纳税人的税收遵从度。另一方面，对于税务机关来说，借助网络与信息技术对业务流程进行再改造，将不必要的人工处理环节充分电子化和智能化，优化组合税务机关的内部结构，在降低税务机关运行成本的同时积极探索提高税务工作效率的新途径，尤其是探索提高纳税服务质量与效率的新途径。同时，网络与信息化的内置技术刚性和技术柔性特征也为我们改善税务治理环境、提高税务管理质量提供了技术保障。网络与信息化的技术刚性可以规范税收业务，完善税务机关内部治理结构，确保税务工作的绩效评估质量；网络与信息化的技术柔性可以充分拓展纳税服务范围，利用人工智能为纳税服务决策提供依据，实现税务部门的精细化、智能化、科学化管理。因此，我们可以将网络与信息化背景下的纳税服务特定归纳为具有以下几点：

## 一、增强纳税服务的主动性与互动性

传统理念和传统模式下的纳税服务被归属到精神文明建设范畴，其工作着力点和工作标准更多的局限在文明征税、礼貌待人、廉洁从政、树立形象等层面上，带有明显的恩赐、施舍色彩。而现代意义上的纳税服务是社会政治文明和公共服务的重要组成部分，更多的要求税务机关要将纳税服务作为税务机关的一项基本职责来做，充分强调了纳税服务的主动性，即要做到想纳税人之所想，急纳税人之所急，积极主动、想方设法地为纳税人提高的优质、便捷、准确的纳税服务。纳税人对纳税服务的需求是税务机关开展纳税服务工作的依据；反过来，纳税人对服务工作的有效评价是税务机关改进纳税服务工作、提高纳税服务质量的唯一标准。只有形成税务机关的服务工作与服务对象之间的良性互动，才可以不断改进纳税服务的内容和形式，才可以不断增进纳税人对税法的理解，最终达到纳税人满意的效果。

20 世纪 90 年代以来，因特网的高速发展推动了人类社会向信息社会迅速转变，全球的网络化不断扩张。2010 年 7 月底，中国互联网络信息中心（CNNIC）发布的统计数据显示，截至 2010 年 6 月，中国网民人数突破了 4 亿大关，已超过 4.2 亿。这意味着全球每 5 个网民中，至少有一个是中国人。互联网普及率攀升至 31.8%；另外手机网民人数为 2.77 亿，半年新增手机网民 4334 万。随着宽带逐步的"飞入寻常百姓家"，网络正逐渐成为人们生活中越来越重要的交流沟通方式。互联网用户数的持续增长，互联网用户强劲的个性独立和社会化需求以及互联网应用的不断创新和积累，都为创新纳税服务手段提供了成熟的技术平台。以 Blog、Wiki、SNS、RSS 等为代表的 Web2.0 技术与应用的出现，使得互联网进入了一个全新的发展阶段，数据存储的网络化、社会关系网络、RSS 应用以及文件的共享等概念成为了网络与信息技术的宠儿。这些技术无一不强调了用户的参与和在线的网络协作，税务部门对这些技术的引进和应用拓展了与纳税人沟通的渠道，实现税务人员和纳税人之间的互动式交流，可以更好地了解纳税人的个性化需求，了解纳税人的呼声，增强了纳税服务的主动性和互动性。

## 二、提高纳税服务的科技含量，实现纳税服务手段的新突破

纳税服务网络与信息技术含量的增加，拓展了税务机关为纳税人服务的渠道和手段。它一方面可以为广大纳税人提供优质、高效、便捷的服务，特别是顺应特殊纳税人的需求，努力促进大众化服务向个性化、多元化服务的转变；另一方面又可以进一步促进税收征管制度的优化和完善。这种新型沟通联系方式，充分利用了现有的网络与信息技术和资源，使得纳税服务零接

触模式成为可能。纳税人在这种模式下可以不与税务局发生任何直接关系，所有的联系都通过高度集成的电子平台来进行，充分实现了税收专管员和纳税人之间及时有效的沟通，甚至可以实现在线或离线的长效交流。它推进了税收管理和纳税服务的现代化、社会化，真正实现纳税人在现代税收管理进程中享受到更为方便、快捷、准确的纳税服务。

## 三、降低税收成本，充分体现便利、节省原则

税收成本有狭义和广义之分。狭义的税收成本包括征税成本和纳税成本。征税成本实际上就是指税务机关的征税费用，包括税务机关人员的劳务工资、奖金福利支出；税务机关办公经费支出；还包括针对纳税人的各项辅导费用、税法宣传成本费、税务人员培训经费等。纳税成本包括纳税人填写纳税申报表、设置账簿、核定财务费用方面所实际支出的成本，同时也包括聘请注册会计师、注册税务师所花费的支出以及纳税人为办理纳税登记所支付的工本费用、交通费用和时间损失等。广义的税收成本还包括征税所带来的社会成本，有时也称之为税收超额负担，是指征税给社会和经济带来的负效应，如影响消费者与生产者的决策，对资源配置的干扰与扭曲造成社会福利的损失。

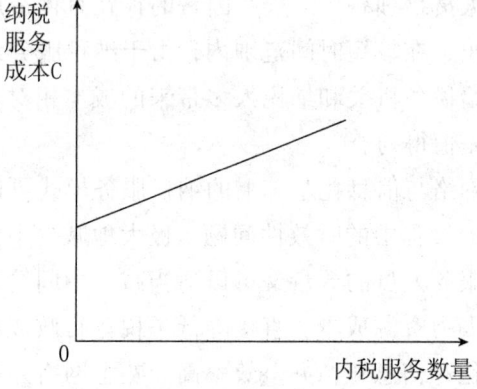

图 2 - 3　传统模式纳税服务成本分析图

在传统的纳税服务模式下，尽管缴税流程复杂繁琐，纳税人也只能被动地接受，税务机关在没有真正引入网络与信息技术的背景下尽管付出了相对较多的人力物力来供给纳税人所需的纳税服务，但其效果并不是十分突出。与此同时，税务机关在组织工作时对纳税服务的成本效益关注度相对不够，他们更多将注意力集中在完成上级行政主管部门所下达的税收指标或税收任务上，纳税人所需的个性化纳税服务要求被忽视了。这既破坏了税务机关在

纳税人心目中的形象又提高了纳税人的直接纳税成本，直接影响了纳税人的纳税积极性。

从短期来看，网络与信息化模式下的纳税服务因其前期投入规模相对较为庞大，其税收成本也相对较高，这其中的根由主要有以下几个方面的内容：首先是基础设施建设需要巨额投入。如 1995 年世行贷款 4000 万美元用于北京等 19 个城市计算机及相关设备的购置及更新换代、维护维修、折旧，网络的铺设和使用费，机房的建设费用等硬件设施的支出。仅如此类基础设施的更新费用事实上就形成了较高规模的税收成本。其次是高额的专用技术和软件的研发成本，如防伪税控技术和设备的后续研发和维护费用，CTAIS 软件的开发和维护费用等等，这些网络与信息技术都具有极高的技术含量，不可能由国税系统本身来完成，承担开发工作的软件开发企业在开发过程中投入了大量的人力物力财力，也当然希望获得高回报，这种高回报对于税务机关来说，自然就垫高了税收成本。最后是在新旧税收管理模式转换的转换成本。这种成本是现实生活中可以归结为各种会议的动员成本，新税收管理模式下的技术和业务培训费等。当然，这种转换成本也可以归结为纳税成本，如企业为适应增值税征管办法而购进的增值税防伪税控系统，以及为正确使用此防伪系统所进行的人员培训费用。这些因素的存在直接造成税收成本的急剧上升。由此可以看出，在较短时间范围内，由于纳税服务设施的前期投入规模相对较大，所以给税务机关和纳税人多带来的成本相对较高。但从长期效益来看，这项投资是值得的。

从长期来看，网络与信息化基础上的纳税服务模式可以有效减少信息传递的时间和信息处理过程中的时效性问题，极大地减少中间管理层次，这既可以减少一线纳税服务人员的数量又可以适当减少中间管理层次的人员，大大降低纳税服务的人力资源成本，直接降低了税务行政成本。同时伴随着征收手段的日益网络化和信息化，办事效率高、熟悉网络办事流程的税收征收管理队伍将逐步得到建立，税收的征收成本必将大幅度降低。考虑到税收信息化对促进税务管理的内在有用性，我们可以看到，税收信息化的高度实施，必将有利于促进税收征管规程的规范化和标准化，税务登记、纳税申报、发票管理等诸多管理环节的分工将会更加明确。分工越明确，办事效率将会越来越高，税收成本也将会逐渐递减。而税收信息化所带来纳税形式多样化优势，如传统的手工申报、电子申报、网上申报、IC 卡申报等，将会纳税人根据自身情况选择一种适合于自身需要的申报方式，这自然有利于提高纳税人参与到税收管理行为过程中的积极性。不仅如此，税收信息化还能有效减少纳税人获得税务信息和服务的成本。税务机关利用计算机网络的信息速递优势，建立起了网络化的税务信息公告制度，及时有效地提供网络纳税服务，让纳税人能随时随地通过网络办理纳税事务，并且还能更及时的清楚掌握国家有关财政税收法律法规政策的变化情况，充分享受各种个性化的服务，这也必然会有效降低纳税人的纳税成本和心理遵从成本。

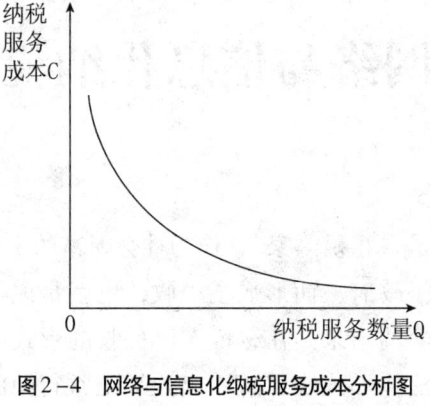

图2-4　网络与信息化纳税服务成本分析图

　　从长远来说，税收信息资源可再生与可重复利用特征使其对任何信息使用者都无显著排他性，使用量的增加不会显著提高其使用成本，边际成本为0。换句话说，税收信息共享程度越高，纳税人从中获得的信息收益将会越高，税务机关的征税成本将会越低，税收信息化的实现将会大大降低纳税服务的税收成本。另外，在税收信息化环境下，税务机关如果能够完全有效地为纳税人提供更快捷、更及时、更准确的纳税服务，必然有助于规范税务机关的工作和树立税务机关的良好形象，对税务机关的正常工作具有显著的正外部效应。

# 第二章　网络与信息化纳税权益服务

　　现代国家多数都是"租税国家"，作为社会财富的主要创造者，纳税人把自己的消费权转移给了政府从而形成了税收，也就是说税收是国家的征税权与纳税人的财产权博弈的结果。在纳税人以税收的形式出让部分财产权的过程中，纳税人享有用法律形式确保这一出让被正常行使的权利，税务机关保护纳税人的合法权益同时为纳税人提供良好的服务是一个民主国家法制化的基本要求，正如美国学者路易·亨金所说："我们的时代是权利的时代"。

　　新中国成立以后，在计划经济体制背景下，我国的税收理论基础一直是"国家权力说"和"国家需要说"，强调的是国家税收的强制性和无偿性，以此为依据制定出来的税收法律赋予了纳税人较多的义务和较少的权利。随着我国社会主义市场经济体制的建立和不断完善，纳税人经济上的独立性逐步增强，纳税人权利也在不断获得重视，宪法、税收征管法等法律制度对此均有所体现，像《税收征管法》经过两次修改之后增加了许多关于纳税人权利的规定，纳税人权利保护从最初强调保障国家的征税权力进化到将保障国家征税权力与保护公民权益有机结合起来的阶段。不过由于受历史遗留下来的惯性思维的影响，对于在政府税务机关工作的每个国家公务员而言，征税形式上是在完成上级安排的任务和计划指标，在征税过程中征税机关代表国家以管理者的姿态出现，轻视甚至任意践踏纳税人的权利的事情屡见不鲜，纳税人权利与义务很难实现对等，导致纳税人对立情绪的出现从而税务征收管理工作产生了严重的影响，亦无利于我国经济社会的文明和进步。纳税人将财产权的一部分让渡到政府手中，政府势必要向纳税人提供公共产品和服务，税务机关对纳税人的尊重是保障纳税人权利顺利实现的一个重要组成部分，纳税服务不再仅仅只是职业道德要求，而是税务工作人员的基本行政行为，我们必须让纳税人感觉到国家与纳税人之间法律地位是平等的，税务人员不按纳税服务的规范去做就是"行政不作为"。

# 第一节 纳税权益服务的定义及存在的目的

## 一、纳税权益服务的定义

对纳税人权利的概念的诠释是研究纳税权益服务的前提。

### 1. 权利与权益

"权利概念，而不是义务概念，是法律思想的起点。"作为一种文化和制度现象，权利是指"公民或法人依法行使的权力和享受的利益，跟义务相对"。由此我们可以知道，权利是法律赋予的，可以依法行使，当然在拥有权利的同时还要承担法律所规定的义务。换句话说，投有无义务的权利，也没有无权利的义务，依法行使的权利和依法承担的义务是对等的，义务是作为权利的相应代价而存在的，而且义务只能从权利中派生出来，相反权利不能从义务中产生，当权利受到损伤或侵害时，可以借助法律规定的程序进行维权。

权益包括权利和利益两个部分，一直以来诸多专家学者习惯于把权利和利益连在一起进行研究。经济法学家漆多俊教授曾指出所谓权利就是经过社会权衡、协调、界定最终得到公认的被保障的应受分配之利益。从立法的实际工作来看，我国《税收征管法》中规定的保护纳税人权益的有关条款，其具体内容也是保护纳税人权利，最根本的原因就在于税收与纳税人的利益尤其是财产利益关系紧密，其着眼点就是保护税法已经确认和保障的、已经上升到"权利"层次的那部分纳税人利益。

### 2. 纳税人权利

一般来说，纳税人权利是根据依据法律、法规的有关规定，在纳税人依法履行纳税义务的过程中被法律确认、保障与尊重的那部分权利和利益，以及当纳税人的合法权益受到损失或侵犯时，纳税人所享有的获得的救助与补偿的权利，其本质是全体人民权利在税法领域的具体体现。需要明确的是虽然纳税人权利由法律规定并被法律所保护，但是按照税收法定原则，纳税人在税收法律关系中所享有的权利是有范围界定的，必须以法律的规定为限。

对纳税人权利的具体定义一直是众说纷纭，综合起来可以从广义和狭义两个方面来理解。广义上的纳税人权利指的是纳税人在依法履行纳税义务的同时还享有政府对其提供公共产品及公共服务的权利，包括制定税收法律政策时的参与权、对税收行政执法相关规定的知情权、商业机密和个人隐私的保密权，还有对税收征管之后税款如何使用的监督权等。狭义上的纳税人权利指的是纳税人在依法承担纳税义务的同时，享有按照法律规定税务机关可以对其作出或不作出一定行为，以及要求税务机关作出或不作出一定行为的权利，包括纳税人的合法权益被侵犯时应当获得的救助与补偿。这个定义包含着这几层意思：第一，纳税人享有的权利是体现在特定的税收法律关系中的权利，有着固定的法律基础；第二，纳税人享有权利是在依法承担纳税义务时才能享有的，体现了权利与义务的对立统一，既没有绝对的权利也没有绝对的义务；第三，纳税人权利的行使是依照法律规定可以作出或不作出一定行为；第四，纳税人的合法权益在被侵犯时应当获得救助与补偿，是纳税人权利中非常重要的一部分。

本节所论述的纳税人权利指的是狭义上的纳税人权利，即税款缴纳整个过程中的程序性权利，是微观层次上的纳税人权利。在界定了本书即将讨论的纳税人权益的范围之后，我们就可以进一步将本书要讨论的纳税权益服务界定为税务行政救济部分，同时由于这部分探讨的是网络与信息化条件下的纳税权益服务，所以侧重点不在于救济内容的本身，而在于实现救济的技术手段，也就是在税款缴纳的全部过程中纳税人认为自己的合法权益被侵犯时，税务部门对其提供救助和补偿的各种平台与渠道。

## 二、纳税权益服务存在的目的——实现社会交换

从 20 世纪 80 年代末以来，对于税收征纳这个问题西方税收理论界从心理学和经济学等多角度进行了大量的实证研究，结果表明，绝大部分人所缴纳的税款要比传统经济学方法预测的要多得多。于是，Andreoni（1998）等人认为，纳税遵从的标准经济学模型和现实生活中的纳税遵从行为之间存在着明显的差异，纳税不遵从被严重高估了。所以，税务机关有必要改变看待税收征纳关系的角度，即承认纳税人有与征税机关长期合作、自觉承担纳税义务的动机，征纳双方的关系并不是完全对立的，这其中存在着合作的基础，也就是把政府与公民之间的法律关系看作是一种责任与权利对等的法律关系，征税机关和纳税人之间实际上存在着一个内隐的契约。纳税人希望征税机关可以维护作为其纳税人的权益，不要总是把纳税人看作是潜在的逃税者来对待。作为相应的回报，纳税人也将诚信纳税，毕竟依法纳税这一种理念在人

们思想中已根深蒂固，同时不遵从纳税义务导致的惩罚和经济上的损失也是实实在在摆在那里的。如果征纳双方都意识到这个问题同时接受这样一种契约，传统的非合作博弈就会演化成合作博弈，一种新的和谐的税收征纳关系就会逐步建立，这对于税务机关全面理解纳税人的行为和需求，改善税收征纳双方关系，促进纳税人依法诚信纳税及调动纳税人参与税收管理的积极性无疑是一种有益的尝试。

# 第二节　社会交换理论与实践

## 一、社会交换理论

资产阶级启蒙思想家所创立的天赋人权论和社会契约论是西方经济发达国家的税收起源，契约的产生有其必然性，最初来自于对国家起源这个问题的探讨，是人们为了提高自身福利所作出的选择。荷兰法学家和思想家格劳秀斯给国家下的定义是一群自由的人为了享受权利以及彼此之间共同的利益而结合起来的联合体并提出了国家源自于契约的理念。即国家是全体人民订立契约，以国家的形式，在法律的保障下来服务于人们，保护人们所享有的生命、自由和财产的权利，保障人民享受社会安全和社会秩序并促进人类社会全面发展。个人让渡给国家的部分财产权利就是税收，税收是政府机关得以存在的经济基础。以此为基础，西方经济学家对于国家为什么征税、纳税人为什么纳税开展了进一步的研究，产生诸多流派，其中占据主流地位的是"交换说"。交换说，也叫买卖交易说、均等说、利益说或者代价说，是随着国家契约理论的发展逐渐形成的，由英国人霍布斯于 17 世纪提出。他认为政府的征税行为与人民的纳税行为是一种政治契约，彼此之间存在着利益交换关系。"人民之所以为公共事业缴纳赋税，无非是为了获得和平而付出的代价。同样享有这种和平的福利部门就必须以货币或劳动的形式，为公共福利贡献自己的力量"。霍布斯关于税收利益交换说的思想被洛克进一步发展延伸，洛克认为赋税是政府向人民提供利益而取得的报酬；人民的缴纳税款是为了从政府提供的服务中得到利益而付出的一种代价。国家的强大、国家机构的运转都需要通过征税来予以保障，国家应有的作用也才能被发挥出来，人民的需要才能得到满足。简单地说就是人们对公共产品的需求引发了国家提供公共产品的职能，国家提供公共产品的职能又促生了财政需求，财政需求产生了国民的纳税义务。

随着市场经济的飞速发展，现代公共管理理论认为市场经济在政府和私人之间划分了明确的分工，公共事务由政府来主导，中心价值取向是公共利益；私人事务由私人来主导，中心价值取向是私人利益，市场经济承认私人利益并且保护这种利益的实现。因此政府从"万能"政府转变成"有限"政府。在这个理论平台的基础上，生产和消费理论被瑞典经济学家林达尔引入到税收研究中，并由此产生了著名的"税收价格学说"，即在市场经济这个背景下，政府与纳税人之间的关系就是对公共产品包括公共产品、公共服务等内容在内的"生产"和"消费"关系，其中纳税人是"购买方"，政府是"卖方"。纳税人以向政府"付费"即缴纳赋税的方式"购买"政府提供的公共产品和公共服务；政府依照"合同"的要求，按时保质保量地完成公共产品或提供公共服务，彼此交换的权利总量和义务总量从数量上看应该是价值相等或者是额度相等的。

从上述分析中我们最终可以明确，国家征收税款和公民缴纳税款是一种权利义务的相互交换：税收是国家保护公民利益实现时获得的报酬，同时纳税人缴纳了税款就理所当然地应该享受政府提供的各种公共产品或公共服务。纳税人与政府之间这种契约关系的维持，实质上是一个连续地重复博弈。博弈论认为，人是理性人，每个人都会在现有的约束条件下实现自身利益的最大化；人与人之间的信息是不对称的，在交往中往往会产生冲突，彼此的行为互相影响。人们结成各种关系目的是为了互相给予并索取有价值的东西，如果人们相互交换的代价的越是公平、报酬越多，就越有可能产生互惠的义务并以此作为标准来引导以后的交换、公平和诚信，进而提升双方的效率。反过来，如果人们越是不遵守交换关系中的互惠制度和义务，那些利益被危害了人就越有可能成为互惠规范的消极抵制者，并且很有可能用不理智或不合规范的行为惩罚危害了自己利益的人，这样就导致了双方的互不公平并且效率低下，彼此不能和谐共处，引发未来的不合作或违规。从某种程度上，税务机关的服务质量代表了国家提供的公共服务的整体水平，会在纳税人对其获得所有公共产品质量进行判断时产生直接的影响。如果纳税人缴纳税款以后而政府却不能为公众提供满意的公共服务，那么在纳税人的下一次选择中，就极有可能消极的对待自己的纳税义务。就我国目前的行政组织结构来说，该链条中隐藏着下面这样一条委托代理链条：社会公众把征税的权力委托给国家税务总局，然后国家税务总局把这项权力委托给各省（自治区、直辖市）税务机关，各省（自治区、直辖市）税务机关的领导把分解的工作任务再委托给各职能部门，职能部门负责人最后把具体工作委托给工作人员。在这种委托代理关系中一个人或某些人或一个组织（委托人）授权于另一个人或组织（代理人）为实现其利益而从事某些活动，这种授权中包括给予代理人某些决策权力。如果不考虑社会公众的层面，税务机关可以将税务系统中的这种代理抽象化为三层委托代理关系：组织与组织、组织与个人、个人与个人。由于委托人和代理人在目标上有差异，在"经济人"这个前提下，拥有私人信息的代理人会在最大程度上增加自己效用，进行投机活动，这个时候代理人很有可能就偏离了组织的目标方向，从而给组织带来效率上损失和管理成本的增加。也就是说，政府一方面是受纳税人的委托来保证社会契约顺利履行的执行人，另一方面是具有利维坦倾向的损害纳税人利益的人。新制度经济学专家们对如何解决或部分解决委托代理中代理人偏离委托人目标的问题进行了深入研究，他们发现质量考核作为一种有效的"制度装置"，可以通过使委托人和代理人的信息公开化透明化的方式让有关信息在税务机关系统内部自由的流动。在完善的质量考核体系中，指标不仅可以有效地衡量税务人员的工作绩效同时也给代理人提供相对完整的信息，使代理人从纵向和横向两个与已知的信息进行比较，反映出代理人的努力水平，使委托人（即纳税人）不被蒙蔽，最终达到双方目标趋同的目的，由此更加深入、有效地维护纳税人权益，纳税人的知情权、参与权、表达权和监督权得到充分的保障。

## 二、我国纳税人的主要权利

国家税务总局于 2009 年 11 月 6 日正式发布了《关于纳税人权利和义务的公告》，把散落在《税收征管法》及其实施细则及相关税收法律、行政法规中的有关规定进行了梳理，明确规定了我国纳税人的权利，这一举措对我国的纳税服务、纳税遵从产生了极其深远的影响，有力地推动了我国服务型政府的建设。具体的纳税人权利有：

1. 知情权

知情权包括税收政策知情权、涉税程序知情权、应纳税额核定及其他税务行政处理决定知情权和法律救济途径知情权。也就是说，纳税人有权向税务机关了解现行税收法律、行政法规和其他税收政策规定及相关政策解释，有权知晓各类税收事项的受理时限、方式、手续以及需要提交的资料；有权知晓税务机关对特定纳税人依照规定程序和核定方法作出缴纳多少税款以及实施税务检查或其他税务行政处理决定的法律依据、事实依据和计算方法，有权知晓当自己与税务机关就纳税、处罚和强制执行措施等事宜发生争议或纠纷时，纳税人申请税务行政复议或提起行政诉讼需要满足的条件。

2. 保密权

纳税人依法享有保密权是保护纳税人合法权益的基本要求，法律赋予了税务机关在税收征收管理中有掌握纳税人生产经营信息和个人信息的权力和手段，但税务机关获得的信息只能用于税务管理而不能用于其他方面，如果没有法律、行政法规的明文规定或者纳税人的许可，税务机关不能用于其他方面。

保密权所对应的需要保密的信息，是指税务机关在税收征收管理工作过程中依法制作或者采集的，通过某种形式记录、保存下来的纳税人那些不被公众所熟知但是具有实用性能给纳税人带来经济利益并被纳税人采取保密措施的技术信息和经营信息以及与纳税人、主要投资人或经营者有关的个人信息，如储蓄账户账号、个人财产、婚姻状况等。需要指出的是，纳税人的税收违法行为信息不属于保密范围。

3. 税收监督权

控告和投诉税务机关或税务工作人员的违法违纪行为是纳税人的重要权利，如果税务机关存在违反税收法律、行政法规的行为，纳税人可以向其上一级税务机关进行投诉，如果税务人员存在个人违反税收法律如索贿受贿、徇私舞弊、玩忽职守，不征或者少征应征税款，滥用职权多征税款或者故意刁难等，纳税人可以向其主管机关进行投诉，同时，纳税人对其他纳税人是否存在税收违法行为也有权进行检举。

4. 纳税申报方式选择权

纳税人有权在其发生纳税义务或代扣代缴、代收代缴义务后，按照申报时限的要求选择某种方式向自己的主管税务机关进行申报纳税，有关纳税申报方式的内容在本书第四章已经作了详细介绍和分析。需要明确的是如果纳税人不是上门直接申报而是选择了邮寄申报、数据电文申报等申报方式的，需要经过税务机关的批准。

5. 申请延期申报权

纳税人如果确实有特殊困难，不能按期办理纳税申报或者报送代扣代缴、代收代缴税款报告表，为了保护纳税人的正常生产经营和合法权益，纳税人可以在规定的期限内向税务机关提出书面延期申请，经税务机关审核批准，可在核准后的期限内办理。需要注意的是，纳税人经税务机关审核批准延期办理申报、报送事项的，并不是当期不用缴纳税款，仍然需要在税法规定的纳税期内按照上一期实际缴纳的税款或者税务机关核定的税额预缴税款，然后在核准的延期内办理税款结算。

6. 申请延期缴纳税款权

当纳税人遇到下列情况之一导致纳税人不能按照法律、行政法规规定的时限缴纳税款的：一是不可抗力如地震、洪水等自然灾害或者战争、动乱等社会事件导致纳税人发生了较大损失，正常生产经营活动受到严重影响的，二是当期货币资金在扣除应付职工工资、社会保险费后，不足以缴纳税款的，纳税人都可以在缴纳税款时限届满前向主管税务机关提出申请，并报送相关材料，经省、自治区、直辖市国家税务局、地方税务局批准，可以延期缴纳税款，但是最长不得超过三个月，在批准的期限内，不加收滞纳金。计划单列市的国家税务局、地方税务局可以比照省级税务机关的批准权限，审核批准纳税人的延期缴纳税款申请。

7. 申请退还多缴税款权

如果税务机关发现纳税人多缴了税款，应该从发现之日起10天内对纳税人超过应纳税额缴纳的那部分税款办理退还手续；如果纳税人自己发现多缴了税款，可以从结算缴纳税款之日起三年内要求税务机关退还并且加算银行同期存款活期利息。税务机关在接到纳税人上报的要求退还多缴税款的申请后30天内核查证实然后办理退还手续，如果还涉及到需要从国库中退库的，按照法律、行政法规中有关国库管理的规定办理退还手续。需要说明的是多缴税款退税的规定中不包括依法预缴税款形成的结算退税、出口退税和各种减免退税。

8. 依法享受税收优惠权

税收优惠是税收杠杆调节作用的一种体现，是国家运用税收政策给予特定的行业、特定的区域、特定类型的纳税人或者特定的课税对象减轻或免除税收负担的一种优待，包括减税和免税两部分内容。纳税人可以按照现行法律法规政策的规定以书面申请的形式向相关部门报批减征部分税款或免征全部税款。纳税人享受的减税或免税期满以后，从期满次日起就必须恢复正常纳税。如果纳税人原先享受减税或免税的条件发生了变化，应当从发生变化之日起15日内向税务机关报告，如果不再符合减税或免税要求的，应当依法履行纳税义务。

值得一提的是，如果纳税人享受的减免税是需要备案的即取消审批手续的减免税项目和不需税务机关审批的减免税项目，需要按照税收法律、行政法规和有关政策规定，及时办理事前或事后备案。

9. 委托税务代理权

纳税人有权根据自身经营管理的需要按照相关税收法律法规政策的规定自愿委托或自行委托具有合法资格的机构或个人在代理权限和代理期限内以纳税人的名义依法向税务机关办理下列事项：办理、变更或者注销税务登记、普通发票的领购、纳税申报或代扣代缴、代收代缴税款的申报、税款的缴纳和申请办理退税、制作有关涉税文书、审计和检查纳税人的纳税情况、对有关事项进行税务咨询、出现税收争议时申请税务行政复议或提起税务行政诉讼、国家税务总局规定的其他业务。

10. 陈述与申辩权

纳税人对税务机关作出的决定，享有陈述自己意见和解释说明的权利，税务机关在最终作出处罚决定前要充分听取当事人的意见，对当事人提出的事实和证据应当进行复核，如果纳税人有充分的理由证明自己的行为合法，税务机关就不得对纳税人实施行政处罚；即使纳税人对税务机关作出的决定进行陈述或申辩时，理由不充分合理，税务机关也会向纳税人解释实施行政处罚的原因。税务机关不会因纳税人的申辩而加重处罚。

11. 对未出示税务检查证和税务检查通知书的拒绝检查权

税务机关派出的人员进行税务检查时，必须向纳税人出示税务检查证和税务检查通知书，表明税务机关和税务人员的身份，没有出示税务检查证和税务检查通知书的，纳税人有权拒绝向其提供账簿、凭证等涉税资料。

12. 税收法律救济权

纳税人对税务机关作出的具体行政行为，依法享有申请行政复议、提起行政诉讼、请求国家赔偿等权利。

纳税人同税务机关在征税行为上发生争议时，必须先依照税务机关的确定的税额、期限缴纳或者解缴税款及滞纳金或者提供相应的担保，然后可以依法申请行政复议；对行政复议决定不服的，可以依法向人民法院起诉。纳税人对税务机关征税行为以外的其他具体行政行为如处罚决定、强制执行措施或者税收保全措施不服时，可以依法申请行政复议，也可以直接向人民法院起诉。

如果税务机关的具体行政行为侵害了纳税人合法权益，如纳税人在规定的限期内已经缴纳税款但税务机关没有立即解除税收保全措施导致纳税人的合法权益受到损失或者税务机关滥用职权违法采取税收保全措施、强制执行措施以及采取税收保全措施、强制执行措施不当，导致纳税人的合法权益遭受损失的，纳税人可以请求国家赔偿。

13. 依法要求听证的权利

税务机关对纳税人作出罚款数额达到一定金额（公民罚款 2000 元以上、对法人或其他组织罚款 10000 元以上）之前，税务机关会向纳税人送达《税务行政处罚事项告知书》，告知纳税人已经查明的违法事实、证据、行政处罚的法律依据和拟将给予的行政处罚。对此，纳税人有权要求举行听证而税务机关应当满足纳税人的要求组织听证，通过纳税人的质证、申辩与陈述来核实税务机关即将作出的行政处罚决定主体是否明确，违法事实是否清楚，证据是否真实充分，程序是否合法有效，法律依据是否引用准确。如纳税人认为税务机关指定的听证主持人与本案有直接利害关系，纳税人有权申请主持人回避。

对应当进行听证的案件，税务机关不组织听证，行政处罚决定不能成立。但纳税人放弃听证权利或者被正当取消听证权利的除外。

14. 索取有关税收凭证的权利

税务机关征收税款时，必须给纳税人开具完税凭证以证明纳税人履行了纳税义务，扣缴义务人代扣、代收税款时，纳税人要求扣缴义务人开具代扣、代收税款凭证时，扣缴义务人应当开具。

税务机关在行使扣押权和查封权扣押、查封纳税人的商品、货物或其他财产时，纳税人有权向税务机关索取扣押收据或查封清单等税收凭证证明税务机关扣押、查封的商品、货物或其他财产。

# 第三节　传统模式下的纳税权益服务

## 一、传统模式下的纳税权益服务平台

通常，税务机关会采取定期召开纳税人座谈会、聘请义务监督员、设立意见箱或者公开举报电话等方式给纳税人反映问题提供渠道，让纳税人有表达意见的机会和场所，同时建立并健全税务机关内部考核机制、监督制度，实施日常检查和投诉核查相结合制度，完善责任追究机制，通过强化内、外部的监督、核查以及考核力度，加强对税务工作人员忽视或伤害纳税人权利行为的责任追究，从而保护纳税人合法权益不被侵害。具体的服务平台如下：

1. 税务行政复议和行政诉讼机构

纳税人认为自己的权益受到损害时，可以向税务行政复议机构或法院申请税务行政复议或税务行政诉讼。接受税务行政复议申请的机构指的是在有行政复议权限的税务机关内部设立的，依法受理税务行政相对人不服下级税务机关作出的具体税务行政行为而提出的复议申请，然后按照法定程序对该申请进行审理并作出处理决定的行政机关。接受税务行政诉讼申请的机构是人民法院。

2. 纳税人组织

严格意义上的纳税人组织比如纳税人维权服务中心或者是纳税人协会和税务代理中介机构一样都是第三方纳税权益服务力量，本不应被提及，但我国现有的纳税人维权中心都是税务机关牵头组织的，与税务代理中介机构已经与税务机关完全脱钩的现状存在着明显的差别，故在此对其做了探讨。

目前各国的税法体系和内容基本上都十分庞大复杂，其中与纳税人的权利和义务相关的规定亦不少，具有非常强的专业性和技术性。纳税人作为单个的个体与代表国家行使征税权的税务机关相比在对税法精神的掌握上自然处于劣势的地位，大多数情况下，单靠纳税人个人的力量很难有效维护其自身的合法权益。在落实对纳税人权益的保护上，国际经验和国内一些纳税人组织的活动实践都已经表明，纳税人组织是一个很好的载体，是纳税人反映意见的场所和渠道，发挥着沟通、协调、桥梁的作用，必要时代表纳税人进行维权诉讼。其主要工作职责包括以下内容：对维权服务进行统筹协调、组织策划以及考核评价工作；制定纳税人权益保障制度并根据这些制度指导开展纳税人权益保护工作；引导、受理、转办、协办、反馈纳税人的举报、投诉以及与纳税服务有关的税务行政争议；在纳税人寻求法律救济时提供指导并组织开展除了税务行政复议、应诉之外的法律援助和救济服务，协助税务机关对税收争议进行调解；开展纳税人服务需求分析和满意度调查；征集纳税人意见和建议；牵头组织有关部门或单位定期或不定期举行纳税人权益保护活动，保障纳税人相关涉税权益的实现。

通过纳税人组织这种形式，纳税人能够与税务部门进行平等的交流，消除双方许多信息不对称问题，也便于让纳税人畅所欲言，大胆地说出对税收部门工作实效的真实想法，对于纳税人维权意识的增强，纳税人对税法的遵从度的提高，自觉承担依法诚信纳税义务等方面都可以起到积极的影响，为纳税人权利的争取、扩展和维护提供了有力的组织支撑。

首届中国纳税人维权论坛于 2004 年 8 月在内蒙古召开，目前我国已有内蒙古、广东两个省成立了省级维权组织，11 个省 24 个地区和地级市成立了纳税人维权中心或纳税人维权协会或纳税人之家。

## 二、传统模式下纳税权益服务平台的不足

目前，我国纳税人权益保护工作取得有效进展，税务机关的服务意识和纳税人权利意识都大大增强，纳税人组织机构更加健全，服务监督和权利救济得到强化，有利于征纳关系的和谐，但是也存在着不少问题：

一是维权途径不够通畅。无论是向税务行政复议机构提交税务行政复议申请还是通过纳税人组织的帮助，纳税人在维护自身权益的时候都会面临反映问题周期长，不能得到即时回复或者一些申诉要求的本意被曲解等问题，维权途径不够通畅，不能及时满足纳税人的合法合理诉求，难以实现纳税人的价值回归。

二是纳税人维权效果不够理想。即便一些纳税人明知法律、法规赋予其权利，但由于对税收法律法规的解析不准，加上各地税务机关对政策的解读标准不一致导致了纳税人维权成本和难度高。同时，税务部门权益服务质量的无监督性、业务垄断性加大了维权难度。

## 三、传统纳税权益服务平台存在问题的原因分析

受历史沿袭的思维所限，我国纳税人习惯于被动地接受服务，对税务机关主动提供服务的期望值不高，即使服务需求没有被满足，只要不触及到其根本利益，一般情况下纳税人很少会从法与理的角度向税务机关讨个说法。有些纳税人认为今后与税务机关还要长期打交道，担心自己太较真的话会影响到以后的交往，故对欲投诉的问题采取淡化处理的方式；有些纳税人则是担心税务机关故意刁难，因此不愿意提供更多更详细的投诉材料对投诉的问题加以确认，导致维权效果不理想。基于这种认识，纳税权益服务对于税务部门来说更像是法外施恩，所以很少对纳税人的合理诉求予以研究和落实。

1. 负责税务行政复议和诉讼的部门缺乏充分公信力

目前我国处理税税务行政复议机构是由作出行政决定的税务机关的上一级机关内部设立的，在垂直领导的体制下不可能成为绝对中立的第三方，负责税务行政诉讼的法院虽然独立于税务机关之外，但是相当多的税务行政诉讼把税务行政复议设为了前提条件，同时税务行政行为的专业性对于法院来说相对是个陌生的领域，所以大多数情况下法院的判决结果更多是参照税务

机关作出的决定作出的，纳税人耗时耗力维权但结果却不一定理想，出于自身利益及身份的考虑，纳税人在纳税过程中对一些侵害自身权利的事实不敢或不愿去维护。

2. 纳税人组织没有完全独立

纳税人组织的确在很多方面发挥了纳税人权益自我保护的作用，它所具有的功能不但可以弥补税务机关作为政府职能部门在提供社会化服务方面的不足，督促税务机关健全服务机制，增强服务功能，提高工作效率，而且对于提高纳税人的纳税意识和水平十分有利，纳税人行使权利的行为能力得到增加，从而增强纳税人的自我保护功能。这种组织实际上是方便税务机关工作的组织，在征纳双方发生冲突时可以起到协调作用。与过去相比，这种做法无疑是一种进步，但是还没有发挥出应有的作用。税务机关主导下纳税人权益组织保护纳税人权益的工作只能是暂时性、阶段性的，因为由税务机关牵头组织成立的纳税人组织其后续的管理和运行工作基本上都还是税务机关自身在操作，在维护纳税人合法权益方面很容易出现"越位"、"未到位"或者侵权的问题。如果是纳税人自己自发成立组织，势必能更好地维护自身的权利。税务机关对现有的纳税人组织扶持一段时间后，必须尽快撤离出来，让纳税人组织自由自在地成长。不然，税务机关就是既当"运动员"又当"裁判员"，不利于纳税人维护自身权益的实现。

# 第四节　网络与信息化技术对传统纳税权益服务的修正与不足

## 一、网络与信息化纳税权益服务的方式

与传统的纳税人权益服务手段相比，网络与信息化在实现权力制衡、维护纳税人利益、构建和谐征纳关系等方面发挥了重要作用。目前我国各级税务机关已先后为纳税人开通了多个网络与信息化纳税权益保护沟通渠道，像第三章曾提到的"12366"服务热线、网上办税服务厅等载体，在提供纳税信息服务和纳税程序服务的同时也发挥了保护纳税人权益的作用，纳税人发现自己合法权益受到侵害时，可通过这些渠道反映问题。除此之外，还有如下网络与信息化载体在保护纳税人权益方面发挥着重要作用：

1. 智能排队叫号系统和纳税服务质量电子评价系统

近年来，随着纳税人的维权意识不断增强，对税务机关服务质量的要求也越来越高。为了有效缓解申报征收期等办税相对集中的时段内办税服务大厅里纳税人排队拥挤的现象，进一步提升纳税服务水平，各级税务机关以纳税人需求为导向，积极整合各种服务资源，不断拓展纳税服务空间，在"一窗式"服务的基础上，参照银行系统的先进经验，在办税服务大厅安装了智能排队叫号系统和满意度评价器。纳税人来大厅办理涉税业务时，先到排队叫号机电子触摸屏上选择要办理的相关业务，然后在窗明几净的休息区等候由电脑系统按号码先后顺序自动排号分配其到指定的窗口办理业务，整个过程简单、清楚、明了，纳税人可以轻松地办理各项日常涉税业务。

税务机关还利用"纳税服务质量电子评价系统"公示办税服务窗口工作人员所属的单位、部门以及其姓名、岗位和工号等内容，方便纳税人对其进行纳税服务评价，提升纳税服务质量和社会满意度。纳税服务质量电子评价系统共设置"非常满意、基本满意、不满意"三种评价按键，其中，"不满意"又分为"态度不好、时间太长、业务不熟、有待改进"四个评价内容供纳税人选择。在办税流程结束后，标有税务工作人员姓名和编号的评价器会发出中、英文两种语言的语音提示，让纳税人对服务的满意度作出评价。由于是匿名评价，纳税人可通过操作按钮，对办税人员的工作态度、工作效率毫无顾忌地做出满意、基本满意和不满意的公正评价。同时，电子评价系统与税收业务系统的有效衔接，实现了税务机关对窗口单位服务情况的跟踪和监测，纳税人对税务人员办税业务情况进行评价之后，评价系统将在后台自动生成评价信息，自动统计评价分类数据并自动保存，在税务机关内部进行的日常管理考核中，窗口服务人员任何一个岗位和时段的岗位业务办理次数和服务评价情况的工作情况可以通过该系统的查询功能即时查询。

2. 纳税人权益网站和专用举报电子邮箱

纳税人权益网的重点自然是维权，该网站成立于2008年，设置了依法维权专栏，汇集国内外维权信息上万条，同时设置了完善合理的投诉处理流程，纳税人在线注册后就可以对有关事项进行投诉、举报。网站专职的工作人员接到投诉或举报信息后，对相关投诉、举报内容进行审核、跟进及回复。由于网络上个人信息的隐蔽性，纳税人相对而言顾忌较少，在纳税人权益网提意见和建议时会更大胆和随意，有什么想说的也敢说，反映的情况更真实更尖锐。

除了专门的权益维护网站，各级税务机关的官方网站亦都设有投诉与举报信箱，纳税人可以利用匿名邮箱向系统的网上投诉与举报信箱发送加密电子邮件，对偷漏税案件和税务工作人员违法违纪行为举报。如果该投诉或举报被受理，纳税人就会从匿名邮箱中收到网站系统发送的查处该举报案件的编号和查询密码，根据举报案件编号和查询密码纳税人就可以查询相应案件的进展情况。

3. 自助办税终端系统

自主办税终端系统（ARM 系统）整合了税务部门运行的防伪税控系统、综合征管系统等不同系统软件的功能，实现了简单重复、非人工审核等多项业务的自助办税功能，建立起覆盖任何时间（Anytime）、任何地点（Any-where）、任何方式（Anyhow）的"3A"现代化纳税服务平台。纳税人根据自身的需要，可以自主选择对于自己来说最方便、最节约、最适合的办税方式，既可以选择人工服务，也可以选择自助服务；既可以选择本地服务，也可以选择异地服务；既可以选择办税服务厅服务，也可以选择在线服务，这些都体现出税务机关对纳税人需求的充分满足和对纳税人选择权的充分尊重。

## 二、网络与信息化纳税权益服务的成效

一是有效地促进了服务质量和效率的提高，提升了纳税服务的社会满意度。推行"纳税服务质量电子评价系统"后，纳税人每办理完一项涉税业务就可以即时对服务质量进行评价，评价信息在系统中自动保存、生成服务质量监督痕迹和记录，实现了工作量化日常考核与年终考核相结合、痕迹管理与系统管理相结合、纳税服务社会满意度外部评价与内部监督相结合，极大地方便了领导掌握岗位人员工作量和对服务质量进行监督管理，充分地调动了窗口税收工作人员的工作热情，综合业务受理窗口主动服务、主动受理业务的积极性显著增强，工作节奏明显加快，有利于"多干事、多服务"的积极向上的纳税服务工作氛围的形成。

二是提供了更多的救济途径。先进的网络与信息技术载体提供了更方便的纳税人意见收集和反馈功能，成功维权的案例也不再是某个地方孤立的个案，而是被完整地并保存下来，借助于网络的传播被更多的纳税人所熟知、参考和借鉴。

## 三、网络与信息化纳税权益服务的不足

网络与信息化载体有效解决了传统模式的不足，但我国纳税人权益保护

工作仍然处于整体部署和逐步推进阶段，网络与信息化载体本身仍不完善，还存在着不足：

1. 网络内容更新速度慢

税务机关是税务信息资源最大的拥有者和提供者，而互联网的优势是能够及时、高效地发布信息，伴随着网络与信息化的快速发展，税务机关网站的作用越来越明显，最主要的功能就是及时发布有关法规、条例，方便公众在第一时间了解政策变化和知悉相关动态，确保公众的知情权。但是目前一些税务机关网站信息的更新速度缓慢，严重滞后于公众的现实需要，维护不善，徒具有形式却没有实质性内容，更有甚者，一些税务机关只是把网站建设当做"形象工程"、"面子工程"，认为把一些政策、法规、文件复制粘贴到网络上就万事大吉，与工作紧密相关的网上办公、在线服务等功能却无法进入或不能使用，即使设置了像网络论坛之类的沟通平台也没有有效利用，没有取得更好地沟通和传播效果。

2. 侵犯纳税人自主选择权的现象依然存在

从前面介绍的《纳税人权利与义务公告》中我们可以看到，纳税人享有税收监督权、纳税申报方式选择权、委托税务代理权等合法的自主选择权利，税务机关提供的纳税服务"产品"，纳税人可以根据自身需要"点菜"，不仅可以在多元化的办税方式中任选一种，而且可以在自身发展的不同时期选择不一样的办税方式。但是在实际工作实践中，有不少税务机关出于加快税收征管网络与信息化建设的考虑，强行要求一些还不完全具备网络与信息化条件的纳税人按照税务机关规定的快捷方式申报和缴纳税款，类似这种制度性侵权的个性案例时有发生，在相当程度上损害了纳税人的自主选择权，损害了纳税人的合法权益。比如从 1994 年开始的金税工程一期到 1998 年开始的金税工程二期，再到 2000 年 4 个子系统全面运行，防伪税控专用设备与通用设备购买、付费以及售后服务高额收费这个问题始终没有被彻底解决，纳税人反映十分强烈，根本原因就在于国家在制度设计之初为了保证增值税专用发票的开票、认证、稽核和抵扣等一系列法律行为的正常进行，遏制发票犯罪，防范税收风险，就已经对此作出了明确规定，纳税人没有自主选择权。又如前面第四章曾经提到的增值税发票抵扣联认证的问题，税务机关为了解决纳税人排队等候的不方便，在认证发票数量多的纳税人中推行了"网上认证"系统，纳税人可以自行扫描认证但必须单独购买认证软件、认证扫描仪等设备，这等于是认证工作量被税务机关转嫁到了纳税人身上，进一步增加了纳税人的纳税成本。同样，税务部门在推行网上申报、财税库银联网时，虽然说是以纳税人自愿接受自愿办理为原则，但基层税务机关从提高自身政绩的角度出发，把推行的覆盖面当做重要的内部考核指标，导致税收专管员、办税厅窗口人员为了完成指标任务而向纳税人硬性"推销"，纳税人迫于压力只好无奈地接受自己本来并不需要的纳税服务。

3. 保密意识不强

保护纳税人的商业机密是法律赋予纳税人的一项基本权利，是税务机关做好税收工作的一项基本准则。保护纳税人的商业机密有利于纳税人的良性竞争，从而有效地促进税收事业的健康发展，特别是税务机关在利用先进的网络与信息技术构建自身应用的信息系统的过程中，必须把纳税人商业机密的保密工作与信息系统性能有机结合起来。但是在传统的管理观念的影响下，税务机关是管理者，纳税人是被管理者，只要是税务机关这个管理者需要的信息（无论是不是商业机密），纳税人这个被管理者就必须无条件的提供。同时，税务机关把采集过的信息录入系统后，为了方便自身工作，恨不得把纳税人所有的信息都共享起来，特别是 IT 行业对信息共享的过度渲染导致人们对于共享的理解出现偏差，认为共享的信息越多越好，完全没有意识到保护纳税人的商业机密和信息共享一样重要。信息采集表没有被列入税收征收管理基础资料的系列然后有效地进行保密管理，导致纳税人的商业机密存放、保管不规范，容易出现因为疏忽而泄密的状况，这当中有的是向税务机关提供技术支持的外部人员，由于缺乏对纳税人信息重要性的深刻认识，在对系统信息进行维护时因错误操作而删除了或外泄了纳税人的信息，有的是税务管理人员自身缺少商业机密的相关知识，对于经常接触到的纳税人的商业机密熟视无睹，掉以轻心，把纳税人的信息随意复制、打印，从而在无意中泄密。有的是税务管理人员无法抵挡诱惑将商业机密恶意出卖了，给税务机关带来难以预料的后果，也就谈不上维护纳税人的合法权益和深层次的纳税服务了。目前在美国联邦税务局，纳税人投诉的第一大问题是"身份盗窃"，IRS 的税务信息系统正在面临传统手段和电子手段的双重威胁，对此 IRS 已经把信息安全当做纳税人权利保护的首要任务，开展多项活动，向纳税人、税务局内部雇员和其他的风险承担者提供必要的知识，预防和处理身份盗窃案件的发生，消除信息安全存在的隐患，加强纳税人的安全隐私保护，提高广大公众对涉税信息的安全感。

## 四、网络与信息化纳税权益服务存在问题的原因分析

### 1. 传统理论造成了思维定式

在我国传统的租税理论中一直都存在着"征纳双方法律地位不平等"的错误认识，过于强调政府在征税权上的优越性和国民纳税的义务性，这尽管有利于强化税务执法和税务机关的收入职能，但是在客观上为税务机关轻视纳税人的法律地位，不注重保护纳税人的合法权益，为纳税人只承担义务而不享受权利这一思维定式的形成提供了理论依据。自由裁量权被税务人员在执法过程中随意行使，就算是行使不当税务人员也认为纳税人应当服从，不告诉纳税人应该享有的权利。

### 2. 人员素质跟不上网络与信息化权益服务的需求

人是社会生产中的第一要素，税务机关实施流程化再造以后，每个税务工作岗位对人员的要求都很高，除了要有相关业务操作能力，还要能熟练使用计算机，更要熟悉知晓税收、会计和法律的有关知识，只有这样的复合型人才才能适应税务征收管理工作的需要。但是实际工作中，由于相关操作人员业务知识和网络与信息化知识的缺乏，往往碰到问题就不知所措，不能给予纳税人有针对性的辅导，导致整个工作流程中某一个环节或者某一链条卡壳，给纳税人的合法权益带来了损害。

由此可见，虽然我国税务机关在维护纳税人权益方面做了很大的努力和尝试，但大多数还是形式重于内容，所提供的服务基本上还是立足于如何有利于税务机关自身工作的开展，减少自身的工作量而设定的，有时甚至需要纳税人付出额外的成本，导致了纳税人对税务机关提供的某些"服务"非常的反感。化解这种局面的有效手段是进一步完善服务措施，研究税务机关为纳税人提供服务的具体内容和基本标准，并结合实际税收征收管理工作认真开展有效的纳税服务质量监管工作。

对纳税服务工作进行质量监管是一种可以保障纳税服务保持正确的方向并不断改进的工作机制，目前税务部门实行的对纳税服务质量的评价是和人事管理机制紧密联系在一起的，首先确定可量化的评估目标，然后为了实现这个评估目标建立各种评估标准，最后根据评估标准对工作进行服务质量监管，这种机制是一种有益的尝试，但是各地实施的标准很不统一，缺乏一个比较系统的体系，特别是专门针对网络与信息化纳税服务的质量监管体系更是少之又少，需要对此进一步的完善。

# 第三章　优化网络
# 与信息化纳税服务的构想

　　毋庸置疑，传统的纳税服务模式是必要的，但不可否认，这种服务方式征纳双方的成本都很高，与其相比，信息化因为个性化、互动性和不受地域限制等特点成为更有效的信息流传送模式。现代网络与信息技术和管理手段的集成应用和对各类服务资源的整合利用，使得纳税人可以随时随地与税务征管部门保持互动，获取信息和履行义务都变得更加容易，全社会都充分尊重和保护纳税人的合法权益，从而提高纳税人的税法遵从度。二者之间的区别见表2-3。

表2-3　传统模式下的纳税服务与信息化模式下的纳税服务之间的区别

| 区别项目 | 传统模式下纳税服务 | 信息化模式下纳税服务 |
|---|---|---|
| 目标 | 税务机关从加强管理的角度出发，将规范纳税人的行为作为目标，基本不相信纳税人能够依法纳税，以监督打击为主 | 税务机关把全心全意为纳税人服务作为工作目标，基本相信纳税人能自觉履行纳税义务 |
| 内容 | 形式化的内容居多，局限于文明征税、礼貌用语、统一税务形象等 | 向纳税人的合法权益得到充分尊重和保障这一深层次的服务演进，贯穿于税收工作的全过程之中 |
| 重点 | 着重强调纳税人义务 | 保障纳税人的权利的实现 |
| 性质 | 归属于精神文明和道德的范畴 | 是税务机关的法定义务 |

| 区别项目 | 传统模式下纳税服务 | 信息化模式下纳税服务 |
|---|---|---|
| 作为 | 税务机关以管理者自居，不主动提供纳税服务 | 税务机关把"始于纳税人需求、终于纳税人满意"作为宗旨，主动提供纳税服务 |
| 手段 | 主要采取现场接触或借助于纸质材料等传统手段 | 充分借助和使用现代网络与信息技术手段 |
| 价值 | 通过传统的热情服务、微笑服务等不具有任何使用价值的服务让纳税人对纳税服务的表层感受被满足 | 从满足表层的感受上升为创造更多的服务价值，最大限度地减少纳税人在履行纳税义务的过程中发生的各种奉行成本 |

目前我国网络与信息化纳税服务固然解决了传统模式下纳税服务工作中的问题，但其本身也存在着诸多不足，如立法工作尚处于探索阶段，服务刚性得不到彰显，网络与信息化的设施维护、技术开发、标准制定还没有专业机构和人员负责，信息安全有待加强，各地税务机关在网络与信息化纳税服务建设中流程也不统一，同时，评估体系有待建立，如果没有一套科学合理的信息化纳税服务质量监管体系，就难以做好投资收益分析，导致网络与信息化项目重复建设，效率较低，浪费较大等等。因此，借鉴国际先进经验的基础上，结合我国实际，提出优化我国网络与信息化纳税服务的构想。首先，以提高网络与信息化纳税服务供给主体素质为主线，强化网络与信息化纳税服务人力资源的培训与开发，为着实提高纳税服务质量提供必需的专业人才队伍；其次，针对网络与信息化纳税服务中的纳税信息服务、纳税程序服务、纳税权益服务存在的问题提出有针对性的解决措施；最后，构建了网络与信息化纳税服务质量监管体系，对整个网络与信息化纳税服务工作的质量进行有效的监督。

# 第一节　强化网络与信息化纳税服务人力资源的培训与开发

随着外部挑战越来越复杂，建立一支素质高、有活力、责任心强的纳税服务队伍，提高纳税服务人员对工作的满意度和忠诚度，加强团队合作增强整体作战力，更好地与纳税人及内部人员沟通，最终提高服务质量，保障纳税人权利，无疑是网络与信息化环境下纳税服务体系构建的重要保证。所以，我们要用战略眼光为网络与信息化纳税服务模式提供人才资源保证，把大力获取和培养宽口径、复合型、应用型管理人才当做"人才强税"的龙头措施抓住不放，为现代税收管理培养综合性的高层次人才，构建一个涵盖领导层、中层干部、基层干部的既有业务上"行家"又有技术上"里手"的组织团队。这种团队既了解纳税服务的需求点在哪里、问题集中在哪里、最需要解决的问题在哪里，又知道哪些问题是计算机技术、信息技术可以解决的。

## 一、网络与信息化纳税服务人力资源培训与开发的必要性

"科学化、专业化、精细化"管理的理念于 2008 年被国家税务总局正式提出，这是继 2003 年后，总局再一次提出了"专业化"的思路，"专业化"对税务人员的素质、应用现代网络与信息技术的水平等方面都提出了较高的要求，传统的管理方式被新的管理模式所取代，传统的陈旧观念受到了新理念的猛烈冲击，税务人员不仅仅只是办事员而且还是运用知识与技术创造性地开展工作的行为主体，在全部纳税服务的过程中起着非常重要的作用，税务人员专业素质的好与坏，关系到纳税服务的质量的高低。每一次新的信息技术被采用以后，所涉及的人员都必须改变原来已经习惯的许多东西，所以基础扎实的阶梯型或者宝塔型的人力资源的配备有利于新业务的开展，而事实上目前我国税收系统人员的综合素质呈倒三角形分布，也就是说综合素质比较高的人员越往上越集中，基层税务工作人员素质相对偏低而且年龄偏大。从当前税务干部队伍人才总体结构看，经济类和管理类的专业占大多数，财税型人才占主流，计算机人才不足，知识构成比较单一，对网络与信息化工作的适用性不高。这说明强化网络与信息化纳税服务人力资源培训具有充分的必要性。

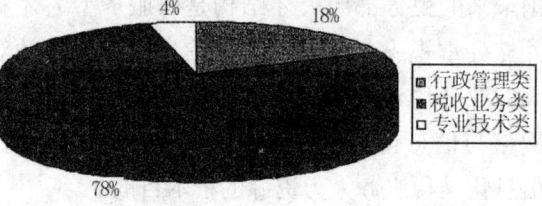

图 2-5　我国税务系统人才分类总量比例

## 二、网络与信息化纳税服务人力资源的获取

获取网络与信息化纳税服务人力资源的根本目的在于提高网络与信息化纳税服务效率、降低税收成本。现阶段，我国税务机关获得网络与信息化纳税服务人才的方法不外乎这两种：从外部引进和内部挖潜。外部引进的方式在纳税服务实际工作中可以采用以下两种方式来展开。一是购买外部非本税务系统的专业技术劳务，二是通过招聘的形式招录网络与信息化专业人才。前者与税务行政主管部门的关系仅仅是劳务的买卖关系，并非税务系统内部员工；后者是直接纳入税收人力资源系统内，以税务系统员工的形式为纳税人服务。内部挖潜是优化组合税务部门内部人员搭配，提升税务部门办事效率的一个有效手段，主要是从税收部门内部现有人力资源中抽调网络与信息化专门性人才，同时充分发现本部门内部有网络与信息化技术基础的税务人员。税务机关信息化人力资源的获取渠道可以用图 2-6 来表示。

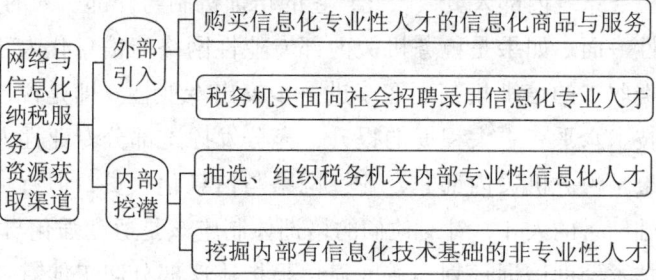

图 2-6　信息化纳税服务人力资源获取渠道

在当前形势下，税务机关要通过建立学习型组织的方式有效地评估人力资源需求，制定系统的人才引进机制，完善现有人才的培训模式以确保税务部门顺利获取所需要的具有专业技能的人才。制定本部门税务人力资源发展规划时要考虑周全，详细分析纳税服务及税收信息化未来的发展趋势及可能

带来的影响。我国未来的税务部门人才结构是以服务型人才和网络与信息化人才为核心的，并充分重视服务型及网络与信息化型兼备的双型人才，同时注意发挥税务个人的业务培训效果、挖掘税务机关网络与信息化人力资源的工作执行力，使网络与信息化纳税服务的人力资源效用得到更大程度发挥，达到获取网络与信息化纳税服务人力资源的根本目的。

## 三、构建网络与信息化纳税服务人力资源的培训机制

依据税务机关网络与信息化纳税服务获取规则，我们可以有针对性的构建网络与信息化人力资源的培训机制。

就外部引入的网络与信息化纳税服务人力资源而言，如果只是购买网络与信息化技术的专业性网络与信息化商品和服务，此时的培训机制是根据税务机关提供网络与信息化纳税服务的实际需要，在选定外包服务提供者的基础之上，按照税务机关的主观愿望和预定目标对外包服务提供者进行目标培训，使外包服务提供者能有效提供符合税务机关要求的网络与信息化商品和服务。如果是税务机关招聘录用新的税务工作人员，则严格按照税务机关初任培训机制来展开培训工作。当然，考虑到网络与信息化人力资源在纳税服务实际工作中的重要性，我们认为，有必要在初任培训过程中添加有关纳税服务方面的内容，强调专业性技术与纳税服务工作的匹配性，使之能在初任培训结束之后直接参与到纳税服务工作中去。

就内部挖潜的网络与信息化纳税服务人力资源而言，考虑到这些人力资源本身属于税务系统内部人员，因此，它的培训机制与外部引入的人员相比，可能有特殊性一面。如果是税务机关内部专业性网络与信息化人才，我们认为，针对这类职工的培训机制还在于进一步突出专业性。即是说，要让这部分的专业性技术水平有更大程度的提升，充分发挥这部分专业性人才的内在积极性。如果是税务机关内部非专业性网络与信息化人员，但有一定的网络与信息化基础储备的人才，针对他们的培训体制应该是适度强化与外在激励，即非专业性技术辅助培训计划。适度强化是指让这部分职工能有效适应网络与信息化趋势，能处理一些非一般性的常设问题，同时协同专业性职工处理一些突发事故。外部激励还在于对这部分非专业性网络与信息化人力资源进行适当的物质奖励和精神奖励，使之有更为显著的动力去接受税务机关所安排的网络与信息化人力资源培训。

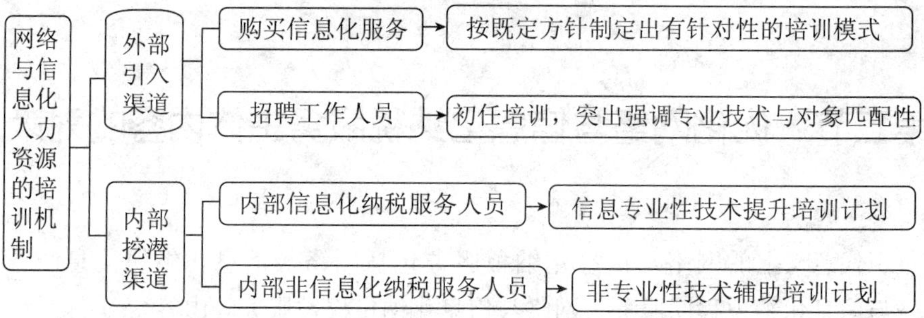

```
                    ┌──────────────┐  ┌────────────────┐  ┌──────────────────────────┐
         ┌──────────│ 外部          │──│ 购买信息化服务    │─→│ 按既定方针制定出有针对性的培训模式  │
网络      │          │ 引入          │  └────────────────┘  └──────────────────────────┘
与信息    │          │ 渠道          │  ┌────────────────┐  ┌──────────────────────────┐
化人力    │          └──────────────┘──│ 招聘工作人员      │─→│ 初任培训，突出强调专业技术与对象匹配性 │
资源      │                             └────────────────┘  └──────────────────────────┘
的培训    │          ┌──────────────┐  ┌──────────────────────┐  ┌────────────────────┐
机制      │          │ 内部          │──│ 内部信息化纳税服务人员   │─→│ 信息专业性技术提升培训计划  │
         └──────────│ 挖潜          │  └──────────────────────┘  └────────────────────┘
                    │ 渠道          │  ┌──────────────────────┐  ┌────────────────────┐
                    └──────────────┘──│ 内部非信息化纳税服务人员 │─→│ 非专业性技术辅助培训计划   │
                                       └──────────────────────┘  └────────────────────┘
```

图 2-7　网络与信息化人力资源培训机制

## 四、网络与信息化纳税服务人力资源的培训方法

一是注意培训人员的侧重点。重点培训重要岗位的工作人员，优先培训紧缺岗位的工作人员。

二是确定培训内容的针对性。要开展深入调研并结合税收管理和干部队伍建设的实际，摸清干部的实际情况和学习需求，着重培养岗位技能。尽管具体的培训内容千差万别，但一般来说，培训内容包括三个层次，即知识培训、技能培训和素质培训，管理者偏向于知识培训与素质培训，而一般工作人员则倾向于知识培训和技能培训。特别是从事网络与信息化纳税服务工作的税务干部一定要成为本岗位的行家能手，实现由知识型到能力型的转变，增强"实战"经验。

三是坚持分类培训。重点对象要通过脱产班开展全面培训，把税收工作中的热点、难点问题集中起来通过专题讲座的形式开展全员培训，至于工学矛盾比较突出的干部，则以自学为主并借助网络远程教育等形式开展培训。

四是注重理论与实践相结合。"填鸭式"的课堂教学模式太单一，要不断拓展培训的时空，将理论与实践有机结合起来，充分调动学员的参与积极性，提升干部知识结构。

五是完善培训动力机制。构建终生学习体系，引入竞争因素，逐步把以物为中心的刚性管理向以人为中心的柔性管理转变，把各种免费学习的机会作为奖励提供给表现优异的税务人员，对于学习培训的结果采用考评和奖励机制，使税务人员有机会掌握新知识、学习新技能，最重要的是通过这种学习培训使税务人员重新认识自我、挖掘自身潜力，重新唤起他们内心潜在的自我创造和自我成就的渴望，从"自我实现"的高层次需要满足上发挥更大的自我价值，从而推动组织目标的实现。

# 第二节　优化网络与信息化纳税服务主体内容的对策

现代意义上的网络与信息化纳税服务包括网络与信息化纳税信息服务、网络与信息化纳税程序服务、网络与信息化纳税权益服务等内容。

## 一、加强网络与信息化纳税信息服务平台建设

网络与信息化纳税信息服务包含着税收宣传和税收咨询两个方面的内容，其存在的主要目的都是有效降低税收信息不对称水平，在具体的纳税信息服务过程中，纳税服务部门通常将两者单独分设，这就意味着人为地制造了信息传递障碍。为了实现税收信息的实时沟通，也为了真正提高纳税服务效率，在网络与信息化技术支撑下，我们建议按照网络与信息化技术的内在要求将现阶段各种采用信息化手段的纳税信息服务内容都集中到信息化纳税信息服务平台上，其主要功能包括税收政策发布、税收咨询、纳税提醒。就税收政策发布而言，它的内容土要集中在税收实体法；税收争讼法、税收惩罚法等方面。需特别注意的是，税收政策发布突出强调对最新税收政策的宣传，这是提高税收信息时效性的一个有效工具。网络与信息化技术的一个重要特征就是时效性突出，将网络与信息化技术运用到纳税信息服务同一平台无疑是进一步突出这种有用性优势，减少了税收信息传递过程中的时滞问题。就税收咨询而言，网络与信息化纳税信息服务同一平台是集短信咨询平台、电话咨询平台、网络咨询平台、传统信函咨询平台为一体的纳税信息服务平台，是将原本割裂的服务平台集中到一个系统范围内。这实际上有利于提高纳税信息服务资源的利用效率，缩短纳税人税收咨询时间，提高税收咨询效果。就税收提醒而言，它主要是由网络与信息化纳税信息服务工作人员根据纳税人信息服务系统相关数据，按照既定的程序提醒纳税人及时履行纳税义务，同时也按照预定程序通知纳税人税款缴纳情况。这意味着同一纳税信息服务平台的构建最终将实现资源共享机制，网络与信息化纳税服务社会化、个性化，最终达到降低网络与信息化纳税服务成本、提高纳税服务效率、降低纳税人无知性税收不遵从的目标。

构建网络与信息化纳税信息服务统一平台的首要工作是充实纳税信息税服务数据库。数据库包括以下内容：一是税收法律法规，即与税收实体法、

税收程序法、税收征争讼法、税收奖惩法等四个方面内容直接相关的税收法律法规;二是涉税事项的规章制度,即税务机关为方便纳税而颁布的各项税收规章制度;三是纳税人日常咨询问题的统一集成,针对纳税人最近一段时间内咨询频率较高、疑问较多的涉税问题进行总结,这主要是方便服务人员能方便快捷的为纳税人提供咨询服务。统一的网络与信息化纳税信息服务平台完成构建后,为了有效提高网络与信息化纳税服务平台的使用效率,纳税服务行政主管需要对平台的使用人员进行相关的知识培训,提高服务人员使用平台的积极性和主动性。

构建网络与信息化纳税信息服务统一平台的次要工作是在全国范围内建立统一规范的使用模式和使用流程,为纳税人在全国范围内享受到均等化的纳税信息服务提供制度保障,同时也为各地开展信息化纳税信息服务经验交流提供了一个统一标准。事实上,统一网络与信息化纳税信息服务平台数据库和统一规范和流程下的网络与信息化纳税信息服务也能提高纳税人使用网络与信息化手段获取税收信息的速度,提高纳税人在全国范围内搜集税收信息资料的能力,提高纳税人对税务工作的支持和认可程度,降低纳税人对税务工作的抵触情绪,并从根本上实现降低纳税人无知性税收不遵从的目标。

## 二、简化网络与信息化纳税程序服务流程

纳税人与税务部门发生联系的点,基本上还是征收服务大厅。虽然目前征收服务大厅的后台信息管理系统建设取得了一定成效,但是征收服务大厅面向纳税人的部分还是物理形态的,是实物经济、工业经济思维模式的产物,过去程序服务中的一些负面因素及低效现象,并没有因为技术手段的改进而彻底消除,而且随着税收信息化的推进,纳税程序服务实践中还出现了一些新的现实问题,在具有可操作性的先进工作流程和组织机构搭建方面较为凌乱,不成体系,也就是说对于流程的再造是一元式的,既人工流程的电子化,并没有重新设计程序服务的流程。仔细分析现行的征管流程就会发现税务机关并没有真正从理念上"始于纳税人需求",真正业务流程再造必须从传统的以职能为中心演变为以流程为中心,统一整合各地的税务网站和纳税服务热线,搭建方便及时、功能多样、互动性强的"一体化"服务平台,为纳税人提供全方位、开放式、多元化、个性化的纳税服务。

目前有两种税务流程再造的设计思想,第一种是按功能进行设计,税务机关从主观角度出发,按照现有的税收征管业务功能来划分业务流程,根据现有的组织机构职能去设计系列,设置岗位,这样做的优点是简单、习惯,

缺点是不利于发现新的问题、不便于提出新的要求，容易形成现行系统的复制版本。第二种是根据目标进行设计，税务机关从客观角度出发，把税收工作的最终目标当做出发点来设计业务流程，这意味着首先要明确税收工作的最终目标是提高纳税人的满意度同时为政府进行宏观经济管理决策提供服务，所以必须围绕这个目标去构建体系、探寻功能、锁定业务、设计流程。这样做的好处是有利于发现税收征管过程中的漏洞和制度缺陷，便于提出问题和解决问题，缺点是需要克服长久以来已经习以为常的思维定势。

1. 流程优化的原则

首先要把坚持为纳税人服务当作根本指导思想。纳税程序服务业务流程再造的出发点是如何为纳税人更好、更快地服务，也是流程再造的落脚点。所以，在纳税程序服务业务流程再造的全部过程中，必须坚持一切都以纳税人为中心的指导思想。

其次是把坚持信息流作为工作导向。从某种程度上讲流程再造是纳税服务业务流程适应网络与信息化建设的一个过程，是在重新评估每一个业务活动所产生的价值的前提下，确定业务是否有存在的必要性，而后结合网络与信息化的技术条件和业务信息的流动把原来的业务结构打散并优化重构，使最大限度上的技术功能和管理职能集成得以实现，所以流程再造实质上就是信息流再造。

最后是把信息有用当作工作前提。以信息的有用为前提意味着输入信息时要考虑到其产出的信息是否有用，不存在用途或者用途很小的信息要尽可能地少输入，对于数据的存储和使用来说，更为重要的是数据信息的准确性和有用性。比如说，纳税人的纸质资料的扫描版本全部都存储在系统中的话会占据系统很大的资源，与此同时，税务机关保存纳税人的纸质资料的目的是为了在发生涉税纠纷时提供具有法律效力的证据，而根据存储在计算机中的信息打印出来的纸质资料有时并不具有法律效力，这种情况下占据了大量系统资源的信息就没有任何作用，对于这样的信息流在流程的优化过程中必须考虑精简，税务机关真正需要的是纳税人的涉税数据信息。

2. 流程优化的方法

目前有两种基本方式稳健渐进模式和冒险激进模式被用于流程再造。这两种方式各自有适用领域，前者适用于那些稳步成长或者组织架构复杂的企业后者适用于面临危机或者组织结构比较简单的企业。

作为国家财政的主要来源，税务业务流程进行再造涉及到国家财政收入，具有很大的风险性，大多数采用哈默和钱皮的冒险激进观点实施流程再造取得成功的国家在社会背景、经济基础、公民素质等方面与我国目前的国情有很大的不同。因此，必需考虑到我国的实际，不能盲目实施，所以在税务流程再造这个问题上，本书建议采取稳健渐进模式，采用 ESIA 方法，在保留传统的金字塔权力构造方式的基础上积极向扁平的组织过渡，在局部突破的同时注意整体推进，正视税收征管体系建设工作的长期性和持续性，绝对不能操之过急。

作为一种重要的流程完善技术手段，ESIA 方法（E‐Eliminate；S—Simplify I—Integrate；A—Automate）是企业用以优化业务流程，提升经营业绩，实现经营策略的重要方法，它主要包括下面三个部分：

（1）清除

能够有效促进纳税服务效益提高的活动是纳税服务业务流程中的增值活动，那些消耗公共资源、行政成本却不能促进纳税服务效益提高的活动被定义为非增值活动。人们通常习惯于旧的工作模式，却几乎不去考虑这种工作方式有没有内在合理性，大量非增值活动存在于流程之中，而真正的增值活动却没有被强化。对此我们需要做好三个方面的工作：

一是把垃圾信息清除掉。相对于没有信息而言，大量而泛滥的信息危害性更大，"过犹不及"，在税收信息化环境下垃圾信息分为两种：一种是点击率或关联不高的信息，另一种是错误的信息，如本身错误或者外界处理的错误。前者是对系统资源的浪费而后者则是一种危害，将影响到对正确信息的判断，不论是哪一种都必须清除掉以免造成干扰。

二是清除等待时间。时间和效率观念在整个纳税服业务流程再造过程中是非常重要的，税务机关要通过加强内部部门间的配合，尽量减少各个办事环节之间的等待时间，节约纳税人的时间成本。

三是清除重复工作。重复的工作是对时间与精力的双重消耗，这样的服务无论是对税务机关还是纳税人而言都是极大的浪费，既无益于税务部门提高行政效率，也无益于纳税人获得迅捷高质的服务。

（2）简化必要活动

纳税服务业务流程再造过程中一些必要的纳税服务业务活动需要从法律和制度层面对其进行简化，最终提高其效益，具体包括以下三个部分：

一是将税收管理权限特别是税收审批权限下放。随着税收信息化发展，税收政策的透明度大大增加，基层税务机关对税收政策的理解更为细致，与此同时，基层税务机关对企业的信息把握更加全面，所以，把税收管理权限下放给基层税务机关有助于其强化责任。

二是简化技术。在业务流程再造过程中要注意基层税务机关的操作的简便性，要选择先进技术来简化基层操作，提高其业务效率。

三是简化信息流。简化的业务流程及快捷的业务执行效率需要通过信息流的简化来实现，比如某些确实要由上级税务机关掌握的税收审批项目，由纳税人直接向有审批权的税务机关进行审批申报而不是像原来那样层层上报，以节省纳税人的纳税成本。

（3）任务整合

任务整合是 ESIA 方法的关键内容，也是纳税服务业务流程再造的重要部分。整合的基本方法有：一是把同质业务进行合并，根据需求的不同细分纳税人群体，以统一的标准服务于相同的纳税人群体，专业化、精细化的服务可明显提高纳税服务的效率与质量，和相应的纳税人群体之间形成良性互动；二是进行组织机构调整和改革，按照专业分工组成团队齐心解决任务，实现人才流动性管理。

3. 流程优化的内容

（1）构建相应的税务组织构架

传统组织的特点表现为层级结构，信息社会的逐步成形以及数字化虚拟社会的发展，动摇了传统以属地管理为主的各级政府在现代社会中的核心地位，组织结构的科层制逐步走到了极端，表现出强烈的"机械性"，成为政府治理水平进一步提升的障碍。

就税务系统而言，其高层、中层、基层管理者是一种金字塔形状的结构。国家税务总局的领导位于金字塔顶，其指令通过级级传达最后传达到基层税务机关也就是执行者；基层税务机关的管理信息经过层层的筛选最终到达最高决策者，这当中耗费的时间太长，缺少对变化的快速感应能力和适应性，不能适应快速变化的外部环境。而且，信息在传播的过程中会不断流失，中间层级的管理者会削减对其不利的资料增加对其有利的虚假信息，最终信息失真从而造成决策失误。随后诸多问题因此而产生：上级对基层的内部控制力被弱化，对实际情况的变化反应不灵敏，管理效率低下，加大了业务运作成本同时加大了横向部门之间协调的难度，人浮于事工作互相推诿，踢皮球现象增多，给纳税人带来了极大的困扰。税收业务优化重组以后，以信息流为导向的业务流程取代了传统的以职能为导向的业务流程，与以前相比，信息的传播日益快捷，信息的共享度会更高，信息交流变得更加通畅，在这种背景下原来的根据职能构建的金字塔式的组织机构显然不能适应新的业务流程，必然会阻碍优化后的业务流程的运行，所以有必要及时地调整对税务机关的组织构架，构建扁平式的税务组织形式。与科层制不同，扁平化管理、是借助于较少的管理层次管理较大幅度的范围，最终实现高效运行的管理模式。这种模式的特点是管理层次少但是管理幅度宽，方便信息的共享与互动，能够形成高效的税务组织以适应新的业务流程，为纳税人提供优质服务，这一点从美国、德国等先进国家的网络与信息化纳税服务流程再造中也得到了有力证明，对此，本书认为随着网络与信息化的发展可以逐步削减、压缩以下几个环节：

①与发票相关的票证管理、税务发行、认证等岗位。税收业务具有复杂多变、多关联性等特点，科学设置内设机构有助于扁平化管理职能的发挥和行政效率的提升，现代网络信息技术的应用，使得高层决策者和基层执行者之间可以直接进行即时的沟通。而主要从事上传下达的中层管理者则失去存在的必要，中层管理的缺失使得以往金字塔形的管理结构逐步被扁平式的管理所取代，网络发票的兴起使得纸质发票终将被取代，因此与发票相关的票证管理、发行、认证等岗位没有必要再单独设立一个组织机构。

②基层办税服务厅。目前纳税人的办税事项基本上还都是集中在办税服务厅办理，办税服务厅依然是开展纳税服务的"主阵地"。但是随着各种网上虚拟组织的日益完善，纳税人完全可以借助于计算机网络突破时空限制，在虚拟组织中交流信息。而且取消纸质发票，撤销发行、报税、认证等岗位之后，基层办税服务厅的业务必然向网络方向转移，新的形势下征收服务大厅的服务模式也必然会发生实质性的转变，现有的征收服务大厅势必从以前的点状分布转变为网络状分布并最终向着电子税务服务中心的方向转化，物理形态的服务窗口暂时被保留，虚拟服务窗口将增加，最终原有基层办税服务厅的数量将大大减少。

③横向调整组织机构。我国税务机关目前是整体直线型税务组织结构，这种结构适应传统税务管理的特点，加上相对完善的法律制度和权责划分，共同组成了比较成熟的税务组织机构的基本框架，是税务机关多年来完成国家税收工作的基础，这一点毋庸置疑。但是当金税三期工程完工后，国家税务总局和省局两级数据处理中心将被建立，地市一级的数据必然会向省及总局一级集中，数据全部集中到省级后，相对应的业务处理方式也会随之发生改变。在数据和业务两项都实现省级集中的前提下，税务机构设置的集中亦不是不可能，这时地市一级税务机构将被撤销，其原先的管理和服务职能将上移至省局大大减少了管理层次和单位数目，基层单位和核心管理职能的集中化程度将得到极大的提高，省局每个内设职能部门将通过最优的内部结构

设置，向有相似需求的一组纳税者提供优质服务，对现有税务组织架构的这种调整可以有效解决机构设置横向上臃肿的问题。

（2）业务流程自动化

2005 年 3 月，国家税务总局建立了以执法责任制为核心的考核管理机制，并引入行政执法绩效评估和责任追究机制，制定下发了《全国国、地税税收执法责任制岗位职责和工作规程范本（试行）》、《税收执法责任制考核评议办法（试行）》，修订了《税收执法过错责任追究办法》，基本建立了全国税收执法责任制制度体系。在规程范本中，明确了国税系统 69 个执法岗位、258 项工作职责，地税系统 51 个执法岗位、203 项工作职责，涉及到的实质性操作环节有千余个，对这些单项事务处理过程要通过"税收事务处理节点"（即完成税收业务事项所经过的具体的办税环节）的方式进行彻底、全面、从上到下的梳理、重组和整合，其中的关键是把现行的征管业务分类，分级梳理并将中间层级自行增加、重复累计的征管环节清理掉，把那些不存在审批实质的征管业务，从"审批制"演化为"核准制"，把登记类、认定类、退税类等审批事项统一整合起来，忽略内部的、不常发生的管理活动，根据前台受理、内部流转、限时办结、窗口出件的规定，将整合后的税务事项提炼归纳成"受理、调查、核批、评估、检查、执行"等六个基本业务流程，然后按照上述 ESIA 方法的要点对这六个基本业务流程从以下三个方面再进一步完善：

第一要尽量减少人工的信息流环节。人工信息流的大量存在势必会影响工作效率而且不可避免地会发生更多的疏漏。流程要优化，首先就要从提高工作效率、方便纳税人的角度出发，以 CATIS 综合征管软件为核心，以网络与信息化为技术支持方式，要求基层上报的纸质审批资料在经过电子扫描、人工录入、附件上传等手段进行电子化处理后，通过网络传输给上级机关，内设机构之间、同级机构之间征管信息的传递，也从纸质资料的逐级传递向电子信息的网络传输过渡，最终实现税务机关所有内部审批事项网上运行，人工的信息流环节大大简并，达到既方便纳税人同时又降低行政差错率、提高征管质量和效率的目的。

第二要清理和简化审批环节。把这些事项中的非法定增值活动涉及到的审批环节和权限进行认真的清理和简化，前移下放一些审批权限给管理人员和受理人员直接行使，无法判定是否要下放的权限交给信息系统分析判断，而后根据信息系统分析给出的建议值决定是否交给下一级核批节点进行审批。此外，对于一些政策性较强的审批事项比如资格认定、减免税政策优惠、所得税税前列支项目审批等则可以权限上收，基层单位只进行受理和调查。

第三要科学设置业务流程。依照网络与信息化管理规律，把"纳税咨询—办税服务—税务调查—税务审批—数据处理—纳税评估—税务稽查—执法监督—档案管理"确立为税收业务的主流程。按照这个主流程，每项税收业务可以分为依申请行为和依职权行为两条线进行。①依申请行为，就是纳税人向税务机关申请办理为主线的业务流程，包括三种类型：第一种是受理即办流程，在纳税人手续齐全的基础上由受理岗直接核批办理；第二种是受理资料后需调查核实的流程，受理岗受理后将资料转给管理环节进行调查核实，受理岗根据管理环节回复的结果进行核批；第三种是受理岗受理资料后转管理环节调查然后上报上级核批的流程，接到上级机关回复的结果后受理岗进行核批。②依职权行为，就是税务机关面向纳税人按职权划分的税收事务，具体来说就是税收管理部门、税收法制部门或者税务执行部门在各自的工作职责范围以内，依照涉税事宜或数据处理结果对纳税人进行的各种管理流程。

最后要整合各个软件应用系统。对现行的各个系统进行详细分析，按照信息采集、审核、加工、使用的内在要求简并、优化甚至舍弃，以内部呼叫中心为核心构建内部信息交换平台，盘活整合分散征管一线的信息流与业务流，使系统之间的调用和通讯达到整体最优，增强各系统之间的数据关联性和功能关联性，前台与后台之间以及后台各个不同支持机构（包括业务、技术、外包公司）之间的信息交换变得简单清晰和快捷通畅，消灭"信息孤岛"现象。

（3）流程优化的注意事项

作为一项新实践，税务机关的税收业务流程再造往往缺乏经验，在流程再造的过程有一些问题需要引起税务机关的注意：

首先是流程再造要与网络与信息化建设进程同步。先进的技术支持必须和先进的管理理念相配合，网络与信息技术固然是流程再造的强大支撑，但流程再造只有和不断进步的网络与信息技术相配合才能真正发挥效率优势，但是现在不少地方对网络与信息化的应用是对手工版流程的翻版，没有充分发挥出网络与信息技术的真正优势。

其次是流程再造的配套改革要及时跟进。流程再造作为税收信息化建设的核心，势必带来税务组织的调整以及相应的制度改革，这是保证流程再造的顺利进行及效用的充分发挥必不可少的一步。机构设置集约化是扁平化管理的关键，不能片面地把扁平化理解为减去一个或几个层次，减少管理层次不过是扁平化管理的部分外在表象和手段，最重要的是集中管理运行和重新配置资源。

最后是要妥善解决税务人员的安置问题。对于传统的税务人员工作岗位的设置来说，流程再造是一个颠覆性的改变，曾经习以为常的许多业务和流程都会被改变，计算机信息系统所取代了原来由中间管理人员所进行的搜集整理传递信息的工作，需要精简一部分人员，这部分被精简的人员在我国目前社会保障体系还不十分完善的情况下如何做到合理分流以保持社会稳定是必须考虑的问题。

## 三、完善网络与信息化纳税人权服务法律法规

纳税人权益的保护要从立法开始，特别是网络与信息化条件下税收征管的相关法律。

我国已经在 1999 年 10 月 1 日正式生效的新《合同法》里明确了电子合同的法律地位，确立了电子邮件或电子数据交换等形式的数据电文同样具有法律效力，2001 年 8 月 28 日出台了《中华人民共和国电子签名法》，与之相配套的《电子认证服务管理办法》也开始实施，纳税人向税务局报送的电子数据是被法律认可的，具有法律效力，现行的电子签名技术足以保证数据的真实性以及不可抵赖性。但是，《税收征管法》及其实施细则中对于有关电子信息的合法性问题仍未有明确的规定，需要及时修改跟进。在相关法律中增加网络与信息化纳税服务方面的条款，将网络申请、审批行为下的电子签名、电子数据视同于传统行政行为下具有法律效力的纸质资料，电子登记资料、电子财务信息、电子申报纳税资料、电子发票、电子审批资料等电子信息的合法地位需要明确，这种变革无形之中将会减轻纳税人的负担，提高纳税服务的质量。

目前，我国关于信息安全的相关法律法规制度主要有《计算机信息系统安全保护条例》和《计算机病毒防治管理办法》，起到了很好的保障网络信息安全的作用，然而，对网络犯罪的预防、监管和责任追究没有完整的法律依据，涉及到税收电子信息安全的法律法规制度尤为缺乏。当前对于税收电子信息安全的有关问题从技术层面上进行探讨并提出解决建议的较多，而从法制建设角度对其进行分析的较少，事实上，电子信息安全的法律法规制度建设和技术解决办法同等重要，而且前者具有根本性的保障作用。所以，有必要通过加大立法、执法力度，从制度上对电子税务信息安全问题做出统一的规定，电子税务信息安全的保护制度、应急管理办法、备份管理办法、安全监督办法和行政责任等具体内容需要被明确以加强电子税务信息的安全管理，

为网络与信息化纳税服务营造一个良好法制环境。

《关于纳税人权利和义务的公告》中对保密权的规定条文过于宽泛，没有明确纳税人隐私权及商业秘密要如何被保护，也不能有效解决税务机关和负有协税义务的单位及部门之间信息共享的范围、程度及其间纳税人权利保护等问题。《纳税人涉税保密信息管理暂行办法》（国税发〔2008〕93号）规范了税务机关受理外部门查询纳税人涉税保密信息的程序，要求税务机关和税务人员应依法对纳税人、扣缴义务人的涉税保密信息保密，明确了涉税保密信息的内容但是法律层级较低。随着我国现代信息技术在推进社会主义市场经济进程中的作用日益增强，国家有必要依据税法、商法、合同法、反不正当竞争法等法律，尽快制定出《政府信息开放法》和《商业秘密保护法》以规范政府、非政府机构、企业、个人信息的采集、存储、传递和利用等行为；要制定与计算机信息网络安全和信息安全、保密等工作息息相关的法规，规定作为公共财富的信息资源如何保护和获取等等，从而解决信息开放服务和数据集中管理中可能出现的泄密问题，在目前国家尚未完善法律的背景下可以通过建立纳税人商业秘密专项安全机制的方式作为权宜之计。纳税人的商业秘密存在于税务登记、账簿和凭证管理、纳税申报、税款征收、税务检查等各个系统模块和环节中，税务机关有必要在税务公开、税务宣传、电子化服务、文件流转、税收征收、税务检查、税源监控等方面制定保密规章制度，通过对各个信息系统的整合，把纳税人应保密的数据流和税务机关征收管理的数据流有效区分开来，建成对纳税人保密类和税务机关征收类的数据分项管理机制，提高税务机关内部工作人员的保密意识，防止内部人员把纳税人的商业秘密泄露出去，尊重纳税人合法权利。

另外，对于纳税人的知情权而言，有必要通过法律、法规来保证税务机关网站信息资源发布的正常运转，保证税务机关有效地处理反馈信息，提供网上服务，实现征纳双方在网上相互之间的双向互动，属于公共信息资源要无偿地向纳税人公开，对于应该公开公共信息资源却没有公开的税务部门要追究责任，以此来维护税务机关作为政府部门之一的网站（网页）的严肃性、权威性。

# 第三节　构建网络与信息化纳税服务质量监管体系

纳税服务特别是网络与信息化纳税服务不应该是一个大规模的烧钱行为，有效的评判网络与信息化纳税服务的投入与产出效果是税务机关由管理型向服务型转变的效果，保证纳税服务坚持正确的发展方向并不断改进是整个纳税服务工作的重要组成环节。构建高效的纳税服务质量监管体系能有效对税务机关所提供的纳税服务整体效果做出一个概括性的评价，它必然是当前我们构建公共部门服务质量监管体系的一个重要组成部分。

纳税服务属于公共服务的范畴，公共服务在所有权、交易状态、竞争程度、政治责任、异质化程度、复杂化程度、不确定性程度等方面与市场服务有着本质的差别。所以，纳税服务的质量监管尤其是网络与信息化条件下的纳税服务质量监管，与市场服务的质量监管相比，具有明显的区别，这种区别主要指纳税服务具有显著的特殊性。这种特殊性体现在以下几个方面，一是网络与信息化背景下的纳税服务内置抽象性特征，即这种产品或服务并不是现实生活中的一个具体物体形态，而是一种想象的服务形态。二是网络与信息化项目的创造性。基于纳税服务抽象性特征考虑，网络与信息化背景下的纳税服务必须从纳税人的实际需要出发，因此，它更能激发出服务人员或服务机关的创造性和改革动力。三是网络与信息化背景下的纳税服务质量监管的滞后性特征。负责纳税服务质量监管的部门对纳税服务进行质量监管是基于以往纳税服务效果的综合评价，因此，这项考核必然是一种滞后考核，并不具备适时考核的特征。鉴于网络与信息化背景下纳税服务质量监管所具有的上述三个特性，本书认为，能否使质量监管结果客观公正进而充分发挥质量监管作为系统管理的重要作用，在很大程度上取决于纳税服务质量监管方法是否着眼于纳税服务的工作实际和长远发展，是否科学有效，并最终形成一个统一、规范、法制的评价体系，促进网络与信息化纳税服务水平的提高。

## 一、构建网络与信息化纳税服务质量监管体系的原则

质量监管的内涵包含了两个方面的内容，一是商品或服务自身的质量和效益。二是提供商品和服务的机构在商品和服务供给过程中所体现出来的效

率和综合。一般意义上的质量监管重在强调成本的节约、效益的提高和效率的提升等三个方面的内容。现实生活中的纳税服务质量监管也基本上是围绕上述三个具体内容来展开的，当然，纳税服务质量监管的过程是通过对监管对象的综合比较分析，按照预定的监管规则和办法做出综合评价的过程。因此，质量监管必然拥有评价依据合法合规合理、标准客观公正公平、方法科学严谨可行、结果可比直观实用等特点。质量监管所存在的三个内置特点实际上也从理论源泉上指出了构建网络与信息化背景下的纳税服务质量监管评估体系的基本原则。

1. 遵循纳税人导向和结果导向

质量监管存在的目的在于规范监管对象的行为举措、组织能力与综合协调能力，最终目的是实现有效提高监督对象综合服务能力和实现有关商品或服务供给责任的目标。由此可以看出，质量监管目标应服从于和服务于与考核对象直接相关的组织管理目标。但是，质量监管目标的确定并不会自动与组织管理目标严格匹配。这就要求我们在构建质量监管时，要谨慎处理好其质量监管对象自身监管目标与相关组织管理目标之间的关系。

作为政府机关的一个组成部分，税务部门职责和使命是制定纳税服务质量监管的源头。现阶段我国纳税服务部门所提供的纳税服务正处于纳税服务的转型期，纳税人的满意程度是构建质量监管体系的关键因素，而且网络与信息化纳税服务是一个过程，服务质量的好坏不单单体现在结果中，同时也体现在整个过程中。因此，对网络与信息化纳税服务的质量监管不仅仅要考虑服务的结果如何，同时也要考虑纳税人在接受服务过程中的感受。所以为了确保质量监管的客观性，税务部门必须充分发挥导向作用，严格遵循纳税人导向和结果导向原则，建立起一个可行可量的质量监管标准，用质量监管的预定标准来考察税务机关提供纳税服务的质量和效率，充分重视质量监管结果对纳税服务实际工作的督导作用，从而实现进一步提高税务机关纳税服务供给效果的目标。

2. 部门质量监管与项目质量监管相结合

目前与中国税收征管信息系统并行的服务系统，偏重于税务机关单一方面应用的内部系统。固然，税务机关内部业务流的计算机化是实现对纳税人服务网络与信息化的基础，对内部信息流进行良好的管理是优质纳税服务的重要保证，但是真正的网络与信息化纳税服务模块设计理念需要把税务部门内部的管理信息系统建设与面向纳税人的服务信息系统建设紧密结合起来，在这个基础上的纳税服务信息系统着重强调的是在税收法律关系中具有平等地位的征纳双方互动交流的平台，是纳税人全程参与、行使投诉或赞誉的权利的过程，是税务机关接受评价不断进行自我完善的过程，因此网络与信息化环境下纳税服务质量监管体系既涉及到税务机关在提供纳税服务过程中所包含着的部门质量监管内容，也涉及到税收信息化建设过程中有关信息化硬件设施建设、信息化使用效率、信息化后续跟进策略等方面的质量监管内容。把部门质量监管与项目质量监管有机地结合起来有利于税收信息化建设与纳税服务之间构成良性互动，从而完善整个纳税服务体系的构建。

3. 坚持具体实用和循序渐进的原则

纳税服务工作的质量本身具有不可测性，而且纳税人的满意度在某种程度上也是不清晰的，特别是网络与信息化纳税服务在提供资源的范畴、提供服务的时间、提供服务的载体等方面与传统的纳税服务相比有相当大的不同，对其服务质量的评价势必要求构建一套基于网络与信息化载体的指标体系，计算评价结果的方法要简便易行，才有可能客观实际地做出评价。

在这个质量监管体系中一定要有定量的指标与每一项服务目标密切相关，质量监管指标的设计要去繁就简，在能够基本保证评价的结果客观、全面的前提下，指标应尽可能简化，尽量减少那些对评价结果影响不大的指标，整个质量监管体系必须明确总体目标的完成程度，纳税服务的核心价值和内涵被具体的、可度量的、可实现的指标由表及里、深入浅出地表达出来，从最高管理层领导到一线工作人员在内的所有层次的员工都被涵盖进去，这样有利于把将管理者和一线工作人员凝聚在一个共同的目标下，鼓励那些有利于推动整个组织向全局目标前进的行为。

## 二、网络与信息化纳税服务质量监管体系的主要内容

构建网络与信息化纳税服务平台质量监管体系的重点内容是如何将考核的纳税服务各个因素，尤其是主要因素都准确体现在质量监管指标体系上。这就需要我们更为谨慎的设计出纳税服务质量监管指标。

1. 设计考核指标

质量监管体系关心的是质量监管对象及其组织管理部门先前所指定的目标方面，尤其是关心考核对象在提供商品或服务过程中所提供的主要数量保证、质量保证、效果承诺等方面的因素。设计质量监管指标就是要将这些主要因素具体表现在质量监管体系上。此处的质量监管指标是指那些根据需要的评价对象进行全面分析，寻找到反映实际情况的可量化的标准。当然，质量监管指标要为考核内容服务，且质量监管指标的分类必须坚持科学完整、

实用规范原则，否则考核的实际目的就不是很明确。纳税服务质量监管体系中最核心的环节就是考核指标的选择。因此，我们在设计考核体系时应尽可能在理论上寻找相关科学依据，并且在实践上也具有可行性特征。在此基础之上我们须进一步对指标体系中的每一个指标依照其重要程度大小，赋予其不同的权重。在具体的考核监管活动过程中，可以对监管指标依照考核结果与实际发生效果进行细微的调整。须注意的是，监管指标的调整要遵循阶段睦原则，也就是说除了初期适应期外，指标调整的频率不宜过高，并且在设计指标时就明确规定调整时间，以确保结果公平合理。

依照可控制、可测量原则对国家税务总局《纳税服务工作规范（试行）》规定的纳税服务的总体目标逐层进行分解、概括，每一项税收业务都从业务描述、业务环节、操作时间限制等方面进行了规范，并且将各项业务处理的基本要求进行了整合，实现各部门、各岗位、各环节之间的无缝衔接，结合网络与信息化技术指标自身的特点，最终形成具体的、可操作的纳税服务质量监管指标。

（1）服务指标的设计

纳税服务作为税收信息化建设的一个重要使用方向，它是纳税服务质量监管的核心内容之一。其指标的设计应包括利用网络与信息化来提供纳税服务进程中的所有服务供给环节，对其进行质量监管就是考察纳税服务有没有依据纳税人实际需求的纳税服务来设计考核系统和模块。

服务指标的设计首先考查网络与信息化载体下纳税服务的内容是否存在，然后是考查与这些内容直接相关联的质量与社会效应问题。由此可以看出，服务指标包含着两个方面的内容：

一是服务指标的存在性（SE）。服务指标的存在性问题一则考虑物理性服务指标存在性（SEP），二则考虑服务理念存在性（SET）。具体来看：物理性的服务指标存在性具体包括标准网络与信息化载体下纳税服务的基本内容设置，如是否设置12366咨询平台、论坛、BBS、免费税务交流邮箱、税务局网络信息传递平台、流动纳税服务车、弱势群体纳税服务等。由于这类指标所考察的对象具有一定的固定性特征，因此对他们的质量监管比较快捷，它的监管难度也非常低。服务理念的存在性要求税务机关真正转变传统税务工作模式，严格按照服务型政府理念积极为纳税人提供满意的纳税服务，将纳税服务由被动提供变为主动提供。

二是服务质量与社会效应指标（SQ）。由于纳税服务的质量与社会效应难以用经济学意义上的产出效应来衡量，因此，对服务指标的质量与社会效应监管与考察在当前技术条件下难度非常大。但若要真正考察纳税服务对整个社会的效果，突出强调服务指标的质量与社会效应是继续开展纳税服务的必然措施。鉴于服务指标的质量与社会效应监管体系在整个纳税服务质量监管体系中的重要性，我们在这里采用内外部相结合的监管体系。

内部监管指标体系（SQI）主要是指纳税服务部门自我考察监管（SQI1）、本级税务督察机关对纳税服务部门的监督考察（SQI2）、上级税务行政机关对本级纳税服务部门的监督考察（SQI3）。内部监管体系在很多场合下是有可能存在相互重叠的地方。鉴于此，我们在这里分别强调各自的监督重点。纳税服务部门自我监督考察指标包括以下几个方面的内容：纳税服务人员的准时到岗或上班正点率（SQI11）、对纳税人问题或意见的回复速度（SQI12）、疑难问题处理方式方法是否恰当（SQI13）、税务信息（如税务网站信息）更新率（SQI14）等问题。这些监管指标更多地倾向于是对纳税服务部门的日常考核。本级税务监察机关对纳税服务部门的监督考察主要是指监察部门为了有效行使监察权力，对任何属于监察范围的行为实施合法性、合理性、准确性监察。考虑到税务监察部门的工作范围比较广，因此由税务监察部门来监管纳税服务部门的服务质量与社会效应将从以下几个方面来展开：纳税服务部门上班正点率的随机抽检（SQI21）、电话咨询服务准确率日常监察（SQI22）、网络咨询服务准确率日常监察（SQI23）、纳税服务人员服务态度综合考察（SQI24）、移动服务平台质量综合评估（SQI25）等。由于网络与信息化载体下纳税服务的主要内容在于利用网络与信息化手段来综合提高纳税服务的质量，质量的提高以回答问题的准确率来衡量。因此，本级税务监察部门对纳税服务的质量监管内容侧重于对纳税服务内容准确率的日常监察上，即电话咨询服务准确率的日常监察和网络咨询服务准确率的日常监察。上级税务行政机关对本级纳税服务部门的监督考察主要是指上级税务行政主管部门对本级税务部门，尤其是纳税服务部门工作的业务监管。在现实生活中，上级部门的监督考察是对下级部门具体行政行为的监督，上级税务行政主管部门对下级税务机关在提供纳税服务方面的行政行为监督也在此列。为了约束下级税务行政主管部门尤其是纳税服务部门的行为，上级税务行政主管部门对纳税服务部门的质量监管指标主要涵盖以下内容：电话咨询服务准确率（随机调查）（SQI31）、网络咨询服务准确率（随机调查）（SQI32）、纳税服务人员服务态度（随机调查）（SQI33）等。从某种程度上看，纳税服务部门对纳税服务的质量监督是将运动员与裁判角色合二为一的做法，其质量监督尽管必须存在，但效果可能达不到预期目标；本级税务督察对纳税服务部门的监督则偏重于本级税务部门内容的监督，其力度可能不大，其效果也可能不是十分理想。因此，我们强调来自上级税务行政主管部门的监督可以在现实行政管理体制下有力地监督下级部门的行政行为。

外部监管指标体系（SQE）是指非税务部门为对网络与信息化载体下纳税服务工作实施有效质量监管而设立的监管指标体系，它主要包括税务机关所组织的纳税服务专家组纳税服务质量评议结果（SQE1）、税务机关组织的纳税服务外部监管员纳税服务质量评议结果（SQE2）、纳税人对纳税服务的总体评价（SQE3）、第三方独立调查机构对纳税服务质量调查结果（SQE4）、政府行风测评中有关税务机关行风评议结果（SQE5）。纳税服务专家组所提供的纳税服务质量评议结果（SQE1）主要是纳税服务机关聘请税务专家对税务机关所开展的纳税服务做一个综合性评议。评议内容包含以下几个方面的内容：纳税服务项目设置合理性（SQE11）、纳税服务项目设置实时性（SQE12）、税收咨询准确率随机调查（SQE13）、纳税服务人员服务态度随机调查（SQE14）等。纳税服务外部监管员纳税服务质量评议结果（SQE2）主要是税务机关组织外部监管员对纳税服务带给纳税人的主观印象进行综合评议。由于税务机关组织的纳税服务外部监管员并非专业性问题解答人员，他们也无法对纳税服务问题的准确性作出明确解答，因此，他们对纳税服务的综合评议主要是利用市场化的服务理念来评价纳税服务。第三方独立调查结构对纳税服务质量调查结果（SQE4）是纳税服务机构委托第三方独立调查机构对纳税服务进行综合评判，并提出相关的整改建议。由于第三方独立调查机构对纳税服务的评判具有完全独立性，严格按照纳税服务评价目的和现实问题来独立开展，因此它的结论具有很高的参考价值。SQE4在现实生活中可以细化为两个部分的内容，一是纳税服务内容的准确性评价指标（SQE41），二是纳税服务态度评价指标（SQE42）。前者重在强调纳税服务内容的真实性，后者重在强调利用现实生活中普通公民享有服务标准来考察纳税服务部门所提供的纳税服务质量问题。政府行风测评中有关税务机关行风评议结果（SQE5）是税务部门作为政府行政部门的组成部分在整个行风测评中的评议情况，它是纳税人对税务机关综合印象的直观反映。这个综合印象并非专业性评议，所以它的指标构成比较单一。

综合来看，上述纳税服务指标设计更多考虑了服务本身所具有的服务效率、互动性、服务覆盖面、非正常业务的识别处理能力、弱势纳税人群体访问的便利性、时空上的灵活度、核心业务流程的实现度、部门之间的信息流整合度都要纳入监督范围，但尚未涉及到纳税服务的技术使用水平方面的指标设计问题。在网络与信息化背景下，这个问题必须涉及到，否则与时俱进就无从谈起。

（2）技术指标的设计

技术平台的发展是税收信息化建设的重要驱动力量，网络与信息化纳税服务能否成功的关键取决于技术支持力度与实施质量。在满足基本税收业务实际需求的前提下，税务部门对网络与信息化技术的引入非常重要，尤其是对纳税服务来说其重要性更为突出。技术指标的设计必须考虑到技术的实际运用情况和系统可持续性要求，即是说，技术指标的设计必须考虑到技术运用和技术维护两个方面的内容。具体细化到指标体系时，前者为技术应用指标（TA），后者为技术维护指标（TC）。

就技术应用而言，我们可以将此指标进一步细化为技术普及程度（TAP）和技术更新程度（TAR）。普及程度主要强调网络与信息化技术在纳税服务工作中的实际运用情况，是否在各相关纳税服务部门得到了真正运用。普及程度指标可以具体到纳税服务系统的友好性（TAP1），如税务网站界面是否简单明晰、站点及网页页面的设计是否美观、对纳税人有没有特别的技术要求，这些都影响着纳税人对网络信息资源的使用；纳税服务系统的灵活度及可扩展程度（TAP2）（比如网站的后台管理系统要具有良好的系统维护功能，以便支持网络的不断升级改造、网站内容的适时更新，更为重要的是，这种系统灵活性必须适时处理税收政策变化所带来的申报材料和处理流程的异常情况）。更新程度主要强调网络与信息化技术的更新换代程度，考虑到网络与信息化技术对纳税人的影响程度较大，这为税务机关提供纳税服务提供了新的挑战，税务机关必须按照新时期条件下纳税服务的基本要求及时更新信息化技术。信息化并不是一个固定模式，它是一个不断更新、完善的体现。因此，不断地成功更新纳税服务供给系统，并在实际工作中将其有效运用到实务工作中，这是纳税服务机关和纳税人所希望看到的网络与信息化发展局面。但更新技术也对纳税服务工作及其在网络与信息化条件下开展的稳定性提出了新挑战。网络与信息化程度越高，纳税服务对信息系统的依赖性就越大，开展可持续性的纳税服务所面临着的风险性就越高。如若更新的纳税服务系统不符合纳税人的实际需求，则这种境况不但会影响税务机关开展正常的纳税服务，还会直接影响纳税人对税务机关提供纳税服务的态度和初衷体现出不同程度的怀疑，可能在一定程度上刺激纳税人对税务工作的抵触情绪。在这个背景下，税务机关提供纳税服务的最终目标——有效降低纳税人无知性不遵从将可能转化为故意性税收不遵从。由此可见，技术的更新程度对税务机关提供纳税服务的综合考验。

就技术维护而言，它更侧重于强调纳税服务系统运行持续性、稳定性。现实生活中，我们可以将此指标进一步细化为以下四个方面的内容：一是纳税服务网络与信息化系统的稳定性（TCS），如系统处理的正确程度（TCS1）、系统设计的创新性（TCS2）、系统出现故障后的即时恢复速度（TCS3）、系统恢复成本（TCS4）。二是纳税服务组织管理部门参与的可持续性（TCO），在纳税服务网络与信息化建设过程中，税务工作人员对于信息系统建设的参与程度等因素决定着组织的可持续性。没有纳税服务人员的积极参与，即便是纳税服务策略制定得多好，仍然是一句口号。三是外包管理的审核与控制能力（TCM）以及承建企业的生存能力（TCG）。考虑到我国税务部门尚不具备独立自主开发系统和规划网络建设的能力，税收信息系统的日常研发和维护业务正常情况下都是以委托代理的形式承包给非税收主管部门的信息系统研发公司，即先由政府部门结合自己的实际情况和履行职责、完成工作任务的需要提出具体要求，网络系统集成商开发商按照税务部门的要求进行网络系统的集成与规划，完成建网任务，因此外包管理的审核与控制、承建企业的生存力等因素需要在设计业务可持续性的指标时被涵盖进去。

综合起来，我们可以将网络与信息化载体下纳税服务质量监管体系绘制成图2-8。

2. 建立指标权重集

由于各个考核指标在考核体系的相对重要性并不严格一致，为了准确评价纳税服务部门的实务工作效果和网络与信息化纳税服务平台的工作效率，纳税服务质量监管部门可以通过层次分析法赋予各个评价指标适当的权重。当然，在具体赋予比重前，我们还需聘请有关专家对整个指标体系内的各个指标的相对重要性予以充分考察，使之符合纳税服务质量监管的根本要求。这里我们建议降低对客观性指标的权重值，提高主观性指标的权重值。客观性指标的考核难度比较低，同时又有一定的客观性和可持续性，因此其权重值理应较低。主观性指标如服务指标中的诸多指标量化的可能性不大，但又直接关系着纳税服务质量高低和纳税人认可程度问题，因此我们有必要提高其权重值。

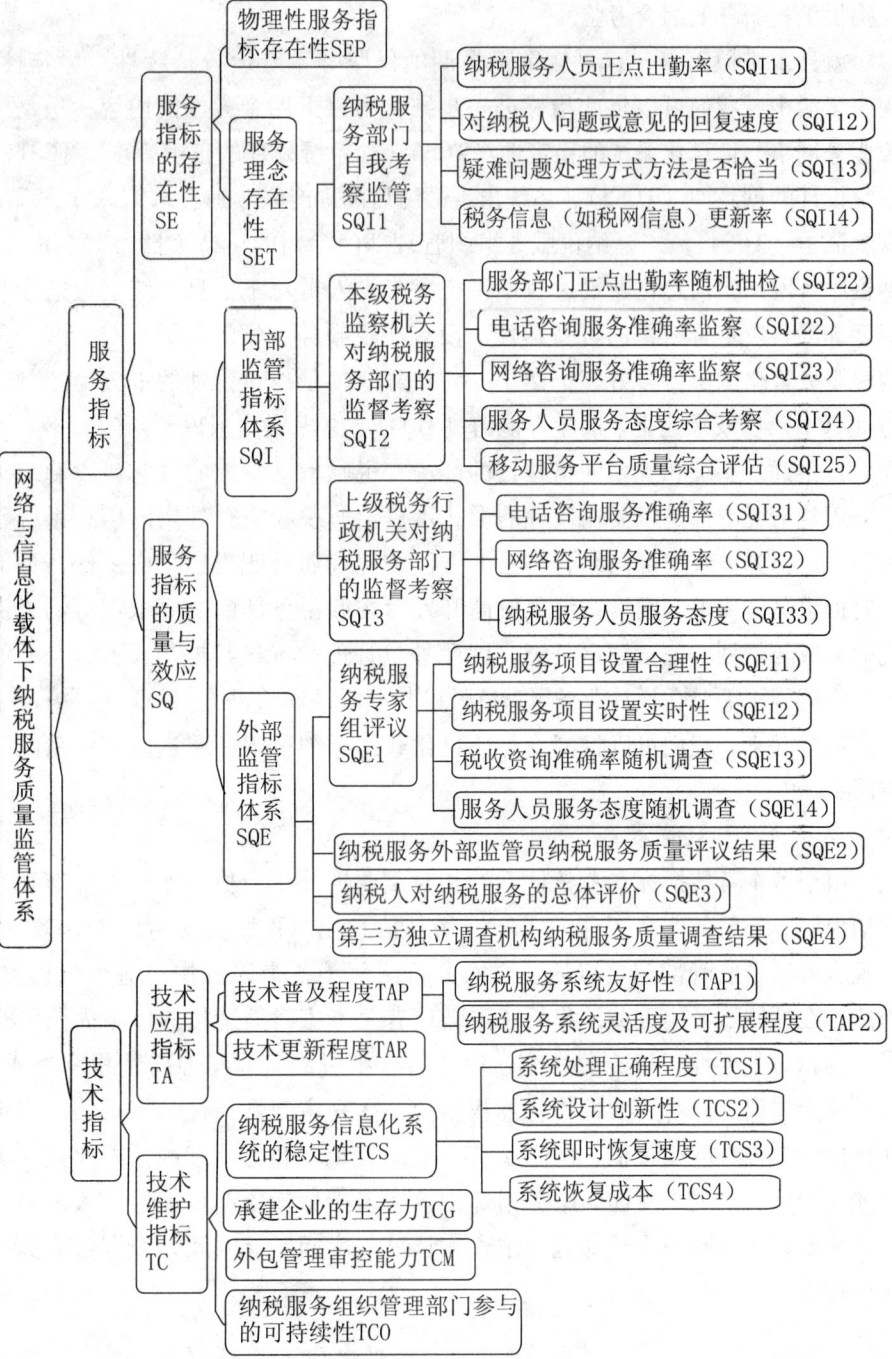

图2-8 信息化纳税服务质量监管体系示意图

3. 监管结果的计算

通过各种方式获取的指标信息由组织质量监管的单位统一进行信息整合，按照最初设计的权重计算出各项基础指标的评价值，然后从基础指标开始，按照预定各自的权重关系逐层对各层指标指数进行加权最后得出总体的网络与信息化纳税服务质量监管值。

# 第四章　稳步推进税制改革
# 完善税收优惠政策

## 清风激荡建和谐　文明之花遍地开

河北省涉县国家税务局　冯晓伟　冯　强　郭慧平

当你步入涉县国税局大门，顿时会被一种浓厚的文化氛围和如沐春风的亲切感所包围，优美的办公环境，井然的办税秩序，税务干部们一张张笑脸、一句句话语让所有人产生宾至如归的感觉。纳税人一次次点头、一声声称赞，是对他们文明创建的最好诠释。

### 一、建章立制，夯实发展之基

涉县国税局从思想上高度重视文明创建工作，紧紧围绕"树文明之风，建和谐国税"的服务理念，成立领导班子，制定具体方案，面向社会，自觉接受监督群众监督，扎实开展文明创建工作。

该局结合实际，制定了《2015年涉县国税局文明创建实施方案》，方案中明确规定了文明创建中各单位的工作任务、方法和步骤。成立了由局长任组长、其他班子成员任副组长、相关科室和基层单位负责人任成员的"文明创建领导小组"，办公室设在人教科。制定了五项制度，以制度促落实。县局和各税务分局分别签订了"文明创建工作责任状"，形成了"一把手亲自抓，班子成员分工抓，人教部门具体抓，基层单位配合抓，广大税务干部积极参与"的良好局面，为该局参与文明创建活动提供了组织保障和制度保障。该局曾多次获得省级"文明单位"荣誉称号；建局以来，一直被评为市级"文明单位"；多次在县组织的文明执法杯评比活动中取得第一名，连年夺得民主评议行风优胜单位。同时，在每年召开的全县国税工作会议上，把文明创建工作作为一项重要内容进行强调和安排。今年，局长范云昌提出了在省级文明单位基础上创建国家级文明单位的工作目标，并对全年的文明创建工作进行了详细部署和安排。

## 二、开门纳谏，共话税收征管

涉县国税局把追求纳税人满意作为纳税服务的第一标准，积极向社会和纳税人征询意见和建议，共同推进税收征管规范运行。

在年初召开的涉县"两代会"上，该局通过发放问卷、口头征求、书面填写等多种形式向代表们征求意见和建议 63 条，对纳税服务、行风建设、文明办税等方面的 12 条有效意见进行了整改，采纳了有关提升服务水平和效率、加强纳税辅导等相关建议 8 条。4 月份，组织召开了"聚焦营改增试点 助力供给侧改革"为主题的税企座谈会，县领导、企业代表、老干部代表共计 200 多人参加会议。5 月份，局党组成员还带队对全县年纳税额 20 万元以上的 100 多户企业开展了意见征询活动。6 月初，组织开展了行风民主调查问卷活动，局领导带领干部职工走上街头，向群众发放民主评议调查问卷 300 份，回收 296 份，共收集到有效意见和建设 24 条。今年以来，该局先后 2 次走进县电台的"行风热线"栏目，接听群众电话 36 个，解答群众问题 24 个。组织人员上街开展了"阳光投诉"活动，征询意见和建议 34 条，受理各类投诉、举报线索 8 条，全部在规定时限内给予了答复或解决。对所有收集到的意见和建设，该局逐个分类梳理，凡是政策方面解决权力不在县局的问题，认真给纳税人解释清楚，并积极向上级机关反映；凡是涉及到有关单位和干部的问题，积极制定整改措施，限期整改。通过一系列活动的开展，有效地融洽了税企关系，促进了征纳和谐。

## 三、擦亮"窗口"，促进质效双提

通过召开基层干部座谈会以及不定期明察暗访等形式，他们找准了影响效能建设的"软肋"，针对存在的问题，把直接和纳税人打交道的窗口单位和基层一线人员，作为机关效能建设的重点。

推进办税服务厅建设。以标准化建设为契机，简化了 7 项办税程序，实行一个窗口对纳税人，内部流转、限时办结，全面推行一站式服务。按照便民原则设置了纳税人办税自助区，提供座椅、饮用水、笔、印台、复写纸、表证单及填写样本、办税指南；服务厅内购置两台电脑，宽带上网，安装网上报税软件，供小规模纳税人，自助报税，征期还专门设有报税协助员；设立电子触摸屏，供纳税人查询税收政策；建立税收公告栏，公告涉税事项并进行提醒服务；设立群众监督台，悬挂意见本，并及时公告服务厅对纳税人提出的意见的处理和改进情况。以纳税人的满意为第一标准，提出"四零"要求，即力争办税服务零投诉、办税流程零障碍、办税质量零差错、纳税人与税务机关零距离。成立"税收政策流动辅导站"，定期深入到企业中巡回辅导。今年以来共对26家企业开展上门服务，帮助11家新办企业建立健全了财务会计帐簿，进行纳税辅导和税收政策宣传200余人次。

规范税收执法行为。认真落实税收执法责任制和行政管理责任制，对执法不规范和工作质量不高，效率低下的，严格处理到位。截止7月份，该局先后开展了三次执法检查和一次行政管理自查，机关效能明显提高。

加强效能建设跟踪巡查。将全局干部职工的姓名、职务、工作职责和相片通过各单位"监督台"和县"行政权力公开网站"亮相公布，主动接受纳税人和全社会的监督；开展了"整治工作纪律、争创一流业绩"活动，县局组成督导组对中纪委"十个严禁"和省局"五项禁令"执行情况不定期进行抽查，明察暗访，并对检查结果进行通报。扎实开展"创先争优"活动，在办税大厅开展争创"最佳办税窗口"和纳税人评选"最佳办税员"活动，实行了"三声、三办、一笑"服务、纳税提醒服务、全程办税代理制度、预约和延时办税服务制度。通过创优争先，形成纠、建、评相互促进的工作机制。

## 四、公开运行，保障"阳光纳税"

涉县国税局把推进行政权力公开透明运行作为工作重点，丰富载体，健全制度，规范行政权力，密切征纳关系，确保纳税人交明白税、放心税。

按照公开原则要求，该局对行政权力进行规范整理，全面公开。制定了《行政权力公开透明运行实施方案》，从人、财、物上加大投入，并抽调人员专门编制了"行政职权目录"和制作"项目流程图"。通过认真细致的工作，对税收执法权和行政管理权两大类52项，其中税收执法权41项，行政管理权11项，进行了全面公开。依托办税服务大厅这个窗口，定期公开纳税人和干部群众普遍关心的热点和难点问题。除运用公示栏、滚动显示屏、触摸屏等形式外，还充分利用信息化手段，通过局域网开发设立"行政权力公开网页"，对应公开的内容、形式和时间，分门别类，细化标准。如对个体工商户定额和企业违章处罚情况，及时进行更新，积极听取群众意见，让纳税人明白、满意。

## 五、强筋壮骨，打造一流队伍

"干部队伍的素质是推进文明创建工作的基础。"涉县国税局结合实际，面向社会公开征求意见和建议，制定出台了一系列行之有效的整改措施，使该局的干部队伍素质得到了很大的提升。

认真开展社会主义核心价值观教育和道德守礼教育。县局在机关大厅设立社会主义核心价值观宣传牌，并制作宣传摆台，摆放于每名国税干部的办公桌上，时刻提醒干部职工牢记社会主义核心价值观；组织 30 多名干部职工到县光荣院、公共活动场所开展了弘扬核心价值观——"新风送暖文明过节"志愿服务活动。在光荣院，为孤老伤残军人、烈属及其他优属老人送去了节日祝福，并为他们梳头擦脸、整理被褥、打扫卫生、拉家常、演节目等，给老人们送去了欢乐。在居民健身场所，干部们认真擦拭健身器材、清扫垃圾等，为广大市民营造了干净整洁的公共环境。努力践行和弘扬社会主义核心价值观。同时举办以"纪念抗战胜利 70 周年"为主题道德讲堂；组织党员干部到晋冀鲁豫抗日殉国烈士公墓祭扫、重温入党誓词等系列活动，弘扬 129 师精神，将 129 师精神融入到税收工作的方方面面，进一步激发同志们干事创业的热情。

着力搞好道德讲堂、善行功德榜、优美环境三项建设。县局按照文明创建方案要求，定期开展道德讲堂，在抗战胜利 70 周年之际，开展了以纪念抗战胜利 70 周年为主题的道德讲堂，并邀请县文明办有关领导参加。建立善行功德榜，彰显国税干部爱岗奉献的善行善举；美化环境建设，县局组织志愿者利用节假日开展美化办公环境活动，清扫机关大院及临街道路的积雪，清理假山鱼池，更换办公楼内的垃圾桶，使办公环境焕然一新。用心开展"春雨行动"、志愿者服务等四项活动。县局统筹安排，机关各科室与分局形成联动，建立帮扶台帐，职工捐款台帐，确保春雨行到落到实处；同时制定党员志原服务队工作职责，根据县文明办有关要求和县局安排，定期开展志愿者活动。

今年以来，该局向社会公布了 12 条服务承诺。现在，纳税人办税应按什么程序办，税务部门应多少天办结，都有了明确规定，对不按规定办事的税务干部，纳税人可以直接投诉，经核实后追究相应的责任。严格的责任追究，增强了干部依法行政的自觉性，提高了工作质量和水平。同时，机关作风也得到了进一步改进。通过开展文明创建，干部推诿扯皮的少了，尽职尽责的多了；"门难进、脸难看、事难办"的现象得以有效杜绝，快捷高效、热情服务、创优争先已成为一种风气。

问渠哪得清如许，为有源头活水来。扎实的作风，优质的服务，使涉县国税工作取得了显著成效。2015 年，在税收收入形势异常困难的情况下，该局干部团结一心、攻坚克难，共组织收入 69048 万元。收入质量得到了明显提高：个体税收累计完成 1912 万元，同比增长 91.55%；企业所得税累计完成 19791 万元，同比增长 286.62%；中小企业税收累计完成 18926 万元，同比增长 43.20%；评估或稽查企业 94 户，共查补税款 2172.59 万元。

# 凝心聚力　搭建平台　创新服务

河北省曲周县国家税务局　呼向清　袁营新

该局以推进"营改增"工作和"便民办税春风行动"活动为契机，搭建平台，创新服务，切实加强国地税深化合作，高标准建设办税"综合服务体"。办税管理事项前移到县行政服务中心"智能型"联合办税服务大厅，涉及纳税服务等事项当场办结。借力银行、法律等系统外资源，创建贴近当地实情的税银信息共享平台，形成了多渠道、多角度，覆盖广、效果好的"一窗式"服务体系。

## 一、同频共振，构建办税服务新格局

认真贯彻落实上级有关要求，创新工作方法，以全面深化改革、创新税收服务和管理为切入点，切实转变作风、提高工作时效。一是加强组织领导。成立了由一把手任组长，主管副局长任副组长，系统各单位负责人为成员的专项领导小组。定期召开会议，研究办税推进措施，开展日常巡查、税收分析预测、税收风险应对、漏征漏管清理等工作，确保税收应收尽收。二是开展纳税服务。制定《曲周县国税局优化服务推进工作方案》，研究制定会议制度、督导制度、日常管理考核制度、发票使用和管理制度、责任追究制度、领导带班制度、突发事件处理等多项制度，形成"一把手"负总责、分管领导具体抓、各科室"无缝对接"的联合工作机制。三是开展纳税信用评价。成立纳税信用评审组，定期召开会议，研究制定信用管理办法，发布纳税人信用等级。根据纳税信用评价结果，按照 A、B、C、D 四级纳税人实施分类服务和管理，并将 A 级纳税人名单推送到"银税互动"合作单位，放大国税局在服务经济社会发展中的作用，达到 $1+1>2$ 的效果，有效促进了依法诚信纳税环境。

## 二、资源共享，打造办税服务新平台

以纳税人需求为导向，依托信息互联技术建设"智能型"办税服务厅，彻底打通了服务纳税人最后一公里。一是建设"智能型"大厅。在县行政服务中心三楼建设"智能型"联合办税服务厅。服务大厅分设置导税服务区、纳税辅导区、办税服务区、自助办税区、网报一体机区、便民服务区、文化展厅等 10 大功能区域，制定统一的税务标识、硬件环境、服务标准和政务公开内容、智能排队叫号评价系统，确保办税大厅秩序井然。二是推行"一窗式"服务。对所有办税窗口、人员进行业务知识、文明礼仪等专项培训，并对培训内容进行测试和验收，为纳税人提供高效服务。目前已专业培训 2 次，测试 3 次。同时，依托"一人一机双屏系统"技术支撑，在所有办税窗口推行"一窗受理、一键切换、网络连通、后台传递"办理模式，实现"一窗式"涉税服务。三是实施"协同化"考核。对服务窗口的工作进度、成效、服务态度等指标进行考核，考核结果作为年度评先评优和问责的重要依据，确保为纳税人提供优质高效的服务。

## 三、便民提效，实现办税服务新跨越

以聚焦解决纳税人关心的"难点"、"堵点"问题为重点，为企业开通"绿色通道"办税服务，提升税务行政效能。一是便民便企降成本。在"智能型"办税服务厅，纳税人办理涉税事项，只需在办税服务厅一站内完成，避免了以往办理业务需要"两头跑、多头跑"、排队耗时长的问题。同时，优化税收管理流程，使双方的人力、物力、信息等资源在"征、评、管、查"等个业务环节得以优化整合和充分共享，节约了税务机关的征收成本。5 月 3 日，纳税人从该局云办税服务厅自助终端机领票，标志着自助领票成功。5 月 5 日，在服务厅国税局窗口征收增值税 9430.1 元，地税窗口征收附加税 1432.3 元，实现了办税高度融合。二是强化管理提质量。在服务中，该局口径一致、标准统一，互为监督、互比互促，运用"互联网＋税收"行动计划，有效解决了"信息不对称、执法有交叉、检查有重复"等问题，最大限度地堵塞征管漏洞，推动税收收入增长。三是提升服务树形象。统一纳税服务标准、办税方式和服务手段，有助于纳税人快捷、便利、高效的履行纳税义务，同时也方便了纳税人监督，优化税务部门整体形象，优化地方经济发展环境，受到纳税人一致好评。目前已接受纳税人赠送的锦旗 3 面，市、县党政领导给予了肯定，各级媒体都进行了报道。

# "四大行业"营改增税收收入分析及建议

河北省威县国家税务局　马红涛

按照国务院要求，全面推开营改增试点后，要确保新纳入试点范围的建筑、房地产、金融、生活服务"四大行业"税负只减不增。为详细掌握全县营改增"四大行业"状况，科学预测改革对地方国税收入的影响，积极应对结构性减税效应给税收收入带来的压力，威县国税局对该县"四大行业"进行了调研分析和税收预测，并提出加强管理的建议和措施，现将该局调研分析情况整理报送局领导，以期对全市"四大行业"税收管理有所参考。

## 一、威县营改增"四大行业"基本情况

此次全面推开营改增试点，威县新纳入营改增试点范围纳税人共有484户，占全部国税纳税人10.14%，其中：建筑业81户，一般纳税人8户，小规模纳税人73户；房地产业27户，一般纳税人18户，小规模纳税人9户；金融保险业23户，一般纳税人15户，小规模纳税人8户；生活服务业353户，全部为小规模纳税人。2015年，"四大行业"共入库营业税1.22亿元，其中：建筑业5258万元，房地产业3199万元，金融保险业1961万元，生活服务业1831万元。"四大行业"纳税户数虽然不多，但以2015年实现税收来看，仍将是全县税收的重要支柱。

## 二、"四大行业"税收收入分析和预测

以"四大行业"2015年缴纳营业税为参考，我局对"四大行业"营改增后税收收入进行了分析和预测。

### （一）建筑业税收收入分析和预测

全县建筑业一般纳税人2015年共缴纳营业税4557万元，根据营业税原理倒推销售收入总额为15.19亿元；以此类推，小规模纳税人2015年缴纳营业税721万元，销售收入为2.4亿元。根据国家税务总局关于发布《纳税人跨县（市、区）提供建筑服务增值税征收管理暂行办法》的公告（国家税务总局公告2016年第17号）规定，纳税人跨县（市、区）提供建筑服务，应向建筑服务发生地主管国税机关预缴税款，向机构所在地主管国税机关申报

纳税，一般纳税人适用一般计税方法计税的，按照2%的预征率计算应预缴税款；适用简易计税方法的，按照3%的征收率计算应预缴税款。据此计算，按照2015全县建筑业一般纳税人平均税负为2%推算，今年全县建筑业一般纳税人纳税额=151900/（1+11%）*2%=2736万元，小规模纳税人预缴税额=24033/（1+3%）*3%=699万元，合计应纳税额3035万元，预计减税1522万元。

### （二）房地产业税收收入分析和预测

全县房地产业一般纳税人2015年共缴纳营业税3164万元，根据营业税原理倒推销售收入总额为6.33亿元；以此类推，小规模纳税人2015年缴纳营业税34万元，销售收入为680万元。根据财政部、国家税务总局《关于全面推开营业税改征增值税试点的通知》（财税〔2016〕36号）及国家税务总局关于发布《房地产开发企业销售自行开发的房地产项目增值税征收管理暂行办法》的公告规定，一般纳税人销售自行开发的房地产老项目，可以选择适用简易计税方法按照5%的征收率计算；房地产开发企业中的小规模纳税人，销售自行开发的房地产项目，按照5%的征收率计税。由于该县房地产企业全部为老项目，据此计算，今年，全县房地产业一般纳税人应纳税额=63280/1.05*0.05=3013.33万元，（房地产老项目可选按照5%的征收率缴纳税款，我县目前开发销售的楼盘都属于老项目）小规模纳税人应纳税款=680/1.05*5%=32万元。合计应纳税额3045.33万元，预计减税153.67万元。

### （三）金融保险业

全县金融保险业一般纳税人2015年共缴纳营业税1918万元，根据营业税的原理倒推销售收入总额为38360万元；以此类推，小规模纳税人2015年缴纳营业税43万元，销售收入为860万元。根据现行增值税政策规定应纳增值税推导公式如下：一般纳税人应纳税额=38360/1.06*5%=1809万元。小规模纳税人应纳税额=860/1.03*3%=25万元。累计纳税=1834万元，预计减税127万元。

### （四）生活服务业

全县生活服务业2015年共缴纳营业税1831万元，根据营业税的原理倒推销售收入总额大约为3.66亿元。由于目前我县生活服务业纳税人全部为小规模纳税人。根据财政部、国家税务总局《关于全面推开营业税改征增值税试点的通知》（财税〔2016〕36号）规定，小规模纳税人征收率为3%，据此计算，今年全县生活服务业纳税人应纳税额=36620/（1+3%）*3%=

1066 万元，预计减免税款 765 万元。

按照全国"四大行业"营改增减税比例测算，威县将减少税收 2670 万（全国税收 2015 年 10.3 万亿，威县税收收入 5.5 亿元）根据以上四大行业的初步测算，威县预计减收规模大约为 2567 万元左右，与全国税收总体减收情况基本相当。

## 三、应对"四大行业"减税因素建议及措施

6 月份，是"四大行业"营改增后首个纳税申报月，截止本月 15 日，全县"四大行业"一般纳税人已全部申报完毕，共入库税款 737.9 万元。由于全面推开营改增试点，今年威县国税将减税 2567 万元。同时，县政府分配的国税收入计划增幅较大。面对一减一增两个因素，国税部门应尽快熟悉"四大行业"营改增政策，熟练掌握营改增业务操作，通过强化税收管理，堵塞管理漏洞，实现应收尽收，最大限度降低减税因素对税收收入的影响。

### （一）强化培训辅导，切实提高纳税遵从

在原营业税管理模式下，"四大行业"税收按率征收，管理比较粗放，企业财务核算和税收管理层次比较低。实行营改增后，"四大行业"税收将向信息化、专业管理转变，管理方式更加精细、科学，对企业和税务部门都提出很高的要求。一方面，要加强政策宣传和业务辅导，帮助纳税人完善财务管理，引导纳税人吃透吃准用好政策，帮助纳税人理解新税制、遵从新税制、受益新税制，主动、真实、及时核算并申报缴纳应纳税款，为营改增后续管理奠定坚实基础。另一方面，要加强税务人员培训。由于"四大行业"的管理方式、管理理念都与国税部门既有的管理模式不同，这不仅对纳税人是一个挑战，对国税干部也是一个很大的挑战，为此，税务管理人员要尽快学习、吸收新的管理理念和知识，适应政策变化，提升自身的管理能力和综合素质。

### （二）优化纳税服务，营造良好纳税环境

全面推开营改增试点，"四大行业"纳税人对国税部门的评价，关系着营改增工作整体质量和社会效应，也代表着社会各界对税务部门税制改革工作的认同度。国税部门只有切实提高纳税服务质量和水平，才能得到纳税人的认可。在实际工作中，要全面改进和优化纳税服务，强化主动服务意识，改进纳税服务方式，建立税企良性互动制度，着力构建和谐的征纳关系、税企关系，让纳税服务更高效、更便捷、更优质，全面提升纳税人的满意度和税法遵从度。

### （三）强化风险管控，提升风险应对水平

建立风险管理长效机制，组织征管、稽查、法规等部门召开风险管理专题会议，认真梳理营改增试点纳税人管理中的难点、弱点和关键点，根据营改增风险管理行业分布，采用点面结合的方法对营改增企业进行全面的风险排摸和有重点的风险应对，指导企业降低涉税风险。加大偷逃税收的查处力度。定期对重点企业进行巡查、评估，一旦发现严重的偷逃税情况，对其严厉处罚。

### （四）细化立体控管，推进综合治税进程

营改增是一项任务繁重、政策性强、涉及面广的系统性工作，仅仅靠税务部门的力量远远不够。应充分发挥综合治税的作用，实现立体控管。一是深化国地税合作。完善国、地税合作机制，明确相互之间的信息交换、工作衔接、异议处理等事项，实现无缝对接。二是推进综合治税机制。协调地方政府，强化综合治税领导机构或联席会议，密切协作、形成合力，推动营改增管理落到实处。三是建立涉税信息共享平台。在内部，让征管信息真正实现共享，不断提高税收征管工作效率；对外，加大与相关部门的协作，依靠创新和改革驱动来提升税收征管能力，提升税收征管能力和征管效率。

# 创新基层国税工作　服务县域经济发展

河北省涞源县国家税务局　陈贵春

目前，经济发展已进入新常态，税收工作也必然出现新机遇、新变化。作为国税基层单位，如何准确把握、主动适应新常态呢？笔者认为，县一级国税机关在体制上虽然直属上级税务机关领导，但是在实际工作中，却与地方经济发展的大局息息相关，县域经济状况直接决定着国税工作的发展。国税工作的重点应在于服务县域经济发展的大局，应处理好四种关系，做到四个到位。在新一年税收工作中创新工作方法、抢抓新机遇、创造新亮点，开创国税收工作新局面。

## 一、处理好四种关系

### 1、国税工作与县域经济发展的关系

国税部门作为地方政府的一个经济管理和组织收入的重要职能部门，协助扶持抓好经济税源建设责无旁贷，税收工作与地方经济建设发展息息相关，税收事业的健康发展离不开地方经济的健康发展和税源的不断壮大。因此，国税部门要通过不断强化文明办税和为纳税人服务，为改善投资环境、培植壮大税源尽职尽责。税收是经济发展的晴雨表。要有清晰、明确的工作目标。密切结合地方实际，在税源管理、纳税服务、依法治税、绩效管理等方面抓住机遇、落实政策，在推进税收现代化征程中走在前列。对已经进行的税收改革要及时查缺补漏，如"先办后审"提升服务质效，"管评分离"做好纳税评估，"营改增"扩围政策，落实便民利民纳税服务等方面，边查边改边推进，随着交通、通讯等基础设施的不断改善，农村产业结构的调整优化，县境内依托资源开发的企业不断发展壮大，工业结构的不断调整提高，国税收入的稳定增长就会有一个可靠的来源。要抓机遇、出实招，积极作为。主动将国家对小微企业税收优惠政策送上门，促进新兴产业项目建设，特别是紧紧抓住京津冀协同发展这一契机，积极推动地方经济发展。

### 2、完成收入任务与严格执行税收法规的关系

国家制定税收法规是根据现阶段国家经济状况而对经济进行宏观调控的一系列手段的重要组成部分，它综合考虑了国民经济水平，积累与消费的关

系、人民生活水平的提高程度，国家参与国民收入再分配的比例以及如何调节国家经济秩序等因素，是税务机关代表国家行使征税权力所必须严格遵循的原则和政策依据。依法治税是依法治国的重要组成部分，因此在税收执法中，要坚持税收任务服从税收政策，在税源短缺的地方，要做应收尽收，决不能收过头税或寅吃卯粮，在税源充裕的地方要坚持做到应收尽收，颗粒归仓，而不能有税不收、小税不收，致使国家税收白白流失。要落实税收法定原则，坚持依法治税。当前，一方面税收增速逐渐放缓，另一方面改革攻坚步伐加速，纳税人税收意识、依法维权意识在增强。因此，作为税收基层机关与干部更要增强法制观念，改变那种片面注重税收收入增长的思维方式，自觉运用法治思维方式，将"营改增"、消费税等各项改革措施及税收优惠政策纳入法治轨道，一项项落到实处。

3、严格执法与热情服务的关系

税务机关是代表国家行使税收征管权力的行政执法机关，所依据的法律是《税收征管法》和各个单项税收法规，税务工作的根本任务就是要坚持原则，依法办事，依率计征，确保各种应纳税额的应收尽收，确保税收收入任务圆满完成，做到有法必依，执法必严，违法必究。通过多年的税法宣传和税收秩序整顿，纳税人的纳税意识已经逐步从强制缴纳向自觉申报转变，税务机关也应该从管理型向服务型转变。推行纳税服务是税收征管的新战略、大趋势，是新一轮税收征管模式的基本方向。因此，税务机关要树立"管理就是服务"的思想，确立经营税收的全新理念，要改善服务环境，转变服务态度，提高服务质量，简化办税程序，提高办税效率，为纳税人提供一个"文明、高效、优质、清廉"的平等融洽的征纳平台，建立和完善承诺服务、服务规范、操作规程、首问负责制、马上就办制、推行限时服务、文明用语规范等，形成一整套服务制度体系。给各种经济成份的纳税人创造一个在同一起跑线上公平竞争的税收环境。严格执法与热情服务并不是对立的，相反它更应该是一个统一体。通过严格执法与热情服务，创造一个文明执法、高效廉洁的执法秩序，守法经营、勤劳致富的社会环境，促进国民经济和财政收入的同步快速增长。

4、廉洁奉公与反腐倡廉的关系

加强税务人员廉洁奉公的教育和狠抓反腐倡廉措施制度的落实刻不容缓。首先要加强税务人员政治思想工作和警示教育，引导他们树立正确的人生观、价值观。在税务人员中营造"手莫伸，伸手必被捉"的警示氛围，逐步完成从"不敢贪"到"不想贪"的思想转变。权力缺乏监督，必然产生腐败，新的《税收征管法》在进一步扩大税务机关执法权限的同时，加大了对税收执法权的监督和制约，明确规定税务机关应加强内部监督并依法接受纳税人及社会各界的广泛监督，因此税务机关一方面要广泛接受纳税人和社会各界的监督，受理并认真查处各种信访举报投诉，一方面应大力加强内部执法监督，从被动的事后查处向主动的事前预防和事中检查监督转移，最大限度地减少税务行政执法中的自由裁量权和随意性，避免滥用职权，滋生腐败。

## 二、做到四个到位

### 1、思想政治工作到位

在世间一切事物因素中，人的因素始终是处在第一位的，任何工作都要靠人去完成，人的思想素质如何，决定着工作任务完成的质量与数量程度，因此，做好人的政治工作尤为重要。税务机关是代表国家行使征税权力的行政执法机关，决定了它的组成人员必须具有较高的政治素质。思想政治工作是一项长期的艰苦的工作，要能坚持下去，有一个潜移默化的过程，不可能一蹴而就。做好思想政治工作必须深入实践，到群众中去，了解职工真实的所思所虑，号准脉搏才能对症下药，切忌空洞的说教，要把思想政治工作渗透到职工的工作生活中去，从平时职工工作生活中的所言所行去发现各种思想苗头，不要等到问题成了堆才去解决，要增强思想政治工作的超前性和针对性。

### 2、制度建设到位

建立严格的规章制度规范约束税务干部的行为较之人管人的被动管理更为有效。通过健全完善的内外部监督制约机制来约束税务干部，是加强税务干部的执法观念和业务素质的重要举措之一。制度建设要坚持与时俱进，在实践中不断完善、充实，规章制度必须简单明白，不可模棱两可，含糊不清。应明确规定必须怎么办、不准怎么办、违反了怎么办等内容，一旦形成制度，就要严格贯彻执行，持之以恒，并不断检查督促。

### 3、监督措施到位

有了健全的规章制度，还必须有完善的监督措施来贯彻落实。监督主要有内部监督和外部监督两个方面。在内部监督上，要严格落实税收执法责任制，推行执法过错责任追究制。实行税收执法责任是依法治税的具体要求，也是堵塞征管漏洞、促进廉政建设的客观需要。一要根据管事的要求明确每一个税收执法岗位和每一名税收执法人员的执法责任，包括工作职责、办事规则程序、权限范围、具体目标、处理时限；二要在税款征收、管理、检查、复议等各个工作环节中，明确各个工作部门和每个人的工作职责，细化工作考核指标；三要以建立执法过错责任追究制为突破口，对税务人员因故意或者重大过失产生的违法或者不当的税收执法行为，尤其是人为造成纳税人税负明显不公或税收流失等，实行执法过错责任追究直至调离执法岗位；四要通过经常性的检查，对税收执法权的运行过程进行监督，确保权力运行到哪里，对权力的规范和制约就延伸到哪里，从而做到把问题尽可能的消灭在萌芽状态，主要针对税收执法容易发生的渎职侵权违法犯罪行为的重点环节，大力加强执法监督和内部审计监督检查工作，发现问题及时予以严肃查处，使税收执法人员慑于法纪后果而不敢滥用权力。在外部监督上，主要通过设立举报箱、投诉电话、聘请监督员、召开行风建设座谈会、领导明察暗访等各种形式，广泛接受纳税人和社会各界的监督，特别是纳税人的举报、信访、投诉等，要认真调查落实处理，给纳税人做出圆满的答复。

4、违纪处理到位

查处违纪案件，震慑行业歪风，震慑违法犯罪，这是加强廉政建设、纠正行业不正之风的重要措施。首先，各级领导要重视查案工作。特别是对于那些带有行业特点以税谋私等案件，领导干部要亲自包查，认真听取汇报，具体指导，帮助办案人员破难关、解难题、攻难点。其次坚持原则，秉公执纪，顶住说情风，撕破关系网，防止和纠正执纪不严，失之于宽的问题。对该查处的案件一定要坚决查处，不管查到谁，查到哪一级，都要一查到底，按照党纪国法该怎么处理就怎么处理，做到在党纪国法面前人人平等。对有影响的案件，要进行公开处理，以震慑犯罪，扩大教育面。

在认真处理好以上四个关系，做到四个到位的同时，还要认真抓好政治文明、精神文明和物质文明建设，开发并促进信息网络化建设，努力提升整个干部队伍的职业道德、社会公德和家庭美德的素质水准，为做好各项工作提供强大的精神动力和舆论环境，在思想、知识和征管手段各个方面与时俱进，才能跟上时代飞速发展的前进步伐，才能真正为做好基层税收工作奠定一个坚实的基础。

# "营改增"后货物运输业存在的问题及思考

河北省曲阳县国家税务局 安振永 张趁好

自交通运输业营业税改征增值税推行两年多以来，货物运输业由于涉及面较广，征管问题逐步凸显。笔者以曲阳县为例，对货物运输业存在的主要税收问题进行了调研，就如何规范货物运输业的管理并促进其发展进行了分析，并提出相应对策建议。

## 一、目前全县货物运输行业的发展现状

曲阳县毗邻山西、内蒙，是晋煤东运，蒙煤南下的重要通道，也是河北省煤炭重要集散地。伴随煤炭产业发展起来的货物运输业是该县传统支柱产业之一。

截至 2016 年 7 月，全县大型运输车辆数过万，从事货物运输户近 3000 户，直接从业人口超过 4 万。该县货物运输以个体运输户为主，集中分布在灵山镇、孝墓乡、党城乡、恒州镇等乡镇，甚至有些村落已发展为运输专业村。目前在我局注册交通运输企业 52 户。自交通运输业划归国税管理以来，2014 年该行业入库税款 335 万元，2015 年该行业入库税款 249 万元。

## 二、当下全县货物运输业的主要营运模式

### （一）货运公司自有车辆，自主经营

货运公司有营运资质，在工商部门注册登记为交通运输行业，车辆由公司出资购买，司机为本公司员工，公司对外签订运输合同、承担运输经济责任，收入、支出均由公司统一核算，财务核算健全，能准确向税务机关提供税务资料，属于自开票单位，发生货运业务后，自行开具发票，依照规定按月申报纳税。

### （二）货运公司无实际车辆，个人车辆挂靠经营

此类公司有营运资质，工商部门注册登记为交通运输企业，车辆由个人出资购买，以公司的名义在公安车辆管理机关办理入户登记，所有货运业务都是司机个人联系，但以公司的名义对外签订运输协议，公司不承担运输经济责任，只负责组织车辆的审验、保险办理、事故理赔、安全教育等管理工

作，按月向车主收取一定的管理费用，公司不核算营运收入、费用支出、资产等，只按收取的管理费用申报纳税。

**（三）个人车辆独立经营**

由个人出资，独立联系货运业务。这种类型的车辆较多，且绝大多数游离于税务部门管理之外，发生业务时不开票、不纳税，或者以给购货方优惠的方式来避免提供发票。以曲阳县为例，全县拥有货运车辆不下万辆，但在税务部门注册的企业仅仅50多家，车辆400多辆，其余绝大多数车辆为个体运输，平时不用票，不纳税，必须使用发票时，才临时到税务机关代开。

## 三、货物运输业凸显的主要问题

**（一）税负较以前有所提高**

营改增后，货物运输业增值税税率为11%，与3%的营业税税率相比提高了8个百分点，对于自有车辆自主经营的纳税人来说，由于只有占成本比重不超过40%的燃油费、修理费等可抵扣进项税额，作为存量固定资产和占企业成本较大份额的过路费、过桥费、保险费和人工工资都不在可抵扣的范围之内。在可以抵扣的支出中，运输工具的购进支出在营改增初期发生很少，燃油费又受到增值税专用发票取得困难的制约，直接导致纳税人的税负提高。

**（二）挂靠经营增值税专用发票开具问题**

对于'挂靠'经营的货运企业来说，被挂靠方对挂靠方的管理是松散性的，挂靠方实际上是个体经营。营改增后，增值税专用发票管理有严格的规定，除税务机关外，不允许其他单位代开专用发票。如果被挂靠企业为增值税一般纳税人，只挂靠不管理，也不对挂靠户进行财务核算，仅为挂靠户代开增值税专用发票，就会成为开票公司，与增值税专用发票的使用规定不相符。如果其由于担心涉嫌虚开增值税专用发票，不给挂靠方开具专用发票，挂靠方车辆名义上的车主是被挂靠方，又不能到税务机关代开专用发票，就会导致挂靠方没有发票可用，直接影响货运经营业务。

**（三）个体经营户管理问题**

个体户经营方式灵活、经营流动性大，加之大部分个体运输户面对的客户多为不需要提供发票的企业，导致他们纳税意识不高，税法遵从度偏低，不按规定办理税务登记，不按规定申报纳税。而基层国税管理人员相对较少，难以对所有个体运输户进行有效控管，致使大量个体运输业务游离于管理之外，形成漏征漏管，这种状况在地税征管期间也一直存在。近年来，运输行业竞争激烈，个体运输户因根本不考虑缴税和抵扣因素限制，比企业更有成本竞争优势，特别是贷款购车户为还贷生存，不惜降低价格抢客，无序竞争导致行业发展不规范。

## 四、促进货物运输业发展的思考与建议

### （一）允许货物运输业增值税一般纳税人可以选择简易办法计税

基于运输企业抵扣的不充分带来"进项税额"偏少，税负偏高的情况，建议对于货物运输业增值税一般纳税人可以允许其选择按简易办法计税，开具增值税专用发票。

### （二）严密防范货运企业虚开虚抵行为

建立信息共享机制，由政府主导建立交通、公安、工商、税务部门信息交换平台，同时建立货运企业车辆登记备案制度和车辆运输量报告制度，使税务部门能够适时掌握货运车辆底数和企业的实际运输能力。借助货运企业增值税监控分析系统，对企业无票收入占全部收入的比值、企业税负预警、企业运输收入偏高预警、企业自有车辆万元营运收入耗用油（气）金额比例偏高预警、企业月运载能耗偏高预警等指标进行分析，做出估值和评判，生成相关风险信息库，采取对应的管理措施，防止出现虚开、虚抵的发生。

### （三）合法、合理认定虚开发票责任

税务机关应加大虚开发票相关法律法规和政策的宣传、解读力度，帮助挂靠人规范财务核算、加强内部管理，不断降低挂靠纳税人的涉税风险。考虑到现阶段交通运输行业挂靠人的税法遵从度和被挂靠企业对挂靠人经营、财务的实际控制能力，对经调查取证认定确属虚开发票的违法行为，应区分各自的法律责任：如被挂靠人如实按照挂靠人提供的合同、结算单据、资金往来等资料开具发票的，应由挂靠人承担虚开的法律责任；如被挂靠人知道或应当知道挂靠人提供虚假的开票资料并为其开具发票的，由被挂靠人和挂靠人共同承担法律责任。

### （四）尝试"委托代征"机制

由国税部门委托公安或交通运管部门代征个体、无税务登记证的运输车辆的增值税。交管部门对车辆年检或发放道路经营许可证时，实行"先税后检"、"先税后证"原则，由个体运输业主持有税务部门出具的纳税证明，为车辆办理车检或发证。同时，税务部门加强税法宣传，积极营造依法纳税光荣的社会氛围，并在办税服务厅建立"绿色服务通道"，快捷办理咨询、代开货运发票、纳税等事项，为个体经营户代开发票提供便捷服务。

# 安国药业发展存在的问题及对策

河北省安国市国家税务局　吕　诚

安国药业起源于北宋，素有"药都"之称，是全国最大的中药材集散地，是安国经济的龙头产业，药业市场的兴衰直接影响着我市的经济发展和税收收入。近期，特对安国药业进行了深入调研。

## 一、安国药业历史

安国，古称祁州，北宋太平兴国年间（公元976年~984年）祁州建立"药王庙"，每逢农历四月二十八、十月十五日，传说这两天分别为药王邳彤生日和祭日，庙会盛况空前，且历经千百年而不衰，古祁州沾了药王邳彤的光，成为中国著名的药材集散地之一，素有"天下第一药市"之称！有"草到安国方成药、药过祁州始生香"的盛誉！

在祁州历史上随着药材集散市场的形成，药材加工业在明代永乐年间（公元1403~1420）开始兴起，并迅速发展，至清代雍正、乾隆年间已达鼎盛期。至清末民初，祁州城内专营饮片加工的规模较大的有500余户。据1937年"七七"事变前统计，安国大小药市内驻有"十三帮"及本地药材经营商家的座商及行商4480余家，其货物"东购辽沈，西接川陕，南交云贵，北来塞外，云屯物集，以通有无而广懋迁"，对当时整个中国的医药、医药周边商贸流通产生巨大的幅射作用和影响。

现在，全国各地的医药行业中一些技术岗位上都有安国人，安国的老百姓几乎家家都在经营药材，靠投资药材来获利，可以说是"全民皆药"。安国药业发端于宋代，至明朝中叶，其规模渐成"大江以北发兑药材之总汇"。明清两代安国药业独居华夏药业之鳌头。"新疆的藏红花，宁夏的枸杞子，河北的蜂蜜……"，能够说出名目的中药，在安国药市都能见到，甚至还有一些百年不遇的珍奇药材。近百年来，安国药市一直起着"南药换北药、东西大交流"的发兑中心作用，安国也被称作中国的"药都"，2012年被河北省委、省政府命名为"中药都"。

## 二、安国药业现状

药业是安国最主要的特色和优势，是安国永恒的主题，是安国人民发展经济的主心骨。深入分析药业发展现状，准确把握产业发展趋势，推进药业整体升级，是市委、市政府，税务主管部门及每一个药业经营者必须研究的课题。

### （一）药业基本情况

安国市农民种植中药材历史悠久，最早可以追溯到北宋时期。目前我市种植中药材的面积占全部耕地面积的百分之七十以上，有近十万农民从事中药材种植，有近三万农民直接从事煅、炒、切、制等初加工。安国市现有纳税人 3204 户，中药材经营户共计 1437 户，占 44.85%；一般纳税人 579 户，其中药业一般纳税人 313 户，占 54.1%。药业一般纳税人中生产企业 41 户（饮片加工厂 32 户、医药生产企业 3 户、其他加工企业 6 户）、中药材经营企业 272 户。另外，根据国家药监局有关规定，该市中药材行业一般纳税人按照生产经营方式的不同，区分为通过 GMP 认证的中药饮片生产企业 32 户、通过 GSP 认证的中药饮片经营企业和一般性的中药材经营企业 272 户。

### （二）药业税收情况

近年来，在市委、市政府的领导下，勤劳、智慧的药都人在药材种植产业化、饮片加工规范化、药材交易规模化、中药生产品牌化等多方面都有十足的发展，安国药业呈现出良好的发展态势。特别是近几年，通过加强药业行业管理，特别是中药材经营企业的重点管理，坚持"核定从严、监管从细、预警从高"的管理考核办法，药业对税收的贡献有了大幅度提高。药业一般纳税人由 2009 年的 149 户，发展到现在的 313 户。药业收入总量和所占比例高速增长，2006 年，来自药业的税收 2460 万元，占当年总收入的 33.4%；2010 年，来自药业的税收 10048 万元，首次突破亿元大关；2011 年，来自药业的税收 13449 万元，占总收入的 65.6%，比去年同期增长 33.8；2012 年，来自药业的税收 17194 万元，占总收入的 66.12%。

### （三）药业发展差距

近几年来，药业发展的成绩是明显的，但深入分析，我们不能盲目乐观，必须清晰地认识到，现在市场的繁荣，是受大环境的影响（有物价普遍上涨的因素，也有市场炒作、投机的成分等），不光是安国一个市场，全国的中药材市场都很红火，市场的繁荣，并不代表药业产业的整体壮大。这种繁荣是不可持续的，并且随着国家调控政策力度的加大，世界经济大环境对我国经济的影响，市场疲软的情况已经开始显现。同时，药业发展中存在的许多问题也没有得到根本解决，比如：产业规模小，缺乏龙头企业；产品档次低，缺乏在全国有影响的拳头产品；交易方式落后，缺乏大型的仓储物流企业。特别是思想保守、环境不优、监管不够等方面问题还很突出，这些都严重制约了安国药业的健康发展。

安国一直有"天下第一药都"的美誉，但没有影响全国的大品牌，没有像样的大企业，"盛名之下，其实难副"。不比不知道，一比吓一跳。与亳州相比，无论从中药材种植、专业市场还是药业企业，亳州都已远远超过我们。一是在种植方面。我市中药材种植面积 14 万亩，仅占全国的 1% 左右，而亳州达到了 100 万亩，是安国的 7 倍；二是在流通方面。我市中心交易大厅摊位不足 2000 家、3000 平米左右，而亳州摊位是 6000 家、2.4 万平米；我市中药材交易额 100 多亿元，亳州是 300 多亿元。特别是康美药业，每年为亳州带来 100 亿元的交易额，等于净增了一个安国市场。三是在加工方面。安国中药饮片和制药企业 41 家，亳州是 260 多家，是安国的 6 倍多。由这些数据的比较可以看出，安国在全国中药材领域所占比重越来越小，药业发展已严重落后，可以说是内忧外患、危机四伏，如果再不解放思想、奋起直追，就会由"落后"变成"落伍"，甚至五到十年以后，安国药业将会被淘汰出局，"千年药都"将不复存在。这绝不是危言耸听，每一个安国的领导干部，每一个药都人都应该有这种危机感。

## 三、药业发展瓶颈

解放思想，转变观念，认真查找药业发展的问题，与先进地区的差距，虽然表现在发展速度上，但根源还是在思想观念这个"总开关"上。主要表现在三方面的问题。

### （一）认识上观念滞后

我们和亳州的产业基础和条件都差不多，但在发展的过程中我们落后了，有客观原因，但主要还是在于思想观念的问题。

一是闯劲不够。亳州人思路开阔，敢于闯市场，敢于见大企业大客户，敢于推销自己的产品，近几年亳州几乎将全国所有的终端销售市场占尽，全国的大小医院、中药厂都有亳州人在推销产品。而我们安国药商则大多满足于现状，不愿出去闯市场、推销产品，不想由"商人变业主"，真正成了"座"商。我们的药商不愿与高层交往，与国家行业主管、行政主管、专家学者等沟通交流不够，宏观政策不清楚，不了解国家限制什么、支持什么，发展趋势等。

二是创新不够。大部分企业主满足于家族式生产管理，满足于够吃够花，满足于为子孙存储了够花的钱，不愿引进先进技术和管理人才，不能做大做强。

三是重视不够。涉药部门缺乏"主人翁"意识、"本位"意识，没有真正把药业作为立市之本，口头上重视，行动上"无视"。上至领导，下至普通公务员，在对待药业发展上，都不同程度的存在"越位"、"缺位"的问题。

### （二）环境存在"散、慢、乱"

我市药业发展的软、硬环境仍存在许多不良现象，主要表现为"散、慢、乱"。"散"，个别职能部门大局意识不强，对于部分涉批、涉证、涉费等与药商和企业密切相关的行政许可和服务事项，不按规定进入行政服务大厅，存在明进暗不进、人进权不进以及双轨运行、体外循环等现象；"慢"，个别干部办事拖拖拉拉，效能低下，企业和商户办一件事要跑好几天，盖一个章跑好几趟；"乱"，个别执纪执法人员存在"吃拿卡要"、以罚代收等行为；有的则对商户违规经营、偷税漏税等不法行为不但不及时纠正，反而包庇纵容、从中谋取私利。所有这些，都严重影响了安国的形象，阻碍了药业的健康发展。

### （三）招商引资力度不够

要实现药业产业转型升级，加快安国跨越发展，只靠我们自己的力量是远远不够的，必须要积极引进资金和技术，借力发展。这几年，政府虽然始终把项目作为"摇钱的树"、"下蛋的鸡"，相继引进了九州通、乐仁堂等一批国内知名的中药企业，奠定了药业产业发展的潜力和优势，但我们的招商引资力度远远不够，还缺乏高起点、大气魄的原则，眼光、站位、门槛都不够高。

## 四、振兴药业举措

当前，安国药业的总体发展趋势、发展现状和前景与"药都"声誉极不相称，解决安国中药材专业市场的规范发展问题迫在眉睫。对此，我们应适时调整工作思路，转变工作方法，加强调查研究。以大力弘扬民族中药产业，促进安国药业协调规范发展为目标和方向，坚持将特色经济产业化，制药企业规模化，让安国药业走向繁荣。

经过调研，建议制定药业振兴的措施如下：

### （一）打造现代仓储物流基地

安国素以药材品种齐全、货源充足而著称，"举步可得天下药"是这里的真实写照。但是，随着时代的发展，传统的集贸交易方式已不能适应市场的需求，甚至在某种程度上制约了市场的健康发展，影响了药业市场的现代化进程。今后几年，要立足于标本兼治，加大对东方药城的监管力度，以整顿促规范，以规范促发展。在此基础上，加快市场交易方式的转变，把发展现代仓储物流作为根本着力点，这也是产业发展规律的必然。

建设中药材标准库，提高中药材存放的集中度和透明度。积极引进同仁堂、康美、贵州百灵等知名企业，发展集物流配送、货物仓储、整理包装、质量检测为一体的现代中药物流配送中心，推进传统集贸交易向仓单交易、电子商务以及期货贸易等现代交易方式转变，加速药业市场转型升级，巩固安国在全国中药材大宗交易中的龙头地位。真正形成"天下药市，汇通天下"的强势市场品牌。

### （二）发展中药材标准化种植

安国的药材种植历史悠久，绝大多数农民都会种几种药材，但是，大部分都是小地块、分散种植，在品种选择、田间管理等方面也较为粗放，要切实解决"一亩不如一分、一吨不如一斤、一车不如一麻袋"的结构性问题，就必须大力发展中药材标准化种植。

一方面要规范种植标准。积极适应国家对中药材标准化的有关规范，利用细胞工程、基因工程等技术，开展优质中药材品种选育和中药材规范化生产栽培，重点发展道地中药材，并对其进行组培脱毒、提纯复壮，推进中药材种植向绿色、有机、安全方向发展，建设中药材标准化种植基地。

另一方面要扩大种植规模。建立中药材种植合作社，通过基地和会员的示范作用，带动安国周边县市的中药材种植，扩大中药材种植面积，使安国的中药材种植面积保持在 20 万亩，辐射面积 100 万亩以上。同时，积极推行"协会＋农户"的模式，发展订单种植，最大限度的保护药农利益。

### （三）建设中药饮片和制药企业集群

多年来，安国一直是中国北方最大的中药材集散地，"千年药都"其实只是"药材之都"，要打造真正的"药品之都"，核心就是要生产一大批拳头产品，关键是要形成布局合理、竞相发展的工业格局。当前，要加快实现"三个突破"：

一要在企业数量上实现突破。降低饮片加工企业准入门槛，简化审批程序，引导现有初加工户按照国家行业政策，积极开办饮片企业，要把数量搞上去，逐步形成规模优势。

二要在产品档次上实现突破。现有饮片企业要逐步转型，搞技术改造和产品升级，开发中药系列品种和升级换代产品，比如配方颗粒、成药制造等，提升产品层次；中药制药企业要加强对先进技术的采用，通过自主研发、技术创新，生产和培育一批疗效确切、附加值高的新药和健康产品，打造在全国叫得响的知名品牌，不断延伸产业链条，提升产业核心竞争力。

三要在标准规范上实现突破。要充分发挥药业产业协会的作用，团结起来，规范经营，统一标准，统一价格，做大市场，共同保护"祁药"这个大品牌。要建设中药材质量检验检测中心，摒弃靠药工目测、舌尝、手感等设计工艺参数的落后办法，避免因经验不统一、鉴别有差异而造成的质量问题，建立健全符合国家规范的中药现代化质量标准体系，形成"安国标准"，逐步上升为"国家标准"，使之成为扩大安国在中药领域话语权的"通行证"。

### （四）培育中药健康文化产业

随着生活水平的不断提高，人们对养生保健的愿望日益增强，安国作为"千年药都"，药文化底蕴深厚，发展养生保健旅游的条件得天独厚。我们要把发展中药健康文化产业提到十分重要的位置，举全市之力抓紧抓好。

一方面，硬件一定要硬。发展文化产业最怕"跟着别人跑"，必须有特色、有重点、有亮点，这样才有生命力，才能打出去、叫得响。要以药王庙文化景区为依托，加大投入，加快进度，着力建设一批具有药都特色的精品建筑，打造集展览展示、求医问诊、养生保健、旅游休闲、特色购物为一体的中国最大的养生保健旅游基地；鼓励引导一批中药企业，大力发展中药养生食品和系列保健品，支持一两个骨干企业率先突破，形成规模，形成品牌。通过资源整合，形成瞻药王、观药景、看中医、食药膳、洗药浴、购药物等一批具有浓郁药文化特色的健康产品，彰显药都魅力。

另一方面，软件一定要精。要加快建立精细的管理服务系统，要通过完善的管理，让游客进得来、看得好、吃得上、住得下、走得了，吃、住、行、游、购、娱六大要素缺一不可。要为游客提供热情周到、高效便捷的服务，让游客来了不想走，走了还想来，以优质的服务，达到事半功倍的效果。

# 营改增后面临的问题及改进建议

河北省东光县国家税务局　赵　平　孙力

营改增是国家推进供给侧结构性改革、进一步减轻企业税负、提振经济的重大举措。伴随着营改增 5 月 1 日全面落地，纳税人在充分享受政策红利的同时，也暴露出一些深层次问题亟待研究和探讨。

## 一、营改增"后时代"面临的问题

一是政策宣传"缺位"，改革效应尚未激发。营业税改增值税，其意义在于，打通增值税链条，融合二、三产业对接，促进企业经营方式转变，助推转型升级，推动经济结构调整，提振经济发展。作为营改增宣传和政策执行部门，税务机关在政策宣传的对象和内容上，重视财务人员辅导培训，忽略了对企业高层和宏观经济决策者的政策灌输和引导。尽管通过多途径、多轮次的培训辅导，使企业财务人员达到了"懂政策、能开票、会申报"的标准和要求，完成了营改增政策执行和操作层面的集成，但对经济格局带来的变化和影响阐述的不多、解释的不透。由于宣传"缺位"，使得企业高层和宏观经济决策者对营改增的理解和反应不尽相同。企业高层管理人员对营改增只停留在一般意义上的财务核算上，对政策没有精准理解和把握，营改增改革一旦触动企业的利益，企业就会意见满腹，不是在自身管理理念和经营模式上找原因，而是一味强调改革的"不适应症"，难以触动对自身经营方式的转换意识。宏观经济决策者关注的是对地方财力的影响和收支盘子的冲击，没有领会到营改增对经济的刺激作用，对宏观经济缺乏调控理念的及时更新和有力的政策引导，在经济格局的适应性调整上没有先行一步的创新和战略。

二是国税机关面临管理和任务"两难"境地。营改增纳税人短期内难以适应国税机关的管理方式、申报手段、财务核算要求，为国税管理带来隐患和风险。其一，企业核算难度增加管理风险。营业税时，税收按照企业营业额计提，运行流程和方法便易操作。营改增体制改革后，除了销项税和进项税的计算之外，还有增值税专用发票的规范使用，不仅计算过程和办理流程复杂，还可能导致报表披露、报税系统以及税额缴纳、抵扣等操作方面的一系列新问题的出现，对规模较小企业会计核算带来挑战，稍有不慎极易发生错误问题。其二，增值税税率档次多造成征管漏洞。营改增后，增值税税率档次增加，削弱了增值税的"中性"特点。由于税率档次过多，"高征低扣"、"低征高扣"难以监控，尤其是混业经营的一般纳税人存在人为调节税负的风险，容易发生专用发票虚开虚抵等税收管理风险。其三，任务压力增大。营改增并非是简单意义上国地税税种的划转和收入任务的"挪移"。由于营改增后企业核算方式发生变化，抵扣范围扩大、抵扣项目增多，势必造成企业税收的减少。以东光县为例，2016年地税营业税任务为1.8亿，除去前五个月完成数，留给国税局的任务为1.05亿元。在四大行业税负普遍下降的情况下，经测算，国税能完成5500万元，形成5000万元缺口。如果把营改增对下游企业的影响因素通盘考虑，缺口更大，成为国税部门难以承受之重。

三是对地方财政影响重大，容易引发政府职能缺位。主要表现在：其一，地方收入总体规模面临缩减，地方财政收入现状窘迫。"营改增"改革在减轻各类企业的税收负担的同时，导致了中央和地方的税收收入减少，对地方财政收入的影响则更加明显。自1994年实行分税制以来，营业税基本属于地方税种的范畴，除铁道部门、各银行保险金融总公司集中缴纳的营业税划归中央外，其他均归属地方财政收入。随着"营改增"改革的全面铺开，营业税改征成中央与地方共享的增值税后，造成直接的后果就是，地方税收收入面临缩减。其二，地方主体税种"悬空"，容易导致地方财政行为失范。营改增之前，地税部门征收的税种，除营业税外，大都是涉及面广、税额小、零星分散、难以管理和控制的小税种，这些税种法律级次低，征收难度大，地方政府又没有独立的税收立法权，财政运作空间狭小。"营改增"使得地方税收体系丧失了主体税种，无疑加剧了这一矛盾，加强了地方财政对中央政府的依赖，弱化了地方税收的财政功能，不利于地方财政收入的稳定，继而可能引发地方政府职能缺位，影响地方事权的发挥。从长远发展角度来看，若地方政府没有新的地方主体税种，地方税收收入总体规模将大幅缩减，将会使原本"捉襟见肘"的地方财政收入更加窘迫。

## 二、改进建议

### （一）拓展营改增宣传的深度和广度

在抓好营改增纳税人政策宣传的同时，把宣传的触角向企业高层管理人员和宏观经济决策者延伸，举办高层论坛，研究探讨营改增对实体经济和经济格局带来的变化，宣传营改增的社会意义，使企业高层和宏观经济决策者对营改增改革精髓有一个重新认识和全新定位，消除简单化的营改增就是

"降低企业负担、减少地方财政收入"两种倾向，让企业高层和宏观经济决策者抓住营改增机遇，顺应改革潮流，发挥自我调控和政府引导，转变经营思路，调整经济结构，促进产业升级，加快经济发展转型，推动区域经济健康有序发展。

**（二）改进征管方式，夯实管理基础**

一是实施"专业化＋科技"管理模式，加强纳税评估和风险防范。通过深入分析调研，逐步了解和掌握营改增纳税人的经营特点和运作模式，分行业、分类型梳理行业特点、政策要点、管理难点、风险点和评估指标，规范行业管理。同时，针对近年来日益猖獗的变造虚开增值税专用发票违法行为，建议完善增值税防伪税控系统，扩大防伪识别指标范围，全面推行将企业名称和品名等中文信息纳入防伪识别和稽核比对范围，从技术上堵塞漏洞，有效杜绝通过变造发票方式进行虚开的违法行为。以金税三期建设为契机，完善外部信息数据的采集和利用，打破部门间信息孤岛分割的现状，通过多维度多层次的数据比对，更好挖掘政策管理过程中可能存在的风险点，以及时研究和采取有针对的管理措施，更好治理和规范税收征管。

二是统一简化增值税税率。过多档次的增值税税率，会导致出现高征低扣或低征高扣等损害增值税中性的问题，应尽快清理、简并增值税税率，在设计上可以结合起征点和一般纳税人标准的修订，取消小规模纳税人制度和征收率，以全面打通增值税抵扣链条。

三是借助营改增契机，根据基层税源实际状况和收入任务承担能力，顺势调减税收任务总量，把任务做实，从源头上消除虚收，降低"过头税"风险。

**（三）合理调整中央与地方的财政关系**

营改增后，如果沿用现有保持现行财政体制不变的处理方式，会对地方政府行为产生不确定性影响，将扭曲中央与地方的财政关系。因此，有必要合理调整中央与地方的财政关系，以符合"健全中央与地方财力与事权相匹配的体制"要求，利用营改增机会，一方面，重新调整中央与地方的事权划分；另一方面，统筹考虑各个税种，重新划分中央与地方的财权，设定中央税与地方税，在保证中央与地方财政关系基本框架稳定的条件下，一并解决原有体制的税收返还等遗留问题。

# 吴桥营改增助力杂技文化产业发展

河北省吴桥县国家税务局  周兆一

吴桥县国税局在营改增中，服务区域经济、支持区域经济发展，让营改增纳税人切切实实享受到税收红利，推动了吴桥县杂技文化产业发展。

2016年春天营改增到来之际，吴桥县国税局针对本地是杂技之乡的实际情况，因地制宜提出了新的工作思路。在吴桥，不仅拥有全国独一无二的国家 AAAA 级杂技文化旅游景区——吴桥杂技大世界，同时还拥有众多的各种类型的杂技演出团体和杂技培训、教育机构。这些单位和个体都是这次营改增的对象。吴桥国税局意识到营改增也是促进全县杂技文化事业发展的契机。于是提出了"突出杂技文化特色，借营改增为契机，推进杂技文化产业和旅游及相关服务业发展"的口号，为营改增试点工作增添了新的内涵。

经过数十年的不断发展，吴桥已经形成包括杂技产品开发、杂技旅游、杂技演出、杂技教育四大产业格局。据统计，目前全县杂技文化产业年增速达20%，上缴税收增长率达15.3%，成为县域经济发展的"新增长极"。

吴桥杂技虽然产业链比较大，但多以小规模企业或者个体工商户为主，因此他们主要宣传小微企业的优惠政策以及营改增给企业带来的实惠，同时印发《财政部、国家税务总局关于暂免征收部分小微企业增值税和营业税的通知》、《中华人民共和国增值税暂行条例（中华人民共和国国务院令第538号）》等宣传页，让纳税人充分了解相关税收优惠政策，让税收透明化、大众化。

吴桥杂技作为举世闻名的具有地方特色的标志性文化产业，多年来一直受到当地政府的大力支持，不断发展壮大。但是，由于多以小作坊、小学校、小杂技团为主，严重制约了吴桥杂技的快速发展。而今年的营改增为杂技产业带来了千载难逢的发展机遇。吴桥国税局抓住这个历史机遇，为吴桥杂技的发展添砖加瓦，让纳税人畅享税制改革红利。

在全面部署营改增试点工作任务时，吴桥县国家税务局局长赵国胜强调："吴桥是杂技之乡。杂技之乡的营改增工作，就必须突出杂技文化的特色。"

为使该产业更快速发展，吴桥国税局在今年税收宣传月中开展了"税收助力杂技产业发展"活动。在活动中，通过宣传税法、税收优惠政策等方式营造良好的税收秩序，助力吴桥杂技产业发展。在活动中他们将杂技产品开发、杂技旅游、杂技演出、杂技教育四大产业相关负责人、财务人员等纳入微信群中，实现了杂技涉税服务微信群全覆盖，由业务骨干负责，专业解答杂技产业类涉税疑问，发布最新税收知识、税收政策和税务动态。以优质的服务助推杂技文化产业进一步升温。

同时，吴桥县国税局派出了一个由骨干力量组成的小分队进驻吴桥杂技大世界，对相关人员进行了辅导培训。培训中重点讲解了营改增政策、企业端税控系统、网上电子申报系统、税库银横向联网电子缴税等系统，使企业领导和办税人员熟悉和掌握了相关的税收政策和办税流程。该企业相关负责人在看到营改增给企业带来的利益以后，高兴地说："有了更多的钱，我们就可以办更多的事情了。"

实行营改增，受益更多的是吴桥县杂技团这样的演出团体。除了吴桥县杂技团以外，全县还有一百多个各类杂技演出团体。这些团体常年在全国各地演出，有时还要到国外演出。由于常年在外奔波，除了服装道具等支出以外还要开支大量的运输费用。作为在营改增之前的营业税纳税人和营改增之后的小规模纳税人，这些运输费用，是不能作为进项税额进行抵扣的。只有实现集约化、规模化，使杂技演出团体成为增值税一般纳税人，才能更好地享受到营改增以后带来的红利，才能将这些运输费用的进项税额直接抵扣。鉴于此，许多杂技团体正在酝酿集约经营和规模经营。

在吴桥全境的十个乡镇中，就有铁城、沟店铺、桑园、于集四个乡镇是杂技艺人汇聚区域。这些杂技艺人或是组建成团，或是独自行动，常年到外地演出。这次营改增也让这些杂技艺人尝到了甜头。铁城镇张松村现年56岁的杂技艺人何书圣，多年前就创建了杂技团，现在依然活跃在全国各地演出。营改增以后，何书圣表示要把通过营改增得到的税收红利全部投入到杂技节目的创新上来，让古老的杂技艺术焕发出新的光彩。何书圣的女儿、现任吴桥县金花杂技团（个体）团长的何金花则表示对营改增热烈欢迎和积极支持。她说："真的很感谢国家对我们的支持！"拥有120多名演员、实力雄厚的刁桂华个体杂技团负责人刁桂华说："营改增让杂技演出的团体和个人受益，相信今后咱们吴桥会有更多的杂技团出现。"

此次营改增涉及纳税人数量多、准备时间紧，而税务干部又由于自然减员严重，造成人员不足，任务艰巨复杂。户籍核实、税种认定、数据核查、发票票种核定及发票的领购、财务制度备案、存款账户、纳税人三方协议、代开发票及营改增前的各项业务的测试等等，所有这一切工作必须在限期内完成。时间很紧，任务很重。面临时间紧、任务重、人员少的现实困难，系统上下勇挑重担、事不避难，不因挑战而放弃，不因困难而降低标准，不畏难、敢担当，克服重重困难，扎实、平稳推进营改增各项准备工作。他们建立起组织严密、运转高效的营改增工作机构和工作机制。坚持一天一跟进、一天一督导、一天一比对、一天一总结。各项准备工作做到了抓铁有痕、压茬推进。各级领导班子身先士卒，冲锋在前，带领国税系统 68 名干部加班加点、日夜鏖战，全力投入营改增，涌现出一批先进典型与感人事迹。"5 加 2"、"白加黑"成为广大国税干部的工作常态。在这种情况下，全县国税系统税收人员自上而下，全力动员，连续奋战，克服重重困难，经历了组织发动、思想动员；加强学习、强化培训；分步实施，稳扎稳打；总结交流，拾遗补缺四个阶段，为营改增工作的顺利完成奠定了基础。5 月 1 日凌晨 0 点 2 分，营改增纳税人吴桥县百盛庄园假日酒店自行成功开具首张增值税发票，标志着吴桥全县营改增第一阶段工作胜利完成。

在营改增中，广大国税干部积极投入工作，夜以继日，连续奋战，涌现出一幕幕动人的场景：办税服务厅女干部李贺即将临盆生产、曹文成身怀六甲，她们依然挺着大肚子，坚守工作岗位；政策法规股股长李峰奇，在超强度的工作中变得人体消瘦，体重骤减；夜深人静，一个又一个的国税干部留下了挑灯夜战的身影；五一节期间，从外地赶回来和父母团聚的子女，却看不到正在单位忙于营改增工作的父母的身影……这一切，都在无声地述说着国税干部为营改增付出的辛劳。

截至 5 月底，全县已登记营改增纳税人 417 户，其中：一般纳税人 48 户，小规模纳税人 138 户，个体 231 户。在已登记的纳税人中有 33 户属于文化创作与表演类别。也就是说，有 33 户杂技文化团体与个体户，成为了营改增政策受益者。

5 月份开始，进入营改增第二阶段，吴桥县国税系统广大干部马不停蹄，继续奋战在营改增第一线。为实现国家税务总局王军局长提出的三点要求，他们组织国税干部深入企业、小规模纳税人和个体业户，精准聚焦目标，一户一户、一个行业一个行业地进行辅导培训、调查研究，分析税负，确保纳税人能够顺利完成纳税申报。同时，也为税负"只减不增"奠定了基础。另一方面，组织国税干部精细排查问题，建立起快速反应机制，保障 24 小时反馈渠道畅通，发现问题马上办理。城区分局按照行业分别建立起建筑业、房地产业、金融业、生活服务业等四个微信群，及时发布新的信息，及时解答纳税人提出的各种问题。不论白天和黑夜只要是纳税人提出问题，都会在第一时间得到解决。再有，采取回头看的办法，对于第一阶段工作，进行认真仔细地总结检查，从征管保障、服务保障、培训保障、技术保障等方面，全面细致梳理纳税申报和税负分析需要做好的各方面工作，绝不放过每一个环节、决不遗漏每一个细节，将工作做得细之又细、实之又实。

为把杂技之乡的品牌打造得更加响亮，推进杂技文化的繁荣与发展，县国税局与地税局组织力量联合在杂技大世界宣传营改增的相关政策，现场向群众发放营改增宣传资料 1600 余份，解答群众提问 480 余次，发放印有"国地税政策全知道"二维码的水杯 156 个。同时，深入到杂技艺人集中的于集、铁城、沟店铺、桑园等乡镇，深入到田间地头和杂技艺人的家中宣传营改增给杂技艺人带来的好处，使杂技艺人不仅加深了对国家税收政策的了解，同时也体会到营改增给他们带来的利益。一些过去由于害怕纳税的杂技艺人，在了解到营改增给他们带来的税负变化以后，纷纷产生了东山再起、重打锣鼓另开张的念头。范屯村有一个杂技艺人几年前第一次组织人到外地演出，回来后就遇到了税收清查。这次遭遇过后，他就再也不想组织人到外地演出了。这次听了营改增政策宣传以后，他打消了思想顾虑，表示年内就要把杂技团重新组建起来。安娜演出公司在营改增之前，只是一般规模的民营杂技演出团体。经过宣传，了解到只有成为增值税一般纳税人，进项税额才能得到抵扣，才能真正享受到营改增带来的红利。在国税干部的帮助下，他们采取联合、合并、兼并等措施，使企业规模在一个多月的时间里迅速扩大，5 月初成为增值税一般纳税人。6 月 1 日，安娜演出公司在营改增后首个申报期的第一天，成功地进行了纳税申报，成为全县营改增后第一家享受到税收改革红利的企业。许多杂技演出团体看到安娜演出公司实实在在地享受到了营改增带来的红利，纷纷表示要效仿安娜演出公司，争取早日享受到营改增带来的红利。

经过营改增，生长在杂技之乡上杂技文化之花，必将开出更加娇艳的花朵。

# 采取"四个突出"抓好"两学一做"

*河北省深州市国家税务局*

按照中央"两学一做"学习教育部署，深州市国家税务局坚持从严从实要求，采取"四个突出"工作举措，扎实抓好"两学一做"，推进学习教育从"关键少数"向广大党员拓展、从集中性教育向经常性教育延伸。

一是突出责任落实，强化示范带动。深州市国家税务局各级领导班子和领导干部坚持"一岗双责"，承担起做好单位干部职工的思想政治工作的责任，深化推行"落实党建主体责任"，将"两学一做"的主体责任细化实化具体化，纳入各级党组织书记述职评职重要内容，按照"年初谋划科学定责、季度报告监督尽责、半年研判对标晒责、年度述职评议问责"，形成"两学一做"责任落实的压力传导机制，促使各级党组织把学习教育抓在手上、扛在肩上。该局"领导干部上讲台制度"由党组书记带头讲党课，纪检组长讲廉政课，各党小组组长组织学习，进一步发挥"党员先锋行"的模范作用，真抓实干。通过学习教育，进一步增强党员干部的责任意识、担当意识、争先意识，调动广大党员干部干事创业的激情，在当前"营改增"工作的关键时刻，上下同心，加强国、地税合作，为全年各项工作的顺利展开打下扎实基础。

二是突出形式多样，丰富学做内涵。党的根基在基层，党的机体细胞是党员，抓好抓实"两学一做"，要聚焦基层党员学习教育。该局针对整体文化素质较高、接受新生事物能力强的青年党员群体，采用党建微信公众号、QQ公众号、党建论坛等现代化信息手段，实行"智能式"的教育，把党章党规、系列讲话发送至信息终端，让党的新政策、新理论、新思想能够以更快的速度、更广的覆盖面在全体党员内迅速普及；针对文化水平偏低、学习主动性较差的党员群体，尤其是基层分局党员年龄老化状况严重，主要采取"引领式"的党内教育，由各级党组织在开展"三会一课"、民主生活会等组织生活时，引领此类党员群体自觉参与到"两学一做"中来；针对那些居住分散、行动不便的退休老党员群体采取"送学式"教育，使每名基层党员都能及时开展"两学一做"，真正读懂、学会、悟透党章党规，系列讲话精神。

三是突出抓常抓细，推进常态长效。开展"两学一做"学习教育，不是一次活动，是把党的思想政治建设抓在日常、严在经常的正常教育。该局坚持以党支部为基本单位，以组织生活为基本形式，以落实党员日常教育管理制度为基本依托，把党的思想政治建设抓在日常，严在经常，将"两学一做"制度化，融入全面从严治党的战略部署；领导干部紧紧围绕党的中心工作和全党工作大局开展好学习教育，以上率下、以身作则，以普通党员身份参加所在支部的组织生活会，带头讲党课、带头学习，发挥引领示范作用；广大党员主动参与到"两学一做"学习教育，立足工作岗位、履职尽责，时刻铭记党员身份，自觉爱党护党为党，敬业修德，奉献社会。

四是突出问题导向，狠抓整改落实。"两学一做"，基础在学，关键在做。深州市国家税务局坚持"两手抓"，着力解决党员队伍在思想、组织、作风、纪律等方面存在的问题，把全面从严治党要求落实到每个支部、每个党员，努力使广大党员进一步增强政治意识、大局意识、核心意识、看齐意识，坚定理想信念、保持对党忠诚、树立清风正气、勇于担当作为，充分发挥先锋模范作用。该局坚持以问题为导向，针对问题学，针对问题改，在解决问题中深化学习，检验实效。持之以恒纠正"四风"，抓好不严不实突出问题整改，解决不同程度存在的理想信念模糊、党的意识淡化、宗旨观念淡薄、精神不振等问题，补足精神之钙、扫除行为之垢、强化担当之责，推动党的作风不断好转，在全局各项工作中、在决胜全年税收任务中取得长足进步。

# 营改增对建筑安装企业影响

山西省大同市新荣区国家税务局 王永红

经济的飞速发展总是伴随着改革创新，改善着劳动力和劳动条件。在这一过程中，一切制度都要为其服务，以求调动生产劳动力的活力，推动经济结构的调整转变，促进经济的有效发展。我国过去的税收制度采取了对不同行业征收不同类型的税收的政策，税收制度在经济发展的过程中逐步的完善。近期，开展的营业税改为增值税是进一步健全和科学发展税收制度的要求，这一转变有利于消除重复征税，有利于降低企业的税收成本，增强企业的能力，促进国民经济的健康协调发展。那么针对建安企业营改增会有什么样的影响，本文对此进行探讨。

## 一、"营改增"的内容

"营改增"规定的两大范围是交通运输业和部分现代服务业。交通运输也包括陆路运输、水路运输、航空运输和管道运输；部分现代服务业包括研发和技术、信息技术、文化创意、物流辅助、有形动产租赁和鉴证咨询。按照国家的规划，"营改增"实施三步走：第一步，首先在上海市的交通运输业和部分现代服务业实行"营改增"的试点，也就是说先在部分地区部分行业实施。第二步，选择部分行业在全国范围内进行试点。按照7月25日国务院常务会议的决定，这一阶段将在2013年开始，从目前的情况来看，交通运输业以及6个部分现代服务业率先在全国范围内推广的概率最大。第三步，在全国范围内实现"营改增"，也即消灭营业税。按照规划，最快有望在"十二五"（2011~2015年）期间完成"营改增"。

## 二、"营改增"对建安企业的积极影响

1、"营改增"对建安企业的税负是加重还是减轻，我们队营改增户作了深入调查，新荣区是一个有着10万多人口的小县区，建安企业多数是小规模纳税人。营改增后，他们的税负明显比原来降低。相对于一般纳税人而言，营业税税率较高对企业产生了很多消极影响。据专家评估预测，增值税的最高税额也就可能维持在4%。而且随着建安企业发展规模的不断扩大，中间环

节，即建设施工项目招投标、大型工程分包转包、子公司的项目分包转包等，也会越来越繁琐复杂。过去，处于营业税纳税范围内的建筑安装企业，在这些环节中，承受着不同程度的重复纳税，所以营业税改增值税能够在很大程度上缓解重复纳税这一问题，建安企业就能够在很大程度上摆脱高额的负税压力，让企业获得更大的发展空间。

2、营改增体现了负税均衡、公平发展、公平竞争。我国目前还存在着税负负担比重不均衡的现象，这种现象一直以来都困扰着各个行业，也制约着我国税务管理工作的进一步发展。从我国开始逐步实行营业税改增值税以来，将许多原本属于营业税征收范围的建安企业改为了增值税纳税行业，其原本缺乏营业税进项抵扣优势的企业，目前在很大程度上改变了负税不均的现状，从而增强了它们扩大再生产的积极性与行动力，这一举措，极大地缓解了建安行业和其他行业之间的负税失衡问题。

## 三、"营改增"对建安企业的挑战

1、"营改增"加大了建安企业的资金压力。在目前，围绕建安企业的一大问题，工程款拖欠，这是一个多年来存在的现象，国家也采取过一定措施，但还是没有有效得到解决。营改增后，建安企业将工程款应缴纳的税上交后，可是工程款还在拖欠，这无疑就形成了无形的资金压力。同时，企业为了工程的运作会与供应商签订买卖合同，但是由于企业没有将款项交付，供应商就不会给企业提供专用发票，这样就将资金密集型的建安企业堵到了墙角。

2、"营改增"对财务及企业经营业绩会造成一定的负面影响。营业税是价内税，在合同费收入和财务报表中都有所体现，但是增值税是价外税，是被扣除掉的，所以在财务报表中体现不出来。同样，在合同成本当中，原来按营业税缴纳的时候，各项成本支出也是含着税的，实行增值税后也要剔除出来，这将影响企业的毛利、营业收入和营业总额。

3、"营改增"会加大管理成本。"营改增"后，建安企业增值税比营业税繁琐，缴纳环节复杂，增值税的发票开具、认证、缴税、抵扣等等环节都需要大量的财务人员去做，再加上增值税的申报表和附表这必定要增加人力，肯定要加大企业的管理成本。

## 四、建安企业应对"营改增"后的措施

"营改增"给建安企业带来机遇的同时也带来了新的挑战和问题，建安企

业应该积极面对这些新问题与新挑战，更好地适应新的税收政策，以寻求更大的利润空间，加快企业的发展。

1、加强专用发票的管理。营业税改增值税之后，由于出现了进项税额抵扣这一内容，所以对于发票的种类、合作商的资格以及发票是否正规等问题都需要进一步加强工作力度，这也就给企业的相关工作人员提出了更高的工作要求。

2、加强税务的筹划。建安企业"营改增"之后，增值税涉及许多环节，税收筹划的空间就变大了，这样就给企业带来机会。其次，增值税还能制定很多税收优惠，这些税收优惠很可能就是税收筹划的着眼点，特别是使用过的物品，将售价控制在合理的范围内就可以为纳税人提供很多经济效益。

3、加强会计的核算。对于建安企业而言，当营业税改为增值税时，会计的核算工作量就大大增加了，内容和强度都加强了，这就需要企业进一步完善会计核算的规范，加强企业内部会计人员的综合素质和整体素质，特别是对能够适应新的纳税政策的会计人员的要求就更加高了，只有这样才能进行合理的避税，为企业争取更大的经济效益和利益。

营业税改增值税是经济发展的需要，对建安企业来讲，既有机遇又有挑战。但是从长远的角度来看，营业税改为增值税，避免了重复征税，减轻了税收压力，这对建安行业的发展具有长远意义。

# 深化改革推进发展　砥砺前行谱写新篇

山西省忻州市忻府区国家税务局

2016 年，忻府区国税局在忻州市国税局和区委区政府的正确领导下，主动适应经济税收发展新常态，以深化国税、地税征管体制改革为主线，坚持严实要求，坚持创新创优，紧紧扭住思想建设、制度建设、班子建设"三项重点"，在税收管理改革、绩效管理、便民办税上不断推进，为服务忻府区经济社会发展和实现税收现代化作出新贡献。

## 一、聚焦营改增　助力供给侧改革

2016 年"营改增"试点成为当前深化税制改革的一场"重头戏"。面对时间紧、任务大、要求严的多重压力，忻府区国税局适时调整工作思路，全体干部职工发扬螺丝钉精神和精益求精的工匠精神，全局上下进入"白＋黑、5＋2"高强度工作状态，全力聚焦"营改增"工作，切实助力供给侧结构性改革，以实际行动在忻府区改革发展中谱写新的篇章！

### （一）责任如山，谋好"开局篇"

区局党组把营改增工作确定为重要的政治任务，及早部署，缜密安排，全力推进。先后召开全局动员部署大会、紧急专题会议，第一时间将上级的营改增精神传递给各级领导和全体税务人员，将任务分解到责任单位和责任人，将压力传导到责任单位和责任人。及时制定实施方案及任务分解表、国地税征管衔接工作方案等，细化、量化各阶段重点工作任务，明晰部门单位职责、作业标准和完成时限，形成完整的作战图、任务书和时间表。

### （二）倾尽全力，打赢"主动仗"

区局党组要求全局上下"一切让步营改增、一切服务营改增、一切保障营改增"，举全系统之力，在人力、财力、物力 3 个方面向营改增工作倾斜。强调"一把手"负主体责任，明确分管领导对营改增工作安排具有绝对权威。全局上下不分行政、业务，不分前台、后台，全线投入营改增工作。在大厅增设外网计算机，现场为纳税人解答相关技术难题，辅导网上申报、发票开具方面的操作流程。实现所有大厅办理的审批事项"一窗受理、内部流转、限时办结、窗口出件"；简化办税流程，落实对纳税信用 A 级增值税一般纳税人取消增值税发票认证工作和除纳税信用等级为 C 级和 D 级外的所有在国税登记的正常经营的企业纳税人提供"发票网上申领"服务。

**（三）攻坚克难，出好"组合拳"**

区局领导带头、靠前指挥，各单位部门相互配合、协同作战，局领导在办税服务厅在岗带班，及时协调、解决出现的问题。抓好影响进度的关键环节，确立营改增倒排时间表，工作进度以"天、时"计，要求每半天报进度，实现压力传导、责任压实。全局上下各级领导、业务科室、行政科室、以及纳税服务人员、税收管理员、宣传人员、后勤人员，各条战线全力投入营改增工作，涌现出一大批先进人物、先进事迹，形成了强大的工作合力。制定营改增专项绩效考评及结果运用办法，全面深入开展专项督查，对执行不力、工作落实不到位、相互推诿，导致错过时间节点的单位和个人，严肃问责、严肃处理。广大干部职工利用下班后、周末和节假日时间，争分夺秒，全力以赴，赶时间、拼速度、超进度。

**（四）全程辅导，搭建"连心桥"**

自 5 月 1 日全面推开营改增试点以来，针对人流量大、纳税人咨询较多的情况，区局采取办税流程咨询、一般问题咨询、深度问题咨询相结合的"三级咨询"方式，强化办税指引，划分层次，分流引导，使涉税咨询各个环节的服务更为便捷、流程更为顺畅。设立了"咨询台"，组建党员骨干培训队伍，全面开展纳税人培训和税法宣传。4 月 19 日至 6 月 1 日，区局分 7 批次对纳税人"营改增"试点纳税人进行相关业务培训，培训面达 100%。此外，区局还利用网站、手机短信、微信、宣传栏、板报等媒介，开展营改增政策宣传，并设计、印制营改增宣传资料，免费发放。

**（五）国地税合作，开辟"快车道"**

区国地税通力合作共建办税服务厅。区局通过合理规划场地，改造现有办税服务厅，共设立了 16 个国税窗口，10 个地税窗口。目前，在大厅设立咨询台、导税台、权益维护台；在显著位置摆放相关资料，张贴二手房政策宣传资料、"致纳税人的一封信"以及相应办税流程图；专门处理涉税事宜中出现的各类疑难杂症，为纳税人提供"一条龙"服务，达到"走进一家门，办好两家事"，彻底解决纳税人后顾之忧，更好的为纳税人服务。

## 二、开展"两学一做"党建纳税双促进

**（一）发挥基层党组织作用，做好服务党员工作**

党建工作的根本目的是凝聚人心、鼓舞斗志；税收工作的根本目的是为

国聚财，促进发展。区局党组高度重视党建工作，成立党建工作领导小组，统筹规划全局党建工作。以"围绕税收抓党建，抓好党建促税收"为中心，深入开展"三严三实"专题教育、"讲党性、守纪律、讲规矩、做表率"主题实践活动、作风提升活动、"两学一做"学习教育等工作，创新开展"传承好家风，带动好税风"等党建创建活动，有效提升了干部队伍素质。并在不断创新党建工作方式方法的基础上，把党建工作同税收工作紧密结合，将党支部会开到营改增工作现场，鼓舞了士气，确保全面推行营改增试点工作取得完胜；将党小组会开到分管科室，倾听了干部职工的心声，解决了基层面临的困难，把"马上就办"的要求落到实处。这些小、细、实的工作不断促使区局党建工作稳步迈上新台阶，呈现出新面貌、新活力。

**（二）抓党建与税收相结合，促进党建税务双丰收**

区局坚持把党建工作与税收工作同谋划、同部署、同考核，从上到下形成了一级抓一级，层层抓落实的责任链条，从上到下形成了领导干部带头，一级做给一级看，层层看齐的模范链条。党组书记严格履行"第一责任人"职责，亲自抓、负总责；班子成员严格执行"一岗双责"，坚持既抓业务又抓党建，同时严格执行双重组织生活原则，以普通党员身份参加所在支部组织生活会。

"领导干部要把责任记在心上，把担当扛在肩上，把任务抓在手上。"忻府区国税局党组书记、局长陈乃林说，只有踏踏实实地干工作，切切实实地担起责、履好责，才能更好地适应新常态下的税收工作。2016年，区局面对经济下行、主体税源严重萎缩等异常严峻形势，牢固树立科学任务观，始终坚持依法组织收入原则，立足经济税源分析，强化管理，堵漏增收，全力以赴组织税收收入。今年市局下达忻府区税收任务35790万元，截止7月底，区局已累计入库25134万元，占年任务的70.23%，超收4257万元，超收率为11.89%，为忻府区经济社会发展提供了坚实的财力保障。同时，不折不扣落实各项税收优惠政策，依法办理各种减免退（抵）税，释放了税收优惠政策红利，有力促进了忻府区"大众创业、万众创新"。

**（三）坚定党员理想信念，提升党员干部能力素质**

理想信念是共产党人安身立命之本，是共产党人的精神之"钙"，要解决部分党员干部理想信念和守职意识"缺钙"问题，就必须要把加强学习、提升素质作为核心。

区局党组结合"两学一做"学习教育，向每位党员、每位支部书记、每个支部发放《习近平总书记系列重要讲话读本》、支部书记日志、党支部党课及学习教育活动记录等丛书、手册，通过召开中心组学习会、党支部学习会、研讨会等多种学习方式，不断提升全局党员干部的思想政治素质，切实将工作与学习紧密结合，做到人人学、日日学、时时学，铸就一支国税"铁军"，不断突显着"做好党员，抓好税收"的特色党员队伍。

## 三、落实主体责任　权力在阳光下运行

忻府区国税局立足工作实际，层层传导压力，采取有效措施，着力推动党风廉政建设和反腐败各项工作的落实到位，促进了税收工作的健康发展，保证了权力在阳光下运行。

### （一）严明纪律规矩，坚持不懈狠抓肃纪正风

继续坚持把严明党的政治纪律和政治规矩放在首位，把政治纪律和政治规矩作为党员干部的政治生命线，旗帜鲜明的强调，理直气壮的要求，讲清、喊响、叫醒，适应从严治党、从严治税的新常态。大到党纪国法，小到制度规范，不仅要立于纸上，更要立于心头。绷紧广大干部守纪律、讲规矩的心弦，扎紧纪律规矩的篱笆。想实招、出实力，教育和引导干部始终保持对纪律规矩的尊崇和敬畏，内化于心、外化于行，自觉在纪律规矩的约束下施政用权。在贯彻落实八项规定和反"四风"问题上，持续发力，不打折扣，紧盯"四风"问题的隐形和变异，抓早抓小，对"穿马甲"的违纪违法行为严防狠打。

### （二）推动任务落实，形成履行责任强大合力

坚守责任担当，扣紧责任链条，充分发挥党组主体责任的核心作用，促进党风廉政建设责任制由虚到实、由宽到严、由软到硬的转变。在具体工作中做到"五个突出"：一是突出以上率下，"一把手"既要"挂帅"，又要"出征"；既要管好班子，又要带好队伍；既要守住底线，又要守住"后院"，做到党风廉政建设工作亲自部署、重大问题亲自过问、重点环节亲自协调、重要案件亲自督办，带头落实主体责任、带头守纪律讲规矩。二是突出选人用人，严把用人标准关、选拔任用关、清正廉洁关，努力把政治上靠得住、工作上有本事、作风上过得硬、人民群众信得过的干部选出来。三是突出作风建设，坚持党组主体抓，发挥领导示范抓，强化纪检专门抓，在抓常、抓细、抓长、抓出成效上下功夫。四是突出问责追究，把严肃查处违纪违法案件、坚决遏制腐败蔓延势头作为落实"两个责任"的重要抓手。五是突出权力规范，积极推进风险防控工作，强化制度执行。

### （三）加强廉政教育，筑牢"不想腐"的思想防线

创新方式方法、保质保量地开展廉政教育和廉政文化建设，做好"两学一做"学习教育上级规定动作的同时，以强化党员队伍看齐意识为引领，创新做好自选动作，推动"两学一做"学习教育扎实开展。突出问题导向，抓好学习，打牢思想根基，锤炼严实作风。依托现有的廉政教育资源，充分发挥廉政文化的引领教化作用，开展丰富多彩、干部群众乐于参与的廉政文化系列活动。领导干部发挥引领、示范和带头作用，洁身自好、存正祛邪，让"不想腐"成为思维习惯和价值取向，重点强化五种意识：强化底线意识、强化敬畏意识、强化宗旨意识、强化自律意识、强化担当意识。

### （四）强化制度建设，扎紧"不能腐"的制度笼子

在严格落实廉洁从税相关规定的基础上，在完善制度上想办法，增强制度的针对性、科学性、可操作性，形成用制度管人、管权、管事、管钱的长效机制，逐步形成有权必有责、用权受监督、违规受惩戒的制度体系。领导干部带头执行制度、自觉维护制度，在制度面前不破格、不越轨、不搞特殊化，强化监督约束。

### （五）重拳惩治腐败，营造"不敢腐"的高压态势

继续加强案件查办工作，充分利用执法监察、执法检查、税务稽查和案件审理等渠道，进一步拓宽案件线索，深入挖掘案源。认真落实重大案情报告、督办和"一案双查"、"一案两报告"制度。在惩治的同时，更要注重全面有效地预防。时刻关注重点部门、重点岗位、重大事项、重要环节的权力运行，从源头上防治腐败。与检察机关协调配合，开展打击渎职犯罪专项工作和其他职务犯罪工作，坚持和完善预防职务犯罪联席会议制度，研究总结职务犯罪的发案规律、特点和防范措施。举办预防职务犯罪讲座，加强情况通报和案件剖析教育，查找漏洞，完善措施，有效控制和预防职务犯罪。

# 团结拼搏　锐意进取
# 保障税务各项工作顺利进展

山西省岢岚县国家税务局　李建勇

2015 年，面对错综复杂的经济税收形势，全市国税系统在省局和市委市政府的正确领导下，团结拼搏，锐意进取，圆满完成了全年工作任务。

## （一）严格组织收入原则，保证了税款应收尽收

2015 年，面对严峻的组织收入形势，县局认真贯彻落实了市局、县委、政府组织的收入会议精神，先后召开 3 次组织收入专题会议，实行分管领导和股室包片、包户制度，连续 4 次深入企业开展税收调研，研究落实 4 项堵漏增收措施，全年共完成税收收入 10439 万元体现了真实的税源状况，提高了收入质量，保证了税款应收尽收，受到市局和县委、政府的充分肯定。

## （二）强化税收征收管理，促进了征管提质增效

面对税收改革发展的总目标，县局以推动税收职能全面发挥为抓手，切实规范税务干部依法行政。一是抓好税收征管规范的落实。县局结合实际需要，按照计划分批次、分步骤开展了集中培训和分级培训。同时，加大征管规范宣传力度，通过电子显示屏、公示牌等多种平台进行广泛宣传，向纳税人发放宣传资料 300 余份，赢得了纳税人的肯定。二是积极推进税收风险管理。坚持风险管理导向，根据市局推送的税收风险任务积极部署应对，上报率和完成率均达到 100%，通过评估方式将税款成功征收入库。三是抓好纳税服务规范的落实。纳税服务规范 2.0 版去年 3 月 1 日起推行，根据市局文件精神，制定了相关制度，对所有从事税收业务的工作人员进行了相关培训，保障了纳税服务规范高效运行。

## （三）深化便民春风行动，实现了政策便民惠民

自便民春风行动开展以来，县局坚持便民惠民利民的宗旨，持续深化开展便民春风行动，保证了优惠政策应享尽享。一是通过互联网平台和专题培训，积极落实小型微利企业税收优惠政策，实现小微企业增值税优惠政策和企业所得税优惠政策应享尽享。二是做好简政放权"减法"，推进税务行政审批制度和"三证合一"登记制度改革，打造阳光服务理念。根据总局《关于公开行政审批事项相关工作的公告》、《财政部关于公布取消和下放行政审批

项目的通知》等文件，积极组织业务部门对照查找涉及的相关项目，立即清理。印制"三证合一"办税指南、纳税辅导小册子、办税流程图等材料并进行分发，实行局长带班制，落实了"三证合一"制度改革。三是应用"互联网＋税收"思维，积极采取便民措施做好优化税收服务的"加法"。积极推进增值税发票系统升级版，实现了对辖区内所有一般纳税人和小规模纳税人的增值税发票系统升级，极大地方便了纳税人。积极推进网上办税，部署相关人员积极推广国家税务总局和省局网上办税服务厅，拓展纳税人办税渠道，成功对全县所有一般纳税人和小规模纳税人推行了网上办税。部署纳税服务厅应用互联网平台，多种渠道和方式来宣传税收政策、发布有关政策提醒，最大限度的为纳税人提供了优质服务。积极与兄弟单位沟通协调，推进了国地税联合办税，地税局办税人员进驻县局大厅，负责征收代开发票预缴税款附加税和个人所得税，实现了"进一家门，办两家事"。

### （四）增强干部担当意识，促使了干部勤政廉政

在整体部署上，县局始终把党风廉政建设当作国税工作的一个环节、一道程序，一同部署，一样督办检查。一是根据上级文件精神，积极对全体干部进行了"三严三实"专题教育活动。通过利用班前 1 小时认真学习市局专题教育方案、制订学习计划，召开了 3 次"三严三实"专题研讨会，实现 48 次集体学习，7 次党组成员系统学习，开展"三严三实"演讲比赛，收到了良好的效果，进一步统一了思想认识，提升了干部的思想觉悟。二是坚持把党风廉政建设主体责任和监督责任落实作为县局党组和纪检部门的重要政治责任。一方面严抓主体责任。县局党组认真落实了市局党组、县委下发的主体责任文件精神，切实做到了明责知责、认真履责尽责、严格考责问责，不折不扣地把责任扛在肩上。同时实施"任务书工程"，层层签订党风廉政建设任务书，将任务具体安排到各部门，落实到每一位干部，保证了 2015 年党风廉政建设工作的顺利开展。另一方面严抓监督责任。按照上级要求，抓好了组织协调、严明纪律、严肃执纪等八项监督责任的落实，坚定不移推动了党风廉政建设各项工作。此外抓执纪问责。去年，围绕主体责任和监督责任，进行了责任分解，党组成员分解责任 12 项，纪检书记分解责任 7 项，股室分解责任 20 项，签订了"两个责任"承诺书。纪检部门今年实行的"一案三查"，通过动真碰硬的案件查处、责任追究，确保了管党治党责任落到实处。三是切实查摆问题，开好民主生活会。按照"四必谈"和"三轮谈心"要求，开展谈心交心活动，共计谈心 33 次。认真撰写对照检查材料，先后进行了 2 次集中讨论，对照检查材料进行了 5 次修改完善。12 月，召开了民主生

活会。会上，班子成员按照要求，开展了相互批评，发扬了"整风"精神，自我批评敢于揭短亮丑、正视问题，相互批评推心置腹、真诚帮助，形成了"团结－批评－团结"的良好氛围。四是有效推进了绩效管理，根据市局统一部署，县局绩效办及时分解市局指标到人到岗，不断完善了指标内容，建立了绩效考评台账、绩效管理通知单等保障运行制度，及时完成了季度、年度组织和个人绩效分析报告，绩效管理工作开展顺利，营造出了"人人干事创业，个个奋勇当先"的良好工作氛围。五是积极落实精准扶贫政策，带着感情支持寨上村的新农村建设，县局48名税干与该村67户贫困户结对帮扶。六是积极做好公务员职务与职级并行制度实施。《忻州市国家税务局关于做好全市国税系统公务员职务与职级并行制度实施》下发后，县局做好文件的宣传、释疑，对符合条件的人员进一步进行档案核查确认任职时间，对符合晋升条件人员进行统计，市局初核后，经过民主测评、考核和公示，顺利完成了职务和职级并行制度实施。七是做好第二次津补贴规范工作。县局切实加强组织领导，认真做好政策解释和思想工作，如期完成了涉及全局48人的规范津补贴工作任务。

**（五）严格廉洁从税原则，实现了机关作风新转变**

一是严格落实中央八项规定。结合工作实际，制定和完善各项规章制度，从严控制"三公"经费支出，修订完善了公车管理、机关后勤接待制度。二是严格办公用房管理，按照要求及时对办公用房进行了腾退。三是精简合并会议，坚持抓重点、抓落实，树立了勤俭节约的意识。四是结合内控机制建设，强化风险意识。按照税务工作流程和税收执法风险手册，结合典型案例进行认真学习，做到自省、自警、自励，不断增强依法行政能力。

# 转变服务理念　提升服务质效
# 全面提升国税地税合作纳税服务水平

内蒙古自治区清水河县国税局　王　军　向　旭

　　县级税务机关在执行国家关于加强国税、地税合作工作中起着重要的基础性作用，国家的税收征管体制改革工作能否在基层得到落实是国家改革取得成功的关键，在此结合县级税务机关的实际情况对全面做好国税、地税合作工作的具体措施做一研究。

## 一、税收征管体制改革的时代背景

　　2015 年 12 月 24 日，中办、国办印发了《深化国税、地税征管体制改革方案》，标志着我国的税收征管体制改革正式拉开帷幕，也为今后一段时间我国税收征管体制改革做出了顶层设计。这次改革的重要程度并不亚于 1994 年的分税制改革，它实现了税收征管理念从"管理者"向"服务者"的华丽转变，同时也为今后中国税收事业发展定下了基调。

　　税收作为国家财政收入的重要组成部分，在国民经济发展中起着举足轻重的作用，同时也承担着维持国家机构良性运转的光荣使命，更是国家凭借权力实现二次分配和经济调节的重要杠杆。我国自 1994 年实施"分税制"改革以来已经走过了 20 余年的历程，"分税制"在促进中央和地方经济发展方面发挥了十分积极的作用，特别是在以经济建设为中心的引领下有效地调动了中央和地方两级政府的积极性。然而时代总是处于不断的发展变化过程当中的，建设现代化的税收征管体系以适应国家治理能力和治理体系的现代化显得十分必要。特别是在"互联网＋"日益发展的今天，我国现行国税、地税征管体制存在一些比较突出的问题更是显露无疑。主要表现为国税、地税职责不够清晰、执法不够统一、办税不够便利、管理不够科学、组织不够完善等。这些问题影响了税收职能作用的有效发挥，纳税人也提出了不少意见，作为税务机关切实解决好上述问题责无旁贷。

## 二、县级税务机关做好国税、地税合作工作的客观举措

任何政策都是一分布置、九分落实，在中央做出财税体制改革的顶层设计之后，是否能让政策切实落到实处特别是在基层税务机关落地生根发芽则显得尤为重要，现结合内蒙古自治区清水河县国家税务局关于如何做好国税、地税合作做以下探讨：

### （一）县域基本情况

内蒙古自治区清水河县地处呼和浩特市南面，与山西省毗邻，属于自治区级贫困县，该县国家税务局辖区内共管纳税人 2861 户，其中一般纳税人 183 户、个体工商户 2091 户，其余纳税人均为小规模纳税人（以农民专业合作社居多），近年来由于国家的扶贫项目逐年增加，很多农民专业合作社依托国家的贷款扶持资金进行发展，主要项目是进行牛、羊养殖或者是进行一些农作物产品的规模化种植。而这些农、林、牧、副、渔项目基本上属于免税产品，对于税收的贡献微乎其微。然而作为税务机关做好对于这些纳税人的纳税服务工作仍然显得尤为重要，要能够切实提高纳税人对于税法的遵从度和认同感，使得纳税人形成按时申报、依法纳税的意识。

### （二）做好国税、地税深度合作的切实可行举措

加强国地税合作的核心目标仍然是更好地服务于纳税人，将"便民办税春风行动"切实落实到位，这种合作并非是简简单单的一句口号，更是一种工作理念和工作思路的转变，让税务机关由高高在上的"管理者"向为民务实的"服务者"转变，而作为县级的税务机关接触的是一线的纳税人，属于最基层的国家行政机关，能否做好纳税服务工作更关系着政府的公信力和税务机关的整体形象，现就国税地税加强合作提升综合纳税服务水平作以下探讨：

1、税务机关和税务干部要彻底转变工作理念，树立加强国、地税合作的工作意识，各司其职、各负其责，绝不越俎代庖。工作理念是一个单位的指导思想，理念指引着实际行动，那么作为基层税务机关负着国家大政方针落地生根的责任，首先应该在全局上下营造一个国地税合作的舆论氛围比如在单位的公共场所张贴关于国家加强国、地税合作的宣传内容等；其次单位应该适时组织一些关于如何加强国地税合作的学习讲座或者辅导培训，让全体干部职工能够从思想上认识到国地税合作的重大战略意义。

2、国税、地税之间应该"分好工"，合作并不是合并，"合作"的核心

要义之一就是理顺征管职责划分，着力解决国税、地税征管职责交叉以及部分税费征管职责不清等问题。这一观点看来貌似和"合作"的初衷相违背，然而这正是本次提出加强国地税合作要解决的一个核心问题。长期以来，正是因为国税、地税所管辖的范围以及职责权限不清晰，从而导致纳税人"跑断腿"的现象时有发生，有时候甚至"跑断腿"都不解决问题，这严重影响了纳税人对于税务机关的满意度，纳税人是衣食父母，这种服务谈何建立和谐征纳关系？久而久之对于打造服务型政府也就形成了众多的障碍。正是因为政府意识到了这一点，所以才提出强化合作这一最新改革政策，目的就是要让税务机关明确各自职责，避免职责不清从而导致纳税人无所适从的情况出现。

3、国地税合作不仅仅是加强业务方面合作，更重要的一点在于要"服好务"，也就是创新纳税服务机制，着力解决纳税人办税不便利等"痛点""堵点"问题。长期以来，税务机关对于纳税人的服务意识、态度等方面均与国家标准有很大差距，特别是在基层单位纳税人对税务机关工作人员的投诉时有发生，这从侧面表明了基层税务机关的纳税服务工作还有很大的提升空间，所以本次加强国、地税合作的另外一个很重要的目标就是全方位提升纳税服务意识，切实提升对于纳税人的服务质量，进而重塑税务机关良好形象。要做到这一点我们可以充分发挥"互联网＋税务"的积极作用，建立涉税事项"二维码一次性告知"、建立税企 QQ 群、微信群等体系，让纳税人真正感受到国家政策带来的实惠。

4、国地税合作更应该实现服务一个标准、征管一个流程、执法一把尺子，让纳税人享有更快捷、更经济、更规范的服务。改革的一大重点，是实现纳税服务和税收征管规范化，这将彻底改变长期以来国税、地税有所不同，新老局长间差异较大的局面。为纳税人提供更便利、更高效的服务，让国地税在服务纳税人方面建立起统一的标准和规范，从而有更多的获得感。国税、地税合作更应该做到服务深度融合、执法适度整合、信息高度聚合，进一步提速提质提效。实现办税前台一家受理、后台分别处理、限时办结反馈，让纳税人"进一家门、办两家事"。

对纳税人实施分类分级管理，提升大企业税收管理层级，建立自然人税收管理体系，加强对高收入高净值纳税人风险分析，深化税务稽查改革，改变过去'眉毛胡子一把抓'的无差别管理方式，使管理更具针对性、实效性，同时还应该加快税收信息化建设，为税收征管提供强有力的科技支撑，比如增值税电子发票更是税收征管领域的一场革命。通过对发票票面信息实时进行全面的电子采集、监控和比对，将为告别纸质发票、根治假发票这个常见病、多发病乃至顽疾奠定基础，大大提升税收治理能力和国家治理能力。

　　税收工作为国民经济发展保驾护航，更是国家经济发展的"晴雨表"，是国家经济向上向好发展过程中的重要标志，在新时期内充分做好国税、地税合作工作显得尤为重要，倡导创新驱动发展是国家现阶段的大政方针，那么在国税、地税合作工作中更应该以创新的态度来对待每一项具体工作，力争建成与国家治理能力和治理体系现代化相适应的税收征管体系。

**作者简介：**

　　王军，男，汉族，党员，硕士研究生学历，1985 年 11 月参加工作。现任内蒙古自治区清水河县国税局党组书记、局长。

　　曾在呼和浩特市国税局所得税科、税政科以及涉外分局任副科长、科长等职务，有十分丰富的基层经验，2013 年 9 月起任呼和浩特市清水河县国税局党组书记、局长。

　　向旭，男，汉族，党员，大学本科学历，2013 年 8 月参加工作。现任内蒙古自治区清水河县国税局党组秘书。

　　曾任呼和浩特市清水河县国税局税源管理一股税收管理员，清水河县国税局行政会计，清水河县国税局党组秘书，2015 年 10 月荣获呼和浩特市"践行三严三实、推进创先争优"知识竞赛第一名，2016 年 5 月荣获内蒙古自治区国税系统"1155"创先争优活动综合文秘类岗位能手。

# 浅谈"营改增"
# 新形势下基层纳税服务的提升

内蒙古自治区鄂托克旗国家税务局　王永生　甘　璐

本文以鄂托克旗国家税务局为例，充分结合了基层国税纳税服务工作实践，以辖区纳税人满意度调查数据为支撑，对基层一线详实数据进行分析，分类归纳基层纳税服务工作中存在的问题，提出优化基层国税纳税服务工作的对策。

## 一、鄂托克旗国税局纳税服务体系基本情况

鄂托克旗国税局纳税服务体系由纳税服务股、税政股、政策法规股、征收管理股、税源管理股共同构成，共11人。鄂托克旗国税局和鄂托克旗地税局于2016年4月25日，正式进驻了鄂托克旗国地税联合办税服务大厅。联合办税服务大厅分设导税员2人，旗国税局设综合服务窗口3个，集中审批窗口1个，综合税收管理员窗口1个，值班局长及咨询窗口1个，搭建政务公开新平台。对办税服务厅自助功能区重新进行了规范，设1台自助办税终端，3台外网自助申报电脑，1台自助扫描仪，方便纳税人网上办税和自助办税。

自2016年5月1日全面实施营改增起，鄂托克旗国税局共确认营改增试点纳税人2012户，其中：生活服务业1929户，占95.87%，建筑业39户，房地产业33户，金融业11户。这些纳税人行业户数众多、业务形态丰富，带来的新的业务需求及已有的业务发生的变化都给基层纳税服务带来了挑战，增加了难度。

## 二、鄂托克旗国税局纳税人满意度调查情况

本次对鄂托克旗国税局纳税人满意度调查主要采用问卷调查法和访谈法。其中纳税人满意度问卷共13项问题，包含了纳税人基本信息、公司规模，对鄂托克旗国税局纳税服务工作的税法宣传、办税软件、办税服务厅服务等方面的调查，取得了满意度调查第一手资料。

调查中，就"您对国税局的纳税服务工作总体评价"一题有4个选项，

即满意、基本满意、不满意、不了解。其中有 272 人选择满意，占总调查数的 92.76%；有 7 人选择基本满意，占总调查数的 2.41%；有 4 人选择不满意，占总调查数的 1.38%；有 10 人选择不了解，占总调查数的 3.45%。调查结果如图所示：

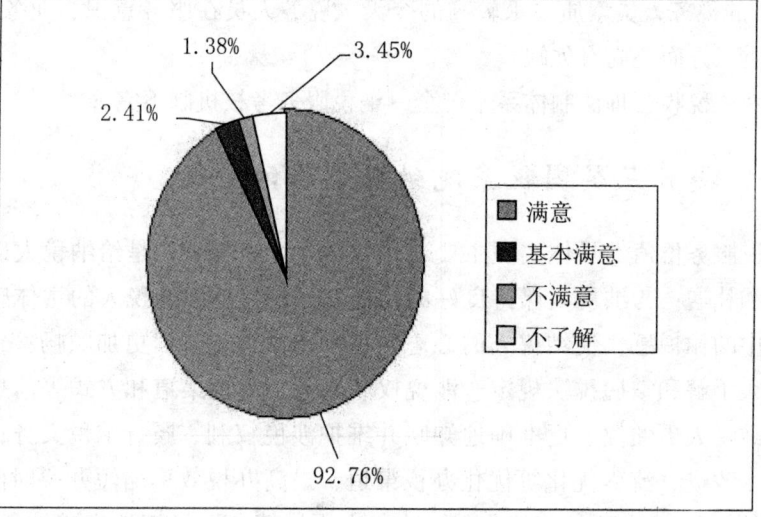

**抽样调查营业税改征增值税后您对国税局的工作是否满意**

访谈法采取抽样调的方式，联合税源管理股到具有代表性的企业进行实地调研，形成访谈提纲咨询企业，涉及征管流程、纳税服务软硬件等问题，以便于有针对性的深入了解企业对鄂托克旗国税局纳税服务的需求及意见建议。同时问卷调查的每一调查项目均设有开放性个人意见和建议，经过整理归类，总结了基层纳税服务中存在的普遍性问题。

## 三、基层国税局纳税服务存在的问题

第一，税收政策的宣传不到位。一是税收宣传重点不突出。二是税收宣传形式单一，对于纳税人的涉及面较窄。三是纳税宣传的针对性不够。

第二，办税流程不够合理。办税效率有待提高。基层国税部门在办税过程中，还存在程序繁琐、手续复杂、报送资料较多等问题，以及计算机层层审批与纸质层层审批的重复劳动。

第三，信息化办税保障能力不足。一是自助办税服务设施严重不足且利用率低。二是网上办税系统有待于进一步改善。三是税务系统推行软件在后期服务方面还存在系统升级慢、合作服务商服务效率低、维护不到位等问题。

第四，纳税服务社会化程度不高。纳税人需要社会中介机构、纳税人协会、税收服务志愿者等提供低成本的专业服务，但是实际可供选择的服务机构寥寥无几，代理的业务多为单一基础性服务。

第五，纳税服务人员的素质有待提高。在纳税服务硬件日益完善，作为"软件"的税务人员素质要求较高的今天，税务人员在服务意识、业务能力、综合素质三方面还尚有欠缺。

第六，税收管理法制体系不健全，纳税服务考核机制不完善。

## 四、提升基层国税系统纳税服务的建议

纳税服务价值的具体实现主要通过以下几个方面：一是给纳税人以应有的尊重和礼遇，与纳税人保持良好的沟通和互动，增强纳税人的主体感和办税过程中的愉悦感，使纳税人的心态更加平和，纳税过程更加顺畅；二是帮助纳税人了解和掌握税法规定、涉税权利义务、纳税渠道和方式等信息和知识，使纳税人更便捷、更准确地知晓并维护涉税权利、履行纳税义务；三是通过技术改进、流程优化等优化办税渠道，提高办税效率缩短办税时间，降低办税的物质、时间、心理成本使纳税人更快捷、更经济地完成纳税事宜。同时也以此吸引部分不想遵从者和不遵从者转向遵从。由此，笔者建议从以下几方面提升基层纳税服务：

### （一）加大宣传力度，提高纳税遵从度

一是继续充分发挥传统纳税宣传的优势。税务部门及其工作人员作在政策解答方面更具权威性，并且税务部门在政策了解的时效性、政策解读的准确性上具有天然优势，纳税人就自身遇到的实际问题直接提问更有针对性和必要性；二是针对不同宣传内容，积极灵活运用不同的宣传方式。三是推行纳税信用等级制度，建立纳税人自觉遵从的鼓励机制。只要政府给予诚实纳税人纳税遵从者更多的长期优待，并加大这种优待的宣传力度，在社会中形成示范效应，则纳税人会树立一种自觉的纳税遵从会使其获得更大的收益时，更多的纳税人就会把自觉遵从作为自己的最优选择。在激励与威慑并用的制度约束下，纳税人在权衡遵从与不遵从的得失后，会更倾向于诚实和合作，从而提高全社会的纳税遵从度。

### （二）加强"互联网＋"纳税服务平台建设

一是拓展 24 小时自助办税终端，解决现场办税时空限制和网上办税票据出具等难题，纳税人随时都可轻松办理涉税业务，办税时间更加自主、更加便利，实现分流办税，减轻窗口压力，有效延伸办税服务厅的涉税服务，节

省纳税人的办税时间和成本，切实做到征纳双方的"减负"。二是运用电子认证、互联网等网络信息技术，扩大网上办税范围，推广完善面向移动终端的应用服务，借助 APP、官方微信等平台，积极推广智能手机服务，使所有涉税申请事项都可以网上递交、网上审批、网上备案，办理流程网上可视，直至事项办结全程在网上流转，真正实现非接触式纳税服务，缩减实体办税场所的规模和职能，逐步实现由实体办税向移动互联办税转变。同时完善现有的网上办税功能，实现财务报表从财务软件到税务系统的自动对接导入；实现税务机关网上数据自动流转，各环节共享，杜绝纳税人涉税资料多环节多次报送；明确电子数据资料合法地位，取消电子书面资料双重报送的要求。三是整合纳税服务信息共享资源。破解信息孤岛现象，需要详细分析现行各个系统，按照信息采集、审核、加工、使用的要求，将分散的纳税服务职能整合归并优化，构建以 12366 纳税服务热线呼叫中心为核心的信息交换平台，增强各系统之间的数据关联性和功能关联性，使前台与后台之间以及后台各个不同支持机构之间的信息交换变得简单清晰和快捷通畅。四是加强网上办税服务平台技术支持和后期维护，随着经济社会的发展，网上办税系统和防伪税控系统等的用户呈不断增长趋势，其后期的维护服务就不能停留在推广初期的迟缓滞后状态，应大力培养专业技术支持和服务团队，对纳税人反馈的软件系统问题及时优化，提升界面友好性和可操作性，安排技术服务人员进驻办税厅，对纳税人反映的软件操作的故障问题及时上门解决，提升纳税人的使用体验。

**（三）促进纳税服务社会化**

充分利用社会资源，使纳税服务社会化成为纳税服务的必然延伸和有益补充。一是税务机关要与涉税中介组织加强联系、沟通、合作，发挥各自优势，互相取长补短，推进税收工作良性发展。我国较为普遍的有偿涉税社会中介组织如税务师代理行业，这类组织的存在有效的克服了税务机关服务资源的有限性，他们通过对纳税人开展涉税业务，宣传国家税收政策，提高纳税人依法诚信纳税的主动性和自觉性，有利于国家税收政策的贯彻落实；税务中介组织也能向税务机关反映纳税人的经营情况与诉求，协调征纳双方争议，为构建和谐征纳关系提供磋商平台和畅通沟通渠道。同时，应尽早建立起全国统一、独立、完善、规范的税务代理法律体制，加强对税务代理行业的法律调整，建立较完善的管理、准入及执业制度，提高税务代理的服务水平和服务规范，促使其在规范化服务中发展，充分发挥其提高纳税人意识和纳税遵从度的社会效应。二是基于我国中小企业和个体户纳税人居多的现实情况，由政府相关部门、行业协会、税收服务志愿者组织等提供无偿涉税服务的需求也很迫切，税务机关可与行业协会联合，对其成员开展税收宣传辅导、维权服务等，使其服务针对性更强、规模效应更大；可以支持税收服务志愿者为低收入者免费提供税收咨询，帮助社会弱势群体办理涉税事项。三是新一轮税制改革导致纳入税务管理的自然人纳税人将越来越多，纳税服务的广度和深度需求急剧扩大，但囿于税务管理资源的有限性，将纳税服务非核心业务外包就成为一种具有前瞻性的选择。我国诸多地区的探索实践为纳税服务非核心业务外包提供了较好借鉴，如江苏省苏州工业园区地税局自2010年6月开始尝试将新办企业辅导实行外包，纳税人学校交由社会第三方管理。该局将新办企业辅导工作细分成11个环节，同时挑选有一定资质、信誉度高的事务所，将其中事务性的5个环节外包给事务所独立承担，服务外包从日常管理、内部控制、考核评价等方面都渐成机制，纳税人自主办税能力得以提升。

### （四）提升纳税服务人员的素质

一是通过思想政治教育，提升税收干部的职业操守和为纳税人服务的主动性和责任心。二是要有针对性地加大、加强对税务基层工作人员的税收、法律、经济、计算机培训力度。要求每个税务人员都有大厅窗口工作两年的工作经验，更具体的了解窗口直面的纳税人的性质。进行岗位轮岗制和A、B岗制，跟随岗位学习不同业务知识，促使单兵也可以全作业。三是推行能级考核和绩效考核管理制度，将《全国税务领军人才培养规划》和各级税务机关人才库队伍建设与待遇一体化的人才机制建设相结合。如我区2015年发起并延续至今的"1155"创先争优活动，为打造一支纪律严明、让纳税人满意的税务干部队伍奠定了基础。

### （五）构建科学税制结构体系及纳税服务考核机制

科学的税制设置应当以维权、降低成本、提高纳税遵从度为目标。本着积极落实纳税成本最小化的目标，采取简化税制措施，构建科学税制结构，健全税法，保持政策稳定透明，让纳税人更容易理解税法，更方便办理各种涉税事项。

纳税服务考核机制的建立应更加注重对纳税服务流程的优化创新和对整个纳税服务体系的考核，避免表面化和片面化。转变"纳税服务是办税服务厅或纳税服务部门的事情"的片面认识，把纳税服务融入各自的工作职责，在各项工作中体现为纳税人服务的理念。完善协调服务机制，使不直接提供服务的部门积极主动地提供协助服务，以保证各项纳税服务制度的有效执行，推动纳税服务工作深入开展。

# 加大宣传优化服务
# 全面推开"营改增"试点

吉林省敦化市国家税务局　王君波　白　洋

为确保全市营改增平稳顺利，改革目标如期实现，敦化市国税局按照职责分工和工作方案，迅速开展前期准备工作，顺利完成户籍交接、核实征管数据录入、税控系统准备及发票管理、政策业务培训等各项推广准备工作，5月1日营改增在我市成功上线，以下是我市营改增试点工作运行总体情况：

## 一、基本概况

2016年，我市营改增共涉及纳税人5767户，其中国地税共管户672户，地税自管户5059户（按照行业划分，金融业128户，占比2.2%；建筑业374户，占比6.5%；房地产业44户，占比0.8%；生活服务业5221户，占比90.5%；按类型划分，企业纳税人共717户，其中一般纳税人83户，小规模纳税人634户；个体纳税人共5050户）。同以往营改增工作相比，这次时间要求更紧、纳税户数更多、改革任务更加艰巨。经过前期的努力和全市各部门的协调配合，我局已在4月30日前已经全部完成各项改革准备工作。目前我们集中力量做好税控设备发行、发票发售和纳税人申报培训等工作，全力备战，迎接6月首个营改增纳税人申报高峰。

## 二、岗位配置全方位，实现营改增服务专人专窗专项

（一）在办税服务大厅专设"营改增"窗口，安排业务骨干负责答复政策咨询，辅导纳税人办理相关业务。根据营改增以后纳税人增量分布情况，在办税服务厅设置营改增纳税人首次申报专窗，结合户籍和行业特点，提前筹划，由专人进行预审和全程引导申报，方便纳税人办理申报等业务。

（二）联合工商局，在敦化市政务大厅"营改增"绿色通道。针对营改增上线后企业换照数量存在激增的可能性，敦化市局想在前面，积极协调工商部门，在政务大厅增设"营改增企业换照专设窗口"（营改增绿色通道），增加工作人员和办公设备，为营改增纳税人提前办理"五证合一"登

记，避免纳税人在改革落地后，因代码证变化重复办理相关业务。设立绿色通道后，为85户纳税人办理了"五证合一"登记，极大的减轻了纳税人的办税负担。

（三）加强国地税合作，助力营改增顺利推进。敦化市国地税互设窗口、联合办税，目前有共建办税服务厅4个，国地税互设办税窗口4个。联合开展个性化服务、联合开展税收调查、联合开展税款代征，针对地税人员不熟悉国税业务的问题，配合地税机关做好增值税代征技术服务、发票供应、业务指导等保障工作，在各代征场所设立派出业务骨干配合地税部门做好咨询导税工作，方便营改增纳税人。

（四）严格执行领导坐班制度，建立局长值班台和营改增政策咨询台，每天由一名局领导和业务骨干常驻办税服务厅，具体协调营改增相关工作，统一指挥调度办税资源和维持现场正常秩序，切实做到以上率下全力推进。同时，每日增派两名熟悉办税流程的干部负责导税和咨询工作，准确完整回答纳税人提问，主动引导纳税人有序准确办税。

（五）成立了跨部门"营改增"党员先锋队、青年突击队和应急预备队三支队伍支援前台，主动承担营改增宣传、培训保障、导税服务和应对突发等任务；三支队伍均由全局各部门精干力量组成，按照工作需求，明确职责分工，提前进行业务培训，确保拉得出、顶得上、过得硬，有效凝聚党团组织的全员合力，为营改增各项工作开展提供强大助力。

## 三、多维度宣传求实效，积极回应纳税人热点关切

（一）依托地方主流媒体做好重点宣传，在敦化市电视台、新闻网、敦化时讯等平台开展政策宣传、公告告知及信息报道，在以上平台发布营改增通知公告4期，组织营改增记者专访2期，发布各类信息报道30余篇，使社会各界了解、关心、支持营改增，营造出良好的舆论氛围。

（二）充分发挥办税服务厅和各税务分局优势，在办税服务厅、政务大厅张贴营改增通知公告，设立长期营改增咨询台，组织业务骨干为纳税人提供营改增政策咨询解答及引导，使纳税人尽快熟悉相关政策，便利纳税人办理各项业务。

（三）借助宣传月契机，紧扣"聚焦营改增试点，助力供给侧改革"主题，印发"营改增"税收政策宣传手册，积极开展上门送政策宣传活动、拍摄营改增主题微电影；通过干部微信、税企QQ群，实时与纳税人进行交流互动，及时回应社会关切；联合敦化市公安局发放《致营改增纳税人的一封

信》。通过以上活动的开展，提高纳税人获取营改增涉税信息的便捷性，营造良好的营改增试点氛围。

## 四、培训辅导深广结合，全力消除政策盲点

（一）依托纳税人学堂，加强营改增政策宣传培训。目前已举办国地税联合培训 9 期，培训纳税人 1500 余人次，培训内容涉及纳税服务产品、营改增基础知识、涉税事项办理流程、注意事项、税控发票开具，纳税申报等，编制并发放《营改增政策指南》10000 本，通过培训，让纳税人对营改增有了全面的了解。

（二）开展"点对点"上门辅导。局领导带头，组织干部按照街道逐户进行上门辅导，解答纳税人疑问，征求纳税人意见，发放宣传材料。组织税务人员走进区各办事处、辖区内大型商场和企业，宣传营改增政策。

（三）通过税收政策宣传机、办税服务厅 LED 显示屏、QQ 群、微信群等进行营改增政策宣讲，为纳税人获取政策信息提供方便；利用涉税事项"二维码"为纳税人提供便利，在办税服务厅张贴涉税事项"二维码"，向纳税人发放印有"二维码"的手册，方便纳税人联系主管税务机关咨询营改增相关政策和业务办理等涉税问题。

## 五、优化服务讲贴心，全力减轻纳税人办税负担

（一）实施重点税源企业"包保服务"，根据纳税人的需求，有针对性的制定辅导内容，灵活提供上门宣传辅导服务，加强征纳双方沟通，及时解决纳税人在发票开具、纳税申报和财务处理等方面的问题。

（二）做好营改增纳税人首次申报"一对一"培训、纳税申报现场辅导、全面预审准确填报等措施，截至目前，已为 60 户营改增纳税人进行一对一申报培训，同时对试点纳税人开票、申报情况进行跟踪调查，及时发现纳税人开票和申报中存在的问题，有针对性地指出纳税人存在的问题，并就如何规范开票、正确申报对纳税人再次进行培训、辅导。

（三）大力推广网上办税，完善 24 小时自助办税厅，新增自助办税终端，有效利用纳税人学堂进行网上办税专题辅导，帮助纳税人及时解决网上办税过程中遇到的困难和问题，积极引导纳税人使用网上申报、自助办税，做好网上办税的跟进服务，不断提高网上办税率，将便民办税服务落到实处。

（四）注重强化后续管理，及时做好试点纳税人的税负变化分析，走访重点税源企业，了解试点企业政策把握程度及改革影响，提出合理化的意见建议。通过召开行业纳税人座谈会，与纳税人面对面交流，了解纳税人政策执行中出现的问题和意见建议，"一对一"专业解答，"点对点"精准传递，实现"营改增"政策准确、定点投放，助力企业发展。

# 1+1>2—打造国地税合作升级版

黑龙江省肇州县国家税务局

　　财税体制改革是深化改革的一部分，而国地税合作是财税体制改革的重要组成部分，近年来，在省市国税局、地税局的有力领导下，肇州县国税局、地税局主动顺应税收新常态，严格落实《国家税务局、地方税务局合作工作规范（2.0版)》的合作项目，紧紧围绕税收现代化目标，积极闯新路，勇作排头兵，以建立国地税合作县级示范区为目标，先易后难、逐步实现深度合作框架，探索创新合作事项，在国地税合作中进行了有益探索和初步尝试。

## 一、转变服务理念，建立联合办税服务厅，努力实现合作事项的深度融合

　　随着国地税深度合作工作的要求，肇州县国税局和地税局多次组织广大干部认真学习相关文件，首先在思想上突破固有的管理理念，国地税班子成员、业务骨干建立"合作沙龙"、"业务联合体"，定期讨论适合本地纳税人需求的合作基本框架，查找双方可切入点，在局内形成良好的探讨合作氛围，同时，针对合作受益者是纳税人这一特征，利用新闻媒体及一切宣传手段，告知广大纳税人，让其广泛参与出谋划策，监督合作，在社会上形成参与、督促合作的监督氛围。近年来，肇州县国税局将联合服务大厅功能按照纳税人需求和业务沟通的情况，在统一规范的前提下进行了拓展，由原来的国地税两个大厅互相增设窗口联合服务，发展为共建一个全职能联合办税服务大厅。2016年5月3日，肇州县联合办税大厅正式揭牌启动。

　　国地税共同制定了《国地税合作工作手册（试行)》，明确了国地税合作的56个合作事项，包含所有纳税服务事项的操作流程和分事项合作办法，分别落实到国税的10个具体负责部门科室和地税的7个部门及具体负责人。联合服务大厅设立"一窗通办"窗口14个，实行"一窗两人两机"办税，让纳税人依申请事项在大厅一次即时办结，依审批事项一次告知、限时办结，公开办结环节及结果。联合办税服务厅的建立，纳税人"走进一个门、来到一个窗、办完两家事"，解决了纳税人"两头跑"的问题，实现了办税程序1+1=1、征纳成本1+1＜2、社会满意度1+1＞2的叠加效应，为优化发展环

境奠定了坚实的基础。

联合办税服务厅建立以来，联合为 843 户"三证一码"企业采集信息和税种、票种核定，为 1440 户个体纳税人办理设立登记，为 2478 户纳税人办理了变更登记，合作征收税款 89.66 万元。满足了纳税人的要求，方便了纳税人办理事项，提高了办税效率。

## 二、转变管理手段，加强沟通协作，努力实现执法适度整合

2016 年 4 月以来，肇州县国税局和肇州县地税局积极向县委县政府汇报，得到了政府的支持，共召开 2 次由政府主持的联席会议。成立了主管县长任组长，国税、地税主要负责人共同担任副组长的肇州县国地税合作领导小组。根据《征管规范》、《纳税服务规范》，参照《国地税合作规范》依据大庆市国家税务局、大庆市地方税务局《国地税合作规范操作手册》，细化了合作办税服务流程，公示了包括 145 项即时办结，41 项流转办结纳税服务事项时限。重新整合了服务资源，在加强联合执法和服务，拓展服务领域上很抓落实，真心诚意地解决纳税人"多头跑"和重复报税等问题。在"一个平台、一个标准、一套系统"的基础上，做到"六个一"：即国地税"一个税厅、一起办税、一起管户、一起宣传、一起查案、一起评定"。创新开展风险管理及应对等合作项目，并结合县局实际，开展国地税党建合作、纪检监察、干部培训及文明单位创建合作交流项目。国地税两局不但从广泛听取纳税人呼声，全面了解纳税人需求，找准纳税服务工作的着力点上下功夫，还有针对性地推出纳税服务新措施，让纳税人深切感受肇州国地税两局"纳税人所盼，税务人所向"的理念和诚意，促进形成征纳良性互动，和谐共进的服务格局。通过联合举办线下、网上纳税人学堂，实现联合税收宣传、联合培训辅导、联合开展以需求为导向的满意度调查、同时为纳税人又打开一条联合维护纳税人权益的通道。

肇州县国税局征收管理部门和肇州县地税局业务管理部门联合建立稽查局、政策、法规、税源等业务部门协作机制。通过整合资源，推进管理协同、征管互助，分别落实和细化了《黑龙江省税务行政处罚裁量准（试行）》的公告，对税收自由裁量进行了统一和规范，对纳税人同一行为，一家处罚后，另一家不再处罚，同步记录纳税人管理系统。确定 11 项协同管理工作，协同管理非正常户、开展定期定额户的定额核定工作、制定税收风险管理年度合

作计划、协同开展风险应对、发布税收违法"黑名单";确定 8 项联合执法项目,联合开展核定征收企业所得税工作、欠税管理、县域大企业税收风险管理、开展打击发票违法犯罪活动、统一税务行政处罚裁量权基准、对税收违法"黑名单"联合惩戒;联合开展 1 次税收分析。联合开展税务稽查工作,制定了《联合稽查方案》,我们已联合确定了 2016 年重点稽查业户 20 户,已联合入户 2 次,共计入库税款、滞纳金、罚款近 16 万元。联合稽查大大提高了稽查效率,减轻了纳税人负担。自 6 月份以来,建立了信息共享平台,已有 1 户纳税评估企业信息传递给地税相关部门,国地税正在为 2 户纳税人联合办理注销税务登记。

2015 年以来,肇州县国税局和肇州县地税局与中国建设银行股份有限公司肇州支行联合推动"银税互动",联合对肇州县企业进行了两次纳税信用等级评价,共同对 278 户纳税人进行了等级评定,共同对 10 户 A 级纳税人进行了公示。

### 三、转变合作方式,加强公众参与共治,努力实现信息高度聚合

肇州县国税局利用互联网和税务专网的优势,全面实现国地税与政府、金融保险信息共享,多渠道采集第三方涉税信息,夯实了纳税人基础信息和税源信息。定期交换税款入库、纳税申报、发票发售、开具等涉税信息。已进行信息交换 6 次,为联合开展税收分析、联合甄别税收风险提供数据和信息支持。共同开展重点行业、重点税种、重点税源分析。每季度召开一次由国地税主管领导、收入、征收、管理人员参加的收入分析会。为联合开展税收分析、联合甄别税收风险提供数据和信息支持,查找管理漏洞,为提高管理水平提供依据。2015 年肇州县国税局和肇州县地税局面对县域经济特点,经济形势,联合开展税收后劲调查,并为县政府提供《肇州县整体税源后劲分析》报告,为肇州县政府谋划 2016 年经济工作和十三五规划提供了有价值的参考。

协同落实"营改增"税制改革任务,自 2016 年 5 月 1 日起,在全国范围内全面推开营业税改征增值税试点,为确保这项工作平稳顺利开展,肇州县国税局和地税局针对清理移交户数多、区域范围广、数据信息量大等情况,提前谋划,精心部署,联合行动,紧锣密鼓备战"营改增"。在此期间,肇州县国税局和地税局联合召开"营改增"数据采集会,对"营改增"企业 5 月

1 日后发票用量预估，"营改增"企业欠税情况，落实二手房交易"营改增"委托地税部门代征事项的数据进行厘清，确保了 5 月 1 日"营改增"行业发票开具成功，税务登记办理成功，夺取了这次"营改增"战略攻坚战初战告捷，为全面推开"营改增"试点改革奠定了坚实的基础。

## 四、转变传统模式，提高干部综合素质，努力实现文明建设新跨越

肇州县国税局、地税局机关党委办公室加强合作，制定了《肇州县国地税党建工作深度合作管理办法》围绕税收抓党建，抓好党建促税收，联合创新开展"青年文明号"创建和党建深度合作，每月以函的形式商讨中心组学习内容。增强了党员的党性意识，在"营改增"会战、"金税三期"工作中，共产党员起到了先锋模范作用。

肇州县国税局、地税局监察室制定《肇州县国地税纪检监察合作办法》，创新开展联合执法监察和联合开展明察暗访两个国地税合作创新合作项目。到目前为止，已联合开展廉政回访 24 户次，开展漏征漏管户清理 1 次，召开了 1 次国地税纪检监察工作经验交流会，切实发挥了纪律正面引导和惩戒警示作用，共同打造"守纪律、讲规矩"的为国聚财队伍。

2015 年开始，肇州县国税局积极组织所有干部利用每周五业务学习时间，学习了解地税业务，每月国地税互派业务熟练的同志进行业务指导，每季开展国地税业务知识竞赛，还建立了国地税"微信"群，联合政府有关部门，在"业务沙龙"上推出"你讲课、我鼓掌"，"你精彩、我认同"活动。经过不断的学习，广大干部感到自我价值得到了提高和认同，业务水平不断进步。

通过开展联合执法、落实"营改增"、小微企业政策、开展跨区域税收协作、互派干部交流学习等工作，培养了一批精通税收业务又熟练掌握专业知识和技能的复合型人才。打造一支以"四讲四有"党员带头的文明廉洁的能打硬仗的税收队伍。

一年来肇州国税局与县地税局按照省、市局工作部署，横向联动、纵向互动、层层促动，双方以踏石留印、抓铁有痕的作风整合了行政资源、加强了服务联合、拓展了服务领域。经过一年的实践，我们认为国地税合作，意识理念是前提，主动沟通是责任，政府支持是条件，业务能力是保障，这四个方面缺一不可。意识理念通过学习和领会可以获取，责任意识必须通过制度和管理才能明确，任何工作条件必须经过争取和沟通，职业能力必须经过

学习和培养以及机制才能提高。

一是有利于进一步提高国、地税税收征管质量。对于地税部门而言，"营改增"后，地税发票取消，以前行之有效的、在地税税收管理中占有重要地位的"以票控税"措施将无法继续实行，虽然城建税、教育费附加由国税局直接代征，但其他税种如企业所得税、土地增值税、印花税等只能依靠企业自觉申报或地税部门事后追缴，势必给地税部门的税收管理增加难度。国地税合作，建立联合办税服务厅后，通过共设发票窗口，国税代开发票时，将地税征收相关税款作为开具增值税发票的前置程序，减轻了地税部门税款及附加的征收难度。对于国税部门而言，对"营改增"相关行业，特别是"两业"税收管理业务相对而言还属于新事物，建立联合办税服务厅后，国地税征收部门共同办理业务，极大地便利了国地税工作人员的业务交流。同时，通过定期交换征管信息，开展日常税收征管和税务稽查等合作，有效提高了税收管理水平，堵塞了管理漏洞。

二是有利于减轻办税负担，优化纳税服务。开展合作后，通过建立联合办税服务厅等多方面合作，能够统一纳税服务规范，整合纳税服务资源，加强纳税服务工作衔接，拓展纳税服务领域，进一步提高纳税服务水平，切实减轻纳税人办税负担，最大限度地便利纳税人。能够有效地解决纳税人"两头跑"的问题，真正实现"进一家门、办两家事"，"到一扇窗，办所有事"的工作目标。

三是有利于提高国地税工作效率。建立联合办税服务厅，国地税双方同在一个场所办公，同时办理国地税业务，实现"一窗双岗"，在节约纳税人往返国地税时间的同时，也提高了税务部门的工作效率。另外，建立联合办税服务厅对于提高税法的严肃性、增强纳税人自主纳税意识、提升纳税人纳税遵从度也具有重要意义。

四是有利于改善税收环境，提升了部门形象。建立合作示范区、合作办税以后，实现国税、地税一个窗口对外、一套标准服务、一个口径执法，将纳税服务水平提升到一个新的高度，进而改善税收环境，提升税务部门形象。

尽管我们在深化国地税合作，建设合作示范区工作上做了一些探索，取得了一些成绩，但是，距离要求还有很大的差距。下一步工作中，我们将继续认真落实《深化国税、地税征管体制改革方案》和《国家税务局地方税务局合作工作规范（2.0版）》精神，进一步拓展、创新合作办税领域，推动合作向纵深开展，努力提升肇州县国地税合作的深度和广度，为深化国地税征管体制改革和合作探索更多的经验。

# 税制改革20多年在基层的实践

浙江省温岭市国家税务局

我国现行的税制体系是在 1994 年税制改革时基本确立的,至今已经实施满 20 多年了。税制改革虽然只是我国经济体制改革中的一个重要组成部分,但我国的税制改革在整个经济体制改革中处于重要环节,并往往成为整个经济体制改革的突破口。在我国全面深化改革和新一轮税制改革已经来临的背景下,我们有必要对税制改革 20 年来在基层的实践进行总结、回顾和思考。

## 一、税制改革 20 多年对温岭财政和国税收入的影响

20 多年来,我国的税制几经改革与发展,但税收制度作为整个经济制度的重要组成部分,每次改革都是为了更好地适应经济体制和经济制度的发展。同时,税收作为国家进行宏观调控的一个重要杠杆,每次改革都是为了更好地发挥税收组织收入和调节经济的职能作用。

### (一) 地方财政收入的"两个比重"总体增长

1994 年的税制改革与分税制改革不仅是同步进行,也是相互交织在一起的。作为分税制改革的主要目标,20 年来财政收入的"两个比重"在不断提高。其中,全国财政收入占 GDP 的比重从 1993 年的 12.6% 上升到 2013 年的 22.7%,中央财政收入占全国财政收入的比重从 1993 年的 22% 上升到 2013 年的 46.6%。浙江省从 1992 年起试行分税制改革,温岭市 1991 年上交基数为 1943.6 万元,占全市财政收入的比重为 14.11%,至 2013 年该比重已提高至 44.21%,财政收入占 GDP 比重 1993 年的 5.03% 上升到 2013 年的 10.5%,"两个比重"总体增长同样非常明显。

### (二) 国税收入增幅低于财政收入增幅,高于 GDP 增幅

通过对相关经济和税收统计数据的分析来看,税制改革 20 年来,国税收入从 1994 年的 23745 万元上升到 2013 年的 412969 万元,增长了 16.39 倍,而同期的地方财政总收入增长了 25.90 倍,地方 GDP 增长了 10.37 倍。从平均增幅来看,温岭市国税收入以年均增长 18.42% 的速度实现较快增长,高于当地 GDP 年均 16.03% 的增幅,低于地方财政收入年均 20.57% 的增幅。但从不同的经济发展阶段来看,1994 年~2001 年期间,国税收入增幅尽管与地方

GDP 增幅的总体走势基本保持一致，但偏离值较大，在一定程度上也反映出该段时期的税制改革政策对国税收入的影响，要大于经济对税收的影响程度。2002 年后，国税收入增幅基本与 GDP 增幅保持较一致的走势，波动幅度不大，在一定程度上也反映出该段时期税制改革对国税收入的影响要低于经济的影响，税收增长基本遵循经济增长原则。

## 二、税制改革 20 多年对温岭经济发展的影响

税制改革在直接影响财政和税收收入的同时，也对地方经济的发展产生了一定的影响。本文主要选取税制改革对温岭的产业结构和外贸经济两个方面进行分析。

### （一）对产业结构的影响分析

税收政策作为我国重要的宏观经济调控手段，税制改革的一个重要目标是更好地调整经济，促进经济产业结构的优化。但从 20 年来的重大税制改革与温岭产业结构比重的分析来看，税制改革与产业结构间存在非对称的互动关系。税制改革 20 年来，尤其是实行分税制改革以来，由于第三产业所产生的营业税全部组成地方预算收入，地方政府对第三产业的发展支持力度较大，第三产业的比重也基本呈现逐渐数年上升的趋势。从第一产业的比重变化分析，温岭的第一产业总体呈现明显的下降趋势，尽管 2008 年后比重开始逐步上升，但增幅平缓。2005 年温岭已全面取消农业税，第一产业也享受了免税政策，但税收政策对提升第一产业结构比重难以统计，至少从表中不能得出促进的结论。从第二产业尤其是工业的比重变化情况来看，20 年来总体上升，但以 2006 年为界点，呈现"前升后降"的趋势。从理论上将，2009 年的增值税转型改革应该对工业企业产生较大的促进作用，但从产业比重表中却难以得出结论。也可以说，税制改革对产业结构调整的冲击效应影响较弱且统计不显著。

### （二）对外贸经济的影响分析

税收政策中的出口退税政策是比较典型的定向经济调控手段，主要目的就是为了促进外贸出口。1994 年税制改革以来，中国出口退税政策历经多次大幅调整，对温岭的外贸经济发展带来了较大的影响。通过对相关年份的出口总量与出口退税关系分析，从总体来看，温岭市的外贸出口额与出口退税均实现高速增长。温岭的出口退税增幅受退税政策影响，相关政策调整年份的退税增幅波动较大。2004 年我国推行出口退税机制改革，实行退税由中央和地方分担的制度，并将以前所欠退税一次性退付给企业，造成 03 年和 04

年退税增长异常迅速，严重偏离出口额的增幅。2009 年，受全球金融危机影响，温岭的外贸出口同比首次出现下降，但是受 08 年下半年开始的出口退税政策的密集调整，尤其是温岭市的鞋类和机电产品等两大主导出口商品退税率的上调，该市当年的出口退税实现正增长。

## 三、税制改革 20 多年来需引起重视的几个现象

税制改革 20 年对温岭的经济、财政和税收收入都产生了积极的深远影响，但也出现了一些不良的现象，尽管这些不良现象与税制改革的关联性目前尚存在争议，但我们也有必要对这些现象引起重视。

### （一）地方财政收支失衡情况加剧

财税理论界经常诟病税制改革 20 年来，地方政府财力与事责的失衡，以及财权与事权的不匹配问题越来越严重，并认为这种失衡是引发地方政府过度举债、土地财政等问题的主要原因。从 2010 年数据看，中央集中的收入占 52%，中央的支出只占 18%；地方的支出占到 82%，地方本级收入占 48%。通过对温岭 20 年来预算内财政收入与预算内财政支出的数据分析，可以清晰地发现除 2001 年财政支出小于收入外，其他年份全部为支出大于收入，并且这种缺口呈不断扩大趋势。

### （二）国税收入结构仍需进一步完善

税制改革 20 年来，温岭国税的收入结构发生了较为明显的变化，主要表现为流转税（增值税和消费税）比重的下降，以及所得税（内外资企业所得税和利息个人所得税）比重的上升。温岭国税收入中流转税比例从 1997 年的 91.94% 下降到 2012 年的 75.39%，所得税比例从 1997 年的 2.99 上升到 2012 年的 18.03%，国税收入结构调整明显，但是流转税仍然占较大比重。

**作者简介：**

金国庆，现任浙江省温岭市国家税务局党组书记、局长。

# 强化措施 加强管理
# 全面提升税收管理效能

安徽省界首市国家税务局

## 一、1~5 月国税收入完成情况

共组织国税收入 5.14 亿元，同比增收 0.88 亿元，增长 21%，累计收入占年度计划的 35.4%，低于序时进度近 7 个百分点。资源综合利用行业累计退税 1.96 亿元，较去年同期多退 3452 万元；出口退税累计退税 3567 万元，同期相比少退 7 万元。

四大税种全部增收，其中：增值税 38466 万元，增收 7605 万元，增长 25%；消费税 5175 万元，增收 4894 万元，增长 174.2%；企业所得税 4826 万元，增收 564 万元，增长 13%；车辆购置税 2951 万元，增收 54 万元，增长 2%。

积极采取征管措施，主要有：认真查找税收征管的风险事项和薄弱环节，加强各税种管理，有针对性地研究制定堵漏增收措施，严控新欠发生，大力清理陈欠；开展"基础检查、制度建设"专项活动，全面提升基础管理水平；深入开展"便民办税春风行动"，方便纳税人办税，促进依法诚信纳税；切实加强部分审批事项取消后的后续管理，进一步提升涉税风险应对工作质效；贯彻落实深化国税、地税征管体制改革方案，进一步密切国税、地税协作；充分发挥税务稽查的打击和震慑作用，联合公安、地税等部门开展打击虚开发票、出口骗税等违法犯罪行为专项活动，营造良好税收秩序。

## 二、主要经济税源情况分析

重点税源入库 3.72 亿元，较上年同期增加 7083 万元，增长 24%。增长最大的企业是安徽华铂再生资源科技有限公司，增长 289%；下降最明显的是安徽省华鑫铅业集团有限公司，下降 34%。

累计增额、增幅最大的是电气机械和器材制造业，主要是铅蓄电池开征消费税；电力、热力生产和供应业主要涉及电力公司，由省公司对增值税分割就地入库，较去年同期累计增收；橡胶和塑料制品业增收，体现在光武园区，政府鼓励企业整合做大成立集团公司。从今年税收形势发展趋势来看，行业增收数额最大的主要体现在以上四个行业。

累计下降幅度最大的行业是房地产业，降幅66%，累计下降税款最大的行业是化学纤维制造业，安徽东锦资源再生科技有限公司一家企业，主要原因是今年退还上年度两月税款近900万元。

## 三、当前工作中遇到的困难和建议

### （一）主体税源经营不稳定

再生铅两家企业华鑫、华铂2015年度入库增值税53028.3亿元，今年1~5月份累计入库税款15727.37亿元，主要原因：一是抵减上一年度未抵扣税款；二是华鑫实际产量下降，生产经营困难。

建议：

1. 继续每月对退税资金部分进行贴息；

2. 再向财政部递交退税政策的调整申请；

3. 对上半年地方奖补政策进行兑现；

4. 采取与太和一样的奖补政策。

### （二）"营改增"减负政策带来的影响

本次全面推开营改增试点工作，我局从地税部门交接纳税人信息共计3022户次，经过实地核查，确认正常经营户2629户，其中企业557户（含一般纳税人51户）、个体工商户2072户。

全面推开营改增后，各行业税收负担均有一定下降，其中生活服务业税负显著下降，房地产业、建筑业和金融业经营规范、核算健全的纳税人下降幅度较大，其他行业带动的减税效应比较明显。

根据2015年度营业税整体收入2.02亿测算，按20%增长率计算收入计划，2016年需完成营改增行业税收收入2.42亿元。据统计，1至5月份，地税部门已入库营业税收入约1.56亿元，剩余8600余万元部分，考虑到政策性减收5800万元，预计6至12月份能够实现的营改增行业收入仅为约3000万元，平均分配至本年度剩余月份，月均收入预测430万元左右。

急待关注的几类税源：

1. 外来施工单位：

按照当前营改增政策规定，跨市（县、区）提供建筑服务，需在建筑服务发生地主管税务机关预缴税款，在机构所在地主管税务机关申报，同时，建筑服务企业除不符合自行开票条件的小规模纳税人（即未达起征点小规模纳税人）以外，均需在机构所在地主管税务机关领取发票自行开具，且如果纳税人未按规定预缴税款，处理处罚权限也属于机构所在地主管税务机关。

按以上政策，异地建筑单位在我市提供建筑服务，因不再需要通过税务机关代开发票，其预缴税款积极性、自觉性将大打折扣，同时出于地方财政收入考虑，机构所在地主管税务机关是否严格执行政策督察建筑单位按规定预缴税款也存在一定未知因素。因此对于异地建筑单位在我市的经营行为值得重点关注。

针对以上情况，建议通过以下措施予以重点关注：

一是税务机关加强异地经营企业的监督管理，按照报验登记信息和合同信息及时督察纳税人按时预缴税款；

二是政府各相关部门应予以全力支持，及时交流传递异地建筑单位施工和款项结算信息，协助税务机关共同做好异地建筑单位管理；

三是对于需要通过财政拨付款项的建设项目，可要求建筑单位在我市预缴税款的完税凭证作为审核资料之一；

四是对于不需通过财政拨付款项的建设项目，可将工程预缴税款情况与相关奖励、扶持政策挂钩，由工程发包方协助督促建筑单位按规定预缴税款。

2. 小型建筑项目

对于一些小规模纳税人或其他个人承接的小型建设项目，特别是一些不需要发票的建设项目，当前税务监控存在一定的盲区。建议各乡镇、办事处及各相关单位，及时与税务机关交流、传递相关信息，协助税务机关依法征收税款，减少税收流失。

3. 异地转让、租赁不动产业务

根据当前政策规定，纳税人异地转让、出租不动产业务其预缴税款和申报形式与跨市（县、区）提供建筑服务基本类似，但转让不动产需在地税部门预缴税款（地税代征）。此类情况不需报验登记，更具有隐蔽性，更加难以掌握相关信息。

对于此类行为的管理建议与第（一）项建议部分基本一致。另外，需各乡镇、办事处和市直各单位以及园区管委会及时关注管理范围是否存在此类行为，及时交流传递相关信息，协助税务机关征收税款。

（三）下一步挖潜征收的几点建议

1. 加快建立综合治税机制和平台建设步伐；

2. 召开加强建筑业跨县（市、区）提供建筑服务税收管理推进会；

3. 由政府牵头，以各乡镇、街道办事处为主，全面开展税源清理工作。

# 国地合作　窗口整合先行

福建省闽清县国家税务局　吴忠东　刘会灿

10 月 13 日，中央全面深化改革领导小组十七次会议通过了《深化国税、地税征管体制改革方案》，改革方案显示，国、地税仍将维持现状，维持现有两套体系，发挥各自优势，但要着力解决职责交叉和职责不清的问题，特别指出要加强合作。

国家税务总局局长王军随后召开总局党组扩大会议指出，充分认识到深化国税、地税征管体制改革，是在坚持国税、地税机构分设的基础上，对现行体制加以改善完善，特别是加强合作为纳税人提供更多便利。

本文着重从国地服务窗口整合一起共同办公作为为突破口和支撑点来推进落实国地税合作的现实意义与主要措施，反映了社会对国地合作方向上的期盼焦点，体现便利措施出"实招"，合作服务跨"实步"。

某建筑服务企业办税人员跟我聊天道，国地税窗口如果能在一起就好了，我就不要跑四个地方了。

我问道，为什么要跑四个地方呢，他说，机构所在地增值税在国税窗口，企业所得税地税窗口；项目发生地预缴在国税窗口，附加税种和企业所得税 0.2% 预缴在项目地地税窗口。

在纳税人眼中，国地合作成效如何他们就最直观的感觉就是"国地税服务窗口办公在一同个地方"。当前国地服务窗口在物理上的距离，给社会和大众的感觉国地合作还在路上，无合作后的便利获得感。

2015 年 10 月，中央全面深化改革领导小组十七次会议通过了《深化国税、地税征管体制改革方案》（以下简称方案），提出了深化国税、地税征管体制改革六方面 31 类改革事项，为深化国税、地税征管体制改革指明了前进方向，方案明确提出要加强国地合作。国家税务总局关于深入学习贯彻落实《深化国税、地税征管体制改革方案》的意见（以下简称意见）对国地合作进行更加细化。

作为一名税务人，我坚持认为国地合作，合作事项与内容固然很多，但窗口整合成一厅或整合成一处办公应当先行。窗口整合一处，纳税人进一家门就办两家事，突出了纳税人需求，也是对《方案》和《意见》的呼应。

1994 年国地分家以来，出于行政办公惯性需要，双方为改善办公条件，各自建设了办公大楼，各自按自己职责范围设置了征管软件和对外服务窗口，当时并不感觉有什么不对，但这次中央《方案》和总局的《意见》提出了合作要求，原来办公场所特别是服务窗口物理上的分割就不适应了合作的要求，双方对外服务窗口的整合提到了议事意识日程。

国地合作，窗口整合先行是纳税人的期盼，能给纳税人带来最直接的办税成本降低直觉感，办税最直接的便利感，国地合作实招可触摸感。

《方案》提出要坚持问题导向，从推行税收规范化建设、推进办税便利化改革、建立服务合作常态化机制，特别指出要通过一系列改革举措，有利于为纳税人提供更加优质高效的服务，不断减轻纳税人办税负担，切实维护纳税人合法权益，让纳税人办税更舒心、更贴心、更省心、更顺心，让纳税人和人民群众有更多的国地合作实惠上的获得感。

国地税服务窗口合作成为了一种服务升级问题导向，在很大程度上适应《方案》这一要求，更是国地合作重要事项内容。

国地合作，窗口整合先行在当前可行性也强，可依托地方行政服务中心提供一个完整大厅供国地税服务窗口使用，纳税人一到大厅就可同时办两家事。

从福州地区了解，各县区基本都有一个政府方面的行政服务中心，如果国地税同时入驻，可以申请同驻一层办公。

一纳税人对我说，如果国地窗口能整合一起办公，他每月每次办税之路就会少跑很多，办税时间就会减少，他说每个月涉及国地税服务窗口都要跑几趟，从一个窗口赶到另一窗口，总觉得在重复，在路上，特别在城区路上又堵，办事又赶，窗口又等，总感觉便利程序不够高。他期盼国地窗口有朝一日快点合作一起合署上班，他就不要同为一个"税"字两头跑了。

据某材料报道：湖南省永州双牌县国税局与地税局启动国地税融合办税服务模式，通过互设办税窗口，实现纳税人"进一个厅、到一个窗、办两家事"。双方在办税服务厅互设办税窗口，纳税人办理两家业务不再受地点限制，且能一次性报送涉税资料实现双方共享，实现国地税服务一个标准，征管一个流程，执法一把尺子，让纳税人享有更快捷、更经济、更规范的服务，实现了服务效能 1＋1 ＞ 2。双方还在办税服务厅设立咨询台，实行局领导坐班工作制。

应该说湖南双牌县国地税融合办税服务模式从报道来看是非常成功，这种模式可以复制，可以推广可以提升。

　　从福州地区来讲双方共同进驻行政大厅应该是最理想的模式，也会得到县级党委和政府的支持。

　　前几年各县行政服务中心刚建成投入使用，当地党委和政府就鼓励国地税服务窗口共同入驻，但当时国地双方有的认为自己服务窗口如果搬离自己机关办公大楼入驻服务中心不利于管理出发，或以现成在机关的服务窗口刚完成硬件条件升级，办公条件还超过行政服务中心等其他理由，没有共同入驻行政服务大厅，错过一次极佳的办税服务工作合作机会。

　　国地合作，窗口整合先行，国家税务总局或总局应通过国务院名义发文专门对国地合作关于窗口整合办公专项工作提出具体的方案、做法、措施和时间表、路线图，只有通过党中央和国务院政府领导重视，通过地方党政推动，国地服务窗口的合作就会获得无尽动力，就会克服困难和各种障碍。

# 建机制　抓管理
# 全力推动国税事业科学健康发展

江西省万安县国家税务局　汤晨曦　黄家栋

自 2011 年"六五"普法工作开展以来，万安县国税局在县委、县政府和县普法办公室的领导下，按照县"六五"普法规划和年度法制宣传教育计划，紧紧围绕税收中心工作，坚持内外联动、普治并举的方针，扎实开展普法工作，深化法治地税建设，形成了普法与依法治税良性互动的局面，税收执法行为进一步规范，依法治税水平进一步提高，有力推动国税事业科学健康发展。

## 一、主要做法

### （一）抓领导，建机制，坚持普法工作制度化

我们从加强领导入手，通过健全机制，苦练内功，使税法普及工作得到广泛深入的开展，重点抓了"三个机制"。一是建立健全组织领导机制。成立了由"一把手"任组长、其他班子成员任副组长、各分局（科、股、室）负责人为成员的"六五"普法领导小组，并设立了普法办公室，抽调业务骨干具体负责普法工作计划、组织、协调和实施，印发了《万安县国税局"六五"普法规划》，切实可行的普法方案和相应配套的规章制度，有效地保障了全系统普法工作的深入开展。二是建立健全学法用法机制。坚持《党组理论中心组集体学习制度》，牢固树立研究问题先学法，工作决策遵循法，解决问题依据法，言论行为符合法的理念。建立法律顾问制度，与县司法部门联系，聘请了法律顾问，重大事项决策前，先征求法律顾问的意见，每年由法律顾问为全体国税干部上两堂法律专题知识讲座。鼓励国税干部积极参加国家司法考试，鼓励国税干部积极学法、遵法、守法、用法，在全系统建立了学法用法的长效机制。近年来，县局在完成全县干部学法考试的基础上，先后进行了《税收征管法》、"六五"普法教材读本、全县税收执法资格、行政许可法等内容的考试，及格率均达到 100%，优秀率达到 95% 以上。三是建立健全工作考核机制。将普法工作纳入了目标管理考核和绩效管理考核，建立了以

法制宣传等工作为考核内容的目标管理考核及绩效管理考核体系。通过对各分局（科、股、室）组织建设、普法活动、宣传效果等进行统计和评定，量化为具体的分值，与中心工作成绩挂钩，充分调动了全系统干部职工参与普法工作的积极性和主动性。

### （二）抓重点，分层次，坚持普法对象多元化

针对不同对象，确定不同内容，坚持"三个面向"，大力开展税收普法工作。一是主动向领导宣传。把做好面向党政领导的税法宣传作为"六五"普法的重点，每年都通过举办税收知识专题讲座、税收工作报告会、呈送赠阅《中国税务报》和《中国税务》杂志等形式，不断加大对各级党政领导的宣传力度，为领导决策提供有力依据，取得对税收工作的理解和支持。二是及时向纳税人宣传。通过多形式、多渠道、全方位大力开展送税法进企业活动，及时将各项法律法规传递给纳税人。及时利用网络、QQ、微信、公益广告、电视台及手机短信向纳税人推送税收政策，利用纳税人学校向纳税宣传讲解税收政策。三是全面向社会宣传。大力开展送税法进乡村、进社区、进学校、进单位活动，努力提高全民税收宣传覆盖面，扩大税收在全社会的影响。有重点、有针对性地把各项税收政策特别是小微企业税收优惠政策、提高增值税起征点、涉农税收、下岗失业人员再就业税收政策送到千家万户，逐步形成了社会各界关注税收、关心税收、支持税收、监督税收、协税护税的良好工作环境。

### （三）抓活动，造声势，坚持普法活动多样化

紧紧抓住集中宣传和日常宣传两个重要环节，开展扎实有效的活动，力争把普法活动搞活、做出声势、抓出实效，取得了良好效果。一是搞好集中宣传。每年的4月是税收宣传月，12月4日是法制宣传日。我们都围绕宣传主题，组织声势大、效果好的集中宣传活动。县局领导都走上街头，与群众面对面交流，主动解答群众提出的涉税问题，为群众答疑释惑。2011年以来，通过集中宣传活动共发放宣传资料3万份，接受群众咨询上万人次。二是组织日常宣传活动。普法宣传贵在经常，我们充分利用各种有利时机组织开展宣传活动。经常在主要景点、车站、超市、集市等人员流动量大的公共场所散发宣传材料；充分利用新兴媒体开展税收宣传，先后搭建了税企QQ群、微信公众号、微博、"掌上国税"等平台，定期向纳税人发布有关国家税收法律、法规，及时受理纳税人的涉税咨询。三是将普法渗透到执法管理全过程。在税务检查时，我们不仅注重进行检查、处理，而且还通过检查和对存在问题的纠正，让纳税人在接受检查的同时，加深了税法知识的理解，使税务执

法管理的过程同时也成为税法宣传的过程。联合地税部门开展纳税信用等级评定，倡导依法诚信纳税；狠抓反面典型案例的曝光，并注重以案件释法，让纳税人引以为戒，从而在全社会树立了依法纳税的正气。2011年以来，全系统曝光了十余起涉税案件，基本上达到了曝光一户、威慑一批、教育一片的效果。

**（四）抓规范，严监督，坚持普法工作效益化**

依法治税是强化法制宣传的出发点和归宿点。为此，我们从完善执法制约机制入手，把规范税收执法行为、努力提高依法治税水平作为国税工作的重中之重来抓。一是细化岗位执法权责，实行合理分权制约。按照"权力分解到岗，责任落实到人"的原则，将执法责任层层分解落实到岗、到人，在对每个岗位的执法目标、执法权限、执法范围、执法职责进行明确界定的基础上，进行量化、细化。建立和落实重大税务案件集体审理制度，成立重大案件审理委员会，对重大税务案件开展集体审理，大力规范税务行政处罚自由裁量权，推进税务案件查处工作程序合法、依据合法、处罚合法。二是加强执法检查，严格考核奖惩。每季末组织人员对全系统各单位执法情况进行全面检查，及时发现和纠正执法过错和管理漏洞，并要求限期整改，同时严格按考核办法规定扣分罚款。执法检查实行"底稿制"，一级对一级负责，层层落实责任。检查结果和单位评先创优、干部经济利益和提拔任用挂钩，从而促使干部职工自觉依法办事、严格依法行政。三是严格责任追究，促进制度落实到位。制定了《万安县国税系统税收执法过错责任追究办法》，对违反规定的进行责任追究，情节严重的，则依法严肃处理，决不袒护。通过严格执纪、责任追究，有效地遏制了执法不规范行为的发生，警示干部职工严格公正执法。四是强化税务稽查，营造良好税收环境。2011年以来，先后对130余户次纳税人开展税务稽查，为国家挽回经济损失2400余万元，有力地打击了各类涉税违法犯罪活动，营造了公平公正的税收发展环境。在全省集中整治和打击虚开增值税专用发票活动中，主动出击，成功查处了2起8户企业虚开增值税专用发票案，得到了国家税务总局、省国税局、省公安厅的肯定，县局稽查局因工作成绩突出，被省国税局授予集体三等功。

## 二、主要成效

随着普法和依法治税深入落实，我县国税税收征管工作已初步呈现出执法行为规范、税源监控有力、征纳关系和谐、税款征缴及时的良好势头，有力地促进了税收工作的开展。

### （一）法制意识增强，执法环境明显改善

通过坚持不懈地组织全社会性的税法宣传，积极开展税法咨询服务，各级领导进一步了解税收，更加支持国税工作，纳税人依法纳税意识有了很大提高，社会各界依法协税护税的积极性、主动性大大增强，从而使得税收执法环境有了明显改善。我局通过组织问卷调查显示，90%的人认为，开展税法宣传活动对增强公民纳税意识起到了积极作用；95%的人认为，随着税法普及度的提高，全社会税收意识增强，促进了税收的高速增长。

### （二）执法行为规范，执法水平不断提高

随着思想认识的提高和执法监督制约机制的全面运行，我局干部职工不断强化了执法责任意识，自觉地规范执法行为，严格依照法定程序办事，从而使全系统执法行为逐步趋向规范，执法水平不断提高，做到了有法必依，执法必严，违法必究，受到了领导和社会各界的一致好评。

### （三）征管质效提升，税收收入连年增长

在积极推进依法治税，规范执法行为的同时，进一步强化了税收征管，税收征管质量和效率得到进一步提升。2011年至2014年，累计征收入库各种税收收入8.91亿元。2015年，共组织税收收入33698万元，同比增收7409万元，增长28.18%，占年计划的115.01%，为万安经济社会事业发展提供了坚强的财力保障，作出了积极的贡献，也得到了万安党政主要领导的高度评价和充分肯定。

### （四）各界广泛认可，国税形象逐步提升

"六五"普法期间，县局蝉联十二届、第十三届、第十四届江西省第文明单位，连续多年被县委、县政府授予支持县域经济发展先进单位，多项工作获得市委、省局、市局和县委县政府领导的批示肯定。两个基层分局都被评为市级文明单位，枧头分局被评为全市优秀税务分局，县局办税服务厅先后被评为"四星级"、"五星级"办税服务厅、全省巾帼文明岗，多次被评为全县先进专业办事大厅。在全县形象测评活动中，我局连续多年被授予免评单位，先后有多个党支部被评为先进基层党组织。3人入选全市国税系统人才库，40余人（次）先后获得省局、市局和县委、县政府表彰。

依法治税是税收工作永恒的主题。今后，我们将继续坚持"为国聚财，为民收税"的工作宗旨，把依法解决纳税人反映强烈的涉税疑难问题作为普法工作重点，将普法工作与税收各项工作紧密结合，积极探索和创新活动方式，大力提升税收管理水平，努力做好各项税收工作，为万安经济发展和社会安定作出贡献。

# 实征管基础　提升纳税服务质量

江西省樟树市国税局　熊小宁　闫剑峰

2015 年，我局在宜春市局和樟树市委、市政府的正确领导下，坚持以十八大和十八届三中、四中全会精神为指导，认真贯彻落实省、市财税工作会议精神，主动适应税收新常态，牢牢把握税收工作主题，以组织收入为中心，以绩效管理考核为依托，将宜春市局"五化"建设要求具体要求融入到各项税收工作之中。回顾一年来的工作，取得一定的成绩，主要是抓了以下四个方面：

## 一、以"组织收入"为中心，确保总量提质量

2015 年是国税工作形势复杂、任务繁重的一年。今年，我局始终坚持组织收入原则不动摇，努力克服了经济下滑以及省局、宜春市局强化税收执法等减收因素的影响，按照应收尽收的要求，充分发挥主观能动性，全力以赴地抓好组织税收收入，实现了组织收入稳步增长。预计全年我局共组织税收收入 20.57 亿元，同比增收 1.93 亿元，增长 10.35%，完成市政府年计划的 92%，完成宜春市局年初计划的 100%。在组织收入工作中，我们重点从以下三个方面入手。

### （一）积极规划落实收入任务

为了完成今年任务，市局在充分调查研究的基础上，遵循从"经济到税收"和"积极稳妥"的原则，及时编制和下达税收年度计划和季度执行计划，制定《2015 年樟树国税组织收入目标管理考核奖惩办法》，对各税源管理单位负责人按年初计划责任到人，同时加大对税收任务完成进度的考核督导力度。

### （二）加强税源分析，强化重点税源监控

一是对年纳税 200 万元以上的重点税源企业，实行计划单列，跟踪监控，建立重点税源档案，及时掌握药、酒、盐、金属家俱等行业产供销、税款实现和缴纳税款等情况，牢牢把握组织收入的主动权。二是从政府相关部门定期采集 GDP、工业增加值、工业产品销售收入、工业用电量等指标，从 CTAIS 中定期采集税务登记、入库、欠税增减、发票使用等变化情况，充实

税收收入分析资源库，提高分析预测的科技含量。三是根据不断变化的税收收入形势和征管现状，寻找税收收入工作中的关键点，形成监控分析的"线索"，提供全方位收入信息，更好地服务决策。

### （三）把握收入进度，稳步提升总量与质量

每月对各征收单位税收收入进度完成情况、税收收入增长率情况等内容进行综合预警通报。积极掌握税收收入动态，以确保税收任务的完成。月末加强与金库的协调工作，确保税收及时足额到库。定期召开组织收入工作进度会，解决各类出现的问题。在日常征收中，切切实实地做好每一步工作，落实好每一个收入指标，以"周"为基本单位，努力做到以周保旬，以旬保月，以月保季，以季保年。

## 二、以绩效管理为基石，不断夯实征管基础

我们从年初起就把绩效管理作为今年工作的重点，坚持高标准、高效率、高质量、高水平，有力地促进了征管质量的提高。

### （一）推行和拓展税收预警线管理

我局依靠 CTS 信息来源的同时，每季到工商、质监部门收集纳税人开业、变更、注销等登记信息，掌握户头；到工信委、经贸委等有关部门搜集投资信息，掌握企业生产规模；到金融部门搜集纳税人资金往来信息，推断纳税人销售情况；从企业生产设备购进合同上了解企业的生产能力；到供电部门搜集用电信息，估算纳税人的生产情况，取得了明显效果，特别是医药、保险柜、二个行业效果保持了两位数增长。

### （二）提高征管数据质量

一是构建税收数据质量管理组织体系，优化配置人力资源，严格岗位操作流程，制订了《樟树市国家税务局 2015 年税收数据及征管质量管理考核办法》；二是继续推行"一窗式"管理，强化"一窗式"比对，有效防止税收漏洞；三是严把数据采集关，明确数据采集审核责任，规范前台操作，加强数据采集、录入和比对工作，从源头上避免了差错数据；四是加强日常监测纠错，建立税收数据定期检测制度。要求各业务部门实行按日检测，征收期内，每个工作日的上午和下午下班前必须由专人查询税收数据信息，发现问题及时督促相关岗位人员纠正，需要上报的立即按程序报告，从源头上解决因操作不规范而产生错误数据的情况发生。今年，我局税收数据和征管质量考核综合排名在宜春市局有所前移。

### （三）提高信息利用效果

着重在规范信息来源，拓宽信息渠道，健全信息共享机制，提高信息分析水平上下功夫。一是严把数据录入采集关，防止和减少垃圾数据；二是税源管理、税政、征管等部门指定专人搜集整理、分析内外信息，拓宽了信息来源渠道；三是征管、数据管理股配备专人分析信息，根据分析提出加强征管的意见建议；四是建立了信息利用考核机制，规定税源管理部门落实信息利用的责任。由于建立健全了信息管税机制，取得了初步成效。今年，我们仅从工商、技监等部门提供的开业和代码信息进行比对，就查出漏征漏管户36户。

### （四）推进征管创新

继续开展"征管特色巡回看"工程，我局结合自身实际围绕行业税收征管、中小企业税收征管、个体集贸市场税收征管、第三方信息采集与应用、税收专业化管理、本区域特色税收征管等，创新征管手段，打造具有鲜明特色的税收征管新亮点。以科学化、精细化、专业化管理为立足点，做到"人无我有，人有我优，人优我特"，树立一批特色亮点，以此带动各项工作，全面提升国税工作水平。

## 三、以改进作风为突破口，服务能力显著提升

始终坚持以作风的大转变，带动樟树国税事业的大发展。正确处理依法治税与服务地方经济、纳税人与国税干部的关系，牢固树立大局意识，法制意识，为服务发展做出了贡献。

### （一）认真落实小微企业税收优惠政策

为确保税收优惠政策全面惠及小微企业，樟树国税积极行动，推出四项管理措施。一是全方位开展提醒服务。为确保符合条件的每一户小微企业知晓国家出台的税收优惠政策，准确履行申报纳税义务，我局制作《小微企业税收优惠提醒单》，在受理纳税人申报和调查摸底中，逐户发放提醒单500余份，提醒所有符合条件的企业依法及时享受税收优惠，辅导其正确申报预缴企业所得税。二是彻底简化管理流程。继续对800余户小微企业所得税优惠实行备案管理，并对备案流程进行3项简化。三是进一步完善后续管理措施。汇算清缴过程中或结束后，对未享受减半征税的25户小微企业，及时办理退税或抵减下年度应缴税款。四是强化跟踪服务。各税源管理单位对上年度符合条件的小微企业或当年新办的小微企业，在申报期结束后，结合企业申报进行比对分析，对符合享受优惠政策条件而未享受的要逐户查明原因，及时

解决，让政策惠及所有符合条件的小型微利企业。1~12月份，累计为3000余户未达起征点的个体户免征增值税820万元；累计免征小微企业增值税、企业所得税510万元；对符合安置残疾人就业条件的1户企业办理退税120万元。

### （二）积极推进便民办税春风行

落实"一窗式"管理操作规程，实行"一窗式"受理、"一站式"办结、"一条龙"服务和"一把尺"考核的"四个一"制度。完善"一窗式"服务方案、流程及内部考核办法的制定与实施，明确涉税事宜的分类及报送程序及岗位职责和责任追究，使工作有章可循、有据可查、有条不紊。同时，通过窗口的更新整合、人员的优化配置，使征收工作更为科学、合理。实现了涉税服务从受理到退还纳税人各环节之间的跟踪问效。使各环节之间流程清晰、职责明确，有效地提高了工作效率。加大了软硬环境建设，抓好各项基础性工作，推行"文明办税八公开"、"首问责任制"、"公开承诺制"、"局领导接待管理办法"、发放优质便民联系卡，赢得了广大纳税人和社会各界人士的赞誉和好评。

### （三）创新风控措施有效防范税收风险

一是成立了税收风险控制中心。通过建立健全税收风险管理运行机制，以数据为基础、分析为核心、应对为保障，通过对税收风险信息进行收集、分析、应对逐步强化了税收风险防控能力；二是夯实了征管薄弱环节。针对农副产品收购凭证、交通运输业和出口货物税收函调等税收执法风险点，采取了一系列有针对性的防范措施，如通过加强货运企业的信息管理，特别对挂靠车辆的运输业务实施重点监控，严格审核运输合同等资料来杜绝虚假运力；通过控制新开办自开票纳税人发票领用数量和最高开票金额来防控虚开发票风险，通过设置最低税负预警线来防控农产品收购凭证企业的虚抵税款风险。

### （四）进一步落实国地税合作规范工作

一是成立樟树市国地税联合办税工作领导小组，统筹协调、指导、考核合作规范工作；二是建立国地税联席会议制度和涉税信息交换制度，共同提高信息管税水平，通过信息交换平台和信息共享机制，保障国税、地税部门及时获取第三方涉税信息；三是签订了委托代征协议，明确委托代征的范围、条件、税种和计税标准等，规范代征流程；四是联合开展税收宣传。联合组织开展"税收宣传月"、日常税收宣传和咨询辅导等活动。

## 四、以队伍建设为根本，加强学习，解放思想

在干部队伍建设中，坚持以人为本，倾情带队，把队伍建设和党的群众路线活动结合起来，切实加强干部职工思想政治工作和干部培训工作，全面落实党风廉政责任制和反腐败的各项制度，努力做好了以下工作。

### （一）切实强化领导班子建设

一是严格落实好党组中心组理论学习制度，突出抓好习近平总书记若干讲话精神、"两会精神"、社会主义荣辱观和一准则两条例"的学习教育，邀请省税校杨文兰老师授课，教育和引导班子成员树立正确的世界观、人生观、价值观。二是坚持民主集中制，凡涉及人事、经费、税收工作等重大事项由集体研究决定，做到按制度按机制决策事务，营造了良好的民主生活氛围。三是大力抓好领导班子作风建设。班子成员严格遵守关于领导班子和领导干部廉洁自律各项规定，自觉做到"八项规定"，坚持自我完善，自我提高。在工作生活中积极开展批评与自我批评，打造出一支具有高度的凝聚力和战斗力国税领导团队。

### （二）全面加强党风廉政建设

一是成立了以党组书记为组长，其他党组成员为副组长，中层正职为成员的党风廉政建设领导小组，进行了明确分工。明确了"确立一个目标、突出一个建设、坚持三项格局、深化三项监督、抓好四项工作"的党风廉政建设的总体思路，使樟树国税的党风廉政工作有组织有序，责任落实。二是把加强党风廉政纳入单位工作总体部署。制定了《2015年党风廉政教育工作安排意见》，在干部职工中深入开展"红包"问题专项整治，树立领导干部"权为民用"的意识，带头廉洁自律，以身作则。大力开展党性党风党纪教育、职工道德教育，增强了党员干部特别是领导干部廉洁自律意识和拒腐防变能力。三是严格执行领导干部廉洁自律的规定。狠刹奢侈享乐、铺张浪费歪风，解决了群众反映较多的问题。四是积极开展"两权"监督工作。把监督的重点放在了对重点人员和重点环节的监督上，对权力的运行实行了动态监督。积极开展执法监察，把执法监察的重点放在小微企业免税政策和针对注销登记、"营改增"、农副产品抵扣等行业管理，以及一般纳税人资格认定、人情选案等方面，防范了各类违规行为的发生。

## 五、2016年工作思路

虽然取得了一定的成绩，但与工作目标还有差距，如：纳税服务方式有

待进一步创新、执法风险有待进一步防范、队伍建设有待进一步强化等。2016 年，我局将立足问题，采取有效措施，积主要抓好以下几个方面的工作：

一是抓好组织收入。认真开展税源调查，加强收入预测分析，准确掌握全市税源分布和存量增减变化情况。加强重点税源和主要税种的税源监控。二是夯实征管基础。进一步加强信息管税工作和风险任务评估能力，做好税收数据与征管质量考核工作，切实提高税收征管质量和效率。三是坚持依法行政。把依法行政作为税收工作的基本准则，严格按照法定权限和程序使用权利，积极落实优惠政策，助推地方经济发展。四是提高纳税服务质量。继续全面落实总局《纳税服务规范》，以纳税人的合理需求为导向，对 58 项涉税事项的办理时限进行进一步的细化，倒逼服务质量的提升。五是细化绩效管理考核。坚持奖罚分明、激励先进、促进工作的原则，细化绩效考核管理办法，促进各项工作的落实和推进工作创新。六是未雨绸缪为"营改增"扩围做准备。未来房地产、建筑安装业、普通服务业等行业将逐步实行"营改增"，提高干部相关业务水平，充实完善户籍征管信息资料，统计各行业和各税目的营业税纳税人，为下一步扩大营改增试点做好准备。七是加强党风廉政建设。以思想教育为主，强化明察暗访力度，力求进一步转变作风。八是加强队伍建设。坚持以人为本，把队伍建设和党的群众路线活动的成果结合起来，切实加强干部思想政治工作和干部培训工作。

# 香聚金溪 香溢税海

江西省金溪县国家税务局 朱俊宁 吴小萍 黄炜烽

金溪地处风光宜人的江西东部、九曲蜿蜒的抚河之滨,全县国土面积1358平方公里,人口30万。香料业是金溪的特色产业,樟科天然香料占全球产量的80%以上。20多年前,金溪只有1户小作坊式香料企业,经过20年发展,全县香料企业发展到37户,年主营收入由200万元发展至11亿元,年纳税由3万元增加至3800万余元。现已形成产业聚集效应,释放出强大产业功能,成为重要财政税收支柱,社会效益明显,解决千余人就业。主打产品天然芳樟醇、天然樟脑粉已取得全球定价权,大部产品出口到东南亚、欧美市场。金溪获得"华厦香都"的美誉,成为江西省"产业集群示范"县,成立了国家林业局樟树工程技术研究中心,是全国唯一樟树科研中心,而且拥有全国唯一的香精香料产业园,并成功举办了第四届香精香料行业大会。

金溪香料产业蓬勃的发展,既得益于金溪人勤劳智慧、诚实守信,更得益于政府及各部门大力支持,加上金溪国税人解放思想、创新管理,突破传统、突破壁垒,以"衣带渐宽终不悔"的坚强意志,精心哺育呵护,为今日的"香聚金溪"立下汗马功劳。

在金溪香料产业刚兴起之初,企业购进香料产品原料为粗油,有的在原料产地收购植物,在当地进行委托加工粗油,而在当时,税法上将粗油归属农产品难度大,金溪县国税局创新思路,勇于作为,敢于担当,同意企业用农产品收购发票开具植物根、茎、叶依照13%计提进项税额,同时作为成本核算合法凭证。但这项措施运行多年来,农产品收购发票多开多抵一直未得到有效遏制,税负长期偏低,一直徘徊在0.2~2.5%之间,企业账面购进与事实不符,税收风险高,业主有思想顾虑,长期处于不安状态,不敢大胆追加投入扩大规模,行业产能未得到充分释放。国税部门冒着风险推动产业发展,挥之不去的税收风险长期困扰着市、县两局,管理部门更是提心吊胆,税管员不愿管不敢管,评查部门不愿查不想查,为了摆脱长期困扰的税收风险,市、县两局领导以"不畏浮云遮望眼"的宽广视野,审时度势、果敢决策,争取到省局同意率全省之先自2012年6月1日起在金溪天然香料行业推行农产品核定扣除试点,将杂樟粗油、芳樟粗油、香叶粗油、山苍籽粗油、杉木粗油、茴油粗油、松脂共 7 个油品纳入核定扣除试点，作为农产品项目管理，收购发票直接填写粗油。在产品销售环节，按单耗率确定耗用粗油数量、金额，依照 17% 计提进项税额。相比试点改前，税负下降 1.79%，政策优惠力度前所未有。

试点后，企业账面恢复真实购进，核定扣除基本达到据实扣税目的，在数量方面多开多抵得到有效控管，规避税收风险，税企双方都信心满满，业主大量追加投入，充分博弈市场。有两个企业已组建研发团队，开发新产品延长产业链，对初级产品和脚油深加工提炼，α 紫罗酮、β 紫罗酮、+ 异松油烯、松油烯—4—醇等多个新产品已问世，附加值高，市场需要求旺盛，为天然香料行业指明发展方向，为产业发展奠定坚实基础。

在核定扣除促进下，天然香料得到高位推动，企业加大科技投入，附加值得到扩展，行业税负并未因进项抵扣率提高而下降，反而处于上升状态，由试前点 2.5% 提高到 3% 以上，税收贡献稳中有增，形势喜人。在实体经济下行几年中，香料行业市场低迷，价格下滑成本上升，外部需求萎缩，但是行业总体仍呈上升态势。

2013 年至 2015 年 1~8 月，37 户香料化工企业实现主营收入分别 9.98 亿元、11.1 亿元、6.2 亿元，创税（含企业所得税）分别为 3204 万、3795 万元、2196 万元。其中：天然香料主营收入分别为 4.37 亿元、5.02 亿元、2.21 亿元，创税（含企业所得税）分别为 1280 万元，1500 万元、636 万元。其中自营出口分别为 7671 万元、9313 万元 4257 万元，占总收入比重分别为 18%、19%、19%。这主要得益于增值税进项税额核定扣除政策及时跟进，为香料企业发展保驾护航，并且对客商有吸引力，江苏昆山多家香料企业到金溪考察，投资意向良好，并且已有 2 家企业已落户筹建。

成绩的取得固然喜人，但金溪国税人保持着清醒的头脑，找出香料行业发展中还存在着以下的问题。

一是桉叶油和桉叶素品市场需求量大，目前还没有合成产品替代天然蓝桉粗油，金溪香料主要竞争对手云南的税负率约为 2%，金溪为 3%，竞争优势较弱。

二是金溪没有香料出口检测中心，检测要到南昌，这使得产品出口增加了时间和成本。

三是缺乏香料下游深加工企业，产业链条得不到延展，同类企业过多造成原料和产品无序竞争，不利产业发展。

四是企业自营出口比重明显偏低，绝大部分产品是通过外贸公司出口到国外，盈利空间受限。

五是云南成立了滇东香料产业园，原料等要素竞争将异常激烈，金溪香料产业将面临严峻挑战。

面对着一系列问题，金溪国税人主动作为、主动加压，积极采取措施帮助企业解决困境。

一是明确粗油为农产品项目，允许企业使用农产品收购发票购进粗油，并作为企业所得税税前扣除合法凭证，从根本上解决企业购进粗油取票难问题。

二是积极争取上级支持。天然香料行业推行农产品进项税额核定扣除试点已3年多，成效显著，同时也积累了管理经验并逐步趋于成熟，争取试点改为试行；向市局建议对香料企业退税指标予以倾斜，确保足额及时退库，加速资金流动，提高资金效率，并将未纳入税核定扣除的产品纳入核定扣除范畴，为企业发展提供更广阔空间。

"长风破浪会有时，直挂云帆济沧海"，在省、市、县三级多部门的帮助和关心下，在金溪国税人主动作为和企业的自身努力下，"醇香聚满金溪，瑞香溢满税海"，金溪香料产业的明天会盛开更绚丽的花朵。

# "转作风　强服务"打造一流便民办税环境

山东省寿光市国家税务局　国　剑

　　自开展便民办税春风行动以来，寿光市国税局全面落实纳税服务规范，坚持以发挥税收职能作用服务地方经济发展大局为目标，简化审批程序、优化办税流程、改善办税环境，通过转作风强服务，纳税人满意度和税法遵从度显著提升，办税服务厅成为全省首家被全国总工会授予"全国服务明星班组"荣誉称号的国税机构。

## 一、丰富服务内涵，明确转什么

　　积极构建"窗口办税、网上办税、自助办税"三位一体多元化办税体系，为纳税人提供多途径办税渠道，减轻办税负担。一是规范窗口办税。严格落实国地税合作规范，成立了 45 个国地税联合办税窗口，实行"一窗通办"，按照"一窗受理、内部流转、一窗出件"的思路，使税务登记、申报征收、咨询服务、发票发售、代开发票、受理申请等 6 大类 46 项涉税事项全部在办税服务厅的同一个服务窗口办理，提高了办税效率。二是完善网上办税。在实现网上申报、网上认证、网上抄税等事项的基础上，依托自主研发的发票自动验旧系统，开展了发票配送业务，该系统能对纳税人的发票结存情况、验旧情况进行快速、精准的统计，可按照三个月的统计数据，生成纳税人发票使用量的预估数据，然后据此直接为纳税人进行发票邮寄配送。同时，严格发票管理，做到了定时、定点、定人、定量，已为 125 户信誉等级较高的纳税人办理了送票上门业务。三是倡导自助办税。全面配置了自助办税终端系统、触摸屏查询系统、身份证识别复印系统等服务设施，发票领购、IC 卡抄报税、纳税申报、发票认证、涉税事项查询服务等五类业务实现了 24 小时不间断服务。

## 二、完善服务功能，明确怎么转

　　按照"始于纳税人需求，基于纳税人满意，终于纳税人遵从"的总体要求，进一步完善服务方式，构建起人性化服务格局。一是整合办税流程。全面落实首问责任制度，进一步简化增值税发票领用、专用发票审批等 4 项手续，取消 10 个进户执法项目，规范进户执法行为。设立了税务登记组，集中处理税务登记、"三证合一"问题，集中与地税、市场监管部门交换资料和信息。推行实名叫号制，制定了信息反馈办法，要求柜台人员将不能及时办结的业务填写反馈单，明确原因，帮助纳税人解决实际问题，切实减少了纳税人的办税负担。二是提供个性服务。设立大客户自助服务室。配备专业人员，对全市重点税源纳税 A 级信用企业和办税业务大户提供一对一服务，满足业务量大客户的特殊需求。成立联合维权中心。与地税局协商成立纳税人维权中心，多渠道多形式引导纳税人自觉参与维权活动，监督工作人员的执法和服务行为。开设绿色办税通道。以急事急办、特事特办、减少环节、提高效率为原则，为弱势群体设立专门纳税服务通道，提供"随时申报，随时审核、业务代办、延时办税"等无障碍式服务。推行普通发票集中开具。按照"以票控税"原则，推出普通发票集中开具便税措施，为有开票需求的临商和部分小规模纳税人无偿代开发票。目前，已与 9 个专业市场签订了协议，在为纳税人提供方便的同时，又规范了专业市场的经营秩序。完善纳税人学校建设，依托办税实名制办法，探索建立了企业财务人员办税能力评价系统，针对企业办税人员的不同需求开展分类培训，提高了培训的针对性和实效性，累计举办税收政策辅导班 10 余期，培训财务人员 1100 多人次。三是建立微信服务平台。按照"互联网 + 税务"的总体要求，依托寿光国税微信平台建立"预约服务"功能，使纳税人足不出户就可以通过手机实现办税预约，目前该平台的关注人数已有 1000 余人，使用"微信预约"功能 3000 人次。完善"二维码"一次性告知服务，通过微信公众平台向纳税人推送"二维码"，纳税人扫描相应业务的二维码即可获知办理该项业务的资料准备、基本流程等信息。同时，为确保税收票证和发票的供应，建立了大企业发票微信群和办税服务厅票证群，推行计划、集中领用，保障了纳税人票证和发票的及时供应。

## 三、规范服务制度，明确靠什么转

一是完善服务工作机制。相继制定出台了《办税服务厅税收业务处理流程》、《办税服务厅外部业务衔接处理流程》、《关于进一步推进标准化办税服务厅建设的意见》、《关于在办税服务厅推行"领班制度"的意见》四个专项制度，强化内部管理，保证纳税服务规范化运作。二是完善人才培养机制。通过开展"最佳办税服务厅"、"优秀服务项目"和"十佳服务明星"等评选活动，广泛开展岗位练兵活动，实行每周一总结、每月一培训、每季一归档，调动服务人员讲学习、比素质的积极性和主动性，使干部业务素质和文明服务技能不断提高。三是完善服务质量考核评价机制。制定《纳税服务考核评价实施办法》、《纳税服务外部评议和窗口评价实施办法》，量化考核标准，统一考核指标。对内，将各项服务指标全部分解落实到岗、到人；对外，建立起人大、政协代表及纳税人代表对县局、基层分局、税收管理员"三级评价"机制，全面接受社会各界的监督评议。

# 统筹谋划缜密部署营改增各项工作顺利开展

*山东省禹城市国家税务局*

　　自"营改增"试点工作启动以来，禹城市国税局统筹谋划，缜密部署，攻坚克难，各项工作有序推进，较好地完成了各项阶段性工作任务。5 月 1 日上午，该局分别成功开具了涉及房地产、建筑业、金融业、生活服务业四个行业的第一份增值税专用发票和普通发票，开票企业覆盖了四个行业的一般纳税人与小规模纳税人。这标志着禹城市建筑业、房地产业、金融业、生活服务业四大行业共计 1920 户纳税人顺利实现税制转换，全面推开营改增试点改革首战告捷。

## 一、强化组织领导，前期谋篇有序

### （一）加强保障，确保推进

　　3 月 12 日，按照省、市局营改增工作的有关要求，结合我局实际情况，成立了由一把手任组长的试点工作领导小组。领导小组下设综合协调、宣传、业务保障、征管信息、发票税控、纳税服务、技术保障、效应分析、风险防控、后勤保障十个工作小组，为营改增工作的顺利实施打下了坚实基础。

### （二）完善机制，强化合作

　　与地税局不断强化联系沟通，建立健全了信息对接、联席会议等各项工作制度，进一步深化双方合作；联合组织召开了"营改增"动员大会，制定了工作方案和工作任务推进表，倒排工期，分解责任，确保了工作有序开展。

### （三）税企座谈，赢得支持

　　与地税部门联合组织召开了"税企共话营改增"座谈会和"纳税服务需求"座谈会，邀请 32 户重点企业纳税人代表参加，面对面交流座谈，进一步增进征纳互动，赢得了纳税人支持。

### （四）周密部署，上下沟通

　　将"营改增"工作列入当前重点工作，各项工作实行项目化管理。共召开"营改增"工作专题会议 5 次，国地税联系会议 2 次，碰头会等临时会议 20 余次。周密部署了国地税联合工作、户管信息确认、一般纳税人认定、税控设备与发票发行发售、政策宣传、业务培训、收入分析预测、服务厅资源配置布局等八个方面的工作，明确了各项工作任务完成时限、责任人员。

## 二、强化内外培训宣传，确保素质跟进

### （一）强化内部培训，提高业务素质

与地税部门联合组织召开"营改增"探讨会3次，扎实开展营改增知识互动学习交流，深入了解"四大行业"情况，组织开展了为期5天的"营改增"业务专题培训；开展应急演练3次，模拟了断电、断网、干群冲突、设备故障等四种场景，有效提高了前台人员应对突发事件的能力。

### （二）强化外部培训，提高自主办税能力

充分利用"纳税人学堂"平台开展"菜单式培训"，通过短信平台、税企QQ群征集纳税人需求，让培训围绕纳税人所关注的点开展，提高纳税人学习兴趣，增强培训质效；国地税积极配合，共同整理编辑《营业税改征增值税政策汇编》、《营业税改征增值税现行政策公告》资料册，免费发放到纳税人手中，方便纳税人自学；集中组织营改增纳税人学习培训5次，培训纳税人300余人次，有效普及了营改增相关政策。

### （三）强化对外宣传，营造良好舆论氛围

及时向地方政府领导汇报营改增工作开展情况及政策，利用各种渠道主动向纳税人全方位的宣传营改增政策。一是及时更新办税大厅电子显示屏、公告栏、宣传栏的营改增政策内容和面对面向纳税人讲解营改增政策，累计宣传180余户次，同时联系有LED显示屏的企业配合我局播放营改增政策和宣传标语；二是通过摆放营改增政策二维码展板、营改增政策解读展板等方式，宣传营改增政策及试点办法。共制作摆放展板8块，悬拉横幅10余条，发放《致营改增纳税人的一封信》800余份，"营改增"宣传页400余份；通过QQ群、微信朋友圈发布营改增政策300余条，宣传短片50余条，解答纳税人疑问100余条。通过多视角，广范围的宣传，为营改增工作营造了良好的舆论氛围。

## 三、强化纳税服务，提升服务质量

办税服务厅严格落实首问责任制、首问负责制，积极开展导税服务、领导值班、预约服务、延时服务、"税库银"联网扣税等各项服务措施，确保纳税人快捷高效办理业务。工作中不断深化"以纳税人为中心"、"始于纳税人需求，终于纳税人满意"的纳税服务理念，要求全体干部在接待纳税人时从

"一个微笑、一声问候、一杯热水"做起，落实"一窗式、一站式"纳税服务。按照上级要求，及时开通营改增"绿色通道"，专门办理营改增涉税业务，同时增设营改增咨询窗口，确保在营改增过程中遇到问题能够及时解决。在人手紧缺的情况下，积极组织人员开展"送政策、送服务"进企业活动，上门为纳税人送政策 230 余户次，引导服务单位上门为纳税人安装开票系统辅导开票 30 余户次。全面提升纳税人获得感和满意度，也使我局纳税服务水平更上一个台阶。

## 四、强化工作力度，各环节工作有序稳步开展

工作中严格按照专题会议部署情况进行督导落实，倒排工期，把握节点，确保了各项环节稳步有序开展。本次营改增该市共涉及纳税人 1920 户，占现有增值税纳税人的 38.8%，企业 625 户，个体工商户 1295 户；其中建筑业 171 户，房地产业 115 户，金融保险业 41 户，生活服务业 298 户；达到一般纳税人标准 98 户，达点小规模企业 101 户，达点个体工商户 34 户。

截止 4 月 2 日，共确认纳税人信息 1920 户，确认比例 100%；截止 4 月 10 日，已完成一般纳税认定工作，认定一般纳税人 98 户，核定增值税发票票种 198 户（包括达点小规模纳税人），凡一般纳税人、达点小规模纳税人均已签订税库银三方协议，达到认定、票种核定、税库银签订比率三个 100%；截止 4 月 30 日，纳税人税控事项已基本结束，共发行、安装税控设备 171 户，其中一般纳税人 95 户，小规模纳税人 76 户；发票发售 171 户，发行与发票发售比率 100%，真正做到了设备发行与发票发售同步进行；5 月 1 日开票节点，在每个行业选择了 5~7 户企业，由班子成员、相关业务科室负责人、技术保障组、税源管理单位、税控服务单位人员组成 3 个发票开具辅导组，每组挑选 5 户企业，5 月 1 日当天深入企业对开具发票情况进行现场辅导，圆满完成 5 月 1 日首日开票相关工作；6 月 1 日申报节点，抽调业务骨干组成了 8 个辅导组，全面深入企业开展"一对一、面对面"纳税申报辅导，设定了纳税申报咨询电话专线，有效解答营改增纳税人首月申报政策、软件操作等相关问题 60 余件，截止 6 月 8 日已完成纳税申报 75 户，省局确定样本企业已全部完成。

# 建筑业营改增的影响分析及应对建议

山东省莘县国家税务局　穆国庆

营改增后，建筑企业的计税方式、财务核算发生重要变化，将给建筑企业的经营管理带来巨大影响。为此，我们积极着手探讨建筑行业经营特点，研究分析营改增对建筑企业的主要影响及应对建议，为建筑企业营改增后的进一步发展提供参考依据。

## 一、建筑业生产经营特点

建筑业指从事土木工程、建筑工程、线路管道和设备安装工程及装修工程的新建、扩建、改建和拆除等有关活动的行业。具有以下主要特点：

### （一）经营模式多样

根据建设施工实施过程中业主、中标方和施工方三个主体的关系不同，主要经营模式有五种：自管、直管、委管、挂靠和联合体施工，建筑企业可以综合各方因素进行选择。

### （二）施工技术复杂

需要根据建筑结构的要求进行多工种配合作业，多单位（土石方、土建、吊装、安装、运输等）交叉施工，所用的物资和设备种类繁多，对施工组织和技术管理的要求较高。

### （三）成本结构稳定

据统计，对于特定的建筑施工项目的工程结算成本，其材料费、人工费、机械费占比基本稳定，不同施工项目之间也差别不大。

### （四）施工地点不固定

建筑企业参与社会工程招标，生产地点和施工机构随着建筑物或构筑物坐落位置变化而整个地转移。即便对于一个施工项目，随着施工部位的不同，施工人员和各种机械、电气设备均需沿着施工对象上下左右流动，不断转移操作场所。

### （五）生产周期较长

建筑产品一般体形庞大、生产周期较长，且施工多在露天和高处进行，常常受到自然气候条件的影响。

### （六）机械化程度较低

目前我国建筑施工机械化程度还相对较低，仍要依靠大量的手工操作。

### （七）财务结算不及时

虽然税法上对企业收入的确认有明确的规定，但实际上业主对财务结算掌握更多主动权，在资金给付上不能及时兑现，除一般的质保金外，拖欠工程款也是普遍现象。

## 二、营改增对建筑业的影响

营改增后，无论是11%的增值税税率，还是相对严格的征收管理，以及抵扣进项税额的计算方式，都将对建筑企业的各个方面产生重要的影响。

### （一）对企业税负的影响

理论上会降低税负。根据《财政部、国家税务总局关于印发营业税改征增值税试点方案的通知》（财税〔2011〕110号）规定，建筑业营改增后适用税率为11%，看似比现行营业税率增加8%，但营改增后，计税方式的变化及工程结算成本的构成决定了该行业理论税负应是下降的。以一般施工企业工程结算成本为例，原材料成本约占40%，人工费约30%，机械费约10%，其他费用约10%，企业毛利率约10%。假如在各主要成本均能取得进项发票全额进行抵扣的情况下，企业实际税负会明显下降。

实际上难以充分抵扣。一是人工费不能抵扣，建筑业人工费占比较大，一般都是从社会招募闲散劳动力，即便是有专业提供劳务的公司，其成本主要包括人工工资和各项保险费用等，均没有进项税额抵扣，劳务公司必然将税款转嫁下游用工企业。二是"甲供料"形式不能抵扣，即建设单位（甲方）在建造不动产的活动中自行采购的钢材、水泥、砖等各种建筑材料（含设备），施工企业（乙方）对此提供建筑、安装、装饰等方面的服务，供应单位给建设单位开具发票，施工企业无法取得进项税发票进行抵扣。三是税改前资产无法抵扣，建筑企业在税改前购买的机械设备一般单位价值都较大，使用周期较长，以及税改前购进的库存原材料等，都无法抵扣进项税额。四是部分建材产品不能抵扣，购进的砌砖、砂浆、道路井盖、道路护栏等特定免税产品，购进的商品混凝土等抵扣率低的材料和项目，以及施工中发生的场地租赁费、机械维护费、养护人员工资等其他费用等，都难以充分抵扣。五是零星材料不能全部抵扣，一般辅助材料、低值易耗品等多半为小规模纳税人所售，只能取得普通发票而无法抵扣。六是临时设施不能抵扣，建筑施工企业一般都需要在工地搭建临时设施活动板房，但该类活动板房属于建筑物或构筑物，是不能抵扣进项税额的。这些都将在降低企业税负方面产生不利影响，甚至或导致税负不降反升。

### （二）对经营模式的影响

营改增有利于遏制非法转包、分包现象。建筑法第二十九条规定"禁止总承包单位将工程分包给不具备相应资质条件的单位"，在工程全部转包的情况下，作为第一承包人的建筑企业只能从下一级承包企业取得增值税专用发票抵扣进项税额，在其账务处理中不会出现可供抵扣的外购材料，从而很容易判断出工程全部转包的交易实质。如果下一级分包单位是小规模纳税人或包工头，抵扣进项税额将大幅降低，企业税负将上升，利润也随之减少，这将对非法转包行为起到一定遏制作用，推动建筑业市场健康发展。

现有经营模式与增值税抵扣链条产生矛盾。由于受到投标资质等的限制，除企业中标后自己直接施工的直管模式以外，建筑企业往往采用以集团公司名义投标，中标后集团公司设立局指挥部，子公司作为参建单位承包工程，或不设立局指挥部，委托子公司代表集团公司直接管理该项目；还有的施工企业以联合体中标，各参建单位成立项目经理部予以实际施工。在过去实施营业税的情况下，当集团内部施工方与中标方不一致时，按照全额缴纳营业税，且税金的分摊方式并不影响施工方。而在实行增值税的情况下，在不同法人或不同纳税主体之间的抵扣必须符合增值税的链条抵扣，要符合增值税的链条规定，必须完善中标方和施工方之间的相关合同以及增值税的链条，但这是与建筑法的要求相违背的。目前的一些经营模式并不能适应增值税的要求。

### （三）对财务状况的影响

资产负债率上升。增值税是价外税，企业购置的原材料、辅助材料等存货成本和机械设备等固定资产入账价不含进项税额，在企业采购价格一定的前提下，企业的资产总额将比营改增前有一定幅度下降，在企业已有负债数额不变的情况下，资产负债率必然上升。

营业收入减少。营改增之前，主营业务收入是含有营业税的，属于含税收入额，营改增之后，主营业务收入不包含增值税，属于税后收入额，由于两种不同的计算方法，企业的利润率数值也不同，假定企业在实行营业税与增值税的营业收入与实际税负相等，营改增后会出现企业营业收入减少而利润率升高的现象。

资金周转紧张。营改增后，建设单位将不能按照代扣代缴营业税的方式，从应付账款中代扣代缴增值税，而是直接由建筑施工企业在当期向税务机关缴纳增值税，但此时建设单位验工计价并不立即支付工程款给建筑施工企业，即缴纳增值税在前，收取工程款在后。长期以来，建设单位工程款支付比例多数较低，在每期验工计价时，往往扣除 10 ~ 20% 质量保证金、暂留金、垫资款等，这些暂扣款往往要到工程竣工决算后才能支付，这样必将导致企业经营性现金流量支出增加，加大企业资金紧张的局面。

**（四）对企业管理的影响**

税务筹划要求更高。施工企业的施工项目分散在全国各地，材料采购的地域也相应分散，材料管理部门多而杂，每笔采购业务都要按照现有增值税发票管理模式开具增值税发票，且数量巨大，发票的收集、审核、整理等工作难度大、时间长。无疑对施工企业财务人员，乃至经营部门工作人员等提出了更高的要求。另外，营业税与增值税的纳税地点不同，建筑施工企业由于其经营特点，纳税地点也会产生较大变化。

造价核算变数更大。建设单位招标概预算编制将发生重大变化，相应的设计概算和施工图预算编制也应按新标准执行，这种变化使建筑企业投标工作变得复杂化。如投标书的编制中有关原材料、燃料等直接成本不包含增值税进项税额，实际施工中，编制标书中很难准确预测有多少成本费用能够取得增值税进项税额等。同时由于要执行新的定额标准，企业施工预算需要重新进行修改，企业的内部定额也要重新进行编制。

# 三、建筑业应对建议

建筑业税制改革是国家政策的大势所趋，无可避免，建筑企业要从思想上和行动上对营改增做好积极应对。

**（一）转变管理理念**

加强源头控管。从材料采购环节抓起，在比质比价和洽谈合同时，要树立增值税专用发票取得和抵扣的观念，首先考虑选择具有增值税一般纳税人资格的供货商，如确需选择小规模纳税人交易时，应事先签订合同，让其到当地税务部门代开增值税专用发票，以尽量减少没有抵扣发票带来的损失。重视资金兑付，在签订合同时争取更有利的付款条件，减轻资金周转压力。在投标过程中，对业主方的招标文件里有关涉税内容的条款，如甲供材、代购系统设备等方面，应就增值税专用发票的归属问题在合同谈判中予以高度的关注和明确，尽力避免出现企业税款无法抵扣的情况。

强化过程管理。增值税数额的高低直接取决于建筑企业是否能够足额取得增值税专用发票用于进项抵扣，因此，建筑企业从现在起就需要加强公司管理，注意保管和收集相应的增值税进项抵扣凭证，要针对不能开进项税发票的主要原因，从自身管理上增强堵漏意识，以尽量减少损失。同时适当转变经营战略，增加机械设备的购入，在提升企业现代化水平，增加市场竞争力的同时，抵扣进项税额，减少施工人员作业，降低在施工过程中人工成本费用的支出，以降低建筑施工企业的税负。

（二）提升管理水平

加强业务培训。企业要从建筑企业和增值税的特点出发，认真研究新政策的相关规定，并特别掌握针对本行业的特别规定，通过会议、企业内部报纸和网站，对财务人员、企业管理人员、材料采购人员和预决算人员宣讲有关增值税的专业知识，增强员工对增值税基本原理、税率、纳税环节和纳税要求的认识，培养在采购材料、分包环节索要专用发票的意识，确保在税制改革后能够立即进行熟练操作和运用。

强化人才支撑。营业税改增值税对建筑施工企业的影响是广泛而深刻的，涉及到企业管理的各方面，尤其涉及到法律，财务管理，会计核算等重要方面，企业在这方面要提供足够的人才支撑，确保企业纳税合法合规。法律顾问应当深入研究相关税收法律法规，税收政策，财务会计人员应当做好税务的会计处理核算工作。还要加强信息系统建设，提高增值税专用发票开具、认证、取得、抵扣等一系列环节的配备及其防伪设备的应用，提高员工的工作效率，在营改增前做好充足的人才储备，达到建筑业营改增积极的平稳过渡。

（三）优化经营模式

营改增对于非法转包、分包，挂靠以及联营项目等经营方式更容易实现监督，建筑企业应当强制采取更能减少经营风险的经营模式，降低由于建筑法和增值税的管理给企业带来的风险，同时对目前的经营模式进行梳理，使经营管理更规范，以适合增值税的管理要求。各工程公司要努力提高自身的资质水平，增强企业的竞争能力，在经营模式选择上争取更大的主动，更大范围的实行自管模式。应尽量减少托管及相互借用资质的经济事项，在建筑法下管理项目的风险高，同时在增值税制下对于发票的管理和传递风险也大。联合体经营作为一个非法人的虚拟机构，在"营改增"后不具备法人纳税主体资格，不能对各参与单位进行业务的分劈，不能开具发票，这种经营模式的发展空间将会越来越小。

（四）做好税收筹划

增值税相比营业税有更多可以进行税务筹划及管理的空间，建筑企业在税务管理上有更多的选择。较大规模的企业应设立税收筹划部门，一般企业也应设立兼职税收筹划人员或聘请纳税筹划师，从对企业部门的筹划、对纳税人身份的筹划、对抵扣节点的筹划等方面不断优化内部管理，力争最大限度的减轻企业税负，使营改增能够在建筑企业顺利平稳过渡，确保建筑企业在新政策、新阶段、新环境下健康可持续发展。

# 共驻 共建 共赢
# 郏县国地税联合办税服务迈上新台阶

河南省郏县国家税务局 朱东阳

郏县国地税从 2007 年开始，在联合办税服务上积极探索国地税合作的新模式、新途径，从共驻县行政审批中心到共建办税服务厅，在不断拓展合作的基础上，实现了国地税和纳税人三方共赢的既定目标。

## 一、共驻，国地税联合办税基础夯实

2007 年 8 月，郏县国地税积极响应县政府号召，把两家的办税服务厅同时搬进县行政审批中心。由于当时的条件限制，两家的大厅虽然搬进去了，但不在一个区域办公，纳税人办理涉税事宜还得来回跑。为了解决这个难题，国地税两家的主要负责同志与审批中心的负责人多次向县政府主要领导汇报联合办税的目的和意义，争得县政府主要领导同意，把行政审批中心二楼进行改造，用于国地税联合办公的场所。经过近一年的汇报、协商和改造，2008 年 8 月份，郏县国地税办税服务厅同时搬进审批中心二楼，实现了国地税合署办公的目标。在当时来讲，创造了平顶山国地税系统两个第一：即全市第一家共同进驻行政审批中心的县局办税服务厅，全市第一家合署办公的县局办税服务厅，结束了纳税人办理涉税事宜"两头跑"的历史，赢得了各级领导和纳税人的广泛好评。

在随后的几年时间里，郏县国地税在联合办税服务上不断推陈出新，如国税为地税代征税费、国地税联合办理税务登记、国地税联合税收宣传、国地税联合培训干部、国地税联合开展纳税信用等级评定等，使国地税合作办税服务的领域不断的拓展和延伸，正好符合国家税务总局关于深化国地税合作的思路和精神，也为郏县国地税进一步深度合作打下了坚实基础。

## 二、共建，国地税联合办税深度融合

2013 年年底，县政府专门新建的行政服务中心落成。郏县国地税主要负责人抓住这个有利时机，及时地向县里提出了共建办税服务厅的想法，得到了县政府主要领导的全力支持，把服务中心的三楼作为国地税的办税服务厅，由郏县国地税共同建设。在县财政局、行政服务中心的大力配合下，2014 年 4 月底，一个面积为 670 余平方米的新的、现代化的办税场所正式建成，对外统称郏县国地税办税服务厅，5 月 5 日起正式启用。在功能区域设置上，按照自助办税区、休息区、咨询辅导区、办税操作区；在硬件设施上配置了叫号机、电子显示屏、LED 屏以及休息椅、饮水机等便民服务设施，并统一购置了办公家具、配置了办公所用的计算机、打印机、POS 机等；制定了办税服务厅首问负责制等 11 项制度，统一了标示标牌和综合服务窗口，落实简填单、免填单制度和即办、流转业务制度，使办税环境整体和服务效率迈上了一个新的台阶。2014 年以来，办税服务厅认真贯彻落实国地税纳税服务规范 2.0 版，积极创建全省落实纳税服务规范"样板县"，在联合办理税务登记、联合代开发票管理、联合辅导纳税人、联合培训工作人员、联合纳税信用等级评定等方面做出了更加广泛的合作和深化，使联合办税服务成为郏县国地税对外的形象和"名片"。办税服务厅先后全国巾帼文明岗、河南省优质服务窗口、河南省青年文明号示范单位等荣誉称号；连续两年在群众满意的基层站所评议中荣获全县第一名，被评为全省群众满意的基层站所，2014 被授予全省优秀办税服务厅，2015 年被定为全省纳税服务规范"样板县"。

## 三、共赢，国地税联合办税成效明显

今年以来，郏县国地税抓住深化国地税征管体制改革这一有利时机，积极申报争取到了创建全国国地税合作县级示范区的荣誉，两局全力在联合办税服务上下功夫，取得了显著成效。

1、打造联合办税精英团队。抓住办税服务厅年轻人多、思想活跃、接受能力强的特点，首先是成立国地税办税服务厅联合党支部，用党的凝聚力激发人员活力；其次是开展联合业务培训，"一对一"、"一帮一"，互学国地税操作实务，使国地税工作人员同时具备操作国地税业务的能力。第三是实行半军事化管理，每天班前 10 分钟晨会，学礼仪、喊口号、写感言，增强合力，提升战斗力。第四是国地税业务骨干坐席值守，解答纳税人政策难题，帮助辅导纳税人办理涉税事宜。第五是联合开展"三亮三比三评"活动，切实增强宗旨意识，激发服务热情。

2、升级联合办税窗口模式。在市国地税两局的大力支持下，于 2016 年 6 月 7 日正式运行了"一人一窗一机双系统"新的窗口办税模式。除国地税个别特殊业务外，纳税人叫一次号，在一个窗口，能同时办理国地税业务，省去了纳税人跑完国税窗口、再跑地税窗口的麻烦，实现了真正意义上的"进一家门、到一个窗、办两家事"的目标。截止 6 月 16 日，共计联合办理国地税业务 599 户（次），平均每一个纳税人的办税时间缩短了三分一以上。

3、健全联合办税制度机制。联合落实一站式服务、首问负责制、领导值班制、预约服务、导税服务等 12 项优质服务制度，联合制定《郏县国家、地方税务局办税服务厅应急预案》、《郏县国家、地方税务局国地税合作联席会议制度》、《郏县国地税办税服务厅一机双系统运行机制》等 20 余项日常管理制度，为深化国地税联合办税，为纳税人提供更加优质、便捷、高效的服务提供制度保障。

4、实现联合办税三方共赢。今年以来，共计联合办理税务登记 456（户次），联合变更税务登记 158（户次），联合注销税务登记 77（户次）；联合开展税收宣传，共开展"升级一个宣传平台"等五个一宣传活动，纳税人反响良好；共联合举办所得税、营改增、网上申报、增值税发票升级版等各类培训班 10 次，培训纳税人 2000 多人次，其中举办纳税人学堂 8 期，培训新办纳税人 300 多人次，国地税干部联合上门辅导税收政策 100 多户次；联合开展纳税信用等级评定工作，全县共评出 A 类企业 7 户，D 类企业 10 户，B 类 C 类企业共计 381 户。联合代征税款，国税为地税代征税费 61.38 万元；5 月 1 日以来地税为国税代征二手房交易、房产租赁业务 41 户次，涉及增值税 25.42 万元，其中：减免 19.13 万元。

DI ER PIAN WANG LUO XIN XI HUA NA SHUI FU WU

# 打造"家"文化　做幸福龙安国税人

河南省安阳市龙安区国税局　曹泽志

为切实了解基层国税干部"职业幸福感"的现状，近日，龙安区国家税务局在全局范围内发放《国税干部职业幸福指数调查问卷》，内容涉及基层国税干部对自己的工作状态满意度、职业成就感、工作压力、制度保障、社会关系等因素。调查结果显示，自我评估具有较强职业幸福感占比96.7%。在当前国税工作日益繁重、津补贴发放、职务晋升日趋规范的大背景下，这一数字背后蕴藏着的，正是龙安区国税局多年来打造"家"文化、实施幸福工程的结果。

龙安国税是我家，荣辱兴衰靠大家。这句话是区局党组的带队理念。为了让广大干部职工有"家"的归属感、自豪感、幸福感，龙安国税以一种看不见、摸不着，却直触人心底的方式，通过建设"家"文化，实施系列幸福工程，激发起所有干部职工干事创业的正能量。

一是加强班子建设凝聚"家"的正气。在打造"家"文化实施幸福工程中，区局领导班子始终做榜样、当标杆，历练形成"想干事、会干事、干实事"的领导团队，以上率下，凝聚"家"的正气。近年来，区局党组紧抓中心组学习不放松，提高班子成员的理论水平、驾驭全局处理复杂问题的能力；严肃党内组织生活，在近两年党组民主生活会中，班子及班子成员查摆问题累计228条次，开展批评与自我批评92条次，班子及班子成员制定整改措施171条，整改落实100%，在自我净化、自我完善、自我提高过程中，不断实现班子内部掏心见胆、并肩战斗的真团结；经常性开展调研、谈心活动，摸清下情，提高决策科学化水平，今年3月的"税收调研月"活动中，实地走访纳税人62户次，发现并解决问题25个，切实摸清税源底数、掌握收入动态、抓住了组织收入主动权；把以人为本作为创新思想政治工作的源泉，在每月"局长谈心日"活动中，局长以"一对一"的方式接受预约或主动邀请有工作烦恼、家庭矛盾、生活困难、心理诉求的干部职工进行必要的谈访53人次，发现并解决问题36个；在干部选拔任用工作中，区局党组以"让想干事的有机会，能干事的有舞台，干成事的有地位"确保干部选用科学化，目前中层领导干部中35岁以下占35%，本科学历占80%，业务能手占40%，荣立三等功 18 人次，形成"以发展论英雄凭实绩用干部"的用人机制导向，在每年开展的"一报告两评议"中，区局连年满意度达 100%。

二是助力人才培养关注"家"的未来。"十年树木，百年树人"，区局党组抱着"功成不必在我"的信念，做打基础、谋长远的事，关注人才培养发展大计，提高核心竞争力，适时开展"以师带徒"活动，发挥骨干力量在爱岗敬业、业务技能等方面的优势作用，复制、带动一批具有较强学习能力和发展潜力的同志，成为国税事业发展人才资源的后续补充。结对的 20 名徒弟在各自师傅的精心教导下，迅速成长为各自岗位上的骨干力量，其中 7 人先后在国税讲堂和纳税人讲堂上为国税干部或纳税人授课，3 人被评为星级办税员，6 人进入全市国税系统专业人才库，在全市国税系统征管规范知识竞赛中，5 人参加笔试获团体第三名，3 人参加知识竞赛获二等奖，2 人参加实务操作获团体一等奖，1 人获个人第一名的好成绩，成功地把青年干部职业生涯规划与龙安国税长远发展结合起来，实现组织发展目标和个人价值的和谐共赢。

三是尊老爱老助老守住"家"的财富。"家有一老如有一宝"，老同志就是龙安国税的宝贵财富。区局对待老干部工作始终坚持做到三个"凡是"三个"都能"，从思想上、政治上、生活上关心老干部。即：凡是老干部提出的问题和建议，都能认真对待解决；凡是为老干部组织的活动，都能积极支持参与；凡是老干部需要的经费，都能及时批准拨付。自 2010 年起，区局坚持为每一位到龄退休的老干部召开欢送会，包括在龙安工作不足 4 个月的于桂兰同志。于老师在座谈中说，千言万语化作感谢二字，感谢新单位为她在岗工作的最后一天画上圆满的句号。跟她一同来到龙安区国税局报到的还有 4 位临近退休年龄的老同志，这次工作调动，使他们都如愿以偿地搭上了职务职级并行的顺风车。"听说龙安局的老干部津补贴发放总是最全、最及时，在 7 个申请调动人员中，我们 5 人果断地填报了龙安！"回忆当初的抉择他们这样说。来到龙安后，尊重个人意愿的岗位分配，一视同仁的福利待遇，对老同志工作上适当的关照，让他们再次觉得成为龙安国税人，他们是幸运的，也是幸福的。

四是实施人文关怀感受"家"的力量。把干部职工的大事当成局里的大事去办，解其燃眉之急、后顾之忧，方能使其全身心的投入工作。每逢高考季，家有考生的同志在收到组织上慰问短信的同时也会接到调休的通知，让他能够全力以赴的跟孩子一起迎战高考。去年六月，区局有 5 位干部子女同时面临小升初，其中 2 名孩子在摇号中分到了偏远的学校。面对一筹莫展的两位家长，局长亲自出面协调，终于使两个孩子进入了心仪的学校。每年9月前夕，收到高校录取通知书的孩子们也会收到来自他们父（母）单位的邀请函，参加区局组织的"干部子女高考助学座谈会"，一本工具书、一点助学金，一句祝福的话，凝聚的却是"家"的力量。近几年，区局在实际工作中形成了规范性的制度体系，并坚持新常态化做好"住院慰问""老干慰问""家属慰问""困难慰问""节日慰问""特别慰问"等慰问工作，风雨无阻且力争第一时间奉上组织的关怀。

五是倾注关心爱护成就"家"的温暖。民以食为天。区局把干部职工吃饭问题当做"暖民心促发展"的头等大事来抓。2010年积极与三角湖公园协商，租赁5间平房共117平米用于职工食堂建设。2015年又投资6.9万元对职工食堂进行重新装修，购置更换了蒸箱、冰柜、空调、碗柜等设备，使就餐环境得到了很大改善。在改造升级硬件的同时，还在安全卫生、饭菜质量上下功夫，提升食堂管理水平，让干部职工吃得放心、舒心，目前每天选择在食堂就餐的人占全体人员的八成以上。集中就餐为同志们沟通交流搭建了平台，增强了单位的凝聚力向心力。区局还始终把"关爱家人、关注健康"作为建设和谐国税的一项重要工作来抓，逐年加大经费投入，组织全体在职人员和离退休人员参加职业健康体检，为职工的健康"买单"。通过体检，使每一位同志对自己的健康状况做到"心中有数"。同时全面掌握干部职工身体状况，提高干部职工自我保健、自我防护、及早治疗的意识和能力，以健康的体魄、旺盛的精力、愉悦的心情投入到工作中去，为干部职工安心工作、健康生活构筑一道安全屏障。

六是开展文体活动提升"家"的幸福。单位是个大"家"，营造融洽和谐的氛围，才能让每一位家人心中弥漫幸福的感觉。区局充分调动工青妇等群团组织的力量共同参与建家，适时组织妇女、青年、老干部座谈，共谋发展。"三八"的"书香龙安　智慧女性"读书交流会，"五四"的"仰望星空　脚踏实地"青年干部恳谈会，"九九"重阳的"敬老爱老　共建共享"老干部座谈会，组织献计献策、主题演讲、家庭助廉等一系列交流互动活动，增进友谊和情感，促成"家"的融洽与和睦。近年来，区局又根据需要，在原有基础上进一步加大了硬件建设，先后建起了乒乓球室、棋牌室，添置了健身器材、广场舞音响等，开设了职工书屋、阅览室。依托各文化协会组织拓展训练、小型运动会、开展红歌大赛、征稿编写《龙安国税故事会》、举办书画摄影展等丰富多彩的文体活动。这些活动，既是全局干部职工奋勇进取、顽强拼搏的历练，也是团队精神、协作精神的升华。通过活动，干部职工在紧张的工作之余放松了身心，体会了愉悦，增强了体质，提升了"家"的幸福指数。

"随风潜入夜，润物细无声。"打造"家"文化实施幸福工程，如春雨般浸润着每个人的心田，激励着每一位龙安国税人"把龙安国税的事情当作自家的事情去对待，把龙安国税的荣誉当成自家的荣誉去珍惜，把实现龙安国税的发展当成自家'门族'的发展去奋斗"。

2016年，注定是不平凡的一年，全面推开"营改增"试点工作把国税部门推到了改革的风口浪尖。税政科长牛晓杰，作为区局营改增工作领导小组办公室成员、综合业务组负责人，他一门心思扑在营改增工作中，身先士卒、加班加点、废寝忘食，真正以局为家。搞好内外部协调配合，带动各项工作顺利推行，圆满完成营改增相关事宜，受到领导、同事、广大纳税人以及合作单位、政府机关的一致好评，当顺利拿下5月1日首日开票、5月3日集中开票、二手房交易申报开票三大战役，取得营改增纳税人5月份顺利开票、6月份正常申报的标志性胜利时，他疲倦的脸上终于浮出了幸福的笑容。姬苗苗，征管科技科的新鲜血液。一边是5月12号的婚期，细碎繁琐而又甜蜜的婚前准备事宜，一边是艰巨繁重而又充满变数的营改增纳税人确认工作。分局报过来的营改增明细表，需要她一个数据一个数据的核对并按照行业分类汇总，刚刚做好的报表，因为格式、口径的变动又需重新填报……面对大量的重复劳动，她没有一句怨言，面对大家与小家的矛盾，她没有请一天假耽误工作，硬是第一时间准确无误的将报表上传到了市局，受到了市局的表扬。还有：忙碌在营改增工作第一线的分局长王建兵、奋勇当先的"战斗员"征管科长苏莉、服务营改增纳税人的市五一劳动奖章获得者大刘慧、用文字用镜头定格营改增历史瞬间的小刘慧……税制大变革时代的惊涛骇浪间，有太多这样的无声力量，而她们只是龙安国税局奋战在营改增一线税务人员的缩影……

经过了6个多年头的不懈努力，是"家"文化和幸福工程，让全体龙安国税人迸发出"不惜流血汗 营改增成功我一辈子没白干"的工作激情，让每一位干部职工也渐渐形成了"我爱我家"的归属感，"我建我家"的责任感，"我兴我家"的使命感，每个人都在为构建和谐的国税团队添砖加瓦、默默耕耘。"家"文化和幸福工程已经成为龙安国税加快发展的助推器：组织收入始终肩扛全市税收收入的半壁江山，税收收入质量持续改善，税收征管质效持续提升，纳税服务水平持续优化，干部队伍建设取得显著成效，连年保持"省级文明单位""爱国卫生先进单位"荣誉称号，先后被省政府命名为群众满意基层站、市纪委命名为"安阳市廉政文化进机关示范点"、市局命名为"绩效管理优胜单位",多次被龙安区委区政府记集体三等功。王金玉、刘慧先后荣获河南省五一劳动奖章、安阳市五一劳动奖章荣誉称号,毕涛涛在纳税信用等级工作中表现突出受到总局通报表扬……

"在一个快速发展而又让你时刻感受到大家庭温暖的单位,我感到干劲十足!"参加工作快一年的办公室通讯员小刘慧在工作日志中写下了她的感言。

如今,"龙安国税是我家,荣辱兴衰靠大家"的理念已植根于每一位龙安国税人的心中,他们正意气风发地用行动践行着"以局为家"的责任和担当,因为他们深深懂得——家建设好了,家人的幸福自然就来了……

# 全面推开"营改增"试点改革
# 促进夏邑经济健康协调发展

河南省夏邑县国家税务局　张新雷

在日前召开的十二届全国人大四次会议上，李克强总理在《政府工作报告》明确提出，2016 年 5 月 1 日起，在全国范围全面推开营业税改征增值税（以下简称"营改增"）改革试点。将建筑业、房地产业、金融业、生活服务业纳税人（以下简称试点纳税人）纳入"营改增"试点范围。

营业税改征增值税，是党中央、国务院全面深化改革的重要决策部署，是打造中国经济升级版的重大战略举措，也是一项重大政治任务。对此，税政科高度重视，认真贯彻执行党中央、国务院决策部署，按照总局和省、市国地税部门的要求，结合夏邑县税收工作实际，全面推开"营改增"试点改革，促进夏邑经济健康协调发展。

## 一、营改增户源基本情况

接到上级局关于全面推开"营改增"工作通知要求后，税政科与县局"营改增"工作领导小组，积极与地税局、财政局进行沟通，了解我县营业税征收基本情况。

通过先后两次与地税局进行税源交接，共接收建筑业、房地产业、金融业和生活服务业营改增纳税人 1135 户，其中建筑业 57 户，房地产业 60 户，金融业 9 户，生活服务业 1009 户，这四个行业纳税人在 2015 年实现营业额 36.1 亿元，营业税入库 1.24 亿元。

## 二、营改增工作开展情况

税政科营改增试点工作第一阶段工作主要有以下几方面：

（一）户源交接情况

3 月 14 日，税政科邀请县财政局一同前往地税局进行接洽，举行营改增税源交接仪式。经前后两次与地税局交接，共接收建筑业、房地产业、金融业和生活服务业营改增纳税人 1135 户。

**（二）户源确认情况**

截止到 4 月 14 日，营改增户源确认工作就已经结束。对地税局移交的 1135 户营改增纳税人，确认 1123 户，确认率 98.94%。其中建筑业 57 户，房地产业 60 户，金融业 9 户，生活服务业 997 户。无法确认 12 户，对于无法确认的户数，税政科通过要求分局再三下乡确认并与地税局各乡镇管理员共同查找，仍无法找到。

**（三）培训情况**

营改增试点工作开始以来，税政科积极组织新增营改增纳税人培训，与地税局联合开展营改增纳税人培训 6 场，培训新增营改增一般纳税人 324 户次，培训的主要内容是：营改增热点政策解读、营改增纳税人增值税发票管理新系统开票操作、营改增纳税人网上申报和申报表填写、营改增热点问题解答等。

**（四）升级推行情况**

按照省、市局要求，营改增试点工作开展初期，需对地税局移交的 26 户达标纳税人和 69 户起征点以上小规模纳税人需进行升级，使用增值税发票升级版系统。截止到 5 月 6 日，共升级新增营改增纳税人 91 户，其中一般纳税人 24 户，起征点以上小规模纳税人 67 户；一般纳税人中有 2 户准备注销，起征点以上小规模纳税人中有 2 户不使用发票，这样，我局达标纳税人和起征点以上小规模纳税人升级工作已全部完成，升级率达到 100%。

截止到目前，营改增试点工作已推行近 2 个月，我局最新的升级推行情况是：新增营改增一般纳税人升级 32 户，新增营改增小规模纳税人升级 109 户。

**（五）一般纳税人登记工作**

对地税局移交过来的 26 户达标营改增纳税人，按照市局要求，全部完成一般纳税人登记，达标纳税人登记率 100%。

税政科营改增工作第二阶段主要是做好营改增纳税人申报工作。

6 月份是此次营改增纳税人首期申报，也是营改增试点工作的第二战役。6 月份营改增纳税人首期申报，我局应申报新增营改增一般纳税人 47 户，截止到 6 月 5 日，已成功申报 47 户，申报完成率 100%，比市局要求的申报完成时间提前 1 天，比省局要求的申报完成时间提前 5 天。

为确保按照省、市局要求，做到新增营改增一般纳税人"报好税"，税政科采取了以下措施：

一是做好宣传。由于增值税申报分为按月申报和按季申报，一般纳税人按月进行申报，小规模纳税人按季进行申报，此次四大行业营改增纳税人申报，除了上述原则外，总局政策规定，银行、财务公司、信托投资公司、信用社等金融企业也是按季进行申报。为了确保营改增纳税人准确掌握申报时间，税政科通过 QQ 群、微信群、大厅宣传栏、现场座谈会等形式，广泛对营改增纳税人进行宣传。

二是开展申报培训。为保证营改增纳税人首期申报"报好税"，税政科组织了 2 场培训，分别是营改增纳税人网上申报操作培训、营改增纳税人申报表填写培训，保证了营改增纳税人首期顺利申报、准确申报。

三是成立纳税申报辅导小组。为做好营改增后税负分析工作，省局选取了我县 2 户企业作为样本企业，重点分析其税负增减情况，这两户企业分别是河南时升电力工程有限公司、夏邑清尘环保技术有限公司。为保证样本企业准确无误的填写申报表，特别是《营改增税负分析测算明细表》，税政科与征管、大厅业务骨干，成立了"一对一"申报辅导小组，深入样本企业，进行网上申报和申报表填写一对一辅导。

四是制定错峰计划。考虑到 6 月首期申报，营改增纳税人突增的状况，税政科制订了纳税申报错峰计划，在本月申报期内，分时间段、分分局、分户数进行错峰申报，缓解办税厅压力，方便纳税人申报。

## 三、营改增工作主要做法

一是加强学习、提升人员素质。在最新营改增政策出台之前，组织各科室及大厅业务骨干，对往年营改增相关政策进行梳理学习，以便更好地实现与今年纳入营改增范围的四个行业的对接；营改增实施办法出台后，积极组织人员参加省、市局关于政策解读方面的师资培训，并开展全员培训，掌握政策，做到"知己知彼，百战不殆"。

二是主动汇报、争取地方支持。主动与县党委政府沟通，将每个阶段的进度及时向县领导汇报，争取县委县政府的支持与配合。

三是逐户进行税源确认。为便于日后管理，我局在税源确认的同时，彻底摸清户源经营情况，如餐饮酒店行业，我局在入户确认的时候，查清酒店餐桌数量，核实接待能力；宾馆住宿行业，查清酒店客房数量、价格，估算其营业额。

四是多途径、多方式宣传政策。通过微信平台、发放宣传册、举办纳税人学堂等方式，对新增营改增纳税人进行政策解读和宣传，并制作了"致纳税人的一封信"发放到营改增纳税人手中，另外，我局创新宣传方式，通过印制营改增政策扑克牌的方式，向广大纳税人进行宣传。

五是稳步有序推广增值税发票新系统。实行领导带班制、导税制，由带班领导和导税人员引导纳税人办理业务，维持升级现场秩序；设置信息补录岗、票种核定岗、税盘领购岗、发行岗、发票发售岗和开票系统安装岗；抽调业务人员充实各岗位，确保升级顺利进行。

六是加强国地税合作。我局是目前商丘市第一家国地税联合办公的单位，营改增后，地税部门进驻我局办税服务厅，实现了国地税联合办公。国地税联合办公为纳税人提供了便利，"进一家门、办两家事"，纳税人不再为"两头跑"和重复排队而发愁。

## 四、营改增工作下一阶段主要任务

目前，我局营改增试点工作平稳运行，纳税人领票、开票、抄报税、申报纳税等各项涉税业务办理顺畅。营改增试点工作即将进入第三阶段，即7月份小规模纳税人首期申报阶段，税政科将在做好前两阶段工作总结的基础上，改进不足，吸取经验，做好营改增小规模纳税人申报宣传和培训辅导工作，确保营改增小规模纳税人顺利申报。

# 团结一致　共同努力
# 全面做好"营改增"工作

河南省新县国家税务局　孔　巍　王文意

## 一、落实总局、省局、市局工作安排情况。

新县局领导班子对"营改增"工作高度重视，多次召开"营改增"专题工作会议讨论研究，制定《新县国税局"营改增"工作实施方案》，成立"营改增"改革试点工作领导小组，党组书记、局长孔巍任组长，党组成员任副组长，建立完善班子成员全负责、主要领导亲自抓、分管领导具体抓、业务科室协调配合的工作机制，明确工作内容及职责分工，实行项目管理，举全局之力，确保"营改增"按时有序完成。

（一）加强国地税合作，切实做好"营改增"数据迁移工作

按照总局的统一部署，于3月14日下午，省市县三级同时举行了国地税数据移交仪式，确定了双方的联系方式、联系人员，建立了初步的合作方案，为后续在信息调查确认、纳税人管理方面的合作奠定了基础。

（二）注重宣传动员，确保上下一心

按照县局出台的《"营改增"实施方案》要求，新县局于3月18日召开了新县国税局"营改增"动员会，党组书记、局长发表动员讲话鼓舞士气，号召县局全体人员团结一心、共同参与，拉开了"营改增"攻坚战的序幕。

与此同时，高度重视"营改增"信息宣传工作，通过发放宣传册、电视台新闻滚动播放、12366网页开辟专栏等方式，全方位、多角度向纳税人宣传"营改增"主要政策；实时更新县局网页、微信公众号和微博信息，主动将"营改增"工作进程和"营改增"过程中涌现的先进事迹和典型代表；注重舆情应对，每日上报"营改增"舆情报告，制定《新县国税局"营改增"试点工作应急预案》，确保及时处理"营改增"过程中可能出现的各种问题。

针对增值税发票升级版推行工作，成立了专门的升级版推行工作小组，制定《新县国家税务局"营改增"试点纳税人增值税发票系统升级版推行方案》，税政、税收征管、纳税服务、税源管理单位等各部门沟通协作，上下联

动，确保升级版推行工作有序进行。

## 二、营改增试点纳税人信息接收确认情况

### （一）高度重视信息调查确认工作，做好"营改增"前期准备

为确保全面掌握"营改增"纳税人基本信息，新县国税局对信息调查确认工作高度重视，联合县地税局开展"营改增"纳税人信息调查核实工作。依据地税部门向国税部门三次移交的总体数据，全局人员共同参与，上下联动，主管领导亲自带队进行实地核查，在短时间内完成了全县 930 户"营改增"纳税人的信息确认工作，共核实正常经营纳税人 876 户，失踪户 54 户，调查核实面达到 100%。在 876 户正常经营纳税人中，一般纳税人 44 户，小规模企业 189 户，起征点以上个体工商户 116 户，起征点以下个体工商户 527 户。

按照省局、市局的统一安排，在地税部门的配合下，新县局在接收上述纳税人的第一时间已经进行了登记确认工作，数据移交工作顺利完成。

### （二）营改增税务登记及一般纳税人登记、录入情况

在完成信息调查确认工作的基础上，新县局第一时间开展了"营改增"纳税人信息录入工作。针对 876 户纳税人分类进行了税务登记信息补录、税种票种核定等工作，尤其是一般纳税人涉及到增值税专用发票票种核定和最高开票限额核定工作量较大，新县局抽调专门人员进行手工录入工作，并结合前期掌握的纳税人信息在金税三期和防伪税控系统中进行操作，完成工作后由专门人员进行信息录入检查，确保录入的信息真实准确，为下一步开展升级版推行和申报征收管理工作奠定基础。

### （三）"营改增"发票管理工作

为完成 5 月 1 日后"营改增"顺利完成的预期目标，新县国税局高度重视"营改增"纳税人发票发售工作，强调对纳税人使用税控设备、开票、申报的培训，在完成税控设备安装后，累计为纳税人发放增值税普通发票 1580 份，增值税专用发票 330 份，确保安装税控设备的"营改增"纳税人全覆盖，试点纳税人发票均能正常开具。

### （四）营改增征收方式确定情况

为保证纳税人权益，确保"营改增"后申报征收的平稳过渡，新县局在对纳税人申报征收的管理方式上，按照省局金税三期系统批量导入的纳税人信息，基本沿用纳税人原征收方式进行管理，核定税额基本保持不变，本着方便纳税人的原则，尽量减少由于征收方式变化给纳税人带来的负担。

**（五）为营改增 6 月 1 日起正常开展纳税申报进行充分准备。**

在完成"营改增"前期准备工作的基础上，新县国税局未雨绸缪，按照省局、市局要求，在节后第一天即召开专题会议，制定《新县国税局"营改增"试点纳税人征收管理方案》，针对申报征收过程中可能出现的各项问题提出解决方案，同时安排部署申报前的各项准备工作。按照县局的统一部署安排，征管、税政、纳税服务等部门各司其职，针对各自承接的工作做好具体安排，要求各税源管理单位提前做好三方协议签订、银行账号和财务制度报备、税收优惠政策备案、一般纳税人进项发票认证、简易征收方式核定等一系列准备工作，确保 6 月 1 日例征期开始时，试点纳税人能够进行正常申报。

在事前加强对纳税人申报征收的培训，确保纳税人掌握"营改增"后办税方式；尽量简化办税步骤，同时加强办税引导，在办税服务厅设置专门的"营改增"纳税人咨询台、配备专门的导税人员，确保在营改增过程中不增加纳税人负担，不增加纳税人办税费用。

**（六）试点纳税人营改增后税款入库级次及分配比例维护情况**

按照省局、市局的统一要求，新县局在对试点纳税人进行税种、票种核定时统一维护了纳税人税款入库级次及分配比例信息，针对个别省局导入错误或缺失的信息进行及时补录，确保税款分配信息准确全面。

**（七）经调查核实**

新县局在税控设备安装过程中，按规定对需要使用税控设备的 42 户试点一般纳税人和 31 户起征点以上小规模纳税人逐户发放了《增值税防伪税控开票系统安装使用通知书》，程序规范、管理完善。

## 三、营改增内外部培训工作开展情况

### （一）内部培训情况

为确保"营改增"工作顺利开展，新县国税局高度重视对参加"营改增"业务人员的培训工作，选派业务骨干参加省局、市局举办的专项培训班；由税政部门牵头、各业务科室合作举办新县国税局"营改增"政策业务培训班，由业务骨干对"营改增"主要政策和各项工作要求进行讲解；同时组织业务科室成员、税源管理单位积极参加市局举办的"营改增"夜校，不断提高业务水平；组织业务骨干对市局下发的"营改增"培训材料进行研读讨论，及时解决"营改增"工作中出现的各种问题；截至目前，新县局依托税法大讲堂开展"营改增"专项培训已达 8 期，累计培训 80 人次，在此基础上，县局将继续针对"营改增"后续管理开展专项培训，不断提高全局业务素质水平，打好"营改增"攻坚战。

### （二）外部培训开展情况

针对需安装增值税防伪税控设备的试点一般纳税人和起征点以上小规模纳税人，新县局采用政策培训与设备安装相结合的方式，由税源管理单位逐户通知纳税人，现场就"营改增"主要政策、申报征收及税控设备使用指南进行培训，在完成培训的基础上开展设备安装工作，起到事半功倍的效果；针对小规模企业、个体工商户和大量未达起征点的小规模纳税人，则采用多管齐下的方式加强宣传培训。在前期进行信息调查确认工作时，预先通过实地走访的方式逐户进行了营改增政策宣传，随后通过发放宣传册、电视台新闻滚动播放、12366 网页开辟专栏等方式，全方位、多角度向纳税人宣传"营改增"主要政策；在前期工作完成后，还向试点纳税人统一发放了"营改增"纳税人联系卡，设立"营改增"联系人和咨询电话并确保畅通，随时为纳税人提供疑难解决的服务，确保培训工作实现所有试点纳税人全覆盖。

## 四、营改增纳税服务工作开展情况。

### （一）税法宣传

充分利用"税收宣传月"开展"营改增"政策宣传。"税收宣传月"作为税务机关开展税收政策宣传的主要平台，在广大纳税人中有着较大的影响力和较高的知名度。新县局充分利用"税收宣传月"开展税收政策宣传活动，与地税部门联合开展宣传活动，将重点放在"营改增"相关政策方面，针对地税部门管辖的主要"营改增"纳税人开展政策宣传，有效扩大了"营改增"政策宣传的覆盖面和影响力，取得了良好成效。

办税服务厅对营改增涉及的政策、措施的相关宣传资料准备到位；在公告栏、显示屏宣传营改增相关知识，确保"营改增"政策全面覆盖。

### （二）纳税咨询

新县局开展专项培训班对办税服务厅工作人员进行了全员培训，通过对税收政策和操作流程的培训，确保工作人员在进行涉税咨询时准确可靠；办税服务厅工作人员对营改增纳税人办理涉税业务的业务操作熟练准确。

### （三）办税服务

在"营改增"工作开展伊始，新县国税局就明确了"营改增"期间由局领导在办税服务厅轮流带班和导税制度。在县局一把手亲自带领下，县局班子成员分头到联系"营改增"企业进行走访，宣传税收政策、了解企业困难，辅导企业开展涉税事宜，"五一"节假日期间仍坚持全天工作；预约服务电话畅通有效，纳税人通过电话预约办理涉税业务成功；成立了由相关业务和技术部门组成的辅导组，例征期内派驻到办税服务厅，现场解决纳税人办税中的疑难问题；办税服务厅做好发票领购簿和非共管户税务登记证件的准备工作，确保纳税人在首次申领发票时领取有关证件；做好办税服务厅的自助办税设备、监控设备的维护，确保处于正常开启运行状态。合理设置营改增纳税人和原纳税人办税区域或窗口，采取有效措施分流相应纳税人，以满足当地新增纳税人办税实际需求；地税代开发票、代征税款业务办理公告已在国、地税相关场所张贴，确保试点纳税人及时了解。

### （四）保护纳税人合法权益

新县局高度重视纳税人权益的保护，在进行"营改增"相关工作时切实注意以方便纳税人为原则，避免增加纳税人的办税成本，赢得了纳税人的一致好评，目前我局未出现一例纳税人投诉情况，征纳关系保持和谐。

### （五）应急措施

办税服务厅应急预案的准备到位，制定了切实可行的应对措施；建立了一个后备纳税服务厅，配备专门人员，确保能够随时调整办税服务窗口，满足办税服务需求。

## 五、开票及申报情况

新县局高度重视"营改增"纳税人发票发售工作，强调对纳税人使用税控设备、开票、申报的培训，在完成税控设备安装后，纳税人累计领取增值税普通发票1580份，增值税专用发票330份，确保安装税控设备的"营改增"纳税人全覆盖，试点纳税人发票均能正常开具。

新县局对办税服务厅代开发票和地税代征代开发票工作高度重视，按照市局的统一要求进行了代开设备测试工作，在此基础上，5月1日成功开展了纳税人预约办税工作，办税服务厅成功为纳税人代开了首张增值税专用发票；与此同时，地税代征房产租赁首张发票代开成功；已领购发票的营改增纳税人增值税普通发票、专用发票均开具成功，宣告着新县国税局营改增全面试点前期工作圆满完成。

6月份为"营改增"后首个申报期，在原有的126户增值税一般纳税人的基础上，新增41户应按月申报的"营改增"一般纳税人，应申报共计167户。在业务科室、纳税服务厅和税源管理单位的通力合作下，我局在6月28日申报期结束之前顺利完成了上述全部一般纳税人的首期申报工作。

进入7月申报期，除6月应申报的一般纳税人之外，本月需申报的还有按季申报的银行及金融企业、原增值税小规模纳税人及"营改增"新增小规模纳税人。本月应申报户共计3513户,其中一般纳税人179户,小规模纳税人3334户,给我局的征收管理工作带来了较大压力。

## 六、典型与经验做法

### (一)充分利用"税收宣传月"开展"营改增"政策宣传

"税收宣传月"作为税务机关开展税收政策宣传的主要平台,在广大纳税人中有着较大的影响力和较高的知名度。新县局充分利用"税收宣传月"开展税收政策宣传活动,与地税部门联合开展宣传活动,将重点放在"营改增"相关政策方面,针对地税部门管辖的主要"营改增"纳税人开展政策宣传,有效扩大了"营改增"政策宣传的覆盖面和影响力,取得了良好成效。

### (二)加强国地税合作,工作开展事半功倍

地税部门作为"营改增"试点纳税人的主要管理机构,充分掌握着试点纳税人的主要信息,在"营改增"相关行业的管理上也积累了大量经验。新县局在信息调查确认、发票代开测试等工作中积极加强与地税部门的沟通协作,在5月2日顺利进行了地税部门不动产租赁增值税代开代征工作,有效节约了大量人力、物力资源,为"营改增"工作的顺利推行创造了良好条件。与此同时,为深化国地税合作,加强"营改增"后续管理,经国地税双方协商,采取人员互派的方式开展交流合作。国税、地税部门各自选派3~5名办税服务厅业务骨干进驻对方办税服务厅,综合办理双方涉税事宜,进一步降低纳税人办税成本,实现国地税双方合作共赢。

### (三)强化责任分配,落实专业分工,确保工作质效

新县局充分发挥税源管理专业化优势,合理调配人力资源,分行业、分类别对"营改增"纳税人进行专业化、集约化管理。结合县局实际情况,由负责重点税源管理的城区分局承接重点行业建筑业、房地产业、金融业"营改增"纳税人的管理工作,负责小规模纳税人管理的沙窝分局承接数量庞大的生活服务业"营改增"纳税人管理工作,充分利用各分局人员优势和管理经验,实现了资源优化配置。

### (四)样本企业"一帮一"申报辅导情况

根据省局、市局的统一安排,目前我局共有样本企业4户,其中3户为建筑安装业一般纳税人,1户为安全服务劳务派遣一般纳税人。为确保试点纳税人顺利完成首月申报,新县局组织开展"一对一"申报辅导工作。主管领导亲自带队深入重点企业考察调研,了解企业在首月开票和申报中的问题和

疑惑；办税服务厅抽调业务骨干组成"营改增"申报辅导小组，联合税源管理单位对企业增值税申报表填写、网上报税操作流程等进行"一对一"辅导，全力以赴确保营改增纳税人能顺利申报纳税。在各部门的通力协作下，新县局所辖四户样本企业均在 6 月 10 日前完成了首期申报；进入 7 月申报期，县局按照市局的统一安排，对每户样本企业均确定了辅导责任人，确保责任到人、责任到户，防止申报中出现的各种错误，确保申报质量。

**（五）应对 7 月份"三报叠加"和"双峰叠至"挑战，顺畅办税准备情况**

面对 7 月申报期原增值税纳税人、"营改增"一般纳税人、"营改增"小规模纳税人均需申报的现状，新县局未雨绸缪，采取错峰申报、宣传辅导方式，积极应对可能申报高峰期可能出现的各种问题。就四户样本企业逐户安排填报辅导责任人，确保责任到户，力争在 7 月 10 日前完成样本企业申报征收工作；积极开展对一般纳税人首期申报的辅导管理工作，每天开展数据检查，及时改正申报中出现的各种问题；组织开展一般纳税人申报专项培训，详细讲解申报表尤其是税负分析测算明细表填写注意事项，解答纳税人的申报疑难；与此同时，紧抓原增值税纳税人申报征收工作不放松，力争在 7 月上旬完成全县原增值税纳税人的申报工作，为全力做好"营改增"纳税人申报工作节约时间和人力资源；针对面临首期申报的"营改增"小规模纳税人，在申报期前即开展纳税申报辅导，同时各税源管理单位保持电话畅通，及时应对纳税人申报过程中可能出现的疑难问题。

**（六）在加强后续管理方面采取的有效措施**

一是加强发票发售认证及缴销管理，大力宣传推广 B 级以上纳税人发票网上认证，加强对纳税人的培训宣传，提高纳税人对发票管理的重视程度，防止发票流失及虚开风险；二是充分运用增值税防伪税控升级版及税收分析监控系统数据，及时掌握风险纳税人信息和纳税人发票开具、管理的主要情况，配合风险管理部门开展风险派单、风险核查，防控"营改增"后的税收风险；三是加强对纳税人的税收政策及税控设备操作培训，提高纳税人的税法遵从度，真正实现还权还责于纳税人。

## 七、新县局"营改增"工作中出现的主要问题

**（一）纳税人对"营改增"还需要相当时间的磨合适应**

由于"营改增"前纳税人缴纳营业税，计税依据和计算方法都较为简单，而增值税的计算方式、申报征收较营业税有较大的变化，计算方法也比较复

杂，造成纳税人在申报过程中存在较多的疑问，尤其是一般纳税人税负分析明细测算表的填写，逻辑性较强，一些企业财务人员反应填写难度较大，给纳税人的申报工作带来较大的影响，还需要后期加强宣传引导，提高纳税人的业务素质，逐使纳税人适应增值税的申报方式。

**（二）营改增税负分析明细测算表数据提取存在问题**

由于部分"营改增"纳税人财务制度不健全，公司管理不规范，有些在实际操作中没有严格按照国家财务会计制度进行核算，造成纳税人填写的税负分析测算数据可能存在偏差，对于申报过程中财务报表的填写也存在较大的困难。上述问题导致税负分析明细测算表提取数据可能存在不准确的情况，给后续税负分析工作造成影响。

**（三）对起征点（3万元以上）临界点纳税人认定的问题**

由于营业税计算方法为直接以含税销售额计算是否达到起征点，而增值税起征点的计算则需先计算不含税销售额，导致从地税接收的起征点以上纳税人信息不准确，给后续征收管理工作带来了一定困难。尤其是月销售额在3万元以上、30900元以下的小规模纳税人，在营业税计算方法下已达起征点，而计算增值税不含税销售额则未达3万元，属于未达起征点纳税人，不应征税，上述信息需要税收管理员逐个甄别，给管理工作带来较大困难。

**（四）"营改增"后地税仍对纳税人征收营业税的情况**

"营改增"后，纳税人只需缴纳增值税，营业税税种不再存在。但是，部分建筑业纳税人反映，"营改增"后地税部门仍向企业征收建筑业营业税，给企业带来了一定的困惑。希望加强与地税部门的沟通协作，地税部门改进征管系统遗留的营业税问题，避免给纳税人带来申报征收的困惑。

# 完善管理  提升服务
# 保障营改增工作顺利推行

河南省确山县国家税务局  周  黎  李胜武

## 一、营改增工作稳步推进

### （一）动员部署做到"细"

按照省局提出的"平稳交接、顺畅办税、落实政策、完善管理、税不流失"的要求为目标，从业务科室、办税服务厅和分局三个层面主动与地税部门进行对接，多次召开营改增专题会议，部署营改增纳税人信息接收、调查确认、数据统计、纳税服务等工作，每周召开营改增领导小组会议，关注工作细节，关注时间节点，细化方案，细微措施。

### （二）税源确认做到"清"

按照"四清一联系"工作方法，为每个纳税人发放联系卡，税源确认做到户数清、征收方式清、发票使用清、征收税款清。4月27日，县财政局、国税局、地税局举行了营改增纳税人信息传递移交签字确认仪式，我局接收1122户营改增纳税人，迁移确认户数1012户，前台登记＋共管户40户，失踪户70户。截止5月底，增值税发票推行80户，占应推行80户的100%，其中销售额500万元以上的纳税人推行22户，起征点以上的小规模纳税人推行66户；已完成营改增一般纳税人登记23户，省局提取的500万以上户已全部登记；并且通过金三系统对营改增纳税人税收优惠资格备案进行录入，确保试点纳税人能够享受税收优惠政策。

### （三）宣传培训做到"全"

对内部人员以全员了解营改增，一线人员熟悉营改增为目标，先后组织了一次全员宣传动员会，两次办税服务厅人员业务操作培训会、三次分局管理人员的专项业务培训。对纳税人分层次按需培训，先后分行业对一般纳税人企业、起征点以上小规模企业进行了8次政策和业务操作培训，召开了500万以上四行业纳税人座谈会和金融业财务人员座谈会，对房地产业和建筑业开展入户专项调查，对未达起征点纳税人培训12批次，培训纳税人670余人次。

### （四）纳税服务做到"赞"

一是精准服务。分行业建立纳税人微信群，组织召开了四个行业纳税人座谈会，充分听取意见建议，了解纳税人需求，积极对企业提供一对一精准服务。二是高效服务。开辟"营改增绿色通道"，积极推行预约办税、延时服务和分流错峰办税，加大网上办税、自助办税和税库银联网缴税推行力度，将工作能力强、业务素质高的 4 名人员抽调到办税服务厅优化人员配置，确保高效办税。三是耐心服务。深入企业开展"政策宣传'无缝隙'、操作辅导'面对面'、个性需求'一对一'"活动，得到了营改增纳税人点赞和好评。近日，确山县好山水置业有限公司、三里河建筑公司先后为我局送来锦旗表示感谢。省、市局于 5 月 18 日和 6 月 2 日基层动态栏目均对我局服务营改增纳税人的做法给予了充分肯定。

### （五）申报办税做到"顺"

紧盯申报节点确保顺畅办税，列出应申报营改增纳税人清单，逐户责任到人，按照错时申报要求明确到具体日期。5 月份，共办理营改增税务登记 52 户，代开专用发票 93 份，入库税款 21.6 万元，代开普通发票 398 份，入库税款 45.7 万元。为 91 户次营改增一般纳税人发售专用发票 2280 份，为 156 户次纳税人发售增值税普通发票 21918 份。6 月 1 日，确山县电力实业公司检修分公司等纳税人的财务人员通过县局办税服务厅窗口和网上办税服务厅成功进行了纳税申报，标志着县局首个征收期纳税人申报顺利实现。截止目前，营改增运行平稳顺利。

## 二、营改增工作中存在问题

### （一）业务能力需进一步提高

税务人员对四行业现行会计核算办法不熟悉，对行业特点不了解，建议尽快分行业组织对基层"营改增"管理人员的业务培训，以便尽快适应税收管理的需要。

### （二）管理模式需进一步探索

新的纳税服务规范对纳税人申请领用开票限额十万元以下（含）的增值税专用发票，变事前核查为事后监管，取消了实地核查程序，仅需提供相关书面合同，即可审核办理。由于"营改增"纳税人应税服务具有"无形"的特点，加上一些纳税人规模不大，行业类型繁多，会计核算不规范，备查的合同单据不完整不齐全等，使税务机关事后监控的难度增加。

### （三）过渡期宣传辅导需进一步深入

在发票管理上，地税主要采取以票控税，而国税采取纳税人自行开具、自行申报的管理方式，纳税人要有一个适应的过渡期。在双定户定税上，5 月 1 日前在地税达不到起征点营改增纳税户，5 月 1 日后经国税部门调查核实已达到起征点，因媒体宣传营改增后税负只减不增，部分纳税人有误解和抵触情绪。

### （四）国地税合作需要进一步加强

在营改增纳税人调查确认方面，由于地税部门移交的部分营改增纳税人信息不实，给确认工作带来一定的难度；在掌握营改增纳税人生产经营情况方面，由于对营改增纳税人在地税部门的发票领、用、存情况不清楚，不能准确核实纳税人的销售额，给税款的征收带来一定难度。建议能够自上而下推进国地税合作，明确具体合作项目和工作标准，进一步提升合作质效。

## 三、下一步营改增工作打算

一是确保申报期顺利。6 月份采取"一对一"辅导形式确保四大行业 31 户一般纳税人企业首月顺利申报。7 月份做好所有四行业营改增纳税人的申报工作，分局继续包户辅导，纳税人分流分批申报，扩大网上办税申报面，大厅做好应急预案，确保 7 月份所有纳税人都能顺畅办税。二是完善对重点行业的管理。建立建筑安装企业老项目管理台账、转包分包项目管理台账和异地项目管理台账；建立房地产企业分项目地税征收税款补开发票情况管理台账，主管税务分局结合企业申报和日常巡查，做好特殊项目税收管理监控，防止税收管理的缺失。三是做好分析预测。逐月开展征管数据统计、分析、报送，开展改革效应及纳税人税负变化跟踪分析。准确把握当前营改增经济税收形势，做好收入分析，为政府决策提供依据。